DAS KLASSISCHE WERK

Klassik der Welt

HENRIK IBSEN

Die Höhepunkte seines Schaffens

Prisma Verlag

Gesamtherstellung: Salzer-Ueberreuter, Wien
ISBN 3-570-08703-4

INHALTSVERZEICHNIS

LEBEN UND WERK

In einem prächtigen Haus am Marktplatz von Skien, in Norwegen, in der merkwürdigen Umgebung von Kirche, Pranger, Arrest und Irrenzelle, kam Henrik Johan Ibsen am 20. März 1821 zur Welt. Sein Vater, Knud Henriksen Ibsen, war ein angesehener, begüterter Kaufmann. Auch seine Mutter, Mariechen Cornelia Martine, geborene Altenburg, entstammte einer angesehenen Kaufmannsfamilie. Die ersten acht Jahre seines Lebens verbrachte er in Wohlstand, seine Familie lebte auf großem Fuß. Dann kam ganz plötzlich ein Umschwung: 1836 ging die Firma seines Vaters bankrott und das gesamte Vermögen verloren. Die Familie Ibsen stand von heute auf morgen vor dem Nichts.

Mit 15 Jahren, kurz nach der Konfirmation, mußte der junge Ibsen Elternhaus und Schulbank verlassen und selbst den Kampf um das tägliche Brot aufnehmen. Er, der so gerne Maler geworden wäre, kam nach Grimstad, um den Beruf eines Apothekers zu erlernen. Nebenbei versuchte er, sich auf die Matura vorzubereiten, um später eventuell Medizin zu studieren. Aber es kam ganz anders.

Durch die so frühe Trennung von seiner Familie, die konservativ und streng religiös war, befreite sich Ibsen allmählich von jeder äußeren Autorität und geriet immer mehr in ein revolutionäres Fahrwasser. Seine gesellschaftliche Isolation in dem kleinen Städtchen, aber auch die Feber-Revolution von 1848, bestärkten diese Entwicklung und legten gleichzeitig den Grundstein für sein dichterisches Schaffen. In seinen Mußestunden schrieb der junge Mann satirische Reime, zeichnete scharfe Karikaturen der herrschenden Gesellschaft und schrieb sein erstes Drama, »Catilina«, ein romantisch-heroisches Stück aus dem alten Rom.

Der nächste Schritt führte Ibsen nach Oslo, damals noch Christiania genannt. Hier wollte er Medizin studieren, scheiterte aber am Griechischen, das er bei der Reifeprüfung nicht bestand. Als armer Literat fristete er ein kümmerliches Dasein und geriet in Kontakt mit revolutionären Kreisen. Mit zwei radikalen Freunden gründete er ein Wochenblatt »für literarische Satire und politische Opposition«. Hier beschäftigte sich der angehende Dichter mit der Veränderlichkeit des Wahrheitsbegriffes und vor allem mit dem Verhältnis des Einzelnen, des Schwachen, zur sogenannten kompakten Majorität. All dies waren bereits Gedanken, die er dann in seinen Gesellschaftsdramen verarbeitete. In dieser Zeitschrift veröffentlichte er auch kleinere literarische Werke, hier kämpften seine Freunde für seine Reformpläne des Dramas und der Bühne.

Der Erfolg blieb nicht aus, im November 1851 erhielt er einen Ruf als Regisseur und Hausdichter an Norwegens erste nationale Bühne, das Theater in Bergen. Hier blieb Ibsen fünf Jahre und eignete sich in der Praxis die nötigen Dramaturgie- und Theaterkenntnisse an. Das literarische Ergebnis dieser Zeit waren fünf Schauspiele, darunter »Frau Inger auf Östrot« und »Das Fest auf Solhaug«. Hier in Bergen lernte er auch Susanna Thoresen, die Tochter des dortigen Probstes Hans Conrad Thoresen, kennen, verlobte sich 1857 mit ihr und heiratete sie ein Jahr später. Über Susanna, die ihm oft als Vorbild für seine berühmten Frauengestalten diente, schrieb er in einem Brief: »Sie ist ein Charakter, wie ich ihn just brauche – unlogisch, aber von einem starken poetischen Instinkt: Groß ist ihre Denkungsart und beinahe zügellos ihr Haß gegen alle kleinlichen Rücksichten.«

In Bergen begann Ibsen auch an seinem Stück »Nordische Heerfahrt« zu arbeiten und verfaßte als Abschluß seiner dortigen Tätigkeit die Schrift über die »Kaempeviser und ihre Bedeutung für die Kunstpoesie«. Hier finden sich über das dramatische Schaffen Grundsatzerklärungen, denen er sein ganzes Leben treu geblieben ist: Von einem nationalen Schriftsteller verlangt er den Grundton, »der uns von Berg und Tal, von Hang und Strand, vor allem aber aus unserem eigenen Inneren entgegenklingt«. Ibsens Stücke sind, auch wenn sie fast alle fern der Heimat geschrieben wurden, norwegische Stücke, immer ist die norwegische Gesellschaft der Hintergrund, vor dem er seine Probleme aufrollt.

Die nächste Station in Ibsens Leben war wieder Oslo, wo man ihn 1857 als artistischen Direktor des dortigen »Norwegischen Theaters« berief. Die nun folgenden sieben Jahre in Oslo waren die bitterste Zeit seines Lebens. Aus Bergen traf er bereits mit Schulden ein und mußte auch weiterhin von Schulden leben, da sein Gehalt nicht für die Erhaltung der kleinen Familie – 1859 wurde ihnen ein Sohn geboren – ausreichte.

Zu den finanziellen Schwierigkeiten, dem täglichen Kampf um das Dasein, gesellte sich auch noch der künstlerische Mißerfolg. Ibsens Stücke fanden beim Theaterpublikum in Oslo keine gute Aufnahme.

Der unumstrittene König der damaligen Theaterszene in Oslo war der junge norwegische Dichter Björnson, Mitbegründer des norwegischen Theaters und Verfasser zahlreicher national-romantischer Theaterstücke, die im Gegensatz zu Ibsens Dramen großen Anklang fanden.
Die beiden Dichter hatten sich schon bei Ibsens erstem Aufenthalt in Oslo, auf der Maturaschule, kennengelernt und trotz gegensätzlicher Charaktere Freundschaft geschlossen. Björnson hatte einen unerschütterlichen Glauben an sich und seine Sendung, während Ibsen ständig von Zweifeln über sein Talent geplagt war und unter der Vorstellung litt, nur ein geistreicher Schriftsteller zu werden und nicht, wie es ihm vorschwebte, ein dichterischer Kämpfer für hohe Menschheitsziele. Die beiden Stücke, die Ibsen in seiner zweiten Osloer Zeit schrieb, »Komödie der Liebe« und die »Kronprätendenten«, fanden keine Anerkennung. Doch Björnson bestärkte seinen oft vollkommen verzweifelten Freund, unbeirrt seinen Weg zu gehen. Darüber hinaus griff Björnson aber auch hilfreich in das materielle Dasein seines Freundes ein. Er verschaffte ihm Geldunterstützungen und öffentliche Stipendien, um dem Heimatmüden die Reise ins Ausland zu ermöglichen. Er machte Ibsen mit dem größten Verleger des Nordens, Frederik Hegel, bekannt. Durch die Verbindung mit Hegel, der zukünftig alle seine Werke herausbrachte, gelangte der Dichter allmählich in die Lage, als freier und unabhängiger Schriftsteller leben zu können.
Ausgestattet mit einem öffentlichen Reisestipendium von 1.600 Kronen reiste Ibsen im Frühling 1864 mit seiner Familie nach Rom. Dort blieb er vier Jahre und lebte anschließend in Deutschland, abwechselnd in Dresden und München. Die depressive Stimmung von Oslo verfolgte ihn auch noch in der ersten Zeit in Rom, er trug sich mit Selbstmordgedanken, schwebte durch ein heftiges Fieber zwischen Leben und Tod. Dann stürzte er sich in seine Arbeit und vollendete 1866 sein erstes großes Ideendrama »Brand«.
Nachdem er dieses Werk fertiggestellt hatte, ging mit Ibsen eine auffallende Veränderung vor. Er warf fast plötzlich die Hülle des Bohemien ab und gab sich der Außenwelt gegenüber gelassen und heiter. Seine gedrückte Stimmung wich von ihm, er hatte zu sich selbst gefunden.
Ein Jahr darauf, 1876, vollendete er sein dramatisches Gedicht »Per Gynt« und sandte es in die Heimat. In den beiden großen Ideendramen setzte Ibsen sich mit dem Verhältnis des einzelnen Menschen zum Staat auseinander. Dem Dichter galt das geistige und kulturelle Leben bei weitem mehr als das politische Wesen des Staatsverbandes. Darum

konnte er, auch fern seiner Heimat, befreit vom Alpdruck des Staates, erst richtig norwegisch empfinden und gestalten.
Die Sorge um die Ausbildung seines Sohnes ließ ihn 1868 Rom verlassen und vorerst nach Dresden gehen. Hier vollendete er sein erstes modernes Drama »Bund der Jugend« und arbeitete von 1871 bis 1873 an seinem welthistorischen Drama »Kaiser und Galiläer«. Seine Orientreise als Gast des Khediven von Ägypten zur Eröffnung des Suezkanals 1871 gab ihm die Anregung dazu.
1875 brach er die Zelte in Dresden ab und siedelte sich in München an. 23 Jahre verbrachte er insgesamt in Deutschland. Unterbrochen wurde diese Zeit durch zwei Aufenthalte in Italien. In München entstanden im Sommer 1877 »Die Stützen der Gesellschaft«. Bei seinem ersten Italienaufenthalt schrieb er in Amalfi 1879 das »Puppenheim«. Unter dem Einfluß seiner Frau Susanna trat Ibsen auf den Kampfplatz für das Recht der Frau. Dieses Stück ist eine dankbare Verbeugung vor seiner Gefährtin, die die ganze Zeit ihrer Ehe ihre eigenständige Persönlichkeit entwickelt und behalten hatte und nur so die Kraft aufbringen konnte, ihrem Mann jenen aufmunternden, geistigen Zuspruch zu geben, den er für sein großartiges Werk brauchte.
Während seines zweiten Italienbesuches schrieb er in Sorrent 1881 »Gespenster«, der »Volksfeind« wurde 1882 in Rom begonnen und auf einer Tiroler Reise in Gossensaß zu Ende geführt, ebenso die »Wildente«. In die Münchner Zeit fielen dann 1886 »Rosmersholm«, »Die Frau vom Meere« 1888 und »Hedda Gabler« 1890.
Während der 27 Jahre seiner freiwilligen Landesflucht packte ihn nur zweimal das Verlangen, seine Heimat wiederzusehen, getrieben von der Sehnsucht nach der nordischen Landschaft und nach dem Meer. Zu Hause fühlte er sich, nach seiner eigenen Aussage, nur in München. Hier hatte er gute Freunde gewonnen, der Münchner Ibsenkreis wagte es auch, sein umstrittenes Drama »Gespenster« zum ersten Mal auf die Bühne zu bringen.
1891 nahm er schließlich doch wieder seinen festen Wohnsitz in Oslo auf, aus praktischen Gründen, um sein Vermögen fest anzulegen und zu verwalten. Dazu zog es ihn in das Land, in dem er Staatsangehöriger war. Vier Alterswerke entstanden noch in seiner Heimat: 1892 »Baumeister Solneß«, 1894 »Klein Eyolf«, 1896 »Gabriel Borkmann« und 1899 sein letztes Werk »Wenn wir Toten erwachen«. An diesem Kunst- und Lebensepilog hatte er mit äußerster Anstrengung gearbeitet, wohl wissend, daß ihm nicht mehr viel Zeit bleiben sollte zu sagen, was er noch zu sagen hatte.

Im Kreise seiner Familie war ihm in den letzten Jahren ein glückliches Dasein beschieden. Sein Sohn Sigurd hatte die diplomatische Laufbahn ergriffen und sich mit der Tochter des besten Freundes seines Vaters, mit der Tochter des Dichters Björnson, verheiratet. Drei Kinder gingen aus dieser Ehe hervor.

Am 15. März 1900 erlitt Ibsen einen leichten Schlaganfall. Es schien, als würde er das Leiden überwinden, doch die Arteriosklerose schritt fort, und Ende 1901 wiederholte sich der Anfall in wesentlich verstärktem Maße. Von da an ging es mit seinem Leben langsam zu Ende. Am 23. Mai 1906 starb er in den Armen seiner Frau. Er wurde auf dem »Erlöserkirchhof« in Oslo begraben. Ein Obelisk aus silbergrauem Labradorstein bezeichnet die Stätte. Auf dem Denkmal liest man kein anderes Wort als den Namen Henrik Ibsen.

Da Ibsen in sich nicht die Kraft fühlte, ein Verbesserer der Menschheit zu werden, begrüßte er die Schriftstellerei als Broterwerb. In einem Reimbrief, den er 1875 verfaßt hatte, umriß er in kurzen Worten das Ziel seiner dichterischen Tätigkeit: »Mein Amt ist fragen, nicht Bescheid zu geben.« Schon sehr früh formulierte er in großer Deutlichkeit das Anliegen seiner Dramen. Er zeigte immer Probleme, Mißstände auf, Antworten konnte er keine anbieten.

In seinem Erstlingswerk, dem romantisch-heroischen Versdrama »Catilina«, schrieb er sich wie Schiller in seinen Räubern und Goethe in seinem »Götz von Berlichingen« alle Probleme vom Herzen, die ihn damals bewegten. Ibsens erste literarische Tätigkeit in Bergen war das Geschichtsdrama »Frau Inger auf Östrot«, das uns zurück in die Kämpfe um die norwegische Selbständigkeit führt, um die Befreiung vom fremden Joch. Auf Frau Inger richtet sich die ganze Hoffnung ihres Volkes, sie ist ausgestattet mit hohen Geistesgaben, ungewöhnlichem Scharfsinn, geschmeidiger Klugheit und Energie. Sie kann aber ihr Lebenswerk nicht erfüllen, weil ihre Hände nicht rein sind: Um dem eigenen Sohn Leben und Reich zu retten, läßt sie einen Gast ermorden, nicht wissend, daß dieser Gast ihr eigener Sohn ist. Ibsen verwendet in diesem Stück zum ersten Mal das Kunstmittel der dramatischen Analyse. Langsam rollt sich vor den Augen des Publikums das Vergangenheitsbild auf. In einer kleinen Nebenfigur läßt Ibsen auch schon seine Vorstellung von der Sendung der Frau durchklingen, wenn er sagt, daß eine Frau das Mächtigste auf Erden ist, und es in ihrer Hand liegt, den Mann dorthin zu leiten, wo Gott ihn haben will.

Behandelt Ibsen in »Frau Inger« ein Thema aus dem norwegischen Mittelalter, so griff er in seinem nächsten Stück, »Das Fest auf

Solhaug«, einen Stoff aus der Sagenzeit auf. Das Grundthema des Stückes wird entscheidend für Ibsens spätere Dichtung: der Mann, der zwischen zwei Frauen steht. Beim Publikum in Bergen fand das Stück begeisterte Aufnahme, die Kritiker hingegen fanden keine guten Worte dafür.

Das nächste Stück, »Helden auf Helgeland« (»Nordische Heerfahrt«), das Ibsen in Bergen in Angriff nahm, spiegelt seine damalige Weltanschauung deutlich wider. Als Vorlage diente ihm eine alte Familiensage aus dem zehnten Jahrhundert, zu einer Zeit, da das Christentum nach Norden vordrang und zwei Welten aufeinanderprallten. Auch hier behandelte er ein Anliegen, das ihm später immer wieder auf dem Herzen lag: zu zeigen, wie Charaktere im Kampf gegen ihr Schicksal erstarken, ohne es zu überwinden. Er führt Menschen vor, die ihre ganze Kraft und Liebe daransetzen, sich ihrer Bestimmung unterzuordnen.

Die »Komödie der Liebe« entstand in seiner Verlobungszeit. Hier wandte sich der Dichter der Gegenwart zu und versuchte, sein eigenes Verhältnis zum Gesellschaftsleben, zur Liebe und Liebestreue, zum Problem der Ehe dichterisch zu erfassen. Er stellt die Frage, ob die Liebe ein Eheleben überdauern könne, und verneint diese Frage. Seiner Anschauung nach ist die Liebe ein viel zu edles Gut, um durch den Alltagstrott geschleift zu werden, sie ist ein schöner Augenblick, nicht geschaffen für die Gewohnheit. Dieses Stück ist als ein Vorläufer seines großen Ideendramas »Brand« zu sehen, weil darin der in unseren sozialen Verhältnissen herrschende Gegensatz zwischen der Wirklichkeit und der idealen Forderung in allem, was Liebe und Ehe betrifft, geschildert wird. Es wirft gezielte Streiflichter auf die Verlogenheit der Gesellschaft. Es nimmt daher nicht Wunder, daß es große Empörung hervorrief, als es erschien. Nur seine Frau billigte das Werk.

Die Veröffentlichung der »Komödie der Liebe« und auch die seines nächsten Werkes »Kronprätendenten« fiel in die traurigste Zeit von Ibsens Leben, in die Periode in Oslo, in eine Zeit, da sich der Dichter als »Stiefkind Gottes auf Erden« fühlte. In den »Kronprätendenten« rang er für sich selbst um die Kraft, mit Überzeugung und Zuversicht seinen Weg zu gehen, sich zum Glück durchzukämpfen. Wie schon der Titel des Dramas sagt, streiten zwei Thronanwärter um ein Reich. Keiner von beiden hat den handfesten Beweis, der richtige zu sein, in der Hand, aus ihrem eigenen Wesen heraus muß der Beweis kommen, wer für diese große Aufgabe geschaffen ist. Der eine hat seinen eigenen Königsgedanken, daß nicht Zwietracht, sondern Eintracht unter Norwegens

Stämmen herrschen soll. Er besitzt die notwendige moralische Qualifikation und trotz anfänglicher Niederlagen die feste Zuversicht, den Sieg zu erringen. Sein Gegenspieler, voll Hoffart und Eitelkeit, will aus Selbstsucht herrschen. Da er keine eigene Königsidee hat, gibt er die seines Gegners fälschlich für seine eigene aus. Die innere Überzeugung aber vom Recht seiner Sendung fehlt ihm. Daher muß er untergehen.

Die »Kronprätendenten« waren ein Wendepunkt in Ibsens Entwicklung. Trotz des Mißerfolges beim Publikum rang er sich doch zu einer positiven Stimmung durch, alle Zweifel an der Erfüllung seiner Lebensaufgabe wichen von ihm. Sein nächstes Stück, bereits in Italien geschrieben, »Brand«, führt den Gedanken der Kronprätendenten fort: Es zeigt, wohin es den Menschen führen kann, der ohne Verständnis für menschliche Schwächen und Bedürfnisse seine idealen Forderungen zu verwirklichen sucht: in den Tod.

Die Anregung für dieses große Ideendrama, das nicht mehr für die Bühne geschrieben wurde, sondern ein Lesestück ist, lieferte ihm ein Ereignis aus seiner Vaterstadt Skien. Hier lebte ein Pastor, der aus der Staatskirche ausgetreten war, weil er an manchen Glaubenslehren und geistigen Verrichtungen Anstoß nahm. Brand ist auch ein Pastor, dem es darum geht, den alten Familiengott der Weltchristen ins Grab zu legen und eine neue, kämpferische, tief überzeugte Gotteswelt zu schaffen. Um das zu erreichen, geht er über Leichen. Er scheut nicht den Tod seines eigenen Kindes, seiner Frau und geht daran selbst zugrunde. Dieses Werk ist einer der glücklichsten Versuche der Weltliteratur, den Kampf zwischen Realismus und Idealismus zu verbildlichen, ähnlich Goethes »Faust«.

Ist Brand der willensstarke, furchtlose Charakter, so ist Per Gynt, die Hauptgestalt seines nächsten großen Ideendramas, der willenlose, ziellose Mensch, der sich überall und in alles fügt, überall den Rückzug offen läßt, feilscht, heuchelt und schmeichelt, der Feigling, der Egoist. »So bist du«, ruft Ibsen seinen Landsleuten in Norwegen mit der Schilderung des Per Gynt entgegen. Er sollte ein Spiegelbild des Wesens und des Charakters seines Volkes werden. Die Figur war ihnen wohlbekannt. Der Dichter hat sie den Feenmärchen Asbjörnsens, des nordischen Grimm, entnommen.

In den verschiedenen Stadien seines Lebensweges wird der Held gezeigt, der in seinen Grundzügen viele Ähnlichkeiten mit dem Don Juan aufweist. Nur ist er kein Aristokrat, sondern ein norwegischer Bauernsohn. Durch keine Macht der Welt, nicht durch die reinste Liebe seiner Solvejg, ist er zu bessern.

Trotzdem hat Ibsen Mitleid mit seinem Helden und läßt ihn retten. Der Rechtsstreit um seine Seele gehört zum Genialsten in der gesamten deutschen Literatur. Ibsen gelang hier eine kühne Mischung des Behaglich-Komischen, des Drolligen mit bitterem Ernst. Goethes Mephisto entspricht bei Per Gynt ein ganz menschlicher Knopfgießer, der um die Seele seines Opfers ringt. Und nun kommt der verblüffende Schluß: Weil Pers ideales Selbst, wie Gott es geschaffen hat, in Solvejgs Herzen immer so gelebt hat, wird ihm sein schmählicher Lebenswandel verziehen. Der Knopfgießer muß ohne seine Beute abziehen.

»Bund der Jugend«, 1868 und 1869 bereits in Dresden entstanden, war der Beginn der Serie von gesellschaftskritischen Dramen, mit denen Ibsen einen neuen Weg einschlug, der wegweisend für die Entwicklung der Literatur, nicht nur in Skandinavien, sondern auch in Deutschland, werden sollte. Bei der Premiere am 18. Oktober 1869, während der Dichter am Suezkanal weilte, kam es zu einem handfesten Skandal. Das Publikum tobte, so daß das Weiterspielen in Frage gestellt war. Sowohl liberale als auch konservative Kreise fühlten sich gleichermaßen getroffen. Es ist eine politische Komödie. Sie schildert Episoden aus dem Leben eines Rechtsanwaltes, der nach einem besseren und höheren Dasein strebt, dies aber mit kleinlichen, lügnerischen Mitteln zu erlangen versucht und nur ein niedriges Ziel erreicht. Den Hintergrund zu dieser Geschichte bildet das Abbild der Gesellschaft, wie Ibsen sie in seiner Heimat kennengelernt und vor ihr die Flucht ergriffen hat: Ringsum herrscht Familiendünkel, man sieht die Selbstgerechtigkeit des bornierten Ehemannes, man sieht das angeberische Gehaben des unerfahrenen, verführten Sohnes, das protzenhafte Parvenütum des schwindelhaften Spekulanten, die hämische Zerstörungslust des Entgleisten, die unterwürfige Zudringlichkeit eines Unterdrückten. Wie schon bei Brand und Per Gynt erweist sich Ibsen als ein meisterhafter Zeichner der Persönlichkeit. Er schuf individuelle Charaktere, die sich aus ihrer Herkunft, ihrer Erziehung, ihrem Milieu erklären lassen, ganz im Sinne des großen Wieners Sigmund Freud.

Einmal noch wich Ibsen von dem eben beschrittenen Weg des Gesellschaftsdramas ab und schuf ein weltgeschichtliches Schauspiel, »Kaiser und Galiläer«. In diesem Buch legte er, wie er selber bekannte, einen großen Teil seines eigenen geistigen Lebens nieder, es sollte sein Hauptwerk werden. Angeregt durch die antike Kultur und das Papsttum, denen er in Rom auf Schritt und Tritt begegnet war, verlegte er das Stück in die Zeit, da Antike und Christentum um die Weltherrschaft rangen. Kaiser Julian ist sein Held. Ihm reicht es nicht, ein riesiges

Imperium zu beherrschen, er will ins Übermenschliche hinaus, er will ein Gott werden. An diesem Punkt gerät er mit dem aufstrebenden Christentum in Konflikt. An seinem Totenbett muß er zugeben, daß er, der alle irdische Macht in seinen Händen hatte, schließlich doch der Besiegte ist, weil er nicht vermochte, was die Galiläer konnten, für seine Überzeugung freudig in den Tod zu gehen. Ibsen ringt in diesem Stück um das »dritte Reich«, wie er es nennt, um eine Synthese von Antike und Christentum. Bürger in diesem »dritten Reich« ist der, der bereit ist, sich für seine Ideale, für einen anderen Menschen zu opfern. Viele Figuren aus Ibsens Dramen sind solche opferwilligen Bürger des »dritten Reiches«.

Als ein Gegenstück zum »Bund der Jugend« sah Ibsen sein nächstes Stück, »Stützen der Gesellschaft«, 1877 in München geschrieben. Konsul Bernick, die Hauptstütze, ist Ibsens erster moderner Mensch. Er ist ein großer Handelsherr, ein Mann von reichen Gaben und überdurchschnittlicher Persönlichkeit. Aber um seine Ziele zu erreichen, um Reichtum und Macht zu vergrößern, schrickt er auch vor Verbrechen nicht zurück, er stützt eine leere und faule Gesellschaft, weil sie seinen Fortschritt garantiert. Aber der Konsul sieht sein Unrecht ein, beichtet es vor der ganzen Welt. Er, der mit den Lügnern gelogen, mit den Heuchlern geheuchelt, findet den Mut zur Wahrheit und befreit sich von dem falschen Schein, der ihn am eigentlichen Glück gehindert hat. Einmal noch fühlte sich Ibsen dem »Ende gut, alles gut« des konventionellen Theaterstückes verpflichtet, so daß ein für unseren heutigen Geschmack nicht ganz befriedigender Ausgang zustande kommt. In seinem nächsten Stück sollte es anders werden – zur großen Empörung des Publikums.

»Nora oder ein Puppenheim«, ein Entwicklungsdrama, erregte nach seinem Erscheinen viel Streit und Entrüstung, heute zählt es jedoch zu den bekanntesten und anerkanntesten Werken Ibsens. Es schildert die Entwicklung einer Frau vom Kind, dem Spielzeug und Dekorationsstück ihres Mannes, zu einer selbständig denkenden Frau mit eigener Verantwortlichkeit. Aus Liebe zu ihrem Mann, um ihm seine Existenz zu retten, begeht sie eine Urkundenfälschung, und als es nun an ihrem Mann wäre, ihr einen gleichen Liebesdienst zu erweisen, muß sie erkennen, daß hinter seiner liebenswürdigen Fassade ein kalter Egoist steckt. Sie wendet sich innerlich von ihrem Mann ab. Als er ihr immer wieder vorwirft, sie sei die leichtsinnige Tochter ihres leichtsinnigen Vaters und ihr erklärt, fast alle früh verstorbenen Menschen hätten lügenhafte Mütter gehabt, da ringt sie sich zu einem heroischen Entschluß durch: Sie verläßt ihre drei über alles geliebten Kinder, um sie nicht zu verderben, um ihnen nicht durch ihre Anwesenheit ihr Heim zu vergiften. An dieser Tatsache entzündete sich, wohl aus falschem Verständnis der Norafigur, die Empörung der Damen über dieses Stück. Eines ist sicher, es bedarf großer Schauspielerinnen, wie etwa die legendäre Eleonore Duse es war, um die Entwicklung der Seele der Nora dem Publikum glaubhaft darstellen zu können.

Wurde in »Puppenheim« das Problem der Erbkrankheit gestreift, so stellte Ibsen dieses in dem zwei Jahre später erschienenen Drama »Gespenster« in den Mittelpunkt. Das Schicksal Oswald Alvings, des erblich belasteten Sohnes eines fidelen Leutnants, ist der Mittelpunkt dieses Meisterstückes aller modernen Tragödien. Er fleht seine Mutter an, ihn von dem jammervollen Leben, das sie ihm gegeben hat, zu befreien. Der Held des Stückes ist nicht der erbkranke Sohn, sondern seine Mutter, Helene. Wie Nora läuft sie von ihrem ungeliebten, charakterlosen, unwürdigen Mann davon. Aber sie kommt wieder. Sie entwirft ein Lügennetz, die perfekte Lebenslüge, um ihrem einzigen Sohn die Ehrfurcht vor seinem Vater zu erhalten. Doch das Schicksal läßt sich nicht aufhalten. Der Sohn hat das kranke Blut seines Vaters geerbt und muß daran zugrunde gehen. An dieser Entwicklung ist Helene nicht unschuldig, sie hat in jungen Jahren nicht den Mann ihres Herzens geheiratet, sondern sich für eine materiell wesentlich bessere Partie entschieden. Diese Schuld muß sie nun büßen. Gespensterhaft wirft die Vergangenheit ihre Schatten auf die Gegenwart – daher der Titel: An einem einzigen Tag rollt die ganze Vergangenheit vor unseren Augen ab, entscheidet sich das weitere Schicksal.

Die Empörung der Politiker und Kunstrezensenten, nicht zuletzt über die freimütige Erörterung von Erb- und Geschlechtskrankheiten, war groß. Ibsens Freunde legten ihm nahe, sich zur Wehr zu setzen. Der Dichter war sich dafür zu gut, aber der Protest kam in Form eines Dramas: »Ein Volksfeind«. Doktor Stockmann, Badearzt in der Badeanstalt einer Kleinstadt, entdeckt, daß das angebliche Heilwasser giftig ist. Sein Verlangen, eine neue Wasserleitung zu legen, wird von den Stadtvätern abgelehnt und ihm jeder Versuch, mit seinen Untersuchungen an die Öffentlichkeit zu dringen, versperrt. Er wird mit seiner Frau und seinen Kindern zum Außenseiter der Gesellschaft gestempelt, aber er geht nicht von seiner Forderung ab. Vor dem Hintergrund der engen Welt des kleinstädtischen Spießbürgertums mit seiner Dummheit und Verlogenheit scheitert der Kampf des hitzköpfigen Idealisten um sein Recht.

Wie ein Wahrheitsapostel nicht gegen die Macht der Lüge aufkommt, ist der Inhalt des Volksfeindes. In seiner »Wildente« hingegen wollte Ibsen zeigen, daß die Wahrheit für gewisse Menschen, vielleicht für die meisten, ein zu kostbares, ein gefährliches, tötendes Gut ist. Die Lebenslüge macht vielen Menschen ihr Dasein erst erträglich.

In der »Wildente« dringt ein Wahrheitsapostel in eine Familie ein, klärt die kleine Hedwig und ihre Eltern Ekdal über ihre wahren Verhältnisse auf, reißt den Schleier der Lebenslüge, der alles zusammengehalten hat, herunter. Die Eltern verkraften es, leben dumpf weiter, als ob nichts geschehen wäre. Das Opfer wird die kleine Hedwig. Als sie erfährt, daß ihr über alles geliebter Vater nicht ihr Vater ist, will sie ihm mit einer großen Opfertat ihre Liebe beweisen, sie will ihr Lieblingsspielzeug, die Wildente, opfern. Da der Vater aber an ihrem Opferwillen zweifelt, richtet sie die Pistole gegen ihr eigenes Herz.

Diese Dichtung war ein Wendepunkt für Ibsens Schaffen. Er behandelte den Stoff vorwiegend psychologisch. Alles und jedes wird in dem großartigen Schauspiel zum Sinnbild. Das Hauptsymbol liegt schon im Titel. Die Wildente symbolisiert das Menschenleben. Einst flog sie frei über den Meeresspiegel, wurde aber abgeschossen und flügellahm gemacht und in die Obhut der Menschen genommen. Das Resultat: Der wilde Vogel wird fett und zahm und vergißt Luft, Freiheit, Himmel und Meer. So ergeht es den meisten Figuren des Dramas.

In dem nächsten Schauspiel, »Rosmersholm«, als Frucht eines Besuches in der Heimat entstanden, trifft die ideale Forderung nicht zwei Durchschnittsmenschen wie das Ehepaar Ekdal, sondern jene Auserlesenen, zu denen Hedwig Ekdal berufen war. Sie besitzen, was Ibsen von den Menschen seines »dritten Reiches« verlangt, die individuelle Freiheit und die Opferfreudigkeit, die allein die Gefahren dieser Freiheit ausgleichen kann. Die Hauptgestalten sind der Expastor Rosmer, dessen Frau und seine Seelenfreundin – auch hier also wieder ein Mann zwischen zwei Frauen. Seine Frau scheidet freiwillig aus dem Leben, um, wie sie glaubt, der geliebten Freundin ihres Mannes ihren Platz zu überlassen. Rosmer, der sich an diesem Tod schuldig fühlt, begeht Selbstmord, um diese Schuld zu tilgen. Übrig bleiben auch in diesem Drama die Durchschnittsmenschen, die sich mit dem Leben arrangieren können.

Seine Sehnsucht nach dem Meer schrieb sich Ibsen in dem Schauspiel »Die Frau vom Meer« vom Herzen. Das Meer ist für ihn der Inbegriff der Weite, der Größe, der Freiheit. Eine Frau, dies alles verkörpernd, kann sich erst in ihr bürgerliches Schicksal fügen, als ihr liebender, verständnisvoller und opferbereiter Mann sie freigibt. Dann entschließt sie sich, freiwillig zu bleiben.

Ist die Frau vom Meer ein gutmütiges Naturkind, das in die Hände eines gütigen Mannes gerät und ihr Schicksal meistern kann, so ist die Titelheldin des nächsten Dramas, »Hedda Gabler«, eine bösartige Kulturdame, die an einen spießbürgerlichen Philister gerät. Sie, die einen unbändigen Drang nach dem großen Leben hat, kann sich in der kleinbürgerlichen Welt ihres neuangetrauten Ehemannes nicht zurechtfinden. Grausamkeit und Kälte ziehen ein in ihr Herz, bis sie mit einem gezielten Pistolenschuß in die Stirn ihrem leidigen Leben ein Ende setzt. Die einzige würdige Tat, die ihr, der Tochter eines Generales, in dieser Umgebung zu tun bleibt.

Die »Hedda Gabler« ist das letzte Stück, das auf deutschem Boden entstanden ist. Seine vier Altersstücke, in Norwegen, seiner alten Heimat, geschrieben, sind von einer neuen Grundhaltung geprägt. Den Ankläger und Kämpfer Ibsen gibt es nicht mehr, versöhnliche Töne kehren in seinen Lebensepilog ein. Er wünschte seinen Gestalten Frieden, so wie er sich den Frieden wünschte. Seine Baumeistertragödie »Baumeister Solneß« ist ein Streben nach freier, einsamer, sich selbst erschaffender Menschengröße. Der Turmbau – Mittelpunkt des Stückes – ist das äußere Sinnbild einer Sehnsucht nach innerer Erbauung und Auferstehung. In »Klein Eyolf«, einer sommerlichen Kindertragödie, baut Ibsen eine neue Ethik auf, die sowohl auf höchst menschlichen Eigenschaften und Erfahrungen als auch auf einem seelischen Bedürfnis beruht. Die Eltern dieses Kindes finden nach allen Wirrnissen ihrer Ehe nicht ein großes Sonntagsglück, wohl aber einen milden Sonntagsfrieden.

Das nächste Stück, »John Gabriel Borkmann«, die Greisentragödie, ist ein Winterstück. Sie konnte nur von einem alten, bald siebzigjährigen Mann gedichtet werden, der weiß, wie es in einer gealterten Seele aussieht, der weiß, wie es ist, wenn letzte Wünsche und letzter Glauben entschwinden, wenn alte Augen auf ein verlorenes Leben zurücksehen und sich nur mehr Frieden wünschen, sei es auch ohne Trost.

Ibsens letztes Werk, »Wenn wir Toten erwachen« – er nennt es selbst einen dramatischen Epilog –, ist eine Auseinandersetzung mit sich und seiner Kunst. Er schildert das Leben eines Bildhauers, der die Verkörperung des Auferstehungsgedankens geschaffen hat. Dieses sein Lebenswerk erhebt sich am Ende gegen ihn als eine große Anklage. Er brauchte eine Seele eines anderen Menschen, um jenes Werk zu schaffen, und hat in kühlem Egoismus nichts getan, der Gefährtin, die

ihm diente, weil sie ihn liebte, Ersatz zu bieten für die junge heiße Seele, die er ihr genommen hatte.
Henrik Ibsen hat, wie viele seiner Gestalten, an einem Wendepunkt der Zeit gelebt. In seinen Jugendwerken noch der Romantik verpflichtet, hat er diese überwunden und die Bahn gebrochen für einen ganz neuen Stil, für eine lebensnahe Darstellung des Daseins. Er ist der Wegbereiter des Naturalismus, sowohl in Skandinavien als auch in Deutschland. Das Werk August Strindbergs in Skandinavien und das von Gerhart Hauptmann in Deutschland ist ohne Ibsens Pioniertat undenkbar.

DAS FEST AUF SOLHAUG

Schauspiel

Personen

Bengt Gauteson, Herr auf Solhaug
Margit, seine Ehefrau
Signe, ihre Schwester
Gudmund Alfson, ihr Vetter
Knut Gaesling, Vogt des Königs
Erik von Haegge, sein Freund
Ein Knecht
Ein zweiter Knecht
Des Königs Sendbote
Ein alter Mann
Eine Magd
Gäste, Herren und Frauen
Gefolgsmannen Knut Gaeslings
Knechte und Mägde auf Solhaug

Der Schauplatz der Handlung ist Solhaug, die Zeit das vierzehnte Jahrhundert

ERSTER AKT

Eine stattliche Stube mit je einer Tür im Hintergrund und auf beiden Seiten. Vorn rechts ein Erkerfenster mit kleinen runden, in Blei gefaßten Scheiben, davor ein Tisch mit einer Menge Weiberschmuck. An der Wand links ein großer Tisch mit silbernen Krügen, Bechern und Trinkhörnern. Die Tür im Hintergrund führt auf eine offene Außengalerie, von der man auf eine weite Fjordlandschaft sieht.

Bengt Gauteson, Frau Margit, Knut Gaesling und Erik von Haegge sitzen links um den Trinktisch. Im Hintergrund sitzen und stehen Knuts Mannen umher; ein paar Bierhumpen machen unter ihnen die Runde. In weiter Ferne hört man Kirchenglocken zur Frühmesse läuten.

Erik (erhebt sich vom Tisch) Und nun, kurz und gut, was für einen Bescheid habt Ihr mir auf meine Brautwerbung im Namen Knut Gaeslings zu geben?
Bengt (schielt unruhig nach seiner Ehefrau) Ja, ich – ich denke nun – *(Da sie schweigt)* Hm, Margit, laß uns erst hören, was du meinst.
Margit (steht auf) Herr Knut Gaesling – es war mir lange bekannt, was Erik von Haegge von Euch erzählte. Ich wußte gar wohl, daß Ihr aus einem berühmten Geschlecht stammt; Ihr seid reich an Geld und Gut, und unser königlicher Herr ist Euch sonderlich gewogen.
Bengt (zu Knut) Sonderlich gewogen – das sag' auch ich.
Margit Und sicherlich könnte sich meine Schwester keinen besseren Ehemann wählen –
Bengt Keinen besseren; just dasselbe denk' auch ich.
Margit – wenn Ihr sie nur bewegen könnt, Neigung zu Euch zu fassen.
Bengt (ängstlich, halblaut) Aber – aber, meine Liebe –
Knut (springt auf) Ja so, Frau Margit! Ihr meint, daß Eure Schwester –?
Bengt (sucht ihn zu beruhigen) Nicht doch, Knut Gaesling! Nicht doch! Versteht uns nur recht!

Margit Meine Worte können Euch nicht kränken. Meine Schwester kennt Euch ja nur aus den Weisen, die über Euch im Schwange sind – und sittsamen Ohren klingen diese Weisen übel.
Euer Väterhof ist ein unsicher Haus
mit all seinen wilden Gästen.
Christ helfe der Braut, wenn tagein tagaus
die Fremden am Tische sich mästen!
Christ helfe der Braut, die Eure Geschmeid'
und Güter und Wälder verblenden –
bald wird sie sich sehnen, ein Leben voll Leid
im Schlummer des Grabes zu enden.
Erik Freilich – nur zu wahr – Knut Gaesling lebt etwas wüst und zügellos. Doch dergleichen ändert sich leicht, sobald man sich eine Frau ins Haus schafft.
Knut Und nun sollt Ihr noch Folgendes vernehmen, Frau Margit. Es mag eine Woche her sein, da war ich zu einem Trinkgelag' auf Haegge bei Erik, der hier steht. Das Bier war stark; und da es auf den Abend ging, tat ich das Gelübde, daß Eure schöne Schwester Signe mein Weib werden müsse, eh' noch das Jahr um sei. Nun soll man Knut Gaesling nimmer nachsagen, daß er irgend ein Gelübde gebrochen habe. Daher seht Ihr selbst, daß Ihr mich zum Mann Eurer Schwester wählen müßt – im Guten oder im Bösen.
Margit Bevor dies geschieht, nun, ich will's Euch nicht hehlen,
da müßt Ihr erst andre Gesellschaft wählen;
da dürft Ihr nicht länger, ein greulicher Troß,
das Land durchjagen zu Wagen und Roß!
Sorgt lieber, daß nicht gleich jeder erschrickt,
sobald sich Knut Gaesling zur Freite anschickt.
Gesittet und ruhig reitet zum Schmause,
und laßt mir die Axt an der Wand zu Hause –
denn Ihr wißt, wie sie los' Euch im Handgelenk sitzt,
wenn der Met und das Bier Euch die Schläfen erhitzt.
Ehrbaren Weibern tut nichts zuleid;
dem Handelsmann laßt seine Ware;
und schickt nicht jedem den frechen Bescheid,
er halte nur gleich sein Sterbhemd bereit,
wenn er Eure Straßen befahre.
betragt Ihr Euch so, bis das Jahr verrinnt,
so glückt's Euch vielleicht, daß Ihr Signe gewinnt.
Knut (mit verbissenem Grimm) Ihr wißt Eure Worte klug zu belegen,

Frau Margit. Fürwahr – Ihr hättet ein Pfaff werden sollen und nicht Eures Mannes Frau.

Bengt Oh, was das betrifft, so könnte auch ich genug –

Knut (ohne auf ihn zu achten) Aber das mögt Ihr Euch merken – hätt' ein gewaffneter Mann auf solche Weise zu mir gesprochen wie Ihr, so –

Bengt Nein aber, so hört doch, Knut Gaesling – Ihr müßt uns recht verstehen!

Knut (wie vorher) Nun, kurz und gut, so sollt' er spüren, daß mir die Axt los' in der Hand sitzt, wie Ihr vorhin sagtet.

Bengt (leise) Da haben wir's! Margit, Margit, das geht nicht gut aus.

Margit (zu Knut) Ihr batet um ehrlichen Bescheid, und den hab' ich Euch gegeben.

Knut Ja, ja; ich will es auch nicht so genau mit Euch nehmen, Frau Margit. Ihr habt mehr Klugheit, als wir andern alle zusammen. Da ist meine Hand – kann sein, Ihr habt triftigen Grund zu all den scharfen Worten, die Ihr mir sagtet.

Margit Das gefällt mir; da seid Ihr ja schon auf gutem Wege, Euch zu bessern. Und nun noch etwas. Wir feiern heut ein Fest hier auf Solhaug.

Knut Ein Fest?

Bengt Ja, Herr Gaesling. Ihr müßt wissen, es ist unser Hochzeitstag; heute vor drei Jahren ward ich Frau Margits Gemahl.

Margit (ihn ungeduldig unterbrechend) Wie ich sagte, wir feiern heut ein Fest. Wenn Ihr nun von der Kirche kommt und Eure übrigen Geschäfte erledigt habt, so reitet wieder hierher zurück und nehmt am Gelage teil. Da könnt Ihr meine Schwester kennenlernen.

Knut Schön, Frau Margit; ich dank' Euch. Doch bin ich heut nicht ausgeritten, um die Kirche zu besuchen. Meine Reise gilt Gudmund Alfson, Eurem Vetter.

Margit (stutzt) Ihm! Meinem Vetter? Wo wollt Ihr den treffen?

Knut Sein Hof liegt ja hinter der Landspitze, auf der andern Seite des Fjords.

Margit Aber er selbst ist sehr fern.

Erik Sagt das nicht; er dürfte näher sein, als Ihr denkt.

Knut (raunt ihm zu) Schweig still!

Margit Näher? Was meint Ihr damit?

Knut So habt Ihr nicht gehört, daß Gudmund Alfson wieder im Land ist? Er kam mit dem Kanzler Audun von Haegranaes, der nach Frankreich entsandt worden war, unsere neue Königin einzuholen.

Margit Das ist ganz richtig; aber dieser Tage wird in Bergen des Königs Hochzeit mit großer Pracht gefeiert, und da ist Gudmund dabei.
Bengt Ja, und da hätten wir auch dabeisein können, wenn meine Frau gewollt hätte.
Erik (leise zu Knut) Frau Margit weiß also nicht, daß –?
Knut (leise) Es scheint so; aber laß dir auf keine Weise etwas merken. *(Laut)* Nun ja, Frau Margit, ich muß gleichwohl auf gut Glück aufbrechen; zur Abendzeit komm' ich wieder.
Margit Und da mögt Ihr zeigen, ob Ihr Euren wilden Sinn beherrschen könnt.
Bengt Ja, merkt Euch das!
Margit Ihr rührt nicht an Eure Axt! Hört Ihr, Knut Gaesling!
Bengt Weder an Eure Axt, noch an Euer Messer, noch an irgendwelche andere Wehr, die Ihr bei Euch tragt.
Margit Denn sonst dürft Ihr niemals hoffen, mit mir verschwägert zu werden.
Bengt Nein, das haben wir fest bei uns beschlossen.
Knut (zu Margit) Habt nur keine Sorge.
Bengt Und wenn wir etwas bei uns beschlossen haben, so steht das fest.
Knut Das gefällt mir, Herr Bengt. Ich habe dasselbe gesagt; und ich hab' nun einmal auf unsere Schwagerschaft getrunken. Ihr sollt sehen, ob ich nicht auch an meinem Wort festhalte. – Behüt Euch Gott bis heut abend!
(Er und Erik gehen mit ihren Mannen durch den Hintergrund ab. Bengt folgt ihnen bis zur Tür. Das Glockenläuten hat mittlerweile aufgehört.)
Bengt (kommt zurück) Es kommt mir vor, als ob er uns drohte, da er ging.
Margit (zerstreut) Ja, so klang es.
Bengt Mit Knut Gaesling ist nicht gut Kirschen essen. Zwar wenn ich's bedenke, so gaben wir ihm auch allzuviel unfreundliche Worte. Na, laß uns nicht weiter darüber grübeln. Heut müssen wir lustig sein, Margit! Und ich meine, wir haben guten Grund dazu, wir beide.
Margit (lächelt mühsam) Ja, gewiß!
Bengt Ich war nicht mehr ganz jung, da ich um dich freite – das ist wahr. Aber der reichste Mann auf Meilen und Meilen im Umkreis, das war ich wahrhaftig. Du warst eine schöne Jungfer, aus edlem Geschlecht; aber die Mitgift war nicht danach, einen Freier zu reizen.
Margit (vor sich hin) Und doch war ich damals so reich.
Bengt Was sagtest du, Frauchen?

Margit Oh, nichts, nichts. *(Geht nach rechts hinüber)* Ich will mich mit Perlen und Ringen schmücken. Ist es doch mein Freudenfest heut Abend.

Bengt So hör' ich dich gern reden. Laß mich sehen, wie du dich in deinen besten Staat kleidest, auf daß unsere Gäste sagen können: Glückselig sie, die Bengt Gauteson zum Mann bekam! – Aber nun muß ich hinaus in die Vorratskammer, da ist heute vollauf zu tun. *(Er geht links ab)*

Margit (sinkt auf einen Stuhl am Tisch rechts).
O gut, daß er ging! Wenn er hier drinnen,
da wird mir, als wollte mein Blut gerinnen;
da wird mir, als hielte Wintersgewalt
eisig mein junges Herz umkrallt.
(Unter hervorbrechenden Tränen)
Er ist mein Herr! Ich bin sein Weib!
Wie lange hält wohl ein Menschenleib?
Ein halb Jahrhundert und mehr wohl gar –
und ich bin – im dreiundzwanzigsten Jahr!
(Ruhiger, nach kurzem Schweigen)
Ja, seufze die goldene Mauer nur an,
und harre dein Alter im Bauer heran!
(Sucht zerstreut in den Kleinodien umher und beginnt sich zu schmücken.)
Mit den Perlen und Ringen, die er mir gab,
soll ich mich nun für ihn brüsten!
Ich wollte mich lieber zum stillen Grab
als zu eh'lichen Festen rüsten.
(Abbrechend)
Doch Herze, nicht länger gezagt und geklagt –
du kennst ja ein Lied, das die Sorge verjagt.
(Sie singt)
Der Bergkönig ritt hinunter ins Land;
– wie rinnen mir harmvoll die Tage! –
Er kam, zu frei'n um der Schönsten Hand.
– Ergib dich! Vergebene Klage! –
Der Bergkönig ritt vor Herrn Håkons Tor;
– wie rinnen mir harmvoll die Tage! –
Klein Kirstin stand fliegenden Haares davor.
– Ergib dich! Vergebene Klage! –
Der Bergkönig freite das schöne Weib;
– wie rinnen mir harmvoll die Tage! –

Umschlang ihm mit silbernem Gürtel den Leib.
– Ergib dich! Vergebene Klage! –
Der Bergkönig steckte der Lilie hold
– wie rinnen mir harmvoll die Tage! –
An jeglichen Finger drei Ringe von Gold.
– Ergib dich! Vergebene Klage! –
Drei Sommer gingen und fünf dahin;
– wie rinnen mir harmvoll die Tage! –
Kirstin saß immer im Berge drin.
– Ergib dich! Vergebene Klage! –
Fünf Sommer gingen und gingen mehr;
– wie rinnen mir harmvoll die Tage! –
Klein Kirstin bangte nach Sonne so sehr.
– Ergib dich! Vergebene Klage! –
Das Tal hat Vögel und Blumenpracht;
– wie rinnen mir harmvoll die Tage! –
Im Berg da ist Gold und ewige Nacht.
– Ergib dich! Vergebene Klage! –
(Sie erhebt sich und geht durchs Zimmer.)
Wie oft sang Vetter Gudmund das,
wenn er abends bei Vater gesessen!
Es ist etwas drin, weiß selber nicht was,
doch konnt' ich es niemals vergessen;
ein Etwas, das mich einst mächtig erregt –
und heute noch seltsam zum Grübeln bewegt.
(Steht erschrocken still)
Goldne Ringe! Der Gürtel um meinen Leib –!
Mit Golde freite Bergkönig sein Weib!
(Sinkt verzweifelt auf eine Bank am Tisch rechts)
Weh! Ich bin es selbst, die Bergkönig gefreit!
Und niemand erlöst mich – in Ewigkeit.
(Signe, freudestrahlend, kommt durch die Tür im Hintergrund hereingestürmt.)

Signe (ruft) Margit, Margit – er kommt!

Margit (springt auf) Wer? Wer kommt?

Signe Gudmund, unser Vetter!

Margit Gudmund Alfson! Hierher! Wie kannst du glauben –?

Signe Oh, ich bin dessen gewiß.

Margit (geht nach rechts hinüber) Gudmund Alfson ist mit beim Hochzeitsfest im Königsschloß; das weißt du so gut wie ich.

Signe Kann sein; aber dennoch bin ich sicher, er war's.
Margit Hast du ihn denn gesehen?
Signe O nein, nein. Aber hör' nur –
Margit Ja, so erzähl' doch!
Signe Es war heut morgen; der Glocken Klang
bewog mich, zur Kirche zu reiten;
hell lärmte der wilden Vögel Gesang
in den Weiden und Birken zuseiten.
Es war ein Jubel in Luft und Land;
zu spät fast kam ich zum Ziele,
denn auf dem schattigen Pfade fand
ich der winkenden Rosen zu viele.
Doch leise trat ich am Ende noch ein;
der Priester stand am Altare
und las und sang, und die fromme Gemein'
lauschte dem Mann im Talare.
Da plötzlich klang was über den Fjord –
die Heiligen selber vergaßen den Ort
und drehten die Häupter wie horchend fort...
Margit Was war es, Signe – sag' an, was klang?
Signe Es war ein geheimnisvoller Gesang –
der zog mich aus dem gemauerten Haus
nach Tal und Hügel der Landschaft hinaus.
Unter weißen Birken schritt ich einher,
lauschend und fast wie im Traume;
hinter mir stand das Gotteshaus leer;
denn auch Priester und Gläubige litt es nicht mehr
in seinem dämmrigen Raume.
Es war ganz still auf dem Kirchensteig;
die Vöglein selber lauschten vom Zweig,
die Lerchen schwiegen, der Kuckuck ward stumm,
und Felder und Höhen klangen ringsum.
Margit Und nun?
Signe Da bekreuzten sich Männer und Frauen; *(Mit den Händen gegen die Brust)*
doch mich durchfuhr ein seliges Grauen.
Ich kannte das Lied ja, zu Haus im Saal
sang Gudmund es uns gar manches Mal,
so manchen Abend den Winter lang –
ich kenne doch alles, was Gudmund sang.

Margit Und du glaubst –?
Signe Es kann gar nicht anders sein!
So schlag deine Zweifel doch nieder! *(Lachend)*
Kommt denn nicht jedes Singvögelein
zuletzt aus der Fremde wieder?
Ich weiß selbst nicht – doch ich bin so froh –!
Da fällt mir ein – so mach ich es, so!
Seine Harfe hing all die Zeiten
da drin an der Wand. Ich nehm' sie herab
und mach' sie zurecht und staube sie ab
und stimme die goldenen Saiten.
Margit (geistesabwesend) Tu, was dich lüstet –
Signe (vorwurfsvoll) Ach Margit, so nicht!
(Umfaßt sie)
Wenn Gudmund kommt, wird dein Sinn wieder licht,
wie, da wir noch Kinder waren.
Margit (vor sich hin) Was hab' ich seit damals erfahren –
Signe Margit, du solltest doch glücklich sein!
Hast du nicht Hof und Gesinde?
Hast du nicht kostbare Kleider im Schrein
und Spangen und Perlengewinde?
Am Tage jagst du den Rehen nach
und reitest durch Wälder und Au'n;
die Nächte ruhst du im Frauengemach
auf Polstern von weichstem Daun.
Margit (blickt durch das Erkerfenster)
Und er, er spräche auf Solhaug ein?!
Signe Was sagst du?
Margit (wendet sich um) Nichts – geh, schmücke dich fein!
So hoch wie ich kannst du leichtlich steigen –
wer weiß, wie bald –
Signe Wie sollte das sein?
Margit (streicht ihr übers Haar).
Ich meine – nun ja, das wird sich ja zeigen –
gesetzt, es stellte ein Freier sich ein –?
Signe Ein Freier? Um wen?
Margit Um dich.
Signe (lacht laut) Gute Nacht!
Der hätt' sich umsonst auf den Weg gemacht!
Margit Doch würb' er nun wirklich um deine Hand?

Signe So würd' ich ihm sagen, ich sei bis zum Rand
voll Glück, und Heiraten lockte mich nicht.
Margit Doch wenn er dir Macht und Besitz verspricht?
Signe Und wär' mir selber ein König hold
und böte mir Seide und rotes Gold,
wie ließ ich ihm gerne das Seine.
Ich hab' mich doch selber, was frag' ich danach,
und den Sommer, die Sonne, den rauschenden Bach
und dich und die Vögel im Haine.
O liebste Schwester – ich bleib', wo ich bin;
der König bekommt keine Königin;
denn ich hab' keine Zeit und zu fröhlichen Sinn!
(Sie eilt singend links hinaus)

Margit (nach einer Pause) Gudmund Alfson sollte hierher kommen? Hierher – nach Solhaug? Nein, nein, das kann nicht sein. – Sie hätte ihn singen hören. So sagte Signe. Wenn ich die Tannen rauschen hörte tief drinnen im Wald, wenn ich den Wasserfall donnern hörte und die Vögel locken in den Wipfeln der Bäume, da kam es mir oft genug vor, als ob Gudmunds Lieder in all das sich mischten. Und doch war er weit von hier – Signe hat sich getäuscht. Gudmund kommt nicht.

Bengt (in geschäftiger Eile, ruft aus dem Hintergrund) Ein unerwarteter Gast, liebe Frau!

Margit Wer denn?

Bengt Gudmund Alfson, dein Vetter! *(Ruft durch die Tür rechts hinaus)* Die beste Gastkammer instandsetzen – und das sofort!

Margit Ist er denn schon auf dem Hof?

Bengt (blickt über die Außengalerie hinaus) Noch nicht; aber lange wird es nicht währen. *(Ruft wieder rechts hinaus)* Das geschnitzte Eichenbett mit den Drachenköpfen! *(Tritt zu Margit)* Sein Waffenträger brachte Gruß und Botschaft von ihm; er selbst folgt ihm nach.

Margit Sein Waffenträger? Kommt er mit Waffenträgern hierher?

Bengt Ja, das wollt' ich meinen. Ein Waffenträger und sechs gerüstete Mannen sind bei ihm. Na ja, Gudmund Alfson ist auch jetzt ein ganz andrer Mann denn damals, als er auf die weite Reise auszog. Aber ich muß hinunter und ihn empfangen. *(Ruft hinaus)* Legt den Sattel von Goldleder auf mein Roß! Und vergeßt nicht den Zaum mit den Schlangenköpfen! *(Blickt wieder hinaus)* Au, da ist er schon an der Hecke! Na, dann meinen Stab her – den mit dem silbernen Knopf! Solch ein Herr – Gott straf' mich – er muß mit Ehren empfangen werden, mit großen Ehren. *(Er geht durch den Hintergrund ab)*

Margit (grübelnd) Ein armer Gesell, so zog er einst aus,
nun kommt er mit Knappen und Mannen nach Haus.
Was will er? Ob er zu schauen begehrt,
wie bitter mich Kummer und Weh versehrt?
Lockt ihn, zu prüfen, wieviel ich ertrage,
bevor ich gebrochenen Herzens verzage?
Meint er, daß –? Ah, prüfe nur fein;
du sollst deiner Freude betrogen sein!
(Sie winkt durch die Tür rechts hinaus)
(Drei Mägde kommen herein.)
Margit Merkt auf, meine Kinder! Vor allem schafft
ihr mir den Mantel aus blauem Taft.
Dann folgt mir zur Kammer an euer Amt
und kleidet mich prächtig in Pelz und in Samt.
(Zu zweien von ihnen)
Ihr hüllt mich in Scharlach und Hermelin.
(Zur dritten)
Du sollst mir mit Perlen das Haar durchziehn.
(Zu allen)
Nun nehmt meinen Schmuck und tragt ihn hinaus!
(Die Mägde gehen mit den Schmuckkästchen links ab.)
So will ich's! Ich bin ja in Bergkönigs Haus.
Heut stell' ich einmal meinen Brautstaat aus.
(Sie geht links ab)
(Bengt führt Gudmund Alfson über die Außengalerie im Hintergrunde herein.)
Bengt Und noch einmal – Heil Euch unter Solhaugs Dach, meiner Frauen Vetter!
Gudmund Ich dank' Euch. Und wie geht es ihr? Sie fühlt sich doch wohl in jeder Hinsicht, will ich hoffen?
Bengt Ja, darauf könnt Ihr schwören, das tut sie. Es fehlt ihr nichts. Mit ganzen fünf Zofen kann sie schalten und walten; ein trefflich gesattelt Roß steht bereit, sobald sie nur danach lüstet. Na, kurz gesagt, sie hat alles, was ein sittsam Weib begehren kann, um mit seiner Lage zufrieden zu sein.
Gudmund Und Margit – sie ist denn auch wohl zufrieden?
Bengt Gott und jedermann sollte glauben, sie müßt' es sein; aber seltsam genug –
Gudmund Was meint Ihr?
Bengt Ja, Ihr mögt es nun glauben oder nicht, es kommt mir so vor, daß

Margit munterer war, da sie noch in dürftigen Verhältnissen lebte, als seit sie Herrin auf Solhaug ward.
Gudmund (vor sich hin) Ich wußte es doch; es mußte so kommen.
Bengt Was sagt Ihr, Vetter?
Gudmund Ich sage: Höchlich wundert mich, was Ihr da von Eurer Frau erzählt.
Bengt Ja, meint Ihr nicht, daß es mir ebenso geht? Ich will nimmermehr ein ehrlicher Gutsherr heißen, wenn ich weiß, was sie sich noch wünschen könnte. Ich bin den ganzen Tag um sie, und niemand wird mir nachsagen können, daß ich sie streng hielte. Alle Aufsicht über Haus und Hof hab' ich auf mich genommen – und nichtsdestoweniger –. Na, Ihr wart ja immer ein lustiger Gesell; ich denke wohl, Ihr bringt Sonnenschein mit Euch. – Pst, da kommt Frau Margit! Laßt Euch nicht anmerken, daß ich –
Margit (kommt in reicher Tracht von links).
Gudmund (geht ihr entgegen) Margit – liebe Margit!
Margit (bleibt stehen, sieht ihn befremdet an) Verzeiht mir, Herr Ritter; aber –? *(Als ob sie ihn jetzt erst erkenne)* Fürwahr, irr' ich nicht, so ist das Gudmund Alfson. *(Streckt ihm die Hand entgegen)*
Gudmund (ohne die Hand zu nehmen) Und du kanntest mich nicht gleich wieder?
Bengt (lachend) Nein, aber Margit, an was denkst du nur immer? Ich meldete dir doch vorhin, daß dein Vetter –
Margit (geht nach dem Tisch rechts hinüber) Zwölf Jahre sind eine lange Zeit, Gudmund. Das grünste Kraut kann zehnmal verderben derweilen –
Gudmund Sieben Jahre sind's, seit wir uns zuletzt gesehen haben.
Margit Nein gewiß, es muß länger her sein.
Gudmund (sieht sie an) Ich möcht' es fast glauben, aber es ist doch so, wie ich sage.
Margit Ganz seltsam. Ich war doch sicherlich noch ein Kind damals; und das scheint mir eine ewig lange Zeit her zu sein, daß ich Kind war. *(Läßt sich in einen Stuhl fallen)* Setzt Euch doch, lieber Vetter! Ruht Euch aus; heut Abend sollt Ihr tanzen und uns mit Eurem Gesang erfreuen. *(Mit einem gezwungenen Lächeln)* Ja, Ihr wißt wohl, wir sind heute gar fröhlich auf dem Schloß – wir feiern ein Fest.
Gudmund Das ward mir gesagt, gerade als ich den Hof betrat.
Bengt Ja, heute vor drei Jahren ward ich –
Margit (abschneidend) Mein Vetter hat es schon gehört.
(Zu Gudmund) Wollt Ihr nicht Euren Mantel ablegen?

Gudmund Ich dank' Euch, Frau Margit. Aber es kommt mir vor, als sei es kalt hier, kälter – als ich erwartet hätte.
Bengt Da bin ich dagegen in hellem Schweiß. Aber ich hab' auch vollauf zu tun. *(Zu Margit)* Laß nun unserem Gast die Zeit nicht lang werden, während ich draußen bin. Ihr könnt ja zusammen schwatzen von alten Tagen. *(Will gehen)*
Margit (unentschlossen) Gehst du? Willst du nicht lieber –?
Bengt (lachend, zu Gudmund, während er zurückkommt) Seht Ihr wohl; Herr Bengt auf Solhaug ist der Mann, der mit Weibervolk umzugehen versteht. Keine Stunde, noch so kurz, kann meine Frau ohne mich sein. *(Zu Margit, indem er sie unter das Kinn faßt)* Tröst' dich; ich werd' bald wieder bei dir sein. *(Er geht durch den Hintergrund ab)*
Margit (vor sich hin) Oh, Qual und Harm, all das leiden zu müssen! *(Kurze Pause)*
Gudmund Wie geht's Eurer lieben Schwester?
Margit Ich danke; ganz gut.
Gudmund Mir wurde gesagt, sie sei bei Euch.
Margit Sie ist auf Solhaug hier, seit er – *(Bricht ab)* Vor drei Jahren kam sie mit mir hierher. *(Nach kurzer Pause)* Sie tritt gewiß gleich selber ein.
Gudmund Sie war einst so heiter und herzensrein,
so fremd allen Listen und Ränken;
glaub' ich ihr Blauauge vor mir zu sehn,
so muß ich an Engel denken.
Doch viel kann in sieben Jahren vergehn.
Sagt mir – während ich fern vom Norden,
ist auch sie eine andre geworden?
Margit (gezwungen scherzend).
Auch sie? Gewöhnt man bei Hofe sich,
so artig mit Frau'n zu verkehren?
Ihr mahnt mich daran, was die Jahre lehren –
Gudmund Ach Margit, verstellt Euch nicht gegen mich.
Einst mochtet ihr Schwestern so gut mich leiden,
und als ich fort sollte, da weintet ihr beiden
und wolltet mir schwesterlich Treue bewahren
in Leid und Lust, in Glück und Gefahren.
Ihr überstrahltet der Jungfrauen Kreis;
weit, weit im Lande scholl euer Preis –
und heute noch seid Ihr ein Weib voll Wonnen.
Doch Solhaugs Herrin, ich merk' es, sie reut

des armen Verwandten. So kalt seid Ihr heut,
die Ihr einst mir so freundlich gesonnen.
Margit (fast von Tränen erstickt) Ja einst –!
Gudmund (blickt sie teilnehmend an, schweigt und sagt dann mit gedämpfter Stimme) Wir wollen von damals reden –
so war es ja auch Eures Gatten Begehr.
Margit (heftig) Nein, nein, nicht davon! *(Ruhiger)*
Es fällt mir zu schwer,
mich dran zu erinnern; ich lern's nimmermehr.
Sprecht lieber von Euren Fahrten und Fehden –
die Zeit verrann wohl an Taten nicht arm;
Ihr kämt wohl sobald nicht zu Ende!
Da draußen die Welt ist ja weit und warm –
da sind Sinn und Gedanken behende.
Gudmund Und doch! Nie lacht' ich am Hofe so hell,
als da ich daheim noch, ein armer Gesell.
Margit (ohne ihn anzusehen).
Und ich – ich preis' mich zu allen Tagen,
daß mich der Himmel nach Solhaug verschlagen.
Gudmund Wohl Euch, sofern Ihr Euch preisen könnt –
Margit (heftig) Und hat mir das Schicksal nicht alles gegönnt?
Leb' ich nicht frei und geehrt dahin?
Folgt man mir nicht, sobald ich befehle?
Hier bin ich die Erste, die Herrscherin,
und Ihr wißt, danach brannte mir immer die Seele.
Ihr dachtet, Ihr fändet ein kummermüd Weib;
doch Ihr seht, ich bin munter an Seele und Leib.
Seht, deshalb brauchtet Ihr nicht zu kommen –
die Reise dürfte Euch wenig frommen.
Gudmund Was meint Ihr, Frau Margit?
Margit (erhebt sich) Ich weiß es genau,
was Euren Besuch mir beschieden.
Gudmund Und billigt ihn nicht, meine edle Frau? *(Grüßt und will gehen)*
So lebt denn wohl – Gott schenk' Euch Frieden!
Margit Wenn Ihr beim König geblieben wärt,
es hätte Euch wahrlich höher geehrt.
Gudmund (bleibt stehen) Beim König? Ihr spottet noch meiner Not?
Margit Eurer Not? Nun, Vetter, hoch müßt Ihr streben!
Wozu sich wohl noch Eure Wünsche erheben!

Ihr könnt Euch kleiden in Sammet rot,
seid ein Königischer, habt Gut und Geld –
Gudmund Ihr wißt ja doch, wie es damit bestellt.
Ihr sagtet, man hätte Euch zugetragen,
warum ich hierher kam –
Margit Nun, und was dann?
Gudmund So wißt Ihr doch, wie mich das Schicksal geschlagen,
und wißt doch, daß ich ein friedloser Mann.
Margit (schreckensstarr) Friedlos! Du, Gudmund!
Gudmund Ja, wie Ihr wohl wißt.
Doch schwör' ich Euch zu beim heiligen Christ,
hätt' ich geahnt, wie Ihr mir geneigt,
ich hätte mich nimmer auf Solhaug gezeigt.
Ich meinte, Ihr fühltet mit mir noch mit,
wie damals, als ich von dannen ritt.
Doch nur keine Gnade! Der Wald ist groß,
mein Bogen wird mich ernähren;
mir g'nügt ein Tisch aus Fels und Moos
und als Kammer das Loch eines Bären. *(Will gehen)*
Margit (hält ihn zurück) Friedlos! Nein, bleib! Ich schwöre dir, ich wollte dich nur überlisten.
Gudmund Es handelt sich um mein Leben hier,
und sein Leben will jedermann fristen.
Ich lag wie ein Hund drei Nächte im Freien;
in den Bergen ruht' ich mein müdes Gebein
und lehnte mein Haupt an das Felsgestein.
Mir Obdach zu betteln in fremden Hofteien,
das schien mir zu große Erniedrigung;
mein Mut war so keck; meine Hoffnung so jung!
Ich dachte: nun kommst du nach Solhaug in Bälde,
da bist du aus deiner Feinde Klauen;
da findest du Freunde; auf die kannst du bauen –
doch Hoffnungen sind wie Blumen vom Felde.
Wohl zeichnete mich Euer Eheherr aus
vor gastlich geöffneten Toren –
doch öde dünkt mich nun Euer Haus;
die Halle ist düster, die Freundschaft verloren.
Nun gut; so zieh' ich denn wieder dahin.
Margit (flehentlich) O hör' mich!
Gudmund Mein Sinn ist kein Sklavensinn.

Nun dünkt mich das Leben unselige Gabe;
ich achte es fast für nichts mehr wert.
Ihr habt mir das Herz im Leibe verkehrt,
daß ich all mein liebliches Hoffen begrabe.
Fahrt wohl, Frau Margit!
Margit Nein, Gudmund, bleib'!
Bei Gott und den Heiligen –!
Gudmund Leb' und treib'
deine Tage in Freuden und Ehren;
nie soll mein Fuß Herrn Bengtens Weib
die Schwelle wieder beschweren.
Margit Halt ein! Dein bitteres Wort kann dich
sonst leicht noch drücken und nagen.
Hätt' ich gewußt, daß ein Friedloser sich
hierher durch die Lande geschlagen –
so pries ich die Stunde tausenfach,
da du Schutz begehrtest von Solhaugs Dach;
so pries ich als frohestes Festgeschenk,
daß der Friedlose kam, alter Treue gedenk.
Gudmund Du sagst –! Wes soll ich mich nun versehn?
Margit (reicht ihm die Hand) Daß treue Freunde hier zu dir stehn.
Gudmund Doch das, was du eben –?
Margit Ich sprach nicht wahr.
Hör' mich, so wird dir das Ganze klar.
Für mich ist das Leben tiefschwarze Nacht;
hab' Sonne und Sterne vergessen.
Und niemand kann meine Qualen ermessen;
denn ich hab' meine Jugend zu Markte gebracht.
Meinen freudigen Sinn verkauft' ich um Gold;
ich garnte mich selber in schimmernde Netze.
Glaub mir, so kläglich sind alle Schätze,
wenn unserm Herzen das Glück nicht hold.
Wie war unsre Kindheit hell und warm!
Unser Kleid war gering, unser Haus war arm;
doch von Hoffnungen flog uns das Herz im Leibe.
Gudmund (der sie unverwandt betrachtet hat) Und indessen gediehst du zum reizendsten Weibe.
Margit Kann sein; doch des Lobes Überschwall,
das ich hörte, ward meines Glückes Fall.
Du mußtest fort nach dem fremden Lande,

doch all deine Weisen blieben mir drin
im tiefen Herzen, im tiefen Sinn
und schlugen mein klares Denken in Bande.
Diese Lieder wußten von so viel Lust
der unerschöpflichen Menschenbrust;
diese Lieder wußten so festliche Mär
von Leben und Liebe. – Nun, und zum Rest
kamen Freier von Ost und Freier von West;
und so – so folgt' ich Herrn Bengt hierher.
Gudmund Ach, Margit!
Margit Doch nur ein Kleines verging,
da quollen schon bittere Tränen.
Nur wenn ich an dich die Gedanken hing,
vermocht' ich mich glücklich zu wähnen.
Wie wurden mir Solhaugs Hallen nun leer
und die großen Stuben ein Grauen.
Wohl gasteten Ritter, Herren und Frauen,
wohl sang mancher Skalde mir Preis und Ehr' –
doch keiner verstand meinen wehen Mut,
doch keiner begriff meinen Jammer –
ich fror, als säß' ich in felsener Kammer;
doch schmerzte mein Haupt, doch brannte mein Blut.
Gudmund Aber dein Mann –?
Margit Den hasse ich ja!
Sein Gold nur konnt' mich gewinnen;
sprach er zu mir, saß er mir nah,
ich kam vor Marter von Sinnen. *(Schlägt die Hände zusammen)*
Dies Leben hab' ich drei Jahre gelebt!
Es dünkt mich aus endlosem Wehe gewebt.
Da hieß es plötzlich, du kämst. Du weißt es,
ich war von Jugend auf stolzen Geistes;
so schwieg ich von meinen Kümmernissen –
denn du, du mußtest ja alles wissen.
Gudmund (bewegt) Und darum wandtest du kalt dich ab?
Margit (ohne ihn anzusehen) Ich dachte, du kämst, dich heimlich zu weiden.
Gudmund Margit, du konntest –?
Margit Nun kurz, es gab
der Gründe genug. Doch all die Leiden
zerblies nun ein himmlischer Frühlingswind;

ich brauche nicht länger einsam zu schweigen;
ich fühl' mich so leicht und frei, wie ein Kind
unter blühenden Apfelzweigen. *(Fährt erschrocken zusammen)*
Ach, ich vergaß ja! O neue Sorgen!
Ihr Heiligen, neigt euch mir gnädig zu!
Friedlos, sagst du –?
Gudmund (lächelt) Hier bin ich geborgen
und hab' vor des Königs Reisigen Ruh'.
Margit Doch schienst du noch jüngst zu Großem erwählt – wie kam das nun –?
Gudmund Das ist bald erzählt.
Du weißt, ich war in den fränkischen Gauen,
dahin von Bergen zur bräutlichen Kur
der Kanzler, Audun von Haegranaes, fuhr,
die Prinzessin samt ihren Mannen und Frauen
zum König zu holen. Herr Audun war
für Weiberaugen von hoher Gefahr.
Und wen der Prinzessin Augen baten,
den traf ihr holdseliger Zauber heiß.
Sie sprachen zusammen, sie flüsterten leis.
Worüber? Das war schwer zu erraten.
Da war's eines Nachts; ich lehnt' über Bord,
und meine Gedanken flogen
den weißen Möwen nach gen Nord
wohl über die weiten Wogen.
Da flüstern zwei Stimmen – ich wende mich um –
es waren jene Beiden.
Sie sahen mich nicht; ich saß ganz stumm –
doch konnt' ich sie wohl unterscheiden.
Sie sah zum Kanzler beweglich auf
und sprach: »Ach, wollte des Kieles Lauf
zum schönen Süden uns tragen,
und wären wir zwei auf dem Schiff allein,
da würd' meine Stirne bald kühler sein
und mein Herz nicht so heftig mehr schlagen!«
Er widersprach; doch sie drängte ihn keck,
drängte mit Worten, so wilden, so heißen –
ich sah ihre Augen wie Sterne gleißen –
sie bat ihn – *(Abbrechend)*
Da faßte mich jäher Schreck.

Margit Sie bat –?
Gudmund Ich erhob mich; sie fuhren zurück –
ich stand allein auf des Schiffes Deck – *(Zieht ein Fläschen hervor)*
Doch wo sie gesessen, da fand ich dies Stück.
Margit Und dies –?
Gudmund (mit gedämpfter Stimme) Dies enthält einen argen Saft –
ein Tropfen davon in des Feindes Becher –
so siecht ihm langsam die Lebenskraft,
und nichts mehr rettet den armen Zecher.
Margit Und der –?
Gudmund (flüsternd) War dem Könige aufgespart.
Margit Alle Heiligen!
Gudmund (indem er das Fläschchen wieder verbirgt)
Gut, daß ich ihn verwahrt. –
Drei Tage später war'n wir im Hafen.
Da floh ich heimlich mit meinen Braven;
ich wußte, Herr Audun würde nicht ruhn,
mich zu verdächtigen, alles tun,
mich durch Ränke zu stürzen –
Margit Das ist nun vorbei. Und bald ist alles wieder beim Alten.
Gudmund Beim Alten? Nein Margit – da warst du noch frei.
Margit Wie –?
Gudmund Nichts. Ich muß mir die Stirne halten;
mir ist ja so froh und freudig zu Sinn,
daß ich wieder wie einst bei euch beiden bin.
Doch sag', wo ist Signe –?
Margit (zeigt lächelnd auf die Tür links) Sie kommt gleich herein.
Sie will doch vor ihrem Vetter bestehen
und wird noch nicht ganz mit sich fertig sein.
Gudmund Ob sie mich wiedererkennt? Laß sehen! *(Er geht links ab)*
Margit (blickt ihm nach) Wie schön und männlich er ist. *(Mit einem Seufzer)* Welch ein Unterschied zwischen ihm und – *(Räumt ein wenig auf dem Trinktisch auf, hält aber wieder damit inne)* Damals warst du noch frei, sagte er. Ja, damals! *(Kurze Pause)* Das war eine seltsame Erzählung, von der Prinzessin, die –. Sie hatte einen andern lieb, und da –. Ja, diese Weiber in den fremden Landen – ich hab' es immer gehört – die sind nicht so weichherzig wie wir; die fürchten sich nicht, einen Gedanken zur Tat zu machen. *(Nimmt einen Becher vom Tisch)* Aus diesem Becher tranken Gudmund und ich auf ein fröhliches Wiedersehen, da er fortzog. Er ist fast das einzige Erbstück, das ich mit

nach Solhaug brachte. *(Stellt den Becher in einen Wandschrank)* Wie freundlich dieser Sommertag ist. Hier ist es so licht herinnen. So lieblich hat seit drei Jahren die Sonne nicht mehr geschienen.
(Signe und hinter ihr Gudmund treten von links auf.)
Signe (läuft lachend auf Margit zu) Hahaha! Er kennt mich nicht mehr!
Margit (lächelnd, zu Gudmund)
Siehst du, während du fern vom Norden,
ist auch sie eine andre geworden.
Gudmund Gewiß! Doch daß dies Signe wär' –
nein, daran hätte ich nie gedacht.
(Ergreift Signes Hände und blickt sie an)
Und doch, aus diesen Blauaugen lacht
mich noch immer dein unschuldig Kinderherz an –
so zweifle ich denn nicht länger daran.
Es ist zum Lachen, wie anders ich
dein Bild gehegt – stets so, wie ich dich
auf dem Arm trug. Damals warst du noch Kind;
nun bist du ein Elflein, gefährlich zu necken.
Signe (droht mit dem Finger)
Ja, hüt' dich, den Zorn dieses Elfleins zu wecken,
damit es dich nicht in sein Garn einspinnt.
Gudmund (für sich) Fast kommt es mir vor, als wär's schon geschehen.
Signe Doch wart! Du hast ja noch nicht gesehen –
ich hielt dir auch deine Harfe in Ehren. *(Während sie links abgeht)*
Nun mußt du mich all deine Lieder lehren!
Gudmund blickt ihr nach, leise) Aufgesprungen zur lieblichsten Blüte,
die noch am Morgen verschwiegen glühte!
Signe (bringt die Harfe) Sieh her!
Gudmund (nimmt sie) Meine Harfe! Und wie sie blinkt! *(Schlägt einige Akkorde)*
Sie weiß noch wohl von den alten Klängen! –
Nun sollst du nicht länger die Wand verhängen –
Margit (vom Hintergrund) Dort kommen schon Gäste.
Signe (während Gudmund präludiert) Horch – stille! Er singt!
Gudmund (singt)
Ich streifte trüb-einsam auf Bergessteigen;
die Vöglein sangen von allen Zweigen;
so listig sangen sie mir zu Blut:
Hör' zu, wie Liebe entstehen tut.

Sie wächst wie ein Baum mit langjährigen Ringen,
sie nährt sich von Träumen und Sorgen und Singen.
Sie keimt so leicht – in der flüchtigsten Stund'
faßt sie Wurzel im Herzensgrund.
(Er geht während des Nachspiels nach dem Hintergrund, wo er die Harfe fortstellt.)
Signe (wiederholt nachdenklich für sich)
Sie keimt so leicht; in der flüchtigsten Stund'
faßt sie Wurzel im Herzensgrund.
Margit (zerstreut) Sagtest du etwas zu mir? – Ich hörte nicht zu –
Signe Ich? Nein, nein. Ich meinte nur – *(Versinkt wieder in Träumen)*
Margit (halblaut; starrt vor sich hin).
Sie wächst wie ein Baum mit langjährigen Ringen,
sie nährt sich von Träumen und Sorgen und Singen.
Signe (erwachend) Was sagst du –?
Margit (fährt mit der Hand über die Stirn) Oh, es war nichts weiter. Komm, wir müssen unsern Gästen entgegengehen.
(Bengt kommt mit einer Menge von Gästen, Männern und Weibern, über die Außengalerie herein.)
Die Gäste (singen)
Mit festlichem Sang und Saitenklang
wir über die Schwelle schreiten.
Gott schenk' Euch Schutz Euer Leben lang
und Glück und Segen zu allen Zeiten!
Mag immer ein Himmel, wie heut so blau,
Schloß Solhaugs Bau
überbreiten!

ZWEITER AKT

Eine Birkenwaldung neben dem Hause, von dem eine Ecke links sichtbar ist. Ein Fußsteig führt auf die Berghalde im Hintergrund hinauf. Dem Steig zur Rechten schäumt ein Bach hernieder, der sich zwischen Felsblökken und Steinen verliert. Es ist helle Sommernacht. Die Tür zum Hause steht offen; die Fenster sind erleuchtet. Man hört drinnen Musik.

2. Akt Das Fest auf Solhaug

Die Gäste (singen in der Feststube)
Die Fiedel klinge! Bei Saitenklang
tanzen wir bis zum Morgen lang.
Wie lustig die Dielen dröhnen!
Die Jungfern brennen so hell wie Blut;
das machen die Bursche – mit keckem Mut
umfahn sie die Hüften der Schönen.

(Knut Gaesling und Erik von Haegge treten aus dem Hause. Musik, Tanz und Jubel tönt weiter während des Folgenden gedämpft heraus.)

Erik Wenn es dich nur nicht reuen wird, Knut.

Knut Laß mich nur machen.

Erik Ja, ja, aber gewagt bleibt es doch. Du bist des Königs Vogt. Da ergeht an dich der Befehl, Gudmund Alfson zu fahen, wo du ihm beikommen kannst. Und nun, da du ihn in nächster Nähe hast, sagst du ihm deine Freundschaft zu und läßt ihn fahren, wohin es ihm beliebt.

Knut Ich weiß, was ich tue. In seiner eignen Behausung hab' ich ihn gesucht, und da war er nicht zu finden. Und wenn ich es nun unternähme, ihn hier dingfest zu machen – meinst du wohl, daß da Frau Margit gewillt wäre, mir Signe zum Weib zu geben?

Erik (gedehnt) Nein, im Guten wohl nicht, aber –

Knut Und im Bösen möcht' ich ungern vorgehn. Gudmund ist übrigens auch mein Freund von altersher; und er kann mir viel nützen. *(Bestimmt)* Darum bleibt es bei dem, was ich gesagt habe. Heut Abend soll niemand hier auf dem Hof erfahren, daß Gudmund Alfson friedlos ist – morgen mag er zusehen, wie er sich selber helfe.

Erik Ja, aber des Königs Gebot?

Knut Ah, des Königs Gebot! Du weißt so gut wie ich, des Königs Gebot wird hier in unsern Gauen nicht groß geachtet. Sollte des Königs Gebot immer gelten, so müßte mancher prächtige Kerl unter uns für Brautraub und Männermord büßen. – Nun komm! Ich möchte wissen, wo Signe –? *(Sie gehen rechts ab)*

(Gudmund und Signe kommen den Fußsteig im Hintergrund herab.)

Signe Sprich weiter! Du redest mir nie zu viel;
es hört sich wie lieblichstes Saitenspiel.

Gudmund Signe, mein holdes, mein reizendes Mädchen!

Signe (mit froher, stiller Bewunderung) Ich – ich bin ihm lieb!

Gudmund Ja, niemand als du!

Signe Ich bände dich fest mit goldenem Fädchen?
Ich gäb' deinem Sinn die ersehnte Ruh?
Oh, darf ich dir traun?

Gudmund Das darfst du fürwahr!
Hör mich, Signe, Jahr um Jahr,
ob es winterte oder Sommer blühte,
trug ich euch beide in treuem Gemüte.
Doch fühlt' ich noch unklar zu euch zwein –
dich sah ich immer als Elflein klein –
so wie sie unter des Waldes Bäumen
gern spielen, während wir schlafen und träumen.
Doch seit ich mich heute auf Solhaug schaue,
da, fühl' ich, ist mir der Schleier gefallen –
ich sehe, wie Margit die stolzeste Fraue,
doch du die holdseligste Maid von allen.
Signe (die seinen Worten nur halb gelauscht hat)
Ich weiß noch, wir saßen am lohenden Herd,
eines Winterabends, vor Jahren und Jahren –
du sangst von dem Mägdlein mit goldigen Haaren,
die der Neck am Grunde zum Weib begehrt.
Da vergaß es Vater und Mutter unten,
vergaß es Bruder und Schwester drunten,
vergaß sich von Himmel und Erde fort,
vergaß seinen Gott und sein heiliges Wort.
Doch dich am Ufer, da stand sein Gespiel;
ihn dünkte das Leben ohn' Zweck und Ziel;
voll Leide griff er der Harfe Saiten,
das klang so laut und lang in die Weiten.
Das Mägdlein, tief auf des Bergsees Grund,
erwachte und ward seines Bannes gesund.
Was half dem Neck die ohnmächtige Wut? –
Es floh zwischen Lilien hin über die Flut
und ward wieder Mensch unter Menschen hinfort
und glaubte wieder an Gott und sein Wort.
Gudmund Liebste!
Signe So ging auch ich dahin
wie eine träumende Schläferin;
bis du mir heute der Liebe Macht
enträtselt – da bin ich selig erwacht.
Nie sah ich früher den Himmel so blau,
noch die Welt von so strahlender Weite;
ja selber die Sänger in Wald und Au
versteh' ich an deiner Seite.

Gudmund So mächtig ist Liebe – in unserer Brust
weckt sie Sinnen und Sehnsucht und Lust. –
Doch komm, nun laß uns zu Margit gehn.
Signe (verschämt) Soll sie –?
Gudmund Wir wollen ihr alles sagen.
Signe (wie vorher) Ach du – ich würde in Flammen stehn –
willst du's nicht lieber ohne mich wagen?
Gudmund Nun gut, auch so.
Signe Und ich warte hier, ja? *(Horcht nach rechts)*
Oder besser – drunten am Sturzbach! – Da
hör' ich Knut Gaesling mit Gästen kommen!
Gudmund Dort wartest du?
Signe Bis du ihr Urteil vernommen.
(Sie geht rechts ab. Gudmund geht ins Haus. Margit kommt von links hinter dem Hause hervor.)
Margit Die Stube strahlt von festlichem Glanze,
die Weiber und Männer drehn sich im Tanze.
Doch mir ward so schwül und beklommen zu Mut –
Gudmund war nicht zu sehen. *(Atmet tief)*
Hier außen ist's still; hier weilt es sich gut,
wo mich nächtliche Winde umwehen. *(Grübelt eine Weile)*
Dieser arge Gedanke – ich kenn' mich nicht mehr!
Er treibt und ängstigt mich hin und her.
Das Fläschchen – mit seinem Wundersaft –?
Ein Tropfen davon – in des Feindes Becher –
so siecht ihm langsam die Lebenskraft,
und nichts mehr rettet den armen Zecher. *(Wiederum Pause)*
Wüßt' ich, daß Gudmund – empfänd' er mit mir –
ich trüg' kein Bedenken –
(Gudmund kommt zur Haustür heraus)
Margit, du hier? So allein? Ich suchte dich drinnen im Haus.
Margit Ich floh aus dem Dunst in die Nachtluft hinaus. –
Siehst du die weißen Nebelweben
lautlos über das Moor herschweben?
Hier ist nicht Dunkel noch Helle allein;
hier – wie in mir – herrscht zweifelnder Schein. *(Blickt ihn an)*
Nicht wahr – wenn dein Fuß solche Nacht durchzieht,
da weißt du oft selber nicht, wie dir geschieht;
doch bricht es wie heimliches Leben hervor
aus Blättern und Blumen, aus Büschen und Rohr!

(Mit plötzlichem Übergang.)
Weißt, was ich möchte?
Gudmund Nun was?
Margit Daß ich eine Elfe wäre, im Walde drinnen.
Wie wollt' ich da listige Zauber spinnen!
Glaub mir –!
Gudmund Was fehlt dir, Margit? Sprich!
Margit (ohne auf ihn zu hören)
Wie wollt' ich singen, wie wollt' ich klagen!
Klagen und singen in Nächten und Tagen! *(Mit steigender Erregung)*
Wie wollt' ich es locken, das mutige Blut,
durch den grünen Wald – in die Felsenkammer –
vergessen wär' aller irdische Jammer
in unserer Liebe brennender Glut!
Gudmund Margit! Margit!
Margit (immer leidenschaftlicher) Und Mitternacht, du,
legten wir uns zur süßesten Ruh!
Und stürb' ich auch bis zum Morgenrot –
sag', wär' es denn nicht ein seliger Tod?
Gudmund Du redest im Fieber!
Margit (bricht in Lachen aus) Hahahaha! Lachen! Lachen! Das löst!
Gudmund Ja, ja, du bist noch immer so maßlos wie je!
Margit (plötzlich ernsthaft)
Du darfst mich nicht so durch Schelten strafen –
so bin ich nur nachts, wenn die Menschen schlafen;
am Tage bin ich so scheu wie ein Reh.
Und was ist denn weiter? Erinnre dich, wie
die Weiber in fremden Landen sind – sie,
die schöne Prinzessin – ja, sie war wild;
dagegen bin ich wie ein Lamm so mild.
Sie schmachtete nicht nur, sie hatte auch Mut;
sie sann auf Tat; und sieh, das –
Gudmund Wie gut!
Du mahnst mich daran! Den wertlosen alten
Scherben – wozu ihn noch länger behalten!
(Zieht das Fläschchen hervor)
Margit Das Fläschchen! Du meinst –?
Gudmund Ich hob es noch auf,
weil ich dachte, ich hätte dann leichteren Kauf,
wenn des Königs Haufe nach mir begehrt.

Doch all das verlor heut für mich seinen Wert.
Nun stütz' ich mich fröhlich auf mich und mein Schwert;
und kommt es zum Schlimmsten, so stehn mir im Streite
Gesippen und Freunde zur Seite.
(Will das Fläschchen gegen einen Felsen werfen)
Margit (faßt ihn beim Arm) Nein, halt!
Gudmund Was hast du –?
Margit Ein besseres Ziel.
Der Neck dort soll es empfangen.
Er hielt mich so oft durch sein munteres Spiel
und sein seltsames Singen gefangen.
Gib her! *(Nimmt ihm das Fläschchen aus der Hand)*
Da hast du's! *(Tut, als ob sie es in den Bach würfe)*
Gudmund (geht nach rechts und blickt in die Tiefe hinab)
Warfst du's hinein?
Margit (indem sie das Fläschchen versteckt)
Du sahst doch –
(Geht flüsternd dem Hause zu)
Nun mag mir Gott gnädig sein!
Nun heißt es nichts oder alles wagen! *(Lauter)*
Hör', Gudmund.
Gudmund (nähert sich) Ja?
Margit Ich möchte dich fragen –
es geht eine Sage hier unter den Leuten –
von der Kirche da drunten; die sollst du mir deuten.
Es war eine Frau und ein Edelknab',
die hielten einander so wert;
und als sie vorausging ins frühe Grab,
da sprang er ins eigene Schwert.
Sie trug man zur südlichen Kirchenwand,
ihn grub man im Norden ein –
nie wollten früher Blumen am Rand
der geweihten Mauern gedeihn;
im nächsten Lenz aber sproßte ein Flor
aus ihrer Herzen Flammen
und rankte sich über das Kirchdach empor
und spann sich blühend zusammen. –
Nun deute mir das!
Gudmund (blickt sie forschend an) Mir ist nicht klar –
Margit Man kann's verschieden deuten, wohl wahr!

Doch glaub' ich, die Deutung ist recht und schlicht:
Was sich liebt, das trennt auch die Kirche nicht.
Gudmund (leise) Alle Heiligen, wenn –! Nun gilt es zu eilen
und alles ihr mitzuteilen. *(Laut)*
Sag', Margit – willst du mir helfen, wenn –?
Margit (freudig bewegt) Ob ich will!
Gudmund Ja, ich meine –
Margit Was hast du?
Gudmund Nun denn! Du könntest mich heut noch so glücklich schaun –
Margit (ausbrechend) Gudmund!
Gudmund Hör mich, ich will dir vertraun –
(Er hält plötzlich inne. Vom Ufer des Baches her schallen Stimmen und Gelächter. Signe und einige junge Mädchen kommen von rechts. Knut, Erik und mehrere jüngere Männer folgen ihnen.)
Knut (noch in einiger Entfernung) Gudmund Alfson! Halt! – Ich möchte ein Wort mit dir sprechen.
(Er bleibt im Gespräch mit Erik stehen. Die übrigen Gäste gehen inzwischen ins Haus zurück.)
Margit (zu sich selbst) Ich könnte ihn heut noch so glücklich schauen –! Was kann er anders meinen, als –! *(Halblaut)* Signe – liebe, liebe Schwester!
(Sie faßt Signe um die Hüfte und geht mit ihr im Gespräch nach dem Hintergrund, die Anhöhe hinauf.)
Gudmund (leise, indem er ihnen mit den Augen folgt) Ja, so ist es am ratsamsten. Signe und ich müssen von Solhaug fort. Knut Gaesling hat sich mir ja als Freund gezeigt; er wird mir gewiß helfen.
Knut (leise zu Erik) Ja, sag' ich, ja. Gudmund ist ihr Vetter; er kann meine Sache am besten führen.
Erik Na, wie du willst. *(Geht ins Haus)*
Knut (kommt näher) Hör mal, Gudmund –
Gudmund (lächelnd) Kommst du mir zu sagen, daß du mich nicht länger frei herumgehn lassen darfst?
Knut Darfst? Sei deshalb unbesorgt; Knut Gaesling darf alles, was er will. Nein, es handelt sich um was andres. – Du weißt wohl, ich gelte hier in unsrer Gegend für einen wilden, unbändigen Kerl –
Gudmund Ja, und wenn das Gerücht nicht lügt, so –
Knut O nein, dies und das mag ja wohl wahr sein –. Aber nun sollst du hören –
(Sie gehen im Gespräch die Anhöhe im Hintergrund hinauf)
Signe (zu Margit, während sie den Steig beim Hause herabkommen)

Ich versteh' dich nicht. Du sprichst, als ob dir ein unerwartetes Glück zuteil geworden sei. Was meinst du denn damit?
Margit Signe – du bist noch ein Kind. Du weißt nicht, was es heißt, in ewiger Furcht zu schweben, daß – *(Plötzlich abbrechend)* Denk' dir, Signe – hinwelken, sterben zu sollen, ohne gelebt zu haben!
Signe (blickt sie verwundert und kopfschüttelnd an) Nein, aber Margit –?
Margit Ja, ja, du begreifst das nicht. Gleichviel –
(Sie gehen im Gespräch wieder die Anhöhe hinauf. Gudmund und Knut kommen auf der anderen Seite herab.)
Gudmund Nun, wenn es so steht – wenn dir dies tolle Leben nicht länger behagt, so will ich dir den besten Rat geben, den dir ein Freund geben kann: Nimm dir eine ehrbare Maid zur Frau.
Knut Schau, schau! Und wenn ich dir nun sage, daß ich just an dasselbe gedacht habe?
Gudmund Nun, dann viel Glück und Heil, Knut Gaesling! Aber nun wisse, daß auch ich –
Knut Du? Gehst du auch mit solchen Gedanken um?
Gudmund Ja, das tu' ich! – Aber des Königs Ungnade – ich bin ja ein friedloser Mann –
Knut Ei, das soll dich wenig kümmern. Außer Frau Margit weiß hier ja noch niemand darum; und solange ich dein Freund bin, hast du einen Menschen, auf den du dich vollständig verlassen kannst.
Nun hör aber –
(Er fährt flüsternd fort, während sie die Anhöhe wieder hinangehen.)
Signe (indem sie und Margit abermals zurückkommen) Aber so sag mir doch, Margit –
Margit Mehr darf ich dir nicht sagen.
Signe Da will ich ehrlicher gegen dich sein. Aber antworte mir zuerst auf eins. *(Verschämt, zaudernd)* Hat dir – hat dir niemand etwas über mich gesagt?
Margit Über dich? Nein; was denn?
Signe (wie vorhin, schlägt die Augen nieder) Du fragtest mich heut Morgen: Wenn nun ein Freier erschiene –?
Margit Jawohl. *(Leise)* Knut Gaesling – sollte er schon –? *(Gespannt, zu Signe)* Nun? Und dann?
Signe (leise, jubelnd) Der Freier ist gekommen! Er ist gekommen, Margit! Damals ahnt' ich nicht, wen du meinst; aber jetzt –!
Margit Und was hast du ihm geantwortet?
Signe Oh, das weiß ich nicht. *(Schlingt die Arme um ihren Hals)*

Aber die Welt dünkt mich so schön und reich von dem Augenblick an, da er mir sagte, er hätte mich lieb.
Margit Aber, Signe, Signe, ich begreife nicht, daß du so bald –! Du hast ihn ja bis heute kaum gekannt.
Signe Oh, ich versteh' mich ja noch so wenig auf Liebe; aber eins weiß ich, wahr ist das, was in dem Liede steht:
Sie keimt so leicht; in der flüchtigsten Stund'
faßt sie Wurzel im Herzensgrund –
Margit Mag sein. Ist es aber so, dann hab' ich nicht länger nötig, dir etwas zu verheimlichen. Ah –
(Sie hält plötzlich inne, da sie Knut und Gudmund näherkommen sieht.)
Knut (vergnügt) Schau, das gefällt mir, Gudmund. Hier ist meine Hand.
Margit (leise) Was ist das?
Gudmund (zu Knut) Und hier die meine.
(Sie schütteln einander die Hände)
Knut Aber nun wollen wir uns auch beide sagen, wen wir –
Gudmund Gut. Hier auf Solhaug, unter all den schönen Weibern, hab' ich sie gefunden, die –
Knut Ich auch. Und ich entführe sie noch heut Nacht, wenn's vonnöten ist.
Margit (die sich unbemerkt genähert) Alle Heiligen!
Gudmund (nickt Knut zu) Dasselbe ist auch meine Absicht.
Signe (die ebenfalls zugehört hat) Gudmund!
Gudmund und Knut (flüstern miteinander, während sie beide auf Signe zeigen) Die dort!
Gudmund (wird stutzig) Ja, meine.
Knut (ebenso) Nein, meine.
Margit (leise, halb verwirrt) Signe!
Gudmund (wie vorher, zu Knut) Was meinst du damit?
Knut Ich will doch Signe –
Gudmund Signe! Signe ist meine Brau vor Gott.
Margit (mit einem Aufschrei) Sie war's! Nein, nein!
Gudmund (sie erblickend, leise) Margit! Sie hat alles gehört!
Knut Alle Wetter! Steht das so? – Hört, Frau Margit, Ihr habt nicht nötig, so verwundert zu tun; ich durchschaue jetzt das Ganze.
Margit (zu Signe) Aber du sagtest doch eben –? *(Erfaßt plötzlich den Zusammenhang)* Gudmund meintest du!
Signe (verwundert) Ja, wußtest du das nicht? – Aber was fehlt dir, Margit?
Margit (mit fast tonloser Stimme) O nichts, nichts.

Knut (zu Margit) Und heut früh, da Ihr mit mein Wort abnahmt, heut Abend keinen Unfrieden hier zu stiften – habt Ihr also gewußt, daß Gudmund Alfson zu erwarten war! Haha, bildet Euch nur nicht ein, daß Ihr mit Knut Gaesling Possen treiben könnt! Signe ist mir lieb geworden. Noch am Vormittag war es nur mein unbesonnenes Gelübde, das mich trieb, um sie zu freien; aber jetzt –

Signe (zu Margit) Er? Das war der Freier, an den du dachtest?

Margit Still, still!

Knut (ernst und bestimmt) Frau Margit – Ihr seid Signes ältere Schwester; eine Antwort sollt Ihr mir geben.

Margit (mit sich selbst kämpfend) Signe hat ihren Bräutigam schon gewählt – mehr kann ich nicht sagen.

Knut Gut! So hab' ich auf Solhaug nichts weiter zu schaffen. Aber nach Mitternacht – merkt's Euch – da ist der Tag um; da dürftet Ihr mich wohl wiedersehen, und dann mag das Glück entscheiden, wer Signe heimführt, Gudmund oder ich.

Gudmund Ja, versuch's nur! Es soll dich eine blutige Stirn kosten!

Signe (voll Angst) Gudmund! Bei allen Heiligen –!

Knut Hab' Geduld, hab' nur Geduld, Gudmund Alfson! Eh' die Sonne aufgeht, bist du in meiner Gewalt. Und sie – deine Braut –. *(Geht zur Tür, winkt und ruft leise)* Erik! Erik, komm! Fort zu unsern Gesippen! *(Drohend, während Erik sich in der Tür zeigt)* Ja – weh euch allen, wenn ich wiederkomme! *(Er und Erik gehen links im Hintergrund hinaus)*

Signe (leise zu Gudmund) Ach, aber so sag' mir doch – was soll das alles bedeuten?

Gudmund (flüsternd) Wir müssen beide noch heut Nacht Solhaug verlassen.

Signe Gott steh' mir bei! – Du willst –!

Gudmund Verrate uns nicht! Kein Wort zu irgend einem Menschen; nicht einmal zu deiner Schwester.

Margit (für sich) Sie – sie ist es! Sie, an die er kaum gedacht hat bis zum heutigen Tag. Wär' ich frei gewesen, so weiß ich wohl, wen er gewählt hätte. – Ja, frei!

Bengt und die Gäste, Männer und Weiber, kommen aus dem Hause.

Junge Mädchen und Burschen (singen)

Auf! Weiter hier draußen gescherzt und gelacht
auf blumigem Wiesenraine,
daß rings der Vögelein Volk erwacht
im Birkenhaine!
Auf! Weiter erbaue nun Tanz und Sang

die fröhlichste Festgemeine –
all Leid muß enden beim Fiedelklang
im Birkenhaine!

Bengt Recht, so soll es sein! Das gefällt mir! Ich bin lustig und mein Weib ist lustig; und darum sollt auch ihr lustig sein alle miteinander.

Einer von den Gästen Ja, laßt uns ein Versturnier veranstalten!

Viele (rufen) Ja, ja, ein Versturnier.

Ein anderer Gast Nein, laßt das lieber bleiben; das bringt nur Unfrieden in die Gesellschaft. *(Mit gedämpfter Stimme)* Bedenkt, daß Knut Gaesling heut Abend auf dem Schloß ist –!

Mehrere (unter einander flüsternd) Ja, ja, das ist wahr! Ihr erinnert euch noch an das letzte Mal, da er –. Man sei auf der Hut – das ist das Beste!

Ein alter Mann Aber Ihr, Frau Margit – ich weiß, Euer Geschlecht war allzeit sagenkundig, und Ihr selbst wußtet viele schöne Geschichten, da Ihr noch ein Kind wart.

Margit Ach, ich habe sie alle, alle vergessen. Doch fragt meinen Vetter Gudmund Alfson; der singt Euch gern eine lustige Geschichte.

Gudmund (leise, bittend) Margit –!

Margit Ei, was setzest du für ein kläglich Gesicht auf! Lustig, Gudmund! Lustig! Ja, ja, es fällt dir nicht so leicht, glaub's wohl. *(Lachend, zu den Gästen)* Er hat heut Abend die Waldelfe geschaut. Sie wollt' ihn verführen; aber Gudmund ist ein treuer Gesell. *(Wendet sich wieder zu Gudmund)* Nun ja, die Geschichte ist noch nicht zu Ende. Wenn du dein Herzlieb übers Gebirg' und durch die Wälder entführst, so wende dich ja nicht um; schau niemals zurück – die Waldelfe sitzt hinter jedem Busch und lacht; und zuletzt – *(Mit gedämpfter Stimme, indem sie dicht an ihn herantritt)* kommst du doch nicht weiter, als sie will. *(Sie geht nach rechts hinüber)*

Signe (leise) O Gott, o Gott!

Bengt (geht vergnügt unter den Gästen umher) Hahaha! Frau Margit versteht so etwas zusammenzusetzen. Wenn sie erst einmal will, so macht sie's viel besser als ich.

Gudmund (für sich) Sie droht mir. Ich muß ihr die letzte Hoffnung rauben; eher beruhigt ihr Gemüt sich nicht. *(Wendet sich zu den Gästen)* Ich kenn' ein kleines Lied. Wenn ihr Lust habt, es zu hören, so –

Mehrere Gäste Bitte, bitte, Gudmund Alfson!

(Man schließt um ihn einen Kreis; einige sitzen, andere stehen. Margit lehnt an einem Baum rechts vorn. Signe steht links in der Nähe des Hauses.)

Gudmund (singt)

Ich ritt durch weite Wälder,
ich fuhr nach fremdem Strand;
doch meine Braut, die freit' ich mir
im lieben Heimatland.
Da war eine böse Elfe,
die wollt' vor Neid vergehn:
Nie soll mit ihm sein feines Lieb
am Traualtare stehn.
Hör mich, du böse Elfe,
was machst du dir Beschwer?
Zwei Herzen, die in Liebe eins,
die trennst du nimmermehr!

Ein alter Mann Das ist ein schönes Lied! Schau, wie die jungen Burschen verstohlen dort hinüber gucken. *(Zeigt auf die Mädchen)* Ja, ja, jeder hat schon die seine, glaub's wohl.

Bengt (macht Margit Zeichen) Ja, und ich hab' die meine, das weiß ich genau. Hahaha!

Margit (leise, bebend) Oh, all den Spott und Hohn dulden zu müssen! Nein, nein! Nun muß ich das Äußerste versuchen.

Bengt Was fehlt dir? Du bist ja so blaß.

Margit Es geht bald vorüber. *(Wendet sich zu den Gästen)* Mir ist, als ob ich vorhin gesagt hätte, ich hätte all meine Geschichten vergessen. Aber eine ist mir doch noch eingefallen.

Bengt Recht so, mein Frauchen! Heraus damit!

Junge Mädchen (bittend) Ja, erzählt, erzählt, Frau Margit!

Margit Fast bin ich bange, daß sie euch wenig gefallen wird; aber sei dem nun, wie ihm wolle.

Gudmund (leise) Alle Heiligen, sie will doch wohl nicht –

Margit Es saß einmal eine Jungfrau fein
wohl auf ihres Vaters Schloß;
sie säumte Seide, sie säumte Lein –
Trübeinsamkeit war ihr Genoß.
Sie ging so verlassen und freudlos umher
in den leeren Stuben und Sälen;
doch nährte ihr Herze gar hohes Begehr,
nur einen vom Adel zum Manne zu wählen. –
Da stieg Bergkönig aus seinem Schacht
und kam mit Gold und Mannen
und führte des dritten Tages Nacht
sie – als sein Weib – von dannen.

Nun saß sie im Berge und ließ sich den Met
aus goldenem Horne entgegenschäumen,
das Tal lag da wie ein blühendes Beet –
sie sah seine Pracht nur in Träumen. –
Da war ein Spielmann, jung und fein,
sang draußen im Lichte der Sonnen;
das klang bis zum Schoße der Felsen hinein,
wo ihr Sommer um Sommer verronnen.
So wundersam löste sich nun ihre Qual –
auf sprang das Bergtor in weitem Bogen;
Gottvaters Friede lag über dem Tal,
nun ward ihr Auge um nichts mehr betrogen.
Ihr war, als sei bei des Harfentons Macht
zum ersten Male ihr Herz erwacht,
als ob ihr nun erst erschlossen werde,
wie reich, wie überreich die Erde.
Nun müßt ihr wissen allesamt –
den, der zum Felsenkerker verdammt,
kann Harfenspiel leicht vom Banne befrein!
Nun sah er sie schmachten, hörte sie schrein –
doch er warf seine Harfe in seinen Kahn,
zog seidene Segel auf seine Rah'n
und steuerte über das salzige Meer
samt seiner Braut – auf Niewiederkehr.
(In steigender Leidenschaft)
Du rührtest so herrlich der Saiten Gold –
nun ward ich dem Leben von neuem hold!
Ich muß fort, ich muß fort in die grünen Tale!
Ich sterbe da drinnen im steinernen Saale!
Er spottet nur mein! Er umfaßt sie, er
flieht mit ihr über das salzige Meer!
(Schreit auf)
Mit mir ist es aus; die Felsen winken!
Sonne leuchtet nicht mehr; alle Sterne versinken.
(Sie wankt und sinkt ohnmächtig an einen Baum.)
Signe (ist weinend hinzugeeilt, um sie in ihren Armen aufzufangen)
Margit! Schwester!
Gudmund (zugleich, stützt sie) Zu Hilfe! Zu Hilfe! Sie stirbt!
(Bengt und die Gäste scharen sich unter Ausrufen des Schreckens um sie.)

DRITTER AKT

Die große Stube auf Solhaug wie im ersten Akt, aber jetzt vom Fest her in Unordnung. Es ist noch immer Nacht; eine milde Dämmerung ist über das Zimmer und die Landschaft draußen gebreitet.

Bengt steht auf der offenen Außengalerie, einen Bierhumpen in der Hand. Eine Schar Gäste ist im Begriff, das Schloß zu verlassen. In der Stube geht eine Magd umher und räumt auf.

Bengt (ruft den Fortziehenden nach) Also, Gott mit euch, und ein froh Wiedersehen auf Solhaug! Ihr hättet sonst wirklich hierbleiben und ausschlafen können, ebensogut wie die andern. Na ja, ja – nein wartet! Ich komm' noch bis zur Pforte mit; ich muß euch doch noch einmal zutrinken. *(Geht ab)*
Die Gäste (singen, sich entfernend)
B'hüt Gott und Lebwohl Euch insgemein
hier hinter Solhaugs Türen!
Nun ziehn wir hin über Stock und Stein –
frisch auf! Die Fiedel mag führen!
Bei Tanz und Gesag
wird der Heimweg uns nicht so schwer und lang.
Hei, lustig dahin!
(Der Gesang verliert sich mehr und mehr in der Ferne. Margit tritt durch die Tür links in die Stube.)
Die Magd Jesus Christus, Frau, Ihr seid schon auf?
Margit Ich bin frisch und munter; du kannst hinunter gehn und dich schlafen legen. Halt! Sag' mir: sind schon alle Gäste fort?
Die Magd Nein, nicht alle; ein Teil ist über Nacht geblieben. Die schlafen gewiß schon.
Margit Und Gudmund Alfson –?
Die Magd Er schläft wohl auch. *(Zeigt nach rechts)* Eben vorhin ging er in seine Kammer, dort, gleich überm Gang.
Margit Gut; du kannst gehn.
(Die Magd links ab. Margit geht langsam durch die Stube, setzt sich an den Tisch rechts und blickt zum offenen Fenster hinaus.)
Margit Wenn es tagt, so zieht wohl Gudmund hinaus –
und ich werde ihn niemehr wiedersehen;
dann sitz' ich wieder beim Gatten zu Haus –.

Mir spielt das Geschick wie dem Blümlein mit,
wie dem Hälmchen, das irgend ein Fuß zertritt –
mein Los ist Verwelken, Vergehen.
(Kurze Pause, sie lehnt sich in den Stuhl)
Mir fällt das blinde Geschöpfchen ein,
das harmlos zum Kinde gediehen,
bis daß ihm die Mutter mit Zauberei'n
die Gabe, zu sehen, verliehen.
Nun schaute es staunend unverwandt
über Berg und See, über Tal und Strand.
Da versagten die Künste der Gauklerin,
und das Kind ging wieder in Dunkel dahin;
die Lust am Spielen war ihm vergangen.
Von Sehnsucht bleichten ihm seine Wangen.
Hinsiechend lebte es all seine Tage
in ewiger, namenloser Klage. –
So ging auch ich wie blindgeboren
im blühenden Sommer, im strahlenden Licht –
(Sie springt auf)
Und dann –! Und dann wieder alles verloren!
Nein, nein, so wohlfeil verkauf' ich mich nicht.
Drei Jahre ertrug ich die Höllenpein,
nun muß mein Opfer ein Ende finden!
Könnt' ich noch länger dies Dasein verwinden,
ich müßte wie eine Taube sein.
Hier wird mir die Jugend verkränkt und vergällt –
und draußen, da wogt die unendliche Welt –
Gudmund will ich folgen mit Schild und mit Bogen,
teilen sein Glück und mildern seinen Kummer,
hüten seinen Schritt und schützen seinen Schlummer –
das Staunen! Kommen wir so gezogen,
der kühne Ritter und Margit, sein Lieb –
sein Weib! *(Schlägt die Hände zusammen)*
O Herrgott, vergib, vergib!
Weiß selber nicht mehr, was ich spreche. –
Rette mich, eh' ich zusammenbreche! *(Geht eine Weile grübelnd umher)*
Signe –? Könnte ich Ruhe haben,
wenn sie dich vor der Zeit begraben?
Und doch –? Wer weiß? Sie ist ja noch Kind;
in ihren Jahren vergißt man geschwind.

(Abermals Pause; sie zieht das Fläschchen hervor, betrachtet es lange und sagt leise)
Dies Fläschchen –! Es ließe mich alles gewinnen –!
Ein Griff – und mein Gatte müßte von hinnen. *(Erschrocken)*
Nein, nein, ich werf' es hinaus in den Bach!
(Will es zum Fenster hinauswerfen, hält aber inne)
Und doch – ich fühlte mich nicht zu schwach –
(Flüstert mit einem aus Schauder und Entzücken gemischten Ausdruck)
In welch verführerischer Gestalt
lockt doch der Sünde süße Gewalt!
Mich dünkt, das Glück gewährt höchsten Genuß,
das mit Leib und mit Seele erkauft werden muß.
(Bengt, den leeren Bierhumpen in der Hand, kommt über die Außengalerie herein; sein Gesicht glüht; er geht mit unsicheren Schritten.)
Bengt (schleudert den Humpen auf den Tisch links) So! Das war ein Fest, das in der ganzen Gegend von sich reden machen wird. *(Erblickt Margit)* Na, da bist du ja? Bist wieder zu dir gekommen? Das freut mich.
Margit (die inzwischen das Fläschchen verborgen hat) Ist das Tor geschlossen?
Bengt (setzt sich an den Tisch links) Ich hab' für alles gesorgt. Ich folgte den letzten Gästen bis zur Pforte hinunter. Aber wo blieb Knut Gaesling heut Abend? – Gib mir Met, Margit! Ich bin durstig. Füll' mir den Becher da.
(Margit nimmt eine Metkanne aus dem Schrank und schenkt den Becher voll, der vor ihm auf dem Tische steht.)
Margit (geht mit der Kanne nach rechts hinüber) Du fragtest nach Knut Gaesling.
Bengt Ja freilich, freilich. Der Prahler – der Großsprecher! Ich weiß noch, wie er uns gestern früh drohte.
Margit (setzt die Kanne auf den Tisch rechts) Er führte schlimme Reden im Munde heut Nacht, als er aufbrach.
Bengt Tat er das? Recht so! Ich werd' ihm den Schädel einschlagen.
Margit (lächelt verächtlich) Hm –
Bengt Ich werd' ihm den Schädel einschlagen, sag' ich! Ich bin nicht furchtsam, und wenn ich zehn solcher Kerle begegnete. Draußen im Vorratshause hängt meines Großvaters Streitaxt; der Schaft ist mit Silber ausgelegt; und wenn ich mit der komme, so –! *(Schlägt auf den Tisch und trinkt)* Morgen rüst' ich mich und zieh' aus mit allen meinen Mannen und schlage Knut Gaesling den Schädel ein. *(Trinkt aus)*
Margit (leise) Oh, mit dem da leben zu müssen! *(Sie will gehen)*

Bengt Margit, komm her! Schenk mir wieder ein! *(Sie kommt näher; er will sie auf sein Knie niederziehen)* Hahaha, du bist hübsch, Margit! Ich hab' dich gern.

Margit (reißt sich los) Laß mich! *(Sie geht mit dem Becher nach rechts hinüber)*

Bengt Du bist heut Abend nicht fügsam. Hahaha – du meinst das wohl nicht so schlimm.

Margit (leise, während sie den Becher wieder vollschenkt) Wär' es der letzte Becher! ... *(Sie läßt den Becher stehen und will nach links ab)*

Bengt Hör, Margit! Für eins kannst du dem Himmel danken, und zwar dafür, daß ich dich heiratete, bevor Gudmund Alfson wieder kam.

Margit (bleibt an der Tür stehen) Warum das?

Bengt Nun ja – weil sein ganzes Hab und Gut nicht den zehnten Teil so groß ist wie meins. Und dessen bin ich sicher, gefreit hätt' er um dich, wenn du nicht Frau auf Solhaug wärst.

Margit (kommt näher, blickt verstohlen nach dem Becher) Glaubst du?

Bengt Darauf will ich schwören, Margit. Bengt Gauteson hat ein paar kluge Augen im Kopfe. Aber jetzt kann er ja Signe nehmen.

Margit Und du denkst, er will –?

Bengt Sie nehmen? O ja, seit er dich nicht mehr haben kann. Wenn du noch frei wärst, ja dann – Hahaha, Gudmund ist just wie die andern; er mißgönnt mir, daß ich dein Mann bin. Eben darum mag ich dich ja so gut leiden, Margit! – Her mit dem Becher! Voll bis zum Rand!

Margit (geht widerstrebend nach rechts hinüber) Deinen Becher sollst du haben – ganz gewiß.

Bengt Knut Gaesling freite ja auch um Signe; aber dem will ich den Schädel einschlagen. Gudmund ist ein ehrlicher Kerl; er soll sie kriegen. Denk' nur, Margit, wie gut wir als Nachbarn zusammenleben werden. Dann kommen wir zu einander zu Gaste und sitzen, so lang der Tag währt, jeder mit seinem Weib auf dem Schoß, und trinken und schwatzen das Blaue vom Himmel.

Margit (verrät einen immer mehr sich steigernden Seelenkampf; unwillkürlich hat sie das Fläschchen hervorgezogen, während sie sagt) Jawohl, jawohl!

Bengt Hahaha! Im Anfang, mein' ich, wird Gudmund mich ein bißchen scheel ansehen, wenn ich dich herze; aber das verwindet er gewiß bald.

Margit (leise) Das ist mehr, als ein Mensch ertragen kann! *(Schüttet den Inhalt des Fläschchens in den Becher, tritt ans Fenster, wirft das Glas hinaus und sagt, ohne ihn anzusehen)* Dein Becher ist gefüllt.

Bengt Dann her damit!

Margit (kämpft in Angst und Zweifel; endlich sagt sie) Trink heut nicht mehr!
Bengt (lachend, indem er sich in den Stuhl zurücklehnt) So – wartest du etwa auf mich? *(Blinzelt ihr zu)* Geh nur; ich komm' bald nach.
Margit (plötzlich fest) Dein Becher ist gefüllt. *(Zeigt auf ihn)* Da steht er. *(Sie geht rasch links ab)*
Bengt (erhebt sich) Ich mag sie gern. Es reut mich nicht, daß ich sie zur Frau nahm, obschon ihr nicht mehr Erbgut eignete, als der Becher da und der Schmuck, den sie als Braut trug.
(Er tritt an den Tisch am Fenster und nimmt den Becher)
(Ein Knecht kommt eilig und erschrocken durch den Hintergrund.)
Der Knecht (ruft) Herr Bengt! Herr Bengt! Sputet Euch, so sehr Ihr könnt! Knut Gaesling zieht mit einem Haufen Gewaffneter herauf gegens Schloß.
Bengt (stellt den Becher hin) Knut Gaesling? Wer sagt das?
Der Knecht Einige von Euren Gästen sahen ihn drunten des Wegs kommen, und da liefen sie eiligst zurück, um Euch zu warnen.
Bengt Gut; so werd' ich denn auch –! Hol mir meines Großvaters Streitaxt!
(Er und der Knecht gehen durch den Hintergrund ab. Bald darauf kommen Gudmund und Signe leis und vorsichtig durch die Tür rechts herein.)
Signe (leise) So muß es denn sein!
Gudmund (ebenso) Die höchste Gefahr zwingt uns.
Signe Ach, so flüchten zu sollen –
aus seiner Heimat, die einen gebar! *(Trocknet ihre Tränen)*
Und doch, ich will dir nicht grollen –
ich fliehe ja gerne dir zulieb.
Freilich, wärst du nicht friedlos, blieb'
ich besser bei Margit.
Gudmund Und Tags darauf
käme Knut Gaesling mit seinen Mannen
und höbe dich auf sein Roß hinauf
und schleppte die Braut von dannen!
Signe Ja, laß uns fliehn! Dich wie fangen wir's an?
Gudmund Ich hab' draußen am Fjord einen treuen Mann;
der schafft uns ein Schiff. Durch salzige Wellen
wird uns der Nordwind die Segel schwellen.
Im Dänenland, glaub' mir, ist herrlich zu sein;
da wirst du gar bald mit Freuden wohnen;

da warten die lieblichsten Blumen dein
unter schattigen Buchenkronen.
Signe (bricht in Tränen aus) Meine arme Schwester – ade! ade!
Wie hast du mich immer gehegt und geleitet,
mit frommem Gebet mir die Wege bereitet;
wie warst du mir Mutter in Wohl und in Weh! –
Komm Gudmund – trinken wir ihr zur Ehre
noch diesen Becher, auf daß ihr Herz
bald wieder genese, und Gott ihren Schmerz
in Frohsinn wieder verkehre! *(Sie ergreift den Becher)*
Gudmund Das woll'n wir; wir trinken ihr Wohlergehen. *(Wird stuzig)*
Nein, halt! *(Nimmt ihr den Becher aus der Hand)*
Wo hab' ich nur den schon gesehen?
Signe 's ist Margits Becher.
Gudmund (betrachtet ihn genau) Wahrhaftig – mich trog
mein Aug' nicht. Als ich zur Fremde zog,
trank Margit aus ihm in funkelndem Weine,
daß der Himmel uns bald wieder fröhlich vereine –
doch trank sie sich selber nur Sorge und Pein.
Nein, trinken wir keinen Met oder Wein
aus diesem Becher mehr! *(Schüttet den Inhalt aus dem Fenster)*
Komm, 's ist Zeit! *(Lärm und Rufe hinter der Szene)*
Signe Horch! – Gudmund, ich höre Lärm und Streit!
Gudmund (horchend) Knut Gaeslings Stimme!
Signe Daß Gott sich erbarm'!
Gudmund (stellt sich vor sie) Keine Furcht! Dich schützt deines Gudmund Arm.
(Margit kommt eilig von links)
Margit (nach dem Lärm hinhorchend) Was gibt's da? Ist mein Mann –?
Gudmund und Signe Margit!
Margit (erblickt sie) Gudmund! Und Signe! Ihr seid hier?
Signe (geht auf sie zu) Margit – liebe Schwester!
Margit (voll Entsetzen, da sie den Becher bemerkt, den Gudmund noch immer in der Hand hält) Den Becher! Wer hat ihn geleert?
Gudmund (verwirrt) Geleert –? Ich und Signe, wir wollten –
Margit (schreit auf) Gnade, Gnade! Zu Hilfe! Sie sterben!
Gudmund (stellt den Becher weg) Margit –!
Signe O Gott, was fehlt dir?
Margit (eilt nach dem Hintergrund) Hilfe, Hilfe! Will denn niemand helfen?!

(Ein Knecht kommt eilig über die Außengalerie herein)
Der Knecht (ruft erschrocken) Frau Margit! Euer Gemahl –!
Margit Er! Hat auch er getrunken –?
Gudmund (leise) Ah, nun begreif' ich –
Der Knecht Knut Gaesling hat ihn erschlagen!
Signe Erschlagen!
Gudmund (zieht das Schwert) Noch nicht, will ich hoffen. *(Flüstert Margit zu)* Sei ruhig! Niemand hat aus dem Becher getrunken.
Margit Dann sei Gott gelobt, der uns alle errettet hat!
(Sie sinkt in einen Stuhl zur Linken. Gudmund will eilig ab durch den Hintergrund.)
Ein anderer Knecht (unter der Tür, hält ihn auf) Ihr kommt zu spät. Herr Bengt ist tot.
Gudmund Also doch erschlagen!
Der Knecht Aber die Gäste und Eure Leute sind der Gewalttäter Herr geworden. Knut Gaesling und seine Mannen sind gebunden. Da kommen sie.
(Gudmunds Mannen, Gäste und Knechte führen Knut Gaesling, Erik von Haegge und mehrere von Knuts Leuten gebunden herein.)
Knut (bleich und ruhig) Totschläger, Gudmund! Was sagst du dazu?
Gudmund Knut, Knut, was hast du getan?
Erik Es geschah ohne Absicht – das kann ich bezeugen.
Knut Er lief mich an mit geschwungener Axt; ich wollt' mich verteidigen, und so hieb ich denn blindlings zu.
Erik Hier stehen viele, die das gesehen haben.
Knut Frau Margit, fordert eine Buße, so hoch Ihr wollt – ich bin bereit, sie zu zahlen.
Margit Ich fordere nichts. Gott möge über uns alle richten. Doch ja – eins fordre ich; laßt Euren schlimmen Anschlag gegen meine Schwester fahren!
Knut Nimmermehr werd' ich versuchen, mein unselig Gelübde einzulösen. Glaubt mir, ich werd' mich bessern. Möchte nur keine entehrende Strafe mich treffen für meine Tat. *(Zu Gudmund)* Solltest du wieder zu Ehren und Würden gelangen, so sprich beim König ein gutes Wort für mich.
Gudmund Ich? Noch bevor der Tag kommt, muß ich über der Grenze sein.
(Erstaunen unter den Gästen; Erik erklärt ihnen flüsternd den Zusammenhang.)
Margit (zu Gudmund) Du gehst? Und Signe will dir folgen?

Signe (bittend) Margit!
Margit Alles Glück mit euch beiden!
Signe (an ihrem Halse) Geliebte Schwester!
Gudmund Dank, Margit! Und nun leb wohl! *(Lausend)* Horch! Ich höre Hufschlag im Hof.
Signe (voll Angst) Da kommt fremdes Kriegsvolk!
Ein Knecht (unter der Tür im Hintergrund) Des Königs Mannen stehn draußen. Sie suchen Gudmund Alfson.
Signe Oh, Herr im Himmel!
Margit (fährt erschrocken auf) Des Königs Mannen!
Gudmund So ist alles vorbei! O Signe! Dich jetzt zu verlieren – das war das Schwerste, was mich treffen konnte.
Knut Nein, Gudmund! Teuer soll ihnen dein Leben zu stehen kommen. Lös' unsre Stricke! Wir sind alle bereit, uns für dich zu schlagen.
Erik (blickt hinaus) Es nützt nichts; es sind ihrer zu viele.
Signe Sie kommen hier herein! O Gudmund, Gudmund!
(Des Königs Sendbote samt Gefolge tritt durch den Hintergrund herein.)
Der Sendbote In des Königs Namen und Auftrag suche ich Euch, Gudmund Alfson.
Gudmund Gut. Aber ich bin unschuldig, das schwör' ich hoch und teuer!
Der Sendbote Das wissen wir alle.
Gudmund Wie?
(Bewegung unter den Versammelten)
Der Sendbote Ich habe Befehl, Euch an des Königs Hof zu Gast zu bitten. Der König schenkt Euch seine Freundschaft wie früher und reiche Lehen dazu.
Gudmund Signe!
Signe Gudmund!
Gudmund Aber so sagt mir –?
Der Sendbote Euer Feind, der Kanzler Audun Hugleikson, ist gestürzt.
Gudmund Der Kanzler!
Die Gäste (halblaut, zueinander) Gestürzt?!
Der Sendbote Vor drei Tagen wurde er zu Bergen enthauptet. *(Mit gedämpfter Stimme)* Er hatte Norwegens Königin beleidigt.
Margit (tritt zwischen Gudmund und Signe)
So schlägt den Sünder des Himmels Hand!
Mir hat er heut Nacht seine Engel gesendet
und, als mir schon jede Hoffnung schwand,
mein Los noch gnädig zum Guten gewendet.

Nun weiß ich, das Leben ist mehr als ein Jagen
nach glänzenden Gütern, nach festlichen Tagen.
Ich fühlte, wie bitter der Mensch verzagt,
der seiner Seele Seligkeit wagt. –
Ich tret' in Synnöves Kloster ein –
(Da Gudmund und Signe sprechen wollen)
Sagt nichts! Es würde vergeblich sein. *(Legt ihre Hände zusammen)*
So knüpf' ich denn eurer Liebe Band
und stell' euer Leben in Gottes Hand!
(Sie winkt zum Abschied und geht nach links. Gudmund und Signe wollen ihr folgen. Margit hält sie mit einer abwehrenden Gebärde zurück, geht hinaus und schließt hinter sich die Tür. Im selben Augenblick geht die Sonne auf und wirft ihr Licht in die Stube.)
Gudmund Signe – mein Weib! – Sieh, der Tag will beginnen;
das ist unsrer jungen Liebe Tag!
Signe Mein schönstes Erinnern, mein bestes Sinnen
hast du mir geschenkt und dein Harfenschlag.
Mein edler Sänger – in Leid und Lust
schlag' nur die Saiten zu höchsten Liedern:
Ich trag' eine Harfe in tiefer Brust,
die soll dir in Freuden und Schmerzen erwidern!
Chorgesang (von Männern und Weibern)
Sonne hat ihr segnend Aug' erhoben,
hütet liebevoll der Frommen Fuß,
sendet milder Strahlen Trostesgruß –
Lob und Preis dem Herrn im Himmel droben!

PEER GYNT

Ein dramatisches Gedicht

Personen

Aase, eine Bauerswitwe
Peer Gynt, ihr Sohn
Zwei alte Weiber mit Kornsäcken, *Aslak,* ein Schmied, *Hochzeitsgäste, Küchenmeister, Spielleute usw.*
Ein zugewandertes Bauernpaar
Solvejg und Klein Helga, dessen Töchter
Der Haegstad-Bauer
Ingrid, seine Tochter
Der Bräutigam und seine Eltern
Drei Säterdirnen, ein grüngekleidetes Weib
Der Dovre-Alte
Ein Hoftroll, mehrere andere Trolle, Trolljugend, beiderlei Geschlechts, *ein paar Hexen, Erdgeister, Zwerge, Kobolde usw.*
Ein häßlicher Junge, eine Stimme im Dunkel, Vogelschreie
Kari, eine Häuslersfrau
Master Cotton, Monsieur Ballon, die Herren von Eberkopf und Trumpeterstraale, Reisende, *ein Dieb und ein Hehler*
Anitra, eines Beduinenhäuptlings Tochter
Araber, Sklavinnen, tanzende Mädchen usw.
Die Memnons-Säule (singend), *die Sphinx von Gizeh* (stumme Person)
Begriffenfeldt, Professor, Dr. phil., Vorsteher des Tollhauses zu Kairo
Huhu, ein Sprachreformer von der malebarischen Küste, *Hussein,* ein morgenländischer Minister, *ein Fellah* mit einer Königsmumie
Mehrere Tollhäusler nebst ihren Wärtern

Ein norwegischer Schiffskapitän und seine Mannschaft, ein fremder Passagier
Ein Geistlicher, ein Leichengefolge, ein Amtmann, ein Knopfgießer, eine magere Person

Das Stück, dessen Handlung im Anfang des 19. Jahrhunderts beginnt und gegen die sechziger Jahre hin endigt, spielt teils im Gudbrandstal und seinen Bergen, teils an der Küste von Marokko, in der Wüste Sahara, im Tollhaus zu Kairo, auf der See usw.

ERSTER AKT

Abhang mit Laubholz bei Aases Hof. Ein Bach schäumt hernieder. Auf der andern Seite eine alte Mühle. Heißer Sommertag.

Peer Gynt, ein kräftig gebauter Mensch von zwanzig Jahren, kommt den Steig herab. Aase, seine Mutter, klein und fein, folgt ihm zornig scheltend auf dem Fuße.

Aase Peer, du lügst!
Peer Gynt (ohne sich aufzuhalten) Nein, nein, ich lüg' nicht!
Aase Na, so schwör' drauf: Ist es wahr?
Peer Gynt Warum schwören?
Aase Pfui! Der frūg' nicht,
dessen Schuld nicht klipp und klar!
Peer Gynt (steht still) Doch, 's ist wahr – ich schwör' es dir.
Aase (vor ihm) Und du schämst dich nicht vor mir?
Bleibt man ganze Wochen aus,
läuft man, just wann Gras zu schlagen,
auf den Ferner, Renwild jagen,
kommt zerrissen dann nach Haus,
ohne Stutzen, ohne Bock –
um zum Schluß am hellerlichten
Mittag Mutter flugs ein Schock
Jägerlügen vorzudichten?
Also, wo hast du 'n getroffen?
Peer Gynt Links vom Gendin.
Aase (lacht spöttisch) Hm! Aha!
Peer Gynt Kräftig blies der Wind von da;
und so stand der Weg mir offen,
mich durchs Holz hindurchzupirschen,
hinter dem er grub –
Aase (wie vorher) Ja, ja!
Peer Gynt Lautlos horchend, hör' ich seinen
Huf im harten Firnschnee knirschen,

seh' vom einen Horn die Zacken,
wind' mich durch Geröll und Wacken
vorwärts und, verdeckt von Steinen,
seh' ich einen Prachtbock – einen,
wie man ihn seit Jahrer zehn,
sag' ich dir, hier nicht gesehn!
Aase Gott bewahre, nein!
Peer Gynt Ein Knall!
Und den Bock zusammenbrennen!
Aber knapp, daß er zu Fall,
sitz' ich auch schon rittlings droben,
greif' ihm in sein linkes Ohr,
reiß' mein Messer schon hervor,
ihm's gerecht ins Blatt zu rennen –
Hui! Da hebt er an zu toben,
springt, pardauz, auf alle viere,
wirft zurück sein Horngeäst,
daß ich Dolch und Scheid' verliere,
schraubt mich um die Lenden fest,
stemmt 's Gestäng' mir an die Waden,
klemmt mich ein wie mit 'ner Zang' –
und so stürmt er, wutgeladen,
just den Gendingrat entlang!
Aase (unwillkürlich) Jesus –!
Peer Gynt Mutter, hast du den
Gendingrat einmal gesehn?
Wohl 'ne Meile läuft er drang
hin, in Sensenrückenbreite.
Unter Firneis, Schuttmoränen,
Schnee, Geröll, Sand, kunterbunter,
sieht dein Aug' auf jeder Seite
stumme, schwarze Wasser gähnen,
an die fünf-, die siebenzehn-
hundert Ellen rank hinunter.
Dort lang stoben pfeilgeschwind
er und ich durch Wetter und Wind!
Nie ritt ich solch Rößlein, traun!
Unsrer wilden Fahrt entgegen
schnob's wie Sonnenfunkenregen.
Adlerrücken schwammen braun

in dem schwindeltiefen Grau'n
zwischen Grat und Wasserrande –
trieben dann davon wie Dau'n.
Treibeis brach und barst am Strande;
doch sein Lärm ging ganz verloren;
nur der Brandung Geister sprangen
wie im Tanze – sangen, schwangen
sich im Reih'n vor Aug' und Ohren!
Aase (schwindlig) Oh, Gott steh' mir bei!
Peer Gynt Da stößt
plötzlich, wie ein Stein sich löst,
dicht vor uns ein Schneehuhn auf,
flattert gackernd, aufgeschreckt,
aus dem Spalt, der es versteckt,
meinem Bock – bums! – vor die Lichter.
Der verändert jach den Lauf –
und mit einem Riesensatze
nieder in den Höllentrichter!
(Aase wankt und greift nach einem Baumstamm. Peer Gynt fährt fort)
Ob uns schwarzer Bergwand Fratze,
nid uns bodenloser Dust! –
Durch zersplißne Nebelschichten
erst, sodann durch einen dichten
Schwarm von Möwen, die durchschnitten
kreischend auseinanderstritten –
nieder, nieder, nieder sauste es.
Aber aus der Tiefe grauste es
weiß wie eine Rentierbrust –
Mutter, das war unser eigen
Bild, das aus des Bergsees Schweigen
tief vom Grund zum Spiegel eilte,
umgekehrt, wie unser Sturz
lotrecht auf ihn nieder pfeilte.
Aase (schnappt nach Luft)
Peer! Gott helf' mir –! Mach es kurz –!
Peer Gynt Bock vom Berge, Bock vom Grunde –
stieß zur selbigen Sekunde!
Das Gespritz' und das Geklatsche!
Na, da lag man in der Patsche. –
Nicht gar lang dann und wir fanden

irgendwo 'nen Fleck, zu landen;
er, er schwamm, und ich umschlang ihn –
und hier bin ich nun –
Aase Und er?
Peer Gynt Hm, der springt wohl noch umher –
(Schnalzt mit den Fingern, wippt sich auf den Hacken und fügt hinzu)
Wenn du 'n laufen siehst, so fang ihn!
Aase Daß du nicht den Hals geknickt hast!
Und die Beine gleich dazu!
Ist dein Rückgrat denn noch ganz?
Herrgott – Lob und Dank, daß du
mir ihn wieder heimgeschickt hast! –
Zwar die Hose hat ein Loch;
doch davon ist nicht zu reden,
denkt man, was weit Schlimmres noch,
sich bei so 'nem tollen Tanz –
(Besinnt sich plötzlich, sieht ihn mit offenem Mund und großen Augen an und kann lange keine Worte finden. Endlich stößt sie hervor)
Oh, du Teufelslügenschmied!
Kreuz noch 'n Mal! Solch ein Geflunker!
Was du mir da singst – das Lied –
als das aufkam – zu der Frist
lief dein Vater noch als Junker!
Gudbrand Glesne – dem – dem ist
das geschehn, nicht dir –!
Peer Gynt Mir auch.
Solcherlei kann oft geschehen.
Aase (giftig) Ja, und Lügen kann man drehen,
wenden und mit Putz benähen,
bis von ihrem magren Bauch
nichts vor Flicken mehr zu sehen.
Das hast du zuweg' gebracht,
alles wild und groß gemacht,
ausstaffiert mit Adlerrücken
und mit all den andern Rücken,
abgestutzt und zugesetzt
und mir so den Sinn verstört,
daß man nicht mehr kennt zuletzt,
was man hundertmal gehört.

Peer Gynt Spräch' ein andrer solchen Quark,
wollt' ich heillos grob ihm kommen!
Aase (weinend) Läg' ich doch im schwarzen Sarg!
Wär' ich, Gott, doch nie geboren!
Bitten, Tränen, nichts will frommen –
Peer, du bist und bleibst verloren!
Peer Gynt Liebes, süßes Muttchen mein,
hast ja recht mit jedem Wort;
sei nur wieder –
Aase Scher dich fort!
Ist mir's möglich, froh zu sein,
hab' ich solch ein Schwein zum Sohn?
Muß es mich nicht bitter schmerzen,
wird mir armem Witwenherzen
ewig Schande nur zum Lohn?
(Fängt wieder an zu weinen)
Was verblieb uns, muß ich fragen,
seit Großvaters Wohlstandstagen?
Wie hat sich der Wein verdünnt
seit dem alten Rasmus Gynt!
Vater brachte 's Gold ins Rutschen,
warf's hinaus wie Scheffel Sand,
kaufte Grund im ganzen Land,
karrte mit vergüldten Kutschen –
alles weg. Wo sind die Reste
von dem großen Winterfeste,
da sein Trinkglas männiglich
an die Wand warf hinter sich!
Peer Gynt Hm, wo blieb der letzte Schnee?
Aase Willst du jetzt wohl schweigen, he!
Sieh den Hof an! Jedes zweite
Fenster ist verstopft mit Flicken,
Heck' und Zaun liegt auf der Seite,
keiner will das Feld beschicken,
's Vieh steht da in Mansch und Matsch,
jeden Monat wird gepfändet –
Peer Gynt Schweig doch, Alte, mit dem Quatsch!
Weil mal 's Glück den Rücken wendet,
heißt's drum gleich: Und niemand sah's mehr?
Aase Nein; auf dem Fleck wächst kein Gras mehr.

Und du bist doch was, du Strick –
immer noch so keck und quick,
schmuck und klug, wie, da der Pfaff –
der aus Kopenhagen, weißt du –
dazumal dich frug: Wie heißt du?
Und, ob deiner Antwort baff,
sich verschwor, die schiene wert ihm
eines Prinzen – daß zum Dank
Vater Schlitten gleich samt Pferd ihm
übern Tisch zu eigen trank.
Hei, da ging es lustig her!
Propst, Kap'tän, was drum und dran war,
hing hier taglang, soff und fraß,
bis kein Knopf am Wanst mehr saß.
Aber als dann Not an Mann war,
ward's hier öde, still und leer.
»Scheffel-Jon«, anjetzt Hausierer,
war nicht mehr ihr Pokulierer.
(Trocknet die Augen mit der Schürze)
Ach, du bist doch stark und groß –
solltest bessern deiner alten
armen Mutter elend Los,
solltest Haus und Hof verwalten,
daß dein Erb' nicht ganz zerfällt –
(Weint von neuem)
Statt daß ich mich an dir halten
könnt', verlumpst du Zeit und Geld!
Hier verträumst du und verdreckst du
dich mit in der Herdglut Wühlen;
trittst du in die Tanzsäl', schreckst du
alle Mädels von den Stühlen –
machst mir üb'rall Schand' und Tränen,
raufst dich mit den ärgsten Hähnen –
Peer Gynt (geht von ihr) Laß mich sein.
Aase (folgt ihm) Du bist am Ende
nicht gewesen bei der letzten
großen Schlägerei zu Lunde,
wo sie sich wie tolle Hunde
überfielen und zerfetzten?
Hast du nicht Aslak, dem Schmied,

der dir damals in die Hände
fiel, verrenkt die halbe Lende –
oder war's ein Fingerglied?
Peer Gynt Dämliches Gefabulier'!
Aase (hitzig) Häuslers Kari hörte 's Heulen!
Peer Gynt (reibt sich den Ellenbogen) Ja, doch das, das kam von mir.
Aase – dir?
Peer Gynt Denn ich – bekam die Beulen.
Aase Was –?
Peer Gynt Der haut dir, sag' ich dir!
Aase Wer –?
Peer Gynt Na, wer! Den Aslak mein' ich.
Aase Pfui, o pfui! Daß ich nicht spucke!
So 'ne alte Wirtshaushucke,
so ein Tagdieb, so ein dreister
Lügenschmied wird deiner Meister?
(Weint wieder)
Auch noch so was! Längst schon wein' ich
mir die Augen aus; doch das,
das geht wahrlich übern Spaß.
Haut er dich, so frag' ich: haust
du nicht auch 'ne gute Faust?
Peer Gynt Ob ich Amboß oder Hammer,
's bleibt dasselbichte Gejammer.
(Lacht)
Tröst' dich, Mutter –
Aase Hättst du wieder
mal gelogen?
Peer Gynt Diesmal, ja.
Schluck die Tränen fröhlich nieder –
(Ballt die linke Hand)
Schau – mit dieser Kneifzang' da
hielt ich ihn, den ganzen Schmied –
(ballt die Rechte)
während die mein Hammer war –
Aase Raufbold, du! Du gibst nicht Fried',
bis ich nicht zur Grube fahr'!
Peer Gynt Nein doch, du bist Beßres wert,
tausend Male Beßres, du,
kleine, böse, süße Mu,

trau mir nur und wart nur zu,
bis dich 's ganze Dorf noch ehrt,
wart nur, bis ich was gemacht –
recht was Großes, gib nur acht!
Aase (spöttisch) Du!
Peer Gynt Was kommen kann, weiß keiner!
Aase Würd' dir doch nur eins bewußt:
Daß du mal den Riß in deiner
eignen Hose stopfen mußt.
Peer Gynt (hitzig) König, Kaiser will ich werden!
Aase Jetzt kutschiert ihm mit vier Pferden
noch sein letzter Witzrest fort!
Peer Gynt Laß mir Zeit nur – und ich bin's!
Aase Laß mir Zeit, so werd' ich Prinz,
geht im Volk ein altes Wort!
Peer Gynt Wirst schon sehen!
Aase Halt den Rand!
Bist ja völlig von Verstand. –
Übrigens, es hätt' wohl schon
etwas aus uns werden mögen,
wenn wir nur nicht, mein Herr Sohn,
allzeit Schnacks und Schnurren pflögen!
Die von Haegstad war dir gut.
Hättest leicht die Dirn gewonnen,
hättst du's recht nur angesponnen –
Peer Gynt So?
Aase Der Alte, schwachgemut,
ist der Tochter wohlgesonnen.
Zwar er ist ein arger Bocker,
doch die Ingrid läßt nicht locker,
und, wo sie geht, Schritt für Schritt,
stapft er endlich knurrend mit.
(Fängt wieder an zu weinen)
Ach, mein Peer, ein steinreich Mädel –
eingeseßner Bauernstamm!
Hättest du mehr Witz im Schädel,
gingst du jetzt als Bräutigam –
statt auf abgetretnen Sohlen!
Peer Gynt (rasch) Komm, ich will mir 's Jawort holen!
Aase Wo?

Peer Gynt Zu Haegstad!
Aase Armer Peer,
deine Freite hilft nichts mehr.
Peer Gynt Und warum?
Aase Verdienst den Stock,
wie du dir dein Glück verdorben!
Peer Gynt Na?
Aase (schluchzend) Derweil du dort vom Himmel
niederkamst auf deinem Bock,
hat Matz Moen um sie geworben!
Peer Gynt Was? Die Weiberscheuch'! Wie kann –!
Aase Ja, die nimmt sie nun zum Mann.
Peer Gynt Wart so lang, bis ich den Schimmel angespannt –
(Wendet sich zum Gehen)
Aase Spar solch Gered'.
Wenn sie morgen Hochzeit feiern –
Peer Gynt Ist's heut nacht noch nicht zu spät!
Aase Schäm Dich! Willst du, daß sie dir
auch noch ihren Spott nachleiern?
Peer Gynt Pah! Man wird mir 's Feld schon räumen.
(Juchzt und lacht)
Heißa, du! Der Gaul bleibt hier;
's nimmt nur Zeit, ihn aufzuzäumen –
(Schwingt sie hoch empor)
Aase Laß mich!
Peer Gynt Nein, auf diesen Armen
trag' ich dich zum Hochzeitshaus!
(Watet in den Bach)
Aase Hilfe! Lieber Gott, Erbarmen!
Wir ertrinken –
Peer Gynt Nein, der Schmaus
lockt den Teufel noch nicht –
Aase Stimmt!
Weil er dich gehängt erst nimmt.
(Rauft ihn an den Haaren)
Untier, du!
Peer Gynt Na, gib jetzt Ruh';
hier der Grund ist glitschrig.
Aase Junge!
Esel!

Peer Gynt Brauch du nur die Zunge;
wer ein Mann ist, lacht dazu.
So, das war die ärgste Müh' –
Aase Halt mich feste!
Peer Gynt Hottehü!
Peer kommt auf dem Bock geritten –
(Galoppierend)
Ich bin Bock, und du bist Peer!
Aase Ach, ich kenne mich nicht mehr!
Peer Gynt So, da wär' der Bach durchschritten –
(Watet ans Land)
Gib dem Bock jetzt einen Schmatz
für den trocknen Fährenplatz –
Aase (gibt ihm eine Ohrfeige) Da! Da hast du 's Fährgeld!
Peer Gynt Au!
Das war lumpig, schöne Frau!
Aase Laß mich –
Peer Gynt Erst vorm Hochzeitshause.
Stell den alten Wiedehopf,
gib dem Kerl 'ne kalte Brause,
sag, Matz Moen ist ein Tropf –
Aase Laß mich los!
Peer Gynt Und hinterher
sag, was für ein Kerl dein Peer!
Aase Ja, des kannst du sicher sein!
Dir brock' ich 'ne Suppe ein;
male dich von vorn und hinten;
alle deine Schlich' und Finten
sei'n den Leuten vorgesetzt –
Peer Gynt So?
Aase (strampelt wütend mit den Beinen)
So lang sperr' ich den Mund auf,
bis der Bau'r zuletzt den Hund auf
dich wie auf 'nen Stromer hetzt!
Peer Gynt Hm; so geh' ich halt alleine.
Aase Ja, doch ich hab' auch zwei Beine!
Peer Gynt Aber nicht die Kraft dazu!
Aase Nicht? Ich bin so wilde, du –
Steine könnt' ich knacken, Steine!
Kiesel könnt' ich fressen, hu!

Laß mich los!
Peer Gynt Du mußt geloben –
Aase Nichts! Du wirst schon sehen droben;
wissen soll'n sie, wer du bist!
Peer Gynt Nimm dir Überlegungsfrist!
Aase Seine Hunde soll er hetzen –
Peer Gynt Darfst nicht mit.
Aase Was willst du tun?
Peer Gynt Dich aufs Mühlendach hier setzen.
(Setzt sie hinauf. Aase schreit)
Aase Heb mich 'nunter!
Peer Gynt Willst du ruhn –?
Aase Schnickschnack!
Peer Gynt Muttchen, wüt nicht mehr –!
Aase (wirft ein Rasenstück nach ihm) Heb mich stracks hinunter, Peer!
Peer Gynt 's war ja so dein eigner Wille.
(Näher)
Sei nun klug und sitz fein stille!
Stoß und stampf nicht mit den Beinen,
rück und reiß nicht an den Steinen,
sonst, das singt dir jede Grille,
stürzt du ab.
Aase Du Gernegroß!
Peer Gynt Nicht so zappeln!
Aase Daß du bloß
wärst als Wechselbalg verschollen!
Peer Gynt Schäm dich!
Aase Pfui!
Peer Gynt Du hättst mir lieber
deinen Segen geben sollen.
Willst du nicht?
Aase Ich werd' dich walken;
du machst mir noch lang nicht bang!
Peer Gynt Leb denn wohl! Ich bleib' nicht lang.
Halt dich brav auf deinem Balken!
(Geht, wendet sich jedoch noch einmal um, hebt mahnend den Finger und sagt)
Also, bloß kein Zappelfieber! *(Ab)*
Aase Peer! – Gott steh mir bei, da rennt er!
Böckereiter! Lügenprinz!

Willst du hören! – Nein, da brennt er
durch –! *(Schreiend)*
Zu Hilf'! Ich krieg' das Dreh'n!
(Zwei alte Weiber mit Säcken auf dem Rücken kommen den Weg herab nach der Mühle.)
Erstes altes Weib Kreuz; wer schreit da?
Aase Ich, ich bin's!
Zweites altes Weib Aase! Schau' – so hoch gestiegen?
Aase Pah; hier ist nicht viel zu sehn –
bald werd' ich gen Himmel fliegen!
Erstes altes Weib Glück zur Reise!
Aase Holt 'ne Leiter;
ich will runter! Dieser Peer –!
Zweites altes Weib Euer Sohn?
Aase Jetzt mögt ihr weiter
sagen, was der anstellt, der –
Erstes altes Weib Gerne.
Aase Helft mir bloß hinunter;
denn ich muß nach Haegstad machen.
Zweites altes Weib Ist er dort?
Erstes altes Weib So könnt ihr lachen;
denn da duckt der Schmied ihn unter.
Aase (ringt die Hände) Gott, o Gott, was soll geschehn,
wenn sie ihm ans Leben gehn!
Erstes altes Weib Ja, der Tod hat lange Beine.
Will er wen, dem hilft kein Flitzen!
Zweites altes Weib Je, sie fährt schier aus der Haut!
(Ruft nach oben)
Ejvind, Anders! Kommt und schaut!
Eine Männerstimme Was ist los?
Zweites altes Weib Peer Gynt hat seine
Mutter auf dem Mühldach sitzen!

Eine kleine Anhöhe mit Büschen und Heidekraut. Hinten, durch einen Zaun getrennt, führt die Straße vorüber.

Peer Gynt kommt einen Fußsteig herauf, geht rasch auf den Zaun zu, bleibt stehen und blickt hinaus, wo die Aussicht sich öffnet.

Peer Gynt Dort liegt Haegstad. Bald werd' ich's haben.

(Steigt halb über; dann bedenkt er sich)
Ob wohl die Ingrid allein ist, wer weiß?
(Beschattet sich die Augen und lugt in die Weite)
Nein. Dort wimmelt's von Leuten mit Gaben. –
Hm. Am schlausten, ich tät' mich drücken!
(Zieht das Bein wieder an sich)
Allweil da grienen sie dir hinterm Rücken
und zischeln – es wird einem kalt und heiß.
(Macht einige Schritte vom Zaun hinweg und reißt gedankenlos Laub ab)
Wer jetzt was Starkes zum Heizen hätt'!
Oder wer da hingehn könnt' unbemerkt –
oder unbekannt wär'. – Irgend was, das recht stärkt,
wär' am besten – daß der Spott nicht so beizen tät'!
(Sieht sich mit einemmal wie erschrocken nach allen Seiten um und versteckt sich darauf im Gebüsch. Einige Leute mit Kostgaben gehen vorbei nach dem Hochzeitshof hinunter.)
Ein Mann (im Gespräch)
Sein Vater war ein Saufbold, seine Mutter hat's im Kopf.
Ein Weib Dann wundert man sich, daß der Bursch solch ein Tropf!
(Die Leute gehen weiter. Bald darauf kommt Peer Gynt hervor und guckt ihnen mit schamrotem Gesicht nach.)
Peer Gynt (leise) Was, hat das von mir geschnackt?
(Mit einer gezwungenen Gebärde)
Ach, laß sie schnacken!
Sie könn'n mir ja doch wohl den Kopf nicht abhacken.
(Wirft sich nieder ins Heidekraut, liegt lange auf dem Rücken, die Hände unterm Kopf, und starrt ins Blaue.)
So 'ne schnurrige Wolke! Genau wie ein Pferd!
Und ein Mann ist auch drauf – und Sattel – und Zügel. –
Dahinter reitet 'ne Hex' auf 'nem Prügel.
(Lacht leise in sich hinein)
Das ist Mutter, die jammert und aufbegehrt:
Peer! Biest! –
(Schließt nach und nach die Augen)
Nun bangt ihr! – Voran seinem Trosse
reitet Peer Gynt auf goldhufigem Rosse.
Die Mähr' hat 'nen Federbusch zwischen den Ohren.
Selbst hat er Handschuh' und Säbel und Sporen.
Der Mantel ist lang und mit Taft ausgeschlagen.
Wacker sind die, die hinter ihm jagen.

Er aber sitzt doch am strackten zu Pferde,
er aber strahlt doch am hellsten zur Erde.
Drunten die Leut' stehn, ein schwarzes Gewimmel,
ziehen die Hüt' ab und gaffen gen Himmel.
Die Weiber verneigen sich. Alle gewahren
Kaiser Peer Gynt und seine Heerscharen.
Nickel und Silber, ein blankes Geriesel,
streut er hinunter wie Hände voll Kiesel.
Allen im Dorf geht's von nun an zum besten.
Peer Gynt sprengt quer übers Meer gen Westen.
Engellands Prinz steht und wartet am Strande;
mit ihm alle Schönen von Engellande.
Engellands Kaiser und Engellands Barone
steigen die Stufen herab vom Throne.
Der Kaiser nimmt seine Kron' ab und sagt –
Der Schmied (zu einigen anderen Leuten, mit denen er jenseits des Zaunes vorüberkommt) Sieh da; Peer Gynt, das betrunkene Schwein –!
Peer Gynt (fährt halb in die Höhe) Wie, Kaiser –!
Der Schmied (lehnt sich an den Zaun und grient)
Willst du nicht aufstehn? Nein?
Peer Gynt Was, Teufel! Der Schmied! Was willst du hier, he?
Der Schmied (zu den anderen)
Von Lunde der Tanz sitzt ihm noch in den Knochen.
Peer Gynt (springt auf) Schmied, geh im Guten!
Der Schmied Geh' schon, geh'.
Doch, Kerl, wo warst du die letzten sechs Wochen?
Warst bergverhext? Oder was hast du gemacht?
Peer Gynt Ich hab', Schmied, dir gar seltsame Taten vollbracht!
Der Schmied (zwinkert den anderen zu) Laß uns hören, Peer!
Peer Gynt Dahin ist's noch weit.
Der Schmied (nach einer kleinen Weile) Du willst wohl nach Haegstad?
Peer Gynt Nein.
Der Schmied Eine Zeit,
da hieß es, die Dirn dort, die wär' dir nicht leid.
Peer Gynt Du Kolkrabe –!
Der Schmied (weicht etwas zurück) Immer härm dich nicht, Peer;
hat dich Ingrid verschmäht – es gibt ja noch mehr.
Der Sohn von Jon Gynt; pah! Der treibt sie zu Paaren!
Du findest dort Lämmlein wie Witwen von Jahren –
Peer Gynt Zur Hölle –!

Der Schmied Da wird dich schon eine wählen. –
Guten Abend! Ich werd' dich der Braut empfehlen. –
(Sie gehen unter Lachen und Geflüster ab)
Peer Gynt (sieht ihnen eine Weile nach, macht eine wegwerfende Bewegung und wendet sich halb um)
Meinethalben teilt die Haegstad ihr Bette,
mit wem sie Lust hat. Was mich das schiert!
(Sieht an sich hinunter)
Die Hosen zerrissen. Zerlumpt, beschmiert. –
Wer bloß was Neues zum Wechseln hätte!
(Stampft auf den Boden)
Könnt' ich mit einem Schlächtergriff
ihnen die Mißachtung aus der Brust reißen!
(Sieht sich plötzlich um)
Was war das? War das nicht eben ein Pfiff?
Als möcht' sich ein Mensch da sein Lachen verbeißen?
Ich will heim zu Muttern.
(Geht, bleibt aber wieder stehen und horcht nach dem Hochzeitshof hinunter)
Da fängt der Tanz an!
(Starrt und horcht; geht Schritt um Schritt wieder zurück; seine Augen leuchten; er reibt sich die Beine)
Dies Gewimmel von Mädels! Sieben, acht auf den Mann!
Ah, Tod und Teufel auch – wen das nicht lockte! –,
wenn Mutter nur nicht auf dem Mühldach hockte –!
(Seine Blicke werden wieder hinabgezogen; er hüpft und lacht)
Heissa, der Hallingtanz tollt über die Wiese!
Ja, ja, der Guttorm geigt die Waden in Gang!
Das stampft und das braust wie ein Sturzbach am Hang.
Und dann all diese schimmernden Mädels! Diese
Mädels! Zum Henker! Wer da nun noch stockte!
(Setzt mit einem Sprung über den Zaun und den Weg hinunter)

Der Hofplatz auf Haegstad. Im Hintergrund das Wohnhaus. Viele Gäste. Auf dem Grasplan wird lebhaft weitergetanzt. Der Spielmann sitzt auf einem Tisch. Der Küchenmeister steht in der Tür. Köchinnen eilen zwischen den Gebäuden hin und her, ältere Leute sitzen hier und dort im Gespräch zusammen.

Eine Frau (nimmt Platz in einer Gruppe, die auf einigen Balken sitzt)

Die Braut? Ach Gott, das bißchen Gewein',
das macht nichts; so tun alle Bräute.
Der Küchenmeister (in einem andern Haufen)
Da habt ihr zu trinken, gute Leute!
Ein Mann Du meinst es zu gut; du schenkst zu oft ein.
Ein Bursche (zum Spielmann, während er, ein Mädel an der Hand, vorbeifliegt) Heißa, Guttorm, in die Fiedel gewettert!
Das Mädel Streich, daß es über die Wiesen hinschmettert!
Mädels (im Kreis um einen Burschen, der tanzt) Fein war der Sprung!
Ein Mädel Seine Knie haben's weg!
Der Bursche (tanzend)
Hier ist's weit bis zur Wand und noch weiter bis zur Deck'!
Der Bräutigam (nähert sich greinend dem Vater, der im Gespräch mit ein paar anderen steht, und zieht ihn an der Jacke)
Sie will nicht, Vater; sie ist so voll Trotz.
Der Vater Sie will nicht?
Der Bräutigam Sie hat sich eingeschlossen.
Der Vater So find den Schlüssel und werd' nicht zum Possen!
Der Bräutigam Wo soll ich ihn finden!
Der Vater Du bist ein Klotz!
(Wendet sich wieder zu den anderen. Der Bräutigam trollt über den Hof ab.)
Ein Bursche (hinter dem Haus hervor)
Mädels! Juchheissa! 's wird immer feiner!
Peer Gynt kommt!
Der Schmied (der eben dazugetreten ist) Wer hat ihn gebeten?
Der Küchenmeister Keiner. *(Aufs Haus zu ab)*
Der Schmied (zu den Mädels) Spricht er euch an, so laßt mir ihn stehn!
Ein Mädel (zu den anderen) Wir tun, als hätten wir 'n nie gesehn.
Peer Gynt (kommt erhitzt und voller Leben daher, bleibt mitten vor dem Schwarme stehen und klatscht in die Hände)
Wer ist die flinkste von euch zum Dreh'n?
Eine einzelne (der er sich nähert) Ich nicht.
Eine andere (ebenso) Ich auch nicht.
Eine dritte Ich? Nicht um die Welt!
Peer Gynt (zu einer vierten) So komm denn du, bis 'ne beßre sich stellt.
Das Mädel (kehrt sich ab) Hab' keine Zeit.
Peer Gynt (zu einer fünften) Na, denn du!
Das Mädel (sich zum Gehen anschickend) Muß nach Haus.
Peer Gynt Heut abend? Du bist wohl ganz von Verstand.

Der Schmied (gleich darauf, halblaut, zu Peer)
Da reicht sie 'nem alten Trottel die Hand.
Peer Gynt (wendet sich rasch an einen älteren Mann)
Wo ist eine frei hier?
Der Mann Find sie heraus. *(Geht von ihm fort)*
(Peer Gynt ist mit einemmal still geworden. Er blickt verstohlen und scheu auf die Gruppe. Alle sehen auf ihn, aber niemand spricht. Er nähert sich anderen Gruppen. Wohin er kommt, wird es stumm; sobald er sich wieder entfernt, lächelt man und blickt ihm nach.)
Peer Gynt (leise) Höhnische Blicke; Gedanken wie Pfeile.
Das zischelt, wie Säg'blätter unter der Feile!
(Er drückt sich den Zaun entlang. Solvejg, mit der kleinen Helga an der Hand, betritt den Hof, begleitet von ihren Eltern.)
Ein Mann (zu einem andern in der Nähe von Peer Gynt)
Die sind zugewandert.
Der andere Die Leute da?
Der erste Jawohl, vom Westen her.
Der andere Richtig! Ja.
Peer Gynt (vertritt den Kommenden den Weg, zeigt auf Solvejg und fragt den Mann) Darf ich einen Tanz tun mit der Tochter von dir?
Der Mann (mit sanfter Stimme)
Gern; aber erst will der Wirt drin begrüßt sein! *(Sie gehen ins Haus.)*
Der Küchenmeister (zu Peer Gynt, indem er ihm den Krug anbietet)
Bist du schon hier, soll dir 's Leben auch versüßt sein!
Peer Gynt (unverwandt den Gehenden nachblickend)
Nein; ich will tanzen. Schönen Dank für dein Bier.
(Der Küchenmeister geht weiter. Peer Gynt blickt aufs Haus und lacht.)
So 'ne saubere Dirn! So schmuck – nicht zu sagen!
Und wie sie hinab auf ihr Brusttuch geschielt –!
Und wie sie an Mutters Schürze sich hielt
und 's Gesangbuch trug, in ein Tüchel geschlagen –!
Ich muß sehn nach dem Mädel. *(Will ins Haus)*
Ein Bursche (kommt mit mehreren anderen aus dem Hause heraus)
Peer, gehst du schon
vom Tanz weg?
Peer Gynt Nein.
Der Bursche Also lauf nicht davon!
(Faßt ihn an der Schulter, um ihn umzudrehen)
Peer Gynt Laß mich vorbei!
Der Bursche Bist du bang vor dem Schmied?

Peer Gynt Ich bang?
Der Bursche Daß dir wieder wie auf Lunde geschieht?
(Die Burschen lachen und gehen nach dem Tanzplatz.)
Solvejg (in der Tür) Wolltest nicht du mit mir tanzen vorhinnen?
Peer Gynt Jawohl wollt' ich das; kannst dich nimmer besinnen?
(Faßt sie bei der Hand)
Komm!
Solvejg Doch, sagt Mutter, nicht lang! Nicht wahr?
Peer Gynt Sagt Mutter? Bist du vom vorigen Jahr?
Solvejg Du machst dich lustig –!
Peer Gynt Du bist doch aufs Haar
schon erwachsen?
Solvejg Im Mai war ich am Altar.
Peer Gynt Wie heißt du denn – daß wir bekannter werden?
Solvejg Ich heiße Solvejg. – Und wie heißt du?
Peer Gynt Peer Gynt.
Solvejg (entzieht ihm die Hand) Oh, Heiland!
Peer Gynt Was ist denn nu –?
Solvejg Mein Strumpfband macht mir solche Beschwerden.
(Geht von ihm)
Der Bräutigam (zieht seine Mutter am Kleid) Mutter, sie will nicht –!
Die Mutter Will nicht? Was?
Der Bräutigam Sie will nicht!
Die Mutter Was denn?
Der Bräutigam Den Schlüssel umdrehn.
Der Vater (leise und gereizt) Du solltest im Stall an der Krippe stehn.
Die Mutter Er wird sich schon machen – laß nur, laß!
(Sie gehen nach hinten.)
Ein Bursche (der mit einem ganzen Schwarm vom Tanzplatz herkommt)
Ein Schluck Branntwein gefällig, Peer?
Peer Gynt Nein.
Der Bursche Bloß ein Schluck!
Peer Gynt (sieht ihn finster an) Hast du welchen?
Der Bursche 'nen ziemlichen Posten.
(Zieht eine Flasche hervor und trinkt)
Ah! Wie das durchputzt! – Na?
Peer Gynt Laß mich kosten. *(Trinkt)*
Ein anderer Nu machst du auch noch bei mir einen Gluck.
Peer Gynt Nein!

Derselbe Ah! Wirst dich nicht gleich bezopfen.
Immer trink, Peer!
Peer Gynt So gib mir 'nen Tropfen. *(Trinkt wiederum)*
Ein Mädel (halblaut) Kommt, laßt uns gehn!
Peer Gynt Bist du bang vor mir?
Ein dritter Bursche Wer
wär' es vor dir nicht?
Ein vierter Bursche Auf Lunde drüben
sahn wir ja jüngst deine Künste dich üben.
Peer Gynt Wenn ich erst einmal losleg', dann kann ich noch mehr.
Erster Bursche (flüsternd) Jetzt kommt er in Zug.
Mehrere (einen Kreis um ihn bildend) Zähl her; zähl her!
Was kannst du?
Peer Gynt Morgen –!
Andere Nein, heut schon, Peer!
Ein Mädel Kannst du hexen?
Peer Gynt Ich kann den Teufel beschwören.
Ein Mann Dazu kannt' Großmutter schon den Text.
Peer Gynt Lügner! Woher, das möcht' ich bloß hören!
Ich hab' ihn einmal in 'ne Walnuß gehext –
die war wurmstichig, seht ihr!
Mehrere (lachend) Das läßt sich denken!
Peer Gynt Er flucht' euch und flennt' euch und wollte mir schenken,
was immer ich mocht' –
Einer Aber hinein mußt' er doch?
Peer Gynt Das mußt' er. Und dann verstopft' ich das Loch.
Hei! Wie er da drinnen nun surrte und summte!
Ein Mädel Nein, so was!
Peer Gynt Als ob eine Hummel drin brummte!
Ein Mädel Hast du ihn noch in der Nuß?
Peer Gynt Nein, nein.
Jetzt ist er längst über Stock und Stein.
Der Kerl ist dran schuld, daß der Schmied mich nicht mag.
Ein Bursche Wie das?
Peer Gynt Ich geh' nach der Schmied' hin und sag',
er soll mir doch mal die Nußschal' aufknacken.
Soll geschehn! sagt Aslak und kriegt sie zu packen –
doch er faßt auch gleich alles so harthändig an –
und kommt euch nicht aus ohne Hammerschlag –
Eine Stimme aus dem Haufen Erschlug er den Teufel?

Peer Gynt Er schlug wie ein Mann.
Der Teufel aber fuhr wie ein Brand
quer durchs Dach und zerspliß die Wand.
Mehrere Und der Schmied –?
Peer Gynt Stand da mit versengten Händen.
Seit damals hat's zwischen uns sein Bewenden.
(Allgemeines Gelächter)
Einige Nicht schlecht!
Andere Bald die beste von seinen Geschichten!
Peer Gynt Glaubt ihr, ich dicht' was zusammen?
Ein Mann Du dichten?
Ach nein; wir kennen seit uralten Zeiten
das meiste –
Peer Gynt Ihr lügt! Das ist mir passiert.
Der Mann Wie alles.
Peer Gynt Wer kann durch die Luft hin reiten,
ohne daß er die Steigbügel verliert?
Ich kann's und kann mehr! Ihr wagt's zu bestreiten?
(Gelächtersalve)
Einer in der Menge Peer, reit durch die Luft!
Viele Ach, Peer, tu's doch bloß!
Peer Gynt Ja, spielt nur mit dem Feuer und bettelt noch groß!
Und ich reit' wie ein Wetter hin über euch allen!
Der ganze Kreis soll zu Füßen mir fallen!
Ein älterer Mann Jetzt ist er übergeschnappt!
Ein anderer Mann Das Schaf!
Ein dritter Mann Der Prahlhans!
Ein vierter Mann Der Lügner!
Peer Gynt (droht ihnen) Ja, wartet nur brav!
Ein Mann (halbbetrunken)
Ja, wart nur, wir kriegen dich schon noch am Kragen!
Mehrere Und werden dir's Fell gerben und ein Auge blau schlagen!
(Der Schwarm zerstreut sich, die Älteren in zorniger Erregung, die Jüngeren unter Spott und Gelächter.)
Der Bräutigam (dicht an ihn herantretend)
Du kannst durch die Luft reiten, Peer, ist das wahr?
Peer Gynt (kurz) Ja, Matz. Wie du willst, galoppier' oder trab' ich.
Der Bräutigam Und hast auch den Rock, der da macht unsichtbar?
Peer Gynt Den Hut willst du sagen – jawohl, den hab' ich.

(Wendet sich von ihm ab. Solvejg geht über den Hofplatz, Helga an der Hand.)
Peer Gynt (ihnen entgegen, leuchtenden Auges)
Solvejg! Ach, das ist schön, daß sie da ist!
(Faßt sie ums Handgelenk)
Jetzt will ich drehn dich, was Mutter auch schilt.
Solvejg Laß mich!
Peer Gynt Warum denn?
Solvejg Du bist so wild.
Peer Gynt Auch der Renbock ist wild, wenn der Sommer nah ist.
Komm, und sei nicht so halsstarrig, Kind!
Solvejg (zieht den Arm an sich) Darf nicht.
Peer Gynt Warum nicht?
Solvejg Du hast getrunken. *(Geht mit Helga weiter)*
Peer Gynt 's Messer müßt' man diesen Halunken
durch den Leib rennen – wie sie da sind!
Der Bräutigam (pufft ihn mit dem Ellenbogen)
Kannst du mich nicht zur Braut hineinbringen?
Peer Gynt (zerstreut) Zur Braut? Wo ist die?
Der Bräutigam Im Blockhaus.
Peer Gynt So, so.
Der Bräutigam Könntst du's, ich wär' ja so seelenfroh.
Peer Gynt Nein, mir träumt jetzt von anderen Dingen.
(Ein Gedanke blitzt in ihm auf; er sagt leise und heftig)
Ingrid im Blockhaus!
(Nähert sich Solvejg)
Je, das Gesicht!
(Solvejg will gehen; er vertritt ihr den Weg.)
Du schämst dich, weil ich wie 'n Lump angezogen.
Solvejg (hastig) Das ist nicht wahr, nein, das bist du nicht!
Peer Gynt Ich bin auch nicht ganz mehr im Gleichgewicht.
Aber das war aus Trotz; denn du hattst mich betrogen.
Na, komm jetzt!
Solvejg Ich darf nicht, und wenn ich schon mag.
Peer Gynt Vor wem bist du bang?
Solvejg Meist vor Vater.
Peer Gynt Puh!
Der ist wohl von diesen stillen Christen,
läßt die Ohren hängen? Was? Hab' ich recht? Sag!
Solvejg Was soll ich sagen?

Peer Gynt Ihr seid Pietisten?
Der Vater, nicht? – und auch Mutter und du?
Na, kannst du nicht reden?
Solvejg Laß mich in Ruh'.
Peer Gynt Nein!
(Gedämpft, aber heftig und schreckend)
Du, ich verwandel' mich in einen Troll!
Ich komm' an dein Bett heut, wenn Mitternacht voll.
Hörst du dann ein Geschab' und Gekratze,
so denk' nur nicht etwa, das wär' bloß die Katze.
Da komm' ich und trink' ich dein Blut wie ein Mahr;
und dein Schwesterlein fress' ich mit Haut und mit Haar;
ja, denn du mußt wissen, ich bin Werwolf bei Nacht –
ich beiß' dich in Lenden und Rücken und Mark –
(Schlägt mit einemmal um und bittet wie in Angst)
Tanz mit mir, Solvejg!
Solvejg (sieht ihn finster an) Jetzt warst du arg.
(Ab ins Haus)
Der Bräutigam (kommt wieder des Wegs)
Ich schenk' dir ein Rind, wenn du kommst!
Peer Gynt Abgemacht!
(Sie verschwinden hinter dem Hause. Im selben Augenblick kommt ein großer Haufe Volks vom Tanzplatz her; die meisten sind betrunken. Lärm und Aufregung. Solvejg, Helga und ihre Eltern zeigen sich mit einer Anzahl älterer Leute in der Türe.)
Der Küchenmeister (zum Schmied, der der vorderste im Haufen ist)
Halt Frieden!
Der Schmied (zieht die Jacke aus)
Nein, jetzt wird's zum Austrag gebracht.
Peer Gynt oder ich soll am Platz hierbleiben!
Einige Ja, laßt sie sich raufen!
Andere Nein, bloß sich reiben!
Der Schmied Die Faust muß hier reden; Worte sind Quark.
Solvejgs Vater Beherrsch dich, Mann!
Helga (zur Mutter) Sag, woll'n sie ihn schlagen?
Ein Bursche Wir woll'n lieber unser Spiel mit ihm treiben!
Ein anderer Bursche Ins Gesicht ihm spucken!
Ein dritter Bursche Vom Hof ihn jagen!
Ein vierter Bursche (zum Schmied) Steckst du's auf, Schmied?
Der Schmied (wirft die Jacke ab) Die Schindmähre wird geschlachtet!

Solvejgs Mutter (zu Solvejg)
Da siehst du's, so wird der Fant hier geachtet.
Aase (kommt mit einem Stecken in der Hand)
Wo ist mein Sohn? Jetzt krieg' er's, der Schuft!
Ha, wie inbrünstiglich will ich ihn prügeln!
Der Schmied (krempt die Hemdsärmel auf)
Für so ein Fell ist ein Stecken Luft.
Einige Der Schmied will ihn prügeln!
Andere Bügeln!
Der Schmied (spuckt in die Hände und nickt Aase zu) Beflügeln!
Aase Was! Peeren? Versuch's nur, so sollst du sehn –!
Aase und ich haben Krallen und Zähn'!
Wo ist er?
(Ruft über den Platz hin)
Peer!
Der Bräutigam (kommt gelaufen) 's ist um umzukommen!
He, Vater, Mutter –!
Der Vater Was ist im Werk?
Der Bräutigam Peer Gynt, denkt –!
Aase (schreit) Habt Ihr ihm 's Leben genommen?
Der Bräutigam Nein, Peer Gynt –! Seht dorthin, auf den Berg –!
Die Menge Mit der Braut!
Aase (läßt den Stock sinken) Das Luder!
Der Schmied (wie aus den Wolken gefallen) Im schroffsten Gestein
klettert der Kerl wie ein Geißbock hinauf.
Der Bräutigam (weinend) Er trägt sie, Mutter, wie ein Bär ein Schwein!
Aase (droht hinauf zu ihm) Oh, daß du herabfielst –!
(Schreit in Angst auf)
Tritt vorsichtig auf!
Der Haegstadbauer (kommt barhäuptig und weiß vor Zorn)
Ich dreh' ihm den Hals um für diesen Raub!
Aase Gott straf mich, wenn ich Euch das erlaub'!

ZWEITER AKT

Ein schmaler Steig hoch oben im Gebirge. Es ist früher Morgen.

Peer Gynt geht eilig und unwillig den Steig entlang. Ingrid, halb in Brautputz, sucht ihn zurückzuhalten.

Peer Gynt Geh!
Ingrid (weinend) Nach alldem, was geschehen!
Und wohin?
Peer Gynt Was kümmert's mich!
Ingrid (ringt die Hände) Welch ein Treubruch!
Peer Gynt Statt zu schmähen,
wandre deines Wegs wie ich!
Ingrid Unsre Schuld muß uns vereinen!
Peer Gynt Daß die Pest auf all das falle!
Hol die Pest euch Weiber alle –
außer einer –!
Ingrid Welcher einen?
Peer Gynt Du bist's schwerlich.
Ingrid Also wer?
Peer Gynt Geh! Geh wieder heim, woher
du gekommen bist!
Ingrid Ach, Peer –!
Peer Gynt Schweig!
Ingrid Du kannst unmöglich meinen,
was du redest.
Peer Gynt Kann ich doch!
Ingrid Erst verführen – dann erkalten!
Peer Gynt Und was hast du, mich zu halten?
Ingrid Haegstad und manch andres noch.
Peer Gynt Hast du ein Gesangbuch? Trägst du
Goldhaar über Hals und Mieder?
Hältst du Mutters Schürze? Schlägst du
fromm den Blick zur Erde nieder?
Ingrid Ich –?
Peer Gynt Bist du vor hundert Tagen
am Altar gewesen?
Ingrid Nein –
Peer Gynt Kann dein Auge züchtig sein?
Kannst du mir 'ne Bitt' abschlagen?
Ingrid Peer, bist du von Sinnen, he?
Peer Gynt Wird der, der dich ansieht, rein?
Sag!
Ingrid Nein, aber –
Peer Gynt Also geh! *(Will gehen)*
Ingrid (vertritt ihm den Weg) Weißt du, daß dir das den Kopf

kosten kann?
Peer Gynt Und wenn's auch wäre!
Ingrid Geld und Gut wird dein und Ehre,
bleibst du treu!
Peer Gynt Ich wär' ein Tropf!
Ingrid (bricht in Tränen aus) Du betrogst mich –!
Peer Gynt Du warst willig.
Ingrid Trostlos war ich!
Peer Gynt Ich war toll.
Ingrid (drohend) Doch du zahlst den Preis mir voll!
Peer Gynt Hier ist jeder Preis noch billig.
Ingrid Also nicht?
Peer Gynt Komm mir nicht nah!
Ingrid Gut; du spürst noch meine Kralle!
(Steigt hinab)
Peer Gynt (schweigt eine Weile; auf einmal schreit er)
Daß die Pest auf all das falle!
Hol die Pest euch Weiber alle!
Ingrid (wendet den Kopf und ruft höhnisch herauf) Außer einer!
Peer Gynt Einer; ja. *(Ab, ein jedes seines Wegs)*

Bei einem Gebirgssee; der Boden ringsum ist weich und sumpfig. Ein Unwetter zieht auf. Aase, verzweifelt, ruft und sieht sich um nach allen Seiten. Solvejg hat Mühe, mit ihr Schritt zu halten. Ihre Eltern und Helga ein Stück dahinter.

Aase (ficht mit den Armen und rauft sich das Haar)
Alles ist wider mich eifernd im Werk –
Himmel und Wasser und Wald und Berg!
Der Nebel möcht' am liebsten ein Brett werden,
der tückische Bergsee sein Totenbett werden,
die Felswand ihn mit Steinschlag begraben!
Und gar die Menschen! Wenn die ihn erst haben!
Sie soll'n ihm nur an! Ich kann ihn nicht entbehren!
Mußt' ihn der Teufel auch das just lehren!
(Wendet sich zu Solvejg)
Ist es denn möglich! Das ist mein Sohn? –
Er, der nichts konnt' als lügen und drohn,
er, dessen Maul seine einzige Kraft –

er, der noch nie was Rechtes geschafft –
er –! Was soll man da? Weinen oder lachen?
Oh, wir zwei hatten was durchzumachen!
Denn wie du wissen mußt, trank mein Mann,
fuhr ringsumher und gab Torheiten an;
's Geld flog hinaus; mehr und mehr ging's uns schlecht.
Derweil sind wir zwei denn daheim gesessen
und haben gesucht, den Jammer zu vergessen;
denn Widerstand leisten, das konnt' ich nie recht.
Dem Schicksal ins Aug' schaun, das ist kein Vergnügen;
und man will doch auch mal seiner Sorgen bloß werden
und die bösen Gedanken von Zeit zu Zeit loswerden.
Der eine braucht Branntwein, der andre braucht Lügen;
na ja! Und so verfielen denn wir
auf Prinzen und Trollspuk und allerhand Getier.
Auch Brautraub kam vor. Doch, frag' ich, wer denkt,
daß so was in solch einem Burschen festhängt.
(Wieder voll Furcht)
Hu, was schrie dort! Ein Draug oder Zwerg!
Peer! – Peer! – Dort oben auf dem Berg –!
(Sie läuft eine kleine Anhöhe hinauf und sieht über den See hin. Solvejgs Eltern mit Helga kommen dazu.)
Aase Nichts zu sehn auf dem ganzen Kamm!
Der Mann (nachdenklich) Schlimm für ihn.
Aase (weinend) Mein verloren Lamm!
Der Mann (nickt mild) Jawohl. Verloren.
Aase Nein, red nicht so!
Er ist ein Kerl! Da wär' mancher froh –!
Der Mann Du Törin!
Aase Mag ich dir eine gelten!
Doch meinen Jungen, den lass' ich nicht schelten.
Der Mann (immer gedämpften Tones und mit milden Augen)
Er ist verloren; sein Herz ward zu Stein.
Aase (angstvoll) Nein doch! So hart wird der Herrgott nicht sein!
Der Mann Kann er vielleicht seine Sünden bestreiten?
Aase (eifrig) Nein, aber durch die Luft kann er reiten!
Die Frau Seid Ihr verrückt?
Der Mann Was schwatzt Ihr da her?
Aase Nichts auf der Welt ist dem Jungen zu schwer.
Laßt ihn nur erst seine Schalen ganz sprengen –

Der Mann Säht Ihr ihn nur erst am Galgen hängen!
Aase (schreit) Jesus, nein!
Der Mann Wird ihn der Henker packen,
krümmt ihm vielleicht doch noch Reue den Nacken.
Aase (betäubt) Oh, Ihr verwirrt noch mich armes Weib!
Kommt doch! Es gilt –
Der Mann Seine Seel'.
Aase Und seinen Leib!
Steckt er im Sumpf, wir betten ihn trocken –
Ist er verhext, muß der Küster an die Glocken –
Der Mann Hm! – Hier ist Viehweg –
Aase Vergeß Gott Euch nicht,
daß Ihr mir helft!
Der Mann Das ist Christenpflicht.
Aase So? Na, dann sind das Heiden, die andern!
Auch nicht einer wollt' mit uns wandern –
Der Mann Man kennt ihn zu gut.
Aase Er konnt' ihnen zuviel!
(Ringt die Hände)
Und denkt Euch! Sein Leben steht auf dem Spiel!
Der Mann Hier scheint 'ne Fährte –
Aase So laßt uns eilen!
Der Mann Bei unserm Saeter dann woll'n wir uns teilen.
(Er und seine Frau gehen voraus.)
Solvejg (zu Aase) Erzähl mir noch etwas!
Aase (trocknet die Augen) Von meinem Sohn?
Solvejg Ja –
Alles!
Aase (lächelt und trägt den Kopf mit einemmal wieder hoch)
Alles? – Müd würdst du da!
Solvejg Eher wohl würdet Ihr müd, zu plauschen,
als ich, zu lauschen.

Niedrige baumlose Höhen unterm Hochgebirge; Bergzinnen weiter hinten. Die Schatten fallen lang; es ist spät am Tage.

Peer Gynt (kommt in großen Sätzen gesprungen und macht vor dem Abhang halt)
Die ganze Gemeind' ist aus, mich zu fangen.

Sie haben sich bewaffnet mit Flinten und Stangen.
Allen voran hört den Haegstad man brüllen. –
Überall heißt's jetzt: Peer Gynt, das wilde Füllen!
Das ist doch was mehr als Gebalg' mit 'nem Schmied;
das ist Leben. Man fühlt sich wie ein Bär in jedem Glied.
(Schlägt um sich und macht einen Luftsprung)
Brechen! Wälzen! Den Wasserfall stauen!
Tannen auswurzeln! Stoßen! Hauen!
Das ist Leben! Das kräftigt! Das schafft Genügen!
Zum Teufel mit all den wäßrigen Lügen!
Drei Saeterinnen (laufen über die Berghänge schreiend und singend)
Trond im Walgebirg'! Kåre und Bår!
Wir schieben heut nacht die Riegel nicht vor!
Peer Gynt Was schreit ihr da?
Drei Saeterinnen Jede nach ihrem Troll!
Erste Saeterin Trond! Komm mir schmachtend!
Zweite Saeterin Bår, komm mir toll!
Dritte Saeterin Im Saeter stehn alle Kammern leer.
Erste Saeterin Toll ist schmachtend!
Zweite Saeterin Und schmachtend ist toll!
Dritte Saeterin Fehlt es an Burschen, so liebt man 'nen Troll.
Peer Gynt Wo sind denn die Burschen?
Alle drei Saeterinnen (sich vor Lachen schüttelnd)
Die kommen nicht mehr.
Erste Saeterin Der meine, der nannt' mich Verlobt' und Verwandte –
da wurd' er der Mann von 'ner alten Tante.
Zweite Saeterin Der meine, der traf 'ne Zigeun'rin im Norden –
da sind sie beide Landstreicher worden.
Dritte Saeterin Der meine vergab's unserm kleinen Dinge –
jetzt grient sein Schädel wo aus 'ner Schlinge.
Alle drei Saeterinnen Trond im Walgebirg'! Kåre und Bår!
Wir schieben heut abend die Riegel nicht vor!
Peer Gynt (steht mit einem Sprung unter ihnen)
Ich bin ein Troll und ein Bursch für euch drei!
Die drei Saeterinnen Bist du so 'n Kerl?
Peer Gynt Steh' der Himmel euch bei!
Erste Saeterin Zum Saeter!
Zweite Saeterin Wir haben Met!
Peer Gynt Laßt's ein Meer sein!
Dritte Saeterin Die Samstagsnacht soll keine Kammer heut leer sein!

Zweite Saeterin (küßt ihn) Er glühet und sprühet wie glühheißes Erz.
Dritte Saeterin (ebenso)
Wie 's Aug' einer Kindsleich' im schwärzesten See.
Peer Gynt Trübe der Sinn und frech das Herz.
Im Auge Lachen, im Halse Weh!
Die drei Saeterinnen (machen den Bergspitzen lange Nasen, schreien und singen) Trond im Walgebirg'! Kåre und Bår!
Wir schieben heut nacht die Riegel doch vor!

Im Rondegebirge. Sonnenuntergang. Schimmernde Schneegipfel rundum

Peer Gynt (kommt wirr und verwildert)
Luftschloß auf Luftschloß brückt es
über die Tiefen hin!
Steh! Willst du stehn! Da rückt es
wieder aus Augen und Sinn!
Auf dem Turme der Hahn winkt
mit seinen Flügeln zur Flucht –
und, ein entflatternder Wahn, sinkt
alles ins Grauen der Schlucht. –
Was für Wurzeln und Stämme sprießen
dort aus zerklüftetem Grund?
Das sind Riesen mit Reiherfüßen!
Da schluckt sie schon wieder ein Schrund. –
Wie Regenbogengeflimmer
frißt sich mir's ins Gehirn.
Was ist das für Glockengewimmer!
Was werkt da in meiner Stirn!
Der Schädel nimmt keinen Rat an.
Wie sollt' er's auch mit dem Band,
dem brennheißen, um sich! Zum Satan!
Wer hat mir nur das umgebrannt!
(Sinkt nieder)
Bocksritt über den Genden.
Wer dir das glauben mag?
Hoch an den schroffesten Wänden
mit der Braut – und im Rausch einen Tag;
stoßende Falken und Weihen,
Trollspuk und ähnlicher Prast,

Liebschaften gleich mit dreien –
Oh, du verruchter Phantast!
(Starrt lange aufwärts)
Da segeln zwei braune Aare.
Gen Süden die Wildgäns' ziehn
und hier soll ich armer Narre
im Kot waten bis zu den Knien!
(Springt in die Höhe)
Ich will mit! Will baden mich rein in
des Winds allerwildester Wut!
Will hoch! Will tauchen hinein in
der Sonne Taufstrahlenflut!
Ich will fort! Ich schwing' mich zu Pferde;
ich reit' mich von Sinn und Verstand;
ich stürm' übers Meer und werde
Kaiser von Engelland;
ja, glotzt nur, ihr Mädels da drunten!
Ich tu', was ich mag, annoch.
Was wartet ihr, dumme Tunten –!
Das heißt – am End' komm' ich doch?! –
Hallo! Die Adler da droben –
die hat wohl der Schwarze verhext! –
Da hat sich ein Giebel erhoben!
Schau, schau, wie das wird und wächst!
Ein Bauwerk aus Berg und Wolke!
Haha, jetzt kenn' ich mich aus!
Breit winkt die Tür allem Volke –
das ist Großvaters neugebaut Haus.
Dem alten Gebälk ging's zu Leibe,
der Hecke gab man den Rest.
Das glitzert von jeder Scheibe,
im großen Saal, da ist Fest!
Da messert die Plappertasche,
der Propst, an sein Glas und girrt –
da schmeißt der Kap'tän seine Flasche,
daß der Spiegel in Scherben zerklirrt. –
Laß fahren dahin! Laß fahren!
Schweig, Mutter; wir machen's nicht gut!
Der reiche Jon Gynt mag nicht sparen –
ein Hoch auf das Gyntische Blut!

Was ist das für ein Gezeter!
Was für ein Gelärm' und Gejohl'!
Der Kapitän ruft nach Peter –
der Propst will ausbringen mein Wohl.
Hinein denn, entgegengenommen
dein Urteil von jedem im Saal! –
Von Großem, Peer, bist du kommen,
und Großes noch wirst du einmal!
(Springt vorwärts, rennt jedoch mit der Nase gegen einen Felsblock, fällt hin und bleibt liegen)

Eine Berglehne mit großen sausenden Laubbäumen. Sterne blinken durchs Laub; Vögel singen in den Baumkronen.

Ein grüngekleidetes Weib geht auf der Lehne. Peer Gynt folgt ihm unter allerhand verliebten Gebärden.

Die Grüngekleidete (bleibt stehen und kehrt sich um) Ist's wahr?
Peer Gynt (schneidet sich mit dem Finger über die Gurgel)
Ich heiße nicht wahrer Peer –
und du bist nicht wahrer eine bildsaubre Dirn!
Willst du mich haben? Du bekommst es nicht schwer,
sollst nichts zu tun haben mit Nadel und Zwirn,
magst dich mit Speisen nach Herzenslust stopfen,
will dich auch niemals beuteln oder schopfen –
Die Grüngekleidete Nie auch mich schlagen?
Peer Gynt Nein; so zu fragen!
Ein Königssohn wird doch nicht Weibsleute schlagen.
Die Grüngekleidete Ein Königssohn?
Peer Gynt Ja!
Die Grüngekleidete Ich bin Dovrekönigs Kind.
Peer Gynt Bist du? Schau, schau, was für Leute wir sind!
Die Grüngekleidete Drinnen in Ronde hat Vater sein Schloß.
Peer Gynt Mutters Palast ist ein wahrer Koloß.
Die Grüngekleidete Kennst du meinen Vater? Den König Brose?
Peer Gynt Kennst du meine Mutter? Die Königin Aase?
Die Grüngekleidete Brüllt Vater, bersten die größten Blöcke.
Peer Gynt Schilt Mutter, schießen sie Purzelböcke.
Die Grüngekleidete Vater, der springt dir im Tanz bis ans Dach.

Peer Gynt Mutter, die reitet durch den reißendsten Bach.
Die Grüngekleidete Hast du keinen besseren Anzug als den?
Peer Gynt Du solltest mal meinen Sonntagstaat sehn!
Die Grüngekleidete Ich geh' auch werktags in seidnem Kleide.
Peer Gynt Es sieht zwar wie Werg aus und Gras, nicht wie Seide –
Die Grüngekleidete Ja, du, auf eines, da hab' du mir acht;
so ist's nun einmal bei uns hergebracht:
Alles beim Rondevolk hat zwei Seiten.
Wenn du auf Vaters Schloß mit mir gehst,
dürft' dich der Schein leicht zum Glauben verleiten,
daß du mitten in einer Geröllwüste stehst.
Peer Gynt Just wie bei uns! Daß man's glauben sollt'!
Für Ruß und Rost möchst du alles das Gold –
und jede glitzernde Scheib' für aus alten
Fetzen und Flicken zurechtgemacht halten.
Die Grüngekleidete
Schwarz, das scheint weiß, und grob, das scheint fein.
Peer Gynt Groß, das scheint klein, und schmutzig, das scheint rein!
Die Grüngekleidete (fällt ihm um den Hals)
Ja, Peer, so seh' ich, wir geben ein Paar!
Peer Gynt Wie Bein und Hose, wie Kamm und Haar.
Die Grüngekleidete (ruft nach hinten in die Berglehne)
Brautrößlein! Brautrößlein mein! Komm hervor.
(Eine riesengroße Sau kommt gelaufen mit einem Tauende als Zaum und einem alten Sack als Sattel. Peer Gynt schwingt sich darauf und nimmt die Grüngekleidete vor sich.)
Peer Gynt Heissa! Jetzt geht es durchs Ronde-Tor,
sput dich, sput dich, mein Zelter brav!
Die Grüngekleidete (zärtlich)
Ach, gestern noch ging ich als wie im Schlaf –
und heute – wer das mir gesagt hätt'! – und heute –!
Peer Gynt (prügelt die Sau und trabt von dannen)
Am Reitzeug erkennt man die fürnehmen Leute!

Des Dovre-Alten Königshalle. Große Versammlung von Hoftrollen, Erdgeistern und Kobolden. Der Dovre-Alte auf dem Hochsitz mit Krone und Szepter. Seine Kinder und nächsten Verwandten zu beiden Seiten. Peer Gynt steht vor ihm. Große Bewegung im Saal.

Die Hoftrolle Schlachtet ihn ab! Betört hat der Christ
des Dovre-Alten wonnigste Maid!
Ein junger Troll Ob ich ihn in den Finger schneid'?
Ein anderer Darf ich ihn an den Haaren reißen?
Eine Trolljungfer Laßt mich ihn in den Schenkel beißen!
Trollhexe (mit einem Kochlöffel) Dafern er in Salzlaug' zu pökeln ist –?
Eine andere (mit einem Schlächtermesser)
Soll ich ihn am Spieß braten oder im Hafen schmoren?
Der Dovre-Alte Eis euch ins Blut!
(Winkt seine Vertrauten näher zu sich heran)
Hört, sei'n wir keine Toren!
Mit uns geht's die letzten Jahre zurück,
wir haben den Halt, sozusagen, verloren,
und Volkshülfe macht' uns am End' wieder flügg.
Zudem scheint der Bursche gesund geboren,
und stark gebaut ist er auch, wie ich seh'.
Wohl wahr, Kopf hat er nicht mehr als einen,
doch hat meine Tochter ja auch nicht meh.
Dreiköpfiger Trolle gibt's schier mehr keinen,
zweiköpfige kaum noch mal hier und da,
und die sind denn dann auch soso lala.
(Zu Peer Gynt)
Du willst, daß ich dir die Tochter gebe?
Peer Gynt Die Tochter und 's Reich als Mitgift dazu.
Der Dovre-Alte Das halbe mag dein sein, solang ich noch lebe,
das übrige, leg' ich dereinst mich zur Ruh'.
Peer Gynt Ich bin's zufrieden.
Der Dovre-Alte Ja, stopp, mein Sohn!
Du mußt dich auch durch Zusagen binden.
Und brichst du nur eine, so kostet's den Thron,
und du wirst nie mehr lebend von hier hinwegfinden.
Zunächst hast du nirgends herumzuscharlenzen,
auch nicht in Gedanken, außer Rondanes Grenzen.
Tag sollst du scheun und Tat und jeden Fleck Lichts.
Peer Gynt Wenn ich König genannt werd', verschlägt mir das nichts.
Der Dovre-Alte Dann woll'n wir dich mal bei den Hörnern packen –
(Erhebt sich aus seinem Sitz)
Der älteste Hoftroll (zu Peer Gynt)
Wobei deine Kunst sich erweisen soll,
des Alten Rätselnüsse zu knacken!

Der Dovre-Alte Wodurch unterscheiden sich Mensch und Troll?
Peer Gynt Die unterscheiden sich wohl nicht sehr.
Großtroll will zwicken und Kleintroll will zwacken –
ganz wie bei uns, wenn's erlaubt nur wär'.
Der Dovre-Alte Wohl wahr, wir sind einig in dem und in mehr.
Doch gleicht sich auch Tag um Tag um ein Haar –
ein Unterschied bleibt denn doch immerdar. –
Hör zu denn, so wird er dir offenbar.
Draußen im Sonnenstrahl ruft man sich zu
als heimlichste Weisheit: »Mensch, sei du!«
Hier aber unter uns Trollen heißt klug
geredet: »Troll, sei du – dir genug!« –
Der Hoftroll (zu Peer Gynt) Ist das nicht tief?
Peer Gynt Mir ist's noch nicht klar.
Der Dovre-Alte »Genug«, mein Sohn, dies mächtige Scheid'wort,
werde fortan dein Leib- und Leitwort!
Peer Gynt (krault sich hinter dem Ohr) Ja, doch –
Der Dovre-Alte Du mußt, willst du Herr hier werden!
Peer Gynt Meinthalben; 's gibt schlimmere Dinge auf Erden –
Der Dovre-Alte Sodann mußt du Ehre, zu lernen, einlegen,
wie wir daheim hier zu leben pflegen.
(Er winkt: Zwei Trolle mit Schweinsköpfen, weißen Nachthauben usw. bringen Speise und Trank.)
Die Kuh gibt Fladen, der Ochs gibt Met;
frag nicht, ob's sauer oder süß eingeht;
die Hauptsach' ist, daß man nie vergißt,
daß es hausgemacht ist.
Peer Gynt (stößt die Sachen von sich)
Zum Teufel mit euerer Hauskost auch!
Ich find' mich wohl nie in den Landesbrauch.
Der Dovre-Alte Der Napf geht mit, und der Napf ist von Gold.
Wer den Goldnapf hat, dem ist mein Töchterlein hold.
Peer Gynt (überlegend)
Es steht freilich geschrieben: Du sollst dich zwingen –
und man lernt's mit der Zeit ja wohl leichter schlingen.
Meinthalben! *(Fügt sich)*
Der Dovre-Alte Sieh, Freund, das zeigt von Vernunft. –
Du spuckst?
Peer Gynt Man gewöhnt sich wohl noch in die Zunft.
Der Dovre-Alte Sodann mußt du deine Christentracht abwerfen;

denn dies laß zu Dovres Ehren dir einschärfen:
Hier ist nichts von jenseits der Felsenscheide,
außer hinten am Wedel die Schleife von Seide.
Peer Gynt (zornig) Ich hab' keinen Wedel!
Der Dovre-Alte Geduld' dich, Mann!
Hoftroll, bind ihm meinen Sonntagsschwanz an.
Peer Gynt Wenn du's versuchst –! Das geht über den Scherz!
Der Dovre-Alte Du freist um meine Tochter mit nackichtem Sterz?
Peer Gynt Einen Menschen zum Tier machen!
Der Dovre-Alte Freund, du irrst;
ich mach' dich nur zu einem höfischen Freier.
Die brandgelbe Schleif', die du kriegen wirst,
die trägt man hier sonst nur zur höchsten Feier.
Peer Gynt (nachdenklich)
Wie heißt's doch! Ein Mensch ist nicht mehr als ein Hauch.
Und man muß sich wohl finden in Schick und in Brauch.
Bind an denn!
Der Dovre-Alte Du bist ein umgänglicher Gesell.
Der Hoftroll Und nun versuch' mal recht fein zu wedeln!
Peer Gynt (gereizt) He, wollt ihr mich nun noch weiter veredeln?
Heischt ihr auch noch meinen Christenglauben?
Der Dovre-Alte Nein, nein, den wollen wir dir nicht rauben.
Der Glauben ist frei; darauf liegt hier kein Zoll.
Am Schnitt und am Schritt erkennt man den Troll.
Wenn uns nur Tracht und Gehaben nicht trennen,
nenn immer Glauben, was wir Furcht nennen.
Peer Gynt Du bist doch, trotz all der schlimmen Gebräuch',
ein netterer Kerl, als man sollte meinen.
Der Dovre-Alte Mein Sohn, wir Trolle sind besser als wir scheinen,
das ist auch ein Unterschied zwischen uns und euch. –
Doch, laßt uns dem Ernst ein Ende nun setzen.
Auf, auf, zur Freude für Aug' und für Ohr,
laß, Spielmaid, nun deine Harf' uns ergetzen!
Spring, Tanzmaid, uns den Dovretanz vor!
(Spiel und Tanz)
Der Hoftroll Was gedünkt dich davon?
Peer Gynt Was? Hm!
Der Dovre-Alte Fürcht dich nicht.
Was siehst du?
Peer Gynt Ein urgreulich Gesicht:

eine Darmsaiten hufende Schellenkuh.
In Kniehosen trippelt ein Ferkel dazu.
Der Hoftroll Verschlingt ihn!
Der Dovre-Alte Bedenkt, er hat Menschensinnen!
Die Trolljungfern Aug' aus und Ohr ab dem frechen Fanz!
Die Grüngekleidete (weinend) Huhu! Solch Lob ist's, was wir gewinnen,
wenn ich und mein Schwesterlein spiel' und tanz'!
Peer Gynt Ach, du! Du warst's? Na, so 'n bißchen Gehöhn',
das weißt du ja doch, das bedeutet nicht viel.
Die Grüngekleidete Gewiß und wahrhaftig nicht?
Peer Gynt Tanz sowie Spiel
war, laus' mich der Affe, beides sehr schön.
Der Dovre-Alte Mit der Menschenart ist das ein wunderlich Ding;
die klebt und klettet so merkwürdig fest.
Und ob sie auch noch so viel Schrammen empfing –
die Narben heilen, das ist der Rest.
Mein Schwiegersohn hat doch nun, ungelogen,
fügsam sein Christenzeug ausgezogen,
fügsam getrunken vom Metpokal,
fügsam den Wedel sich umgebunden –
so fügsam zu allem, kurz, was ich befahl,
daß ich dachte, für ein und für alle Mal
sei nun sein alter Adam verschwunden;
doch eins, zwei, drei steht der hier wieder im Saal.
Ja, ja, mein Sohn, so bedarf's einer Kur
wider diese dickschädlige Menschennatur.
Peer Gynt Einer Kur?
Der Dovre-Alte In den linken Augapfel hier
ritz' ich dich leicht: so wird scheel sein Geäug';
doch was du siehst, siehst du fortan wie wir.
Sodann schneid' ich aus dir das rechte Visier.
Peer Gynt Du bist wohl –?
Der Dovre-Alte (legt einige scharfe Werkzeuge auf den Tisch)
Hier hab' ich mein Glaserzeug.
Und kriegst du dann Scheuklappen noch, wie ein Gaul,
dann siehst du die Braut mit einemmal blühn
und fabelst nie fürder mit bösem Maul
von trippelnden Ferkeln und Schellenküh'n –
Peer Gynt Töricht!
Der älteste Hoftroll So kommt dir des Alten Red' vor?

Merk's! Er ist der Weise, und du bist der Tor!
Der Dovre-Alte Bedenk, von wieviel Verdrießlichkeiten
du dich befrein kannst auf alle Zeiten.
Frag selbst dich, was hast du von dieser Quelle
quälender Zährenbeiz' und -laug'!
Peer Gynt Ganz recht; und ich kenn' auch die Bibelstelle:
Ärgert dein Aug' dich, reiß aus dein Aug'!
Aber – wann stellt es sich dann wieder her,
wird Menschenaug' wieder?
Der Dovre-Alte Das wird's nimmermehr.
Peer Gynt So? Ja, dann sind wir zu Ende gediehn.
Der Dovre-Alte Was willst du tun?
Peer Gynt Meines Wegs mich verziehn.
Der Dovre-Alte Nein, halt! Herein schlüpft hier leicht ein Wicht!
Aber hinaus läßt der Dovrehag nicht.
Peer Gynt Du willst mit Gewalt, daß ich hierbleiben soll?
Der Dovre-Alte Hör nun und nimm Vernunft an, Prinz Peer!
Du hast Begabung zum Troll. Nicht wahr, er
trägt sich nun schon so ziemlich wie ein Troll?
Und willst doch auch Troll sein?
Peer Gynt Weiß Gott, will ich's sein.
Für 'ne Braut und ein wohlbestallt Reich obendrein
gibt man ja wohl auch einmal etwas viel.
Aber alles in der Welt hat sein Maß und sein Ziel.
Den Wedel nahm ich an, weil ich's also verstand:
Man kann wieder lösen, was der Hoftroll band.
Die Hos' warf ich ab, weil sie alt war und fetzig;
doch die kann man ja wohl wieder anknöpfen, schätz' ich.
Und schließlich drück' ich mich wohl auch noch leis
von dieser Dovreschen Lebensweis'.
Ich will ja gern schwören, eine Kuh wär' eine Maid;
einen Eid kann ja einer mal in sich fressen –
aber so seine Menschheit auf immer vergessen,
nicht einmal als ehrlicher Mensch sterben sollen,
als Bergtroll so umgehn auf Lebenszeit –
niemalen mehr von euch zurücktreten können –
so Troll sein mit all seinem Fühlen und Wollen –
nein, nein; da tu' ich mir Besseres gönnen.
Der Dovre-Alte Jetzt werd' ich aber bald wild, du Duns;
und dann ist nicht mehr zu spaßen mit uns.

Du tagfalber Knirps! Weißt du, wer wir sind?
Zuerst vergreifst du dich an unserm Kind –
Peer Gynt Das lügst du in deinen Hals!
Der Dovre-Alte Du mußt sie jetzt frein.
Peer Gynt Du wagst mir zu sagen –?
Der Dovre-Alte Was ist da zu schrein?
Du hast sie begehrt! Du wünschtest mein Reich!
Peer Gynt (pustet) Sonst nichts? An so was sich festzuzwacken!
Der Dovre-Alte Ihr Menschen bleibt euch doch alleweil gleich.
Den Geist bekennt ihr mit vollen Backen;
doch geachtet wird nur, was mit Fäusten zu packen.
Du meinst, daß Wunsch und Begehren nicht bindet?
Wart nur, dir soll bald ein Licht aufgehn!
Peer Gynt Du sollst mich dir nicht ins Netz schwimmen sehn!
Die Grüngekleidete Mein Peer, du bist Vater, eh' 's Jahr entschwindet.
Peer Gynt Laßt mich hinaus.
Der Dovre-Alte Wir schicken dir 's Kleine
nach in 'nem Bocksfell.
Peer Gynt (trocknet sich den Schweiß ab) Erwacht ich doch nur!
Der Dovre-Alte Soll's an den Königshof?
Peer Gynt Schickt's der Gemeine!
Der Dovre-Alte Mach, was du willst, mit der Kreatur.
Getan ist getan; davon geht kein Quent;
item, Prinz Peer, daß dein Sprößling wird wachsen;
solch ein Mischlingsbalg wächst unheimlich behend –
Peer Gynt Alter, nun lassen wir endlich die Faxen;
kommen wir, Jungfer, zu Frieden und Vergleich!
Du sollst wissen, ich bin weder Prinz, weder reich –
und ob du mich wögest nun oder mich mäßest,
's wär für dich kein Gewinn, wenn du mich besäßest.
(Der Grüngekleideten wird übel; Trollmädchen tragen sie hinaus.)
Der Dovre-Alte (blickt eine Weile mit tiefer Verachtung auf ihn; darauf sagt er) Schmeißt ihn wider die Bergwand zu Brei!
Die jungen Trolle (bittend) Spielen wir nicht erst Kauz und Weih?
Isegrimm? Funkelkatz und Graumaus?
Der Dovre-Alte Aber schnell! – Ich schnarch' mein Gift derweil aus. *(Ab)*
Peer Gynt (von den jungen Trollen gejagt)
Laßt mich, Teufelspack!
(Will durch den Schornstein hinauf)

Die jungen Trolle Kobolde! Wichte!
Beißt ihn von hinten!
Peer Gynt Au!
(Will hinab durch die Kellerluke)
Die jungen Trolle Macht alles dichte!
Der Hoftroll Wie die Kleinen sich freun!
Peer Gynt (mit einem kleinen Trolljungen kämpfend, der sich in sein Ohr festgebissen hat) Laß los, Höllenbrut!
Der Hoftroll (schlägt ihn auf die Finger)
Willst du wohl, Schlingel! Das ist königlich Blut!
Peer Gynt Ein Rattenloch –!
(Läuft hin)
Die jungen Trolle Wichtelvolk! Werg in die Kerbe!
Peer Gynt Die Rangen verstehn ihr verruchtes Gewerbe!
Die jungen Trolle Zerfetzt ihn!
Peer Gynt Ach, wär' man klein wie 'ne Maus!
(Läuft umher)
Die jungen Trolle (umwimmeln ihn)
Schließt den Ring! Schließt den Ring!
Peer Gynt (jammernd) Ach, wär' ich eine Laus!
(Fällt um)
Die jungen Trolle Auf die Augen ihm jetzt!
Peer Gynt (im Trollhaufen begraben) Hilf, Mutter, ich sterbe!
(Kirchenglocken läuten in der Ferne.)
Die jungen Trolle Schellen im Gebirg'! Der Schwarzrock fährt aus!
(Die Trolle flüchten unter Geheul und Getöse. Die Halle stürzt zusammen; alles verschwindet.)

Stockfinsternis. Man hört Peer Gynt mit einem großen Ast um sich hauen und schlagen.

Peer Gynt Gib Antwort! Wer bist du?
Eine Stimme in der Finsternis Ich selbst.
Peer Gynt Freie Bahn!
Die Stimme Einen Umweg gemacht! Groß genug ist der Plan.
Peer Gynt (will an einer andern Stelle hindurch, stößt aber auf Widerstand) Wer bist du?
Die Stimme Ich selbst. Kannst du eben das sagen?
Peer Gynt Ich kann sagen, was ich will;
und mein Schwert kann dich erschlagen!

Sieh dich vor! Hui, hei, da fällt's auch schon sausend!
König Saul erschlug hundert; Peer Gynt erschlug tausend!
(Schlägt und haut)
Wer bist du?
Die Stimme Ich selbst.
Peer Gynt Das dumme Gered'
kannst du dir sparen, das keiner versteht.
Was bist du?
Die Stimme Der große Krumme.
Peer Gynt Schau, schau!
Erst war das Rätsel schwarz, jetzt scheint es grau.
Bahn frei, Krummer!
Die Stimme Herum um mich, Peer!
Peer Gynt Durch!
(Schlägt und haut)
Da fiel er!
(Will vorwärts, stößt aber auf Widerstand)
Hoho! Sind hier mehr?
Die Stimme Nur einer, Peer Gynt, der sich immer wieder erhebt!
Der Krumme, der tot ist und niedergebrochen.
Der Krumme, der tot ist, und der Krumme, der lebt.
Peer Gynt (wirft den Ast weg)
Die Wehr ist verhext; muß die Faust denn ans Werk!
(Schlägt sich durch)
Die Stimme Ja, trau du nur auf deine Faust, deine Knochen!
Hihi, Peer Gynt, so gewinnst du den Berg.
Peer Gynt (kommt zurück) Hin und zurück, 's ist der gleiche Weg –
hinaus und hinein, 's ist der gleiche Steg!
Da ist er! Dort! Rings, wo ich mich weise!
Wähn' ich mich draußen, steh' ich mitten im Kreise.
Nenn dich! Laß sehn dich! Was bist du, Verkapptes?
Die Stimme Der Krumme.
Peer Gynt (tastet umher)
Nicht tot. Nicht lebendig. Ein Gären.
Ein Brodeln. Gestaltlos. Und brummend tappt es
um einen her wie halbwache Bären!
(Schreit)
Schlag um dich!
Die Stimme Der Krumme ist nicht so toll.
Peer Gynt Schlag zu!

Die Stimme Der Krumme schlägt nicht.
Peer Gynt Er soll!
Die Stimme Der große Krumme gewinnt ohne Streit.
Peer Gynt Wär' hier bloß ein Zwerg, der mich zwicken möchte!
Wär' hier bloß ein Troll, nur zehn Monate alt!
Bloß daß man nicht so in der Luft herumföchte.
Jetzt schnarcht er gar! Krummer!
Die Stimme Was gibt's?
Peer Gynt Brauch Gewalt!
Die Stimme Der große Krumme gewinnt alles mit der Zeit.
Peer Gynt (beißt sich in Arme und Hände)
Krallen ins Fleisch und ritzende Zähn'!
Ich muß mein eigen Blut rinnen sehn.
(Man hört etwas wie den Flügelschlag großer Vögel.)
Vogelschrei Kommt er, Krummer?
Die Stimme in der Finsternis Ja! Schuh um Schuh.
Vogelschrei All ihr Schwestern von nah und fern! Stellt euch ein!
Peer Gynt Willst du mich retten, Dirn, vor dem Draug,
schau nicht so bitter und kummervoll drein!
Dein Gesangbuch! Wirbel's ihm mitten ins Aug'!
Vogelschrei Er taumelt.
Die Stimme Wir haben ihn.
Vogelschrei Schwestern! Herzu!
Peer Gynt Zu teuer erkauft sich ein Menschensein
mit solch einer Stunde voll zehrender Pein.
(Sinkt zusammen)
Die Vögel Da stürzt er! Nun, Krummer, an Leib und Leben ihm!
(Von ferne hört man Glockenläuten und frommen Gesang.)
Der Krumme (schwindet zu nichts zusammen und ruft mit erlöschender Stimme) Er war zu stark. Weiber standen neben ihm.

Sonnenaufgang. Im Gebirge vor Aases Saeter. Die Tür ist verriegelt; alles öde und still. Peer Gynt liegt schlafend an der Außenwand der Hütte.

Peer Gynt (erwacht, sieht mit stumpfem und trägem Augenaufschlag um sich. Spuckt aus) Wie gut ein gesalzener Hering jetzt wär'!
(Spuckt wieder aus; zugleich erblickt er Helga, die mit einem Korb voll Lebensmitteln kommt.)
He, Kleine, bist du hier? Wo kommst du denn her?

Helga Solvejg –
Peer Gynt (springt auf) Wo ist sie?
Helga Hier, hinterm Haus.
Solvejg (unsichtbar) Kommst du mir nah, so nehm' ich Reißaus!
Peer Gynt (bleibt stehen) Meinst wohl, du liefst hier bei mir Gefahr –
Solvejg Schäm dich!
Peer Gynt Und weißt du, wo ich des Nachts war? –
Die Dovremaid hängt wie 'ne Roßbrems' mir an.
Solvejg Wie gut es da war, daß im Dorf wurd' geläutet!
Peer Gynt Was auch Peer Gynt das Gebimmel bedeutet! –
Was sagst du?
Helga (weinend) Da rennt sie schon, was sie kann.
(Läuft nach)
Wart doch!
Peer Gynt (packt sie am Arm) Schau her, du! Was hab' ich hier?
Einen silbernen Knopf, Kleine! Möchtest du den?
So leg ein gut Wort für mich ein!
Helga Laß mich gehn!
Peer Gynt Hier hast du ihn.
Helga Da steht der Korb mit dem Essen!
Peer Gynt Gnad' dir Gott, wenn du nicht –!
Helga Ich fürcht' mich vor dir!
Peer Gynt (sanft; läßt sie los)
Ich meint' ja nur: Bitt sie, sie soll mich nicht vergessen!
(Helga laufend ab)

DRITTER AKT

Tief im Innern des Nadelwaldes. Graues Herbstwetter. Schneefall. Peer Gynt, in Hemdsärmeln, fällt Holz.

Peer Gynt (haut los auf eine große Kiefer mit gekrümmten Ästen)
Ei ja, du bist zäh, du alter Gesell;
doch frommt dir das wenig; du fällst nur zu schnell.
(Haut wieder)
Ich seh' zwar, du hast ein Panzerhemd an;
doch wär's noch so stark auch, ich steh' meinen Mann.

Ja, ja; du schüttelst deinen knorrigen Arm;
glaub's wohl, du zitterst vor Zorn und Harm;
doch trotz alledem sollst du nieder vor Peer –!
(Bricht mit einemmal schroff ab)
Hirngespinst! Das ist ein Baum und nichts mehr;
keine in Stahl gehüllte Gestalt;
bloß eine Bergkiefer, rissig und alt. –
Ein hart Stück Arbeit, dies Umhau'n von Bäumen;
doch Wahnwitz, zu haun und dazu noch zu träumen. –
Dies hat jetzt ein End'; – dies In-Blaue-Stieren
und offenen Aug's sich im Nebel verlieren. –
Ein Friedloser bist du! Ein Tier unter Tieren.
(Haut eine Weile hastig)
Friedlos, jawohl. Kein haushälterisch
Mütterlein deckt und bestellt dir den Tisch.
Willst du was essen, Bursch, hilf dir allein,
fang dir im Bach oder Wald was ein,
schnitzel' dir Brennholz und setz es in Brand,
brat und trag auf dir mit eigener Hand.
Willst du dich warm kleiden, pirsch dich an Böcke;
willst du dir 'n Haus grundmauern, brich Blöcke;
willst du dir's aufzimmern, hack und hau,
und schlepp dir die Balken selbst bücklings zum Bau!
(Die Axt sinkt: Er sieht vor sich hin.)
Fein soll der Bau werden. Turm und Hahn
soll weithin sichtbar den First überblitzen,
und an den Giebel, aus Kiefernspan,
will ich ein fischgeschwänzt Meerweib schnitzen.
Messing soll der Hahn sein und Messing die Klinken;
Glas will ich auch wohl zu kriegen sehn;
Hei, soll fremdes Volk mauloffen stehn,
sieht's vom Gebirg' her das Funkeln und Blinken!
(Lacht ingrimmig)
Höllisches Gaukelspiel! Da war's wieder.
Du bist friedlos, Bursch.
(Haut heftig drauflos)
Ein Rindendach
tut's auch wider Wetter und Ungemach.
(Sieht an dem Baum hinauf)
Da wankt er und schwankt er. Jetzt nur noch ein Tritt!

Da stürzt er in all seiner Länge darnieder –
und reißt das aufkreischende Niederholz mit!
(Macht sich daran, den Stamm seiner Zweige zu entkleiden; auf einmal horcht er und steht mit erhobener Axt still.)
Da liegt jemand hinter mir auf der Lauer! . . .
Du kommst mir mit Hinterlist, Haegstadbauer?
(Duckt sich hinter den Baum und spitzt hervor)
Ein einzelner Bursch bloß! Er scheint erschreckt.
Er sieht sich scheu um. Er verdeckt und versteckt
was unter dem Kittel. Eine Sichel! Er ballt
die Faust um den Skistab. Und jetzt? Umkrallt
seine Rechte den Sichelgriff – holt aus –! Schwapp!
Hieb er sich da nicht den Finger ab!
Den ganzen Finger! Er blutet wie ein Schwein.
Da setzt er, die Faust in 'nem Tuch, querwaldein.
(Erhebt sich)
Der war wohl besessen! Ohne Not einen Finger!
Blank weg! Und sind dir so kostbare Dinger!
Hallo, jetzt schwant mir's –! Ein Finger auf dem Block,
heißt es, macht frei von des Königs Rock.
So war's. Er sollt' in den Krieg, nach der Pflicht,
und wollt' lieber hier bleiben auf seiner Schollen –
Aber deshalb für immer ihn abtrennen sollen?
Es denken, es wünschen; ja; selber es wollen –
aber es tun! Nein, das fass' ich nicht!
(Schüttelt den Kopf und geht dann wieder an seine Arbeit)

Eine Stube drunten bei Aase. Alles ist in Unordnung; Kisten und Kasten stehen offen; Alltagszeug liegt verstreut herum; im Bett eine Katze.

Aase und die Häuslersfrau sind eifrig dabei, zusammenzupacken und Ordnung zu schaffen.

Aase (rennt nach der einen Seite) Kari, hör zu?
Die Frau Was gibt's?
Aase (auf der andern Seite) Hör zu –!
Wo liegt denn –? Wo find' ich –? Vielleicht weißt du –?
Ich bin ganz verdattert! Was wollt' ich denn doch? –
Den Schlüssel zum Kasten!

Die Frau Der steckt doch im Loch.
Aase Was rumpelt da draußen?
Die Frau Die letzte Fuhr'
wird nach Haegstad gekarrt.
Aase (weinend) Ach, würd' ich doch nur
mit hinaus gekarrt in der schwarzen Kiste!
Ach, das ist ein Leben! Du lieber Christe!
Das heiß' ich mir einen Zusammenbruch!
Was der Haegstad verschont, hat der Schuldvogt bekommen.
Nicht die Kleider am Leib habt ihr ausgenommen!
Pfui, pfui über euch und den eiskalten Spruch!
(Setzt sich auf die Bettkante)
Jetzt sind wir also verarmtes Gelichter.
Ruppig war der Bauer; noch ruppiger der Richter –
da gab's keine Hilfe, da gab's kein Erbarmen;
Peer war nicht da; kein Mensch half mir Armen.
Die Frau Hier könnt Ihr doch hausen bis an Euern Tod.
Aase Ja; die Katz' und ich kriegen 's Gnadenbort.
Die Frau Mutter, der Peer kam Euch teuer zu stehn!
Aase Peer? Da hast du's bei mir versehn!
Kam nicht die Ingrid heil heim zuletzt?
An den Teufel hätt' man sich halten müssen –
der hat's, und kein andrer, auf dem Gewissen,
der hat meinen Jungen auf all das gehetzt!
Die Frau Sollt's nicht am End' wer dem Pfarrer sagen?
Es geht ihm schlechter, als Ihr vielleicht wißt.
Aase Glaub's auch schier, daß es so besser ist.
(Fährt auf)
Aber nein! Ich will nicht noch fremde Leut' plagen!
Ich helf' ihm, das ist meine heilige Pflicht;
wenn's die Mutter nicht tut, wer andrer tut's nicht.
Die Joppe hier wurd' ihm geschenkt. Werd' ich flicken.
Möcht' ihnen jetzt bloß noch das Bettfell abzwicken!
Wo sind denn die Strümpf'?
Die Frau Dort, beim andern Wuste.
Aase (wühlt herum) Herrje, was ist das? Eine alte, berußte
Kelle! Mit der tat er allerwegen
Knopfgießer spielen, schmelzen und prägen.
War einmal Fest hier – kommt der Junge herein,
will ein Stück Zinn. Sagt mein Jon: Zinn? Nein!

Aber eine König-Christians-Kron';
Silber; so ziemt sich's Jon Gyntens Sohn.
Gott verzeih's ihm; doch, hitzt' ihm der Wein nun den Sinn,
so kam's ihm auf Gold nicht mehr an denn auf Zinn.
Hier sind ja die Strümpf'. Na, die Löcherkett'!
Da heißt's stopfen, Kari!
Die Frau Glaub's auch, Bäuerin.
Aase Wenn dies dann gemacht ist, so tracht' ich ins Bett;
ich fühl' so ein Ziehen und Zucken und Pressen – *(Erfreut)*
Zwei Wollhemden, Kari – die hab'n sie noch vergessen!
Die Frau Ja, richtig, dies hab'n sie.
Aase Gefundenes Fressen!
Das eine kannst du zur Seite legen. –
Oder wart, wir verwahr'n gleich den ganzen Segen –
das Hemd, das er anhat, das ist schon so schlecht.
Die Frau Je, je, Mutter Aase; das ist aber nicht recht.
Aase Ja, ja; doch du weißt ja, der Pfarrer verkündigt
Gnade für dies und für mehr, was eins sündigt.

Vor einer neugebauten Hütte im Wald. Ein Rentiergeweih über der Tür. Der Schnee liegt hoch. Es dämmert.

Peer Gynt steht vor der Tür und schlägt ein großes hölzernes Schloß fest.

Peer Gynt (lacht dann und wann auf)
Ein Schloß muß sein; daß die Hütte rein bleibe
vor allerlei Trollpack, so Manne wie Weibe.
Ein Schloß muß sein; die Hütte zu bergen
vor allen den tückischen Wichten und Zwergen. –
Das kommt mit dem Dunkel; das pocht an die Planken;
mach auf, wir sind ohne Rast wie Gedanken!
Wir kramen im Bettsack, die Herdglut wir fachen,
wir fahr'n durch die Esse wie feurige Drachen.
Hihi, Peer Gynt, meinst du, Nägel und Planken
feiten vor tückischen Koboldgedanken?
(Solvejg kommt auf Schneeschuhen über die Heide; sie hat ein Umschlagtuch um den Kopf und ein Bündel in der Hand.)
Solvejg Gott segne dein Tun! Mußt dich meiner nicht schämen!
Du riefst mich; ich kam – und so mußt mich denn nehmen.

Peer Gynt Solvejg. Das ist nicht –! Du bist es? Ja! Ja!
Und du fürchtest dich nicht – und du kommst mir so nah!
Solvejg Botschaft hast du gesandt mit dem Kinde;
Botschaft brachten mir heimlich die Winde.
Botschaft barg, was dein Mütterlein sagte,
Botschaft der Traum, der vom Lager mich jagte.
Freudleere Tag' und kummerschwere Nächte
brachten mir Botschaft, daß dein ich dächte.
Das Leben daheim ward ein trübes Verrinnen;
und lacht' ich und weint' ich, es kam nicht von innen.
Und ob ich schon deinen Sinn nicht ganz wußte,
so wußt' ich doch ganz, was ich sollt', was ich mußte.
Peer Gynt Und dein Vater?
Solvejg Auf weltweiter Gotteswelt
weiß ich kein Menschenherz mehr, das mich hält.
Keines mehr.
Peer Gynt Solvejg, du Holde, du Reine –
um die meine zu werden?
Solvejg Alleinzig die deine.
Jetzt mußt du mir alles sein, Heimat und Frieden.
(Unter Tränen)
Am schwersten war's von Klein Helga geschieden –
noch schwerer vom Vater, so still und klug;
am allerschwersten von der, die mich trug –
nein, nein – am schwersten ist mir's gefallen,
zu scheiden von ihnen allen – allen!
Peer Gynt Und kennst du mein Urteil vom Frühling her?
Ich hab' keinen Hof und kein Erbgut mehr.
Solvejg Meinst du, von Erbgutgelüsten getrieben,
wär' ich gegangen von allen den Lieben?
Peer Gynt Und kennst du den Bann? Werd' ich draußen getroffen,
vorm Wald, so habe ich nichts mehr zu hoffen.
Solvejg Auf Schneeschuhen lief ich; ich fragte jeden aus;
man forschte, wohin ich wollte; ich sagte: ich will nach Haus.
Peer Gynt Hinweg denn mit allen den Pflöcken und Planken,
was braucht's jetzt noch Riegel wider Koboldgedanken!
Willst du des Schützen in Lust und Leid sein,
so weiß ich, so wird meine Hütte geweiht sein.
Solvejg! Dich ansehn! Von fern nur gegrüßt!
Ansehen bloß! Wie du leuchtest und glühst!

Laß mich dich heben! Wie leicht sich das faßt!
Wann würd' ich müd je so lieblicher Last!
Rein, vor mir her, mit gestreckten Armen,
will ich dich tragen, du Herz voll Erbarmen.
Daß du zu mir kämst, wer hätt' das gedacht –
oh, aber gesehnt hab' ich Tag mich und Nacht.
Hier, siehst du, hab' ich gezimmert und gebaut –
aber jetzt will ich neu baun; denn jetzt kam die Braut –
Solvejg So oder so – hier ist's gut, wo wir sind.
Wie atmet sich's leicht wider 'n wehenden Wind!
Dort drunten war's dumpfig; du fühltest dich beengt;
das hat mich auch mit aus dem Ort fortgedrängt.
Aber hier, wo du hörest der Föhren Gesause –
welche Stille! Welche Töne! –, hier bin ich zu Hause.
Peer Gynt Und weißt du's gewiß? Und zerbrichst jede Brücke?
Solvejg Der Weg, der mein Weg ist, führt nimmer zurücke.
Peer Gynt So hab' ich dich! Komm! Laß mich drinnen dich schauen!
Tritt ein! Ich lauf' nur noch Herdholz hauen;
traut soll es wärmen und hell will ich's schüren,
weich sollst du sitzen und von Kälte nichts spüren.
(Er öffnet die Tür; Solvejg tritt ein. Er steht eine Weile still, dann lacht er laut auf vor Freude und macht einen Luftsprung.)
Peer Gynt Mein Königskind –! Jetzt ist's gefunden und gewonnen!
Hei! Jetzt wird der Schloßbau von Grund aus neu begonnen!
(Er ergreift die Axt und geht; im selben Augenblick tritt ein ältliches Weib in zerlumptem grünem Unterrock aus dem Gehölz hervor; ein häßlicher Junge, mit einer Bierflasche in der Hand, hinkt nach und hält sich an ihrer Schürze.)
Das Weib Guten Abend, Peer Leichtfuß!
Peer Gynt Was gibt's? Wer da?
Das Weib Alte Freunde, Peer Gynt! Meine Hütte liegt nah.
Wir sind Nachbarn.
Peer Gynt So, so? Das wußt' ich noch nit.
Das Weib Als dein Haus gebaut ward, baute meines sich mit.
Peer Gynt (will weiter) Ich hab' Eil' –
Das Weib Die hast du wohl immer, Mann;
doch ich trott' hinterdrein, und du sollst mir noch dran.
Peer Gynt Ihr irrt Euch –!
Das Weib Ich hab' mich nur einmal geirrt:
den Tag, da du mich mit Versprechen gekirrt.

Peer Gynt Versprechen –? Der Teufel versteh', was das heißt!
Das Weib Vergißt du den Abend in Vaters Saal?
Vergißt du –?
Peer Gynt Vergiß, was du gar nicht weißt!
Wann trafen wir uns zum letzten Mal?
Das Weib Da wir zum ersten Mal uns getroffen.
(Zu dem Jungen)
Gib Vater zu trinken; sein Mund steht offen.
Peer Gynt Vater? Du bist wohl betrunken –? Du nennst –?
Das Weib Daß du das Schwein nicht am Fell schon erkennst!
Hast du keine Augen? So sieh doch nur hin:
Sein Fuß ist so lahm wie dein ganzer Sinn.
Peer Gynt Du willst mir einreden –?
Das Weib Mach keine Faxen –!
Peer Gynt Dieser langbeinige Bursch –!
Das Weib Er ist flink gewachsen.
Peer Gynt Du Trollfratze, legst es mir aus, als ob –?
Das Weib Hör mir, Peer Gynt; du bist klotzig grob!
(Weinend)
Was kann ich dafür, daß ich nicht mehr so schön,
wie, da du mich locktest auf Halden und Höh'n?
Der Teufel, der zog meinen Rücken so krumm,
als im Herbst ich gebar; und das wirft einen um.
Aber willst du mich wieder so schmuck sehn wie früh'r,
so weis nur der Dirne dort drinnen die Tür,
so schaff sie dir nur aus dem Sinn und den Augen –
und mein Frätzel soll, Freund, dir bald besser taugen!
Peer Gynt Fort, Hexe!
Das Weib Eitel, daß du mich bannst!
Peer Gynt Ich schlag' dir den Schädel ein –!
Das Weib Tu's, wenn du's kannst!
Hoho, Peer Gynt, ich steh' jedem Schlag!
Ich komme zurück jeden einzelnen Tag;
ich lug' durch die Tür und beobacht' euch beiden.
Und sitzt du mit ihr dann zu dämmriger Weil'
auf der Bank und wirst zärtlich und magst sie gern leiden,
so setz' ich dazu mich und forder' mein Teil.
Dann schnäbelst du balde mit ihr bald mit mir dich.
Leb wohl, lieber Junge, und morgen kopulier dich!
Peer Gynt Du höllischer Mahr!

Das Weib Doch das geht in den Kauf!
Den Jungen, den Hinkefuß, fütterst du auf!
Teufelsbub, willst du zum Vater?
Der Junge (speit nach ihm) Da!
Ich hack' mit der Axt nach dir; wart nur; ja, ja!
Das Weib (küßt den Jungen) Was das für ein Kopf ist auf dieser Krott!
Du machst noch einmal deinen Vater zu Spott!
Peer Gynt (stampft auf) Ach, wärt ihr soweit –!
Das Weib Wie wir nahe jetzt stehn?
Peer Gynt (ringt die Hände) Und all das –!
Das Weib Bloß für Gedankenvergeh'n!
's ist schad um dich, Peer!
Peer Gynt Um 'ne andre noch mehr! –
Solvejg, du Goldseele, lauter und rein!
Das Weib Ja, ja; sagt der Teufel, die Unschuld hat's schwer,
als die Mutter ihn haut', weil der Vater ein Schwein.
(Sie trottet ins Gehölz mit dem Jungen, der den Bierkrug nach ihm schleudert.)
Peer Gynt (nach einem langen Schweigen)
Gib's auf, bieg ab! sprach der Krumme. Ja, ja! –
Da ging mein Königspalast in Scherben!
Das schloß Mauern um sie – und ich war so nah;
jetzt liegt alles öd hier, und mir ist zum Sterben. –
Gib's auf, bieg ab, Bursch! Quer durch dies hier
findest du keinen Weg mehr zu ihr.
Keinen quer durch? Hm, sollt' nicht doch einer –?
Ich habe doch einmal von Reue gelesen.
Aber was? Was stand dort? Kein Buch ist da,
vergessen das meiste; und hier sagt mir keiner
im wilden Wald, wie der Spruch wohl gewesen. –
Reue? Das könnt' am End' Jahre anstehn,
bis daß ich hindurch wär'. Das Leben würd' schmächtig.
Entzweischlagen alles, was glänzend und prächtig,
und dann mit den Stücken von vorn ans Werk gehn?
Das geht mit 'ner Fiedel, aber nicht mit 'ner Glocke.
Wenn ihn einer zertritt, grünt kein Reis mehr am Stocke. –
Doch die war ja gelogen, die Hexengeschichte!
Jetzt ist mir der Greuel ja aus dem Gesichte.
Ja; wohl aus den Augen, doch nicht aus dem Sinn.
Nachschleichen wird er mir überallhin.

Ingrid! Und die drei, die ich droben beglückt!
Woll'n die auch mittun? Mit frechen Gebärden
fordern, gleich ihr an die Brust gedrückt,
heilig wie sie hingetragen zu werden?
Bieg ab, gib's auf, Bursch! Und wär' dein Arm lang
wie die rankeste Hochtann' am Bergeshang –
du hieltest sie doch noch zu dicht an dir,
als daß sie danach wär' noch schadlos und schier. –
Ich muß drum herumkommen in meinem Sinn,
so daß es wird weder Verlust noch Gewinn.
Man muß so was abschütteln, bis man's vergißt –
(Macht einige Schritte auf die Hütte zu, bleibt aber wieder stehen.)
Hineingehn nach all dem? Entehrt, wie man ist?
Hineingehn mit all diesen Trollen als Schergen?
Reden und doch schweigen; beichten und doch bergen –?
(Schleudert die Axt von sich)
's ist der Abend vorm Fest heut. Sie jetzt mit den Händen
anrühren, hieß' alles Heilige schänden.
Solvejg (in der Türe) Kommst du?
Peer Gynt (halblaut) Auf Umwegen.
Solvejg Wie?
Peer Gynt Kind, warte!
Ich hab' erst noch eine Arbeit, eine harte.
Solvejg Ich komm' und helf' dir; wir woll'n sie gemeinsam tun.
Peer Gynt Nein, bleib, wo du bist! Ich muß sie allein tun!
Solvejg Aber bleib nicht zu lang, du!
Peer Gynt Ob der Erharrte
lang oder kurz bleibt – nur warte!
Solvejg (nickt nach ihm hin) Ich warte!
(Peer Gynt waldeinwärts ab. Solvejg bleibt in der halbgeöffneten Türe stehen.)

Aases Stube. Abend. Ein Reisigfeuer brennt und leuchtet auf dem Herd. Die Katze auf einem Stuhl am Fuß des Bettes.

Aase liegt im Bett und tastet unruhig auf der Bettdecke umher.

Aase Mein Gott, läßt er nimmer sich blicken?
Wie schleichend die Stunden vergehn!

Ich hab' keinen Boten zu schicken,
und hätt' ihn so gern noch gesehn.
Jetzt geht's ohne Gnade zur Rüste.
So jäh! Wer hätt' das gedacht!
Aase, wenn ich nur wüßte,
ob du's nicht zu schwer ihm gemacht!
Peer Gynt (tritt ein) Guten Abend!
Aase Gott soll dich segnen!
Wer jetzt meinen Jungen noch schilt!
Doch wirst du auch keinem begegnen?
Du weißt, was dein Leben hier gilt.
Peer Gynt Pah, Leben oder Nichtleben!
Ich mußte mal nach dir sehn.
Aase Ja, jetzt muß die Kari sich geben;
und ich kann in Frieden gehn!
Peer Gynt Du – gehn? Was soll das bedeuten?
Was meinst du denn für 'nen Gang?
Aase Ach, Peer, ich hör' sie schon läuten.
Ich weiß, ich mach's nicht mehr lang.
Peer Gynt (ringt die Hände und geht auf und ab)
Da wollt' ich nicht leiden und büßen –
und meinte, hier wär' ich frei –!
Hast du kalt an Händen und Füßen?
Aase Ja, Peer; es ist bald vorbei. –
Wenn dann meine Augen brechen,
so drück sie mir sorgsam zu.
Und eins noch mußt mir versprechen:
Den Sarg, den laß schmuck sein, du!
Ach nein, 's ist ja wahr –
Peer Gynt Still, Beste!
Das hat seine Zeit. Heut ist heut.
Aase Ja, ja.
(Sieht sich unruhig um in der Stube)
Hier siehst du die Reste
vom unsrigen. Das sind dir Leut'!
Peer Gynt (ringt die Hände) Schon wieder!
(Hart)
Bin schuld; ja, zur Hölle,
was hilft's, mich zu mahnen daran.
Aase Du? Nein, die verdammte Völle,

mit der fing das Unglück an!
Du warst ja betrunken, mein Junge;
da weiß einer nicht, was er tut;
und dann nach dem Gendingrat-Sprunge –
kein Wunder, da kochte dir 's Blut!
Peer Gynt Ja, ja; laß den Unsinn nur fahren,
laß fahren die ganze Geschicht'.
Was schwer ist, das woll'n wir uns sparen
auf später – das hastet ja nicht.
(Setzt sich auf die Bettkante)
So, Mutter, und jetzt laß uns plaudern,
doch alleine von mein und dein,
und nicht mehr von alledem kaudern,
was querging und quält obendrein.
Die Katz' ist auch noch lebendig –
guck' einer – das alte Vieh?
Aase Die tut immer nachts so elendig
du weißt, solch ein Tier irrt sich nie.
Peer Gynt (ablenkend) Was ist hier Neues geschehen?
Aase (lächelnd) Man sagt, hier irgendwo wär'
ein Mädel, das möcht' nach den Höhen –
Peer Gynt (schnell) Matz Moen, was macht denn jetzt der?
Aase Man sagt, sie ließ sich nichts lehren,
was Vater und Mutter auch bat.
Du solltest doch mal vorkehren –
du wüßtest am Ende Rat –
Peer Gynt Und wie hat's der Aslak getragen?
Aase Ach, schweig von dem unsaubern Geist.
Will lieber den Namen dir sagen
von ihr, von dem Mädel, du weißt –
Peer Gynt Nein, nein, jetzt wollen wir plaudern,
doch alleine von mein und dein,
und nicht mehr von alledem kaudern,
was querging und quält obendrein.
Bist du durstig? Soll ich was holen?
Ist 's Bett zu kurz? Drückt es dich? Sag?
Herrje – sind das nicht die Bohlen,
da drin ich als Junge lag?
Besinnst dich noch, wie du oft hocktest
des Abends am Bettende dort

und mich, wer weiß wohin, locktest
mit Märchen und Zauberwort?
Aase Jawohl! Und dann spielten wir Schlitten,
wann Vater herumfuhr im Rund.
Die Deck' ward als Kutschpelz gelitten,
und die Diel' war ein spiegelnder Sund.
Peer Gynt Ja; aber der Knopf auf der Kappen –
besinnst dich auch dessen noch, du? –
das war'n doch die tollen Rappen!
Aase Du traust mir wohl gar nichts mehr zu!
Der Kari Katz' tat uns Fronde;
wir setzten sie auf 'ne Tonn'.
Peer Gynt Nach dem Schloß im Westen vom Monde
und dem Schloß im Osten der Sonn',
nach dem Soria-Moria-Schlosse
ging's hurre-hopp über die Diel',
und 'ne alte Hühnerstallsprosse
brauchtst du als Peitschenstiel.
Aase Dort vorn auf dem Kutschbock saß ich –
Peer Gynt Und wer dann die Zügel verlor,
wer war das? Mein Alterchen, das sich
umwandt' und mich fragt', ob ich fror.
Gott segne dich; warst mir von Herzen
stets gut, alter Widerwart –!
Was stöhnst du denn so?
Aase Mich schmerzen
die Knochen; das Brett ist so hart.
Peer Gynt Komm; leg dich bequemer; so stillst du
den Schmerz. Na, gibt er jetzt Ruh'?
Aase (unruhig) Nein, Peer, ich will fort!
Peer Gynt Fort willst du?
Aase Ja, fort möcht' ich, fort immerzu.
Peer Gynt Schnack! Unter der Decke hübsch bleiben!
Ich setz' mich aufs Bettende dort.
Jetzt woll'n wir die Zeit uns vertreiben
und uns träumen, Gott weiß wohin, fort!
Aase Ob die Bibel nicht besser paßte?
Ich bin so unruhigen Sinns.
Peer Gynt Im Soria-Moria-Palaste
geht es hoch her bei König und Prinz.

Ruh aus dich im warmen Schlitten;
ich fahr' dich dorthin über Feld –
Aase Aber, Peer, kam denn einer mich bitten –?
Peer Gynt Wir sind alle beide bestellt.
(Wirft eine Schnur um den Stuhl, auf dem die Katze liegt, nimmt einen Stecken in die Hand und setzt sich auf das Fußende des Bettes.)
Hü, Rappe! Spute dich, Mähre!
Sag, Mutter, frierst du auch nicht?
Ja, ja; das schneidt wie 'ne Schere,
wenn Grane der Haber sticht!
Aase Was läutet da, Peer, und tönet –?
Peer Gynt Die Schellen von blankem Zinn!
Aase Hu, Lieber, wie hohl das dröhnet!
Peer Gynt Jetzt geht's über Fjordeis hin.
Aase Ich fürcht' mich! Was für ein Brausen
und Seufzen, so klagend und schrill?
Peer Gynt Das sind die Tannen, die sausen,
im Bergwald. Sitz mir nur still.
Aase Was glitzert und flimmert dorten?
Wo kommt all der Lichterglanz her?
Peer Gynt Aus des Schlosses Fenstern und Pforten.
Hörst du, wie sie tanzen?
Aase Ja, Peer.
Peer Gynt Vorm Tore da steht Sankt Peter
und lädt dich zum Eintritt ein.
Aase Grüßt er uns?
Peer Gynt Tiefgebückt steht er
und schenkt vom süßesten Wein.
Aase Wein! Sag, hat er auch Kuchen?
Peer Gynt Und ob! Einen ganzen Berg!
Und die Propstin kommt dich besuchen
mit Kaffee und Zuckerwerk.
Aase Wir treffen uns dort wie vorzeiten?
Peer Gynt So oft du's willst und begehrst.
Aase Nein; alle die Herrlichkeiten,
dazu du mich Arme fährst!
Peer Gynt (schnalzt mit der Peitsche)
Hü, Rappe, spute dich, springe!
Aase Lieber Peer, du fährst doch auch recht?
Peer Gynt (schnalzt wieder) Hier ist breiter Weg.

Aase Das Geschwinge
vom Schlitten, das macht mir ganz schlecht.
Peer Gynt Das Ziel dann wird dir schon taugen;
nicht lang – und der Fahrt ist genug.
Aase Ich will liegen und schließen die Augen
und vertrauen auf dich, mein Jung'!
Peer Gynt Da kann ich's ganz nah schon gewahren.
Hü, Grane! Den Torweg empor!
Das ist ein Gewimmel! Jetzt fahren
Peer Gynt und Alt Aase vor.
Was sagst du da, Herr Sankt Peter?
Der Mutter würd' nicht getraut?
Und ging einer suchen, erspäht' er
nicht bald solch 'ne ehrliche Haut!
Um mich mag nicht weiter gebangt sein;
ich kann umdrehn, wenn es sein soll.
Wollt Ihr laden mich, sollt Ihr bedankt sein;
wenn nicht, scheid' ich auch ohne Groll.
Ich hab' viel geflaust und gefackelt,
der Teufel konnt's besser kaum tun,
und Mutter dann, weil sie gegackelt
und gekräht, geschimpft für ein Huhn.
Doch sie sollt Ihr achten und ehren,
wie's billig für Leut' ihres Schlags;
hier wird keine beßre vorkehren
von irgendwo heutigen Tags. –
Da gebeut Gott-Vater selbst Ruhe!
Jetzt, Petruschen, blüht dir was!
(Mit tiefer Stimme)
»Hör auf mit dem Pförtnergetue;
Alt Aase hat freien Paß!«
(Lacht laut und wendet sich um zur Mutter)
Als hätt' ich das nicht gerochen!
Jetzt weht's aus 'nem andern Strich!
(Angstvoll)
Was schaust du denn so gebrochen?
Du! Mutter! Was ist dir denn –? Sprich –!
(Tritt ans Kopfende des Bettes)
Du sollst nicht so stieren und glasen –!
Red, Mutter! Ich bin's doch, dein Jung'!

(Befühlt vorsichtig ihre Stirn und ihre Hände; darauf wirft er die Schnur auf den Stuhl und sagt mit gedämpfter Stimme)
Ach so! – Jetzt, Grane, geh grasen.
Jetzt sind wir gefahren genug.
(Schließt ihre Augen und beugt sich über sie)
Hab Dank für dein ganzes Leben,
für all deine sorgende Art! –
Doch nun laß auch mich Dank erheben –
(Drückt seine Wange an ihren Mund)
So; das war der Dank für die Fahrt.
(Die Häuslersfrau kommt)
Die Frau Je? Peer? – Na, nu geht zu Reste
die bitterste Sorg' und Not!
Herrgott, wie schläft sie so fest –
oder ist sie –?
Peer Gynt Still; sie ist tot.
(Kari weint an der Leiche. Peer Gynt geht lange umher in der Stube; endlich bleibt er am Bett stehen.)
Peer Gynt Gib Mutter die letzte Ehre!
Ich find' hier heraus wohl ein Loch.
Die Frau Soll's weit fort gehen?
Peer Gynt Zum Meere.
Die Frau So weit fort!
Peer Gynt Und weiter noch. *(Ab)*

VIERTER AKT

An der Südwestküste von Marokko. Palmenwald. Gedeckter Mittagstisch, Sonnensegel, Teppichläufer aus Binsen. Weiter drinnen im Hain Hängematten. Draußen auf dem Meer liegt eine Dampfjacht mit norwegischer und amerikanischer Flagge. Am Strand eine Jolle. Es ist gegen Sonnenuntergang.

Peer Gynt, ein hübscher Herr von mittlerem Alter, in elegantem Reiseanzug, eine goldene Lorgnette auf der Brust, führt den Vorsitz als Wirt am

Ende des Tisches. Master Cotton, Monsieur Ballon nebst den Herren von Eberkopf und Trumpeterstråle sind im Begriff, die Mahlzeit zu beenden.

Peer Gynt Getrunken, meine Herren! Geboren
zu leben, woll'n wir denn auch leben!
Es heißt: Verloren ist verloren,
hin hin. Was darf ich Ihnen geben?
Trumpeterstråle Du bist ein Prachtwirt, Bruder Peer!
Peer Gynt Es teil'n sich mit mir in die Ehr'
mein Geld, Koch, Steward –
Master Cotton Very nice!
Ein Glas zu dieser viere Preis!
Monsieur Ballon Monsieur, Sie ziert ein »goût«, ein »ton«,
der nicht beim zehnten heut zu finden,
der (so wie Sie) lebt als »garçon« –
ein – ein – ich weiß nicht was –
v. Eberkopf Ein Hauch,
ein Schimmer geistiger Entnachtetheit
und Weltenbürgertumgepachtetheit,
ein scharfer Blick durch Dunst und Rauch,
den keine Vorurteile binden,
ein Abglanz höherer Verklärtheit,
Urstoffnatur samt Weltbelehrtheit,
im Brennpunkt eins der Trilogie.
Nicht wahr, Monsieur; dies meinten Sie?
Monsieur Ballon Sehr möglich; klingen die Gedanken
auch nicht so artig bei uns Franken.
v. Eberkopf Ei was! Die Sprach' ist auch zu steif. –
Doch woll'n wir zu dem Phänomen
den Grund ersehn –
Peer Gynt Ersehn wir den:
Ich trage nicht der Ehe Reif.
Ja, meine Herr'n; ganz klipp und klar,
das ist's. Was sei des Mannes Streben?
Er selbst zu sein, er selbst – nicht wahr?
Sich und dem Seinen soll er leben.
Doch kann er dies als Trampeltier
für andrer Glück? Bezweifl' ich schier!
v. Eberkopf Doch dieses An-und-für-sich-Dasein
blieb, wett' ich, kaum unangefochten –

Peer Gynt Wohl wahr; zu seiner Zeit; doch mochten
mir immer gute Geister nah sein.
Zwar kam es doch ein böses Mal,
daß ich mich unverhofft verbrühte.
Ich war ein rascher, schmucker Schelm;
und sie, die Dame meiner Wahl,
sie war von fürstlichem Geblüte.
Monsieur Ballon Von fürstlichem?
Peer Gynt (wegwerfend) Nun ja, Sie wissen,
von diesen –
Trumpeterstråle (schlägt auf den Tisch) – adeligen Trollen!
Peer Gynt (zuckt die Achseln) Verstaubte Hoheiten, beflissen,
Plebejerflecken fernzuhalten
von ihres Stammes Wappenhelm.
Master Cotton Worauf Sie denn zusammenprallten?
Monsieur Ballon Die Eltern wollten die Partie nicht?
Peer Gynt Im Gegenteil!
Monsieur Ballon Ah!
Peer Gynt (schonend) Sie verstehn!
Es lagen Dinge vor – nun –, die nicht
erlaubten mehr, zurückzugehn.
Doch all dies ging – warum's verschweigen! –
von A bis Z mir widern Strich.
Ich bin in manchen Dingen eigen
und lass' mich selbst nicht gern im Stich.
Und als der Schwiegervater nun
gar mit der Fordrung kam geschwommen,
Namen und Stellung abzutun
und um den Adel einzukommen,
samt anderm, was schier unannehmbar –
nicht peinlich bloß und unbequem war –,
so wehrt' ich sanft mich meiner Haut,
empfahl mich auf sein Ultimatum –
und Gotte meine junge Braut.
(Trommelt auf dem Tisch mit scheinbarer Andächtigkeit)
Ja, ja; es herrscht denn doch ein Fatum,
darauf wir Menschen bauen können –
ein Trost, der uns fürwahr zu gönnen!
Monsieur Ballon So war die Luft denn wieder rein?
Peer Gynt Bis auf ein Nachspiel, unergötzlich –

denn Unbefugte mischten plötzlich
mit lautem Zeter sich hinein.
Zumeist des Hauses jüngre Glieder,
mit deren sieben ich mich schoß.
Die Zeit vergess' ich wohl nie wieder,
wiewohl ich sie mit Glück beschloß.
Da ließ ich Blut; doch dieses Blut
hat meiner Seele Preis verteuert
und zeigt erbaulich, kurz und gut,
wie weis ein Fatum alles steuert.
v. Eberkopf Ihr Weltblick auf der Dinge Gang
erhebt Sie zu der Denker Rang.
Indes wir immer neuer Szenen
planlose Flucht zu schauen wähnen
und nie zum Schluß zu kommen meinen,
verstehn Sie alles zu vereinen.
Sie messen stets mit gleichem Stabe.
Sie spitzen zu, was Sie auch sprechen,
so daß die Wort' wie Speichen brechen
aus einer Weltanschauungsnabe. –
Und Sie, Sie hätten nie studiert?
Peer Gynt Ich bin, das ist die Wahrheit nackt,
ein einfacher Autodidakt.
Methodisch hab' ich nichts gelernt;
doch viel gedacht und spekuliert
und mich von manchem Wahn entfernt.
Ich fing als ältrer Mann erst an;
da heißt es, sich besonders rackern,
um Seit' auf Seite durchzuackern
und mitzunehmen, was man kann.
Die Weltgeschichte nahm ich schluckweis';
mehr wollt' die Zeit mir nicht erlauben.
Und da man doch in schweren Putschen
an etwas Festes möchte glauben,
anschloß die Religion ich ruckweis'.
So kam das Ganze mehr ins Rutschen.
Man schlinge Wissen nicht wie Grütze,
man nehme nur, was einem nütze –
Master Cotton Sieh, das ist praktisch!
Peer Gynt (zündet sich eine Zigarre an) Meine Besten;

bedenkt doch nur, wie mir's gegangen.
Wie kam ich damals nach dem Westen!
Mit leerer Hand und roten Wangen.
Ich mußte kämpfen hart ums Brot;
traun, Freunde, manchmal fiel mir's schwer.
Allein das Leben lockt doch sehr,
und bitter, sagt man, ist der Tod.
Nun gut! Das Glück, seht, ward nicht flüchtig,
noch Muhme Fatum gallensüchtig.
Es ging. Und da ich selber tüchtig,
lief bald die Sache wie auf Federn.
Zehn Jahre drauf ward ich genannt
ein Krösus unter Charlestowns Reedern.
Mein Name flog von Strand zu Strand;
das Glück fuhr mit ihm ohne Wandel –
Master Cotton Was trieben Sie?
Peer Gynt Meist Negerhandel
nach unserm Staate Karolina –
und Götterbilderfracht nach China.
Monsieur Ballon Fi donc!
Trumpeterstråle Der Tausend, Onkel Gynt!
Peer Gynt Sie finden das Geschäft wohl an
der Grenze zwischen Gut und Bös'?
Mir schien es selbst zuweilen Sünd',
ja, dann und wann, sogar odiös.
Der Fehler war, daß ich's begann;
denn später weiß man nicht mehr, wie
es ändern. Es bedankt sich nie,
bricht man in solch 'nem Unterfangen,
drin Tausender Intressen hangen,
die Dinge rundweg übers Knie.
Dies »übers Knie« mißfiel mir immer;
zudem entbrach ich nie und nimmer
der Achtung mich vor – meine Herr'n,
was man so nennet Konsequenzen;
und alles Setzen über Grenzen
lag immerdar mir ziemlich fern.
Zum andern naht' ich nun dem Alter,
wo man des Lebens Gleicher schneidet
und fast schon graue Haare trägt;

und ging's auch gut mir, augenscheinlich,
so fiel mir's doch zu denken peinlich:
Wer weiß, wie bald das Stündlein schlägt,
da des Gerichts gestrenger Walter
die Schafe von den Böcken scheidet.
Was tun? Den ganzen Handel scheitern
zu lassen, wies ich von der Hand.
Und so erfand ich einen weitern
Geschäftsbetrieb ins gleiche Land.
Sooft ich Götter exportierte,
zugleich ich Priester exklarierte,
und zwar mit allem ausgestattet,
als Strümpfen, Bibeln, Rum und Reis –
Master Cotton Und mit Profit?
Peer Gynt Natürlicherweis'.
So ging's. Sie schafften unermattet.
Für jeden Gott, dahin verkauft,
ein Kuli gründlich ward getauft,
so daß das Gift neutralisiert war.
Der Kirche Feld lag niemals brach;
denn jeden Gott, der kolportiert war,
ihn hielt ein Missionar im Schach.
Master Cotton Nun, und die afrikanischen Waren?
Peer Gynt Auch dort schloß alles in Moral.
Ich sahe, das Geschäft empfahl
sich nicht für Leut' in höhern Jahren.
Man konnt' ja bald zur Grube fahren.
Wozu noch kam das Wehgeschrei
von unsern Philanthropenbänken,
um nicht der Kaper zu gedenken
samt Wettersnot und Havarei.
Dies alles wußt' sich durchzusetzen.
Ich dachte: Peter, drehe bei!
Sieh zu, die Scharten auszuwetzen!
So kauft' ich mir denn Land im Süden,
behielt den letzten Fleischimport,
der auch von prima Sorte just war,
und macht' sie fett, daß es – mein Wort! –
für mich wie für die Kerls 'ne Lust war.
Ja, traun, ich pflegt' sie ohn' Ermüden,

mit wahrhaft väterlichem Zug –
was seine guten Zinsen trug.
Ich baute Schulen für die Leutchen,
damit die Tugend bliebe munter
und auf 'ner Höh', geheischt mit Fug,
und hielt darauf, daß um kein Deutchen
ihr Thermometer sank darunter.
Zum Schluß hab' ich von dem verdammten
Geschäft mich gründlich dann verschnauft –
und die Plantag' nebst dem gesamten
Inhalt mit Haut und Haar verkauft.
Zum Abschied für das ganze Schock,
so groß wie klein gab's gratis Grog;
so Mann wie Frau bekam zuviel –
und jede Witwe Schnupfbrasil.
Und darum hoffe ich, sofern
das Wort nicht bloß Geklapper hohl:
Der, der nicht übel tut, tut wohl –
so ist mein Fehl getilgt beim Herrn,
und meiner Tugend sorglich Walten
kann meiner Schuld die Stange halten.
v. Eberkopf Wie hocherbaulich, hier zu sehen
ein Theorem zur Tat gemacht,
erlöst aus seiner grauen Nacht
trotz allem widrigen Geschehen!
Peer Gynt (der während des Vorhergehenden den Flaschen fleißig zugesprochen hat)
Wir Volk vom Norden, wir verstehen
uns durchzuschlagen! In den Wirren
des Lebens kommt's auf dies nur an:
Halt dir die Ohren zu! So kann
kein Schlänglein arg dein Wandeln irren.
Master Cotton Kein Schlänglein arg, verehrter Mann?
Peer Gynt Ja, keins, das dich verführt zum Leiden:
dich ganz zu etwas zu entscheiden.
(Trinkt wiederum)
Die ganze Kunst, das Glück zu zwingen,
die Kunst, den Mut der Tat zu haben,
ist die: wahlfreien Laufs zu traben
durch dieses Lebens tausend Schlingen –

zu wissen, daß zu keinen Tagen
des Streites letzten Tag man schreibt,
zu wissen, daß stets offenbleibt
ein Brücklein, dich zurückzutragen.
Die Theorie war mir gerecht;
sie war's, die meinen Wandel färbte,
und diese Theorie vererbte
mir meines Heimatgaus Geschlecht.
Monsieur Ballon Sie sind Norweger?
Peer Gynt Von Geblüt!
Jedoch Weltbürger von Gemüt.
Was Gutes mir bislang geschah,
verdank' ich meist Amerika.
Von wohlbestallten Bücherbrettern
erbaun mich meine deutschen Vettern.
Von Frankreich kam mir meine Weste,
mein Scherflein Geist sowie mein Schliff –
von England mein Geschäftsbegriff
samt schärferm Sinn fürs eigne Beste.
Vom Juden mein »festina lente«.
Den Hang zum »dolce far niente«
gab mir Italien auf den Weg –
und einstmals, auf gedrangem Steg,
vermehrt' ich meiner Tage Zahl
mit Hülf' von gutem schwed'schen Stahl.
Trumpeterstråle (erhebt sein Glas) Ja, unser Stahl –!
v. Eberkopf Der ihn geschwungen,
sei vörderst huldigend umklungen!
(Sie stoßen an und trinken mit ihm. Das Blut beginnt Peer zu Kopf zu steigen.)
Master Cotton Dies alles ist vortrefflich baß –
doch, Sir – die Frage will nicht ruhn –,
was woll'n Sie mit dem Gold nun tun?
Peer Gynt Hm; was?
Alle vier (näherrückend) Ja, sagen Sie uns das!
Peer Gynt Nun, erstlich werden Weltbereiser.
Seht, deshalb nahm ich euch an Bord
als Schiffsgesellschaft in Gibraltar.
Ich brauchte Tänzer, auf mein Wort,
um meines Goldnen Kalbes Altar –

v. Eberkopf Höchst witzig!
Master Cotton Doch verreist ein Weiser
wie Sie nicht nutzlos seine Tage.
Man hat ein Ziel, ganz ohne Frage.
Und dies ist –?
Peer Gynt Kaiser werden.
Alle vier Kaiser?
Peer Gynt (nickt) Jawohl!
Die Herren Und wo?
Peer Gynt In aller Welt.
Monsieur Ballon Ja, wie denn, Freund –?
Peer Gynt Nun, durch mein Geld!
Ein Plan, nicht erst von gestern her,
und dem ich treu blieb sonder Wanken.
Als Knab' schon ritt ich in Gedanken
auf Wolkenrossen übers Meer;
stieg auf in güldner Waffenziere –
und purzelt' ab auf alle viere.
Doch trotzdem blieb ich unverzagt.
Es gibt da einen Spruch, der sagt,
ich weiß nicht wo, daß, wenn ein Mann
die ganze weite Welt gewann,
doch sich verlor, so blüht' als Lohn
ihm höchstens eine Dornenkron'.
So steht dort – oder ähnlich; und
dies Wort hat seinen guten Grund.
v. Eberkopf Und dieses Gyntsche Ich nun ist –?
Peer Gynt Die Welt hier hinterm Schädelgitter,
durch die ich ich bin und kein Dritter,
wie Gott Gott und nicht Antichrist.
Trumpeterstråle Das wirft auf alles neue Lichter.
Monsieur Ballon Sie sind ein Denker!
v. Eberkopf Und ein Dichter!
Peer Gynt (immer mehr in Stimmung geratend)
Das Gyntsche Ich – das ist das Heer
von Wünschen, Lüsten und Begehr –,
das Gyntsche Ich, das ist der Reih'n
von Forderungen, Phantasei'n –
kurz alles, was just meine Brust hebt
und macht, daß Gynt als solcher just lebt.

Doch wie der Herrgott braucht der Erden,
soll er bestehn als Gott der Welt,
so hab' auch ich Bedarf an Geld,
soll ich ein rechter Kaiser werden.
Monsieur Ballon Sie haben's doch!
Peer Gynt Das würd' gelogen sein.
Ja, ja, vielleicht auf zwei, drei Jausen
als Kaiserlein von Sondershausen.
Doch ich will ich in Bausch und Bogen sein,
will Gynt sein, wo ich geh' und stehe,
Sir Gynt vom Scheitel bis zur Zehe!
Monsieur Ballon (hingerissen) Beschwör'n die Helena der Sage!
v. Eberkopf Am ältsten Rheingewächs sich laben!
Trumpeterstråle Die Degen Karls des Zwölften haben!
Master Cotton Doch erst 'ne Kapitalsanlage,
die sich rentiert –
Peer Gynt Die eben fand ich;
vergebens nicht ging hier an Land ich.
Heut abend dampfen wir gen Nord;
denn Blätter melden mir an Bord
ein Märlein, das so ernst wie neu ist –!
(Steht auf mit erhobenem Glase)
Als ob dem alles all zusammen
zum Glück hülf', der sich selber treu ist –
Die Herren Und dies ist?
Peer Gynt Hellas steht in Flammen.
Alle vier Die Griechen –?
Peer Gynt Brachen ihre Dämme.
Die vier Hurra!
Peer Gynt Und Mahmud ist in Klemme! *(Leert sein Glas)*
Monsieur Ballon Nach Hellas! Auf! Uns ruft die Ehre!
Ich helf' mit meiner fränkschen Wehre!
v. Eberkopf Ich mit Aufrufen aus der Ferne!
Master Cotton Ich will mit Lieferungen gerne –!
Trumpeterstråle Ich hol' (die König Karl verloren
zu Bender) die berühmten Sporen!
Monsieur Ballon (fällt Peer Gynt um den Hals)
Verzeihn Sie, Freund, ich hab' von Grund
auf Sie verkannt!
v. Eberkopf (drückt ihm die Hand) Ich dummer Hund,

ich hielt Sie für 'nen Schelmen fast!
Master Cotton Das ist zu stark; nur für 'nen Narren –
Trumpeterstråle (will ihn küssen) Ich, Vaterbruder, für 'nen Farren
von allergröbster Yankeemast!
Vergib mir!
v. Eberkopf Wir sind fehlgegangen –
Peer Gynt Was heißt das?
v. Eberkopf Jetzo sehn wir prangen
vereint das ganze Gyntsche Heer
von Wünschen, Lüsten und Begehr –!
Monsieur Ballon (bewundernd) So mußt' sich Monsieur Gynt bewähren!
v. Eberkopf (ebenso) Das heiß' ich Gynt sein – und mit Ehren!
Peer Gynt Ich bitte Sie –
Monsieur Ballon Verstehn Sie nicht?
Peer Gynt Ich lass' mich hängen, wenn ich's tue!
Monsieur Ballon Je nun, mein Bester, gehn Sie nicht
nach Griechenland mit Schiff und Truhe?
Peer Gynt (prustet spöttisch) Ach, nein! Ich stütze den, der stärker,
und leih' dem Türken meine Märker.
Monsieur Ballon Unmöglich!
v. Eberkopf Witzig – doch gescherzt!
Peer Gynt (schweigt ein Weilchen, stützt sich auf einen Stuhl und nimmt eine vornehme Miene an)
Ich glaub', ihr Herr'n, wir stehn vom Fest
nun auf, eh' daß der letzte Rest
von Freundschaft sich verhimmelwärtst.
Wer arm ist, dem ist viel verstattet.
Wenn man vom weiten Rund knapp hat
das Streiflein Staub, das man beschattet,
ist man Kanonenfutter, glatt.
Doch hat sein Schäflein man geschoren,
wie ich, so wäre mehr verloren.
Gehn sie nach Griechenland. Ich sende
Sie gratis und bewaffnet hin.
Gut! Schüren Sie den Aufruhrsinn –
und wirken so mir in die Hände!
Drauflos, für Freiheit und für Recht!,
gestürmt! In Türkenblut gezecht!
Und dann zuletzt ein Tod in Ehren
auf schlanken Janitscharenspeeren. –

Doch ohne mich.
(Schlägt sich auf die Tasche)
Ich bin nicht frei –
und bin ich selbst, Sir Gynt. – Good by!
(Er spannt seinen Sonnenschirm auf und geht in den Palmenhain, den Hängematten zu.)
Trumpeterstråle Der Schweinekerl!
Monsieur Ballon Kein Sinn für Ehre!
Master Cotton Ach, Ehre! Wenn es das nur wäre!
Doch denkt euch: unser Riesenschnitt,
wenn nun der Grieche frei sich stritt –!
Monsieur Ballon Ich sah mich schon auf Türkenleibern
bekränzt von Hellas' schönsten Weibern!
Trumpeterstråle Ich sah in meiner Hand schon prangen
die heldengroßen Sporenspangen!
v. Eberkopf Ich meines großen Vaterlands
Kultur ausbreiten ihren Glanz –!
Master Cotton Das schlimmst' ist doch der bare Schade.
Goddam! Welch Pech im höchsten Grade!
Schon sah ich den Olymp mir dienen.
Wenn seinem Ruf man darf vertraun,
enthält der Berg noch Kupferminen,
die man von neuem könnte baun.
Und dazu dieser Fluß Kastale,
davon die Red' an dutzend Male,
mit Fäll'n, berechnet ungefähr
auf tausend Pferdekraft und mehr –!
Trumpeterstråle Ich gehe doch. Mein schwedisch Schwert
ist mehr als Yankeedollars wert!
Master Cotton Mag sein; nur daß wir, erst im Haufen,
in ihm elendiglich ersaufen
und der Profit in Rauch verpufft!
Monsieur Ballon Verdammt! So nah dem Glück zu gasten!
Um so zu stehn an seiner Gruft!
Monsieur Ballon (mit geballter Faust nach dem Fahrzeug hin)
Dort liegt, in diesem schwarzen Kasten,
des Nabobs güldner Niggerschweiß –!
v. Eberkopf Ein königlicher Einfall! Sei's
gewagt! Das wird sein Todespfeil sein!
Kommt! Kommt!

Monsieur Ballon Sie woll'n –?
v. Eberkopf Ich will die Macht!
Die Mannschaft wird um wenig feil sein.
An Bord! Ich annektier' die Jacht!
Master Cotton Sie – was –?
v. Eberkopf Ich mause, was ich find'. *(Ab nach der Jolle hinunter)*
Master Cotton Da heißt mein Vorteil mich geschwind
mitmausen. *(Folgt ihm)*
Trumpeterstråle Eines Schurken Schluß!
Monsieur Ballon Ein Diebsstück –! Mais – enfin! Man muß –! *(Folgt den andern)*
Trumpeterstråle Dann muß auch ich – der Eintracht wegen –
doch protestier' ich laut dagegen. *(Ihm nach und ab)*

Eine andere Stelle der Küste. Mondschein und treibende Wolken. Die Jacht sticht unter vollem Dampf in See.

Peer Gynt läuft den Strand entlang. Bald zwickt er sich in den Arm, bald starrt er hinaus übers Meer.

Peer Gynt Alpdruck! – Hirnspuk! – Wach' ich bald auf?
Sie sticht in See! Und in rasendem Lauf!
Bloßer Hirnspuk! Ich schlaf'! Ich bin trunken und toll!
(Ringt die Hände)
Das geht doch nicht an, daß ich sterben soll!
(Rauft sich das Haar)
Ein Traum! Ich will, daß ich träum' und schlaf'!
Entsetzlich! Zwecklos, daß ich mich sperre!
Diese Hunde von Freunden –! Oh, erhöre mich, Herr!
Du bist ja so weis, und gerecht –! Oh, straf –!
(Mit emporgestreckten Armen)
Ich bin's, Peter Gynt! Laß ein Wunder geschehn!
Nimm dich meiner an, Vater; sonst muß ich vergehn!
Laß sie stoppen! Laß sie die Gig niederlassen!
Halt die Dieb' auf! Laß sie die Segel falsch brassen!
Hör mich! Laß warten Kunz Tausendhändig!
Die Welt wird nicht schiefgehn ob solcher Verwegenheit! –
Ob er wohl hört! Er ist taub, wie beständig.
Das ist eine Wirtschaft! Ein Gott in Verlegenheit!
(Winkt aufwärts)

Pst! Ich treib' längst nicht mehr Niggerhandel!
Ich hab' China bekehrt zu christlichem Wandel!
Eine Handreichung ist doch der anderen wert!
Oh, hilf mir –!
(Ein Feuerstrahl schießt aus der Jacht empor, von einer dicken Rauchwolke begleitet; man hört einen hohlen Knall; Peer Gynt stößt einen Schrei aus und sinkt nieder auf den Sand; nach und nach verzieht sich der Rauch; das Schiff ist verschwunden.)
Peer Gynt (bleich und leise) Das war der Strafe Schwert!
Versunken mit Mann und Maus, wie ein Stein!
Oh, ewiglich will ich mein Glück benedein –
(Gerührt)
Ein Glücksfall? Nein, hier ist mehr geschehn.
Ich sollte siegen und die vergehn.
Oh, Preis dir, daß du der Not mich entrissen,
im Aug' mich behalten trotz meinem Gebrest –
(Atmet tief auf)
Wie macht es doch wundersam fröhlich und fest,
sich so separat behütet zu wissen.
Doch werden auch Hunger und Durst mich in Ruh' lassen?
Ach, ich finde wohl was. Das ist sein Gewerb'.
Das ist nicht gefährlich –
(Laut und einschmeichelnd)
Er wird doch nicht zulassen,
daß ich armer, kleinwinziger Sperling verderb'!
Nur hübsch demütig sein! Und vergönnen ihm Frist.
Den Herren laß walten; Verzagen wär' töricht –
(Fährt erschrocken zusammen)
Knurrte dort nicht ein Löwe im Röhricht –?
(Zähneklappernd)
Nein, 's war wohl kein Löwe.
(Sich ermannend)
Und wenn's einer ist!
Die Biester, die halten sich doch wohl beiseite.
Mit dem, der sein Herr, da liegt keins gern im Streite.
Sie haben ja Instinkt – da fühlen sie gewißlich:
Mit Elefanten zu spielen ist mißlich. –
Doch trotz alledem – ich such' mir 'nen Baum.
Dort wiegen im Wind sich Akazien und Palmen;
erst droben, halt' ich den Kerl wohl im Zaum –

insonderheit, könnt' ich dazu ein paar Psalmen –
(Klettert hinauf)
Man soll nicht den Tag vor dem Abend loben;
das Schriftwort hat mancher wohl schon bedacht.
(Setzt sich zurecht)
Wie herrlich, so sitzen, den Geist erhoben!
Edel denken ist mehr als Reichtum und Macht.
Bloß vertrauen auf Gott! Er kennt die Portion
vom Kelch des Leidens, die wir vertragen.
Er ist väterlich gegen unsre Person –
(Wirft einen Blick aufs Meer und flüstert mit einem Seufzer)
Aber Ökonom – nein; das kann man nicht sagen.

Nacht. Marokkanisches Lager am Rand der Wüste. Wachtfeuer und rastende Krieger

Ein Sklave (kommt und rauft sich das Haar)
Des Kaisers weißes Roß ist verschwunden!
Ein anderer Sklave (kommt und zerreißt sich die Kleider)
Des Kaisers heilige Tracht ward gestohlen!
Aufseher (kommt) Hundert jedem auf die Sohlen,
der bis morgen nichts gefunden! –
(Die Krieger steigen zu Pferde und galoppieren nach allen Richtungen fort.)

Tagesgrauen. Die Baumgruppe von vorhin

Peer Gynt (auf dem Baume, einen abgebrochenen Zweig in Händen, hält sich einen schwarzen Affen vom Leibe)
Vertrackt! So unbequem schlief ich noch nie.
(Haut um sich)
Bist du wieder da? Mein Maß voll zu machen!
Jetzt werfen sie Früchte. Nein, andere Sachen.
Ein ekliges Tier, solch ein Affenvieh.
Es steht zwar geschrieben: Du sollst wachen und fechten!
Doch ich kann nicht, weiß Gott, ich bin lahm und matt.
(Wird wieder gestört; ungeduldig)
Was tun? Ich hab' das Unwesen satt.

Ich fang' mir einen von diesen Hechten,
häng' ihn und schind' ihn und kriech' in sein Fell,
sein zottiges, und der vermummte Gesell,
was gilt's, fährt balde für einen echten. –
Was sind wir Menschen? Nicht mehr als ein Hauch.
Und man muß sich wohl finden in Schick und in Brauch.
Wieder ein Schwarm! Die Schufte sind zäh!
Packt euch! Psch! Die tun wie Verrückte!
Wer mir nur jetzt einen Schwanz anstückte –
daß man mehr wie ein Tier aussäh' –!
Was nun! Da sind sie mir gar überm Kopfe –!
(Blickt aufwärts)
Der Alte – mit Fäusten voll von Schmutz –!
(Kriecht ängstlich in sich zusammen und hält sich ein Weilchen still. Der Affe macht eine Bewegung; Peer Gynt beginnt ihm zu schmeicheln und schönzutun wie einem Hunde.)
Je, je – bist du da, du alter Butz!
Er ist anständig, gelt, zu mir armem Tropfe!
Er will gar nicht werfen – das wär' nicht charmant –
ich bin's doch! Pip, pip! Wir stellen uns nicht nach – nicht?
Eia, Eia! Da sag' noch, ich kennte deine Sprach' nicht!
Butzchen und ich, wir sind lange bekannt;
Butz bekommt morgen Zucker –! Du Vieh!
Die ganze Ladung! Mich so vollzudrecken!
Oder war's Futter? Man konnt's nicht recht schmecken;
doch da bestimmt meist Gewohnheit das Wie.
Sprach doch einmal welches Denkers Vernunft:
Man spuckt – und gewöhnt sich zuletzt in die Zunft? –
Da kommt auch der Nachwuchs noch!
(Ficht und haut)
Närrisch bestallt,
daß der Mensch, Herr der Erden und Himmelserbe,
sich genötigt soll sehn zu –! Gewalt! Gewalt!
Die Rangen verstehn ihr verruchtes Gewerbe!

Früher Morgen. Steinige Gegend mit Aussicht auf die Wüste. Auf der einen Seite eine Felsenschlucht und eine Höhle.

Ein Dieb und ein Hehler in der Felsenschlucht mit dem Pferd und den

Kleidern des Kaisers. Das Pferd, reich aufgezäumt, steht an einen Stein gebunden. Reiter in der Ferne.

Der Dieb Wie sie schillern und schlecken,
die Zungen der Lanzen –
schau, schau!
Der Hehler Ich fühl' meinen Kopf schon
im Sande tanzen;
au, au!
Der Dieb (kreuzt die Arme über der Brust)
Mein Vater war Dieb;
sein Sohn muß stehlen.
Der Hehler Mein Vater war Hehler;
sein Sohn muß hehlen.
Der Dieb Dein Los trag ergeben;
dich selbst sollst du leben.
Der Hehler (horcht) Schritte im Gebüsch!
Wenn uns einer erspäht!
Der Dieb Tief ist die Höhle
und groß der Prophet!
(Sie flüchten und lassen die Kostbarkeiten im Stich. Die Reiter verlieren sich in der Ferne.)
Peer Gynt (kommt, eine Rohrflöte schneidend)
Wie holdselig ist diese Morgenstund'! –
Der Mistkäfer rollt seine Kugel im Dreck;
aus seinem Schneckenhaus kriecht der Schneck.
Ja, ja – der Morgen hat Gold im Mund!
Es ist doch im Grund eine seltsame Macht,
womit so Natur das Frühlicht bedacht.
Man fühlt sich so sicher, fühlt alle Furcht schwinden,
man würde, tät's not, mit 'nem Ochsen anbinden. –
Wie still's hier rings ist! Ja, die ländlichen Freuden –
unbegreiflich genug, daß ich einst sie verwarf;
daß man einkerkert sich in finstern Gebäuden,
bloß daß jeder Lump dir ins Haus rennen darf. –
Nein, sieh, wie die Eidechs' sich Schnaken fängt,
schnappt, huscht, schnappt und an nichts dabei denkt.
Welch eine Unschuld solch Tier offenbart!
Jedwedes folgt seinem Schöpfer fein züchtiglich,
bewahrt sich sein Sondergepräg' unverflüchtiglich,

ist es selbst in jeglicher Lebensart,
es selbst, es selbst, wie es ward, da es ward.
(Setzt die Lorgnette auf die Nase)
Ein Krötlein. In einem Sandstein. Guck!
Versteinerung rings. Nur der Kopf ist heraus.
Da sitzt es und sieht, wie aus einem Haus,
auf die Welt und ist sich selber – genug. –
(Denkt nach)
Genug? Sich selber –? In welcher Küchen
ward das Wort gekocht? Wo las ich das schon?
In der Hauspostillen? Oder Salomons Sprüchen?
Vertrackt! Gestehe dir, alter Sohn,
dein Gedächtnis spricht allem Anstand Hohn.
(Setzt sich in den Schatten)
Hier ist ein Fleckchen für Bärenhäuter.
Ah, da gibt's Farren! Eßbare Kräuter!
(Schmeckt ein wenig davon)
Das ist eher Brot für die Kreatur –
doch freilich, es heißt: Zwing deine Natur!
Des weiteren steht da: Hochmut vergehet.
Und wer sich erniedrigt, der wird erhöhet.
(Unruhig)
Erhöhet? Gewiß, so wird mir geschehn –
es ist ganz unmöglich, sich's anders zu denken.
Das Schicksal wird meine Schritte lenken.
Dies ist eine Prüfung; ich werd' sie bestehn –
und für eine Zukunft, da Freude sein wird –
dafern der Herr mir Gesundheit verleihn wird.
(Schüttelt die Gedanken ab, zündet sich eine Zigarre an, streckt sich aus und starrt in die Wüste hinaus.)
Welch unermeßliche, endlose Leere! –
Dort in der Ferne schreitet ein Strauß. –
Was im Gefüge des Weltenbaus
Gott wohl plante mit diesem Meere
Sandes, mit diesem alles versagenden,
diesem verbrannten, niemandem tragenden –
diesem Bruch der Erde, der brachliegt!
Diesem Leichnam, der tempelschänderisch
in der Schöpfung reichem Gemach liegt!
Wozu ward er? Die Natur ist verschwenderisch.

Ist dies die See, dort im Osten, der Flor
von Silber? Unmöglich! Nur Sinnenbetrug!
Die See liegt im Westen; zurück und empor
gedämmt durch ragender Dünen Zug –
(Ein Gedanke durchblitzt ihn)
Gedämmt? So könnt' ich –! Die Höhen sind schmal.
Gedämmt! Ein Durchbruch nur, ein Kanal –
und, ein Lebensstrom, würden die Wasser brüllen
herein durch den Schlund und die Wüste füllen!
Bald würd' der ganze glühende Plan
blaun, ein gekräuselter Ozean.
Die Oasen würden als Inseln ihn kleiden,
Bergküste würde des Atlas Grat;
die Segler würden wie Sturmvögel schneiden
der Karawanen ertrunkenen Pfad.
Lebenshauch würde zerstreuen das Qualmen
der Dünste, und Tau würde triefen die Wolk';
Stadt um Stadt würde bauen das Volk,
und Gras würde grünen um schwankende Palmen.
Südwärts der Sahara würd' alle Flur
Küstengebiet mit verjüngter Kultur.
Dampf würde treiben Timbuktus Fabriken;
Bornu bekäm' europäischen Stil;
nach Habes hinauf würd' den Forscher man schicken
im sichern Waggon bis zum oberen Nil.
Mitten im Meer, auf 'nem fetten Eiland,
geb' ich der Norwegerrasse dann Freiland;
das Gudbrandstal hat ja schier königlich Blut;
Kreuzung mit Arabern 's übrige tut.
Auf einer Bucht ansteigendem Strand
geb' dann Peeropolis allem die Weihe! –
Die Welt ist abgelebt. Jetzt kommt die Reihe
an Gyntiana, mein junges Land.
(Springt auf)
Nur Kapitalien, so sprießt es empor. –
Einen Schlüssel von Gold zu des Meeres Tor!
Kreuzzug dem Tod! Heraus aus der Katzen,
Geizhals, die zwecklos gehüteten Batzen!
Für Freiheit pocht es in allen Brüsten –
gleich dem Esel der Arche will rufen ich laut

übern Erdball und bringen die Meerwasserbraut
meinen harrenden, schmachtenden Zukunftsküsten.
Fort, fort! Kapital zusammengekehrt!
Mein Reich – mein halbes Reich für ein Pferd!
(Das Pferd wiehert in der Felsenschlucht.)
Ein Pferd! Und Kleider! – Und Waffen – und Schätze!
(Tritt näher)
Unmöglich! Nein, wirklich –! Mir ward wohl gelehrt
irgendwo, daß der Wille Berge versetze –
doch daß er sogar versetzt ein Pferd –!
Gewäsch! Genug: Dort Roß, hie Reiter –
»ab esse ad posse« und so weiter und so weiter –.
(Zieht die Kleider über die seinigen an und blickt an sich herab)
Sir Peter – und Türke vom Scheitel bis zur Sohl'!
Wer prophezeite wohl gestern solch Heute!
Spute dich, Grane mein, preisliche Beute!
(Steigt in den Sattel)
Güldne Pantoffel als Bügel! Ei wohl!
Am Reitzeug erkennt man die fürnehmen Leute!
(Er galoppiert in die Wüste hinein.)

Zelt eines Araberhäuptlings, einsam auf einer Oase.

Peer Gynt in seiner orientalischen Tracht, auf Polstern ruhend. Er trinkt Kaffee und raucht aus einer langen Pfeife. Anitra und eine Schar Mädchen tanzen und singen ihm vor.

Chor der Mädchen Der Prophet ist erschienen!
Der Prophet, mit Allweisheit begabet,
der Herr, der Prophet ist erschienen,
zu uns übers Sandmeer getrabet!
Der Prophet, der das Rechte stets triffet,
uns ist er, uns ist er erschienen,
zu uns durchs Sandmeer geschiffet!
Jauchzt zu Flöten und Tamburinen:
Der Prophet, der Prophet ist erschienen!
Anitra Sein Zelter der Milch gleicht, der weißen,
die fleußt in des Paradieses Bronnen.
Beugt euch! Kniet! Er ist gnädig gesonnen!

Seine Augen sind Sterne voll mildem Gleißen.
Doch welch Erdenkind trägt
den Glanz des Glanzes, der ihnen entschlägt?
Durch die Wüste kam er.
Gold und Perlen entsprangen auf seiner Brust.
Wo er hinkam, ward Glanz und Lust.
Wo er schied, hat der Samum gewütet,
wo er schied, Nacht und Dürre gebrütet.
Durch die Wüste kam er,
kam geschmückt er einher,
wie ein irdisch Geborener!
Die Kaaba, die Kaaba steht leer –
selbst hat's beschworen er!
Chor der Mädchen Jauchzt zu Flöten und Tamburinen:
Der Prophet, der Prophet ist erschienen!
(Die Mädchen tanzen zu gedämpfter Musik.)
Peer Gynt Ich las mal gedruckt – und darin liegt Verstand –,
es gilt kein Prophet im eigenen Land.
Dies Leben hier will mir weit besser behagen
als das eines Reeders in Charlestowns Tagen.
Es war etwas Hohles in all dem Betrieb,
etwas Unklares, Fremdes, das blieb und blieb.
Ich fühlte mich nie recht daheim unter Dach,
so niemals ganz richtig als Mann von Fach.
Was wollt' ich auch dort nur, so frag' ich mich?
Ein Geschäftsgaul, ewig im Kreis herum traben?
Denk' ich dran, wird mir ganz wunderlich.
Es traf sich so; da liegt der Hund begraben! –
Du selbst sein wollen von Goldes Gnaden,
das ist, wie sein Haus auf Sandgrund errichten.
Vor Uhr und vor Ring und den andern Geschichten
wälzt sich im Kot dir der ganze Schwaden.
Sie ziehen den Hut vor 'ner Brustnadel-Kron';
aber Ring oder Nadel, ist das die Person?
Prophet – die Stellung ist sonder Tadel.
Da weiß man doch gleich, was man gilt in der Welt.
Da ist man doch selber der Huldigung Held,
besieht man's, und nicht seine Börs' oder Nadel.
Man ist, was man ist, und das glatt und blank,
man schuldet nicht Zufall noch Ungefähr Dank,

man braucht kein Patent nicht noch Privileg.
Prophet; ja, das ist für mich ein Gepräg'.
Und wie unerwartet mir diese Gift kam!
Bloß sintemal ich durch die Wüste geschifft kam
und diese Naturkinder traf auf dem Weg.
Der Prophet war erschienen; die Sache war klar.
Es war also nicht mein Plan, zu betrügen –
zudem ist prophetisch antworten nicht lügen;
und zurücktreten kann ich ja immerdar.
Ich bin nicht gebunden; das steht außer Frage –
das Ganze ist, sozusagen, privat;
ich kann gehn, wie ich kam; mein Roß steht parat;
mit einem Wort, ich bin Herr der Lage.
Anitra (nähert sich vom Eingang her) Prophet und Herr!
Peer Gynt Meiner Sklavin Begehr?
Anitra Harrend vorm Zelt stehn die Wüstensöhne.
Sie bitten, dein Angesicht schauen zu –
Peer Gynt Stopp!
Sag ihnen, daß mir zunächst ihr Galopp
statt ihres Gebets in die Ohren dröhne!
Ich will keine Mannsleute hier um mich her!
Die Männer, mein Kind, sind voll Falschheit – so recht,
was man sagt, ein unbeständig Geschlecht!
Anitra, du kannst dir nicht denken, mein Kind,
wie hündisch – ich meine: wie sündig sie sind! –
Na, lassen wir das. Getanzt und gesungen!
Der Prophet will vergessen Erinnerungen.
Die Mädchen (tanzend) Der Prophet ist gut; der Prophet ist betrübt;
denn die Söhne des Staubs haben Böses verübt.
Der Prophet ist mild; seiner Mildheit sei Preis!
Er führet die Sünder zum Paradeis.
Peer Gynt (während er mit seinen Augen Anitra beim Tanze folgt)
Wie Trommelschlegel fliegen die Beine.
Ei! Sie ist wahrhaft lecker, die Kleine.
Sie hat etwas extravagante Formen –
nicht stimmend ganz mit der Schönheit Normen;
doch was ist Schönheit? Ein Herkommen nur –
eine Münze, gangbar nach Ort und Uhr.
Und just das Extravagante schmeckt süppig,
auslöffeltest du die normale Welt.

Wo die Regel herrscht, wirst um den Rausch du geprellt.
Entweder höchst mager oder höchst üppig,
entweder blutjung oder schreckhaft alt –
was dazwischen, läßt kalt.
Ihre Füße – sind zwar nicht blendend an Reine;
auch die Arme sind's nicht, zumal nicht der eine.
Doch ist dies schließlich kein arges Laster.
Ich nennt' es eher ein Schönheitspflaster –
Anitra, hör zu!
Anitra (nähert sich) Deine Sklavin lauscht!
Peer Gynt Du bist reizend, Kind! Der Prophet ist berauscht!
Und willst du nicht glauben, vernimm als Beweis:
Er macht dich zur Huri im Paradeis.
Anitra Unmöglich, Herr!
Peer Gynt Du glaubst, es sei Scherz?
Ich schwör' dir's, so wahr ich hier sitze, mein Herz!
Anitra Doch ich hab' keine Seele.
Peer Gynt Die kannst du erhalten.
Anitra Doch wie, o Herr?
Peer Gynt Des laß mich nur walten.
Ich werd' dein Erzieher und geb' dir Stunden.
Keine Seele! Ja, dumm bist du freilich, Schatz,
wie man sagt. Das hab' ich mit Schmerz empfunden.
Doch für eine Seel', da ist immer noch Platz.
Komm her; laß mich deinen Hirnkasten messen. –
Ich hab's doch gewußt: Hier ist Raum; hier ist Raum.
Zwar wirst du nicht Weisheit mit Löffeln essen;
denn 'ne sonderlich große Seele wird's kaum. –
Ach, was! Ich will dir wohl, wie du sehn kannst –
du sollst so viel kriegen, daß du bestehn kannst –
Anitra Der Prophet ist gut, doch –
Peer Gynt Du willst nicht einmal?
Anitra Ich wünschte lieber –
Peer Gynt Sprich ohne Hehl!
Anitra Ich mache mir nicht soviel aus 'ner Seel' –
gib mir lieber –
Peer Gynt Was?
Anitra (zeigt auf seinen Turban) Diesen schönen Opal!
Peer Gynt (hingerissen, indem er ihr das Schmuckstück reicht)
Anitra! Evaskind, unverzagtes!

Magnetisch lockst du; denn ich bin Mann,
und – ein geachteter Schriftsteller sagt es –:
»Das ewig Weibliche zieht uns an!«

Mondscheinnacht. Palmenhain vor Anitras Zelt.

Peer Gynt, mit einer arabischen Laute in der Hand, sitzt unter einem Baume. Sein Haar und Bart sind gestutzt; er sieht bedeutend jünger aus.

Peer Gynt (spricht und singt) Ich sperrte zu mein Paradies
und nahm den Schlüssel mit.
Der Nord mein Schiff vom Strande blies,
indes die Schönen, die ich ließ,
nachweinten meinem Schritt.
Gen Süden schnitt des Kieles Pflug
der Salzflut schwankend Land.
Wo schlanker Palmen stolzer Zug
geleitet blauer Buchten Bug,
da steckt' ich es in Brand.
Ein Wüstenschiff erklettert' ich,
ein Schiff auf Beinen vier.
Aufschäumt' es unterm Sporenstich –
ich bin ein Vogel; fange mich –
vom Zweig ich tirilier'!
Anitra, Palmenmost! Wer mäß'
von dir genug sich zu!
Selbst der Angoraziege Käs'
ist kaum ein halb so süß Geäs',
Anitra, ach, denn du!
(Hängt die Laute über die Schulter und kommt näher)
Lauscht sie mit gespannter Miene?
Hat mein Liedchen sie gehört?
Späht sie, hinter der Gardine,
undrapiert und hold betört?
Horch! Das klang, als ob gewaltsam
von 'ner Flasch' der Stöpsel sprang.
Da! Da wieder! Welch ein Klang!
Liebesseufzer? – Nein, Gesang –
nein – ein Schnarchen, unaufhaltsam. –

Süßer Laut! Anitra, schlummere!
Nachtigall, hör auf zu flehn!
Jedes Leid soll dir geschehn,
störst du frech ihr sanft Geschummere!
Zwar es heißt: wie's geht, mag's gehn!
Bülbül ist wie ich ein Sänger;
ach, ich will es nur gestehn.
Beide sind wir Rattenfänger
kleiner, liebeskranker Feen.
Laue Nacht und Liederschall
sind uns gleiche Herzensweide;
wenn wir singen, sind wir beide
wir, Peer Gynt und Nachtigall.
Und just, daß sie schläft, die Kleine,
krönt mein Glück; just dies, daß meine
Lippen schier den Becher kippen,
ohne dran auch nur zu nippen –
doch da ist sie ja – hallo!
Nun, 's ist gleich, so oder so.
Anitra (vom Zelt her) Riefst du, Herr, nach deiner Magd?
Peer Gynt Der Prophet, ja, hat gerufen.
Tollgewordne Katzen schufen
Störung ihm mit ihrer Jagd.
Anitra Ach, kein Jagdgelärm war, Herr, es;
etwas weit Verfänglicheres.
Peer Gynt Was denn?
Anitra Laß mich schweigen!
Peer Gynt Sprich!
Anitra Ich erröte –
Peer Gynt (nähert sich ihr) War's am Ende,
was so ganz erfüllte mich
bei des Steins verliebter Spende?
Anitra (erschrocken) Dich vergleichen, Erdenzier,
einem eklen Katzentier!
Peer Gynt Kind, im Punkt der Liebe steht
oft ein Kater und Prophet
auf dem nämlichen Tapet.
Anitra Herr, des Scherzes Rede geht wie
Honig dir vom Mund.
Peer Gynt Mein Kind;

du wie dein Geschlecht, ihr seht nie
große Männer, wie sie sind!
Ich bin scherzhaft, laß dir sagen,
und zu zweien um so mehr.
Meine Stellung läßt mich tragen
einer Maske ernste Wehr.
Pflichten machen ungemächlich;
all dies Sorgen und Gescher'
mit den Leuten hin und her
macht mir oft den Kopf recht schwer;
doch dies ist nur oberflächlich. –
Dummes Zeug! Im Tête-à-tête
bin ich Peer – ja der, nur der.
Hui, da läuft er, der Prophete;
und hier hast du deinen Peer!
(Setzt sich unter einen Baum und zieht sie an sich)
Komm, Anitra, komm und träume
mit mir in der Palme Fächeln!
Ich will flüstern, du sollst lächeln;
wollen dann die Rollen wechseln;
und, indes ich lächelnd säume,
sollst du Liebesworte drechseln!
Anitra (legt sich ihm zu Füßen) Süß sind deine Worte, mag mir
auch ihr Sinn nur selten nahen.
Herr, kann deine Tochter, sag mir,
also lauschend Seele fahen?
Peer Gynt Seele, Geistes Licht und Wissen
sollst du seinerzeit nicht missen.
Wenn im Ost auf Rosenstreifen
Golddruck meldet: Nacht verschwunden!
geb' ich dir, mein Püppchen, Stunden;
und du sollst mir köstlich reifen.
Aber in der Mondnacht Stille
wär' es eines Toren Grille,
mit verstaubter Weisheit Beten
als Magister aufzutreten. –
Ist doch auch der Seele Lehen
nicht als Hauptsach' zu begreifen.
Wird doch meist aufs Herz gesehen.
Anitra Herr! In deiner Rede Strahlen

schillert Glanz, wie von Opalen.
Peer Gynt Geist, zu scharf, ist Geisteslosheit;
Feigheit, aufgeknospet, Bosheit;
Wahrheit in der Übergift,
rückgewandte Weisheitsschrift.
Ja, mein Kind, Gott soll mich strafen,
lebt nicht manch ein Feuergeist,
dem sich der Erkenntnis Hafen
erst nach schweren Stürmen weist.
Kannte einen dieser Kerle –
in dem ganzen Brack die Perle –
und selbst dieser Mann ging irre,
ward verführt vom Weltgewirre; –
siehst du rings die Wüste gähnen?
Wenn ich bloß den Turban schwenke,
strömt das Meer aus hundert Hähnen
seine Flut in ihr Gesenke.
Doch ich hätte Gimpelgrütze,
schüf' ich diese Wüstenpfütze.
Weißt du, was bedeutet: leben?
Anitra Lehr mich's!
Peer Gynt Dies: Den Zeitstrom schweben
unbenetzten Schuh's zu Tal
als sein eigenst Ideal.
Nur in Vollkraft kann ich der sein,
der ich bin, kann Peer als Peer sein!
Alter Weih verliert die Federn,
alter Bock wird welk und ledern,
alte Trulle keift aus Lücken,
alter Trottel hinkt an Krücken –
jedem wird die Seele greis.
Jugend! Jugend! Herrschen, thronend
wie ein Sultan, heil und heiß –
nicht durch Gyntianas Banken,
unter Palmenlaub und Ranken –,
sondern weil in den Gedanken
einer reinen Jungfrau wohnend! –
Wirst du nun noch zweifelnd fragen,
Kind, warum ich dich erküret,
gnädiglichst dein Herz gerühret,

dort gegründet, sozusagen,
meines Wesens Kalifat?
Deine Sehnsucht will ich haben.
Allgewalt in meinem Staat!
Du sollst sein allein die meine.
Peer mit seinem Geist und Gaben
sei dir mehr denn Gold und Steine.
Scheiden wir, so ist das Leben
ausgelebt – das heißt, das deine!
All dein Du, inbrünstiglich,
willenlos mir hingegeben,
sei erfüllt von meinem Ich.
Deiner Locken nächtlich Blinken,
was dir Grazien nur gewährten,
soll, wie babylon'sche Gärten,
mir zu Sultansfesten winken.
Darum ist auch die Entnachtung
deiner Stirn so nötig nicht.
Hat man Seele, ist Betrachtung
seiner selbst die erste Pflicht.
Höre, da ich just dran denke,
du sollst haben, macht's dich froh,
einen Ring ums Fußgelenke –
jeder fährt am besten so;
ich mich dir als Seele schenke,
und sonst alles: Status quo.
(Anitra schnarcht)
Wie? Sie schläft! Peer Gynt, versenke
deine Hoffnung –! Dies beweist –
halt! – just deinen mächt'gen Geist:
Deiner Liebesrede Schäumen
trägt sie fort zu süßen Träumen. –
(Erhebt sich und legt ihr Schmuckgegenstände in den Schoß)
Hier sind Spangen! Hier noch mehr!
Schlaf, Anitra! Träum von Peer –!
Schlaf! Im Schlaf hast du die Krone
deinem Kaiser dargebracht!
Durch Persönlichkeit zum Throne
kam Peer Gynt in dieser Nacht.

Karawanenweg. Die Oase, zurückliegend, in weiter Ferne.

Peer Gynt, auf seinem weißen Pferd, jagt durch die Wüste. Er hat Anitra vor sich auf dem Sattelknopf.

Anitra Laß sein; ich beiße!
Peer Gynt Du kleiner Schalk!
Anitra Was willst du?
Peer Gynt Was? Spielen Täubchen und Falk'!
Dich entführen! Tolle Geschichten machen!
Anitra Schäm dich! Ein alter Prophet –!
Peer Gynt Firlefanz!
Der Prophet ist nicht alt, du kleine Gans!
Macht man im Alter noch solche Sachen?
Anitra Laß los! Ich will heim!
Peer Gynt Jetzt bist du kokett.
Also heim! Zum Schwiegervater! Wie nett!
Wir tollen Vögel, die Reißaus genommen,
wir dürfen ihm nie mehr vor Augen kommen.
Zum andern bleibe man nicht, mein Schatz,
für längere Zeit an demselben Platz;
man verliert in der Achtung, je mehr man bekannt wird –
zumal, wenn man kommt als Prophet oder so.
Man gehe vorüber, rasch wie ein Bonmot.
Es war schon soweit wo die Sache gespannt wird.
Deine Wüstensöhne wurden verdrießlich –
so Gebete wie Weihrauch versagten schließlich.
Anitra Doch du bist doch Prophet?
Peer Gynt Ich bin dein Kaiser!
(Will sie küssen)
Guck, was für ein kleiner Bärenbeißer!
Anitra Gib mir den Ring da von deinem Finger!
Peer Gynt Nimm, süße Anitra, die ganzen Dinger.
Anitra Wie klingt deine Rede so wonniglich.
Peer Gynt O selig, wer so hoch geliebt wird wie ich!
Hinab! Und das Pferd geführt als dein Sklav'!
(Reicht ihr die Reitpeitsche und steig ab)
So, meine Rose, meine liebliche Blume,
hier will ich Sand treten zu deinem Ruhme,
bis mich ein Sonnenstich gnädiglich traf.

Ich bin jung, Anitra; das hab' vorm Auge,
du mußt's nicht so streng nehmen, wenn ich nichts tauge.
Sieh, neigt nicht just Jugend zu allerlei Tänzchen?
Hätt' also dein Geist mehr Schliff und mehr Schwung,
so würdest du schließen, mein reizendes Pflänzchen,
dein Liebster macht Unsinn – ergo ist er jung!
Anitra Ja, du bist jung. Hast du nicht noch mehr Ringe?
Peer Gynt Da; nimm! Ich bin ein Bock, und ich springe!
Wär' hier wo Weinlaub, ich setzte mir 'nen Kranz auf!
Ja, weiß Gott, bin ich jung! Und jetzt sing' ich mir zum Tanz auf!
(Tanzt und singt)
Ich bin ein Hahn, ein glückseliger!
Pick mich, du kleine Henne!
Ei! Hop! Da schau, wie ich renne –
ich bin ein Hahn, ein glückseliger!
Anitra Du schwitzest, Prophet; du zergehst mir ja fast!
Reich mir vom Gurt dort die baumelnde Last!
Peer Gynt Zärtliche Sorg'! Nimm den Beutel für immer!
Liebenden Herzen ist Gold nur ein Schimmer.
(Tanzt und singt wieder)
Jung Peer Gynt ist ein Tollhans!
Er weiß nicht, auf welchem Fuß er stehn soll.
Pah, sagt Peer – geh's, wie's gehn soll!
Jung Peer Gynt ist ein Tollhans!
Anitra Wunderfein tanzt der Prophete gestreng!
Peer Gynt Prophet? Dummes Zeug! – Komm, tauschen wir Kleider!
Zieh aus!
Anitra Dein Gurt und dein Kaftan ist leider
zu weit und zu lang und dein Strumpfwerk zu eng –
Peer Gynt Eh bien!
(Kniet nieder)
Doch schaff' mir ein heftiges Leid;
liebenden Herzen ist Leiden köstlich!
Kommen wir dann in mein Schloß, seinerzeit –
Anitra In dein Paradies – liegt's noch sehr weit östlich?
Peer Gynt Oh, wohl tausend Meilen –
Anitra Zu weit!
Peer Gynt Gemach!
Du bekommst auch die Seele, von der ich dir sprach –
Anitra Ich danke; das kommt nicht so sehr in Frage.

Doch du batst um ein Leid –
Peer Gynt (steht auf) Ja, zum Teufel! Ein Weh,
gewaltsam, doch kurz – so auf zwei, drei Tage!
Anitra Anitra gehorcht dem Propheten! – Ade!
(Sie zieht ihm einen tüchtigen Hieb über die Finger und jagt in fliegendem Galopp zurück durch die Wüste.)
Peer Gynt (steht eine lange Weile wie vom Blitz gerührt)
Na, da soll aber doch –!

Dieselbe Stelle. Eine Stunde später.

Peer Gynt zieht, bedächtig und nachdenklich, die Türkenkleider aus, Stück für Stück. Zuletzt nimmt er seine kleine Reisemütze aus der Rocktasche, setzte sie auf und steht wieder in seiner europäischen Tracht da.

Peer Gynt (indem er den Turban weit von sich fortschleudert)
Dort liegt der Türke, und hier steh' ich.
Dieses heidnische Wesen hat einen Stich.
Ein Glück, daß ich's nur in den Kleidern getragen,
daß sich's nicht, wie man sagt, aufs Herz mir geschlagen.
Was wollt' ich nur eigentlich, frag' ich mich?
Man tut doch am besten, als Christ zu wandeln,
zu verschmähn des Pfauenhabits Geprahl',
zu stützen sein Tun auf Gesetz und Moral,
man selber zu sein und dafür sich einmal
einen Nachruf und einen Kranz einzuhandeln.
(Macht einige Schritte)
Das Dirnchen! – Es hing nur an einem Haar,
daß ich nicht mehr zur Vernunft erwachte.
Ich will ein Troll sein, sofern mir klar,
was es war, das mich also von Sinnen brachte.
Na, gut, daß es aus ist! Ein Schritt noch vom Pfade –
und ich war lächerlich ohne Gnade.
Ich hab' mich versehn – doch, ich darf mir's gestehn,
nur infolge der Schiefe der Stellung versehn,
nicht selbst als Persönlichkeit jedenfalls.
Ja, mußte nicht just dies prophetische Wallen,
so ganz ungewürzt von der Wirksamkeit Salz,
zuletzt in Geschmacklosigkeit verfallen?

Eine böse Bestallung, Prophet zu sein!
In seinem Beruf soll man gehn wie in Wolken –
prophetisch betrachtet, büßt man flugs ein,
sobald man aufhört, Unsinn zu kolken.
Insofern bin ich mehr als entschuldigt,
daß ich der dummen Gans da gehuldigt.
Doch, nichtsdestominder –
(Bricht in Lachen aus)
Man stelle sich vor!
Die Zeit will er stoppen durch Trippeln und Tänzeln!
Schwimmen wider 'n Strom mit Schweifeln und Schwänzeln!
Luftgirrend hupft er, die Laute zupft er,
und endet zuletzt als Hahn – als gerupfter.
Fürwahr, ein Prophet, der die Zügel verlor! –
Gerupft, ja! – Brr! Bin ich abgebrannt!
Na; etwas ist noch in der Hinterhand,
in der Charlestowner Bank und in meinen Taschen;
es ging also doch nicht alles durch die Maschen. –
Überlegt man's, ist solch ein Zustand viel wert.
Man ist nicht gebunden an Kutscher noch Pferd,
hat nicht mit Koffer und Karren Plage,
kurz, wie man sagt, man ist Herr der Lage. –
Wohin nun des Wegs? Was sei nun erkoren?
Am Wählen kennt man den Weisen vom Toren.
Mein Geschäftsleben ist ein beschlossen Kapitel;
mein Liebesspiel ist ein beseitigter Kittel.
Zu Krebsgang hab' ich nicht Lust noch Grund.
Hin und zurück, 's ist der gleiche Weg,
hinaus und hinein, 's ist der gleiche Steg –
sagt ja wohl irgendein geistreicher Mund. –
Wenn mir nur jetzt etwas Neues durch den Sinn führe,
etwas Großes, bei dem man zugleich mit Gewinn führe!
Ob ich mein Leben schreib', ungeschminkt, wahrhaft –
ein Bademecum, so schmackhaft wie nahrhaft? –
Oder –! Wer gleich beim Gelehrten endete –
und, ein reisender Forscher, mit seinem Span
dem Einst in den dunklen Rachen blendete?
Bei Gott, ein höchst erwägbarer Plan!
Vor Chroniken bin ich nie abgebogen,
und war auch der Wissenschaft immer gewogen. –

Wohlan denn, durchmessen der Menschheit Bahn!
Ich schwimm' auf dem Strom der Geschichte wie ein Flaum,
ich durchlebe sie nochmals, als wie in einem Traum –
seh' der Helden Kämpfe für gut und groß,
doch aus sicherm Versteck, als Zuschauer bloß –
seh' der Denker Fall, der Märtyrer Glorie,
seh' Reiche sich bilden und Reiche vergehn –
seh' Weltepochen aus Kleinem entstehn;
kurzum, schöpf' ab den Rahm der Historie. –
Ich muß mir einen Band Becker erhandeln
und dann chronologisch die Welt durchwandeln.
Wohl wahr – Geschichte ist nicht meine Stärke –
und sinnverwirrend ihr innres Gewerke! –
Doch, pah! Je toller der Ausgangssatz ist,
um so seltener oft der gefundene Schatz ist. –
Erhabner Gedanke, solch Ziel sich zu stecken,
und vor nichts, was es fordert, zurückzuschrecken!
(Still bewegt)
Aus allen Banden fahren und schlüpfen,
die dich mit Heimat und Freunden verknüpfen –
in die Luft sprengen all deines Reichtums Pracht –
sagen dem Glück deiner Liebe gut' Nacht –
nur, um zu finden der Wahrheit Mysterium –
(Zerdrückt eine Träne im Auge)
Das ist des echten Forschers Kriterium.
O Unglück, du hast deinen Stachel verloren!
Ging mir doch auf nun, wozu ich geboren!
Und nun bloß aushalten, kommt's noch so schwül!
Hoch nun darf ich mein Haupt wieder tragen –
in meines Manneswerts Wohlgefühl;
ein Kaiser des Lebens, sozusagen! –
Der Vergangenheit Summe will ich besitzen;
nie mehr die Wege der Heutigen schwitzen –
die Gegenwart ist keine Schuhsohle wert;
die Männer sind nur dem Gewinn zugekehrt,
ihre Geister sind lahm, ihre Taten unecht –
(Zuckt die Achseln)
Und die Weiber – ein unbeständig Geschlecht! – *(Ab)*

Sommertag. Hoch im Norden. Eine Hütte im Hochwald. Offene Tür mit einem großen hölzernen Schloß. Rentiergeweih über der Tür. Eine Schar Ziegen an der Hauswand.

Ein Weib mittleren Alters, licht und schön, sitzt und spinnt draußen im Sonnenschein.

Das Weib (wirft einen Blick den Weg hinab und singt)
Vielleicht geht der Winter und der Frühling folgt nach
und der Sommer dazu und das ganze Jahr –
aber einst wirst du kommen, das weiß ich, ist wahr;
und ich werde warten, wie ich dir's versprach.
(Lockt die Ziegen, spinnt und singt wieder)
Gott stärke dich, wo in der Welt du auch gehst!
Gott segne dich, wenn du vor seinem Fußschemel stehst!
Hier wart' ich, mein Freund, bis du kommst, nach deinem Wort;
und wartest du dort oben, so treffen wir uns dort!

Ägypten. Morgendämmerung. Die Memnonssäule im Sande.

Peer Gynt kommt gegangen und sieht sich eine Weile um.

Peer Gynt Hier könnten wir füglich beginnen zu wandern –
jetzt also Ägypter, nach all dem andern;
doch Ägypter auf Basis des Gyntischen Ichs.
Dann geht's nach Assyrien graden Strichs.
Bis an die Erschaffung der Welt zu rühren,
das würde nur zum Verderben führen –
ich will ganz herum um die Bibelgedichte;
man spürt sie ja überall in der Geschichte;
und ihnen nachsehn, sozusagen, die Nähte –
dazu fehlt mir Neigung wie Handwerksgeräte.
(Setzt sich auf einen Stein)
Nun will ich hier rasten und warten geduldig.
Zunächst ist mir Memnon sein Morgenlied schuldig.
Dann werde die Pyramide bestiegen,
auch ihr Innres erforscht, wo die Könige liegen.
Darauf auf dem Landweg ums Rote Meer;
vielleicht grab' ich Potiphar aus und sein Heer.

Dann bin ich Asiat. In Babylon werden
besucht die berüchtigten Hängenden Gärten,
will heißen, die Hauptstätten seiner Kultur.
Ein Sprung – und ich bin auf trojanischer Flur.
Von Troja hab' ich ja dann direkte
Verbindung hinüber zum alten Athen –
dort will ich an Ort und Stelle besehn
und befahren den Paß, den Leonidas deckte –
dann etwas Philosophie betreiben
und das Haus, worin Sokrates starb, beschreiben –
weiß Gott, da vergaß ich ja, daß sie just kriegen –!
So bleibe der Hellenismus denn liegen.
(Sieht auf die Uhr)
Teufel auch, macht diese Sonne Flausen,
bis sie heraufkommt. Meine Zeit ist knapp.
Also, von Troja – da kam ich ab –
(Steht auf und lauscht)
Horch! Was für ein verwunderlich Sausen?
(Sonnenaufgang)
Die Memnonssäule (singt)
Himmelan steigen aus göttlicher Asche
Vögel voll Singen.
Zeus, der geistweite,
schuf sie zum Streite.
Weisheitseule,
wo schlafen ihre Schwingen?
Stirb – oder hasche
den Sinn der Säule!
Peer Gynt Wahrhaftig – hab' ich nicht einen Tic,
so klang just die Säule! Vergangenheitsmusik!
Ganz hörbar der Steinstimme Fallen und Steigen.
Ad notam. Einst den Gelehrten zu zeigen.
(Notiert ins Taschenbuch)
»Die Säule sang. Deutlich den Klang vernommen;
doch nicht zum Verständnis des Textes gekommen.
Das Ganze natürlich Betrug der Sinne. –
Sonst nichts observiert von höherem Gewinne.«
(Setzt seinen Weg fort)

4. Akt Peer Gynt

In der Nähe des Dorfes Gizeh. Die große, aus dem Felsen gehauene Sphinx. In der Ferne Kairos Kirchtürme und Minaretts.

Peer Gynt kommt des Weges; er betrachtet die Sphinx aufmerksam, bald durch die Lorgnette, bald durch die hohle Hand.

Peer Gynt Wo hab' ich in aller Welt nur schon
ein diesem ähnlich Geschöpf gesehn?
Im Norden? Im Süden? War's eine Person?
Und wenn! An wen gemahnt's mich, an wen?
Held Memnon glich, wie mich's später durchfuhr,
dem sogenannten – Dovre-Alten,
so wie er dasaß, stotzig und stur,
den Sitz von Säulenstumpfen gehalten. –
Doch dieser seltsame Kreuzungsversuch,
dieser Wechselbalg, beides, so Löwe wie Weib –
hab' ich den auch aus 'nem Märchenbuch?
Oder sah ich schon einmal solch einen Leib?
Ein Märchenspuk? Ha, jetzt beginnt mir's zu tagen!
Das ist ja der Krumme, den ich einstens erschlagen –
das heißt, ich träumte – ich lag im Fieber. –
(Tritt näher)
Die Augen, die Lippen, dasselbe Kaliber –
nicht ganz so flau; mehr Falsch im Gesichte;
doch sonst im Ganzen dieselbe Geschichte.
So, so, du gleichst einem Löwen, Krummer,
wenn man von hinten dich sieht und bei Lichte!
Macht dir wohl Rätselraten noch Kummer?
Gibst wieder Antwort wie letzter Frist du?
(Ruft der Sphinx zu)
He, Krummer, wer bist du?
Eine Stimme (hinter der Sphinx) Ach, Sphinx. wer bist du?
Peer Gynt Das Echo antwortet deutsch! Untrüglich!
Die Stimme Wer bist du?
Peer Gynt Es spricht die Sprache vorzüglich!
Da hab' ich etwas ganz Neues entdeckt.
(Notiert in sein Buch)
»Echo spricht deutsch. Berliner Dialekt.«
(Begriffenfeldt kommt hinter der Sphinx hervor.)
Begriffenfeldt Ein Mensch!

Peer Gynt Ach so! Also falsch geraten.
(Notiert wieder)
»Kam später zu anderen Resultaten.«
Begriffenfeldt (unter allerhand unruhigen Gebärden)
Eine Lebensfrage –! Verzeihen Sie –!
Was fürt Sie just heute durch diese Landschaft?
Peer Gynt Ein Besuch. Bei einem Jugendfreund.
Begriffenfeldt Wie?
Die Sphinx hier ist –?
Peer Gynt (nickt) Eine alte Bekanntschaft.
Begriffenfeldt Famos! Und das just nach dieser Nacht!
Mein armer Kopf ist nah dran, zu zerbrechen!
Wohlan! So tun Sie den Mund auf und sprechen!
Was ist sie?
Peer Gynt Wenn Sie das glücklich macht –
sie ist sie selbst.
Begriffenfeldt (mit einem Sprung)
Ha; der Welt Lösung tagt! Sie
sind dessen gewiß? Sie wär' in der Tat
sie selbst?
Peer Gynt Jawohl; so wenigstens sagt sie.
Begriffenfeldt Sie selbst! Die Stunde der Umwälzung naht!
(Nimmt den Hut ab)
Ihr Name, mein Herr?
Peer Gynt Peer Gynt, mit Vergunst.
Begriffenfeldt Peer Gynt! Allegorisch! Das stand zu erwarten. –
Peer Gynt? Das bedeutet: Den längst erharrten,
den kommenden Meister der Auslegekunst –
Peer Gynt Sie warteten meiner –? Zuviel der Ehre!
Begriffenfeldt Peer Gynt! Tiefsinnig! Rätselvoll! Kraß!
Jedes Wort ist gleichsam ein Faß an Lehre!
Was sind Sie?
Peer Gynt (bescheiden) Ich trachtete stets, daß ich wäre
ich selbst. Im übrigen – hier mein Paß.
Begriffenfeldt Ich selbst! Es wird immer mysteriöser!
(Faßt ihn ums Handgelenk)
Nach Kairo! Kaiser der Rätsellöser!
Peer Gynt Kaiser?
Begriffenfeldt Kaiser –
Peer Gynt Wie er mich erkennt –!

Begriffenfeldt (indem er ihn mit sich zieht)
Der Interpreten – auf des Selbst Fundament!

Kairo. Ein großer Hofraum mit hohen Mauern und von Gebäuden umgeben. Gitterfenster; eiserne Käfige.

Drei Wächter im Hofe. Ein vierter kommt.

Der Kommende Schafmann; wo ist der Direktor, sag?
Ein Wächter Ausgefahren lange vor Tag.
Erster Ich glaub', es ist ihm ein Unglück geschehn;
heut nacht nämlich –
Ein anderer Pst; die Torflügel gehn.
(Begriffenfeldt führt Peer Gynt herein; schließt das Tor und steckt den Schlüssel in die Tasche.)
Peer Gynt (für sich) Ein Mann, imstand', mir den Kopf zu verwirr'n;
fast alles, was er sagt, will nicht in mein Hirn.
(Sieht sich um)
Dies also hier ist der Gelehrtenklub?
Begriffenfeldt Hier finden Sie alle, den ganzen Trupp –
an siebenzig und tagtäglich vermehrte,
der Weltauslegung beflißne Gelehrte –
(Ruft den Wächtern zu)
Michel, Schlingelberg, Schafmann, Fuchs –
in die Käfige mit euch flugs!
Die Wächter Wir?
Begriffenfeldt Wer anders? Wir sind jetzt quitt!
Dreht sich die Erde, so drehn wir uns mit.
(Zwingt sie in einen Käfig hinein)
Er ist heute kommen, der große Peer –
den Rest folgert selber – ich sage nichts mehr.
(Sperrt den Käfig zu und wirft den Schlüssel in einen Brunnen)
Peer Gynt Aber – Herr Doktor – Herr Präsident –
Begriffenfeldt Beides gewesen. Das hat nun ein End'. –
Herr Peer – Sie gehören zur schweigsamen Zunft?
Peer Gynt (in steigender Unruhe) Weshalb?
Begriffenfeldt Sie werden mir nicht marode?
Peer Gynt Ich hoffe –
Begriffenfeldt (zieht ihn in eine Ecke und flüstert) Die absolute Vernunft

ging ab gestern abend Schlag elf mit Tode.
Peer Gynt Gott helfe mir –!
Begriffenfeldt Ja, das ist äußerst verdrießlich –
und für mich in meiner Stellung doppelt unersprießlich.
Denn dies Haus hier galt, bis die Elf schlug aus,
für ein Irrenhaus.
Peer Gynt Für ein Irrenhaus!
Begriffenfeldt Nicht fürder, verstehn Sie!
Peer Gynt (bleich und leise) O Gott, mir schwant es!
Und der Mann ist verrückt – und niemand ahnt es!
(Sucht davonzukommen)
Begriffenfeldt (folgt ihm)
Sie verstehen doch auch den Sinn meines Spruchs?
Ich nenne sie tot; doch so spricht nur ein Schalk.
Sie ging von sich selbst. Sie ging aus ihrem Balg –
wie weiland Landsmann Münchhausens Fuchs.
Peer Gynt Einen Augenblick nur –
Begriffenfeldt (hält ihn fest) Nein, es war wie ein Aal –
nicht wie ein Fuchs. Durchs Aug' ein Pfahl –
sie zappelte, zuckte –
Peer Gynt Daß Gott erbarm'!
Begriffenfeldt
Um den Hals rund ein Schnitt und dann, wupps, aus dem Darm!
Peer Gynt Verrückt! Vollständig von Sinn und Verstand!
Begriffenfeldt Soviel ist nun klar und nicht zu bestreiten:
Es wird dieses Vonsichgehen begleiten
ein wahrer Umsturz zu Wasser und Land.
Die früher »verrückten« Persönlichkeiten
sind nämlich seit gestern abend schlechthin
normal geworden, vernünftig, im Sinn
der neuen Vernunft – was zugleich den Beginn
des Rasens der frühern »Gesunden« bedeutet,
mitdem daß die Glocke elf Uhr geläutet.
Peer Gynt Sie erwähnten die Uhr; meine Zeit ist zu End' –
Begriffenfeldt Ihre Zeit? Sie mahnen im rechten Moment!
(Öffnet die Tür und ruft)
Hervor denn aus eurem Labyrinth!
Die Vernunft ist tot. Es lebe Peer Gynt!
Peer Gynt Nein, liebster –!
(Die Irren kommen nach und nach heraus in den Hofraum.)

Begriffenfeldt Zu Ende sind eure Nöte!
Es tagt der Befreiung Morgenröte!
Euer Kaiser steht vor euch!
Peer Gynt Kaiser?
Begriffenfeldt Gewiß!
Peer Gynt Nein, nein! Diese Ehrungen übersteigen –
Begriffenfeldt Nur jetzt keine falsche Bescheidenheit zeigen –
in solch einer Stunde!
Peer Gynt Bedenkzeit nur bis –
nein, ich taug' nicht dazu; ich hab' nicht die Gaben!
Begriffenfeldt Ein Mann, zu dem Sphinxe geredet haben?
Der er selbst ist?
Peer Gynt Das ist ja eben die Nuß!
Ich bin wohl ich selber, in allen Lagen;
aber hier, soweit ich verstehe, muß
man außer sich selbst sein, sozusagen.
Begriffenfeldt Wie? Außer sich? Nein, das sieht jedes Kind:
Hier ist man man selbst, ohne Gnade zu geben;
man selbst und nicht das geringste daneben –
man geht, als man selbst, hier vor vollem Wind.
Im Faß seines Ich birgt ein jeder hier sich,
taucht in seines Ich Gärung bis auf den Grund,
schließt zu sich hermetisch mit seines Ich Spund
und dichtet das Holz im Brunnen seines Ich.
Keiner hat Tränen für der andern Wehen;
keiner hat Sinn für der andern Ideen.
Wir selbst, das sind wir in Geist und Gebärden,
bis zur Spitze des Sprungbretts wir und nur wir –
und folglich, soll einer Kaiser hier werden,
sind Sie unsres Throns erlesenste Zier.
Peer Gynt Der Teufel soll mich –!
Begriffenfeldt Nur mutigen Sinn!
Fast alles auf Erden ist neu zu Beginn.
»Du selbst« – ich will Ihre Zweifel ersticken;
der erste beste genügt hier schon –
(Zu einer finstern Gestalt)
Guten Tag, Huhu! Na, hörst du, mein Sohn,
noch immer nicht auf, bekümmert zu blicken?
Huhu Kann ich's, bleibt mein Volk noch länger
ohne Deuter, ohne Sänger? *(Zu Peer Gynt)*

Du bist fremd; so hör mich an denn!
Peer Gynt Gott erbarme sich –!
Huhu Wohlan denn!
Fern im Ost, ein Kranz von Sande,
ruhn die malebarschen Strande.
Portugiesen und Holländer
sind des Lands Kulturzuwender.
Außerdem sind dort noch Scharen
von den echten Malebaren.
Die, mit ihrem Sprachgemische,
sind die Herren jetzt am Tische.
Doch vor grauen Zeiten wohnte
dort der Orang-Utan, thronte
tief im Wald als Herrscher, tollte,
raufte, gröhlte, wie er wollte.
Wie Natur ihn schuf, so grunzt' er,
noch ein göttlich Unverhunzter.
Niemand wehrt' ihm sein Geplärre,
war er doch des Reiches Herre.
Doch da kamen fremde Horden
unsre Urwaldsprache morden.
Viermalhundert Jahre Nachten
von der Kraft den Affen brachten;
ach, man weiß, so lange Nächte
hemmen der Entwicklung Mächte.
Waldes Urlaut ist verstummt nun,
nicht mehr länger wird gebrummt nun –
wollen wir Gedanken geben,
müssen wir zu reden streben.
Welch ein Zwang der Zungenbänder!
Portugiesen, Niederländer,
Mischlingsrasse, Malebaren,
alle sind gleich schlecht gefahren. –
Ich nun trachte, unsern echten
Urwald-Urlaut zu verfechten –
möcht' den Leichnam neu beseelen –
unser Recht auf Gröhlen stählen –
gröhlte selber, zu ertrutzen
seinen volksliedhaften Nutzen. –
Doch man hat mich schnöd verlassen. –

Wirst wohl jetzt mein Trauern fassen.
Dank, daß du gehört mich Armen –
weißt du Rat, so hab' Erbarmen!
Peer Gynt (leise) Mit den Wölfen, mit den lieben,
muß man heulen, steht geschrieben.
(Laut)
Freund, nach sicherem Gerüchte
gibt es in Marokko Schlüchte
noch voll Orang-Utan-Schwärmen,
die sich ohne Sänger härmen.
Deren Mund spricht malebarisch!
Wie honett und exemplarisch
wär's nun, dächten Sie (gleich andern
Standspersonen), auszuwandern –
Huhu Dank, daß du gehört mein Flehen;
wie du rätst, so soll's geschehen.
(Mit einer großen Gebärde)
Hat der Osten mich zum besten –
Orang-Utans hat der Westen! *(Geht weiter)*
Begriffenfeldt Na, war er er selbst? Gar sehr, wenn's beliebt.
Von sich selbst ist er voll, lebt sich selber allein,
gibt sich, was immer er von sich gibt,
sich selber kraft seines Außersichsein.
Wohlan! Ein andres hier meiner Kinder –
seit gestern abend vernünftig nicht minder!
(Zu einem Fellah, der eine Mumie auf dem Rücken trägt)
König Apis, mein hoher Herre, wie geht es?
Der Fellah (wild zu Peer Gynt) Bin ich König Apis?
Peer Gynt (zieht sich hinter den Doktor zurück) Ja, leider steht es
mit meinem Wissen hier äußerst peinlich,
doch sind Sie, nach Ihrem Ton, wahrscheinlich –
Der Fellah Jetzt lügst du auch!
Begriffenfeldt Eure Hoheit berichte,
wie die Sachen stehn.
Der Fellah (wendet sich Peer Gynt zu) Hör meine Geschichte!
Wen trag' ich hier wohl auf dem Rücken? –
Einen König, der Apis hieß!
Jetzt heißt er nur noch eine Mumie
und ist ganz tot überdies.
Er baute die Pyramiden

und haute die große Sphinx
und kriegte, wie der Doktor sich ausdrückt,
mit dem Türken bald rechts und bald links.
Und darum hat auch Ägypten
als Gott ihn preisen gelehrt
und in seinen Tempeln ihn unter
dem Bild eines Ochsen verehrt. –
Doch ich bin dieser Gott Apis,
das ist wie die Sonne zu sehn;
und wenn du es nicht verstehest,
so wirst du es bald verstehn.
Es schwang sich nämlich beim Jagen
vom Pferd einst Apis, der Held,
und ging einen Augenblick seitwärts
auf meines Urgroßahns Feld.
Der Grund aber, den er da düngte,
ernährte mich mit seinem Korn;
und braucht es noch mehr der Beweise,
so hab' ich ein unsichtbar Horn.
Und ist das nun nicht zum Verzweifeln,
daß ganz ohne Herold ich bin!
Von Geburt bin ich Apis im Lande,
doch Fellah in anderer Sinn.
Kannst einen Rat du mir geben,
so mache mich damit reich –
was soll ich tun, daß ich werde
König Apis dem Großen gleich?
Peer Gynt Eure Hoheit bau Pyramiden
und hau eine große Sphinx
und krieg, wie der Doktor sich ausdrückt,
mit dem Türken bald rechts und bald links!
Der Fellah Ja, das ist mir eine Rede!
Ein Fellah! Eine hungrige Laus!
Bin froh, wenn ich meine Hütte
rein halt' von Ratz und Maus.
Auf, Mann – etwas Beßres erfunden,
was groß macht und sicher vor Spott,
und was mich obendrein gleich macht
auf meinem Rücken dem Gott!
Peer Gynt Wie, wenn Eure Hoheit sich hängten

und darauf in der Erde Schoß,
in des Sarges natürlichen Grenzen,
verhielte sich regungslos?
Der Fellah Mein Leben für einen Strick denn!
An den Galgen mit Haut und Haar! –
Der Unterschied wird nicht sehr groß sein –
und völlig verwischt übers Jahr.
(Geht hin und macht Anstalten, sich zu hängen)
Begriffenfeldt Das war auch eine Persönlichkeit –
ein Mann mit Methode –
Peer Gynt Ja, ja, soweit –
doch da hängt er sich wirklich? Gott soll uns bewahren!
Mir schwindelt – ich fühl' mich schon ganz zerfahren!
Begriffenfeldt Ein Übergangszustand; nur kurz von Frist.
Peer Gynt Wozu –? Entschuldigen Sie – mir ist –
Begriffenfeldt (hält ihn fest) Sind Sie verrückt, Herr?
Peer Gynt Noch nicht –! Ohne Bangen!
(Alarm. Der Minister Hussein drängt sich durch den Schwarm.)
Hussein Man hat mir gemeldet, ein Kaiser sei hier.
(Zu Peer Gynt)
Sind Sie es?
Peer Gynt (verzweifelt) So sicher wie zwei mal zwei vier!
Hussein Gut. – Hier sind Noten, die Antwort verlangen.
Peer Gynt (rauft sich das Haar) Heißa! Recht so! So paßt es Peeren!
Hussein Woll'n Sie mich mit einem Tunk beehren?
(Verbeugt sich tief)
Ich bin eine Feder.
Peer Gynt (verbeugt sich noch tiefer) Und ich, wie Sie sehn,
ein krimskramsig, kaiserlich Pergamen.
Hussein Mein Schicksal, Herr Kaiser; hier kennt es ein jeder:
Ich gelt' für einen Sandfaß und bin eine Feder.
Peer Gynt Mein Schicksal, Herr Feder, ist, wenn Sie belieben –
ich bin ein Papier und werd' niemals beschrieben.
Hussein Für meinen Beruf geht keinem der Verstand auf;
sie nehmen mich alle und streun mit mir Sand auf!
Peer Gynt Ich lag einst als Buch in eines Weibes Schoß –
tu' recht oder schlecht – 's ist ein Druckfehler bloß!
Hussein Stell'n Sie sich vor, wie entsetzlich man leidet,
als eine Feder, die nie jemand schneidet!
Peer Gynt (macht einen Sprung)

Wissen Sie, was einen Rennbock für Qual ankommt,
der von oben herabspringt – und niemals im Tal ankommt?
Hussein Ein Messer! Ich bin stumpf! Auf! Schneidet und schnitzt!
Die Welt geht unter, wenn niemand mich spitzt!
Peer Gynt 's wär' schad um die Welt, die, wie alles, was hausgemacht,
den Herrgott bedünkte so wundervoll ausgedacht.
Begriffenfeldt Hier ist ein Messer!
Hussein (ergreift es) Ha, Tinte zu lecken!
Wollust, sich schneiden zu –!
(Schneidet sich über den Hals)
Begriffenfeldt (weicht zur Seite) Nur keine Flecken!
Peer Gynt (in steigender Angst) Haltet ihn!
Hussein Haltet mich! Wort der Gnade!
Haltet die Feder! Papier aus der Lade!
(Fällt um)
Ich bin abgenutzt. Nachschrift – in Grabschriftstil:
Er lebt' und er starb als geführter Kiel!
Peer Gynt (taumelt)
Was soll ich –! Was bin ich? Du großer – halt fest!
Ich bin alles, was du willst – ein Türk', ein Verbrecher –
ein Bergtroll – nur hilf – das gab mir den Rest –!
(Schreit)
Ich weiß nicht mehr, wie du dich nennen läßt –
hilf mir, du – aller Narren Fürsprecher!
(Fällt in Ohnmacht)
Begriffenfeldt (mit einem Strohkranz in der Hand, macht einen Sprung und setzt sich rittlings über ihn)
Da ist er von sich selbst! Daß er
im Staub die Krone denn empfange!
(Drückt ihm den Kranz auf und ruft aus)
Der Selbstsucht Kaiser lebe lange!
Schafmann (im Käfig) Es lebe hoch der große Peer!

FÜNFTER AKT

An Bord eines Schiffes in der Nordsee an der norwegischen Küste. Sonnenuntergang. Stürmisches Wetter.

Peer Gynt, ein kräftiger alter Mann mit eisgrauem Haar und Bart, steht hinten auf dem Hüttendeck. Er ist halb wie ein Seemann gekleidet, in Jacke und hohen Stiefeln. Sein Anzug ist etwas verschlissen und mitgenommen; er selbst wettergebräunt und mit einem härteren Gesichtsausdruck. Der Kapitän des Schiffes am Steuerrad beim Steuermannsmaat. Die Mannschaft weiter vorn.

Peer Gynt Sieh da, der Halling in Wintertracht –
im Stolz seiner abendrotsamtenen Pracht!
Der Jökel dahinter, sein Bruder, greis,
noch immer im Mantel von grünem Eis.
Der Folgefirn, der ist nun sonderlich fein –
liegt wie eine Jungfrau in schimmerndem Lein.
Laßt's lieber, Kinder, zu schabernacken,
steht, wo ihr steht, ihr granitenen Wacken!
Der Kapitän (ruft nach vorn)
Zwei Mann ans Rad – und Laternen gesetzt!
Peer Gynt 's kühlt steif.
Der Kapitän Wir werden heut nacht noch gehetzt!
Peer Gynt Kann man von hier aus den Ronden sehn?
Der Kapitän Nein – weil der Folgefirn vorgeschoben.
Peer Gynt Oder dann Blåhö?
Der Kapitän (schüttelt den Kopf) Vom Takelwerk droben
sieht man, wenn's klar ist, den Galdhöppig stehn.
Peer Gynt Wo liegt wohl der Hårtejg?
Der Kapitän (zeigt) So dort in der Drehe.
Peer Gynt Jawohl.
Der Kapitän Sie sind hier bekannt, wie ich sehe.
Peer Gynt Ich kam einst vorüber als junger Tropf;
und der Satz, wie man sagt, bleibt am längsten im Topf.
(Spuckt aus und starrt auf die Küste)
Dort also, wo's dämmert in Schlucht und Kluft –
das Gebirgstal gähnt, eine schwärzliche Gruft –
und drunter, den Fjord hinab, hinauf –

dort also halten sich Menschen auf.
(Sieht den Kapitän an)
Sie bauen zerstreut hierzulande.
Der Kapitän Ja, ja.
Das wohnt einander, weiß Gott, nicht nah.
Peer Gynt Sind wir vor Tag drin?
Der Kapitän So etwa, wenn's graut.
Wenn sich nicht zu viel zusammenbraut.
Peer Gynt Im Westen umzieht sich's.
Der Kapitän Das tut's.
Peer Gynt Lieber Mann,
erinnern Sie mich, wenn wir abrechnen, dran –
ich will, wie man sagt, etwas Übriges tun
für die Mannschaft –
Der Kapitän Danke!
Peer Gynt Kein Grund. Je nun –
ich war Goldgräber drüben und ward wieder arm –
Fatum und ich, hm, wir stehn nicht sehr warm.
Sie wissen ja, was ich Sie aufheben hieß;
das ist alles – was mir der Teufel noch ließ.
Der Kapitän Damit können Sie noch eine Ziffer sein,
bei Ihnen zu Hause.
Peer Gynt Ich steh' ganz allein.
Den reichen Ekel erwartet keine Katze. –
Na ja, so gibt's auch kein Abgeschmatze!
Der Kapitän Da haben wir 's Wetter.
Peer Gynt Ja, wie gesagt –
hat's einer der Leute wirklich nötig,
so bin ich gern mit etwas erbötig –
Der Kapitän Das ist wacker! Die meisten sind recht geplagt;
allen sind Weiber und Kinder zu nähren.
Mit der Heuer allein sind sie kärglich gestellt;
doch bringen sie nun etwas extra Geld,
so gibt das ein Fest, dessen Folgen lang währen.
Peer Gynt Was? Weib und Kinder haben sie? Sind verheiratet?
Der Kapitän Alle verheiratet. Doch
der, dem's am dürftigsten geht, ist der Koch!
Bei ihm ist der nackte Hunger lieb Kind.
Peer Gynt Verheiratet? Werden erwartet zu Haus?
Erfreun durch ihr Kommen –? Wie?

Der Kapitän Nun ja –
wenn's auch arm Volk ist.
Peer Gynt Und sind sie dann da,
was dann?
Der Kapitän So setzt wohl die Alte zum Schmaus
was Übriges auf –
Peer Gynt Und Licht auf den Tisch?
Der Kapitän Auch zwei vielleicht; und einen Schnaps zum Fisch.
Peer Gynt Und dann plaudert man traulich zur Ofenwärme?
Hat die Kinderchen um sich? Dieses Gelärme!
Kein einziges hört das andre zu Ende –
so freuen sie sich –?
Der Kapitän So wird's ja wohl sein.
Und drum wär' es wacker, Herr, wenn Sie die Spende
zur Tat machen wollten –
Peer Gynt (schlägt auf die Reling) Nein! Dreimal nein!
Bin ich ein Narr? Wie? Was hätt' ich für Gründ',
anderer Kindern mit Meinem zu frommen?
Hart genug bin ich so weit gekommen.
Niemand erwartet den alten Peer Gynt.
Der Kapitän Nun ja; wie Sie wollen; Ihr Geld gehört Ihnen.
Peer Gynt Stimmt! Mir selbst und sonst keinem, zu dienen.
Meine Rechnung, sobald es ankert, das Boot!
Kajüte von Panama hier herüber.
Sodann Branntwein der Mannschaft. Und sonst kein Stüber.
Geb' ich mehr, Kapitän, so schlagt mich tot!
Der Kapitän Ich schuld' Ihnen Quittung, mein Herr, nicht Schläge.
Doch verzeihn Sie; jetzt sind wir dem Sturm im Gehege.
(Er geht aufs Vorderdeck! Es ist dunkel geworden; in der Kajüte wird Licht angezündet. Der Seegang nimmt zu. Nebel und dichte Wolken.)
Peer Gynt Haben daheim einen Haufen Rangen –
geliebt in andrer Gemütern hangen –
andrer Gedanken Gegenstand sein –!
Wann und wo denkt wohl irgendwer mein? –
Licht auf dem Tisch? Aus mit dem Funken!
Ich finde schon etwas –! Ich mach' sie betrunken –
keiner der Teufel soll nüchtern an Land.
Voll soll'n sie kommen zu Kindern und Frauen!
Fluchen soll'n sie; auf den Tisch hauen;
schrecken die Ihren von Sinn und Verstand!

Weib soll'n und Kinder von Hause laufen –!
All ihr Lust soll in Tränen ersaufen!
(Das Schiff schlingert stark; er taumelt und hat Mühe, sich zu halten.)
Na, das nenn' ich ein Überholen.
Das Meer arbeitet, als würd's ihm befohlen.
Es ist noch es selbst hier in nördlichen Breiten,
querköpfig, wild noch und bös wie vorzeiten –
(Horcht)
Was sind das für Rufe?
Die Wache (vorn) Ein Wrack in Lee!
Der Kapitän (mittschiffs, kommandiert)
Ruder hart Steuerbord! Dicht vorm Wind!
Der Steuermann Sind Leut' auf dem Wrack?
Die Wache Nur drei, wie ich seh'!
Peer Gynt Laßt's Heckboot hinab.
Der Kapitän Das sänk' gar geschwind. *(Geht nach vorne)*
Peer Gynt Wer denkt an so was?
(Zu einigen von der Mannschaft)
Seid guten Muts!
Und wenn euch der Pelz auch naß wird, was tut's!
Der Bootsmann Es ist unschaffbar bei solch einem Meer.
Peer Gynt Da rufen sie wieder. Der Wind wird schralen –
Koch, übernimmst du's? Hurtig! Wir zahlen –
Der Koch Nicht um zwanzig Pfund Sterling, Herr –
Peer Gynt Ihr Hunde! Ihr Memmen! Ihr könnt euch verstocken!
Die Leut' haben Weiber und Kinder; die hocken
daheim und warten –
Der Bootsmann Warten hält munter.
Der Kapitän Von der Sandbank abhalten!
Der Steuermann Da ging's unter.
Peer Gynt Wie still ward's mit eins –!
Der Bootsmann Tat's verehlichte Leut' ab,
so gibt's drei neubackne Witwen von heut ab.
(Das Unwetter wächst. Peer Gynt geht das Deck nach hinten.)
Peer Gynt Es gibt keinen Glauben mehr auf der Welt,
kein Christentum mehr, wie's bezeugt und geschrieben steht –
man betet, tut Gutes, wie's einem gefällt,
bis daß man mit Gott ganz nach seinem Belieben steht.
Doch in solch einer Nacht ist mit ihm nicht zu handeln.
Die Kerle sei'n auf der Hut; denn – gewißlich! –

mit Elefanten zu spielen ist mißlich! –
Und da wagen sie's dreist mit ihm anzubandeln!
Ich, ich bin schuldlos; der Opferteller,
kann ich beweisen, empfing meinen Heller.
Doch was hab' ich davon? – Es gibt zwar ein Wort:
Ein gut Gewissen ein sanft Ruhekissen.
Das hilft wohl auf trockenem Boden fort,
doch taugt es auch nur einen Deut an Bord?
Da wird das Lamm mit den Böcken zerrissen.
Zur See kannst du niemals du selber sein,
mußt mit den andern von Deck zu Freund Hein.
Schlägt die Stunde der Strafe für Bootsmann und Koch,
so heißt es fein mit in das naßkalte Loch –
als einzelner wird man da glatt übergangen,
und – mitgefangen, heißt's, mitgehangen. –
Du warst zu fromm, Peter; das war dumm.
Jetzt lohnt dir Undank das ganze Wesen.
Weiß Gott, wär' ich jünger, ich sattelt' noch um,
ging hin und kehrte mit schärferem Besen.
Pah; noch ist es Zeit! Man soll von mir sagen:
Peer Gynt hat gelernt, den Kopf hoch zu tragen!
Den Hof will ich wieder, ob's biegt oder bricht –
ein Schloß soll draus werden, hochragend und licht.
Doch keinen will ich im Haus drinnen sehn!
Vorm Tor soll'n sie stehn und die Hüte drehn –
bitten und betteln – das sei ihr Pläsier;
doch keiner bekommt einen Schilling von mir –
wenn mich das Schicksal immer bloß knechten kann,
so find' wohl auch ich Leut', mit denen ich rechten kann –
Der fremde Passagier (steht im Dunkeln an der Seite Peer Gynts und grüßt freundlich) Guten Abend!
Peer Gynt Guten Abend! – Was wollen Sie hier –?
Der Passagier Ich bin, zu dienen, Ihr Mitpassagier.
Peer Gynt Ich dachte, daß ich der einzige sei.
Der Passagier Ein kleiner Irrtum, der nun vorbei.
Peer Gynt Doch ist mir, wo Sie bis heute staken –
ein Rätsel –
Der Passagier Ich bin dem Tag nicht gut.
Peer Gynt Sie sind vielleicht krank? Sie sind weiß wie ein Laken –
Der Passagier Nein, danke – mir war nie wohler zumut'.

Peer Gynt Das stürmt heut!
Der Passagier Ja, ein gesegneter Sturm.
Peer Gynt Gesegnet?
Der Passagier Die See geht hoch wie ein Turm.
Köstlich! Mir wässern schon, Freund, die Kiefern!
Wie viele Wracks wird diese Nacht liefern –
und wie viele Leichen für Fisch und Wurm.
Peer Gynt Behüte!
Der Passagier Sahn Sie schon einen gehenkt –
erstickt – ertrunken –?
Peer Gynt Geschenkt! Geschenkt!
Der Passagier Die Leichen lachen. Doch nur gezwungen;
und die meisten bissen sich gern in die Zungen.
Peer Gynt Hören Sie auf –!
Der Passagier Eine Frage bloß.
Bekäme das Schiff nun zum Beispiel 'nen Stoß –
und sänke –
Peer Gynt Sie meinen, das könnt' geschehn?
Der Passagier Wie soll ich Ihnen drauf Rede stehn?
Doch gesetzt nun, ich schwämme und Sie gingen drauf –
Peer Gynt Ach, Unsinn –
Der Passagier Ich stell's nur als Möglichkeit auf.
Doch ist sie, wie hier, nicht gar allzu fern,
so sperrt man sich wohl nicht mit milden Gaben –
Peer Gynt (greift in die Tasche) Ah, Geld!
Der Passagier Nein – aber ich möchte gern
Ihren sehr geehrten Kadaver haben!
Peer Gynt Jetzt wird mir's zu bunt!
Der Passagier Nur den Leichnam, verstehn Sie!
Es ist um der Wissenschaft willen –
Peer Gynt Jetzt gehn Sie!
Der Passagier Ich bitte Sie – stell'n Sie sich doch zum Entgelt vor:
Ich öffne Sie kunstvoll und leg' Sie der Welt vor.
Ich gehe besonders dem Sitz der Träume nach –
und prüf' Ihnen außerdem kritisch die Säume nach –
Peer Gynt Vom Leib mir!
Der Passagier Freund – ein ertrunken Gespenst –!
Peer Gynt Lästrer! Sie reizen das Wetter! Das grenzt
wahrlich an Tollheit! Wenn Sturmwind, Regen,
Seegang, und was da noch kommen kann,

uns nun wirklich das Handwerk legen,
ist Ihr Übermut schuld daran –!
Der Passagier Sie sind nicht bei Laune zu weitrem Verhandeln;
die Zeit wird vielleicht Ihren Sinn noch wandeln –
(Grüßt freundlich)
Wir sehn uns beim Sinken, wenn nicht zuvor!
Ich hoffe, Sie sind dann bei besserm Humor. *(In die Kajüte ab)*
Peer Gynt Greuliches Volk, diese Wissenschaftskerle!
Solch ein Freidenkertum –
(Zum Bootsmann, der vorübergeht)
He! Mein Mitpassagier –
Freundchen –, was ist das für eine Perle?
Der Bootsmann Ich weiß von keinem als Ihnen hier.
Peer Gynt Von keinem –? Das wird immer unheimlicher.
(Zum Jungmann, der aus der Kajüte kommt)
Wer ging durch die Tür dort?
Der Jungmann Der Schiffshund, Herr! *(Geht weiter)*
Die Wache (ruft) Land hart voraus!
Peer Gynt Mein Koffer auf Deck!
Meine Kasse!
Der Bootsmann Wir können jetzt nicht vom Fleck.
Peer Gynt 's war nur Spaß, Kapitän! Eine bloße Nücke!
Ich helfe dem Koch; ich verdient' ja den Stock –
Der Kapitän Der Klüver sprang!
Der Steuermann Und da strich das Fock!
Der Bootsmann (schreit von vorn) Grund vorm Burg!
Der Kapitän Sie geht in Stücke.
Das Schiff stößt auf. Lärm und Verwirrung.

Unter Land zwischen Klippen und Brandung. Das Schiff geht unter. Im Nebel erblickt man undeutlich die Jolle mit zwei Mann. Eine Sturzwelle füllt sie; sie kentert; man hört einen Schrei; es wird ganz still. Nach einer Weile sieht man das Boot, den Kiel oben, einhertreiben.

Peer Gynt taucht in der Nähe des Bootes auf.

Peer Gynt Helft! Boot vom Land! Helft, eh's zu spät!
Herr, hilf mir – wie geschrieben steht!
(Klammert sich am Kiel des Bootes fest)

Der Koch (taucht auf der andern Seite auf)
Mir sind zu Hause Kind und Weib –
Herrgott, mach, daß ich leben bleib'! *(Hält sich am Kiel)*
Peer Gynt Weg!
Der Koch Weg!
Peer Gynt Ich schlag'!
Der Koch Ich auch, wenn's not!
Peer Gynt Wenn du nicht gehst, ich tret' dich tot!
Der Bootsbauch trägt nicht zwei! Laß los!
Der Koch Ich weiß. Fort!
Peer Gynt Selbst fort!
Der Koch Komm du bloß!
(Sie kämpfen miteinander; der Koch schlägt sich seine eine Hand lahm; er klammert sich mit der andern fest.)
Peer Gynt Hand weg!
Der Koch Ach, Liebster – sei doch gut!
Bedenk, wie's einem Vater tut –
Peer Gynt So wär's für mich noch größre Pein;
denn ich soll erst noch Vater sein.
Der Koch Laß los! Du hast gelebt; ich nicht!
Peer Gynt Marsch; pack dich; sink – verwünscht Gewicht!
Der Koch In Gottes Namen, räum das Feld!
Dich mißt kein Mensch auf weiter Welt –
(Schreit und läßt los)
Ich sink' –!
Peer Gynt (packt ihn) Ich halt' dich fest beim Schopf;
bet flugs dein Vaterunser, Tropf!
Der Koch Ich weiß kein Wort mehr – mir wird nacht –
Peer Gynt Nur schnell die Hauptsach' abgemacht –!
Der Koch Herr, gib uns –
Peer Gynt Mach dir 's Herz nicht schwer;
du kriegst, was nötig, noch zur Zehr.
Der Koch Herr, gib uns unser –
Peer Gynt Immer noch?
Man merkt's, du warst dein Lebtag Koch. *(Läßt ihn fahren)*
Der Koch (versinkend) Uns unser täglich – *(Geht unter)*
Peer Gynt Amen, Mann!
Du warst und bliebst du selbst. – Wohlan!
(Schwingt sich auf den Bauch des Bootes hinauf)
Wo Leben ist, darf Hoffnung sein –

Der fremde Passagier (legt die Hand aufs Boot) Gut Morgen!
Peer Gynt Hui!
Der Passagier Ich hörte schrein –
es war doch hübsch, daß ich Sie fand.
Nun? Hatt' ich vorhin recht erkannt?
Peer Gynt Fort! Fort! Ich hab' kaum Platz allein!
Der Passagier Ich rudre mit dem linken Bein.
Ich schwimme, wenn ich bloß die Spitze
des Fingers halt' hier in der Ritze.
Ich komm' betreffs des Leichnams –
Peer Gynt Still!
Der Passagier Da es nun doch zu End' gehn will –
Peer Gynt Mund halten!
Der Passagier Wie Sie wünschen, Herr. *(Stillschweigen)*
Peer Gynt Nun, und –?
Der Passagier Ich schweig'.
Peer Gynt Entsetzlicher! –
Was woll'n Sie?
Der Passagier Warten.
Peer Gynt (rauft sich das Haar) Das ist doch –!
Was sind Sie, Herr?
Der Passagier (nickt) Ihr Freund!
Peer Gynt Was noch?
Der Passagier Wie, Herr? Erinnr' ich in der Tat an
nichts Ähnliches?
Peer Gynt Ich weiß, den Satan –
Der Passagier (leise) Hat er den Brauch, ein Licht zu zünden
dicht an des Lebens finstern Gründen?
Peer Gynt Am End' wird alle Furcht zu nichts –
und Sie sind gar ein Geist des Lichts?
Der Passagier Freund – hat jed' Halbjahr Sie bloß einmal
gebrannt der Angst verzehrend Peinmal?
Peer Gynt Furcht fühlt man wohl, wann Schrecken toben –
allein wie klingt Ihr Wort verschroben –
Der Passagier Fiel Ihnen einmal bloß im Leben
der Sieg zu, der in Angst gegeben?
Peer Gynt (blickt ihn an) Wenn Sie mich retten wollten, nun,
so konnten Sie dies früher tun.
Kein Witz, zu wählen seine Stunde,
wenn einem 's Meer steht bis zum Munde!

Der Passagier Sie glauben eher an ein Siegen,
wann warm Sie hinterm Ofen liegen?
Peer Gynt Gut, gut – jedoch Sie trieben Possen.
Dadurch ward noch kein Herz erschlossen.
Der Passagier Wo ich her bin, in jenem Reich,
gilt Pathos und Gelächter gleich.
Peer Gynt Ein jegliches in seinem Falle;
eins, heißt es, schickt sich nicht für alle.
Der Passagier Die schlafen in den Aschenurnen,
gehn wochentags nicht auf Kothurnen.
Peer Gynt Weich von mir, Scheusal! Weg die Hand!
Ich will nicht sterben! Will an Land!
Der Passagier Getrost, mein Freund! Ich habe Takt –
man stirbt nicht mitten im fünften Akt. *(Gleitet hinweg)*
Peer Gynt Da kam's heraus, trotz aller List! –
Er war ein öder Moralist.

Ein Kirchhof in einem hochliegenden Gebirgssprengel.

Ein Leichenbegängnis. Pfarrer und Gemeinde. Der letzte Vers des Liedes wird gesungen. Peer Gynt kommt des Wegs.

Peer Gynt (an der Pforte) Hier legen sie wohl einen Landsmann hin.
Gott Lob und Dank, daß ich's nicht bin. *(Tritt ein)*
Der Pfarrer (spricht am Grabe)
Und nun, da seine Seele lichtwärts fliegt,
und leer sein Leib gleich einer Hülse liegt –
nun, liebe Freunde, sei davon gehandelt,
wie dieser Tote unter uns gewandelt.
Er war nicht reich, nicht sonderlich von Gaben,
von Stimme schwach, unmännlich im Gehaben,
sein Wort kam weich und ungewiß heraus,
und schwerlich war er Herr im eignen Haus;
ins Kirchlein sah man ihn verlegen treten,
als wollt' er bitten: Laßt auch mich hier beten.
Vom Gudbrandstal, ihr wißt, war er gekommen.
Er zog hier zu, beinahe noch ein Knab' –
und ihr besinnt euch, daß er bis ans Grab
die rechte Hand nicht aus dem Rock genommen.

Die rechte Hand im Rock – dies Merkmal war es,
das diesen Mann von andern unterschied,
und dazu sein gedrücktes, sonderbares
Benehmen, wenn er uns einmal nicht mied.
Doch waren's stille Weg' auch, die er wählte,
und blieb er auch in unsrer Mitte fremd,
so hat's uns doch zu wissen nicht gehemmt,
daß diese Hand nur vier der Finger zählte.
Ich weiß ihn noch, vor nun so manchem Jahr,
den Morgen des Aushebungstags zu Lunde.
Es war zur Zeit des Kriegs. In aller Munde
der Zukunft Fragen und des Lands Gefahr.
Ich war zugegen. Vor dem Tisch saß breit
der Hauptmann zwischen Amtmann und Sergeanten;
und Bursch auf Bursche ward nach dem bekannten
Gebrauch geprüft, gebucht und eingereiht.
Der Raum war voll, und draußen vor den Scheiben
scholl lautes Lachen aus dem Jugendtreiben.
Da rief man einen Namen. Einer trat
hervor, so bleich wie Schnee vom Gletschergrat.
Man winkte ihm; bis er zum Tisch sich tappte,
die rechte Hand gewickelt in ein Tuch –
doch wie er auch nach Worten würgte, schnappte –
er fand nicht eines, trotz des Hauptmanns Fluch.
Bis er zuletzt, mit brennendem Gesichte,
halb stammelt', halb hervorstieß die Geschichte
von einer Sichel, die ihm sei entglitten –
und ihm den Finger glatt hab' abgeschnitten.
Da ward es still – bis auf der Wanduhr Ticken.
Man kniff den Mund zu, sah sich ins Gesicht;
man steinigte den Mann mit stummen Blicken.
Er fühlte hageln, doch er sah es nicht.
Da stand der Hauptmann auf, alt, grau – ich seh'
ihn noch –, spie aus, wies fort und sagte: geh!
Er ging. Man wich ihm aus, wie einem Schatten,
und ließ ihn Ruten laufen. Er gewann
die Tür; da hub er blind zu rennen an –
und nun – hinauf durch Wälder, über Matten,
hin über Halden, Hänge, Felsgeschütte –.
Weit droben im Gebirg' lag seine Hütte. –

Ein Halbjahr später war's dann, daß er kam,
mit Mutter, Braut und Kind, der unsre werden.
Er pachtete sich hier ein Streiflein Erden,
ein Stückchen Brachmark, das sonst keiner nahm.
Er schloß, sobald es ging, den Ehebund,
er schritt zum Hausbau, brach den harten Grund;
und mit Erfolg, wie manches Fleckchen Land
erzählte, das da gelb in Ähren stand.
Zur Kirche kam er nur, die Hand verborgen –
allein daheim, wo's keiner mochte sehn,
da schafften die neun Finger wohl für zehn. –
Da kam der Bach an einem Frühlingsmorgen.
Sein nacktes Leben rettete das Völkchen.
Er aber ging von neuem an sein Werk.
Es fiel das Laub, und aber stiegen Wölkchen
aus einer Hütte, dicht nun unterm Berg.
Vorm Bach geschützt – doch auch vor Schneegewehe?
Zwei Jahre später lag sie unterm Schnee.
Allein der Mann stritt weiter, unerschrocken.
Er hackte, karrte, schaufelte, grub aus –
und vor des nächsten Winters ersten Flocken
stand da zum dritten Mal sein schlichtes Haus.
Drei Söhne hatte er, drei flinke Jungen;
zur Schule sollten die, und das war weit –
der Anschluß an den Weg zudem, bedungen
durch einen Felsenschacht, kaum mannesbreit.
Wie half er sich? Der ältste mußt' sich placken,
so gut es ging, und wo der Steig zu steil,
da nahm der Mann den Kletternden ans Seil;
die andern trug er hin auf Arm und Nacken.
So stritt er Jahr um Jahr; sie wurden groß.
Verschönte nun ihr Dank des Vaters Los?
Drei reiche Herren in der Welt, der neuen,
vergaßen bald der Heimat und des Treuen.
Er war von kurzem Blick. Was über seinen
Bezirk ging – von dem allen sah er nichts.
Wie taube Schellen klang ihm, was für einen
der Unsern dröhnt wie Glocken des Gerichts.
Volk, Vaterland, uraltgeheiligt Hehres,
stand wie im Nebel vor ihm – Blendwerk, leeres.

Doch Demut, Demut war in diesem Mann;
seit damals trug er schon an seinem Bann,
so wahr als Scham auf seiner Wange brannte
und seine Finger in die Tasche bannte. –
Ein Brecher des Gesetzes? Mag es sein!
Doch etwas leuchtet über dem Gesetze,
wie dort des Berghaupts starrend Felsgestein
noch überkrönen lichte Wolkennetze.
Ein schlechter Bürger war er. Unfruchtbar
für Staat und Kirche. Doch am Berg da droben,
wo er im engsten Kreis sein Glück gewoben,
dort war er groß, weil er er selber war –
weil der ihm eingeborne Klang nie schwieg;
ein Klang, wie Geigen seufzen unterm Dämpfer.
Und darum Friede dir, du stiller Kämpfer,
den schuf und brach des Bauern kleiner Krieg!
Wir wollen Herz und Nieren nicht ergründen;
Gott ziemt's allein, das letzte Licht zu zünden –
doch dies ist meiner Hoffnung Stern und Kern:
Der Mann steht kaum als Krüppel vor dem Herrn!
(Das Leichengefolge trennt sich voneinander und geht. Peer Gynt bleibt allein zurück.)
Peer Gynt Sieh da, das nenn' ich noch Christentum!
Da war nichts, was einen peinlich berührte –
zumal dem: »Du selbst zu sein, sei dein Ruhm«,
zu dem am Schlusse die Predigt führte,
auch an und für sich alles Lob gebührte.
(Blickt in das offene Grab)
War's vielleicht er, der sich damals entstellte,
als ich im Forst war und Bäume fällte?
Wer weiß es? Ständ' ich nicht mit meinem Stab
hier an dieses Geistesverwandten Grab,
so könnt' ich denken, ich selbst läge dort
und hörte des Geistlichen rühmend Wort.
Fürwahr, ein schöner christlicher Brauch,
einen sogenannten Erinnerungsblick
wohlwollend über ein Leben zu werfen;
ich hörte gar gern einst auch mein Geschick
jenen würdigen Hirten dem Volk einschärfen.
Ich tue ja wohl noch so manchen Hauch,

bis auch mich einst schneidet des Winzers Messer –
doch, wie die Schrift sagt: Besser ist besser –
und desgleichen: Alles zu seiner Zeit –
und endlich: Sorg für ein ehrlich Begräbnis! –
Ja, die Kirche hat stets einen Trost bereit.
Ich schätzt' sie zuwenig vor diesem Begebnis;
nun aber fühlt' ich denn doch, wie es tat,
versichern zu hören von Männern, gelernten:
So wie du gesät hast, so wirst du ernten. –
Man selbst soll man sein und sich und dem Seinen
in allem nachgehn, im großen und im kleinen.
Will 's Glück sich nicht fügen, so bleibt doch die Ehre,
daß einer sein Leben geführt nach der Lehre. –
Und nun heim! Steigt der Weg noch so schmal auch und steil
und gibt sich das Schicksal auch noch so gefährlich –
der alte Peer Gynt kennt sein Sträßlein zum Heil
und bleibt, der er ist: arm, aber ehrlich. *(Ab)*

Abhang mit dem ausgetrockneten Bett eines Baches. Eine zusammengestürzte Mühle am Bache. Der Grund aufgerissen: Zeichen der Zerstörung ringsum. Höher oben ein großer Bauernhof.

Oben vor dem Hofe wird eine Versteigerung abgehalten. Viel Volk ist versammelt. Zechen und Gelärm. Peer Gynt sitzt unten auf einem Schutthügel in der Nähe der Mühle.

Peer Gynt Hin und zurück, 's ist der gleiche Weg;
hinaus und hinein, 's ist der gleiche Steg. –
Die Zeit, sie zehrt, und der Bach verdorrt.
Geh drum herum, sprach der Krumme. Wahr Wort!
Ein Mann in Trauer Jetzt preisen sie bloß noch Plunder an.
(Erblickt Peer Gynt)
Auch Fremde sind hier? Gott zum Gruß, guter Mann!
Peer Gynt Desgleichen! Hier ist heut ein lustiger Tag.
Ist hier Kindstauf' heut oder Hochzeitsgelag'?
Der Mann in Trauer Man weiht, möcht' ich sagen, ein Haus heut ein –
die Braut liegt in einem Würmerschrein.
Peer Gynt Und Würmer reißen sich um den Schmaus.
Der Mann in Trauer Das ist das End' vom Lied; dann ist es aus.

Peer Gynt Alle Lieder desselbigen Endes sind;
und alle sind alt; ich kannt' sie schon als Kind.
Ein Zwanzigjähriger (mit einem Schmelzlöffel)
Hier hab' ich den Vogel abgeschossen!
In dem hat Peer Gynt seine Knöpfe gegossen!
Ein anderer Und mein Geldscheffel hier,
für 'nen Schilling, 'nen ganzen?
Ein dritter Und für fünftehalb hier der Hausiererranzen?
Peer Gynt Peer Gynt? Wer war das?
Der Mann in Trauer Mir ist nur das klar,
daß er Schwager vom Tod und Schmied Aslak war.
Ein Mann in grauer Kleidung
Du vergißt ja mich! Wie kommst du mir für?
Der Mann in Trauer Du vergißt auf Haegstad die Blockhaustür.
Der Mann in Grau Ja, ja; doch dir hat auch alles genügt.
Der Mann in Trauer Wenn sie nur jetzt nicht den Tod noch betrügt! –
Der Mann in Grau
Schwager! Einen Schnaps auf der Schwagerschaft Wohl!
Der Mann in Trauer Der Teufel sei Schwager! Was ist das für Kohl –
Der Mann in Grau Laß gut sein; das Blut ist noch nicht so verdünnt –
man fühlt sich noch immer verwandt mit Peer Gynt.
(Zieht mit ihm ab)
Peer Gynt (leise) Man trifft noch Bekannte.
Ein Bursche (ruft dem Mann in Trauer nach) Gehst wieder zechen,
kommt Mutter dir, Aslak, nach aus der Gruft!
Peer Gynt (erhebt sich)
Hier kann man nun nicht mit dem Landwirt sprechen:
Je tiefer du gräbst, desto besser der Duft.
Ein Bursche (mit einem Bärenfell)
Die Katze von Dovre! Da seht ihr Fell!
Die war's, die's zur Weihnacht den Trollen legte.
Ein anderer (mit einem Rentierschädel)
Hier ist der Renbock, der wackre Gesell,
der mit Peer Gynt einst den Gendin langfegte.
Ein dritter (mit einem Hammer, ruft dem Mann in Trauer zu)
He, du dort, Aslak, kennst du den Hammer?
Hast du mit dem einst die Walnuß zerkracht?
Ein vierter (mit leeren Händen)
Matz Moen, hier der Mantel, der unsichtbar macht!
In dem kam Peer Gynt einst zu Ingrid in die Kammer.

Peer Gynt Branntwein, Jungens! Und nun laßt mich Alten
auch noch Auktion von allerlei halten.
Ein Bursche Was gibt's zu kaufen?
Peer Gynt Ich hab' ein Schloß;
das liegt in Ronde – aus gutem Stein!
Der Bursche Ein Knopf ist geboten!
Peer Gynt Schenk dir eins ein!
Drunterzubieten, das war nicht fein.
Ein anderer Er ist lustig, der Alte!
(Ein Haufe schart sich um ihn.)
Peer Gynt (ruft) Grane, mein Roß –
wer bietet?
Einer im Haufen Wo steht es?
Peer Gynt Wo wird es sein?
Im Westen! Gen Untergang! Das kann euch traben!
So schnell hat Peer Gynt nicht gelogen, ihr Knaben!
Stimmen Was hast du noch mehr?
Peer Gynt So Perlen wie Schaum!
Ward mit Schaden gekauft! Wird was einbringen? Kaum.
Ein Bursche Ruf aus!
Peer Gynt Von einem Gesangbuch ein Traum!
Für einen Angelhaken zu haben.
Der Bursche Zum Teufel die Träume!
Peer Gynt Mein Kaisertum!
Ich werf's unter euch; ihr mögt raufen darum!
Der Bursche Folgt die Krone mit?
Peer Gynt Aus dem prächtigsten Stroh.
Setzt sie nur auf, sie paßt, so oder so.
Weiter! Ein Windei, noch wohlverwahrt!
Eines Toren Grauhaar! Ein Prophetenbart!
Alles sei dessen – ich hinterleg' es –,
der mir den Weiser zeigt: Hier geht's des Weges!
Der Amtmann (der hinzugekommen ist)
Wenn du noch lang dich so gehenläßt,
mein Mann, so führt dein Weg zum Arrest.
Peer Gynt (mit dem Hut in der Hand)
Glaub's wohl. Doch sag mir, mein Freund, wer war
Peer Gynt?
Der Amtmann Du willst mich –
Peer Gynt Warum nicht gar!

Der Amtmann Was weiß ich; man sagt, ein greulicher Dichter –
Peer Gynt Ein Dichter –?
Der Amtmann Ja – was nur an Großem erdacht,
das trug er so vor, als hätt' er's gemacht.
Doch, Freund, schon zuviel von solchem Gelichter – *(Geht)*
Peer Gynt Und wo ist er jetzt, dieser seltsame Fant?
Ein älterer Mann Er fuhr übers Meer in ein fremdes Land;
dort ging es ihm schlecht, wie vorauszusehn war –
jetzt ist er gehängt seit so manchem Jahr.
Peer Gynt Gehängt? Ganz, wie ich's gedacht mir hab'!
Der selige Gynt blieb sich treu bis zum Grab.
(Grüßt)
Lebt wohl – und Dank für so mancherlei heute!
(Macht einige Schritte, bleibt aber wieder stehen)
Was meint ihr? Soll ich euch, wackre Leute,
dafür ein Geschichtlein wiedererlegen?
Mehrere Ja, weißt du eines?
Peer Gynt Steht nichts dagegen. –
(Kommt näher; es gleitet etwas wie ein fremder Ausdruck über sein Gesicht.)
In San Francisco grub ich nach Gold.
Da gab es euch Gaukler, soviel ihr wollt.
Dem war mit den Zehen zu geigen verliehen;
der tanzte spanischen Halling auf den Knien;
ein dritter, erzählte man, Verse schrieb,
indes man durchs Hirn einen Nagel ihm trieb. –
Kam auch der Teufel dazugestoben –
wollt', wie manch andrer, sein Glück erproben.
Seine Kunst bestand darin: mit täuschendem Schein
zu grunzen als wie ein leibhaftiges Schwein.
Die Persönlichkeit zog, war er gleich nicht bekannt.
Das Haus war voll, die Erwartung gespannt.
Vor trat er, in fliegendem Mantelkragen;
man muß sich drapieren, wie die Deutschen sagen.
Doch unter dem Mantel – von keinem gewußt –
verbarg sich ein Ferkel an seiner Brust.
Und so begann denn die Produktion.
Der Teufel kniff, und das Schwein gab den Ton.
Das Ganze gab sich als Phantasei
übers schweinliche Dasein, gebunden und frei.

Ein Quieken zuletzt noch, wie unterm Stahl –
worauf sich der Künstler verbeugt' und empfahl.
Der Stoff ward von Fachleuten sorglich durchdacht;
die Stimmung geschmäht oder lobend belacht;
der Kehllaut klang doch zu dünn, meinte Kunz,
und Hinz, daß der Todesschrei allzu studiert war –
doch alle war'n eins, daß in puncto Gegrunz'
die Produktion denn doch äußerst outriert war. –
Seht, so ging's dem Teufel; denn er war dumm
und berechnete nicht sein Publikum.
(Er grüßt und geht. Es fällt ein unsicheres Schweigen über die Menge.)

Pfingstabend. – Im Hochwald. In einiger Entfernung, auf einem Stück Rodeland, eine Hütte mit Rentiergehörn über der Tür.

Peer Gynt kriecht im Gehölz umher und sammelt wilde Zwiebeln.

Peer Gynt Dies hier ist ein Standpunkt. Wie wohl gestaltet
sich's weiter? – Prüft alles, und das Beste behaltet! –
So hab' ich's gemacht – hoch droben von Cäsar
bis herunter zum Grasfresser Nebukadnezar.
So sollt' ich nun doch durch die Bibel – zum Trutz! –
der Graukopf sucht wieder an Mutters Brust Schutz. –
Von Erde, so heißt's ja auch, bist du kommen. –
Nur immer die Wampe recht voll genommen –
das ist's. Von Zwiebeln? Das wär' kein Segen –
ich will lieber schlau sein und Schlingen legen.
Hier ist Wasser im Bach; ich werd' nicht verschmachten;
als Tier bin ich immer noch fürstlich zu achten.
Soll ich sterben einst – und dem entrinn' ich wohl kaum –,
so kriech' ich unter 'nen windbrochnen Baum
und deck' mich zu, wie ein Bär, mit Blättern
und ritz' in die Rinde mit riesigen Lettern:
Hier ruht Peter Gynt, des Landes Zier,
Kaiser von all dem andern Getier. –
Kaiser? *(Lacht innerlich)*
Noch immer das alte Geliebel!
Du bist kein Kaiser; du bist eine Zwiebel.
Jetzt will ich dich einmal schälen, mein Peer!

Es hilft dir nichts, stöhnst du auch noch so sehr.
(Nimmt eine Zwiebel und pflückt Haut um Haut ab)
Da liegt die äußre, zerfetzte Schicht –
der Gescheiterte, der um sein Leben ficht.
Die Passagierhaut hier – dünn wie ein Sieb –
hat doch im Geschmack von Peer Gynt einen Hieb.
Hier ist das Goldgräber-Ich – fahr hin!
Der Saft ist weg – war je einer drin.
Dies Dickfell hier – mit dem Zipfel für zwei –
ist der Pelzjäger an der Hudsonsbai.
Dies gleicht einer Krone hier – hat sich was –!
Dem geben wir ohne weitres den Paß.
Hier der Altertumsforscher, kurz, aber kräftig,
und hier der Prophete, frisch und vollsäftig.
Er stinkt von Lügen, wie's in der Schrift heißt;
ein Duft, der ein ehrlich Mannsaug' wie Gift beißt.
Dies Blatt hier, das weichlich am Finger klebt,
ist der Herr, der herrlich und in Freuden gelebt.
Das nächste scheint krank. Es hat schwarze Schwielen –
schwarz kann auf Neger wie Pfaffen zielen.
(Pflückt mehrere auf einmal ab)
Das hört ja nicht auf! Immer Schicht noch um Schicht!
Kommt denn der Kern nun nicht endlich ans Licht?!
(Zerpflückt die ganze Zwiebel)
Bis zum innersten Innern – da schau' mir einer! –
bloß Häute – nur immer kleiner und kleiner. –
Die Natur ist witzig!
(Wirft den Rest fort)
Verdammtes Gegrübel!
Geht eins in Gedanken, gerät's ihm oft übel.
Na, ich kann ja nichts an Haltung verlieren;
denn ich lieg' ja grundfest auf allen vieren.
(Krault sich im Nacken)
Wunderlich kommt mir dies Welttreiben vor!
Das Leben, wie's heißt, hat 'nen Fuchs hinterm Ohr.
Doch greift einer zu, verzieht sich der Schuft,
und man fängt etwas andres – oder leere Luft.
(Er ist in die Nähe der Hütte gekommen, bemerkt sie und stutzt)
Diese Hütte? Im Kiefernwald –! Hm!
(Reibt sich die Augen)

Mir ist just,
als hätt' ich einmal um dies Bauwerk gewußt. –
Der Rentierkopf, der von der Tür herab glänzt –!
Ein Meerweib, vom Nabel an fischgeschwänzt –!
Lüge! Kein Meerweib! – Nägel – Planken –
schloß wider tückische Koboldgedanken –!
Solvejg (singt in der Hütte)
Nun ist hier zur Pfingstfeier alles bereit.
Lieber Junge mein, in der Ferne –
bist du noch weit?
Dein Werk, das harte,
schaff's nur gemach –
ich warte, ich warte,
wie ich dir's versprach.
Peer Gynt (erhebt sich still und totenbleich)
Eine, die Treue hielt – und einer, der vergaß.
Einer, der ein Leben verspielt – und eine, die wartend saß.
Oh, Ernst! – Und nimmer kehrt sich das um!
Oh, Angst! – Hier war mein Kaisertum! *(In den Wald hinein ab)*

Nacht. – Kiefernwald. Ein Waldbrand hat gewütet. Verkohlte Baumstämme meilenweit. Weiße Nebel hier und dort über dem Waldboden.

Peer Gynt kommt durch den Wald gehastet.

Peer Gynt Asche, Nebel, Wolken Staubes –
Bauherr, schwing den Zauberstab!
Über Pesthauch faulen Laubes
wölb ein übertünchtes Grab!
Dunst, Traum, totgeboren Wissen –
damit sei der Grund umrissen,
drüber sich der Turm der Lüge
Stein um Stein zusammenfüge.
Flucht vor Ernst und Scheu vor Buße
prahl von ihm mit frechem Gruße
allen Richtungen der Rose:
Dies schuf Peter Gynt, der Große!
(Lauscht)
Welch ein Weinen – wie von Kindern –?

Welch ein neuer Spuk und Greuel –?
Und am Boden rollen Knäuel –!
(Stößt mit dem Fuß danach)
Wollt ihr mich am Gehen hindern?
Die Knäuel Wir sind Gedanken;
hast du gedacht uns,
tanzen auf schlanken
Füßen gemacht uns?
Peer Gynt (geht um sie herum)
Einer kam durch mich ans Licht –
ward ein schiefer, schieler Wicht!
Die Knäuel Wir hätten sollen
wie Vögel ins Blaue –
statt hier zu rollen
als Garnknäuel, graue.
Peer Gynt (stolpert) Knäuel! Tropf! Was fällt dir ein!
Stellst dem eignen Vater Bein! *(Flüchtet)*
Welke Blätter (fliegen vor dem Winde)
Wir sind eine Losung;
hast du gesprochen uns? –
Des Staubs Liebkosung
hat kläglich gebrochen uns.
Der Wurm zerfraß uns
bis zu Skeletten;
dein Geiz vergaß, uns
um Früchte zu betten.
Peer Gynt Kamt doch nicht umsonst zur Erden –
könnt noch bester Dünger werden.
Sausen in den Lüften
Wir sind Lieder;
hast du gesungen uns? –
Tausendmal nieder
hast du gezwungen uns.
In deiner Seele
lagen und harrten wir –
nimmer nun warten wir.
Gift in deine Kehle!
Peer Gynt Gift in dich, du dumm Gesing'!
Hatt' ich Zeit zu Versgekling? *(Schlägt sich durch Gebüsch)*
Tautropfen (tropfen von den Zweigen)

Wir sind Zähren –
hast du vergossen uns?
Winter zu wehren,
war einst erschlossen uns.
Dein Herz rief leise –
du bliebest achtlos.
Nun starrt's von Eise –
und wir sind machtlos.
Peer Gynt Hab' geflennt im Dovreschlosse –
flog zuletzt doch in die Gosse!
Gebrochene Halme Wir sind Taten –
hast du bestellt uns?
Weh, nur verraten,
geknickt und zerspellt uns!
Am jüngsten Tage
kommen wir allzusamt
und führen Klage –
so wirst du verdammt.
Peer Gynt Mir auch noch, verwünschtes Treiben,
was ich nicht tat, anzuschreiben! *(Hastet davon)*
Aases Stimme (aus der Ferne)
Pfui, so ein Hingejag'!
Schön hast du umgekippt!
Schnee fiel den ganzen Tag –
arg wurd' ich eingestippt. –
Falsch hast gefahren mich;
sah nichts vom Schlosse;
der Teufel hielt zum Narren dich
mit der Hühnerstallsprosse!
Peer Gynt 's beste, sich von hier zu drücken!
Zu den Sünden, die dich plagen,
auch noch die des Teufels tragen –
's ist zu schwer für einen Rücken. *(Eilig ab)*

Eine andere Strecke im Walde.

Peer Gynt (singt) Ein Totengräber! Wo seid ihr, Hunde?
Ein Lied aus blökendem Küstermunde!
Einen Flor, meinen Hutrand zu schatten!

Ich will meine Toten bestatten.
(Der Knopfgießer mit Gerätkasten und einem großen Schmelzlöffel kommt auf einem Seitenweg daher.)
Der Knopfgießer Schön guten Abend!
Peer Gynt Desgleichen dir!
Der Knopfgießer Man hat's eilig, wie? Wohin sollen wir?
Peer Gynt Zum Kirchhof.
Der Knopfgießer Zum Kirchhof? Verzeihung – da wär'
(ich seh' nicht mehr gut) dein Nam' am End' Peer?
Peer Gynt Peer Gynt, wie man sagt.
Der Knopfgießer Das Glück ist mir hold!
Just er war's, den ich heut holen sollt'.
Peer Gynt Das sollst du? – Was willst du?
Der Knopfgießer (zeigt seinen Schmelzlöffel) Was mag dies hier sein?
Eines Knopfgießers Löffel! Und du sollst hinein.
Peer Gynt Wozu?
Der Knopfgießer Um umgeschmolzen zu werden.
Peer Gynt Um umgeschmolzen zu –?
Der Knopfgießer Laß die Gebärden!
Dein Grab ist geschaufelt, dein Sarg bestellt,
dein Leib den Würmern zur Beute fällt –
doch deine Seele, ward mir befohlen,
in meines Meisters Namen zu holen.
Peer Gynt Unmöglich! So ohne vorheriges Zeichen –!
Der Knopfgießer Man pflegt bei Niederkünften und Leichen
in aller Stille den Festtag zu wählen
und dem Ehrengast vorher kein Wort zu erzählen.
Peer Gynt Ja, richtig. Vergib, ich bin ganz verstört.
Du bist also –?
Der Knopfgießer Knopfgießer – wie du gehört.
Peer Gynt Verstehe! Lieb Kind hat mancherlei Namen.
Ei, sieh mir, Freund Peer, wohin wir da kamen!
Doch, Alter, du dünkst mich übel belehrt!
Ich weiß, ich bin mildre Behandlung wert –
ich bin nicht so arg, als Ihr vielleicht denkt –
ich hab' mancher Guttat das Dasein geschenkt –
im schlimmsten Falle bin ich ein Töffel –
doch nimmer ein Sünder für deinen Löffel.
Der Knopfgießer Da sprichst du's ja selber aus, kurzerhand;
du bist kein Sünder im höhern Verstand.

Drum sparst du ja auch die Hölle, Geselle,
und kommst, gleich andern, in meine Kelle.
Peer Gynt Nenn's, wie du willst – Kell' oder Höll';
Steinschlag wie Bergsturz bleibt beides Geröll.
Hebe dich weg von mir!
Der Knopfgießer Kränkender Ruf!
Du meinst, ich trab' auf 'nem Pferdehuf?
Peer Gynt Auf Pferdehuf oder Fuchsklauen, Mann –
pack dich und gib keine Torheiten an!
Der Knopfgießer Mein Lieber, du irrst dich über die Maßen.
Wir haben beide nicht Zeit, zu spaßen –
und darum bündig der Sache Grund.
Ich hab' es aus deinem eignen Mund,
du seist kein großer Sünder zu schelten,
ja, kaum ein mittlerer –
Peer Gynt Das mag gelten.
Das klingt schon besser –
Der Knopfgießer Laß dir nur Zeit –
doch dich tugendhaft schelten, ginge zu weit –
Peer Gynt Wer wollte denn auch gleich freien Paß!
Der Knopfgießer Du bist also etwas – halb dies, halb das.
Einem Sünder vom wirklich großzügigen Schlage
begegnet man heute nicht alle Tage;
mit Waten im Schlamm ist wenig geschafft;
eine Sünde will Ernst, eine Sünde will Kraft.
Peer Gynt Ja, da hast du recht; Gott soll mich behüten;
man soll wie ein alter Berserker wüten.
Der Knopfgießer Du aber triebst mir der Sünd' nur Gebuhl.
Peer Gynt Mir war sie nie mehr als ein schmutziger Fleck.
Der Knopfgießer So sind wir ja einig. Der Schwefelpfuhl
ist nicht für Euch, die Ihr patschtet im Dreck –
Peer Gynt Und folglich wird man verschont nun, Wertester?
Der Knopfgießer Nein, folglich umgeschmolzen, Verehrtester.
Peer Gynt Was sind das für Kniffe, drauf Ihr hier verfielt,
derweil sich Peer Gynt von Euch fernehielt?
Der Knopfgießer Ein Brauch, alt, wie die Erschaffung der Schlange –
damit, was ein Wert, auch zur Geltung gelange.
Du kennst ja das Handwerk – weißt wohl, daß oft
ein Guß mißraten kann, unverhofft.
Oft werden die Knöpfe ösenlos.

Was tätest du da?
Peer Gynt Ich würf' sie beiseite.
Der Knopfgießer Jawohl; Jon Gynt war im Wegwerfen groß,
solang sich noch Geldsack an Geldsack reihte.
Der Meister aber faßt's anders an –
und bleibt auch darum ein sicherer Mann.
Er wirft nichts weg, als schlechthin verächtlich,
was irgendwie noch als Rohstoff beträchtlich.
Du warst nun gedacht als ein blinkender Knopf
auf der Weste der Welt; doch die Öse mißlang.
So mußt du denn, Freund, in den Ausschußtopf –
und nimmst wieder in die Masse den Gang.
Peer Gynt Du planst doch nicht etwa aus mir, zum Schluß,
samt Peter und Paul einen neuen Guß?
Der Knopfgießer Ei freilich rechn' ich mit solchen Güssen.
Hat mehr als einer dran glauben müssen.
Zu Kongsberg ergeht es dem Geld nicht anders,
das schlecht ward ob zu vielen Gewanders.
Peer Gynt Aber das ist ja elende Knauserei!
Teuerster Freund, da gib mich nur frei –
ein Knopf ohne Öse, ein blinder Heller –
was ist das für deinen Auftragsteller!
Der Knopfgießer Freund, ösenlos oder abgeschliffen –
dein Metallwert bleibt davon unangegriffen.
Peer Gynt Nein, sag' ich! Nein! Mit Zähnen und Klauen
wehr' ich mich. Alles andre; nur das nicht!
Der Knopfgießer Was denn für andres? Empor zum Blauen
hast du nun einmal den Reisepaß nicht –
Peer Gynt Ich bin zufrieden mit dem, was sich beut;
von meinem Selbst aber lass' ich keinen Deut.
Straft mich, wie's Brauch, mit gesetzlicher Buße!
Setzt mich zu dem mit dem Pferdefuße –
einhundert Jährlein, tut Ihr's nicht billiger;
seht, das ist etwas – da zeig' ich mich williger;
die Pein ist schließlich doch nur moralisch
und also wohl nicht so pyramidalisch –
ein Übergang nur, wie geschrieben steht,
und wie der Fuchs sagte. Früh oder spät
erfolgt dann ein Abschluß; man zieht sich zurück –
und hofft – und versucht von neuem sein Glück.

Doch dieses andre – dies wie ein Stück Lehm
zerknetet werden zu weiß Gott wem –
diese Schmelzlöffelei, dies Enteignungsverfahren –
dagegen möcht' ich mich gründlichst verwahren.
Der Knopfgießer Aber, lieber Peer, was ist denn dabei?
Wegen solch einer Kleinigkeit solch ein Geschrei!
Ein Mann, der niemals er selbst gewesen –
und macht nun, zu sterben, solch Federlesen!
Peer Gynt Was ist der Mann nicht gewesen –? Oho!
Peer Gynt ist was andres gewesen; so, so!
Nein, Knopfgießer, laß du das Spekulieren!
Könntst du durchforschen mir Herz und Nieren,
du träfst bloß immer auf Peer und Peer
und weiter nichts andres und sonst nichts mehr.
Der Knopfgießer Das ist nicht möglich. In meinem Befehle
hier heißt es: Fordre Peer Gynt! Seine Seele
bot ihrer Bestimmung Trotz, bis zum Schluß.
In den Löffel mit ihm als mißratenem Guß.
Peer Gynt Dummes Zeug! Das gilt einer andern Person.
Steht da wirklich Peer? Nicht Rasmus oder Jon?
Der Knopfgießer Die hab' ich seit langem schon umgegossen.
So komm denn im guten, und laß die Possen!
Peer Gynt Narr, der ich wäre! Was soll dann geschehn,
wenn sich morgen erweist, es war ein Verseh'n?
Du trügst die Verantwortung dann, guter Mann!
Erwäg, was alles draus folgen kann –
Der Knopfgießer Ich hab' es hier schriftlich –
Peer Gynt So gönn mir doch Frist!
Der Knopfgießer Was willst du damit?
Peer Gynt Beweisen, was ist.
Daß ich ich selbst war alle meine Tage.
Und dies war ja wohl unsre strittigste Frage.
Der Knopfgießer Beweisen?
Peer Gynt Mit Zeugnissen und Attesten.
Der Knopfgießer Ich fürchte, du hältst meinen Meister zum besten.
Peer Gynt Nein, nein! Doch alles geh' seinen Gang!
Lieber Mann, bitte, borg mich mir selbst so lang.
Nur ein Fristchen! Man wird nur einmal geboren –
und möchte doch dann auch so weiterbestehn.
Wir sind also einig?

Der Knopfgießer Magst du denn gehn.
Doch am nächsten Kreuzweg bist du verloren. *(Peer Gynt eilig ab)*

Ein Stück weiter im Wald.

Peer Gynt (in voller Fahrt) Zeit ist Geld, wie geschrieben steht.
Wo wohl der nächste Kreuzweg geht?
Kommt er noch lange nicht, kommt er bald?
Der Boden brennt mich wie glühnder Basalt.
Ein Zeuge! Ein Zeuge! Wo find' ich einen?
Weh mir! Im Wald hier treff' ich wohl keinen.
Die Welt ist Pfuschwerk! Die Einrichtung schlecht.
will ein Mann beweisen sein sonnenklar Recht!
(Ein gekrümmter Alter, einen Stab in der Hand und einen Sack auf dem Rücken, trottet vor ihm her.)
Der Alte (bleibt stehen) Liebwerter – ein Obdachloser bitter –!
Peer Gynt Entschuldig'; ich hab' kein Kleingeld bei mir –
Der Alte Prinz Peer! Herrje! Wir treffen uns hier –?
Peer Gynt Wer bist du?
Der Alte Tu er doch nicht so gesittet!
Peer Gynt Du bist doch wohl nicht –?
Der Alte Der Dovre-Greis? Ja!
Peer Gynt Der Dovre-Alte? Du, Alter, da?
Der Dovre-Alte Was, ich bin schön auf den Hund gekommen –!
Peer Gynt Entthront?
Der Dovre-Alte Ja, schenk mir dein Mitleid, ich brauch's.
Hier trab' ich am Bettelstab, knurrenden Bauchs.
Peer Gynt Hurra! Die Zeugenschaft dürfte mir frommen!
Der Dovre-Alte Der Herr Prinz, wie er grau geworden ist!
Peer Gynt Lieber Schwiegervater, die Jahre zehren.
Na; Schwamm über alle privaten Affären –
und, vor allem, keinen Familienzwist.
Ich war damals ein Tollkopf –
Der Dovre-Alte Ach ja; ach ja –
der Prinz war halt jung. Und was macht man nicht da?
Aber klug war der Prinz, seine Braut zu verschmähn;
jetzt braucht er dafür nicht sein Los zu verdammen!
Nicht lang und sie war mit 'nem andern zu sehn –
Peer Gynt Ei, ei!

Der Dovre-Alte Immer mehr und mehr ließ sie sich gehn;
und jetzt – jetzt lebt sie mit Trond zusammen.
Peer Gynt Welchem Trond?
Der Dovre-Alte Dem im Walgebirg'.
Peer Gynt Dem ich einmal
drei Säterinnen vorm Mund weg stahl!
Der Dovre-Alte Mein Enkel ist groß geworden und fett;
sein Nachwuchs sitzt allerorten im Lande –
Peer Gynt Ja, klatsch mir nur alles von A bis Z –
was kümmert mich jetzt diese ganze Bande. –
Ich bin nämlich in eine Klemme geraten
und wünsche ein Zeugnis oder Attest –
und ist Väterchens Kopf noch kapitelfest,
so springt ja wohl auch mal ein Viertelsdukaten –
Der Dovre-Alte Wär's möglich; ich könnte dem Prinzen was frommen?
Und dafür vielleicht selber ein Zeugnis bekommen?
Peer Gynt Mit Freuden. Hab' so kein Bar zu verklecken,
muß knicken und sparen an allen Ecken.
Doch hört, was es gilt. Ihr erinnert Euch doch
an jenen Abend im Rondeschloß noch –
Der Dovre-Alte Ich werd' nicht, Herr Prinz!
Peer Gynt Das »Prinz« macht nichts besser.
Genug. Ihr wolltet damals, voll Groll,
mich blenden mit Eurem Glasermesser
und umschaffen mich aus Peer Gynt zum Troll.
Was tat ich da doch? Ich sagte: »Quod non!
Wenn Ihr mir so kommt – auf und davon!
Was Liebe, was Ehre, was Macht – ich bleibe
ich selber – ich selber, sage und schreibe.«
Diese Tatsache sollt Ihr vorm Richter beschwören –
Der Dovre-Alte Wie könnt' ich das!
Peer Gynt Wärt Ihr mir immer noch gram?
Der Dovre-Alte Er will doch wohl nicht eine Lüge hören?
Er weiß doch noch, wie er die Trollhose nahm
und vom Metkrug schmeckte –?
Peer Gynt Ihr wußtet zu locken –
doch vor dem Entscheidenden saht Ihr mich stocken.
Und justament daran erkennt man seinen Mann.
Das ist der Schlußvers, auf den kommt's an.
Der Dovre-Alte Recht gut, daß du mich auf den Schlußvers bringst!

Peer Gynt Was heißt das?
Der Dovre-Alte Als du von Ronde gingst,
da schriebst du dir doch hinters Ohr mein Leitwort.
Peer Gynt Welches?
Der Dovre-Alte Das Wort, das mächtige Scheid'wort!
Peer Gynt Das Wort?
Der Dovre-Alte Das uns scheidet vom Menschenzug –
das Wort: Troll, sei du selbst dir genug!
Peer Gynt (weicht einen Schritt zurück) Dir genug!
Der Dovre-Alte Und wo du auch immer gewandelt,
hast du doch seitdem danach gehandelt.
Peer Gynt Ich! Peer Gynt!
Der Dovre-Alte (weinend) So lohnt man's dem Alten!
Und wenn du's auch noch so geheimgehalten –
du lebtest als Troll. Mein Wort wies dich an;
du wurdest durch mich ein gemachter Mann –
und jetzt, jetzt spielst du den Dünkelhaften
wider mich und mein Wort, die dir alles verschafften.
Peer Gynt Dir genug! Ein Bergtroll! Ein Egoist!
Hier stimmt etwas nicht; hier steckt eine List!
Der Dovre-Alte (zieht ein Bündel alter Zeitungen hervor)
Du meinst, wir hätten nicht auch unsre Zeitung?
Hier, bitte; hier schwärmt von dir, rot auf schwarz,
die »Blocksbergpost« – ein Blatt von Verbreitung –,
und hier singen Nummern des »Heklawarts«
dein Lob, seitdem du der unsrige bist.
Willst du es selbst lesen, Peer? Immer tu's!
Hier steht etwas, Unterschrift: »Pferdefuß«.
Und hier: »Vom troll-nationalen Geiste«.
Der Schreiber fördert die Wahrheit ans Licht:
Schwanz und Hörner, die machten's nicht –
die innre Verwandtschaft, die tät' das meiste.
»Unser Sichselbstgenug – das macht den Troll aus.«
So schließt er – und dann gibt er dich, Peer, für voll aus.
Peer Gynt Ein Bergtroll? Ich!
Der Dovre-Alte Ja, mein wackrer Genoss'!
Peer Gynt So konnt' ich ja bleiben im Dovreschloß?
Was ließ ich dann Rondens behagliche Ruh'?
Wandte Schweiß auf und Arbeit und manch ein Paar Schuh'?
Peer Gynt – ein Troll! – Solch ein Quark! Solch ein Kohl!

Da – kauf dir Tabak; und somit – leb wohl!
Der Dovre-Alte Geneigter Prinz Peer!
Peer Gynt Du bist nicht normal –
oder kindisch. Geh in ein Hospital!
Der Dovre-Alte Das hätt' ich ja schon seit langem getan!
Doch meine Urenkel, leichten Geistes
verleugnen sie ihren alten Ahn –
ich lebte nur noch in Büchern, heißt es.
Gott soll einen vor seinen Freunden bewahren,
dies Wort spür' ich Armer am eignen Gebein.
's ist hart, nur noch so sein Gespenst zu sein –
Peer Gynt Lieber Mann, das haben schon mehr erfahren.
Der Dovre-Alte Und wir selbst, wo hätten wir Armenkassen,
wo Altersgroschen, wo ein Asyl? –
Das würde zu Ronde ja auch nicht passen –
Peer Gynt Und zu Eurem selbstgenügsamen Stil!
Der Dovre-Alte Der Prinz kann dem Wort doch nur Ehre geben.
Und wenn er auf dem oder jenem Weg –
Peer Gynt Mein Freund, du trittst auf 'nen morschen Steg –
ich hab' selbst, wie man sagt, kaum das nackte Leben –
Der Dovre-Alte Das wär' –! Auch der Prinz hätt' als Bettler geendet?
Peer Gynt Jawohl. Mein prinzliches Ich liegt verpfändet.
Und wer ist dran schuld? Ihr, verdammte Brut!
Da sieht man, was schlechte Gesellschaft tut.
Der Dovre-Alte Umsonst denn, daß ich die Hand ausstreckte!
So will ich zur Stadt mich zu fechten sehn.
Peer Gynt Was willst du dort?
Der Dovre-Alte Zur Komödie gehn.
Sie suchen im Blatt nationale Subjekte –
Peer Gynt Glück auf die Reise; und grüß von mir.
Kann ich mich losreißen, halt' ich's mit dir.
Ich schreib' eine Farce, so tief wie heiter,
des Titels: Sic transit usw. usw.
(Eilt davon. Der Dovre-Alte ruft ihm vergebens nach.)

Ein Kreuzweg

Peer Gynt Jetzt gilt es, Peer, galt es jemals im Leben!
Dies Dovrische »genug« hat den Ausschlag gegeben.

Das Fahrzeug ward wrack; jetzt schwimm' auf den Planken!
Alles andre – nur nicht als Brack abdanken!
Der Knopfgießer (an der Wegscheide)
Nun denn, Peer Gynt, das Attest – wo ist es?
Peer Gynt Schon wieder ein Kreuzweg? Du Nimmersatt!
Der Knopfgießer Ich blicke nur auf dein Gesicht, dein tristes,
und weiß, was die Glocke geschlagen hat.
Peer Gynt Ich bin des Gerenns müd – man läuft nur irr –
Der Knopfgießer Und legt sich zudem umsonst ins Geschirr!
Peer Gynt Bei Nacht, im Wald – was ist da zu sagen.
Der Knopfgießer Dort humpelt ein Alter. Woll'n wir ihn fragen?
Peer Gynt Er ist betrunken. Laß ihn in Ruh'!
Der Knopfgießer Doch könnt' er vielleicht –
Peer Gynt Pst; laß ihn – wozu!
Der Knopfgießer Ja, so sind wir soweit?
Peer Gynt Eine Frage nur noch.
Was ist dieses »Sei du du selbst« im Grunde?
Der Knopfgießer Eine seltsame Frage, zumal im Munde
von einem, der jüngst erst –
Peer Gynt So antworte doch!
Der Knopfgießer Du selbst sein heißt: dich selbst ertöten.
Doch du brauchst vielleicht noch ein deutlicher Bild? –
Des Meisters Willen als wie ein Schild
an seines Lebensschwerts Griff sich löten.
Peer Gynt Doch wenn man nun niemals erfährt, was der Meister
mit einem gewollt hat?
Der Knopfgießer Das soll man ahnen.
Peer Gynt Doch wie oft mißleiten uns böse Geister –
und dann geht man »ad undas« mit fliegenden Fahnen.
Der Knopfgießer Der Teufel hat's nirgends leichter, zu angeln,
als eben wo solche Ahnungen mangeln.
Peer Gynt Dies ist eine derart verzwickte Geschichte,
daß ich auf mein »Selbstsein« lieber verzichte.
Es fiel am End' schwer, den Beweis zu führen.
So will ich den Streitpunkt denn nicht mehr berühren.
Doch als ich vorhin so den Wald durchtrabte,
da kam's, daß mich doch mein Gewissensschuh schabte;
du bist doch ein Sünder, dacht' ich im stillen –
Der Knopfgießer Da fängst du ja wieder von vorne an –
Peer Gynt Ich meine, ein großer, mein guter Mann;

nicht bloß in der Tat, auch in Wort und Willen:
Im Ausland war ich just kein Philister –
Der Knopfgießer Nun gut; so zeig mir dein Sündenregister!
Peer Gynt Vergönn mir nur Frist, einen Priester zu suchen;
so beicht' ich und lass' ihn darüber buchen.
Der Knopfgießer Ja, brächtst du mir solch einen Zettel mit,
so wärst du der Schmelzlöffelsache wohl quitt.
Doch die Ordre, Peer –
Peer Gynt Der vergilbte Wisch!
Der ist gewiß noch von älterem Datum –
da lebt' ich einmal, weder Fleisch noch Fisch,
und spielte Prophet und glaubt' an ein Fatum –
na, gilt's denn die Probe?
Der Knopfgießer Ja – aber –!
Peer Gynt Je nun –
was hast du denn, Bester, so viel zu tun!
Hier im Bezirk ist die Luft ja so lieb –
die Sterblichkeit wird immer kleiner und kleiner.
Bedenk, was der Pfarrer von Jostedal schrieb:
»In diesem Tale stirbt selten einer.«
Der Knopfgießer Am nächsten Kreuzweg denn; dann aber – Schluß.
Peer Gynt Ein Priester! Ich muß einen finden! Ich muß!
(Läuft den Weg weiter)

Hügel mit Heidekraut. Der Weg schlängelt sich den Höhenzug entlang.

Peer Gynt Der nützt mir vielleicht noch zu allerhand,
sagte Esben, als er einen Elsternflügel fand.
Wer hätte gedacht, daß, als nichts mehr verschlägt,
seine Sündenschuld einem noch Früchte trägt?
Mir ist zwar auch so nicht sonderlich geheuer;
denn im Grund führt der Weg nur von Asche zu Feuer –
doch es bleibt ja noch immer die Trosttür offen:
Solang einer lebt, so lang mag er hoffen.
(Eine magere Person in hoch aufgeschürztem Priesterrock und mit einem Vogelstellernetz auf der Schulter wandert eilig den Hügel entlang.)
Peer Gynt Ein Prediger mit einem Vogelgarn!
Peter! An dir fraß das Glück einen Narr'n.
Guten Abend, Herr Pastor! Holprige Bahn!

Der Magere Was tut man nicht, eine Seele zu fahn?
Peer Gynt Aha; soll eine gen Himmel –?
Der Magere Nein;
ich hoffe, sie schlägt einen andern Weg ein.
Peer Gynt Herr, würd' ich ein Stückchen wohl mitgenommen –?
Der Magere Recht gern; Gesellschaft ist immer willkommen.
Peer Gynt Mich drückt ein Gesuch –
Der Magere Vertraun Sie mir's an!
Peer Gynt Herr Pastor, ich bin ein ehrlicher Mann.
Ich hielt mein Lebtag des Staats Gebot;
ich saß niemalen bei Wasser und Brot –
doch kann man ja wohl mal den Halt verlieren
und straucheln –
Der Magere Das kann dem Besten passieren.
Peer Gynt Nun denn; diese Mätzchen –
Der Magere Nur Mätzchen?
Peer Gynt Nur dies.
Nie, daß ich im Ernst wider etwas verstieß!
Der Magere Dann sparen wir uns jeden weiteren Ton –
Sie irren sich, scheint es, in meiner Person. –
Sie sehn meine Hand an? Warum, wenn's genehm?
Peer Gynt Welch stattlich entwickeltes Nägelsystem!
Der Magere Was bietet mein Bein so Besonderes?
Peer Gynt (zeigt mit dem Finger) Ist der Huf dort echt?
Der Magere Ich schmeichle mir des.
Peer Gynt (lüftet den Hut)
Ich hätte doch auf Ihren Schwarzrock geschworen;
und da sind es – Euer Hochwohlgeboren!
Na; steht 's Portal offen – komm nicht von hinten;
kannst du zum König – geh nicht zum Bedienten.
Der Magere Ihre Hand! Sie scheinen mir vorurteilsfrei.
Na, Lieber; was gilt's – und was soll ich dabei?
Nur eins! Nicht um Macht oder Geld mich drängen!
Das kann ich nicht schaffen, und wenn Sie mich hängen.
Mit den Menschen ist heut nichts mehr anzufangen –
der Umsatz ist völlig zurückgegangen;
kein Zuwachs an Seelen; nur dann und wann
eine einzelne –
Peer Gynt Hat sich die Welt so verbessert?
Der Magere Im Gegenteil, Bester. Kläglich verwässert.

Die meisten holt sich der Schmelzlöffelmann.
Peer Gynt Aha – von dem Löffelmann hört' ich schon was;
er gab die Veranlassung eigentlich, daß –
Der Magere Nur Mut!
Peer Gynt Nun – wär' es nicht unbescheiden –
so wünscht' ich wohl –
Der Magere Einen Zufluchtsort? Wie?
Peer Gynt Sie raten's, noch eh' ich ihm Worte lieh.
Sie sagten ja selbst, daß Sie Mangel leiden,
und sind daher wohl um so eher willig –
Der Magere Aber, Freund –
Peer Gynt Meine Forderungen sind billig. –
Ein Taggeld beanspruch' ich eigentlich nicht;
nur Behandlung den Umständen angemessen.
Der Magere Warmes Zimmer?
Peer Gynt Nicht zu warm – vor allem indessen
Erlaubnis, davonzugehn, schlank und schlicht –
zurückzutreten, um's kurz zu sagen –,
sobald sich ein Weg zeigt zu besseren Tagen.
Der Magere Mein Freund, es tut mir wahrhaftig leid.
Doch Sie glauben mir nicht, welche Menge Suppliken
ähnlicher Art mir die Leute schicken,
wenn es sie abruft aus ihrer Zeit.
Peer Gynt Doch denk' ich an meinen verflossenen Wandel,
so dünkt mein Gesuch mich nicht allzu gewagt –
Der Magere Es war'n doch nur Mätzchen –
Peer Gynt Was man so sagt –
doch, da fällt mir ein, ich trieb Negerhandel –
Der Magere Da handelten welche mit Willen und Sinnen –
und mußten doch wieder, als Pfuscher, von hinnen.
Peer Gynt Ich hab' Bramafiguren nach China verladen.
Der Magere Sie Leichenbitter auf Sündenpfaden!
Sind welche, die laden ganz andre Figuren
in Reden ab, Künsten und Literaturen –
und rühren mich doch nicht –
Peer Gynt Es blieb nicht dabei –
ich lebt' als »Prophet« eine tolle Legende –
Der Magere Im Ausland? Der meisten Blauseherei
ist Humbug und findet im Löffel ihr Ende.
Wenn Ihr Gesuch auf nichts weiter beruht,

so kann ich nicht dienen, so leid es mir tut.
Peer Gynt Doch, hör'n Sie; ich kam auf 'nem Bootskiel getrieben –
der Ertrunkene greift nach dem Halm, steht geschrieben –
und: Du selbst bist dein Nächster, steht gleich daneben –
und da kam durch mich halbwegs ein Koch ums Leben.
Der Magere Hätt' lieber von einer Köchin vernommen,
die durch Sie zugleich um was andres gekommen.
Was ist das hier für ein Halbwegs-Schnack,
mit Respekt zu sagen? Wer möchte zu Zeiten,
wie diese, die Kosten der Feurung bestreiten,
was denken Sie wohl, für solch stimmungslos Pack?
Ja, ja, Sie mein' ich, mit Ihren Faxen;
ich spreche, wie mir der Schnabel gewachsen.
Ich wünschte nur, daß der Herr Dilettant
sich vor dem Löffel nicht länger grauste.
Was hülf's, und wenn ich Sie zehnmal behauste?
Mein Freund, Sie sind doch ein Mann von Verstand,
wie schon Ihr gutes Gedächtnis beweist –
doch die Aussicht übers durchwanderte Land
erzeigt sich denn doch, so für Herz wie für Geist,
als ein Ausblick auf, sagen wir, zu viel Sand.
Was haben Sie drüber zu lachen, zu weinen,
was jubelnd zu bejahen, was verzweifelnd zu verneinen;
was, das Sie heiß oder kalt überschreckt? –
Sie ärgern sich – das ist der ganze Effekt.
Peer Gynt Es heißt, daß man schwer beurteilen kann,
wo der Schuh drückt, hat man den Schuh nicht an.
Der Magere Das ist wahr; und – sei der und jener gepriesen –
ich bin auf ein ungleich Paar Stiefel angewiesen.
Doch ein Glück, daß ich Stiefel sage, mein Bester,
das erinnert mich dran, daß es eilen heißt,
mir winkt ein Braten, der hoffentlich feist;
und da schwatz' ich hier wie eine Kaffeeschwester –
Peer Gynt Und dürfte man fragen, welch Sündenkraut
den Kerl gemästet hat?
Der Magere Nach Verlaut
war er er selber bei Tag und bei Nacht;
und das ist doch der Kernpunkt, im letzten Betracht.
Peer Gynt Er selber? Die Axt kommt zu Ihnen ins Haus?
Der Magere Wie's fällt; wir sperren sie keinesfalls aus.

Man kann man selbst sein in doppeltem Verstand,
ein Rock sein, von außen oder von innen.
Sie wissen, wie jüngst in Paris man erfand,
Porträts mit Hilfe von Sonne zu gewinnen.
Da kann man nun richtige Bilder machen,
oder Negative, die gleich viel wert sind,
nur daß hier Licht und Schatten verkehrt sind –
und die Laien sie häßlich finden und lachen.
Doch die Ähnlichkeit schlummert auch hier verstohlen,
es kommt nur drauf an, sie hervorzuholen.
Hat eine Seele nun in ihrem Leben
sich also negativ photographiert,
so wird die Platte drum nicht kassiert –
man pflegt sie vielmehr an uns weiterzugeben.
Wir nehmen sie uns sodann vor zur Behandlung –
und geeignete Mittel vollziehn die Verwandlung.
Wir dämpfen, wir baden, wir putzen, wir hitzen,
mit Säuregüssen und Schwefelblitzen,
so lang, bis sich unsrem geduldigen Auge
das rechte Bild endlich, das Positiv, tischt.
Doch hat man, wie Sie, sich zur Hälfte verwischt –
so nützt weder Schwefel noch Kalilauge.
Peer Gynt Also nur wer als Rabe zu Ihnen kommt,
kann als Schneehuhn gehn? Mit Verlaub, wem frommt
in seiner negativen Elendigkeit
wohl diesmal Ihre Kunst und Behendigkeit?
Der Magere Einem Herrn Peter Gynt.
Peer Gynt Peter Gynt? Ei, ei!
Ist Herr Gynt er selbst?
Der Magere Er schwört, daß er's sei.
Peer Gynt Na, glaubwürdig ist er, dieser Herr Peter.
Der Magere Sie kennen ihn?
Peer Gynt Was man so nennt, versteht er –
man kennt ja so manchen.
Der Magere Meine Zeit ist knapp.
Wo sahn Sie zuletzt ihn?
Peer Gynt Drunten am Kap.
Der Magere Di buona speranza!
Peer Gynt Jawohl, doch sein Wort war,
sein letztes, daß er die längste Zeit dort war.

Der Magere So muß ich stehenden Fußes dorthin.
Doch geh' ich, trüber Ahnungen schwanger.
Das Kapland, das Kapland wollt' mir nie in den Sinn –
dort sind so ein paar schlimme Missionare von Stavanger.
(Er fährt gen Süden.)
Peer Gynt Der Esel, der dumme! Da schiebt er ab,
daß die Zung' ihm heraushängt. Viel Glück zum Kap!
Den Hund hab' ich naszuführen gewußt!
So ein Kerl macht sich kostbar und wirft sich in die Brust!
Er hat's wahrlich nötig, sich dickzumachen!
Sein Handwerk wirft ihm nicht viel in den Rachen.
Bald wird er eingehn an Fettverlust.
Hm, ich bin zwar auch kein Ritter ohne Tadel;
ich bin ausgestoßen, kann man sagen, aus dem Selbsteigner-Adel.
(Eine Sternschnuppe fällt; er nickt ihr zu.)
Grüß von Peer Gynt, Bruder Meteor!
Leuchten, erlöschen, verschwinden im Tor
der Finsternis –
(Schaudert zusammen, wie von Angst gepackt, und geht tiefer hinein in den Nebel; nach einer Weile Schweigens schreit er auf)
Will mir denn niemand erstehn –
niemand im Abgrund, niemand im Reich des Lichts –!
(Kommt weiter unten wieder hervor, wirft seinen Hut zu Boden und rauft sich das Haar. Allmählich wird er ruhiger.)
So unsäglich arm kann ein Mensch also gehn
zurück in die grauen Nebel des Nichts.
Du liebliche Erde, sei mir nicht gram,
daß ich dein Gras trat, keinem zum Frommen.
Du liebliche Sonne, die leuchten kam
in ein Haus, drin keiner dich hieß willkommen!
Kein Mund sprach zu deiner Schönheit den Reim –
der Eigner, so sagt man, war niemals daheim.
Liebliche Sonne, liebliche Erde –
was heimtet ihr meine Mutter an eurem Herde!
Geist ist kein Marktgeschenk; Natur tritt mit Füßen ...
Es ist hart, seine Geburt mit dem Leben zu büßen. –
Hinauf will ich, hoch, wo die Gipfel blauen,
einmal die Sonne noch aufgehen schauen,
starren mich müd aufs gelobte Land,
in einem Schneesturz mein Ruh'bett haben;

man mag drüber schreiben: »Hier ist niemand begraben«;
und dann –! Ja – das Dann hat noch keiner gekannt.
Kirchgänger (singen auf dem Waldweg)
O Morgenstunde,
da Zungen des Geistes
wie Schwerter herniedergeflammt!
Aus Enkelmunde
den Geist nun preist es
in Liedern, dem Himmel entstammt.
Peer Gynt (kriecht erschreckt in sich zusammen)
Nicht dorthin schaun! Dort ist Nacht und Verderben. –
Ich fürcht', ich war tot lange vor meinem Sterben.
(Will sich durchs Gebüsch davonstehlen, stößt jedoch auf den Kreuzweg)
Der Knopfgießer Guten Morgen, Peer Gynt! Wo ist das Register?
Peer Gynt Das Glück und ich – wir sind Stiefgeschwister.
Was tat ich nicht!
Der Knopfgießer Ohne daß dich wer traf.
Peer Gynt Hm, nur ein reisender Photograph.
Der Knopfgießer Ja, die Frist ist aus.
Peer Gynt Alles ist aus.
Die Eule wittert uns. Hörst du sie wimmern?
Der Knopfgießer Ich hör' nur die Glocke –
Peer Gynt (zeigt) Was mag dort schimmern?
Der Knopfgießer Eine Hütte, nichts weiter.
Peer Gynt Was klingt dort im Winde –?
Der Knopfgießer Ein Weib singt, nichts weiter.
Peer Gynt Ja, dort – dort finde
ich das Register –
Der Knopfgießer (ergreift ihn beim Arm) Bestell dein Haus!
(Sie sind aus dem Gehölz herausgekommen und stehen vor der Hütte. Morgendämmerung.)
Peer Gynt Mein Haus bestellen? Dort ist's! Geh, Mann!
Pack dich, Mann! Mich und mein Schuldbuch bärge
kein Löffel – und hättst du sie groß wie Särge!
Der Knopfgießer Bis zum dritten Kreuzweg denn, Peer; aber dann –!
(Biegt zur Seite ab und geht)
Peer Gynt (nähert sich dem Hause)
Hin und zurück, 's ist der gleiche Weg;
hinaus und hinein, 's ist der gleiche Steg.
(Bleibt stehen)

Wilde, wilde, unendliche Klage;
so heimzukehren am End' seiner Tage!
(Macht einige Schritte, hält aber wieder inne)
Drum herum, sprach der Krumme!
(Hört Gesang in der Hütte)
Nein, dieses Mal, Peer,
mittendurch – ob auch der Weg noch so schwer!
(Er eilt auf das Haus zu; im selben Augenblick tritt Solvejg aus der Tür, zum Kirchgang gekleidet und das Gesangbuch ins Tuch geschlagen, einen Stab in der Hand. Sie steht hoch da und gütig.)
Peer Gynt (wirft sich auf die Schwelle nieder)
Hier ist ein Sünder! Dein Urteil – sprich's aus!
Solvejg Gott sei gelobt! Da kam er nach Haus! *(Tastet nach ihm)*
Peer Gynt Klag aus das Übermaß meines Gerichts!
Solvejg Mein einzigster Junge, du sündigtest nichts!
(Tastet wieder und findet ihn)
Der Knopfgießer (hinter dem Hause) Das Register, Peer Gynt?
Peer Gynt Schrei aus mein Verbrechen!
Solvejg (setzt sich nieder zu ihm)
Durch dich ward mein Leben ein selig Lied.
Gesegnet seist du! Du hieltst dein Versprechen!
Gesegnet der Pfingstmorgen, der dich hier sieht!
Peer Gynt Verloren!
Solvejg Laß ihn nur raten und taten!
Peer Gynt (lacht) Verloren! Du könntest denn Rätsel raten!
Solvejg Nenn sie.
Peer Gynt Nenn sie! 's hat keine Gefahr –!
So sag, wo Peer Gynt all die Zeit über war?
Solvejg Wo er war?
Peer Gynt In der Brust der Bestimmung Keim –!
Wo er war, wie sein Gott ihn gewollt und verstanden!
Kannst du das sagen? Wenn nicht, muß ich heim –
und untergehn in den nebligen Landen.
Solvejg (lächelt) Oh, das Rätsel ist leicht.
Peer Gynt So sag, was du weißt!
Wo war ich, in der Brust den göttlichen Geist,
auf der Stirn den Namenszug, den Er geschrieben?
Solvejg In meinem Glauben, in meinem Hoffen und in meinem Lieben.
Peer Gynt (stutzt zurück)
Was sagst du –! Schweig! Mach 's Herz mir nicht schwer!

Eine Mutter hat in ihr Kind sich verliebt!
Solvejg Eine Mutter – doch wer ist sein Vater? Er,
der ihm um der Mutter willen vergibt.
Peer Gynt (ein Lichtstrahl überfliegt ihn, er ruft)
Mutter, Weib; Magd ohne Schuld und Fehle! –
Birg mich denn in deiner Seele!
(Er klammert sich an ihr fest und verbirgt das Angesicht in ihrem Schoß. Langes Schweigen. Die Sonne geht auf.)
Solvejg (singt leise) Schlaf denn, teuerster Junge mein!
Ich wiege dich und ich wache. –
Auf meinem Schoß hat mein Junge gescherzt,
hat ihn seine Mutter sein Lebtag geherzt.
An Mutters Brust hat mein Junge geruht,
sein Lebtag. Gott segne dich, mein einzigstes Gut!
An meinem Herzen zunächst war sein Platz,
sein Lebtag. Jetzt ist er so müd, mein Schatz.
Schlaf denn, teuerster Junge mein!
Ich wiege dich und ich wache!
Des Knopfgießers Stimme (hinter dem Hause)
Wir sehn uns am letzten Kreuzweg, Peer;
und dann wird sich zeigen – ich sage nicht mehr.
Solvejg (singt lauter im Tagesglanz)
Ich wiege dich und ich wache –
schlaf und träum, lieber Junge mein!

DIE STÜTZEN DER GESELLSCHAFT

Schauspiel

Personen

Karsten Bernick, Konsul
Betty, seine Frau
Olaf, ihr Sohn, dreizehn Jahre alt
Martha Bernick, des Konsuls Schwester
Johann Tönnesen, Frau Bernicks jüngerer Bruder
Lona Hessel, ihre ältere Halbschwester
Hilmar Tönnesen, Frau Bernicks Vetter
Rörlund, Adjunkt
Rummel, Großkaufmann
Vigeland, Sandstad, Kaufleute
Dina Dorf, ein junges Mädchen im Hause Bernicks
Krap, Prokurist
Aune, Schiffsbaumeister
Frau Rummel
Frau Holt, Postmeistersgattin
Frau Lynge, Doktorsgattin
Fräulein Rummel
Fräulein Holt
Bürger und andere Einwohner, ausländische Seeleute, Dampfschiffspassagiere usw.

Das Stück spielt in einer kleineren norwegischen Küstenstadt, und zwar im Bernickschen Hause

ERSTER AKT

Ein geräumiges Gartenzimmer im Bernickschen Hause. Links im Vordergrund führt eine Tür in das Zimmer des Konsuls; weiter zurück, an derselben Wand, ist eine ähnliche Tür. In der Mitte der entgegengesetzten Wand befindet sich eine größere Eingangstür. Die Wand im Hintergrund besteht fast ganz aus Spiegelglas; von ihr führt eine offene Tür zu einer breiten Terrasse, über die sich ein Zeltdach spannt. Ein Teil des Gartens wird unten vor der Treppe sichtbar, die von der Terrasse herabführt. Er ist von einem Gitter eingefriedet, das eine kleine Pforte hat. Vor und längs dem Gitter draußen zieht sich eine Straße hin, die auf der gegenüberliegenden Seite mit kleinen, hell angestrichenen Blockhäusern bebaut ist. Es ist Sommer, und die Sonne scheint warm. Einzelne Leute gehen von Zeit zu Zeit auf der Straße vorüber; man bleibt stehen und unterhält sich; in einem Kramladen an der Ecke werden Käufer bedient usw.

Im Gartenzimmer sitzt um einen Tisch eine Gesellschaft von Damen. Mitten vor dem Tisch sitzt Frau Bernick, zu ihrer Linken Frau Holt mit Tochter: neben ihnen Frau Rummel und Fräulein Rummel. Rechts von Frau Bernick sitzen Frau Lynge, Martha und Dina. Sämtliche Damen sind mit Handarbeiten beschäftigt. Auf dem Tisch liegen große Stöße halbfertiger und zugeschnittener Wäsche und Kleidungsstücke. Weiter zurück an einem kleinen Tisch, auf dem zwei Blumentöpfe und ein Glas Zuckerwasser stehen, sitzt Rörlund und liest aus einem Buch mit Goldschnitt vor, doch so, daß die Zuschauer nur einzelne Worte hören können. Draußen im Garten läuft Olaf umher und schießt mit einer Armbrust nach der Scheibe.

Nach einer kleinen Weile kommt Aune sacht durch die Tür rechts. In der Vorlesung tritt eine kleine Störung ein; Frau Bernick nickt ihm zu und zeigt auf die Tür links. Aune geht leise zur Tür des Konsuls und klopft ein paarmal leise und in Zwischenräumen an. Krap, den Hut in der Hand und Schriftstücke unter dem Arm, kommt aus dem Zimmer.

Krap So, Sie haben geklopft?
Aune Der Herr Konsul hat mich rufen lassen.
Krap Allerdings, kann Sie aber nicht empfangen – hat mir aufgetragen –
Aune Ihnen? Ich möchte doch lieber –
Krap – mir aufgetragen, Ihnen dies zu sagen: Sie sollen die Vorträge einstellen, die Sie sonnabends für die Arbeiter halten.
Aune So? Ich dächte doch, meine freie Zeit, die könnt' ich verwenden –
Krap Sie können Ihre freie Zeit nicht dazu verwenden, die Leute untauglich zu machen für die Arbeitszeit. Letzten Sonnabend haben Sie über den Schaden gesprochen, den die Arbeiter durch unsere neuen Maschinen und durch die neue Arbeitspraxis auf der Werft haben würden. Warum das?
Aune Um die Gesellschaft zu stützen.
Krap Merkwürdig! Der Konsul sagt, es wirke auflösend auf die Gesellschaft.
Aune Meine Gesellschaft ist nicht die Gesellschaft des Herrn Konsul, Herr Krap! Als Obmann des Arbeitervereins muß ich –
Krap Sie sind vor allen Dingen Obmann auf der Bernickschen Werft. Sie haben vor allen Dingen Ihre Schuldigkeit zu tun für die Gesellschaft, die sich »Firma Bernick« nennt; denn von ihr leben wir alle zusammen. – So, nun wissen Sie, was der Herr Konsul Ihnen zu sagen hatte.
Aune Der Herr Konsul würde es mir nicht auf die Art gesagt haben, Herr Prokurist. Aber ich weiß schon, wem ich das zu verdanken habe – dem verdammten Amerikaner, der hier auf Reparatur liegt. Die Leute wollen, daß hier so gearbeitet werden soll, wie sie's drüben gewohnt sind, und das –
Krap Schon gut! Auf weitere Erörterungen kann ich mich nicht einlassen. Sie kennen jetzt die Ansicht des Herrn Konsul und damit basta! Gehen Sie jetzt nur wieder auf die Werft, da sind Sie gewiß nötig; ich komme selbst sehr bald hinunter. – Entschuldigen Sie, meine Damen!
(Er grüßt und geht durch den Garten und die Straße hinunter. Aune geht still nach rechts ab. Rörlund, der während dieser mit gedämpfter Stimme geführten Unterredung die Lektüre fortgesetzt hat, ist gleich darauf mit dem Buch zu Ende und klappt es zu.)
Rörlund Und somit, meine lieben Zuhörerinnen, ist die Geschichte aus.
Frau Rummel Ach, was für eine lehrreiche Erzählung!
Frau Holt Und so moralisch!

Frau Bernick Ein solches Buch gibt wirklich viel zu denken.
Rörlund O ja! Es bildet ein wohltuendes Gegenstück zu dem, was uns leider täglich Journale und Zeitschriften auftischen. Jene vergoldete und geschminkte Außenseite, die die große Gesellschaft zur Schau trägt, was steckt im Grunde dahinter? Hohlheit und Fäulnis, wenn ich so sagen darf. Kein moralisches Fundament, auf dem man stehen kann. Mit einem Wort, diese große Gesellschaft von heutzutage ist ein übertünchtes Grab.
Frau Holt Nur allzu wahr.
Frau Rummel Wir brauchen uns nur die amerikanische Schiffsmannschaft anzusehen, die hier jetzt liegt.
Rörlund Von solchem Auswurf der Menschheit will ich gar nicht reden. Aber selbst in den höheren Kreisen – wie steht es da? Überall Zweifel und Gärung; Unfriede in den Gemütern und Unsicherheit in allen Verhältnissen – und wie ist da draußen nicht das Familienleben untergraben! Wie wagen sich nicht freche Umsturzgelüste an die wertvollsten Wahrheiten heran!
Dina (ohne aufzusehen) Doch geschehen nicht auch dort viele große Taten?
Rörlund Große Taten –? Ich verstehe nicht –
Frau Holt (erstaunt) Aber, mein Gott, Dina –!
Frau Rummel (gleichzeitig) Aber Dina! Wie kannst du nur –?
Rörlund Ich würd' es nicht für zuträglich halten, wenn solcherlei Taten Eingang bei uns fänden. Nein, da müssen wir doch Gott danken, daß es hier bei uns so ist, wie es ist. Wohl wächst leider auch hier Unkraut zwischen dem Weizen; aber wir bestreben uns doch redlich, es nach Möglichkeit auszujäten. Es gilt, meine Damen, die Gesellschaft rein und die Verirrungen von ihr fern zu halten, die eine fieberhafte Zeit uns aufdringen will.
Frau Holt Und davon gibt's hier leider mehr als genug.
Frau Rummel Ja, voriges Jahr hing es nur an einem Haar, und wir hätten nach unserer Stadt die Eisenbahn gekriegt.
Frau Bernick Na, das hat doch mein Karsten verhindert.
Rörlund Die Vorsehung, Frau Bernick. Sie können überzeugt sein, daß Ihr Mann das Werkzeug einer höheren Macht war, als er's ablehnte, auf den Schwindel einzugehen.
Frau Bernick Und dennoch mußt' er sich in den Zeitungen so viel Häßliches sagen lassen. Aber wir vergessen ganz, Ihnen zu danken, Herr Adjunkt. Es ist wirklich mehr als freundlich von Ihnen, daß Sie uns so viel Zeit opfern.

Rörlund Nicht der Rede wert! Jetzt in den Ferien
Frau Bernick Nun ja – ein Opfer ist es doch, Herr Adjunkt.
Rörlund (rückt seinen Stuhl näher) Bitte – nichts mehr davon, verehrteste Frau! Bringen Sie nicht alle, eine wie die andere, ein Opfer einer guten Sache zuliebe? Und bringen Sie es nicht froh und freudig? Diese moralisch Verkommenen, für deren Besserung wir arbeiten, gleichen verwundeten Soldaten auf einem Schlachtfeld. Sie, meine Damen, Sie sind die Diakonissinnen, die barmherzigen Schwestern, die Charpie zupfen für die unglücklichen Verstümmelten und den Verband sanft um ihre Wunden legen, sie heilen und wieder gesund machen –
Frau Bernick Es muß eine Himmelsgabe sein, alles in so schönem Lichte sehen zu können.
Rörlund Vieles ist in dieser Beziehung angeboren; aber vieles kann auch erworben werden. Es handelt sich nur darum, die Dinge im Lichte einer ernsten Lebensaufgabe zu sehen. Nun, was sagen Sie, Fräulein Bernick? Finden Sie nicht auch, daß Sie sozusagen einen festeren Boden unter Ihren Füßen fühlen, seitdem Sie Ihr Leben der Schule geweiht?
Martha Ach, ich weiß nicht, was ich sagen soll. Oft, wenn ich da in der engen Schulstube stecke, wünsch' ich mir, ich wäre weit draußen auf dem wilden Meer.
Rörlund Ja, sehen Sie, liebes Fräulein, das sind Anfechtungen. Doch solch unruhigen Gästen gegenüber, da heißt es: Tür zu! Das wilde Meer – das meinen Sie natürlich nicht buchstäblich; Sie meinen die große, wogende Gesellschaft der Menschen, in der so viele zugrunde gehen. Und schätzen Sie denn wirklich das Leben so hoch, das Sie da draußen summen und brausen hören? Werfen Sie nur einen Blick auf die Straße! Da gehen die Menschen in der Sonnenglut und schwitzen und plagen sich ab mit ihren kleinen Angelegenheiten. Nein, da haben wir es wahrlich besser, die wir hier in der Kühle sitzen und der Welt den Rücken kehren, von der die Wirrungen kommen.
Martha Gott, Sie haben ja gewiß vollkommen recht –
Rörlund Und in einem Haus wie diesem, in einem guten, makellosen Hause, wo das Familienleben in seiner schönsten Gestalt in die Erscheinung tritt – wo Friede und Eintracht herrschen – *(Zu Frau Bernick)* Wonach horchen Sie, Frau Bernick?
Frau Bernick (wendet sich zur vordersten Tür links) Wie laut sie da drin sprechen!
Rörlund Ist da etwas Besonderes los?
Frau Bernick Ich weiß nicht. Ich höre nur, daß jemand drin bei meinem Mann ist.

(Hilmar Tönnesen, die Zigarre im Mund, kommt durch die Tür rechts; er bleibt stehen, wie er die Damen sieht.)
Hilmar Oh, bitte um Entschuldigung – *(Er will sich zurückziehen)*
Frau Bernick Hilmar, so tritt doch nur näher; du störst nicht. Wolltest du etwas?
Hilmar Nein, ich wollte nur einen Blick ins Zimmer tun. – Guten Morgen, meine Damen! *(Zu Frau Bernick)* Na, was ist denn nun geworden?
Frau Bernick Womit?
Hilmar Bernick hat ja 'ne Sitzung zusammengetrommelt.
Frau Bernick So?! Was gibt es denn eigentlich?
Hilmar Ach, es ist schon wieder der Schwindel mit der Eisenbahn.
Frau Rummel Ist wohl nicht möglich!
Frau Bernick Der arme Karsten! Soll er noch mehr Unannehmlichkeiten haben?
Rörlund Aber wie reimt sich das zusammen, Herr Tönnesen? Der Konsul Bernick hat doch voriges Jahr deutlich genug erklärt, daß er keine Eisenbahn haben wolle.
Hilmar Ja, das mein' ich auch; aber ich habe den Prokuristen Krap getroffen, und der hat mir erzählt, die Eisenbahnfrage sei wieder aufgenommen worden, und Bernick habe eine Besprechung mit drei hiesigen Geldleuten.
Frau Rummel Es war mir doch auch so, als hört' ich meines Mannes Stimme.
Hilmar Natürlich ist Herr Rummel mit dabei, sodann der Kaufmann Sandstad vom Steinweg und Michel Vigeland – Sankt Michael, wie sie ihn nennen.
Rörlund Hm!
Hilmar Verzeihung, Herr Adjunkt!
Frau Bernick Und es war hier doch so schön und friedlich.
Hilmar Ich für mein Teil hätte nichts dagegen, wenn die Balgerei wieder losginge. Da gäbe es wenigstens eine Zerstreuung.
Rörlund Ach, diese Art Zerstreuungen, mein' ich, kann man entbehren.
Hilmar Je nun, das kommt auf die Veranlagung an. Gewisse Naturen brauchen ab und zu aufrüttelnde Kämpfe. Doch so was hat das kleinstädtische Leben leider selten zu bieten, und nicht jedem ist's gegeben – *(blättert im Buch des Adjunkten)* »Die Frau als Dienerin der Gesellschaft.« Was ist das für ein Zeug?

Frau Bernick Aber, Hilmar! Das mußt du nicht sagen. Du hast sicher das Buch nicht gelesen.
Hilmar Nein; ich habe auch nicht die Absicht.
Frau Bernick Der ist heut gewiß nicht wohl.
Hilmar Allerdings nicht.
Frau Bernick Hast vielleicht heut nacht schlecht geschlafen?
Hilmar Sehr schlecht. Ich machte gestern abend einen kleinen Spaziergang meines Leidens wegen; dann ging ich ein bißchen in den Klub hinauf und las einen Reisebericht vom Nordpol. Es liegt etwas Stählendes darin, den Menschen in ihren Kampf mit den Elementen zu folgen.
Frau Rummel Und das ist Ihnen wohl nicht gut bekommen, Herr Tönnesen?
Hilmar Es ist mir sehr schlecht bekommen; ich lag die ganze Nacht da und wälzte mich im Halbschlaf und träumte, ich würde von einem greulichen Walroß verfolgt.
Olaf (der die Gartentreppe heraufgekommen ist) Du bist von einem Walroß verfolgt worden, Onkel?
Hilmar Im Traum, du Schafskopf! Aber spielst du immer noch mit der albernen Armbrust? Weshalb siehst du nicht zu, daß du ein richtiges Gewehr kriegst?
Olaf Ich wollte schon gern, aber –
Hilmar In solchem Gewehr, da liegt doch Sinn drin. Es gewährt immer einen Nervenreiz, wenn man Feuer gibt.
Olaf Und dann könnt' ich Bären schießen, Onkel. Aber Papa erlaubt's mir nicht.
Frau Bernick (zu Hilmar) Setz' ihm doch nicht solche Sachen in den Kopf, Hilmar.
Hilmar Hm – ja, ja, ein schönes Geschlecht, das da heutzutage heranwächst! Da redet man von Körperübungen – aber, himmlischer Vater! – die ganze Geschichte ist nur Spielerei; kein ernstes Streben mehr nach jener Abhärtung, die ein mannhafter Zusammenstoß mit der Gefahr uns verschafft. – Esel, richte doch nicht immer so die Armbrust auf mich! Sie kann losgehen.
Olaf Aber Onkel, es ist ja kein Bolzen drin.
Hilmar Das kannst du nicht wissen. Es könnte doch einer drin sein. – Tu sie weg, sag' ich! Warum zum Kuckuck bist du nie mit einem von deines Vaters Schiffen nach Amerika rübergefahren? Da könntest du eine Büffeljagd oder einen Kampf mit den Rothäuten mitmachen.
Frau Bernick Aber, Hilmar –

Olaf Ei, das möcht' ich gern, Onkel! Und dann könnt' ich am Ende auch Onkel Johann und Tante Lona besuchen.
Hilmar Hm – dummes Zeug!
Frau Bernick Du kannst jetzt wieder in den Garten gehen, Olaf.
Olaf Darf ich auch auf die Straße, Mutter?
Frau Bernick Ja, aber ja nicht zu lange.
(Olaf läuft hinaus durch das Gittertor)
Rörlund Sie sollten dem Kind nicht solche Flausen in den Kopf setzen, Herr Tönnesen.
Hilmar Natürlich; er soll hier sitzen und ein Stubenhocker werden, wie so viele andere!
Rörlund Aber warum reisen Sie nicht selbst hinüber?
Hilmar Ich? Mit meinem Leiden? Na freilich, auf das nimmt hier in der Stadt keine Seele Rücksicht. Aber dessenungeachtet – man hat doch gewisse Verpflichtungen gegen die Gesellschaft, in der man lebt. Hier muß doch wenigstens ein Mensch sein, der die Fahne der Idee hochhält. Uh! Da schreit er wieder.
Die Damen Wer?
Hilmar Ach! Ich weiß nicht. Sie sind niederträchtig laut da drin, und das macht mich nervös.
Frau Rummel Das wird mein Mann sein, Herr Tönnesen. Aber wissen Sie, er ist so gewohnt, in großen Versammlungen zu sprechen –
Rörlund Die andern, find' ich, haben auch grade kein leises Organ.
Hilmar Herrgott ja – wenn es gilt, den Daumen auf dem Geldbeutel zu halten, dann –. Hier geht ja alles auf in kleinlichen materiellen Interessen. Uh!
Frau Bernick Es ist jedenfalls besser als früher, wo alles in Vergnügungen aufging.
Frau Lynge War es früher wirklich so schlimm hier?
Frau Rummel Ja, das können Sie glauben, Frau Lynge. Sie können sich glücklich preisen, daß Sie damals noch nicht hier gewohnt haben.
Frau Holt Es hat sich freilich vieles geändert. Wenn ich an meine Mädchentage zurückdenke –
Frau Rummel Ach, denken Sie bloß so vierzehn, fünfzehn Jahre zurück! Gott steh' mir bei, was für ein Leben war das hier! Damals bestanden noch der Ballverein und der Musikverein –
Martha Und der dramatische Verein. An den kann ich mich noch gut erinnern.
Frau Rummel (zu Hilmar) Richtig, wo Ihr Stück aufgeführt wurde!
Hilmar (geht nach dem Hintergrund) Ach was!

Rörlund Ein Stück des Studiosus Tönnesen?

Frau Rummel Ja, das war lange, bevor Sie hierher kamen, Herr Adjunkt. Es wurde übrigens nur einmal gegeben.

Frau Lynge (zu Frau Rummel) Das war wohl das Stück, worin Sie die Liebhaberin gespielt haben, wie Sie mir erzählten, Frau Rummel?

Frau Rummel (schielt nach Rörlund) Ich? Kann mich dessen wirklich nicht entsinnen, Frau Lynge. Aber ich entsinne mich noch recht gut dieser ganzen ausgelassenen Geselligkeit in den Familien.

Frau Holt Ich weiß noch die Häuser, wo's jede Woche zwei große Diners gab.

Frau Lynge Und dann war ja hier auch eine umherziehende Schauspielertruppe, hab' ich gehört?

Frau Rummel Ja, das war schon das Allerärgste!

Frau Holt (unruhig) Hm, hm –

Frau Rummel Wie? Schauspieler? I, davon weiß ich ja gar nichts mehr.

Frau Lynge Freilich, die Leute sollen ja so viele tolle Streiche gemacht haben. Was waren das eigentlich für Geschichten?

Frau Rummel Ach, es war im Grunde nichts, Frau Lynge.

Frau Holt Liebste Dina, reich' mir da die Leinwand her.

Frau Bernick (zu gleicher Zeit) Dina, mein Herz, sieh doch mal nach, wo Kathrine mit dem Kaffee bleibt.

Martha Ich komme mit, Dina.

(Dina und Martha ab durch die oberste Tür links)

Frau Bernick (steht auf) Und mich entschuldigen Sie wohl auch für einen Augenblick, meine Damen – ich denke, wir trinken den Kaffee draußen.

(Sie geht auf die Terrasse hinaus und deckt den Tisch. Der Adjunkt steht in der Tür und spricht mit ihr. Hilmar steht draußen und raucht.)

Frau Rummel (leise) Gott, Frau Lynge, was haben Sie mir für einen Schreck eingejagt!

Frau Lynge Ich?

Frau Holt Ja, aber eigentlich haben Sie doch selbst angefangen, Frau Rummel.

Frau Rummel Ich? Nein, wie können Sie nur so was sagen, Frau Holt! Es kam ja kein Sterbenswörtchen über meine Lippen.

Frau Lynge Aber was ist denn los?

Frau Rummel Wie Sie nur davon anfangen konnten! Haben Sie denn nicht gesehen, daß Dina im Zimmer war?

Frau Lynge Dina? Aber um Gottes willen, ist denn was vorgefallen mit –?

Frau Holt Und noch dazu hier im Hause! Wissen Sie denn nicht, daß Frau Bernicks Bruder –?

Frau Lynge Was ist mit ihm? – Ich weiß ja von gar nichts; ich bin ja ganz neu –

Frau Rummel Also Sie haben nicht gehört, daß –? Hm – *(zu ihrer Tochter)* du, Hilda, du kannst ein wenig in den Garten gehen.

Frau Holt Du auch, Netta! Und seid recht artig gegen die arme Dina, wenn sie kommt.

(Fräulein Holt und Fräulein Rummel ab in den Garten)

Frau Lynge Also was war das mit Frau Bernicks Bruder?

Frau Rummel Wissen Sie nicht, daß mit ihm sich die häßliche Geschichte zugetragen hat?

Frau Lynge (auf Hilmar Tönnesen zeigend) Hat Herr Tönnesen eine häßliche Geschichte gehabt?

Frau Rummel Aber nein doch! Hilmar ist ja ihr Vetter. Ich spreche vom Bruder –

Frau Holt – von dem berüchtigten Tönnesen.

Frau Rummel Johann hieß er. Er ging nach Amerika.

Frau Holt Mußte nach Amerika, verstehen Sie.

Frau Lynge Und er hatte eine häßliche Geschichte?

Frau Rummel Ja, es war so was – wie soll ich's nur nennen? – Es war etwas mit Dinas Mutter. Ich erinnere mich dessen noch, als wär's gestern gewesen. Johann Tönnesen war im Geschäft der alten Frau Bernick; Karsten Bernick war eben von Paris heimgekommen – war noch nicht verlobt –

Frau Lynge Na, und die häßliche Geschichte?

Frau Rummel Ja, sehen Sie, den Winter war Möllers Schauspielertruppe hier –

Frau Holt – und bei der Truppe waren der Schauspieler Dorf und seine Frau. Die jungen Leute hier waren rein vernarrt in das Weib.

Frau Rummel Gott weiß, wie man die schön finden konnte. Da kommt nun Dorf eines schönen Abends spät nach Hause –

Frau Holt – ganz unerwartet –

Frau Rummel – und findet – nein, es läßt sich wirklich nicht erzählen!

Frau Holt Frau Rummel, er fand nichts; denn die Tür war von innen verschlossen.

Frau Rummel Das wollt' ich ja gerade sagen; er fand die Tür verschlossen. Und denken Sie nur! Es ist einer drin, und der muß zum Fenster hinausspringen.

Frau Holt Ganz hoch aus einem Giebelfenster!

Frau Lynge Und das war Frau Bernicks Bruder?
Frau Rummel Allerdings!
Frau Lynge Und darum ist er nach Amerika gegangen?
Frau Holt Er mußte wohl. Das können Sie sich doch denken.
Frau Rummel Und hinterher wurde was entdeckt, das fast ebenso schlimm war. Denken Sie sich, er hatte sich an der Kasse vergriffen!
Frau Holt Aber das weiß man ja nicht genau, Frau Rummel; vielleicht waren's nur Gerüchte.
Frau Rummel Ah, da muß ich doch bitten! War das nicht stadtbekannt? Hätte die alte Frau Bernick nicht um ein Haar dieser Geschichte wegen bankrott gemacht? Das hab' ich doch von Rummel selbst. Aber ich will nichts gesagt haben – Gott behüte!
Frau Holt Doch zu Madam Dorf wanderte das Geld keinesfalls, denn sie –
Frau Lynge Und wie wurde das Verhältnis zwischen Dinas Eltern später?
Frau Rummel Nun, Dorf zog seines Weges und ließ Frau und Kind zurück. Aber die Madam, die war, weiß Gott, so frech, noch ein ganzes Jahr hierzubleiben. Auf dem Theater durfte sie sich freilich nicht mehr zeigen; aber sie ernährte sich mit Waschen und Nähen –
Frau Holt – und versuchte, Tanzunterricht zu geben.
Frau Rummel Das ging natürlich nicht. Welche Eltern hätten wohl ihre Kinder so einer anvertraut? – Aber es dauerte auch nicht mehr lange mit ihr; die feine Madam war doch nicht gewöhnt zu arbeiten. Sie bekam's auf der Brust und starb.
Frau Lynge Herrje, das waren freilich häßliche Geschichten.
Frau Rummel Sie können sich denken, wie schwer Bernicks daran trugen. Es ist der dunkle Fleck in der Sonne ihres Glücks, wie Rummel sich einmal ausdrückte. Sprechen Sie darum hier im Hause nie wieder von diesen Dingen, Frau Lynge.
Frau Holt Und, um Gottes willen, ebensowenig von der Halbschwester!
Frau Lynge So? Frau Bernick hat auch noch eine Halbschwester?
Frau Rummel Gehabt – glücklicherweise; denn jetzt ist's mit der Verwandtschaft zwischen den beiden aus. Ja, das war ein besonderes Pflänzchen! Denken Sie mal, die schnitt sich die Haare kurz und lief im Regenwetter mit Männerstiefeln rum.
Frau Holt Und als der Halbbruder, das verwahrloste Subjekt, sich dünne gemacht hatte und natürlich die ganze Stadt über ihn aufgebracht war – wissen Sie, was sie da getan hat? Sie ist ihm nachgereist.

Frau Rummel (zu Frau Holt) Aber die skandalöse Geschichte, die sie vor ihrer Abreise hatte, Frau Holt!
Frau Holt Pst! Nichts davon!
Frau Lynge Wie? Die hatte auch eine skandalöse Geschichte?
Frau Rummel Hören Sie nur: Bernick hatte sich eben mit Betty Tönnesen verlobt, und wie er mit ihr am Arm zu ihrer Tante kommt, um es anzuzeigen –
Frau Holt Tönnesens waren nämlich elternlos, wissen Sie –
Frau Rummel – da steht Lona Hessel von ihrem Stuhl auf und gibt dem feinen, gebildeten Karsten Bernick eine Ohrfeige, daß es nur so knallt.
Frau Lynge Nein, hat man je –!
Frau Holt Es ist die volle Wahrheit.
Frau Rummel Und dann packte sie ihren Koffer und fuhr nach Amerika.
Frau Lynge So hatte sie's wohl selber auf ihn abgesehen?
Frau Rummel Ohne Zweifel. Sie bildete sich steif und fest ein, daß ein Paar aus ihnen würde, wenn er von Paris zurückkäme.
Frau Holt Denken Sie mal an! Sich so was einzubilden! Bernick – der junge, elegante Weltmann – der vollkommene Kavalier – der Liebling aller Damen –
Frau Rummel (zu Frau Holt) – und trotzdem so anständig, Frau Holt, und so moralisch.
Frau Lynge Aber was treibt denn dieses Fräulein Hessel in Amerika?
Frau Rummel Ja, sehen Sie, darüber liegt, wie Rummel sich einmal ausdrückte, ein Schleier, den man schwerlich lüften dürfte.
Frau Lynge Wieso nicht?
Frau Rummel Sie steht, wie Sie begreifen werden, mit der Familie ja nicht mehr in Verbindung; aber so viel weiß doch die ganze Stadt, daß sie drüben für Geld in den Kneipen gesungen hat –
Frau Holt – und Vorträge gehalten –
Frau Rummel – und ein ganz verrücktes Buch geschrieben hat.
Frau Lynge Denk' mal an!
Frau Rummel Ja, ja! Lona Hessel ist auch so ein Flecken in der Sonne des Bernickschen Glücks. So, jetzt wissen Sie Bescheid, liebe Frau Lynge. Ich habe, bei Gott, nur deshalb über diese Verhältnisse gesprochen, damit Sie sich in acht nehmen.
Frau Lynge Da können Sie ganz ruhig sein. Doch die arme Dina Dorf! Es tut mir wirklich leid um sie.
Frau Rummel Na, für die war es ja ein reines Glück. Denken Sie nur, wenn sie in den Händen der Eltern geblieben wäre! Wir haben uns

natürlich alle ihrer angenommen und ihr nach Kräften gute Lehren gegeben. Später setzte Fräulein Bernick es durch, daß sie hier ins Haus kam.

Frau Holt Aber ein schwer zu behandelndes Kind ist sie immer gewesen. Sehr begreiflich – die schlechten Beispiele! Ein solches Kind ist ja nicht wie eins von unsren; man muß Nachsicht mit ihr haben, Frau Lynge.

Frau Rummel Still, da kommt sie! *(Laut)* Ja, die Dina ist wirklich ein geschicktes Mädchen. Ei, bist du da, liebe Dina? Wir legen eben die Arbeit weg.

Frau Holt Wie lieblich dein Kaffee duftet, liebste Dina! So ein Täßchen Kaffee am Vormittag –

Frau Bernick (auf der Terrasse) Darf ich bitten, meine Damen!

(Martha und Dina waren mittlerweile dem Dienstmädchen dabei behilflich, den Kaffee zu servieren. Alle Damen nehmen draußen Platz und überbieten sich in Freundlichkeiten gegen Dina. Nach einer kleinen Weile kommt Dina ins Zimmer und sucht ihre Handarbeit.)

Frau Bernick (draußen am Kaffeetisch) Dina, willst du nicht auch –?

Dina Nein, danke – ich mag nicht.

(Sie setzt sich an ihre Näharbeit. Frau Bernick und der Adjunkt wechseln einige Worte; gleich darauf kommt er ins Zimmer.)

Rörlund (macht sich am Tisch zu schaffen und sagt leise) Dina!

Dina Herr Rörlund.

Rörlund Warum wollen Sie nicht mit draußen bleiben?

Dina Wie ich mit dem Kaffee hereinkam, da merkt' ich der fremden Dame an, daß man über mich gesprochen hatte.

Rörlund Doch sahen Sie nicht auch, wie freundlich sie zu Ihnen war?

Dina Aber das vertrag' ich nicht!

Rörlund Sie haben ein störrisches Gemüt, Dina.

Dina Ja.

Rörlund Doch warum?

Dina Ich bin nun einmal so.

Rörlund Könnten Sie nicht versuchen, anders zu werden?

Dina Nein.

Rörlund Und weshalb nicht?

Dina (sieht ihn an) Ich gehöre ja zu den moralisch Verkommenen.

Rörlund Pfui, Dina.

Dina Meine Mutter gehörte auch zu den moralisch Verkommenen.

Rörlund Wer hat Ihnen so etwas gesagt?

Dina Niemand; man sagt mir nichts. Warum tun sie das? Man faßt

mich so behutsam an, als ob ich zerbrechen würde, wenn –. Oh, wie ich diese ewige Gutherzigkeit hasse!
Rörlund Liebe Dina, ich verstehe recht gut, daß Sie sich hier bedrückt fühlen; aber –
Dina O könnt' ich nur weg, weit weg! Ich würde mich schon selber fortbringen, wenn ich nur nicht unter Menschen lebte, die so – so –
Rörlund So –?
Dina – so anständig und so moralisch sind.
Rörlund Aber Dina, das ist nicht Ihre Meinung.
Dina O, Sie verstehen schon, wie ich das meine. Jeden Tag müssen Hilda und Netta her, damit ich sie mir zum Muster nehme. Ich kann nie so wohlanständig werden wie sie. Ich will nicht so werden. Ach, wär' ich weit weg, ich wollte schon brav werden!
Rörlund Sie sind ja brav, Dina.
Dina Was hilft mir das hier?
Rörlund Also fortgehen? – Denken Sie im Ernst daran?
Dina Ich möchte nicht einen Tag länger hierbleiben, wenn Sie nicht wären.
Rörlund Sagen Sie mir, Dina – warum sind Sie eigentlich so gern mit mir zusammen?
Dina Weil Sie mich so viel Schönes lehren.
Rörlund Schönes? Halten Sie das, was ich Sie lehren kann, für etwas Schönes?
Dina Ja. Oder – eigentlich lehren Sie mich nichts; aber wenn ich Sie reden höre, dann kann ich so viel Schönes sehen.
Rörlund Und was verstehen Sie denn unter schön?
Dina Darüber hab' ich nie nachgedacht.
Rörlund So denken Sie jetzt darüber nach! Was verstehen Sie unter schön?
Dina Schön ist etwas, das groß ist – und weit weg.
Rörlund Hm! – Liebe Dina, ich mache mir Ihretwegen aufrichtige Sorgen.
Dina Nur das?
Rörlund Sie wissen doch recht gut, wie unsäglich teuer Sie mir sind.
Dina Wenn ich Hilda oder Netta wäre, so würden Sie sich nicht scheuen, es jemand merken zu lassen.
Rörlund Ach, Dina, Sie können gar nicht beurteilen, was für unzählige Rücksichten man zu beobachten hat –. Wenn man dazu berufen ist, eine moralische Stütze zu sein der Gesellschaft, in der man lebt, so – so – man kann nicht vorsichtig genug sein. Wär' ich nur sicher, daß meine

Beweggründe nicht falsch gedeutet würden – doch dem sei, wie ihm wolle; Ihnen muß und soll geholfen werden. Dina, versprechen Sie mir, daß, wenn ich komme – wenn die Verhältnisse mir gestatten, zu kommen – und ich sage: hier ist meine Hand – wollen Sie dann diese Hand ergreifen und meine Gattin werden? Versprechen Sie mir das, Dina?

Dina Ja.

Rörlund Dank, Dank! Denn auch für mich –. O, Dina, ich bin Ihnen doch so gut! – Still! Man kommt – Dina, um meinetwillen –, gehen Sie hinaus zu den andern!

(Sie geht hinaus an den Kaffeetisch. In demselben Augenblick kommen Rummel, Sandstad und Vigeland durch die Tür links, begleitet von Bernick, der einen Stoß Papiere trägt.)

Bernick Die Sache ist also abgemacht?

Vigeland In Gottes Namen! Mag's denn sein.

Rummel Abgemacht, Bernick! Du weißt, eines Norwegers Wort steht fest wie der Fels im Meer.

Bernick Und keiner wankt und keiner weicht, welchem Widerstand wir auch begegnen mögen?

Rummel Wir stehen und fallen miteinander, Bernick!

Hilmar (in der Gartentür) Fallen? Verzeihung! Die Eisenbahn, die soll doch fallen?

Bernick Im Gegenteil; sie soll gehen.

Rummel – mit Dampf, Herr Tönnesen.

Hilmar (näher) So?

Rörlund Wie?

Frau Bernick (in der Gartentür) Aber, lieber Karsten, wie steht die Sache eigentlich?

Bernick Ach, liebe Betty, das kann dich doch nicht interessieren! *(Zu den drei Herren)* Doch nun müssen wir die Listen aufstellen; je eher, je besser. Es ist selbstverständlich, daß wir vier zuerst zeichnen. Die Stellung, die wir in der Gesellschaft einnehmen, macht es uns zur Pflicht, so weit wie möglich zu gehen.

Sandstad Versteht sich, Herr Konsul.

Rummel Wir setzen's durch, Bernick; geschworen sei's.

Bernick I, um den Ausgang ist mir gar nicht bange. Jeder von uns muß im Kreise seiner Bekannten zu werben suchen; und können wir erst auf eine recht lebhafte Teilnahme in allen Gesellschaftsschichten hinweisen, so versteht es sich von selber, daß auch die Gemeinde das ihrige beitragen muß.

Frau Bernick Aber Karsten, so mach' doch endlich und erzähl' uns –
Bernick Liebe Betty! Das ist eine Sache, die Damen nur schwer beurteilen können.
Hilmar Du willst also doch das Eisenbahnprojekt fördern?
Bernick Natürlich.
Rörlund Aber voriges Jahr, Herr Konsul –?
Bernick Voriges Jahr war das eine ganz andere Sache. Damals war die Rede von einer Küstenlinie –
Vigeland – die ganz überflüssig gewesen wäre, Herr Rörlund; denn wir haben ja Dampfschiffe –
Sandstad – und die so unsinnig kostspielig gewesen wäre –
Rummel – ja, und die geradezu die Lebensinteressen der Stadt geschädigt hätte.
Bernick Die Hauptsache war, daß sie nicht einem weiteren Kreise zugute gekommen wäre. Deshalb war ich dagegen; und so wurde die Binnenlinie genehmigt.
Hilmar Aber die berührt ja die Städte hier in der Umgegend nicht.
Bernick Sie wird künftig unsere Stadt berühren, mein lieber Hilmar; denn wir werden eine Zweigbahn bauen zu uns hin.
Hilmar Aha! Also eine neue Idee?
Rummel Ja, und eine köstliche Idee, was?
Rörlund Hm –
Vigeland Es ist nicht zu leugnen, daß die Vorsehung sozusagen das Terrain für eine Zweigbahn geschaffen hat.
Rörlund Ist das Ihr Ernst, Herr Vigeland?
Bernick Ja, auch ich betrachte es als eine Fügung des Schicksals, daß ich letztes Frühjahr landeinwärts in Geschäften zu reisen hatte und so zufälligerweise an eine Talstraße kam, wo ich früher nie gewesen war. Wie ein Blitz durchzuckte mich der Gedanke: hier müßten wir eine Zweigbahn bauen können zu uns herunter. Ich ließ einen Ingenieur die Strecke befahren; hier hab' ich die vorläufigen Berechnungen und Kostenanschläge; dem Bau steht nichts im Wege.
Frau Bernick (kommt mit den übrigen Damen näher) Aber Karsten, daß du dies alles vor uns verheimlicht hast.
Bernick Meine gute Betty, ihr hättet doch die tiefere Bedeutung nicht ermessen können. Übrigens hab' ich bis zum heutigen Tage zu keiner Menschenseele davon gesprochen. Doch nun ist der entscheidende Augenblick gekommen; nun soll vor aller Augen und mit allen Kräften hier agitiert werden. Und sollt' ich meine ganze Existenz an das Unternehmen setzen – ich werd' es durchführen.

Rummel Wir auch, Bernick; darauf kannst du dich verlassen.
Rörlund Versprechen Sie sich wirklich so viel von diesem Unternehmen, meine Herren?
Bernick Das sollt' ich meinen! Welchen Aufschwung wird da nicht unsere ganze Gesellschaft nehmen! Denken Sie nur an das große Waldland, das aufgeschlossen wird; denken Sie an die vielen reichhaltigen Erzlager, die der Ausbeutung harren; denken Sie an den Fluß mit den zahllosen Wasserfällen. Welch unschätzbarer Boden für die Industrie!
Rörlund Und fürchten Sie nicht, daß der intensivere Verkehr mit einer verdorbenen Außenwelt –?
Bernick Machen Sie sich keine Sorgen, Herr Adjunkt! Unser kleiner, strebsamer Ort steht – Gott sei Dank – heut auf dem Grund und Boden einer gesunden Moralität. Wir haben ja alle geholfen, ihn zu drainieren, wenn ich so sagen darf; und das wollen wir auch fürder tun, jeder auf seine Weise. Sie, Herr Adjunkt, setzen Ihre segensreiche Wirksamkeit in Schule und Haus fort. Wir, die Männer der praktischen Arbeit, stützen die Gesellschaft, indem wir Wohlstand in möglichst weite Kreise tragen – und unsere Frauen – ja, treten Sie nur näher, meine Damen, Sie dürfen's schon hören –; unsere Frauen, sag' ich, unsere Gattinnen und Töchter – ja, seien Sie nur ungestört im Dienste der Barmherzigkeit weiter tätig, und im übrigen seien Sie Ihrer Familie eine Stütze und ein Trost, so wie meine liebe Betty und meine Marha es mir und Olaf – *(er sieht sich um)* ja, wo steckt denn Olaf heut?
Frau Bernick Ach, jetzt in den Ferien ist er unmöglich zu Hause zu halten.
Bernick So ist er gewiß wieder hinunter ans Wasser! Du wirst sehen, es gibt noch ein Unglück.
Hilmar Bah! – ein kleines Spiel mit den Naturkräften –
Frau Rummel Wie schön ist das von Ihnen, daß Sie so viel Familiensinn haben, Herr Konsul!
Bernick Die Familie ist ja doch der Kern der Gesellschaft. Ein gutes Heim, geachtete und treue Freunde, ein kleiner, geschlossener Kreis, in den keine störenden Elemente ihren Schatten werfen –
(Krap kommt mit Briefen und Zeitungen von rechts)
Krap Die ausländische Post, Herr Konsul – und ein Telegramm aus New York.
Bernick (nimmt es) Ah! Von der Reederei – in Sachen der »Indian Girl«.
Rummel So? Die Post ist gekommen? Dann muß ich mich empfehlen.
Vigeland Auch ich.

Sandstad Adieu, Herr Konsul!
Bernick Adieu, adieu, meine Herren! Vergessen Sie ja nicht, daß wir heute Nachmittag fünf Uhr eine Sitzung haben.
Die drei Herren Bewahre – gewiß nicht! *(Sie gehen rechts ab)*
Bernick (der das Telegramm gelesen hat) Nein, das ist wirklich echt amerikanisch! Geradezu empörend –
Frau Bernick Gott, Karsten, was gibt es?
Bernick Herr Krap, da lesen Sie!
Krap (liest) »Möglichst wenig Reparatur; sendet ›Indian Girl‹, sobald segelfertig; gute Jahreszeit; schwimmt im Notfall auf Ladung.« Da muß ich denn doch sagen –
Bernick Schwimmt auf Ladung! Die Herren wissen recht gut, daß mit der Ladung das Schiff wie ein Stein sinkt, wenn ihm etwas zustößt.
Rörlund Ja, da sieht man, wie es steht um diese hochgepriesene große Gesellschaft!
Bernick Da haben Sie recht! Selbst Menschenleben gelten nichts, sobald der Gewinn auf dem Spiele steht. *(Zu Krap)* Kann die »Indian Girl« in vier, fünf Tagen seeklar sein?
Krap Ja, wenn Vigeland darauf eingeht, daß wir unterdessen die Arbeit am »Palmbaum« aussetzen.
Bernick Hm, das tut er er nicht. Ach, sehen Sie doch die Post durch. Olaf haben Sie wohl nicht an der Brücke getroffen?
Krap Nein, Herr Konsul. *(Ab in das erste Zimmer links)*
Bernick (blickt wieder in das Telegramm) Diese Herren tragen kein Bedenken, achtzehn Menschenleben aufs Spiel zu setzen –
Hilmar Na aber, es ist doch der Beruf des Seemanns, den Elementen zu trotzen; es muß einen Nervenreiz gewähren, so auf einer dünnen Planke über dem Abgrund zu schweben –
Bernick Ich möchte den Schiffsreeder sehen bei uns, der sich zu so etwas entschließen könnte! Nicht einer, nicht ein einziger – *(Er wird Olaf gewahr)* Na, Gott sei Dank, da ist er ja, und unversehrt.
(Olaf, mit einer Angelrute in der Hand, ist die Straße heraufgelaufen und kommt nun durch das Gartentor.)
Olaf (noch im Garten) Onkel Hilmar, ich war unten und habe das Dampfschiff gesehen.
Bernick Warst du wieder auf der Brücke?
Olaf Nein, ich war bloß draußen in einem Boot. Denk' nur, Onkel Hilmar, es ist eine ganze Kunstreitertruppe mit Pferden und anderen Tieren gelandet, und so viel Passagiere!
Frau Rummel Wirklich? Kunstreiter kommen zu uns?

Rörlund Zu uns? Das will ich doch nicht hoffen.
Frau Rummel Zu uns natürlich nicht, aber –
Dina Ich möchte gern mal Kunstreiter sehen!
Olaf Ich auch.
Hilmar Du bist ein Schafskopf. Ist denn daran was zu sehen? Lauter Dressur! Da ist's denn doch was andres, den Gaucho auf seinem schnaubenden Mustang über die Pampas jagen zu sehen! Aber, du lieber Himmel, in diesem Nest –
Olaf (zupft Martha am Kleid) Tante Martha, schau, schau – da kommen sie!
Frau Holt Bei Gott ja, da sind sie!
Frau Lynge Hu, die häßlichen Menschen!
(Eine Menge Passagiere und ein ganzer Haufen von Leuten aus der Stadt kommen die Straße entlang.)
Frau Rummel Ja, das ist mir schon die rechte Sorte Gaukler. Sehen Sie nur die in dem grauen Kleid, Frau Holt; sie trägt ein Felleisen auf dem Rücken.
Frau Holt Und sehen Sie mal, sie trägt es am Schirmstock! Das ist natürlich die Frau Direktor.
Frau Rummel Und da ist der Direktor selbst; der mit dem Bart. Er sieht aufs Haar wie ein Räuber aus. Sieh weg, Hilda!
Frau Holt Und du auch, Netta!
Olaf Mutter! Der Direktor grüßt zu uns herauf!
Bernick Was soll das heißen?
Frau Bernick Was sagst du, Kind?
Frau Rummel Wahrhaftiger Gott, da grüßt das Frauenzimmer auch!
Bernick Nein – das ist denn doch zu stark!
Martha (ruft unwillkürlich aus) Ah –!
Frau Bernick Was ist, Martha?
Martha O, nichts! Ich glaubte bloß –
Olaf (jauchzt vor Freude) Seht, seht – da kommen die übrigen mit den Pferden und den anderen Tieren! Und da sind auch die Amerikaner – alle Matrosen von der »Indian Girl«!
(Man hört den »Yankee Doodle«, begleitet von Klarinette und Trommel)
Hilmar (hält sich die Ohren zu) Uh, uh, uh!
Rörlund Ich meine, wir sollten uns solange zurückziehen, meine Damen; das ist nichts für uns. Wir wollen wieder an unsere Arbeit.
Frau Bernick Wir können ja die Vorhänge vorziehen?
Rörlund Ganz meiner Meinung.

(Die Damen nehmen ihre Plätze am Tisch ein. Der Adjunkt schließt die Gartentür und läßt die Vorhänge an der Tür sowie an den Fenstern herunter. Es wird halbdunkel im Saal.)
Olaf (der hinausguckt) Mutter! Da steht die Direktorsfrau am Brunnen und wäscht sich das Gesicht.
Frau Bernick Was! Mitten auf dem Markt?
Frau Rummel Und das am hellichten Tage!
Hilmar Nun, wenn ich mich auf einer Reise durch die Wüste befände und auf eine Zisterne stieße, so würd' ich mich auch nicht genieren –. Uh, die entsetzliche Klarinette!
Rörlund Es täte wirklich not, daß die Polizei einschritte.
Bernick Ei was! Mit Ausländern muß man's nicht so genau nehmen. Die Leute haben ja nicht das angeborene Schicklichkeitsgefühl, das uns in den rechten Schranken hält. Laßt denen nur ihre Extravaganzen! – Was geht das uns an? Dieser ganze Unfug, der sich gegen Brauch und gute Sitte auflehnt, steht glücklicherweise in keinen verwandtschaftlichen Beziehungen zu unsrer Gesellschaft, wenn ich so sagen darf. – Was heißt denn das?
(Die Fremde tritt rasch durch die Tür rechts ein)
Die Frauen (erschrocken, leise) Die Kunstreiterin! Die Direktorsfrau!
Frau Bernick Gott, was soll das bedeuten?
Martha (springt auf) Ah –!
Die Fremde Guten Tag, liebe Betty! Guten Tag, Martha! Guten Tag, Schwager!
Frau Bernick (schreit auf) Lona!
Bernick (taumelt einen Schritt zurück) So wahr ich lebe –!
Frau Holt Gott steh' uns bei!
Frau Rummel Nicht möglich!
Hilmar Na! Uh!
Frau Bernick Lona –! Bist du's wirklich?
Lona Hessel Ob ich's bin? – Wahrhaftig, ja! Was das betrifft, so könnt ihr mir ruhig um den Hals fallen.
Hilmar Uh! Uh!
Frau Bernick Und jetzt kommst du hierher als –?
Bernick – und willst wirklich auftreten –?
Lona Auftreten? Wieso auftreten?
Bernick Na ja – mit den Kunstreitern –
Lona Hahaha! Du bist wohl nicht bei Trost, Schwager? Glaubst du, ich gehöre zu den Kunstreitern? Nein! Zwar hab' ich vielerlei Künste geübt und mich auf manche Art zum Narren gemacht –

Frau Rummel Hm –
Lona – doch Kunststücke auf dem Pferderücken, die hab' ich noch nicht gemacht.
Bernick Also doch nicht –
Frau Bernick Gott sei Dank!
Lona Nein, wir kommen wirklich wie andre anständige Leute – freilich als Zwischendeckpassagiere; doch daran sind wir gewöhnt.
Frau Bernick Wir, sagst du?
Bernick (einen Schritt näher) Wer ist das – wir?
Lona Ich und das Kind – natürlich.
Die Damen (ausrufend) Das Kind!
Hilmar Was!
Rörlund Das ist wirklich stark.
Frau Bernick Sprich, was meinst du damit, Lona?
Lona Ich meine natürlich John damit; hab' ich doch kein andres Kind als John, soviel ich weiß – oder Johann, wie ihr ihn nanntet.
Frau Bernick Johann –!
Frau Rummel (leise zu Frau Lynge) Der berüchtigte Bruder!
Bernick (zögernd) Johann ist mit?
Lona Jawohl, jawohl! Ohne ihn reis' ich ja doch nicht. – Aber ihr seht so traurig aus und sitzt hier im Halbdunkel und näht was Weißes. Ist etwa ein Todesfall in der Familie?
Rörlund Mein Fräulein! Sie sind hier im »Verein für die moralisch Verkommenen«!
Lona (halblaut) Was sagen Sie? Diese feinen, gesetzten Damen wären –
Frau Rummel Nein – da hört doch alles auf –!
Lona Ah! Verstehe, verstehe! Aber Donnerwetter, das ist ja Frau Rummel! Und da sitzt ja auch Frau Holt. Na, wir drei sind auch nicht jünger geworden, seit wir uns das letztemal gesehen. Wißt ihr was, ihr guten Leute? Laßt jetzt die moralisch Verkommenen einen Tag warten; sie werden darum nicht schlimmer. Ein Moment der Freude wie dieser –
Rörlund Eine Heimkehr ist nicht immer ein Moment der Freude.
Lona So? Wie Sie Ihre Bibel lesen, Herr Pastor!
Rörlund Ich bin nicht Pastor.
Lona Nun, dann werden Sie's gewiß noch. Aber pfui, pfui, pfui! Dieses moralische Leinenzeug riecht so verdorben – gerad' wie ein Leichentuch. Ich bin die Luft der Prärien gewöhnt.
Bernick (wischt sich die Stirn) Ja, 's ist wirklich etwas dumpf hier im Zimmer.

Lona Warte, warte! Aus der Totengruft da kommen wir schon noch heraus! *(Sie zieht die Vorhänge auf)* Volles Tageslicht muß hier sein, wenn der Junge kommt! Da sollt ihr einen Burschen sehen, der sich gewaschen hat!
Hilmar Uh!
Lona (öffnet Fenster und Türen) – Das heißt, wenn er sich gewaschen hat – oben im Hotel; denn auf dem Dampfschiff, da wurde er dreckig wie ein Schwein.
Hilmar Uh! Uh!
Lona Uh? Ja, wahrhaftig, ist das nicht –? *(Sie zeigt auf Hilmar und fragt die übrigen)* Treibt der sich hier noch immer herum und sagt: Uh?
Hilmar Ich treibe mich nicht herum – ich mache mir Motion wegen meines Leidens.
Rörlund Hm, meine Damen, ich glaube nicht –
Lona (die Olaf erblickt hat) Ist das deiner, Betty? – Komm, gib mir die Pfote, Junge! Oder bist du am Ende bange vor deiner alten, häßlichen Tante?
Rörlund (indem er sein Buch unter den Arm nimmt) Meine Damen, ich glaube nicht, daß wir in der Stimmung sind, heut weiterzuarbeiten. Aber morgen kommen wir doch wieder zusammen?
Lona (während die Damen aufstehen, um Abschied zu nehmen) Jawohl, das wollen wir. Ich werde zur Stelle sein.
Rörlund Sie? – Mit Verlaub, mein Fräulein, was wollen Sie in unserm Verein?
Lona Ich will auslüften, Herr Pastor!

ZWEITER AKT

Das Gartenzimmer im Bernickschen Hause

Frau Bernick sitzt allein am Nähtisch bei ihrer Arbeit. Gleich darauf kommt Bernick, den Hut auf, mit Stock und Handschuhen, von rechts herein.

Frau Bernick Du kommst schon nach Hause, Karsten?
Bernick Ja. Ich habe jemand herbestellt.

Frau Bernick (mit einem Seufzer) Ach ja! Vermutlich kommt Johann wieder.
Bernick Jemand, sag' ich. *(Nimmt den Hut ab)* Wo sind denn heut die Damen alle?
Frau Bernick Frau Rummel und Hilda hatten keine Zeit.
Bernick So? Haben sie abgesagt?
Frau Bernick Ja! Sie hätten zu Haus so viel zu tun.
Bernick Versteht sich. Und die andern kommen natürlich auch nicht?
Frau Bernick Nein; die haben auch eine Abhaltung.
Bernick Das hätt' ich dir vorhersagen können. – Wo ist Olaf?
Frau Bernick Ich hab' ihn mit Dina ein bißchen an die Luft geschickt.
Bernick Hm; Dina, die leichtsinnige Person! Daß sie sich gestern gleich so viel mit Johann abgeben mußte.
Frau Bernick Aber, lieber Karsten, Dina weiß ja gar nicht –
Bernick Na, dann hätte wenigstens Johann so viel Takt haben sollen, sie zu ignorieren. Ich habe recht gut gesehen, was für Augen Vigeland dazu machte.
Frau Bernick (legt das Nähzeug in den Schoß) Karsten, verstehst du, was sie hier wollen?
Bernick Hm; er hat eine Farm drüben, mit der es wohl nicht sonderlich gut bestellt ist; Lona spielte ja gestern darauf an, daß sie Zwischendeck reisen mußten.
Frau Bernick Ja, leider muß es wohl so etwas sein! – Aber daß sie mitgekommen ist! Sie! Nach der tödlichen Kränkung, die sie dir zugefügt –!
Bernick So denk' doch nicht an diese alten Geschichten!
Frau Bernick Wie kann ich unter diesen Umständen an andres denken? Er ist ja doch mein Bruder – ja, es ist nicht seinetwegen; aber die vielen Unannehmlichkeiten, die dir das verursacht – Karsten, mir ist so entsetzlich bange, daß –
Bernick Wovor ist dir bange?
Frau Bernick Können sie ihn nicht fassen und einstecken wegen des Geldes, das deiner Mutter entwendet wurde?
Bernick Unsinn! Wer kann beweisen, daß Geld entwendet wurde?
Frau Bernick Ach Gott, das weiß ja leider die ganze Stadt; und du hast doch selbst gesagt –
Bernick Nichts hab' ich gesagt. Die Stadt, was weiß die von der Sache! Alles war haltloses Gerede.
Frau Bernick Wie hochherzig du bist, Karsten!
Bernick Verschone mich mit diesen Erinnerungen, sag' ich! Du weißt

nicht, wie du mich peinigst, wenn du diese Dinge wieder aufwärmst. *(Er geht im Zimmer auf und ab; darauf schleudert er den Stock fort)* Daß sie auch gerade jetzt kommen mußten – jetzt, wo ich in der Stadt wie in der Presse eine durch nichts getrübte Stimmung brauche! – Da wird man Korrespondenzen an die Zeitungen der Nachbarstädte schicken. Nehm' ich die beiden gut oder nehm' ich sie schlecht auf – das eine wird so gut diskutiert und bekrittelt wie das andere. Da werden die Leute diese ganzen alten Geschichten aufrühren – genau so wie du. In einer Gesellschaft wie der unsrigen – *(Er wirft die Handschuhe auf den Tisch)* und nicht einen Menschen hab' ich, mit dem ich mich aussprechen könnte, an dem ich eine Stütze hätte.

Frau Bernick Gar keinen, Karsten?

Bernick Wer sollte das sein? – Sie gerade jetzt auf dem Hals zu haben! Es ist gar kein Zweifel, daß sie auf die eine oder andre Art Skandal machen, besonders Lona. Ist's nicht ein Unglück, solche Menschen in der Familie zu haben!

Frau Bernick Ich kann doch nichts dafür, daß –

Bernick Wofür kannst du nichts? Daß du mit ihnen verwandt bist? Sehr wahr!

Frau Bernick Und ich habe sie auch nicht gebeten, zurückzukommen.

Bernick Siehst du, da haben wir's! Ich habe sie nicht gebeten zurückzukommen, ich habe nicht deswegen an sie geschrieben; ich habe sie nicht bei den Haaren herbeigezogen. O, die Litanei, die kann ich schon auswendig!

Frau Bernick (bricht in Tränen aus) Du bist aber auch so lieblos –

Bernick So ist's recht! Weine nur noch, damit die Stadt auch darüber klatschen kann! Laß die Albernheiten, Betty! Setz' dich draußen hin; es könnte jemand kommen. Soll man vielleicht die Frau des Konsul Bernick mit verweinten Augen sehen? Das wäre herrlich, wenn es unter die Leute käme, daß – *(Es klopft)* Herein!

(Frau Bernick geht mit ihrem Nähzeug auf die Terrasse. Aune kommt von rechts)

Aune Guten Tag, Herr Konsul!

Bernick Guten Tag! Na, Sie ahnen wohl schon, was ich von Ihnen will?

Aune Der Herr Prokurist sagte mir gestern, daß Sie nicht mit mir zufrieden sind.

Bernick Ich bin mit der ganzen Wirtschaft auf der Werft unzufrieden, Aune. Sie kommen ja nicht vorwärts mit den Schiffsreparaturen. Der »Palmbaum« hätte schon längst unter Segel sein sollen. Herr Vigeland kommt jeden Tag her und drängt mich; den Mann zum Mitreeder zu haben, das ist kein Vergnügen.

Aune Der »Palmbaum« kann übermorgen in See gehen.

Bernick Na, endlich! Aber der Amerikaner, die »Indian Girl«, die seit fünf Wochen hier liegt und –

Aune Der Amerikaner? Ich habe gemeint, wir sollten zuerst mit allen Kräften an Ihrem eigenen Schiff arbeiten.

Bernick Ich habe Ihnen keine Veranlassung gegeben, das zu glauben; auch mit dem Amerikaner hätten Sie sich möglichst beeilen sollen; aber das geschieht nicht.

Aune Der Boden der Schüte ist durch und durch morsch, Herr Konsul. Je mehr wir dran flicken, desto schlimmer wird's.

Bernick Das ist nicht der wahre Grund. Krap hat mir den wahren gesagt. Sie verstehen nicht mit den neuen Maschinen zu arbeiten – oder richtiger, Sie wollen damit nicht arbeiten.

Aune Herr Konsul, ich bin nun schon hoch in den Fünfzigern und bin die alte Arbeitsweise von Kindheit an gewöhnt –

Bernick Die nützt uns heutzutage nichts mehr. Glauben Sie nur nicht, Aune, es sei mir um den Gewinn zu tun; das hab' ich glücklicherweise nicht mehr nötig. Aber ich habe Rücksicht zu nehmen auf die Gesellschaft, in der ich lebe, und auf das Geschäft, dem ich vorstehe. Von mir muß der Fortschritt kommen, oder er kommt gar nicht.

Aune Ich will auch den Fortschritt, Herr Konsul.

Bernick Ja, für Ihren engen Kreis, den Arbeiterstand. O, ich weiß recht gut um Ihre Agitationen. Sie halten Reden; Sie wiegeln die Leute auf; aber wenn sich ein handgreiflicher Fortschritt darbietet, wie jetzt mit unsern Maschinen, dann wollen Sie nicht mitgehen, dann wird Ihnen angst.

Aune Ja, mir wird wirklich angst, Herr Konsul. Mir wird angst um der vielen willen, denen die Maschinen das Brot wegnehmen. Herr Konsul, Sie sprechen so oft davon, daß man Rücksicht auf die Gesellschaft nehmen müsse; aber die Gesellschaft, denk' ich, hat doch wohl auch ihre Pflichten. Wie dürfen die Wissenschaft und das Kapital die neuen Erfindungen einführen, eh' die Gesellschaft ein Geschlecht herangebildet hat, das den Erfindungen gewachsen ist?

Bernick Sie lesen und grübeln zuviel, Aune; daran tun Sie nicht gut; das eben macht Sie unzufrieden mit Ihrer Lage.

Aune Das ist's nicht, Herr Konsul; aber ich kann's nicht ertragen, einen braven Arbeiter nach dem andern verabschiedet zu sehen und wegen dieser Maschinen brotlos gemacht.

Bernick Hm, wie die Buchdruckerkunst erfunden wurde, da wurden viele Schreiber brotlos.
Aune Und würden Sie, Herr Konsul, über diese Kunst so vergnügt gewesen sein, wenn Sie damals Schreiber gewesen wären?
Bernick Ich habe Sie nicht herbeschieden, um zu diskutieren. Ich habe Sie rufen lassen, um Ihnen zu sagen, daß die »Indian Girl« bis übermorgen repariert und seetüchtig sein muß.
Aune Aber, Herr Konsul –
Bernick Übermorgen, hören Sie! Zu gleicher Zeit mit unserm eignen Schiff; nicht eine Stunde später! Ich habe meine guten Gründe, die Sache zu beschleunigen. Haben Sie heut morgen die Zeitung gelesen? Na, dann wissen Sie auch, daß die Amerikaner wieder Unfug getrieben haben. Dies ruchlose Pack kehrt ja in der Stadt das Unterste zuoberst. Keine Nacht vergeht ohne Schlägereien in den Wirtshäusern oder auf der Straße, von allen andern Widerwärtigkeiten gar nicht zu reden.
Aune Das ist wahr, es ist ein arges Gesindel.
Bernick Und wem wird das Unwesen in die Schuhe geschoben? Mir! Ja, über mich, da geht's her. Diese Zeitungsschreiber schmähen in verblümter Weise, wir konzentrierten die ganze Arbeitskraft auf den »Palmbaum«. Ich, der ich die Aufgabe habe, durch die Macht des Beispiels auf meine Mitbürger zu wirken, muß mir dergleichen unter die Nase reiben lassen. Das ertrag' ich nicht! Ich lasse mir's nicht gefallen, daß mein Name derart besudelt wird.
Aune O, der Name des Herrn Konsul ist so gut, daß er dies und noch mehr aushalten kann.
Bernick Nicht jetzt. In diesem Augenblick brauche ich mehr denn je die Achtung und das Wohlwollen meiner Mitbürger. Ich habe, wie Sie vielleicht gehört haben, ein großes Unternehmen vor; gelingt es aber diesen böswilligen Menschen, das unbedingte Vertrauen zu meiner Person zu erschüttern, so können mir daraus die größten Schwierigkeiten erwachsen. Darum will ich um jeden Preis den boshaften und verleumderischen Zeitungsschreibereien aus dem Wege gehen, und darum hab' ich den Termin auf übermorgen festgesetzt.
Aune Herr Konsul, Sie könnten ebensogut den Termin auf heut nachmittag festsetzen.
Bernick Sie meinen, ich verlange Unmögliches?
Aune Mit dem Stamm von Arbeitern, über den wir jetzt verfügen –
Bernick Gut, gut – so müssen wir uns anderweitig umsehen.

Aune Wollen Sie wirklich noch mehr von unsern alten Arbeitern entlassen?
Bernick Nein, das ist nicht meine Absicht.
Aune Es würde auch meines Erachtens böses Blut machen, wenn Sie das täten, in der Stadt – wie in den Zeitungen.
Bernick Wohl möglich; darum seh' ich auch davon ab. Doch wenn die »Indian Girl« übermorgen nicht klar ist, so entlass' ich Sie.
Aune (mit einem Ruck) Mich? *(Er lacht)* Sie scherzen, Herr Konsul.
Bernick Darauf bauen Sie lieber nicht.
Aune Sie könnten die Absicht haben, mich zu entlassen? Mich, dessen Vater und Großvater schon ihr lebelang auf der Werft gedient haben wie ich selbst –
Bernick Wer zwingt mich denn dazu?
Aune Sie verlangen unmögliche Dinge, Herr Konsul.
Bernick I, bei etwas gutem Willen ist nichts unmöglich. Ja oder nein? Antworten Sie mir bestimmt, oder Sie haben Ihre Entlassung auf der Stelle.
Aune (einen Schritt näher) Herr Konsul, haben Sie sich's auch überlegt, was es heißt, einem alten Arbeiter den Abschied zu geben? Sie meinen, er möge sich nur nach etwas anderem umsehen? O ja, das kann er wohl! Aber ist es damit getan? – Sie sollten einmal im Haus solch eines entlassenen Arbeiters zugegen sein den Abend, wenn er heimkommt und sein Handwerkszeug an die Wand stellt.
Bernick Glauben Sie, ich entlasse Sie leichten Herzens? War ich Ihnen nicht stets ein wohlwollender Arbeitgeber?
Aune Um so schlimmer, Herr Konsul. Gerade darum werden sie bei mir zu Hause nicht Ihnen die Schuld geben; sagen werden sie mir nichts – denn das wagen sie nicht; aber sie werden mich ansehen, wenn ich's nicht merke, und denken: das wird wohl verdient sein. Schauen Sie, das – das kann ich nicht ertragen! Bin ich auch ein geringer Mann, so war ich doch stets gewohnt, unter den Meinen als der erste zu gelten. Mein dürftiges Heim ist auch eine Gesellschaft im kleinen, Herr Konsul. Diese kleine Gesellschaft hab' ich stützen und aufrechterhalten können, weil mein Weib an mich glaubte und weil meine Kinder an mich glaubten. Und nun soll das alles zusammenstürzen.
Bernick Ja, wenn's nun einmal nicht anders sein kann, so muß das Kleinere dem Größeren Platz machen; das Einzelne muß in Gottes Namen dem Allgemeinen geopfert werden. Das ist alles, was ich Ihnen zu antworten habe – so geht's nun einmal in dieser Welt. Aber Sie sind ein halsstarriger Mann, Aune. Sie leisten mir Widerstand, nicht weil Sie

nicht anders können, sondern weil Sie nicht wollen, daß die Maschinen die Handarbeit verdrängen.

Aune Und Sie sind so hartnäckig, Herr Konsul, weil Sie wissen, daß Sie der Presse wenigstens Ihren guten Willen gezeigt haben, wenn Sie mich wegjagen.

Bernick Und wenn dem nun so wäre? Sie hören ja, um was es sich für mich handelt – entweder die Presse auf dem Hals zu haben oder sie günstig für mich zu stimmen in einem Augenblick, da ich für eine große Sache im Interesse des Gemeinwohls arbeite. Sagen Sie selbst! Kann ich denn anders handeln? Ich kann Ihnen sagen – die Frage ist: entweder das zu erhalten, was Sie Ihr Heim nennen, oder Hunderte von neuen Heimstätten unmöglich zu machen, die nie begründet werden können, auf denen nie ein Schornstein rauchen wird, wenn es mir mißlingt, das durchzusetzen, was ich vorhabe. Das ist der Grund, weshalb ich Sie vor die Wahl gestellt habe.

Aune Ja, wenn dem so ist, dann hab' ich weiter nichts zu sagen.

Bernick Hm – mein lieber Aune, es tut mir aufrichtig leid, daß wir uns trennen müssen.

Aune Wir trennen uns nicht, Herr Konsul.

Bernick Wie?

Aune Ein simpler Mann hat auch etwas aufrechtzuerhalten hier in der Welt.

Bernick Jawohl, jawohl – und glauben Sie also, versprechen zu können –?

Aune Die »Indian Girl« kann übermorgen auslaufen. *(Er grüßt und geht rechts ab)*

Bernick Aha! Dem Burschen hätt' ich die Starrköpfigkeit ausgetrieben. Ich nehm's als ein gutes Zeichen –

(Hilmar Tönnesen, die Zigarre im Mund, kommt durch das Gartentor)

Hilmar (auf der Treppe) Guten Tag, Betty! Guten Tag, Bernick!

Frau Bernick Guten Tag.

Hilmar Du hast ja geweint, wie ich sehe. Du weißt es also?

Frau Bernick Was soll ich wissen?

Hilmar Daß der Skandal in vollem Gang ist. Uh!

Bernick Was soll das heißen?

Hilmar (kommt herein) Na, die beiden Amerikaner gehen in den Straßen umher und zeigen sich in Begleitung von Dina Dorf.

Frau Bernick (folgt ihm auf dem Fuße) Aber Hilmar – das ist wohl nicht möglich –

Hilmar Leider ja. Es ist die reine Wahrheit. Lona war sogar taktlos genug, mir nachzurufen; aber ich hab' natürlich getan, als hört' ich's nicht.

Bernick Und das alles ist wahrscheinlich nicht unbemerkt vor sich gegangen?

Hilmar Nein – das kannst du dir doch denken. Die Leute blieben stehen und sahen ihnen nach. Es war, als ob ein Lauffeuer durch die Stadt ginge – ungefähr wie ein Brand auf den westlichen Prärien. In allen Häusern standen Leute an den Fenstern und warteten, bis der Zug vorbeikäme; Kopf an Kopf hinter den Gardinen – uh! Du mußt entschuldigen, Betty, ich sage uh, denn die Geschichte macht mich nervös – geht das noch länger so weiter, dann seh' ich mich genötigt, eine längere Reise in Erwägung zu ziehen.

Frau Bernick Aber du hättest doch mit ihm reden und ihm vorstellen sollen –

Hilmar Auf offener Straße? Nein – da mußt du schon entschuldigen. Daß dieser Mensch es überhaupt wagt, sich auf der Straße zu zeigen! Na, wir wollen sehen, ob ihm die Presse nicht einen Dämpfer aufsetzt. Entschuldige, Betty, aber –

Bernick Die Presse, sagst du? Hast du Andeutungen gehört, die das vermuten lassen?

Hilmar Je nun, es ist nicht so ganz ohne. Als ich euch gestern verließ, da ging ich noch ein bißchen in den Klub hinauf, meines Leidens wegen. Ich merkte gleich an der Stille, die eintrat, daß von den beiden Amerikanern die Rede gewesen. Da kommt der Redakteur Hammer, dieser unverschämte Kerl, herein und gratuliert mir ganz laut zur Rückkehr meines reichen Vetters.

Bernick Reichen –?

Hilmar Ja, so drückte er sich aus. Ich maß ihn natürlich mit dem Blick, wie er's verdiente, und gab ihm zu verstehen, daß mir von Johann Tönnesens Reichtum nichts bekannt sei. »So?« sagte er, »das ist doch sonderbar. In Amerika pflegt man's doch zu was zu bringen, wenn man mit etwas Kapital anfängt, und Ihr Vetter ist ja nicht mit leeren Händen hinübergefahren.«

Bernick Hm, tu' mir den einzigen Gefallen –

Frau Bernick (bekümmert) Da siehst du, Karsten –

Hilmar Na, jedenfalls hatt' ich dieses Menschen wegen eine schlaflose Nacht. Und da spaziert er noch in den Straßen mit einem Gesicht, als wenn gar nichts passiert wäre. Warum ist er nicht für alle Zeit verduftet! Es ist doch kaum zu glauben, was manche Menschen für ein zähes Leben haben.

Frau Bernick Gott, Hilmar, was sagst du da!
Hilmar Ach, ich sage gar nichts. Aber da entkommt er mit heiler Haut den Eisenbahnunglücken, den Überfällen kalifornischer Bären und der Schwarzfuß-Indianer; nicht einmal skalpiert! – Uh, da ist er ja!
Bernick (sieht die Straße hinunter) Olaf ist auch mit!
Hilmar Natürlich! Sie wollen den Leuten demonstrieren, daß sie zur ersten Familie der Stadt gehören. Seht nur, seht! Wie die Tagediebe alle aus der Apotheke kommen und ihnen nachgaffen und ihre Glossen machen. Das ist wirklich nichts für meine Nerven; wie ein Mann unter diesen Umständen die Fahne der Idee hochhalten soll, das –
Bernick Sie kommen hierher. Höre, Betty, es ist mein ausdrücklicher Wunsch, daß du zu ihnen so liebenswürdig wie nur möglich bist.
Frau Bernick Das erlaubst du, Karsten –?
Bernick Gewiß, gewiß; und auch du, Hilmar. Sie bleiben hoffentlich nicht so lange hier. Und wenn wir unter uns sind – keine Anspielungen; wir dürfen sie durchaus nicht verletzen.
Frau Bernick O, Karsten, wie hochherzig du bist!
Bernick Na, na – laß nur gut sein!
Frau Bernick Nein, laß mich dir danken und vergib, daß ich vorhin so heftig war! Du hattest ja alle Ursache –
Bernick Schon gut, schon gut, sag' ich!
Hilmar Uh!
(Johann Tönnesen und Dina, denen Lona und Olaf folgen, kommen durch den Garten.)
Lona Guten Tag, guten Tag, ihr lieben Leute!
Johann Wir sind aus gewesen, Karsten, und haben die alten Plätze wieder aufgesucht.
Bernick Ich höre. Große Veränderungen – nicht wahr?
Lona Überall des Konsul Bernick große und gute Taten. Wir waren oben in den Anlagen, die du der Stadt geschenkt –
Bernick So, dort?
Lona »Karsten Bernicks Schenkung«, wie über dem Eingang steht. Ja, du bist hier Hahn im Korbe.
Johann Und prächtige Schiffe hast du auch. Ich habe den Kapitän des »Palmbaum« getroffen, meinen alten Schulkameraden –
Lona Und ein neues Schulhaus, das hast du ja auch gebaut; und auch die Gasanlage und die Wasserleitung verdankt man dir, wie ich höre.
Bernick Na, man muß doch etwas tun für die Gesellschaft, in der man lebt.
Lona Das ist brav, Schwager; aber es ist auch eine Freude zu sehen, wie

stolz die Leute auf dich sind. Ich bin meines Wissens nicht eitel. Aber ich konnt' es doch nicht unterlassen, einen und den andern, mit dem wir sprachen, darauf aufmerksam zu machen, daß wir mit zur Familie gehören.

Hilmar Uh –!

Lona Du sagst »uh« dazu?

Hilmar Nein, ich sagte hm –

Lona Das soll dir erlaubt sein, du armer Narr. Doch ihr seid ja heute ganz allein?

Frau Bernick Ja, heute sind wir allein.

Lona Herrje, wir trafen ein paar von den Moralischen oben auf dem Markt; sie schienen es sehr eilig zu haben. Aber wir haben uns ja noch gar nicht ordentlich ausgesprochen. Gestern waren ja erst diese drei Eisenbahngründer da, und dann kam der Pastor –

Hilmar Adjunkt.

Lona Für mich ist er der Pastor. Aber was sagt ihr denn zu dem Werk, das ich in diesen fünfzehn Jahren vollbracht? Ist er nicht ein prächtiger Junge! Wer erkennt denn Wildfang wieder, der von zu Hause ausrückte?

Hilmar Hm –!

Johann Na, Lona, übertreibe doch nicht!

Lona Nein, darauf tu' ich mir wirklich was zugute. Herrgott! Das ist ja das einzige, was ich hier in der Welt geleistet habe. Aber das gibt mir auch gewissermaßen ein Recht aufs Dasein. Ja, Johann, wenn ich daran denke, wie wir zwei drüben begonnen haben mit unsern vier leeren Tatzen –

Hilmar Händen.

Lona Ich sage Tatzen, denn dreckig waren sie –

Hilmar Uh!

Lona – und leer waren sie auch.

Hilmar Leer? Da muß ich aber doch sagen –!

Lona Was mußt du sagen?

Bernick Hm!

Hilmar Da muß ich doch sagen – uh! *(Ab auf die Terrasse)*

Lona Was hat denn der Mensch?

Bernick Ach, laß ihn gehen; er ist augenblicklich etwas nervös. Doch willst du dich nicht ein bißchen im Garten umschauen? Da bist du ja noch gar nicht gewesen, und ich hab' gerade ein Stündchen freie Zeit.

Frau Bernick Du wirst sehen, da sind auch große Veränderungen vor sich gegangen.

(Bernick, Frau Bernick und Lona ab in den Garten, wo man sie während des Folgenden hier und dort gewahrt)
Olaf (in der Gartentür) Onkel Hilmar, weißt du, was Onkel Johann mich gefragt hat? Er fragte, ob ich mit ihm nach Amerika will.
Hilmar Du? So ein Schafskopf, der immer an Mutters Schürze hängt?
Olaf Aber das will ich nicht länger. Du wirst sehen, wenn ich groß bin –
Hilmar Ach, dummes Zeug! Du hast kein ernstes Streben nach der Abhärtung, die –
(Beide ab in den Garten)
Johann (zu Dina, die den Hut abgenommen hat, an der Tür rechts steht und den Staub von ihrem Kleid schüttelt) Sie sind ganz warm geworden von der Promenade.
Dina Ja, es war ein schöner Spaziergang; einen so schönen hab' ich noch nie gemacht.
Johann Sie gehen wohl nicht oft vormittags aus?
Dina O ja; aber nur mit Olaf.
Johann Sie möchten vielleicht gern in den Garten, oder bleiben Sie lieber hier?
Dina Ich bleibe lieber hier.
Johann Ich auch. Also abgemacht: wir gehen jeden Morgen zusammen spazieren.
Dina Nein, Herr Tönnesen – das sollten Sie nicht tun.
Johann Warum nicht? Sie haben's mir ja doch versprochen.
Dina Allerdings! Doch wenn ich es mir recht überlege, dann –. Sie sollten nicht mit mir ausgehen.
Johann Und warum nicht?
Dina Sie sind fremd hier; Sie können das nicht verstehen; aber ich muß Ihnen sagen –
Johann Nun?
Dina Nein, ich will doch lieber nichts sagen.
Johann Doch! Mir können Sie alles sagen.
Dina So hören Sie denn: ich bin nicht wie die andern jungen Mädchen; es hat so eine – so eine eigene Bewandtnis mit mir. Deshalb sollen Sie nicht mit mir gehen.
Johann Aber von alledem versteh' ich ja kein Wort. Sie haben doch nichts verbrochen.
Dina Nein, ich nicht, aber – nein, nichts mehr davon! Sie erfahren es schon noch durch die andern.
Johann Hm.
Dina Doch – ich möchte Sie gern etwas fragen.

Johann Und das wäre?
Dina Es soll ja so leicht sein, drüben in Amerika was Tüchtiges zu werden?
Johann Nun, so leicht ist's gerade nicht immer; im Anfang muß man sich oft abrackern und hart arbeiten.
Dina Ach, das möcht' ich gerne –
Johann Sie?
Dina Arbeiten kann ich; ich bin stark und gesund, und Tante Martha hat mich vieles gelehrt.
Johann Alle Wetter! So kommen Sie und reisen Sie mit uns!
Dina Ach, Sie scherzen ja nur! Das haben Sie auch zu Olaf gesagt. Aber ich möchte bloß noch eins wissen – ob die Leute drüben auch so sehr – so sehr moralisch sind.
Johann Moralisch?
Dina Ja; Ich meine, ob sie so – so anständig und gesittet sind wie hier.
Johann Nun, jedenfalls sind sie nicht so schlimm, wie man hier glaubt. Davor brauchen Sie keine Angst zu haben.
Dina Sie verstehen mich nicht. Ich wünschte sie gerade nicht so sehr anständig und moralisch.
Johann Nicht? Wie sollten sie denn sein?
Dina Sie sollten natürlich sein.
Johann Jawohl! Das sind sie vielleicht.
Dina Dann wär' es gut für mich, wenn ich hinüberkäme.
Johann Gewiß – und darum sollen Sie mit uns reisen.
Dina Nein, nicht mit Ihnen möcht' ich reisen; ich müßte allein reisen. Ach, ich wollt' es schon zu etwas bringen; ich wollte schon tüchtig werden!
Bernick (unterhalb der Terrasse bei den beiden Damen) Bleib', bleib', liebe Betty; ich hol' ihn dir; du könntest dich erkälten.
(Er kommt in das Zimmer und sucht Frau Bernicks Schal)
Frau Bernick (draußen im Garten) Du mußt auch mitkommen, Johann; wir gehen in die Grotte.
Bernick Nein, Johann, der soll jetzt hierbleiben! Da, Dina! Bring' meiner Frau den Schal und geh mit. Johann bleibt hier bei mir, liebe Betty. Ich muß doch etwas über die Verhältnisse drüben hören.
Frau Bernick Gut! Aber komm bald nach; du weißt ja, wo wir zu finden sind.
(Frau Bernick, Lona und Dina links ab durch den Garten)
Bernick (sieht ihnen einen Augenblick nach, schließt darauf die oberste Tür links; dann geht er auf Johann zu, faßt dessen beide Hände, schüt-

telt und drückt sie) Johann, jetzt sind wir allein; jetzt laß mich dir danken.

Johann Ach was!

Bernick Mein Haus und Heim, das Glück meines Herdes, meine ganze bürgerliche Stellung – das alles verdank' ich dir!

Johann Na, das freut mich, lieber Karsten. So ist doch noch was Gutes bei der tollen Geschichte herausgekommen.

Bernick (schüttelt abermals Johanns Hände) Dank, Dank nochmals. Nicht einer unter Tausenden hätte getan, was du damals für mich getan hast.

Johann Nicht der Rede wert! Waren wir nicht alle beide jung und leichtlebig? Einer von uns mußte doch die Schuld auf sich nehmen –

Bernick Aber wem kam das eher zu als dem Schuldigen?

Johann Stop! Damals kam es dem Unschuldigen eher zu. Ich war ja frank und frei, elternlos; es war ein reines Glück, aus der Rechenstube und den Plackereien da herauszukommen. Du hingegen hattest deine alte Mutter noch am Leben, und außerdem hattest du dich gerade heimlich mit Betty verlobt, die dir so gut war. Was hätte sie angefangen, wenn sie erfahren –

Bernick Gewiß; gewiß; gewiß, aber –

Johann Hast du nicht gerade Betty zuliebe dies Techtelmechtel mit Frau Dorf aufgegeben? Um mit ihr zu brechen, hattest du sie doch an jenem Abend aufgesucht –

Bernick Ja, an dem unglückseligen Abend, als der Mensch betrunken nach Hause kam! Ja, Johann, es geschah Betty zuliebe· immerhin – daß du so großmütig den Verdacht auf dich lenken und fortgehen konntest –

Johann Keine Skrupel, lieber Karsten. Wir hatten uns ja dahin verständigt, daß es so sein sollte. Gerettet mußtest du doch werden, und du warst ja mein Freund. Wie stolz war ich auf diese Freundschaft! Hier ging ich armseliger Helot umher und schindete mich ab· und da kommst du, fein und vornehm, von deiner großen Reise ins Ausland zurück – warst in London und Paris gewesen und erwählst mich zu deinem Busenfreund, obgleich ich vier Jahr jünger war als du – ja, das geschah, weil du Betty den Hof machtest; jetzt versteh' ich's schon. Doch wie stolz war ich darauf! Und wer wär' es nicht gewesen? Wer würde sich nicht gern für dich geopfert haben, zumal es sich um nichts weiter handelte, als um einen vorübergehenden Stadtklatsch? Und dann konnt' ich ja doch auch hinaus in die weite Welt.

Bernick Hm, mein lieber Johann! Aufrichtig gesagt, die Geschichte ist noch nicht so ganz vergessen.

Johann Nicht? – Na, was kümmert das mich, wenn ich wieder drüben auf meiner Farm sitze –
Bernick Du gehst also zurück?
Johann Versteht sich.
Bernick Aber doch nicht so bald, hoff' ich?
Johann So bald wie möglich. Ich kam ja nur mit herüber Lona zu Gefallen.
Bernick Lona –? Wieso?
Johann Ja, siehst du, sie ist doch nicht mehr ganz jung; und in letzter Zeit fing sie an, eine unbezwingliche Sehnsucht nach der Heimat zu kriegen; aber sie wollt' es nicht gestehen. *(Er lächelt)* Wie durfte sie wagen, mich leichtsinnigen Schlingel allein zurückzulassen, mich, der sich schon mit neunzehn Jahren abgegeben hatte mit –
Bernick Und –?
Johann Ja, Karsten, nun komm' ich mit einer Beichte, deren ich mich schäme.
Bernick Du hast Lona doch nicht etwa in die Geschichte eingeweiht?
Johann Ja. Es war unrecht von mir; aber ich konnte nicht anders. Du machst dir keine Vorstellung davon, was Lona mir war. Du konntest sie nie ausstehen; aber mir ist sie eine Mutter gewesen. In den ersten Jahren, als es uns drüben so kärglich ging – wie hat sie da nicht gearbeitet! Und als ich lange Zeit schwerkrank darnieder lag und nichts verdiente und sie nicht daran hindern konnte, gab sie sich dazu her, in den Kaffeehäusern zu singen – Vorträge zu halten, über die sich die Leute lustig machten; und dann schrieb sie ein Buch, über das sie später lachte und weinte – nur um mich am Leben zu erhalten. Konnt' ich's da mit ansehen, wie sie sich letzten Winter unausgesetzt verzehrte – sie, die für mich geschafft und sich abgeplagt hatte? Nein, das konnt' ich nicht, Karsten! Und so sagte ich zu ihr: »Reise nur, Lona; um mich braucht dir nicht bange zu sein; ich bin nicht so leichtsinnig, wie du denkst.« Und da – da bekam sie's zu wissen.
Bernick Und wie nahm sie's auf?
Johann Nun, sie meinte ganz richtig, wenn ich mich unschuldig wüßte, so läge doch kein Grund vor, warum ich nicht eine Spritzfahrt mit hinüber machen dürfte. Aber du kannst ganz ruhig sein! Lona verrät nichts; und ich werde meine Zunge ein zweites Mal hüten.
Bernick Jawohl – darauf verlass' ich mich.
Johann Hier meine Hand! Und nun wollen wir nicht mehr von der alten Geschichte reden. Glücklicherweise ist das, soviel ich weiß, der einzige tolle Streich geblieben, den einer von uns verbrochen hat. Nun will ich

die wenigen Tage, die ich hier bin, recht genießen. Du glaubst nicht, was das für ein prächtiger Spaziergang heut Morgen war. Wer hätte geglaubt, der Knirps, der hier umherlief und die Engel auf dem Theater spielte –! Doch sag' mir, du – wie ging es denn später ihren Eltern?

Bernick Mein Lieber, ich weiß nicht mehr zu sagen, als was ich dir gleich nach deiner Abreise geschrieben habe. Du hast doch die beiden Briefe bekommen?

Johann Jawohl, jawohl – alle beide. Der Trunkenbold ist ihr ja wohl durchgebrannt?

Bernick Und hat sich später zu Tode gesoffen.

Johann Sie starb ja auch bald darauf? Aber du tatest gewiß so in aller Stille für sie, was du konntest?

Bernick Sie war stolz; sie verriet nichts, und sie wollte nichts annehmen.

Johann Na, es war jedenfalls recht von dir, daß du Dina ins Haus genommen hast.

Bernick Gewiß. Übrigens war es eigentlich Martha, die es durchsetzte.

Johann So, Martha? Martha, ist ja wahr – wo steckt die denn heut?

Bernick Ach, die – wenn sie nicht Unterricht gibt, so hat sie ihre Kranken.

Johann Also Martha hat sich ihrer angenommen.

Bernick Ja, Martha hat ja von jeher eine gewisse Schwäche für das Erziehungswesen gehabt. Darum hat sie auch eine Stelle an der Volksschule angenommen. Das war eine gewaltige Dummheit von ihr.

Johann Ja, sie sah gestern wirklich sehr angegriffen aus; ich fürchte, sie ist nicht gesund genug für so etwas.

Bernick Ach, was ihre Gesundheit anbetrifft, so könnte sie immerhin dabei bleiben. Aber es ist unangenehm für mich; es sieht so aus, als ob ich, ihr Bruder, nicht gesonnen sei, für ihren Unterhalt zu sorgen.

Johann Unterhalt? Ich glaubte, sie hätte selbst so viel Vermögen, um –

Bernick Keinen Heller. Du entsinnst dich doch, in was für Verlegenheiten meine Mutter steckte – damals, als du gingst. Sie trieb es noch eine Weile mit meiner Hilfe so fort; doch damit konnte mir natürlich auf die Dauer nicht gedient sein. So ließ ich mich in die Firma aufnehmen; aber auf diese Weise ging's auch wieder nicht. Ich mußte also das Ganze übernehmen; und als wir Bilanz machten, da stellte sich's heraus, daß auf Mutters Teil so gut wie nichts übrigblieb. Und als Mutter bald darauf starb, saß natürlich auch Martha auf dem Trocknen.

Johann Die arme Martha!

Bernick Arm – wieso? Du glaubst doch nicht etwa, ich ließe sie irgend etwas entbehren? O nein, ich kann wohl sagen, daß ich ein guter Bruder bin. Sie wohnt selbstverständlich mit uns zusammen und speist an unserm Tisch; für ihr Lehrerinnengehalt kann sie sich sehr anständig kleiden, und ein alleinstehendes Frauenzimmer – was braucht die mehr?
Johann Hm; so denken wir in Amerika nicht.
Bernick Das will ich glauben. In einer so revolutionierten Gesellschaft, wie der amerikanischen. Doch hier in unserm kleinen Kreis, wo gottlob die Verderbnis, bis dato wenigstens, keinen Eingang gefunden – hier begnügen sich die Frauen damit, eine angemessene, wenn auch bescheidene Stellung einzunehmen. Es ist übrigens Marthas eigne Schuld; sie hätte längst versorgt sein können, wenn sie nur gewollt hätte.
Johann Du meinst, sie hätte sich verheiraten können?
Bernick Ja, sie hätte sogar sehr gut zu einem Manne kommen können. Es wurden ihr mehrere vorteilhafte Partien angeboten. Merkwürdig genug! Ein unbemitteltes Mädchen, nicht mehr jung und außerdem ganz unbedeutend –
Johann Unbedeutend?
Bernick Na, ich mach' ihr ja keinen Vorwurf daraus. Ich wünsche sie überhaupt nicht anders. Weißt du, in einem großen Haus wie dem unsrigen, da ist es immer gut, so einen einfachen Menschen zu haben, den man zu allem verwenden kann.
Johann Ja, aber sie –?
Bernick Sie? Was denn? – Nun ja, sie hat natürlich auch was, wofür sie sich interessiert; sie hat ja mich und Betty und Olaf und mich. Die Menschen müssen nicht immer in erster Reihe an sich selber denken, und am allerwenigsten die Frauenzimmer. Wir haben ja doch alle eine mehr oder minder große Gesellschaft zu stützen und für sie zu wirken. Ich tu's jedenfalls. *(Er weist auf Krap, der von rechts kommt)* Hier hast du gleich den Beweis. Glaubst du, es seien meine eigenen Geschäfte, die mich da in Anspruch nehmen? Keineswegs. *(Rasch zu Krap)* Nun?
Krap (leise, indem er einen Stoß Papiere zeigt) Alle Kaufverträge in Ordnung.
Bernick Herrlich! Vortrefflich! – Nun mußt du mich aber für eine Weile entschuldigen, Schwager. *(Mit gedämpfter Stimme, indem er ihm die Hand drückt)* Dank, Dank, Johann; und sei überzeugt, daß ich dir jeden Dienst – na, du verstehst mich schon. – Kommen Sie, Herr Krap. *(Ab in Bernicks Zimmer)*
Johann (sieht ihm eine Weile nach) Hm –

(Er will in den Garten gehen; in demselben Augenblick kommt Martha, mit einem kleinen Korb am Arm, von rechts)
Johann Ei, sieh! Martha!
Martha Ah! Johann – du?
Johann Auch schon so früh unterwegs?
Martha Ja. Wart' ein wenig; die andern müssen gleich kommen. *(Sie will nach links abgehen)*
Johann Hör' mal, Martha, hast du's immer so eilig?
Martha Ich?
Johann Gestern bist du mir sichtlich aus dem Wege gegangen, so daß ich kein Wort mit dir sprechen konnte, und heut –
Martha Aber –
Johann Früher waren wir doch unzertrennlich – wir zwei alten Spielkameraden.
Martha Ach, Johann, das ist lange, lange her.
Johann Herrje, fünfzehn Jahre ist's her, auf den Kopf. Findest du etwa, ich hätte mich sehr verändert?
Martha Du? O ja, du auch – obgleich –
Johann Nun, was –
Martha Ach, nichts.
Johann Du scheinst mir nicht gerade sehr erfreut, mich wiederzusehen.
Martha Ich habe so lange gewartet, Johann – zu lange.
Johann Gewartet – daß ich kommen würde?
Martha Ja.
Johann Und warum, meintest du, würde ich kommen?
Martha Um zu sühnen, was du verbrochen.
Johann Ich?
Martha Hast du vergessen, daß eine Frau in Not und Schande starb um deinetwillen? Hast du vergessen, daß um deinetwillen die schönsten Jahre eines heranwachsenden Kindes verbittert wurden?
Johann Und das muß ich von dir hören! Martha, so hat dein Bruder nie –?
Martha Was –?
Johann Hat er nie – nun ja, ich meine, hat er niemals auch nur ein Wort der Entschuldigung für mich gehabt?
Martha Ach, Johann, du kennst doch Karstens strenge Grundsätze.
Johann Hm – gewiß, gewiß; ich kenne die strengen Grundsätze meines alten Freundes Karsten sehr gut. Aber das ist doch –! Na! – Ich habe ihn eben gesprochen. Ich finde, er hat sich merklich verändert.

Martha Wie kannst du das sagen? Karsten ist doch immer das Muster von einem Manne gewesen.
Johann So war's nicht gerade gemeint; aber laß nur! – Hm, jetzt begreif' ich erst, in welchem Licht du mich gesehen: Auf die Heimkehr des verlornen Sohns hast du gewartet.
Martha Johann, ich will dir sagen, in welchem Licht ich dich gesehen. *(Sie zeigt in den Garten hinunter)* Siehst du sie, die dort unten im Grase mit Olaf spielt? Es ist Dina. Entsinnst du dich noch des verworrenen Briefes, den du mir geschrieben, als du weggingst? – Du schriebst mir, ich sollte an dich glauben. Ich hab' an dich geglaubt, Johann. All die bösen Dinge, von denen man sich später hier erzählte, müssen in der Verwirrung, gedankenlos, ohne Überlegung geschehen sein –
Johann Was für Dinge meinst du?
Martha Ach, du verstehst mich recht gut – nichts mehr davon! Aber du mußtest ja weg, von vorn beginnen – ein neues Leben. Siehst du, Johann, ich bin dein Stellvertreter hier in der Heimat gewesen – ich, dein alter Spielkamerad. Die Pflichten, die du hier zu erfüllen verabsäumtest oder nicht erfüllen konntest, die hab' ich für dich erfüllt. Ich sag' dir das, damit du nicht auch dies noch dir vorzuwerfen hast. Dem armen, verlassenen Kinde bin ich eine Mutter gewesen; ich hab' es erzogen, so gut ich konnte –
Johann Und hast dein ganzes Leben damit verschwendet –
Martha Es ist nicht verschwendet. Aber du bist spät gekommen, Johann.
Johann Martha – könnt' ich dir nur sagen –! Na, habe jedenfalls Dank für deine treue Freundschaft!
Martha (lächelt wehmütig) Hm. – So, nun hätten wir uns ausgesprochen. Still, es kommt wer. Adieu! Ich kann jetzt nicht –
(Ab durch die hinterste Tür links. Lona, begleitet von Frau Bernick, kommt aus dem Garten)
Frau Bernick (noch im Garten) Um Gottes willen, Lona, was fällt dir ein!
Lona Laß mich, sag' ich! Ich will und muß mit ihm reden.
Frau Bernick Aber das wäre ja der größte Skandal! Ah, Johann, du bist noch hier?
Lona Hinaus mit dir, Junge! Hocke nicht immer in der Stube! Geh' in den Garten und unterhalte dich mit Dina!
Johann Das hatt' ich eben vor.
Frau Bernick Aber –
Lona Hör' mal, Johann, hast du dir Dina ordentlich angesehen?
Johann Ich meine schon.

Lona Du solltest sie dir recht genau ansehen, Junge! Das wär' was für dich!
Frau Bernick Aber Lona –!
Johann Was für mich?
Lona Ja, zum Ansehen, mein' ich. Geh' jetzt!
Johann Ich gehe nur zu gern. *(Ab in den Garten)*
Frau Bernick Lona! Ich bin starr! Das kann doch unmöglich dein Ernst sein.
Lona Mein voller Ernst! Ist sie nicht frisch und gesund und rechtschaffen? Das ist die richtige Frau für Johann; eine, wie er sie drüben braucht. Das ist was anderes, als eine alte Stiefschwester!
Frau Bernick Dina? Dina Dorf! So bedenke doch –!
Lona Mein erster und einziger Gedanke ist das Glück des Jungen. Dazu muß ich ihm verhelfen; er selber hat kein Geschick zu dergleichen Sachen; für die Frauenzimmer hat er nie so recht ein Auge gehabt.
Frau Bernick Er? Johann? Na, mir scheint doch, wir hätten traurige Beweise –
Lona Zum Henker mit der dummen Geschichte! Wo ist Bernick? Ich will ihn sprechen.
Frau Bernick Lona, du wirst es nicht tun, sag' ich.
Lona Und doch. Mag der Junge sie leiden und sie ihn, so sollen sie sich auch kriegen! Bernick ist ja ein so kluger Mann; er muß einen Ausweg wissen –
Frau Bernick Und du glaubst, daß man diese amerikanischen Unanständigkeiten hier dulden würde –
Lona Dummes Zeug!
Frau Bernick – daß ein Mann wie Karsten bei seinen strengen moralischen Grundsätzen –
Lona Ach was! Die sind wohl nicht so übertrieben streng!
Frau Bernick Was unterstehst du dich?
Lona Ich unterstehe mich zu behaupten, daß Bernick wohl auch nicht viel moralischer ist als andere Männer.
Frau Bernick So tief also sitzt noch der Haß in dir! Aber was willst du denn hier, wenn du nie vergessen konntest, daß –? Ich begreife nicht, wie du ihm unter die Augen treten konntest nach der schmählichen Beleidigung, die du ihm damals zugefügt hast.
Lona Ja, Betty, damals hab' ich mich bös vergaloppiert.
Frau Bernick Und wie hochherzig hat er dir vergeben und hatte doch nicht das Geringste verbrochen! Denn er konnte doch nichts dafür, daß

du dir Hoffnungen gemacht. Aber seit der Zeit hast du auch mich gehaßt. *(Sie bricht in Tränen aus)* Du hast mir nie mein Glück gegönnt. Und nun kommst du und bringst mich in diese ganzen Widerwärtigkeiten – um der Stadt zu zeigen, in was für eine Familie Karsten durch mich gekommen ist. Ja, ich werd' es auszubaden haben – aber das willst du ja gerade. O, das ist abscheulich von dir! *(Sie geht weinend ab durch die oberste Tür links)*

Lona (ihr nachblickend) Arme Betty!

Bernick (noch in der Tür) Ja, ja, es ist gut, Herr Krap – ausgezeichnet. Schicken Sie vierhundert Kronen für die Speisung der Armen! *(Wendet sich um)* Lona! *(Näher)* Du bist allein? Ist Betty nicht da?

Lona Nein. Soll ich sie vielleicht holen?

Bernick Nein, nein, nein, laß nur! Ach Lona, du weißt nicht, wie ich darauf gebrannt habe, offen mit dir zu reden – um deine Verzeihung zu erflehen!

Lona Mein lieber Karsten, werden wir nicht sentimental: das steht uns schlecht.

Bernick Du mußt mich anhören, Lona! Ich weiß, wie der Schein gegen mich ist, nachdem du die Sache mit Dinas Mutter erfahren. Aber ich schwöre dir zu, es war nur eine kurze Verirrung; ich habe dich einst wirklich, wahrhaft und aufrichtig geliebt.

Lona Warum, meinst du, bin ich zurückgekommen?

Bernick Was du auch vorhaben magst, ich flehe dich an, nichts zu unternehmen, eh' ich mich gerechtfertigt habe. Ich kann es, Lona; zum mindesten kann ich mich entschuldigen.

Lona Du hast jetzt Angst. – Du hast mich geliebt, sagst du. Ja, das hast du mir oft genug in deinen Briefen versichert; und vielleicht ist es auch wahr gewesen – in gewissem Sinne, solange du noch da draußen in einer großen und freigesinnten Welt lebtest, die dir den Mut gab, selbst frei und groß zu denken. Du hast vielleicht bei mir ein bißchen mehr Charakter und Willen und Selbständigkeit gefunden, als bei den meisten hierzulande. Und dann war es ja ein Geheimnis zwischen uns beiden; niemand konnte sich über deinen schlechten Geschmack lustig machen.

Bernick Lona, wie kannst du nur glauben –!

Lona Aber als du nun zurückkehrtest, als du die spöttischen Glossen vernahmst, die auf mich niederhagelten, das Gelächter über das, was sie hier meine Verdrehtheiten nannten –

Bernick Du warst damals auch rücksichtslos.

Lona Doch eigentlich nur, um diese Zieraffen in Hosen und Unterröcken zu ärgern, die in der Stadt herumwimmelten. – Und als du dann der jungen, verführerischen Schauspielerin begegnetest –

Bernick Das war ein Dummerjungenstreich – nichts weiter; ich schwör' es dir, nicht der zehnte Teil der Gerüchte und Klatschereien, die damals umliefen, ist wahr gewesen.

Lona Schon gut! Aber als nun Betty heimkam, schön, blühend, von allen vergöttert – und als bekannt wurde, sie würde das ganze Vermögen der Tante erben, und ich bekäme nichts –

Bernick Ja, da sind wir bei der Sache, Lona; und nun sollst du alles ohne Umschweife hören. Ich liebte Betty nicht; ich brach mit dir nicht um einer neuen Leidenschaft willen. Offen gesagt, es geschah um des Geldes willen. Ich war dazu genötigt; ich brauchte das Geld.

Lona Und das sagst du mir so gerade ins Gesicht?

Bernick Jawohl! Hör' mich an, Lona –

Lona Und doch schriebst du mir, eine unbezwingliche Liebe zu Betty hätte von dir Besitz genommen, riefst meine Großmut an, beschworst mich, um Bettys willen von dem zu schweigen, was zwischen uns bestanden –

Bernick Das mußt' ich tun.

Lona Nun, beim allmächtigen Gott, dann bereu' ich heute nicht, was ich damals in der Leidenschaft getan!

Bernick Laß mich dir meine damalige Lage klipp und klar schildern. Meine Mutter war, wie du dich erinnerst, Chef des Hauses; aber sie hatte keine Spur von Geschäftssinn. Ich wurde eilig aus Paris zurückgerufen; die Zeiten waren kritisch; ich sollte das Geschäft wieder auf die Beine bringen. Was fand ich? Ich fand, was ich als tiefstes Geheimnis hüten mußte, ein so gut wie ruiniertes Haus. Ja, so gut wie ruiniert war es, dieses alte, angesehene Haus, das drei Generationen hindurch bestanden hatte. Was blieb mir, dem Sohne, dem einzigen Sohne, andres übrig, als mich nach einem Rettungsmittel umzusehen?

Lona Und so hast du das Haus Bernick auf Kosten eines Weibes gerettet?

Bernick Du weißt recht gut, daß Betty mich liebte.

Lona Und ich?

Bernick Glaube mir, Lona, du wärst nie glücklich mit mir geworden.

Lona Geschah's aus Sorge um mein Glück, daß du mich preisgegeben?

Bernick Glaubst du vielleicht, ich hätte aus Motiven des Eigennutzes so gehandelt, wie ich gehandelt habe? – Hätt' ich damals allein gestanden, ich würde mit frischem Mut von vorn angefangen haben. Aber du kannst dir nicht vorstellen, wie ein Geschäftsmann, unter dem Druck einer maßlosen Verantwortung, mit dem Geschäft zusammenwächst, das er geerbt hat. Weißt du, daß das Wohl und Wehe Hunderter, ja Tausender von ihm abhängt? Bedenkst du nicht, daß dieser ganzen Gesellschaft, in der du und ich von Jugend auf heimisch sind, der Sturz des Hauses Bernick sehr fühlbar geworden wäre?

Lona Also auch der Gesellschaft zu Gefallen hast du diese fünfzehn Jahre in der Lüge ausgehalten?

Bernick In der Lüge?

Lona Wieviel weiß Betty von dem, was ihrer Verbindung mit dir zugrunde liegt und vorausgegangen ist?

Bernick Wozu ihr Dinge enthüllen, die sie ohne Zweck schmerzen würden?

Lona Ohne Zweck, sagst du? Ach, du bist Geschäftsmann; du mußt dich ja auf das Zweckmäßige verstehen. – Doch, lieber Karsten, jetzt will auch ich klipp und klar mit dir reden. Sage mir – bist du nun auch wirklich glücklich?

Bernick Im Schoß meiner Familie, meinst du?

Lona Jawohl.

Bernick Das bin ich, Lona. Du warst mir nicht vergebens eine so aufopfernde Freundin! Ich darf wohl sagen, daß ich von Jahr zu Jahr glücklicher geworden bin. Betty ist gut und fügsam. Und wie sie im Laufe der Jahre gelernt hat, ihr Wesen meiner Eigenart anzupassen –

Lona Hm.

Bernick Früher hatte sie ja doch ein gut Teil überspannter Vorstellungen von der Liebe; sie konnte sich nicht mit dem Gedanken befreunden, daß die Liebe nach und nach in eine milde Freundschaft übergehen müßte –

Lona Aber jetzt hat sie sich in diesen Gedanken gefunden?

Bernick Vollständig. Du begreifst wohl, daß der tägliche Umgang mit mir nicht ohne ersprießlichen Einfluß auf sie gewesen. Die Menschen müssen lernen, gegenseitig ihre Ansprüche herabzustimmen, wenn sie in der Gesellschaft, der sie angehören, ihre Stelle ausfüllen wollen. Das hat auch Betty nach und nach einsehen gelernt, und darum ist unser Haus jetzt ein Muster für unsere Mitbürger.

Lona Aber diese Mitbürger wissen nichts von der Lüge?

Bernick Von der Lüge?

Lona Jawohl – von der Lüge, in der du nun fünfzehn Jahre lang aushältst.

Bernick Und das nennst du –?

Lona Die Lüge nenn' ich's. Die dreifache Lüge. Erstlich die Lüge mir gegenüber; dann die Lüge Betty gegenüber; dann die Lüge Johann gegenüber.

Bernick Betty hat nie verlangt, daß ich sprechen sollte.

Lona Weil sie nichts gewußt hat.

Bernick Und du wirst es nicht verlangen – aus Rücksicht auf sie.

Lona I freilich, ich werde den Hohn und Spott schon zu ertragen wissen; ich hab' 'nen breiten Rücken.

Bernick Und Johann wird es auch nicht verlangen – das hat er mir versprochen.

Lona Aber du selbst, Karsten? Ist nicht etwas in deinem Innern, das aus der Lüge herauszukommen begehrt?

Bernick Ich sollte freiwillig das Glück meines Hauses und meine Stellung in der Gesellschaft opfern?

Lona Welches Recht hast du auf diese deine Stellung?

Bernick In fünfzehn Jahren hab' ich mir täglich ein Stückchen Recht erkauft – durch meinen Wandel und durch mein Wirken und durch den Erfolg.

Lona Ja, du hast mit vielem Erfolg gewirkt – für dich selber und für andere. Du bist der reichste und mächtigste Mann der Stadt; keiner wagt es, sich deinem Willen zu widersetzen, weil du für makellos und unantastbar giltst; dein Haus gilt als ein Musterhaus, dein Wandel als ein Vorbild. Doch diese ganze Herrlichkeit steht wie auf schwankendem Moorgrund, und du mit ihr. Ein Augenblick kann kommen, ein Wort kann fallen – und du gehst unter und die ganze Herrlichkeit mit, wenn du dich nicht beizeiten rettest.

Bernick Lona – was willst du hier?

Lona Ich will dir festen Grund schaffen unter den Füßen.

Bernick Rache! Du willst dich rächen! Ich ahnt' es schon. Doch das gelingt dir nicht! Hier ist nur einer, der von Rechts wegen sprechen kann, und der ist stumm.

Lona Johann?

Bernick Jawohl, Johann. Will irgendein anderer mich anklagen, so leugne ich alles; will man mich zugrunde richten, so wehr' ich mich auf Tod und Leben. Aber nie soll dir das gelingen, sag' ich dir. Der Mann, der mich stürzen könnte, schweigt – und er reist wieder ab.

(Rummel und Vigeland kommen von rechts)

Rummel Guten Tag, guten Tag, lieber Bernick! Du mußt mit uns in den Handelsverein. Wir haben Sitzung in der Eisenbahnfrage, weißt du doch.

Bernick Ich kann nicht – unmöglich in diesem Augenblick.

Vigeland Aber Sie müssen, Herr Konsul –
Rummel Du mußt, Bernick! Da sind Leute, die dir entgegenarbeiten. Der Redakteur Hammer und die andern, die für die Küstenlinie waren, behaupten, es steckten Privatinteressen hinter dem neuen Projekt.
Bernick Na, so macht ihnen doch klar –
Vigeland Wenn wir's ihnen klarmachen, Herr Konsul, so hilft das nichts –
Rummel Nein, nein, du mußt selber mit; dir wird natürlich keiner mit solch einem Verdacht zu kommen wagen.
Lona Das sollt' ich meinen!
Bernick Ich kann nicht, sag' ich doch; ich bin unwohl – oder – so wartet wenigstens, bis ich mich gesammelt habe.
Rörlund (kommt von rechts) Verzeihen Sie, Herr Konsul; Sie sehen mich in der heftigsten Aufregung –
Bernick Jawohl – was fehlt Ihnen?
Rörlund Ich muß eine Frage an Sie richten, Herr Konsul. Haben Sie Ihre Einwilligung dazu gegeben, daß das junge Mädchen, das unter Ihrem Dach ein Asyl gefunden, sich auf offener Straße in Gesellschaft eines Menschen zeigt, der –
Lona Welches Menschen, Herr Pastor?
Rörlund In Gesellschaft des Menschen, den sie am meisten von allen Menschen der Welt meiden sollte.
Lona Oho!
Rörlund Geschieht es mit Ihrer Einwilligung, Herr Konsul?
Bernick (der Hut und Handschuhe sucht) Ich weiß von nichts. Entschuldigen Sie, ich habe Eile; ich muß in den Handelsverein.
Hilmar Tönnesen (kommt aus dem Garten und geht zur obersten Tür links) Betty, Betty, so hör' doch mal!
Frau Bernick (in der Tür) Was gibt's?
Hilmar Du mußt in den Garten hinunter und der Liebelei ein Ende machen, die ein gewisses Subjekt mit dieser Dina Dorf treibt. Ich bin ganz nervös geworden vom bloßen Zuhören.
Lona So? Was hat denn das Subjekt gesagt?
Hilmar Er will, daß sie mit ihm nach Amerika geht – weiter nichts!
Rörlund Ist so etwas möglich!
Frau Bernick Was du sagst!
Lona Aber das wäre ja herrlich!
Bernick Unmöglich! Du hast nicht recht gehört.
Hilmar Frag' ihn selbst! Da kommt das Pärchen. Aber laß mich aus dem Spiel.

Bernick (zu Rummel und Vigeland) Ich komme nach – im Augenblick – *(Rummel und Vigeland ab nach rechts. Johann Tönnesen und Dina kommen aus dem Garten)*
Johann Hurra, Lona! Sie geht mit uns!
Frau Bernick Aber Johann – du unbesonnener –!
Rörlund Ist's möglich! Ein Skandal, wie er im Buche steht! Durch welche Verführungskünste ist es Ihnen gelungen –
Johann Herr! Was nehmen Sie sich heraus?
Rörlund Antworten Sie mir, Dina! – Ist das wirklich Ihre Absicht – ist es Ihr eigener, freier Entschluß?
Dina Ich muß weg von hier!
Rörlund Aber mit ihm – mit ihm!
Dina Nennen Sie mir einen andern, der den Mut hätte, mich mitzunehmen.
Rörlund Nun, dann sollen Sie auch erfahren, wer er ist!
Johann Schweigen Sie!
Bernick Kein Wort weiter!
Rörlund Damit würde ich der Gesellschaft, über deren Moral und Sitten ich zu wachen habe, wahrhaftig einen schlechten Dienst leisten; und unverantwortlich würde ich an diesem jungen Mädchen handeln, an deren Erziehung auch ich wesentlichen Anteil hatte, und die mir –
Johann Hüten Sie Ihre Zunge!
Rörlund Sie soll es wissen! Dina, dies ist der Mann, der an dem ganzen Unglück und der Schande Ihrer Mutter schuld war.
Bernick Herr Rörlund –!
Dina Er? *(Zu Johann)* Ist das wahr?
Johann Karsten, antworte du!
Bernick Kein Wort weiter! Heute kein Wort weiter!
Dina Also wahr!
Rörlund Allerdings! Und mehr noch! Dieser Mensch, dem Sie Ihr Zutrauen schenken, brannte nicht mit leeren Händen durch – die Kasse der Witwe Bernick – der Herr Konsul kann's bezeugen –!
Lona Lügner!
Bernick Ah –!
Frau Bernick O Gott, o Gott!
Johann (mit erhobenem Arm auf Rörlund zu) Und das wagst du –!
Lona (abwehrend) Johann! Nicht schlagen!
Rörlund Ja, vergreifen Sie sich nur an mir! Doch die Wahrheit soll an den Tag; und dies ist die Wahrheit; der Konsul Bernick hat es selbst gesagt, und die ganze Stadt weiß es. – Jetzt, Dina, jetzt kennen Sie ihn.

(Kurze Pause)
Johann (leise, indem er Bernick am Arm faßt) Karsten, Karsten, was hast du getan!
Frau Bernick (leise und in Tränen) Ach Karsten, daß ich diese Schande über dich bringen mußte!
Sandstad (kommt rasch von rechts und ruft, die Türklinke in der Hand) Aber jetzt müssen Sie endlich kommen, Herr Konsul! Die ganze Eisenbahn hängt nur noch an einem Haar!
Bernick (wie geistesabwesend) Was ist –? Was soll ich –?
Lona (ernst und mit Nachdruck) Du sollst hin, Schwager, und die Gesellschaft stützen.
Sandstad Ja, kommen Sie, kommen Sie! Wir brauchen Ihre ganze moralische Überlegenheit!
Johann (dicht neben Bernick) Bernick – wir beide sprechen uns morgen!
(Ab durch den Garten; Bernick geht willenlos mit Sandstad rechts ab)

DRITTER AKT

Das Gartenzimmer im Bernickschen Hause

Bernick, ein spanisches Rohr in der Hand, kommt in heftigem Zorn aus dem hintersten Zimmer links und läßt die Tür halb offen.

Bernick So, nun hätt' ich endlich mal Ernst gemacht! Die Schläge, denk' ich, wird er sich merken! *(In das Zimmer hineinrufend)* Was sagst du? – Und ich sage, du bist eine unvernünftige Mutter. Du entschuldigst ihn, beschönigst alle seine Jungenstreiche. – Keine Jungenstreiche? Wie nennst du's denn sonst? Sich nachts aus dem Hause schleichen, mit einem Fischerboot in die See hinausfahren, bis zum hellichten Tag wegbleiben und mich in tödliche Angst versetzen – mich, der den Kopf so voll hat! Und da wagt der Bengel noch, zu drohen, er werde davonlaufen! Er soll's nur probieren! – Du? Ja, das glaub' ich gern. Du bekümmerst dich viel um sein Wohl und Weh! Ich glaube, wenn's ihm selbst ans Leben ginge –! So? – Aber ich hab' eine Aufgabe hier auf der Welt zu hinterlassen; mir ist's nicht gleichgültig, ob ich kinderlos bin

oder nicht. – Keine Widerrede, Betty! Es bleibt bei dem, was ich gesagt habe – er hat Hausarrest. *(Er horcht)* Pst! Laß niemand was merken!
(Krap kommt von rechts)
Krap Haben Sie einen Augenblick Zeit, Herr Konsul?
Bernick (wirft das spanische Rohr in die Ecke) Gewiß, jawohl. Kommen Sie von der Werft?
Krap Geradeswegs. Hm –
Bernick Na? Ist etwa mit dem »Palmbaum« was los?
Krap Der »Palmbaum« kann morgen in See; aber –
Bernick Die »Indian Girl« – also doch? Ahnt' ich's doch, daß der Dickschädel –!
Krap Die »Indian Girl« kann auch morgen in See; aber – weit kommt sie gewiß nicht.
Bernick Was heißt das?
Krap Entschuldigen Sie, Herr Konsul; die Tür ist angelehnt, und ich glaube, es ist wer da drin –
Bernick (schließt die Tür) So. – Also was ist denn so Schlimmes, daß niemand es hören soll?
Krap Nun denn – dieser Aune hat wahrscheinlich die Absicht, die »Indian Girl« mit Mann und Maus ersaufen zu lassen.
Bernick Um Gottes willen, wie können Sie nur glauben –?
Krap Kann mir's auf andere Weise nicht erklären, Herr Konsul.
Bernick Na, so sagen Sie mir doch in kurzen Worten –
Krap Soll geschehen. Sie wissen selbst, wie schlampig es auf der Werft hergeht, seit wir die neuen Maschinen und die neuen, ungeübten Arbeiter haben.
Bernick Jawohl, ja.
Krap Aber heut früh, als ich hinunterkam, da merkt' ich, daß die Reparatur des Amerikaners auffallend weit vorgeschritten war; das große Leck im Boden – Sie wissen, die faule Stelle –
Bernick Nun ja – was ist damit?
Krap Vollständig repariert; das heißt: dem Anschein nach; verschalt; sah aus wie ganz neu. Hörte, daß Aune selbst die ganze Nacht bei Licht unten gearbeitet habe.
Bernick Ja, ja! Was weiter?
Krap Ging mir nicht aus dem Kopf; die Leute waren eben beim Frühstück, und so hatt' ich Gelegenheit, unbemerkt mich umzusehen an der Außenseite wie im Innern des Schiffes. Hatte meine liebe Not, in der schwerbeladenen Schüte den Schiffsraum zu gewinnen; bekam aber Gewißheit. Schuftigkeiten im Werke, Herr Konsul.

Bernick Ich kann's mir nicht denken, Herr Krap. Ich kann, ich will so was nicht von Aune glauben.
Krap Tut mir leid – ist aber die reine Wahrheit. Schuftigkeiten, sag' ich! Kein neues Bauholz eingesetzt, soweit ich's beurteilen konnte. Nur verspundet und vernietet und verkleistert mit Latten und Teertuch – was weiß ich! Die reinste Pfuscherei! Die »Indian Girl« erreicht New York im Leben nicht; sinkt wie ein lecker Bottich.
Bernick Das ist ja entsetzlich! Doch was glauben Sie, mag er damit wohl beabsichtigen?
Krap Will wahrscheinlich die Maschinen in Mißkredit bringen; will sich rächen; will damit erreichen, daß der alte Stamm Arbeiter wieder in Gnaden aufgenommen wird.
Bernick Und so setzt er unbedenklich das Leben vieler aufs Spiel.
Krap Er sagte neulich: Nicht Menschen sind an Bord der »Indian Girl« – nur Bestien.
Bernick Ja, ja, mag sein; aber das große Kapital, das verlorengeht, flößt ihm denn das nicht Respekt ein?
Krap Das große Kapital sieht Aune mit scheelem Auge an, Herr Konsul.
Bernick Sehr richtig; er ist ein Aufwiegler und Störenfried; doch eine so gewissenlose Handlungsweise –. Hören Sie, Herr Krap; die Sache muß noch einmal untersucht werden. Doch strengstes Stillschweigen darüber! Unsere Werft ist blamiert, wenn die Leute so etwas erfahren.
Krap Versteht sich; aber –
Bernick Während der Mittagspause müssen Sie sehen, noch einmal hinunterzukommen; ich verlange volle Gewißheit.
Krap Sollen Sie haben, Herr Konsul; doch, mit Verlaub, was wollen Sie dann tun?
Bernick Die Sache anzeigen, natürlich. Wir können uns doch nicht zu Mitschuldigen machen an einem offenkundigen Verbrechen. Mein Gewissen muß rein sein. Außerdem wird es auf die Presse wie in der Öffentlichkeit überhaupt einen guten Eindruck machen, wenn man sieht, daß ich alle persönlichen Interessen hintansetze und der Gerechtigkeit freien Lauf lasse.
Krap Sehr richtig, Herr Konsul.
Bernick Doch vor allen Dingen Gewißheit. Und reinen Mund halten –
Krap Kein Sterbenswort, Herr Konsul; und Gewißheit, die sollen Sie haben. *(Ab durch den Garten die Straße hinunter)*
Bernick (halblaut) Empörend! Doch nein! Es ist ja unmöglich – undenkbar!

(Indem er in sein Zimmer abgehen will, kommt Hilmar Tönnesen von rechts)

Hilmar Guten Tag, Bernick! Na, ich gratuliere zum gestrigen Sieg im Handelsverein!

Bernick Danke schön.

Hilmar Es war ja ein glänzender Sieg, wie ich höre; der Sieg bürgerlicher Intelligenz über Eigennutz und Vorurteil – ungefähr wie eine französische Razzia gegen die Kabylen. Merkwürdig, daß du nach dem unangenehmen Auftritt hier im Hause –

Bernick Schon gut – laß das!

Hilmar Aber die Hauptschlacht ist doch noch nicht geschlagen.

Bernick In der Eisenbahnfrage, meinst du?

Hilmar Ja. Aber weißt du denn schon, was der Redakteur Hammer zusammenbraut?

Bernick (gespannt) Nein. Was denn?

Hilmar Er klammert sich an ein Gerücht, das hier umgeht, und will es für einen Zeitungsartikel ausbeuten.

Bernick Was für ein Gerücht?

Hilmar Natürlich von den großen Terrainkäufen längs der Zweigbahn.

Bernick Was du sagst! Ist hier ein solches Gerücht verbreitet?

Hilmar Ja, in der ganzen Stadt. Ich hört' es gestern im Klub, wo ich ein bißchen hinkam. Ein hiesiger Notar soll ganz in der Stille kommissionsweise alle Waldungen, alle Erzlager und alle Wasserfälle angekauft haben –

Bernick Und weiß man auch, für wen?

Hilmar Im Klub meinte man, es müsse für ein auswärtiges Konsortium sein, das von deinem Vorhaben unterrichtet sei und sich beeilt habe, eh' die Preise stiegen – ist das nicht niederträchtig – uh!

Bernick Niederträchtig?

Hilmar Ja, daß Fremde sich so in unser Gebiet drängen, und daß gar ein Notar aus unserer Stadt sich zu so etwas hergeben kann! Also Fremde werden jetzt die Beute davontragen.

Bernick Aber es ist ja nur ein unverbürgtes Gerücht.

Hilmar Das einstweilen geglaubt wird, und morgen oder übermorgen wird Hammer es festnageln als ein Faktum. Im Klub herrschte schon allgemeine Entrüstung. Ich hörte verschiedene Leute sagen, wenn das Gerücht sich bestätige, so würden sie sich aus den Listen wieder streichen lassen.

Bernick Unmöglich!

Hilmar So? Warum glaubst du wohl, gingen diese Krämerseelen gleich so bereitwillig auf deine Vorschläge ein? Meinst du, sie hätten nicht selbst ihre Nase darauf gespitzt –

Bernick Unmöglich, sag' ich! So viel Gemeinsinn ist doch noch hier in unserer kleinen Gesellschaft –

Hilmar Hier? – Jawohl, du bist nun mal ein Optimist und beurteilst andere nach dir selbst. Aber ich, der ich ein ziemlich geübter Beobachter bin – ich sage dir, hier ist nicht einer – wir natürlich ausgenommen – nicht einer, der die Fahne der Idee hochhält. *(Er geht in den Hintergrund)* Uh! Da kommen sie.

Bernick Wer?

Hilmar Die beiden Amerikaner. *(Sieht rechts hinaus)* Und mit wem gehen sie? Herrgott, ist das nicht der Kapitän der »Indian Girl«? Uh!

Bernick Was können sie von dem wollen?

Hilmar I, das ist 'ne Gesellschaft, die so recht zu ihnen paßt. Der Mann soll ja Sklavenhändler oder Seeräuber gewesen sein; und wer weiß, was die beiden andern in diesen fünfzehn Jahren getrieben haben!

Bernick Ich sage dir, es ist sehr unrecht, so von ihnen zu denken.

Hilmar Du bist eben ein Optimist. Jetzt haben wir sie natürlich wieder auf dem Hals; ich will deswegen beizeiten – *(Er geht nach der Tür links)*

Lona (kommt von rechts) Na, Hilmar! Ich vertreibe dich doch nicht aus der Stube?

Hilmar Durchaus nicht. Ich hab's gerade eilig; ich muß ein paar Worte mit Betty reden. *(Ab durch die hinterste Tür links)*

Bernick (nach kurzer Pause) Na, Lona?

Lona Ja.

Bernick Wie steh' ich heute vor dir?

Lona Wie gestern. Eine Lüge mehr oder weniger –

Bernick Du sollst Klarheit haben. Wo ist Johann?

Lona Er kommt nach; er hatte noch jemand zu sprechen.

Bernick Nach dem, was du gestern gehört hast, wirst du begreifen, daß meine ganze Existenz vernichtet ist, wenn die Wahrheit an den Tag kommt.

Lona Das begreif' ich.

Bernick Es versteht sich wohl von selbst, daß ich mich des Verbrechens, von dem man hier munkelt, nicht schuldig gemacht habe.

Lona Das versteht sich von selbst. Aber wer war der Dieb?

Bernick Es gab keinen Dieb; es wurde kein Geld gestohlen; nicht ein Pfennig kam abhanden.

Lona Wie das –?

Bernick Nicht ein Pfennig.
Lona Aber das Gerücht? Wie ist das niederträchtige Gerücht entstanden, daß Johann –?
Bernick Lona, dir gegenüber kann ich wohl so offen sein wie zu sonst niemand; ich will vor dir nichts verschweigen. Ich bin mit schuld daran, daß jenes Gerücht sich verbreitet hat.
Lona Du? Und das konntest du dem Manne antun, der dir zuliebe –
Bernick Du sollst nicht verurteilen, ohne zu bedenken, wie die Sachen damals standen. Ich erzählt' es dir ja gestern. Ich kam nach Hause und fand meine Mutter verwickelt in eine ganze Reihe törichter Unternehmungen; Malheur der verschiedensten Art kam dazu; es war, als ob alles Böse es auf uns abgesehen habe; unser Haus stand knapp vor dem Ruin. Halb war ich leichtsinnig und halb verzweifelt. Lona, ich glaube, um meine Gedanken zu betäuben – hauptsächlich darum ließ ich mich in jenes Verhältnis ein, das Johanns Abreise veranlaßt hat.
Lona Hm –
Bernick Du kannst dir vorstellen, wie nach eurer Abreise allerlei Gerüchte die Stadt durchschwirrten. Man sagte: das war nicht sein erster leichtsinniger Streich. Dann hieß es wieder, Dorf hätte eine große Summe Geldes von Johann bekommen, damit er schweige und seines Weges gehe; und andere behaupteten, die Frau hätte es bekommen. Zugleich blieb es nicht verborgen, daß unser Haus seinen Verpflichtungen nur schwer nachkommen konnte. Was war natürlicher, als daß die Klatschmäuler diese beiden Gerüchte miteinander in Verbindung brachten? Da die Frau hierblieb und in Dürftigkeit lebte, so behauptete man, Johann habe das Geld nach Amerika mitgenommen, und das Gerücht nannte eine unaufhörlich wachsende Summe.
Lona Und du, Karsten –?
Bernick Ich griff nach diesem Gerücht wie nach einem Rettungsanker.
Lona Und hast es weiterverbreitet?
Bernick Ich hab' es nicht widerlegt. Die Gläubiger fingen schon an, uns auf den Leib zu rücken; es galt, sie zu beruhigen. Unter keinen Umständen durfte man gegen die Solidität des Hauses Verdacht schöpfen; eine vorübergehende Verlegenheit habe uns betroffen; man solle nur nicht drängen, solle uns Zeit lassen; keiner werde was verlieren.
Lona Und keiner verlor einen Pfennig?
Bernick Nein, Lona. Dies Gerücht hat unser Haus gerettet und mich zu dem Manne gemacht, der ich jetzt bin.
Lona Eine Lüge hat dich also zu dem Manne gemacht, der du jetzt bist.

Bernick Wem hat sie damals geschadet? – Johanns Vorsatz war, nie wiederzukommen.
Lona Du fragst, wem sie geschadet hat? Blick' in dich selbst hinein und sage mir, ob nicht du Schaden genommen hast dadurch.
Bernick Bei jedem einzigen Manne, wer es auch sei, wirst du, wenn du ihm ins Herz schaust, wenigstens einen dunklen Punkt entdecken, den er verbergen muß.
Lona Und ihr nennt euch die Stützen der Gesellschaft!
Bernick Die Gesellschaft hat keine besseren.
Lona Und was liegt daran, ob eine solche Gesellschaft gestützt wird oder nicht? Was hat denn Geltung hier? Schein und Lüge – und nichts anderes. Hier lebst du, der erste Mann der Stadt, in Herrlichkeit und Freuden, in Macht und Ehre, du, der einem Unschuldigen das Zeichen des Verbrechers aufgedrückt hat.
Bernick Glaubst du denn, ich fühlte mein Unrecht nicht schwer genug? Und glaubst du, ich sei nicht bereit, es wiedergutzumachen?
Lona Wodurch? Durch ein Bekenntnis?
Bernick Und das könntest du fordern?
Lona Wodurch sonst könnte ein solches Unrecht wiedergutgemacht werden?
Bernick Ich bin reich, Lona; Johann darf jede Forderung stellen –
Lona Biet' ihm nur Geld an, und du wirst hören, was er antwortet.
Bernick Weißt du, was seine Absichten sind?
Lona Nein. Seit gestern ist er stumm. Es ist, als hätte dieser ganze Vorgang ihn mit einemmal zum gereiften Mann gemacht.
Bernick Ich muß ihn sprechen.
Lona Da ist er.
(Johann Tönnesen kommt von rechts)
Bernick (geht ihm entgegen) Johann –
Johann (abwehrend) Zuerst spreche ich. Gestern gab ich dir mein Wort, zu schweigen.
Bernick Allerdings.
Johann Aber da wußt' ich noch nicht –
Bernick Johann, laß dir nur mit zwei Worten den Zusammenhang erklären –
Johann Nicht nötig; ich verstehe den Zusammenhang sehr wohl. Das Haus war damals in einer schwierigen Lage; und weil ich fort war und du mit dem Ruf und dem Namen eines Wehrlosen schalten und walten

konntest –. Na, ich mache dir keinen so großen Vorwurf daraus; wir waren jung und leichtsinnig in jenen Tagen. Aber jetzt brauche ich die Wahrheit, und jetzt mußt du reden.

Bernick Und gerade jetzt brauche ich mein ganzes moralisches Ansehen, und darum kann ich jetzt nicht reden.

Johann Ich mache mir nicht viel aus den Erfindungen, die du über mich in Umlauf gesetzt hast. Aber in der anderen Sache, da sollst du dich schuldig bekennen. Dina soll mein Weib werden, und hier, hier in der Stadt will ich mit ihr leben und wohnen und hausen.

Lona Also wirklich?

Bernick Mit Dina! Als deiner Frau? Hier in der Stadt?

Johann Jawohl, just hier; ich will hierbleiben, um dieser Lügner- und Verleumderbande Trotz zu bieten. Aber damit Dina die meine werden kann, ist es nötig, daß du mich rehabilitierst.

Bernick Hast du bedacht, daß ich mich zu dem einen nicht bekennen kann, ohne zugleich das andere einzugestehen? Du wirst einwenden, aus unseren Büchern könnt' ich beweisen, daß keine Unregelmäßigkeiten vorgekommen sind. Aber das kann ich nicht. Unsere Bücher wurden damals nicht so genau geführt. Und selbst wenn ich's könnte – was wäre damit gewonnen? Würd' ich nicht in jedem Falle als der Mann dastehen, der sich einst durch eine Unwahrheit gerettet und der fünfzehn Jahre lang auch nicht einen Schritt getan hat, um zu verhindern, daß diese Unwahrheit und ihre Folgen Wurzel faßten? Du kennst unsere Gesellschaft nicht mehr, sonst müßtest du wissen, daß dies meinen absoluten Untergang bedeuten würde.

Johann Ich kann dir nur sagen, daß ich Frau Dorfs Tochter heiraten und hier mit ihr leben will.

Bernick (wischt sich den Schweiß von der Stirn) Laß dir sagen, Johann – und auch du, Lona! Es sind nicht die gewöhnlichen Verhältnisse, unter denen ich gerade in diesen Tagen lebe. Ich stehe so, daß ich vernichtet bin, wird ein solcher Schlag gegen mich geführt. Und nicht nur ich bin vernichtet, für immer ist auch die große und segensreiche Zukunft dieser Stadt dahin, die ja doch eure Vaterstadt ist.

Johann Und führ' ich den Schlag gegen dich nicht, so vernicht' ich mein ganzes eigenes Zukunftsglück.

Lona Sprich weiter, Karsten!

Bernick So hört denn! Alles hängt mit der Eisenbahnfrage zusammen, und denkt nicht, daß diese Frage so ganz bedeutungslos sei. Es ist euch gewiß bekannt, daß hier voriges Jahr eine Küstenlinie projektiert war. Sie hatte viele gewichtige Stimmen für sich, in der Stadt wie in der

Umgegend, und namentlich in der Presse; aber ich wußte sie zu verhindern, weil sie der Küstenschiffahrt geschadet haben würde.
Lona Bist du selbst beteiligt bei dieser Küstenschiffahrt?
Bernick Jawohl. Aber niemand wagte mich in dieser Hinsicht zu verdächtigen; mein geachteter Name deckte mich. Übrigens hätt' ich den Verlust auch ertragen können; doch die übrigen Beteiligten hätten ihn nicht ertragen können. So wurde die Binnenlinie beschlossen. Nachdem dies geschehen war, vergewisserte ich mich insgeheim, ob sich eine Zweigbahn zur Stadt herunterlegen ließe.
Lona Warum insgeheim?
Bernick Habt ihr von den großen Ankäufen gehört an Waldungen, Gruben und Wasserfällen –?
Johann Jawohl. Aber das ist doch ein auswärtiges Konsortium –?
Bernick So wie diese Terrains liegen, sind sie so gut wie wertlos als geteilter Besitz. Deshalb gingen sie verhältnismäßig billig ab. Hätte man gewartet, bis die Zweigbahn auf die Tagesordnung gekommen wäre, so würden die Eigentümer unverschämte Preise gefordert haben.
Lona Gewiß, gewiß; aber was weiter?
Bernick Nun kommt das, was verschieden gedeutet werden kann – das, was ein Mann in unsern Kreisen nur dann bekennen darf, wenn er sich auf einen makellosen und geachteten Namen stützen kann.
Lona Nun?
Bernick Ich habe alles das angekauft.
Lona Du?
Johann Auf eigene Rechnung?
Bernick Auf eigene Rechnung. Kommt die Zweigbahn zustande, so bin ich Millionär, wenn nicht – so bin ich ruiniert.
Lona Welche Verwegenheit, Karsten!
Bernick Mein ganzes Vermögen hab' ich drangesetzt.
Lona Ich denke nicht ans Vermögen; doch wenn es an den Tag kommt, daß –
Bernick Ja, da sitzt der Knoten. Mit dem makellosen Namen, den ich bisher gehabt, kann ich die Sache auf mich nehmen, sie fortführen und zu meinen Mitbürgern sagen: »Seht, das hab' ich gewagt zum Besten der Gesellschaft!«
Lona Zum Besten der Gesellschaft?
Bernick Ja; und kein einziger wird meine Absichten in Zweifel ziehen.
Lona Da gibt es hier doch Männer, die offener gehandelt hätten als du, ohne Hintergedanken, ohne Nebenzwecke.
Bernick Und die wären?

Lona Natürlich Rummel und Sandstad und Vigeland.
Bernick Um sie zu gewinnen, hab' ich sie in die Sache einweihen müssen.
Lona Und –?
Bernick Sie haben sich ein Fünftel Gewinnanteil ausbedungen.
Lona O, diese Stützen der Gesellschaft!
Bernick Und zwingt uns nicht die Gesellschaft selbst, krumme Wege zu gehen? Was wäre hier geschehen, wenn ich nicht im geheimen gehandelt hätte? Alle würden sich auf das Unternehmen gestürzt haben, würden die ganze Geschichte geteilt, zersplittert und verdorben und verpfuscht haben. Hier in der Stadt ist außer mir nicht ein Mann, der ein so großes Geschäft zu leiten verstünde, wie dies zu werden verspricht. Hierzulande haben überhaupt nur die eingewanderten Familien Geist für Unternehmungen größeren Stils. Darum spricht mein Gewissen mich in diesem Punkt frei. Nur in meinen Händen kann dieser ganze Besitz den Vielen zum dauernden Segen gereichen, denen er Brot schaffen wird.
Lona Da magst du recht haben.
Johann Aber ich kenne diese Vielen nicht, und mein Lebensglück steht auf dem Spiel.
Bernick Die Wohlfahrt deiner Vaterstadt steht auch auf dem Spiel. Werden hier Dinge ruchbar, die auf meine frühere Tätigkeit einen Schatten werfen, so werden alle meine Gegner mit vereinten Kräften über mich herfallen. Eine Jugendtorheit läßt sich in unsrer Gesellschaft nicht ungeschehen machen. Man wird mein ganzes dazwischenliegendes Leben durchgehen, tausend kleine Umstände hervorziehen und sie in dem Lichte dieser Enthüllungen betrachten und deuten; man wird mich unter der Wucht der Gerüchte und Verleumdungen zu erdrücken suchen. Von dem Eisenbahnunternehmen muß ich zurücktreten; und zieh' ich meine Hand davon, so fällt es, und ich bin zugleich ruiniert und bürgerlich tot.
Lona Johann! Nach dem, was du eben gehört hast, mußt du abreisen und schweigen.
Bernick Ja, ja, Johann, das mußt du!
Johann Gut; ich werde reisen und schweigen; aber ich komme wieder, und dann rede ich.
Bernick Bleib' drüben, Johann; schweige, und ich bin bereit mit dir zu teilen –
Johann Behalt' dein Geld, aber gib mir meinen guten Ruf und Namen wieder.

Bernick Und meinen soll ich opfern?
Johann Du magst samt deiner Gesellschaft zusehen, wie du aus der Geschichte herauskommst. Ich muß und kann und will Dina besitzen. Drum reis' ich noch morgen mit der »Indian Girl« –
Bernick Mit der »Indian Girl«?
Johann Ja. Der Kapitän hat mir versprochen, mich mitzunehmen. Ich reise hinüber, verkaufe meine Farm und ordne meine Angelegenheiten. In zwei Monaten bin ich wieder da.
Bernick Und dann willst du sprechen?
Johann Dann soll der Schuldige selbst sich zu der Schuld bekennen.
Bernick Vergißt du, daß ich mich damit auch zu dem bekenne, woran ich unschuldig bin?
Johann Wer war's, der vor fünfzehn Jahren sich das schamlose Gerücht zunutze gemacht hat?
Bernick Du treibst mich zur Verzweiflung! Sprichst du, so leugne ich alles! Ich sage, es sei ein Komplott gegen mich; ein Racheakt; du seist herübergekommen, Geld von mir zu erpressen.
Lona Schäme dich, Karsten!
Bernick Ich bin ein Verzweifelter, sag' ich; und ich kämpfe um mein Leben. – Ich leugne alles, alles!
Johann Ich habe deine beiden Briefe. In meinem Koffer fand ich sie unter andern Papieren. Heute früh hab' ich sie durchgelesen; sie reden eine sehr deutliche Sprache.
Bernick Und diese Briefe willst du vorlegen?
Johann Wenn's nötig sein sollte – ja.
Bernick Und in zwei Monaten bist du wieder da?
Johann Das hoff' ich. Der Wind ist gut; in drei Wochen bin ich in New York – wenn die »Indian Girl« nicht untergeht.
Bernick (stutzt) Untergeht? Warum sollte die »Indian Girl« untergehen?
Johann Das mein' ich auch.
Bernick (kaum hörbar) Untergehen?
Johann Bernick, jetzt weißt du, was kommen wird. Inzwischen geh' mit dir selbst zu Rate. Adieu! Betty kannst du grüßen, obgleich sie sich zu mir nicht wie eine Schwester benommen hat. Aber Martha will ich doch noch sehen. Sie soll Dina sagen – sie soll mir versprechen –
(Ab durch die hinterste Tür links)
Bernick (vor sich hin) »Indian Girl« –? *(Rasch)* Lona! Das mußt du verhindern.
Lona Du siehst doch selbst, Karsten – ich habe keine Macht mehr über ihn.

(Sie folgt Johann in das Zimmer links)
Bernick (in unruhigen Gedanken) Untergehen –?
Aune (kommt von rechts) Ist's erlaubt, Herr Konsul – komm' ich ungelegen?
Bernick (wendet sich heftig um) Was wollen Sie?
Aune Sie bitten, eine Frage an Sie richten zu dürfen, Herr Konsul.
Bernick Also – machen Sie schnell! Was wollen Sie?
Aune Ich wollte fragen, ob es feststeht – unerschütterlich feststeht –, daß ich aus der Werft entlassen werde, wenn die »Indian Girl« morgen nicht segelfertig ist.
Bernick Was ist das nun wieder? Das Schiff wird ja seeklar.
Aune Ja – allerdings; wenn es nun aber nicht seeklar würde – hätt' ich dann meine Entlassung?
Bernick Wozu diese müßigen Fragen?
Aune Ich möcht' es gern wissen, Herr Konsul. Bitte, antworten Sie mir: hätt' ich dann meine Entlassung?
Bernick Pfleg' ich mein Wort zu halten oder nicht?
Aune Ich hätte also morgen die Stellung nicht mehr, die ich in meinem Haus und bei meinen Angehörigen eingenommen, meinen Einfluß in den Kreisen der Arbeiter nicht mehr, hätte keine Gelegenheit mehr, Nutzen zu stiften unter den Niedern und Geringen der menschlichen Gesellschaft?
Bernick Aune! Dieser Punkt ist erledigt.
Aune Gut! So kann die »Indian Girl« segeln.
(Kurze Pause)
Bernick Hören Sie, Aune! Ich kann meine Augen nicht überall haben, kann nicht für alles verantwortlich sein – Sie können mir doch die Versicherung geben, daß die Reparatur untadelhaft ausgeführt ist?
Aune Sie haben mir eine knappe Frist gestellt, Herr Konsul.
Bernick Doch die Reparatur ist dauerhaft, sagen Sie?
Aune Wir haben ja gutes Wetter und Sommerzeit.
(Wieder Pause)
Bernick Haben Sie mir sonst noch was zu sagen?
Aune Sonst wüßte ich nichts, Herr Konsul.
Bernick Also – die »Indian Girl« segelt –
Aune Morgen?
Bernick Ja.
Aune Gut. *(Er grüßt und geht ab)*
(Bernick steht einen Augenblick unentschlossen da; dann geht er rasch zur Ausgangstür, als ob er Aune zurückrufen wolle, bleibt aber voll Unruhe

stehen, die Hand auf der Türklinke. In demselben Augenblick wird die Tür von außen geöffnet und Krap tritt ein.)

Krap (mit gedämpfter Stimme) Aha, er war hier? Hat er eingestanden?

Bernick Hm – haben Sie was entdeckt?

Krap Wozu noch? Haben Sie nicht bemerkt, Herr Konsul, wie ihm das böse Gewissen aus den Augen sah?

Bernick Unsinn! So was kann man nicht sehen. Haben Sie was entdeckt, frag' ich?

Krap Konnte nicht dazu kommen; war zu spät; sie holten das Schiff schon aus dem Dock. Aber gerade diese Eile beweist deutlich –

Bernick Nichts beweist sie. Die Besichtigung hat also stattgefunden?

Krap Versteht sich; aber –

Bernick Sehen Sie wohl! Und man hatte natürlich nichts zu beanstanden?

Krap Herr Konsul, Sie wissen recht gut, wie solche Besichtigungen vor sich gehen, zumal auf einer Werft, die einen so guten Ruf hat wie die unsrige.

Bernick Wenn auch. Wir sind also außer Verantwortung.

Krap Herr Konsul, ist Ihnen wirklich an Aune nicht aufgefallen, daß –

Bernick Aune hat mich vollständig beruhigt, sag' ich Ihnen –

Krap Und ich sage, daß ich moralisch überzeugt bin, Aune will –

Bernick Was soll das heißen, Herr Krap? Ich merke schon, Sie haben eine Pieke auf den Mann; aber wenn Sie Ihr Mütchen an ihm kühlen wollen, so müssen Sie sich eine andere Gelegenheit dazu aussuchen. Sie wissen, wie wichtig es mir – oder richtiger gesagt, der Reederei – ist, wenn die »Indian Girl« morgen unter Segel geht.

Krap Nun gut, es mag geschehen; aber wenn wir von dem Schiffe wieder was hören – hm!

Vigeland (kommt von rechts) Ergebenster Diener, Herr Konsul. Haben Sie einen Augenblick Zeit?

Bernick Zu dienen, Herr Vigeland.

Vigeland Ich wollte nur mal hören, ob Sie nicht auch dafür sind, daß der »Palmbaum« morgen segelt?

Bernick Gewiß! Das ist ja eine abgemachte Sache.

Vigeland Aber da kommt eben der Kapitän zu mir und meldet, daß Sturm signalisiert ist.

Krap Das Barometer ist seit heute früh stark gefallen.

Bernick So? Wir haben Sturm zu erwarten?

Vigeland Jedenfalls eine steife Kühlte – aber keinen widrigen Wind; im Gegenteil –

Bernick Hm; was sagen Sie dazu?
Vigeland Was ich schon zum Kapitän gesagt: daß der »Palmbaum« in der Hand der Vorsehung steht. Und außerdem passiert er ja fürs erste nur die Nordsee; und in England stehen ja die Frachten jetzt einigermaßen hoch, so daß –
Bernick Ja, es würde uns wahrscheinlich Verlust bringen, falls wir zuwarteten.
Vigeland Das Schiff ist ja auch solid und überdies voll versichert. Da ist's wahrhaftig doch riskanter mit der »Indian Girl« –
Bernick Wie meinen Sie das?
Vigeland Die segelt ja morgen auch.
Bernick Ja, die Reederei hat so sehr gedrängt, und außerdem –
Vigeland Na, wenn der alte Kasten sich hinauswagen kann, und obendrein mit solch einer Bemannung, so wär's eine Schande, wenn wir nicht –
Bernick Jawohl. Sie haben vermutlich die Schiffspapiere bei sich?
Vigeland Da sind sie.
Bernick Gut; gehen Sie nur bitte mit Herrn Krap hinein.
Krap Bitte schön; soll gleich besorgt werden.
Vigeland Danke sehr. – Und den Ausgang legen wir in die Hand des Allmächtigen, Herr Konsul.
(Ab mit Krap in das vorderste Zimmer links. Rörlund kommt durch den Garten)
Rörlund Ei, trifft man Sie um diese Tageszeit zu Hause, Herr Konsul?
Bernick (in Gedanken) Wie Sie sehen.
Rörlund Eigentlich komme ich zu Ihrer Frau Gemahlin. Ich dachte mir, sie könnte ein Wort des Trostes brauchen.
Bernick Das kann sie gewiß. Aber ich hätte Sie auch gern einmal gesprochen.
Rörlund Stehe zur Verfügung, Herr Konsul. Aber was fehlt Ihnen? Sie sehen ganz bleich und verstört aus.
Bernick So? Wirklich? Ja, wie kann das auch anders sein – was ist in diesen Tagen nicht alles auf mich eingestürmt! Da ist mein großes Geschäft – und dann die Eisenbahn –. Hören Sie mal, Herr Adjunkt, ich möchte eine Frage an Sie richten!
Rörlund Bitte sehr, Herr Konsul.
Bernick Da ist mir ein Gedanke gekommen. Wenn man einem Unternehmen von solcher Tragweite gegenübersteht, das die Wohlfahrt von Tausenden zum Ziele hat – wie, wenn es nun ein einzelnes Opfer fordern sollte?

Rörlund Wie meinen Sie das?

Bernick Zum Beispiel: Ein Mann will eine große Fabrik bauen. Er weiß mit Sicherheit – denn das hat die Erfahrung ihn gelehrt –, daß früher oder später im Betriebe dieser Fabrik Menschenleben zugrunde gehen.

Rörlund Ja, so etwas ist nur allzu wahrscheinlich.

Bernick Oder es wirft sich einer auf den Bergbau. Er nimmt Familienväter sowie junge, lebenslustige Menschen in seinen Dienst. Läßt sich nicht mit Gewißheit voraussagen, daß nicht alle diese Leute mit dem Leben davonkommen werden?

Rörlund Dem ist leider so.

Bernick Nun wohl. Ein solcher Mann weiß also im voraus, daß das Unternehmen, das er ins Werk setzen will, unzweifelhaft einmal Menschenleben kosten wird. Aber dieses Unternehmen ist ein gemeinnütziges; für jedes Menschenleben, das es kostet, wird es ebenso unzweifelhaft das Wohl vieler Hunderte fördern.

Rörlund Aha, Sie denken an die Eisenbahn – an die gefährlichen Erdarbeiten und Sprengungen und all das –

Bernick Jawohl, ja – ich denke an die Eisenbahn – und außerdem – die Eisenbahn wird ja Fabriken und Bergwerksbetriebe ins Leben rufen. Aber meinen Sie nicht trotzdem –

Rörlund Lieber Herr Konsul, Sie sind beinahe zu gewissenhaft. Ich meine, wenn Sie die Sache in die Hand der Vorsehung legen –

Bernick Ja gewiß, ja; die Vorsehung –

Rörlund – so trifft Sie keine Verantwortung. Bauen Sie nur getrost Ihre Eisenbahn.

Bernick Ja, aber nun setz' ich einen besonderen Fall. Also gesetzt den Fall, es sei ein Bohrloch vorhanden, wo an einer gefährlichen Stelle gesprengt werden soll, und ohne diese Sprengung würde die Eisenbahn nicht zustande kommen. Gesetzt den Fall also, der Ingenieur weiß, daß es den Arbeiter, der die Mine anzünden soll, das Leben kosten wird; aber angezündet muß sie werden; und es ist die Pflicht des Ingenieurs, einen Arbeiter hinzuschicken, der das tut.

Rörlund Hm –

Bernick Ich weiß, was Sie sagen wollen. Es wäre groß, wenn der Ingenieur selbst die Lunte nähme und hinginge und die Sprengung vornähme. Doch so etwas tut man nicht. Er muß also einen Arbeiter opfern.

Rörlund Das würde bei uns kein Ingenieur tun.

Bernick In den großen Ländern würde kein Ingenieur sich besinnen, dies zu tun.

Rörlund In den großen Ländern? – Ja, das glaub' ich wohl. In der verkommenen und gewissenlosen Gesellschaft da –
Bernick O, es ist manches recht gut an dieser Gesellschaft.
Rörlund Und das sagen Sie, Sie, der selbst –?
Bernick In der großen Gesellschaft, da hat man doch Raum, ein nützliches Unternehmen zu fördern; da hat man den Mut, einer großen Sache ein Opfer zu bringen; aber hier wird man eingeengt von allerlei kleinlichen Rücksichten und Bedenken.
Rörlund Ist ein Menschenleben eine kleinliche Rücksicht?
Bernick Wenn dies Menschenleben dem Wohle Tausender hindernd entgegensteht –
Rörlund Aber, Herr Konsul, Sie stellen ja ganz undeutbare Fälle auf; ich verstehe Sie heute gar nicht. Und dann weisen Sie auf die große Gesellschaft hin. Ja, da draußen – was gilt da ein Menschenleben! Da rechnet man mit Menschenleben wie mit Kapitalien. Aber wir, sollt' ich meinen, stehen doch auf einem ganz andern moralischen Standpunkt. Sehen Sie sich nur einmal den ehrenhaften Stand der Schiffsreeder bei uns an! Nennen Sie mir einen einzigen Reeder hier, der um schnöden Gewinn ein Menschenleben opfern würde! Und dann denken Sie an jene Schurken der großen Gesellschaft, die um des Vorteils willen ein seeuntüchtiges Schiff nach dem andern verfrachten –
Bernick Ich spreche nicht von seeuntüchtigen Schiffen.
Rörlund Aber ich spreche davon, Herr Konsul.
Bernick Doch was hat das damit zu tun? Das gehört ja nicht zur Sache. – O diese kleinen, ängstlichen Rücksichten! Wenn bei uns ein General seine Soldaten ins Feuer und zum sichern Tode führen müßte, er hätte hinterher schlaflose Nächte. So ist es anderswo nicht. Sie sollten nur hören, was er da drin erzählt –
Rörlund Er? Wer? Der Amerikaner?
Bernick Jawohl. Sie sollten nur hören, wie man in Amerika –
Rörlund Er ist drin? Und das sagen Sie mir erst jetzt? Ich will gleich –
Bernick Es nützt Ihnen nichts. Mit dem werden Sie nicht fertig.
Rörlund Das wollen wir sehen! Da ist er ja.
(Johann Tönnesen kommt aus dem Zimmer links)
Johann (spricht zurück durch die offene Tür) Ja, ja, Dina, es ist nun einmal so; aber ich lasse doch nicht von Ihnen. Ich komme wieder; und dann wird schon alles werden.
Rörlund Bitte, was wollen Sie mit diesem Wort sagen? Was ist Ihre Absicht?

Johann Meine Absicht ist, das junge Mädchen, bei dem Sie mich gestern verleumdet haben, zu meiner Frau zu machen.
Rörlund Zu Ihrer –? Und Sie können glauben, daß –
Johann Ich will sie zur Frau haben.
Rörlund Nun, so sollen Sie auch erfahren – *(Er geht zu der halboffenen Tür)* Frau Bernick, Sie haben wohl die Güte, Zeuge zu sein. – Und Sie auch, Fräulein Martha! Und lassen Sie Dina kommen. *(Zu Lona, die in der Tür erscheint)* Ah, Sie sind auch da?
Lona (in der Tür) Soll ich auch kommen?
Rörlund So viele wie wollen; je mehr, desto besser.
Bernick Was haben Sie vor?
(Lona, Frau Bernick, Martha, Dina und Hilmar Tönnesen kommen aus dem Zimmer)
Frau Bernick Herr Adjunkt, ich hab' ihn mit dem besten Willen nicht daran hindern können –
Rörlund Ich werde ihn daran hindern, gnädige Frau. – Dina, Sie sind ein unbesonnenes Mädchen. Doch ich mache Ihnen keine allzu großen Vorwürfe. Sie haben hier zu lange ohne moralische Stütze gestanden, die Sie hätte aufrechthalten können; ich mache mir selbst Vorwürfe, daß ich Ihnen diese Stütze nicht schon früher gewährt.
Dina Sie sollen jetzt nicht sprechen.
Frau Bernick Was soll denn das bedeuten?
Rörlund Gerade jetzt muß ich sprechen, Dina, obgleich Ihr Betragen gestern und heute mir es unendlich schwer gemacht hat. Doch wenn Ihre Rettung auf dem Spiele steht, müssen alle andern Rücksichten schweigen. Sie erinnern sich des Wortes, das ich Ihnen gab; Sie erinnern sich, was Sie mir zu antworten versprachen, wenn ich die Zeit für gekommen hielte. Jetzt darf ich mich nicht länger besinnen, und darum – *(Zu Johann)* Dieses junge Mädchen, dem Sie nachstellen, ist meine Braut!
Frau Bernick Was sagen Sie?
Bernick Dina!
Hilmar Sie! Ihre –?
Martha Nein, nein, Dina!
Lona Lüge!
Johann Dina, spricht der Mann die Wahrheit?
Dina (nach kurzer Pause) Ja.
Rörlund Und hiermit sind hoffentlich alle Verführungskünste zunichte geworden. Der Schritt, zu dem ich mich Dina zuliebe entschlossen habe, mag immerhin unsrer ganzen Gesellschaft bekannt werden. Ich hege die

sichre Hoffnung, daß er nicht mißdeutet wird. – Doch nun, Frau Bernick, mein' ich, ist es das beste, wir führen sie hinweg und versuchen ihrer Seele die Ruhe und das Gleichgewicht wiederzugeben.

Frau Bernick Ja, komm! O Dina, welch ein Glück für dich!

(Sie führt Dina links hinaus; Rörlund folgt ihnen)

Martha Leb' wohl, Johann! *(Ab durch die zweite Tür links)*

Hilmar (in der Gartentür) Hm – da muß ich denn doch sagen –

Lona (die Dina mit den Augen gefolgt ist) Nicht den Mut verlieren, mein Junge! Ich bleibe hier und sehe dem Pastor auf die Finger. *(Ab nach rechts)*

Bernick Johann, nun reist du nicht mit der »Indian Girl«!

Johann Jetzt gerade.

Bernick Aber du kommst doch nicht wieder?

Johann Ich komme wieder.

Bernick Nach dem, was geschehen? Was willst du noch hier?

Johann Mich rächen an euch allen; von euch so viele zugrunde richten, wie ich nur kann!

(Ab nach rechts. Vigeland und Krap kommen aus Bernicks Zimmer)

Vigeland So, nun sind die Papiere in Ordnung, Herr Konsul.

Bernick Gut, schon gut.

Krap (mit gedämpfter Stimme) Also es bleibt dabei, daß die »Indian Girl« morgen segelt?

Bernick Sie segelt.

(Ab in sein Zimmer links. Vigeland und Krap ab nach rechts. Hilmar will ihnen folgen; aber in demselben Augenblick steckt Olaf den Kopf vorsichtig durch die Tür links.)

Olaf Onkel! Onkel Hilmar!

Hilmar Uh! Bist du's? Warum bleibst du nicht oben? Du hast ja Stubenarrest.

Olaf (geht ein paar Schritte vor) Pst! Onkel Hilmar, weißt du das neueste?

Hilmar Ja, ich weiß, daß du heut Prügel bekommen hast.

Olaf (sieht drohend nach dem Zimmer des Vaters hin) Er soll mich nicht wieder schlagen! Aber weißt du, daß Onkel Johann morgen mit dem Amerikaner segelt?

Hilmar Was geht das dich an? Mach', daß du wieder hinaufkommst!

Olaf Ich gehe vielleicht auch noch einmal mit auf die Büffeljagd, Onkel!

Hilmar Unsinn! So eine Memme wie du –

Olaf Wart's nur ab! Morgen kriegst du schon was zu hören.

Hilmar Schafskopf!

(Ab durch den Garten. Olaf läuft wieder in das Zimmer und schließt die Tür, da er Krap von rechts kommen sieht)
Krap (geht nach Bernicks Tür und öffnet sie halb) Entschuldigen Sie, daß ich noch mal komme, Herr Konsul – aber ein mächtiges Unwetter zieht herauf. *(Er wartet einen Augenblick. Keine Antwort.)* Soll die »Indian Girl« doch segeln? –
Bernick (antwortet nach einer kurzen Pause im Zimmer drin) Die »Indian Girl« segelt doch.
(Krap schließt die Tür und geht wieder rechts hinaus.)

VIERTER AKT

Das Gartenzimmer bei Bernicks. Der Arbeitstisch ist weggeräumt. Es ist ein stürmischer Nachmittag und schon Dämmerung, die während des Folgenden zunimmt.

Ein Diener steckt den Kronenleuchter an; einige Dienstmädchen bringen Blumentöpfe, Lampen und Lichter, die auf Tische und Wandgesimse gestellt werden. Rummel im Frack, mit Handschuhen und weißer Halsbinde, steht im Zimmer und trifft Anordnungen.

Rummel (zum Diener) Nur jede zweite Kerze, Jakob. Es darf nicht gar zu festlich aussehen; es soll ja eine Überraschung werden. Und die Blumen da –? Na, laßt sie nur stehen; man kann ja denken, sie ständen alle Tage da –
(Bernick kommt aus seinem Zimmer)
Bernick (in der Tür) Was soll das heißen?
Rummel Au weh, au weh! Du bist da? *(Zu den Dienstboten)* Na, jetzt könnt ihr einstweilen gehen.
(Der Diener und die Mädchen ab durch die oberste Tür links)
Bernick (kommt näher) Aber, Rummel, was soll das heißen?
Rummel Es soll heißen, daß der stolzeste Augenblick deines Lebens gekommen ist. Die Stadt bringt ihrem ersten Mann heut abend einen Festzug!
Bernick Was sagst du?
Rummel Einen Festzug mit Musik! Wir hätten auch gern Fackeln

genommen; aber das durften wir bei diesem stürmischen Wetter nicht wagen. Na, illuminiert wird jedenfalls; und das klingt ja auch ganz gut, wenn es in den Zeitungen steht.

Bernick Hör' mal, Rummel. Ich will das nicht.

Rummel Ja, nun ist es zu spät; in einer halben Stunde sind sie da.

Bernick Aber warum hast du mir das nicht früher gesagt?

Rummel Eben weil mir bange war, du würdest was dagegen haben. Und da steckt' ich mich hinter deine Frau; sie erlaubte mir, ein weniges zu arrangieren, und wird auch für Erfrischungen sorgen.

Bernick (horcht) Was ist das? Kommen sie schon? Mir ist, als hört' ich Gesang.

Rummel (an der Gartentür) Gesang? Ach, das sind bloß die Amerikaner; man holt die »Indian Girl« zur Tonne hinaus.

Bernick Die »Indian Girl«? – Ja – ach, ich kann nicht heut abend; ich bin krank.

Rummel Ja, du siehst in der Tat jämmerlich aus. Aber du mußt dich aufraffen. Zum Donnerwetter, du mußt dich aufraffen! Ich wie auch Sandstad und Vigeland legen das größte Gewicht auf das Zustandekommen dieser Veranstaltung. Unsere Gegner müssen unter der Wucht einer möglichst großartigen Demonstration zum Schweigen gebracht werden. Es bilden sich Gerüchte; mit der Mitteilung von den Terrainkäufen kann man nicht länger hinter dem Berg halten. Du mußt unter allen Umständen schon heut abend bei Gesang und Gläserklang und schönen Reden, kurz unter dem Eindruck einer rauschenden Feststimmung, verkünden, was du zum Besten der Gesellschaft riskiert hast. Unter dem Eindruck solch einer rauschenden Feststimmung, wie ich mich eben ausdrückte, läßt sich ungeheuer viel bei uns machen. Aber die muß vorhanden sein – sonst geht's nicht.

Bernick Jawohl, ja –

Rummel Und ganz besonders, wenn man mit einer so delikaten und kitzlichen Sache herausrücken soll. Na, Bernick, du hast ja, Gott sei Dank, einen Namen, der einen Puff vertragen kann. Aber hör' mal, wir sollten uns doch vorher ein wenig verständigen. Hilmar Tönnesen hat ein Lied auf dich gedichtet. Es beginnt sehr hübsch mit den Worten: »Hoch die Fahne der Idee!« Und Rörlund hat den Auftrag, die Festrede zu halten. Auf die mußt du natürlich antworten.

Bernick Ich kann heut nicht. Könntest du nicht –?

Rummel Unmöglich, so gern ich auch wollte. Die Rede wird ja doch, wie du dir denken kannst, vor allem an dich gerichtet. Na, vielleicht werden auch für uns andere ein paar Worte abfallen. Ich habe mit Vigeland und

Sandstad darüber gesprochen. Wir haben gedacht, du könntest mit einem Hoch auf das Gedeihen unsrer Gesellschaft antworten; Sandstad will einige Worte über die Eintracht der verschiedenen Gesellschaftsklassen sprechen; Vigeland wird dann auseinandersetzen, wie wünschenswert es sei, daß durch das neue Unternehmen das moralische Fundament, auf dem wir stehen, nicht erschüttert werde, und ich habe vor, in wenigen passenden Worten der Frauen zu gedenken, deren bescheideneres Wirken auch nicht ohne Bedeutung für die Gesellschaft ist. Aber du hörst ja gar nicht –

Bernick O doch – gewiß. Aber sage mir, glaubst du wirklich, daß es auf hoher See jetzt so sehr schlimm ist?

Rummel Aha, du fürchtest für den »Palmbaum«. Der ist doch gut versichert.

Bernick Versichert, ja; aber –

Rummel Und in gutem Stand; und das ist die Hauptsache.

Bernick Hm –. Wenn einem Fahrzeug etwas zustößt, so ist ja damit noch nicht gesagt, daß Menschenleben zugrunde gehen müssen; doch können Schiff und Ladung zum Teufel gehen – man kann Koffer und Papiere einbüßen –

Rummel Zum Kuckuck! An Koffern und Papieren ist doch nicht viel gelegen.

Bernick Das nicht! – Nein, nein, ich meinte bloß –. Still – da singen sie wieder.

Rummel Das ist an Bord des »Palmbaum«.

Vigeland (kommt von rechts) Ja! Der »Palmbaum« geht gleich ab.

Bernick Und Sie, als seekundiger Mann, Sie bleiben nach wie vor dabei, daß –?

Vigeland Ich bleibe bei der Vorsehung, Herr Konsul. Überdies war ich selbst an Bord und habe etliche Traktätchen ausgeteilt, die hoffentlich Segen stiften werden.

(Sandstad und Krap kommen von rechts)

Sandstad (noch in der Tür) Ja, wenn das gut geht, so geht alles gut. Sieh da! Guten Abend, guten Abend!

Bernick Ist was passiert, Herr Krap?

Krap Ich sage nichts, Herr Konsul.

Sandstad Die ganze Bemannung der »Indian Girl« ist betrunken; ich will kein ehrlicher Mann sein, wenn die Bestien mit lebendigem Leibe davonkommen.

(Lona kommt von rechts)

Lona (zu Bernick) Ja – so kann ich dich denn von ihm grüßen.

Bernick Schon an Bord?
Lona Wenigstens bald. Wir haben uns vor dem Hotel getrennt.
Bernick Und sein Vorsatz steht fest?
Lona Felsenfest.
Rummel (im Hintergrund an den Fenstern) Der Henker hole diese neumodischen Einrichtungen! Ich kriege die Vorhänge nicht herunter.
Lona Sollen sie herunter? Ich dachte, im Gegenteil –
Rummel Zuerst herunter, Fräulein. Sie wissen doch, was es geben wird?
Lona Freilich. Lassen Sie mich helfen. *(Ergreift die Schnur)* Ich lasse den Vorhang fallen vor den Augen meines Schwagers – und möchte ihn doch lieber aufziehen.
Rummel Das können Sie auch, aber später. Wenn der Garten voll ist von der wogenden Menge, dann gehen die Vorhänge in die Höhe und man sieht drinnen eine überraschte und frohe Familie – das Haus eines Bürgers soll sein wie ein Glasschrank.
Bernick (scheint etwas sagen zu wollen, wendet sich aber schnell umd und geht in sein Zimmer).
Rummel So, nun wollen wir die letzte Beratung halten. Kommen Sie mit, Herr Krap! Sie müssen uns mit ein paar tatsächlichen Aufschlüssen unter die Arme greifen.
(Alle Herren ab in das Zimmer Bernicks. Lona hat die Vorhänge an den Fenstern heruntergelassen und will dasselbe gerade mit dem Vorhang an der Glastür tun, da springt Olaf von oben die Gartentreppe herunter. Er hat ein Plaid über der Schulter und ein Bündel in der Hand.)
Lona O! – Gott verzeih dir's Junge – hast du mich aber erschreckt!
Olaf (verbirgt das Bündel) Pst, Tante!
Lona Du springst zum Fenster hinaus? Wo willst du hin?
Olaf Pst, sag' nichts! Ich will zu Onkel Johann – bloß zur Brücke runter, weißt du – bloß ihm Adieu sagen. Gute Nacht, Tante! *(Er läuft hinaus durch den Garten)*
Lona Nein – bleib! Olaf – Olaf!
(Johann Tönnesen, im Reiseanzug, mit einer Tasche über die Schultern, kommt vorsichtig durch die Tür rechts; später Dina und Martha.)
Johann Lona!
Lona (wendet sich um) Was! Du kommst wieder?
Johann Es sind noch ein paar Minuten Zeit. Ich muß sie noch einmal sehen. Wir können nicht so voneinander scheiden.
(Martha und Dina, beide mit Mänteln, kommen durch die oberste Tür links; letztere hat einen kleinen Reisesack in der Hand.)
Dina Zu ihm, zu ihm!

Martha Ja, du sollst zu ihm, Dina!
Dina Da ist er!
Johann Dina!
Dina Nehmen Sie mich mit!
Johann Was –!
Lona Du willst?
Dina Ja, nehmen Sie mich mit! Der andere hat mir geschrieben – er hat gesagt, daß es noch diesen Abend alle Leute wissen sollen –
Johann Dina – Sie lieben ihn nicht?
Dina Ich hab' den Menschen nie geliebt! Ich stürze mich in den Fjord, eh' ich seine Braut werde. Ach, wie er mich gestern gedemütigt hat mit seinen dünkelhaften Worten! Wie hat er mich fühlen lassen, daß er ein geringes Geschöpf zu sich emporhebe! Ich will nicht mehr, daß man mich geringachtet! Ich will fort. Darf ich Sie begleiten?
Johann Ja, ja – und tausendmal ja!
Dina Ich werde Ihnen nicht lange zur Last fallen. Helfen Sie mir nur hinüber; helfen Sie mir im Anfang ein bißchen weiter.
Johann Hurra, Dina! Das findet sich schon!
Lona (zeigt auf die Tür Bernicks) Pst! Leise, leise!
Johann Dina, ich werde Sie auf Händen tragen!
Dina Das sollen Sie nicht. Ich will mich selbst vorwärts bringen; und drüben, da kann ich das schon. Nur fort von hier! O, diese Frauen – sie wissen noch nicht – die haben mir auch heute geschrieben. Sie haben mich ermahnt, mein Glück auch zu begreifen, haben mir vorgehalten, welche Großmut er bewiesen. Morgen und alle Tage werden sie mir aufpassen, um zu sehen, ob ich mich all dessen auch würdig zeige. Wie mir graut vor dieser ganzen Sittsamkeit!
Johann Sagen Sie mir, Dina, wollen Sie nur deshalb fort? Bin ich Ihnen nichts?
Dina Doch, Johann, Sie sind mir mehr als alle andern Menschen.
Johann Dina!
Dina Alle sagen sie hier, ich müsse Sie hassen und verabscheuen; das sei meine Pflicht. Aber ich begreife nicht, warum das meine Pflicht sein soll; und werde es nie begreifen lernen.
Lona Das sollst du auch nicht, mein Kind!
Martha Nein, das sollst du nicht; und darum sollst du ihm auch folgen als sein Weib.
Johann Ja, ja!
Lona Wie? Laß dich küssen, Martha! Das hätt' ich von dir nicht erwartet.

Martha Glaub's wohl; ich hätt' es selbst nicht erwartet. Aber einmal mußt' es heraus aus mir. Ach, wie leiden wir hier unter dem Fluch des Herkommens und der Gewohnheiten! Mach' Front dagegen, Dina! Werde sein Weib! Schaff' ein Ereignis, das diesem ganzen Schick und Brauch ins Gesicht schlägt!

Johann Was antworten Sie, Dina?

Dina Ja – ich will die Ihre sein.

Johann Dina!

Dina Doch erst will ich arbeiten, selber etwas werden – so wie Sie. Ich will nicht eine Sache sein, die man einfach an sich nimmt.

Lona Recht so – so soll es sein!

Johann Gut denn; ich warte und hoffe –

Lona – und gewinnst, mein Junge! Doch jetzt an Bord!

Johann Jawohl – an Bord! – Du, Lona, liebe Schwester, ein Wort noch! Hör' mal – *(Er führt sie in den Hintergrund und spricht eilig mit ihr)*

Martha Dina, du Glückliche – laß mich dich anschauen, dich noch einmal küssen – das letzte Mal!

Dina Nicht das letzte Mal; nein, teure, geliebte Tante, wir sehen uns wieder!

Martha Niemals! Versprich mir, Dina, komm nie zurück! *(Sie faßt Dinas beide Hände und blickt sie an)* ÖUN GEHST DU DEM Glück entgegen, du geliebtes Kind – übers Meer! O, wie oft hab' ich mich nicht aus meiner Schulstube dahin gesehnt! Draußen muß es schön sein: ein größerer Himmel; die Wolken ziehen höher als hier; eine freiere Luft weht über die Häupter der Menschen hin –

Dina Ach, Tante Martha, du folgst uns schon noch einmal.

Martha Ich? Niemals, niemals! Hier hab' ich meinen kleinen Lebensberuf; und nun glaub' ich auch, daß ich ganz und ungeteilt das werden kann, was ich sein soll.

Dina Von dir scheiden zu müssen – ich kann's nicht ausdenken!

Martha Ach, der Mensch kann von vielem scheiden, Dina. *(Küßt Dina)* Doch die Erfahrung soll dir erspart bleiben, mein Herzenskind. Versprich mir, ihn glücklich zu machen!

Dina Ich will nichts versprechen; ich hasse Versprechungen. Alles komme, wie's kommen mag.

Martha Jawohl, so soll es sein; du sollst nur bleiben, wie du bist – wahr und treu gegen dich selbst.

Dina Das will ich, Tante.

Lona (steckt einige Papiere in die Tasche, die Johann ihr gegeben) Brav, brav, mein lieber Junge. Doch jetzt fort!

Johann Ja, es ist keine Zeit mehr zu verlieren. Adieu, Lona! Dank für all deine Liebe! Adieu, Martha; hab' auch du Dank für deine treue Freundschaft!

Martha Adieu, Johann! Adieu, Dina! Und das Glück sei mit euch in allen Tagen!

(Martha und Lona drängen die beiden der Tür im Hintergrunde zu. Johann und Dina gehen rasch ab durch den Garten. Lona schließt die Tür und zieht den Vorhang vor.)

Lona Nun sind wir allein, Martha. Du hast sie verloren und ich ihn.

Martha Du – ihn?

Lona Ach, halb hatt' ich ihn schon drüben verloren. Der Junge sehnte sich unausgesetzt danach, auf eignen Füßen zu stehen. Darum hab' ich ihm eingeredet, ich hätte Heimweh.

Martha Darum? Jetzt versteh' ich auch, weshalb du gekommen bist. Doch er wird nach dir zurückverlangen, Lona.

Lona Eine alte Stiefschwester – was soll er jetzt mit der? – Die Männer, die reißen sich von gar vielem los, um zu dem Glück zu gelangen.

Martha Das kommt zuweilen vor.

Lona Aber wir wollen zusammenhalten, Martha!

Martha Kann ich dir etwas sein?

Lona Wem denn mehr? Wir zwei Pflegemütter – haben wir nicht beide unsere Kinder verloren? Nun sind wir allein.

Martha Allein. Und darum sollst du es auch wissen – ich hab' ihn über alles in der Welt geliebt.

Lona Martha! *(Packt Martha am Arm)* Ist das wirklich wahr?

Martha Der ganze Inhalt meines Lebens liegt in diesen Worten. Ich hab' ihn geliebt und auf ihn gewartet. Jeden Sommer hab' ich gewartet, daß er komme. Und er kam – aber er sah mich nicht.

Lona Ihn geliebt! Und du selbst hast ihm das Glück zugeführt?

Martha Sollt' ich ihm das Glück nicht zuführen, wenn ich ihn liebte? Ja, ich hab' ihn geliebt! Mein ganzes Leben ist ein Leben für ihn gewesen, von dem Augenblick an, als er fortging. Welchen Grund ich hatte zu hoffen, meinst du? O, ich glaube doch, ich hatte einigen Grund dazu! Doch als er wiederkam – da war's, als ob alles aus seiner Erinnerung ausgelöscht sei. Er sah mich nicht.

Lona Dina war's, die dich in den Schatten gestellt, Martha.

Martha Gut, daß es so gekommen! Als er fortging, da waren wir gleichaltrig; als ich ihn wiedersah – o, dieser entsetzliche Augenblick! –, da fiel es mir aufs Herz, daß ich nun zehn Jahre älter war als er. Da hatte er draußen sich getummelt im hellen, warmen Sonnenschein, hatte Jugend und Gesundheit mit jedem Atemzug eingesogen; und unterdessen saß ich hier und spann und spann –

Lona – den Faden seines Glücks, Martha.

Martha Ja, Gold war's, Lona, was ich spann – ohne Bitterkeit! Nicht wahr, Lona, wir waren ihm zwei gute Schwestern?

Lona (umarmt sie) Martha!

(Bernick kommt aus seinem Zimmer)

Bernick (zu den Herren drin) Jawohl, meine Herren; machen Sie alles, wie Sie wollen. Wenn es Zeit ist, so werd' ich schon – *(Schließt die Tür)* Ah! Ihr seid da? Du, Martha, du mußt ein bißchen Toilette machen; und sage Betty, sie möge dasselbe tun. Ich wünsche nichts Elegantes, natürlich; nur ein nettes Hauskleid. Aber ihr müßt euch beeilen.

Lona Und ein glückliches, zufriedenes Gesicht, Martha! Frohe Augen müßt Ihr machen.

Bernick Olaf soll auch herunterkommen; ich will ihn an meiner Seite haben.

Lona Hm; Olaf –

Martha Ich werd's Betty ausrichten. *(Ab durch die oberste Tür links)*

Lona So ist er also da, der große feierliche Augenblick.

Bernick (geht unruhig auf und ab) Jawohl – freilich.

Lona In einer solchen Stunde muß sich ein Mann stolz und glücklich fühlen, denk' ich mir.

Bernick (sieht sie an) Hm!

Lona Die ganze Stadt wird ja illuminieren, hör' ich.

Bernick Ja – so was Ähnliches haben sie vor.

Lona Alle Vereine werden mit ihren Fahnen antreten. Dein Name wird in Flammenschrift prangen. Heute Nacht wird nach allen Richtungen telegraphiert werden: »Im Kreise seiner glücklichen Familie nahm der Konsul Bernick die Huldigung seiner Mitbürger entgegen als eine Stütze der Gesellschaft.«

Bernick Wird wohl so sein; und draußen werden sie Hoch rufen, und die Menge wird so lange jubeln, bis ich mich zeige; und ich werde genötigt sein, mich zu verbeugen und zu danken.

Lona Genötigt also –

Bernick Glaubst du, ich fühle mich glücklich in diesem Augenblick?

Lona Ich glaube allerdings nicht, daß du dich so im Innersten glücklich fühlen kannst.

Bernick Lona, du verachtest mich!

Lona Noch nicht.

Bernick Dazu hast du auch kein Recht. Nein – kein Recht, mich zu verachten! – Lona, du kannst es nicht begreifen, wie unsagbar einsam ich hier stehe in dieser engherzigen, impotenten Gesellschaft – wie ich Jahr für Jahr meine Ansprüche an eine Lebensaufgabe herabstimmen mußte, die mich ganz ausfüllte. Was hab' ich zustandegebracht, so mannigfaltig es auch scheinen mag? Stückwerk – Lappalien. Andres, Höheres, wird hier ja nicht geduldet! Würde ich der Stimmung und Anschauung, die gerade den Tag beherrschen, nur um einen Schritt vorangehen, so wär' es aus mit meiner Macht. Weißt du, was wir sind, wir, die als Stützen der Gesellschaft gelten? Wir sind das Werkzeug der Gesellschaft – nichts mehr und nichts weniger.

Lona Warum siehst du das erst jetzt ein?

Bernick Weil ich in letzter Zeit viel darüber nachgedacht habe – seit du wieder da bist –, und zumal am heutigen Abend. Ach, Lona, warum hab' ich dich nicht so recht gründlich gekannt damals – in den alten Tagen!

Lona Was dann?

Bernick Dann hätt' ich dich nie aufgegeben; und hätt' ich dich besessen, so ständ' ich nicht da, wo ich jetzt stehe.

Lona Und bedenkst du nicht, was sie dir hätte werden können, Betty, die du wähltest an meiner Statt?

Bernick Jedenfalls weiß ich, daß sie mir nicht das geworden ist, dessen ich so sehr bedurfte.

Lona Weil du nie die Aufgabe deines Lebens mit ihr geteilt, weil du ihr nie ein freies und wahres Verhältnis zu dir ermöglicht hast; weil du sie hinsiechen läßt unter dem Vorwurf der Schande, die du über ihre nächsten Verwandten gebracht hast.

Bernick Ja, ja freilich. Das alles kommt von der Lüge und von der Hohlheit.

Lona Nun denn – warum brichst du nicht mit dieser ganzen Lüge und Hohlheit?

Bernick Jetzt? – Jetzt ist es zu spät, Lona.

Lona Sag' mir, Karsten, welche Befriedigung gewähren dir dieser falsche Schein und dieser Betrug?

Bernick Keine gewähren sie mir. Ich muß zugrunde gehen, wie diese ganze verhunzte Gesellschaft. Aber ein Geschlecht wächst nach uns heran: Für meinen Sohn arbeite ich; ihm schaff' ich eine Lebensaufgabe. Es wird eine Zeit kommen, da sich Wahrheit auf das Leben der Gesellschaft herniedersenken wird, und auf diese Wahrheit soll er ein glücklicheres Dasein gründen, als das seines Vaters war.

Lona Mit einer Lüge als Grundlage? Bedenke, was du deinem Sohne da zum Erbe gibst!

Bernick (in unterdrückter Verzweiflung) Ich geb' ihm ein tausendmal schlimmeres Erbe, als du ahnst. Aber einmal muß der Fluch weichen. Und doch – trotzdem – *(leidenschaftlich)* wie konntet ihr das alles über mein Haupt bringen! Doch jetzt ist's geschehen. Jetzt muß ich vorwärts. Mich zu verderben, das soll euch nicht gelingen!

Hilmar Tönnesen (mit einem offenen Billett in der Hand, kommt eilig und verstört von rechts) Das ist ja –! Betty, Betty!

Bernick Was gibt's? Kommen sie schon?

Hilmar Nein, nein; aber ich muß dringend wen sprechen – *(Ab durch die oberste Tür links)*

Lona Karsten, du redest so, als ob wir gekommen wären, dich zu vernichten. Laß dir denn sagen, aus welchem Erz er ist, dieser verlorne Sohn, den eure moralische Gesellschaft scheut wie einen Pestkranken. Er kann Euch entbehren, denn jetzt ist er fort.

Bernick Aber er wollte wiederkommen –

Lona Johann kommt niemals wieder. Er ist fort für immer, und Dina ist mit ihm.

Bernick Kommt niemals wieder? Und Dina ist mit ihm?

Lona Jawohl, um sein Weib zu werden. So schlagen die beiden eurer tugendreichen Gesellschaft ins Gesicht – gerade so wie einst ich – na!

Bernick Fort – auch sie – mit der »Indian Girl« –!

Lona Nein, ein so teures Gut durft' er der ruchlosen Bande nicht anvertrauen. Johann und Dina sind mit dem »Palmbaum« gefahren.

Bernick Ha! – Also – vergebens – *(Er geht rasch nach seinem Zimmer, reißt die Tür auf und ruft hinein)* Krap, halten Sie die »Indian Girl« auf; sie darf heut' nicht in See!

Krap (von drinnen) Die »Indian Girl« ist schon auf See, Herr Konsul.

Bernick (schließt die Tür und sagt matt) Zu spät – und zwecklos –

Lona Was meinst du?

Bernick Nichts, nichts! Laß mich –

Lona Hm. Sieh her, Karsten! Johann läßt dir sagen, daß er den Ruf und den Namen in meine Hände legt, den er dir einmal geliehen, und auch den guten Namen, den du ihm genommen, als er fort war. Johann schweigt; und ich kann in der Sache tun und lassen, was ich will. Sieh her, da hab' ich deine beiden Briefe in der Hand.

Bernick Du hast sie! Und nun – nun willst du – schon diesen Abend – vielleicht, wenn der Festzug –

Lona Ich kam nicht herüber, um dich zu verraten, sondern um dich so aufzurütteln, daß du freiwillig sprechen müßtest. Das gelang mir nicht.

So bleibe denn bei der Lüge! Sieh her – ich zerreiße deine beiden Briefe. Nimm die Fetzen – da sind sie! Nun zeugt nichts mehr gegen dich, Karsten; nun bist du sicher; sei nun auch glücklich – wenn du kannst!
Bernick (erschüttert) Lona – warum hast du das nicht früher getan! Jetzt ist es zu spät; jetzt ist für mich das ganze Leben dahin! Ich kann nicht weiterleben fortan.
Lona Was ist geschehen?
Bernick Frag' mich nicht. – Aber ich muß leben! Ich will leben – um Olafs willen. Er soll alles wieder gutmachen, alles sühnen.
Lona Karsten –!
Hilmar Tönnesen (kommt eilig zurück) Nirgends zu finden – fort! Und Betty auch nicht!
Bernick Was fehlt dir?
Hilmar Ich getrau' mich nicht, es dir zu sagen.
Bernick Was ist? Du mußt und sollst mir's sagen!
Hilmar Also denn – Olaf ist durchgebrannt – mit der »Indian Girl«.
Bernick (taumelt zurück) Olaf – mit der »Indian Girl«! Nein, nein!
Lona Doch – doch! Jetzt versteh' ich –! Ich hab' gesehen, wie er aus dem Fenster sprang.
Bernick (in der Tür seines Zimmers, ruft verzeifelt) Krap, halten Sie die »Indian Girl« auf – um jeden Preis!
Krap (kommt heraus) Unmöglich, Herr Konsul! Wie können Sie nur denken –?
Bernick Wir müssen das Schiff aufhalten – Olaf ist an Bord!
Krap Was sagen Sie?
Rummel (kommt heraus) Olaf durchgebrannt? Nicht möglich!
Sandstad (kommt) Er wird mit dem Lotsen zurückgeschickt werden, Herr Konsul.
Hilmar Nein, nein! Er hat mir geschrieben. *(Zeigt das Billett)* Er sagt, er will sich im Schiffsraum verbergen, bis sie auf hoher See sind.
Bernick Ich seh' ihn nie wieder!
Rummel Ach, Unsinn! Ein starkes, gutes Schiff, eben repariert –
Vigeland (der gleichfalls herausgekommen ist) – auf Ihrer eignen Werft, Herr Konsul!
Bernick Ich seh' ihn nie wieder, sag' ich euch! Ich hab' ihn verloren, Lona, und – jetzt seh' ich's ein – ich hab' ihn nie besessen. *(Horcht)* Was ist das?
Rummel Musik. Der Festzug kommt jetzt.
Bernick Ich kann niemand empfangen, ich will niemand empfangen!
Rummel Was fällt dir ein? Das ist unmöglich.

Sandstad Unmöglich, Herr Konsul; bedenken Sie, was für Sie auf dem Spiele steht!
Bernick Das alles hat jetzt gar keinen Wert für mich! Wen hab' ich nun, für den ich arbeite?
Rummel Wie du nur so fragen kannst! Du hast doch uns und die Gesellschaft.
Vigeland Ein wahres Wort!
Sandstad Sie vergessen doch wohl nicht, Herr Konsul, daß wir –
(Martha kommt durch die oberste Tür links. Man hört die gedämpften Klänge der Musik, fern unten auf der Straße.)
Martha Jetzt kommt der Zug; aber Betty ist nicht zu Haus. Ich verstehe nicht, wo sie –
Bernick Nicht zu Haus! Da siehst du's, Lona; keine Stütze – nicht in Freud', nicht in Leid!
Rummel Die Vorhänge weg! Kommen Sie und helfen Sie mir, Herr Krap! Sie auch, Herr Sandstad! Jammerschade, daß die Familie gerade jetzt so versprengt sein muß! Ganz gegen das Programm.
(Die Vorhänge an Fenstern und Tür werden weggezogen. Man sieht die ganze Straße illuminiert. An dem Hause gerade gegenüber ist ein großes Transparent angebracht mit der Inschrift: »Es lebe der Konsul Bernick, die Stütze unserer Gesellschaft.«)
Bernick (weicht scheu zurück) Fort damit! Ich will nichts sehen! Löscht aus, löscht aus!
Rummel Mit Respekt zu fragen, bist du nicht recht bei Trost?
Martha Was fehlt ihm, Lona?
Lona Pst! *(Sie spricht leise mit ihr)*
Bernick Weg mit dieser hohnsprechenden Inschrift, sag' ich! Seht ihr nicht, daß alle Lichter uns die Zunge herausstrecken?
Rummel Aber, da muß ich doch gestehen –
Bernick Ach, was wißt Ihr! Aber ich, ich –! Lichter im Totenzimmer sind das!
Krap Hm –
Rummel Aber hör' mal – du nimmst dir's auch zu sehr zu Herzen.
Sandstad Der Junge macht eine Spazierfahrt über den Atlantischen Ozean, und dann kriegen Sie ihn wieder.
Vigeland Vertrauen Sie nur auf die Hand des Allmächtigen, Herr Konsul!
Rummel Und auf die Schüte, Bernick; sie ist doch meines Wissens nicht dem Versinken nahe.
Krap Hm –

Rummel Ja, wenn es so einer von den schwimmenden Särgen wäre, wie man sie da draußen im Auslande –
Bernick Ich fühle, wie mein Haar grau wird in dieser Stunde.
Frau Bernick (einen großen Schal über den Kopf, kommt durch die Gartentür) Karsten, Karsten, weißt du –?
Bernick Ja, ich weiß! Aber du – du, die nichts sieht; du, die nicht wie eine Mutter ein Auge auf ihn hat –
Frau Bernick So hör' doch nur –
Bernick Warum hast du nicht auf ihn aufgepaßt? Jetzt hab' ich ihn verloren. Gib ihn mir wieder, wenn du kannst!
Frau Bernick Ja, ich kann es! Ich hab' ihn!
Bernick Wie?
Die Herren Ah!
Hilmar Na, dacht' ich's mir doch!
Martha Karsten, du hast ihn wieder!
Lona Und nun such' ihn auch zu besitzen!
Bernick Du hast ihn! Sprichst du die Wahrheit? Wo ist er?
Frau Bernick Das bekommst du nicht zu wissen, bis du ihm verziehen hast.
Bernick Ach, sprich jetzt nicht von Verzeihung –! Aber wie hast du erfahren –?
Frau Bernick Glaubst du, eine Mutter habe keine Augen? Ich war in Todesangst, du möchtest etwas erfahren. Einige Worte, die er gestern fallen ließ – und da sein Zimmer leer war und Ranzen und Kleider fort –
Bernick Nun, und –?
Frau Bernick Ich lief, was ich konnte; holte mir Aune; wir fuhren in seinem Segelboot hinaus; der Amerikaner wollte gerade absegeln. Gottlob, wir kamen noch zu rechter Zeit – gingen an Bord – durchsuchten das Schiff – fanden ihn! Ach, Karsten, du darfst ihn nicht bestrafen!
Bernick Betty!
Frau Bernick Und den Aune ebensowenig!
Bernick Aune? Was weißt du von ihm? Ist die »Indian Girl« wieder unter Segel?
Frau Bernick Nein; das ist es ja gerade –
Bernick Sprich, sprich!
Frau Bernick Aune war ebenso erschüttert wie ich; die Durchsuchung nahm Zeit weg; die Dunkelheit trat ein, so daß der Lotse Schwierigkeiten machte; und da war Aune so eigenmächtig – in deinem Namen –
Bernick Nun?

Frau Bernick Das Schiff aufzuhalten – bis morgen.
Krap Hm –
Bernick Welch unermeßliches Glück!
Frau Bernick Du bist nicht böse?
Bernick O Betty, dieses Übermaß von Glück!
Rummel Du bist auch gar zu gewissenhaft.
Hilmar Ja, wenn es mal einen kleinen Kampf mit den Elementen gilt, dann – uh!
Krap (an einem der Fenster) Jetzt kommt der Zug durchs Gartentor, Herr Konsul.
Bernick Ja, jetzt kann er kommen!
Rummel Der ganze Garten ist angefüllt mit Menschen.
Sandstad Die ganze Straße ist gestopft voll.
Rummel Die ganze Stadt ist auf den Beinen, Bernick! Wirklich, ein erhebender Augenblick!
Vigeland Lassen Sie es uns demütigen Sinnes hinnehmen, Herr Rummel!
Rummel Alle Fahnen sind zur Stelle! Was für ein Zug! Da ist das Festkomitee mit dem Adjunkten Rörlund an der Spitze.
Bernick Laßt sie kommen, sag' ich.
Rummel Aber hör' mal; in der aufgeregten Gemütsverfassung, in der du bist –
Bernick Was ist denn?
Rummel Ich wäre nicht abgeneigt, das Wort statt deiner zu ergreifen.
Bernick Nein, danke schön! Heut sprech' ich selbst.
Rummel Aber weißt du auch, was du zu sagen hast?
Bernick Ja, sei unbesorgt – jetzt weiß ich, was ich zu sagen habe.
(Die Musik hat mittlerweile aufgehört. Die Gartentür öffnet sich. Rörlund, an der Spitze des Festkomitees, tritt durch die Gartentür ein, begleitet von ein paar Lohndienern, die einen zugedeckten Korb tragen. Dann kommen Bürger der Stadt aus allen Gesellschaftsklassen, so viel der Saal nur faßt. Eine unübersehbare Menge mit Fahnen und Flaggen sieht man draußen im Garten und auf der Straße.)
Rörlund Hochgeehrter Herr Konsul! Ich sehe an der Überraschung, die sich auf Ihren Zügen malt, daß wir als unerwartete Gäste eindringen – in den Kreis Ihrer glücklichen Familie, zu Ihrem friedlichen Herd, wo Sie von ehrenwerten und tatkräftigen Freunden und Mitbürgern umgeben sind. Doch es war uns ein Herzensbedürfnis, Ihnen unsere Huldigung darzubringen. Nicht zum ersten Mal geschieht solches, aber doch zum ersten Mal in so ausgedehntem Maße. Schon öfter haben wir Ihnen

unsern Dank dargebracht dafür, daß Sie sozusagen eine breite moralische Grundlage schufen für das Gebäude unsrer Gesellschaft. Diesmal aber huldigen wir Ihnen vornehmlich als dem einsichtsvollen, unermüdlichen, uneigennützigen, ja opferwilligen Mitbürger, der die Initiative zu einem Unternehmen ergriffen hat, das, nach der Meinung aller Sachverständigen, dem zeitlichen Wohl und Gedeihen dieser Gesellschaft einen mächtigen Aufschwung geben wird.

Stimmen aus der Menge Bravo! Bravo!

Rörlund Herr Konsul! Sie sind seit manchem Jahre unsrer Stadt mit leuchtendem Beispiel vorangegangen. Ich rede nicht von Ihrem mustergültigen Familienleben, noch von Ihrem tadellosen moralischen Wandel überhaupt. Solche Dinge gehören ins stille Kämmerlein und nicht in den Festsaal. Aber ich rede von Ihrer bürgerlichen Wirksamkeit, so wie sie vor aller Augen offenliegt. Wohlausgerüstete Schiffe gehen aus Ihren Werften hervor und zeigen unsre Flagge auf den fernsten Meeren. Eine zahlreiche und glückliche Arbeiterschar sieht zu Ihnen auf wie zu einem Vater. Indem Sie neue Erwerbszweige ins Leben riefen, haben Sie die Wohlfahrt von vielen hundert Familien begründet. Mit andern Worten – Sie sind in hervorragendem Sinne der Grundpfeiler dieser Gesellschaft.

Stimmen Hört, hört! Bravo!

Rörlund Und gerade diese Glorie von Uneigennützigkeit, die über Ihrem ganzen Wandel ruht, ist es, was so unendlich wohltuend wirkt, besonders in Zeiten wie diesen. Sie stehen jetzt im Begriff, uns eine – ja, ich trage kein Bedenken, das Wort ganz prosaisch und schmucklos auszusprechen –, eine Eisenbahn zu schaffen.

Viele Stimmen Bravo! Bravo!

Rörlund Doch diese Unternehmung scheint auf Schwierigkeiten zu stoßen, wesentlich diktiert von engherzigen, selbstischen Rücksichten.

Stimmen Hört, hört!

Rörlund Es ist nämlich nicht unbekannt geblieben, daß gewisse Individuen, die nicht unsrer Gesellschaft angehören, den strebsamen Bürgern dieser Stadt zuvorgekommen sind und sich in den Besitz gewisser Vorteile gesetzt haben, die rechtmäßigerweise unsrer eignen Stadt hätten zugute kommen sollen.

Stimmen Jawohl, ja, hört!

Rörlund Diese beklagenswerte Tatsache ist natürlich auch zu Ihrer Kenntnis gelangt, Herr Konsul. Aber nichtsdestoweniger verfolgen Sie unerschütterlich Ihr Ziel, sich dessen wohl bewußt, daß ein Staatsbürger nicht immer bloß seine eigene Kommune im Auge haben darf.

Verschiedene Stimmen Hm! Nein, nein! Ja, ja!
Rörlund Es ist somit der Mensch und der Staatsbürger – der Mann, wie er sein soll und muß, dem wir in Ihrer Person an diesem Abend unsre Huldigung darbringen. Möge Ihr Unternehmen uns allen zu wahrem und dauerndem Heil gereichen! Die Eisenbahn kann gewißlich ein Weg werden, der uns dem Eindringen fremder, verderblicher Elemente aussetzt, zugleich aber auch ein Weg, der uns rasch wieder von ihnen befreit. Und schlechte Elemente von draußen können wir ja sowieso auch jetzt uns nicht vom Leibe halten. Aber daß wir gerade an diesem festlichen Abend, wie man hört, glücklich und schneller als wir erwarten konnten, von gewissen Elementen dieses Schlags befreit worden sind –
Stimmen Pst! Pst!
Rörlund – das betracht' ich als ein gutes Zeichen für das Unternehmen. Wenn ich diesen Punkt hier berühre, so beweist das nur, daß wir in einem Hause uns befinden, wo die ethische Forderung mehr gilt als Familienbande.
Stimmen Hört! Bravo!
Bernick (zu gleicher Zeit) Erlauben Sie mir –
Rörlund Nur noch wenige Worte, Herr Konsul. Was Sie für die Gemeinde getan haben, das taten Sie gewiß nicht mit dem Hintergedanken, daß Ihnen irgendwelche handgreifliche Vorteile daraus erwachsen würden. Aber ein geringes Zeichen der Anerkennung von seiten Ihrer dankbaren Mitbürger dürfen Sie doch nicht verschmähen, am allerwenigsten in einem so bedeutungsvollen Augenblick, da wir, nach der Versicherung praktischer Männer, am Vorabend einer neuen Zeit stehen.
Viele Stimmen Bravo! Hört! Hört!
(Rörlund gibt den Dienern einen Wink; sie bringen den Korb herbei. Mitglieder des Festkomitees nehmen während des Folgenden die Gegenstände heraus, von denen die Rede ist, und präsentieren sie.)
Rörlund So erlauben wir uns denn, Ihnen, Herr Konsul, ein silbernes Kaffeeservice zu überreichen. Es schmücke Ihren Tisch, wenn wir in Zukunft, wie bisher so oft, die Freude haben, uns in diesem gastlichen Hause zu versammeln. – Und auch sie, meine Herren, die so bereitwillig dem ersten Mann unsrer Gesellschaft beigestanden, bitten wir, eine kleine Erinnerungsgabe anzunehmen. Dieser silberne Pokal ist für Sie bestimmt, Herr Rummel. Sie haben so oft in beredten Worten, beim Becherklang, die bürgerlichen Interessen dieser Gesellschaft verfochten; mögen Sie noch oft eine würdige Veranlassung finden, diesen Pokal zu

erheben und ihn zu leeren. – Ihnen, Herr Sandstad, überreich' ich dieses Album mit Photographien Ihrer Mitbürger. Ihrer bekannten und anerkannten Humanität verdanken Sie die Annehmlichkeit, Freunde in allen Schichten der Gesellschaft zu zählen. – Und Ihnen, Herr Vigeland, darf ich, zum Schmuck Ihres Betstübchens, diese Hauspostille auf Velin und in Prachteinband anbieten. Unter dem reifenden Einfluß der Jahre sind Sie zu einer tiefernsten Lebensanschauung gelangt. Ihr Wirken im Drange des Tages ward in der Jahre Lauf durch den Gedanken an ein Höheres und an das Jenseits mehr und mehr geläutert und geadelt. *(Er wendet sich an die Menge)* Und somit, meine Freunde, ein Hoch auf den Konsul Bernick und seine Mitkämpfer! Ein Hoch auf die Stützen unsrer Gesellschaft!

Die ganze Schar Hoch Konsul Bernick! Hoch die Stützen der Gesellschaft! Hoch, hoch, hurra!

Lona Ich gratuliere, Schwager!

(Erwartungsvolle Stille)

Bernick (beginnt ernst und langsam) Liebe Mitbürger – Ihr Wortführer sprach den Gedanken aus, daß wir heut am Vorabend einer neuen Zeit stehen – und ich hoffe, es wird der Fall sein. Doch damit diese Zeit anbreche, müssen wir uns die Wahrheit zu eigen machen – die Wahrheit, die bis heut in dieser Gesellschaft durchgängig und in allen Verhältnissen obdachlos gewesen ist. *(Überraschung unter den Umstehenden)* Ich beginne damit, die Lobsprüche zurückzuweisen, mit denen Sie, Herr Adjunkt, wie bei solcherlei Veranlassungen Brauch und Sitte ist, mich überhäuft haben. Ich verdiene sie nicht; denn ich bin bis zum heutigen Tage kein uneigennütziger Mann gewesen. Hatt' ich auch nicht immer pekuniäre Vorteile im Auge, so bin ich jedenfalls doch jetzt davon überzeugt, daß größtenteils das brennende Verlangen nach Macht, Einfluß und Ansehen die Triebfeder meiner Handlungen war.

Rummel (halblaut) Was soll das heißen?

Bernick Meinen Mitbürgern gegenüber mach' ich mir deswegen keine Vorwürfe; denn ich glaube noch immer, daß ich mich unter den Tüchtigen hier bei uns in die erste Reihe stellen darf.

Viele Stimmen Jawohl! Ja! Jawohl!

Bernick Aber woraus ich mir selbst ein Gewissen mache, das ist der Umstand, daß ich so oft schwach genug war, krumme Wege zu gehen, weil ich den Hang unsrer Gesellschaft kannte und fürchtete, hinter allem, was ein Mann unternimmt, unreine Beweggründe zu suchen. Und jetzt komm' ich zu einem Punkt, der damit in Zusammenhang steht.

Rummel (unruhig) Hm – hm!
Bernick Es gehen hier Gerüchte um von großen Terrainkäufen oben im Land. Diese Grundstücke hab' ich gekauft – alle, alle, und ich allein.
Gedämpfte Stimmen Was sagt er? Der Herr Konsul? Der Konsul Bernick?
Bernick Sie sind vorläufig in meiner Hand. Natürlich hab' ich mich meinen Mitarbeitern, den Herren Rummel, Vigeland und Sandstad anvertraut, und wir haben beschlossen –
Rummel Das ist nicht wahr! Beweise – Beweise –!
Vigeland Wir haben gar nichts beschlossen!
Sandstad Nein, da muß ich aber sagen –!
Bernick Ganz recht; noch haben wir keinen Beschluß gefaßt über das, was ich vorbringen wollte. Doch hoff' ich bestimmt, die drei Herren werden mir zustimmen, wenn ich sage, ich habe heut abend bei mir selbst beschlossen, aus diesem Bodenbesitz eine öffentliche Gründung zu machen, an der durch Zeichnung von Aktien ein jeder sich beteiligen kann, der da will.
Viele Stimmen Hurra! Der Konsul Bernick lebe hoch!
Rummel (leise zu Bernick) Ein so schändlicher Verrat –!
Sandstad (ebenso) Uns so zum besten zu haben –!
Vigeland Na, da hol' mich aber der Teufel –! Herr Jesus, was sag' ich da!
Die Menge (draußen) Hoch! Hoch! Hoch!
Bernick Still, meine Herren. Ich habe keinen Anspruch auf diese Huldigung; denn was ich heut beschlossen habe, das war nicht meine ursprüngliche Absicht. Meine Absicht war, alles selbst zu behalten; und ich bin auch jetzt noch der Meinung, daß diese Grundstücke am rentabelsten werden, wenn sie in einer Hand verbleiben. Doch ich stelle die Wahl. Wünscht man es, so bin ich auch erbötig, sie nach bestem Ermessen zu verwalten.
Stimmen Jawohl! Ja! Jawohl!
Bernick Doch zuerst müssen meine Mitbürger mich von Grund aus kennenlernen. Dann mag ein jeder sich selbst prüfen – und halten wir fest daran, daß wir mit dem heutigen Abend eine neue Zeit beginnen. Die alte Zeit mit ihrer Schminke und Hohlheit, mit ihrer Tugendheuchelei und ihren jämmerlichen Rücksichten soll vor uns dastehen als ein Museum – zugänglich denen, die sich belehren wollen. Und in dieses Museum stiften wir – nicht wahr, meine Herren? – Kaffeeservice und Pokal, Album und auch die Hauspostille auf Velin und in Prachteinband.

Rummel Ja, natürlich.
Vigeland (murmelt) Da Sie alles andre genommen, so –
Sandstad Bitte, bitte!
Bernick Doch nun die Hauptabrechnung mit meiner Gesellschaft. Es wurde gesagt, schlechte Elemente hätten uns heut abend verlassen. Ich kann hinzufügen, was man noch nicht weiß: Der Mann, auf den diese Worte gemünzt waren, ist nicht allein fort; ihm folgte, um sein Weib zu werden –
Lona (laut) Dina Dorf.
Rörlund Was?!
Frau Bernick Was sagst du!
(Große Bewegung)
Rörlund Geflohen? Durchgebrannt – mit ihm? Unmöglich!
Bernick Um sein Weib zu werden, Herr Adjunkt. Und mehr noch. – *(Leise)* Betty, fasse dich und ertrage, was jetzt kommt! *(Laut)* Ich sage: Hut ab vor dem Mann! Denn er hat hochherzig die Schuld eines andern auf sich genommen. Liebe Mitbürger! Ich will heraus aus der Verlogenheit; es hat nicht viel gefehlt, und die Lüge hätte jeden Blutstropfen in mir vergiftet. Sie sollen alles wissen. Vor fünfzehn Jahren der Schuldige – war ich!
Frau Bernick (leise und bebend) Karsten!
Martha (ebenso) Ah, Johann –!
Lona Jetzt hast du dich selbst wiedergefunden!
(Maßloses Erstaunen unter den Anwesenden)
Bernick Ja, liebe Mitbürger, ich war der Schuldige, und er verließ das Land. Die bösen und erlogenen Gerüchte zu wiederlegen, die sich nachher verbreiteten – das steht jetzt nicht mehr in menschlicher Macht. Doch darüber darf ich mich nicht beklagen. Vor fünfzehn Jahren schwang ich mich empor vermöge dieser Gerüchte; ob ich nun mit ihnen fallen soll – über die Frage möge ein jeder mit sich selbst zu Rate gehen.
Rörlund Welch ein Blitzschlag aus heiterm Himmel! Der erste Mann der Stadt! *(Mit gedämpfter Stimme zu Frau Bernick)* O, wie ich Sie bedauere, gnädige Frau!
Hilmar Ein solches Geständnis! Na, da muß ich aber sagen –!
Bernick Doch heut abend falle keine Entscheidung! Ich bitte jeden, nach Hause zu gehen – sich zu sammeln – in sich selbst zu blicken. Wenn Ruhe über das Gemüt gekommen, dann wird sich zeigen, ob ich verloren oder gewonnen dadurch, daß ich offen gesprochen habe. Leben Sie wohl! Ich habe noch viel, viel zu bereuen. Doch das geht nur

mein Gewissen an. Gute Nacht! Fort mit dem Festgepränge! Wir fühlen alle, daß so etwas hier nicht am Platz ist.
Rörlund Allerdings nicht. *(Mit gedämpfter Stimme zu Frau Bernick)* Durchgebrannt! Sie war also doch meiner ganz unwürdig! *(Halblaut zum Festkomitee)* Ja, meine Herren, nach diesem Vorgang, denk' ich, ist es das beste, wir entfernen uns in aller Stille.
Hilmar Wie man künftig die Fahne der Idee hochhalten soll, das – Uh!
(Der Inhalt von Bernicks Rede ist inzwischen unter Flüstern von Mund zu Mund gegangen. Alle Teilnehmer des Festzuges entfernen sich durch den Garten. Rummel, Sandstad und Vigeland gehen ab in heftigem, doch mit gedämpfter Stimme geführtem Wortwechsel. Hilmar schleicht sich rechts hinaus. Bernick, Frau Bernick, Martha, Lona und Krap sind unter Stillschweigen im Saal zurückgeblieben.)
Bernick Betty, kannst du mir vergeben?
Frau Bernick (sieht ihn lächelnd an) Weißt du, Karsten, daß du mir in all den Jahren nicht eine so fröhliche Aussicht eröffnet hast wie jetzt?
Bernick Wieso?
Frau Bernick All die Jahre hab' ich geglaubt, ich hätte dich einmal besessen und wieder verloren. Nun weiß ich, daß ich dich nie besessen habe. Aber ich werde den Weg finden zu deinem Herzen.
Bernick (umarmt sie) Ach Betty, du hast ihn gefunden! Durch Lona hab' ich dich recht eigentlich erst kennengelernt. Doch nun laß Olaf kommen!
Frau Bernick Ja, jetzt sollst du ihn haben! – Herr Krap –!
(Sie spricht im Hintergrund leise mit ihm. Er geht durch den Garten ab. Während des Folgenden werden nach und nach alle Transparente und die Lichter in den Häusern ausgelöscht.)
Bernick (mit gedämpfter Stimme) Dank, Lona! Du hast das Beste gerettet in mir – und für mich.
Lona Wollt' ich etwas andres?
Bernick Nein – oder doch? Ich kann nicht klug aus dir werden.
Lona Hm –
Bernick Also nicht Haß? Nicht Rache? Weshalb bist du denn herübergekommen?
Lona Alte Liebe rostet nicht.
Bernick Lona!
Lona Als mir Johann die Geschichte von der Lüge erzählte, da schwur ich bei mir selbst: der Held meiner Jugend soll frei dastehen, frei und wahr!

Bernick O, wie wenig hab' ich erbärmlicher Mensch das um dich verdient!

Lona Ja, Karsten, wenn wir Frauen nach dem Verdienst fragen wollten –!

(Aune kommt mit Olaf aus dem Garten)

Bernick (eilt ihnen entgegen) Olaf!

Olaf Vater, ich verspreche dir, ich will nie mehr –

Bernick Davonlaufen?

Olaf Ja, ja! Das versprech' ich dir, Vater.

Bernick Und ich verspreche dir, du sollst niemals Grund dazu haben. Künftig sollst du aufwachsen dürfen nicht als Erbe meiner Lebensaufgabe, sondern als ein Mensch, der seine eigene Lebensaufgabe haben wird.

Olaf Und darf ich auch werden, was ich will?

Bernick Das darfst du!

Olaf Danke schön! Dann will ich keine Stütze der Gesellschaft werden.

Bernick So? Warum nicht?

Olaf Ei, weil ich glaube, das muß recht langweilig sein.

Bernick Du sollst selber was werden, Olaf; mag's im übrigen gehen, wie's will. – Und Sie, Aune –

Aune Ich weiß, Herr Konsul; ich habe meine Entlassung.

Bernick Wir bleiben zusammen, Aune! Und verzeihen Sie mir –

Aune Wie denn? Das Schiff geht ja doch heut nicht in See.

Bernick Und morgen auch nicht. Ich hab' Ihnen eine zu kurze Frist gelassen. Es muß gründlicher ausgebessert werden.

Aune Soll geschehen, Herr Konsul – und zwar mit den neuen Maschinen!

Bernick So sei's. Doch gründlich und ehrlich! Es braucht manches bei uns eine gründliche und ehrliche Reparatur. Na gute Nacht, Aune!

Aune Gute Nacht, Herr Konsul! Und Dank, innigen Dank! *(Ab nach rechts)*

Frau Bernick Nun sind sie alle fort.

Bernick Und wir sind allein. Mein Name leuchtet nicht mehr in Flammenschrift. Alle Lichter sind ausgelöscht in den Fenstern.

Lona Wünschtest du, sie möchten wieder brennen?

Bernick Um keinen Preis der Welt! Wo bin ich gewesen? Ihr werdet euch entsetzen, wenn ihr es hört. Mir ist zumute, als sei ich nach einer Vergiftung wieder zur Besinnung und zu mir selbst gekommen. Aber ich fühl's – ich kann noch einmal jung und gesund werden. O, kommt näher – ganz nahe zu mir heran. Komm, Betty! Komm, Olaf, mein Kind! Und du, Martha – mir ist, als hätt' ich dich in all den Jahren nicht gesehen.

Lona Das glaub' ich gern. Eure Gesellschaft ist eine Gesellschaft von Hagestolzen; ihr seht die Frau nicht.

Bernick Sehr wahr! Und eben darum – ja, das steht nun mal fest, Lona – verläßt du Betty und mich nicht mehr!

Frau Bernick Nein, Lona, du darfst nicht fort!

Lona Wie könnt' ich's denn auch verantworten, euch junge Leute zu verlassen, die erst anfangen, einen Herd zu gründen? Bin ich nicht Pflegemutter? Ich und du, Martha, wir beiden alten Tanten –. Wonach siehst du denn?

Martha Wie der Himmel sich aufklärt! Wie es hell wird über dem Meer! Der »Palmbaum« ist ein Glücksschiff.

Lona Und hat das Glück an Bord.

Bernick Und wir – wir haben einen langen, ernsten Arbeitstag vor uns, zumal ich. Doch mag er kommen! Schließt ihr euch nur dicht um mich, ihr wahrhaftigen, treuen Frauen! Das hab' ich auch in diesen Tagen gelernt: Ihr Frauen, ihr seid die Stützen der Gesellschaft.

Lona Dann, Schwager, hast du eine hinfällige Weisheit gelernt. *(Legt wuchtig die Hand auf seine Schulter)* Nein, du! Der Geist der Wahrheit und der Geist der Freiheit – das sind die Stützen der Gesellschaft!

NORA
oder
EIN PUPPENHEIM

Schauspiel

Personen

Robert Helmer, Advokat
Nora, seine Frau
Erwin, Bob, Emmy, ihre Kinder
Doktor Rank
Frau Linden
Günther
Marianne, Kinderfrau bei Helmer
Helene, Hausmädchen bei Helmer
ein Dienstmann

Das Stück spielt in Helmers Wohnung

ERSTER AKT

Ein behaglich und geschmackvoll, aber nicht kostbar eingerichtetes Zimmer.
Eine Tür im Hintergrunde rechts führt in den Flur; eine andre Tür im Hintergrunde links in Helmers Arbeitskabinett. Zwischen diesen beiden Türen sein Pianoforte. – Mitten in der Wand links eine Tür und etwas weiter vorn ein Fenster. In der Nähe des Fensters ein runder Tisch mit Lehnstuhl und einem kleinen Sofa. – In der Seitenwand rechts, etwas zurück, eine Tür. In derselben Wand, mehr nach dem Vordergrunde zu, ein Ofen aus Steingut, mit ein paar Lehnstühlen und einem Schaukelstuhl davor. Zwischen dem Ofen und der Seitentür ein kleiner Tisch. – Kupferstiche an den Wänden. Eine Etagère mit Porzellan und kleinen Kunstgegenständen. Ein kleiner Bücherschrank mit Büchern in Prachteinbänden. Teppich. Im Ofen brennt Feuer. Es ist Winter.

Nora. Bote. Helene. Dann Helmer. Draußen im Flur wird geklingelt. Etwas später hört man, daß geöffnet wird. Nora tritt vergnügt summend ins Zimmer. Sie trägt Überkleider und hat eine ganze Anzahl Pakete auf dem Arm, die sie auf den Tisch rechts legt. Sie läßt die Tür nach dem Flur hinter sich offen, und man sieht draußen einen Boten, der einen Weihnachtsbaum und einen Korb trägt; er übergibt dieselben dem Hausmädchen, das ihnen geöffnet hat.

Nora Verstecken Sie den Weihnachtsbaum recht sorgfältig, Helene; daß ihn die Kinder ja nicht zu sehn bekommen vor heut abend, wenn er geschmückt ist! *(Zum Boten, ihr Portemonnaie hervorziehend)* Wie viel?
Bote Fünfzig Öre.
Nora Da ist eine Krone. Nein, behalten Sie das Ganze. *(Der Bote dankt und geht. Nora schließt die Tür. Sie fährt fort, stillvergnügt zu lächeln, während sie die Überkleider ablegt. – Dann nimmt sie eine Tüte mit Makronen aus der Tasche und ißt einige. Darauf tritt sie vorsichtig an die Tür ihres Mannes und lauscht.)* Ja, er ist zu Hause. *(Summt wieder, indem sie zu dem Tisch rechts geht.)*

Helmer (in seinem Zimmer) Ist das meine Lerche, die da draußen zwitschert?
Nora (damit beschäftigt, einige von den Paketen zu öffnen) Jawohl.
Helmer Ist's das Eichkätzchen, das da rumort?
Nora Ja!
Helmer Wann nach Haus gekommen?
Nora Soeben. *(Steckt die Tüte mit den Makronen in die Tasche und wischt sich den Mund.)* Komm herein, Robert, und sieh, was ich gekauft habe.
Helmer Keine Störung! *(Etwas später öffnet er die Tür und sieht mit der Feder in der Hand herein.)* Gekauft, sagst du? Den ganzen Haufen da? Hat mein lockrer Zeisig wieder Geld verschwendet?
Nora Aber, Robert, dies Jahr müssen wir uns doch wirklich eine kleine Freude machen. 's ist ja das erste Weihnachtsfest, wo wir nicht zu sparen brauchen.
Helmer Verschwenden können wir auch nichts.
Nora Doch, Robert, ein wenig können wir jetzt schon verschwenden. Nicht wahr? Nur ein ganz klein wenig. Nun bekommst du ja ein großes Gehalt und verdienst viel, viel Geld.
Helmer Ja, von Neujahr ab. Aber es dauert noch ein ganzes Quartal, eh' die nächste Rate fällig ist.
Nora Bah! So lange können wir leihen.
Helmer Nora! *(Tritt zu ihr und faßt sie scherzend am Ohr.)* Geht dein Leichtsinn wieder mit dir durch? Angenommen, ich lieh heut tausend Mark, und du brächtest sie während der Weihnachtswoche an den Mann, und ich bekäm' am Sylvesterabend einen Dachziegel auf den Kopf und läge dann –
Nora (ihm den Mund zuhaltend) Pfui! Wie kannst du so häßlich reden!
Helmer Ja, angenommen, so etwas passierte – was dann?
Nora Wenn ein solches Unglück passierte, könnt' es mir ganz gleichgültig sein, ob ich Schulden hätte oder nicht.
Helmer Aber die Leute, von denen ich geliehen hätte?
Nora Die? Wer kümmerte sich darum! Es wären ja Fremde.
Helmer Nora, Nora! Aber im Ernst, liebes Kind: Du weißt, wie ich in dieser Beziehung denke. Keine Schulden! Niemals leihen! Es kommt etwas Unfreies und damit etwas Unschönes in das Hauswesen, das auf Leihen und Schulden gegründet ist. Wir beide haben nun tapfer bis heut ausgehalten; das wollen wir auch die kurze Zeit bis zum zweitnächsten Quartalswechsel.
Nora (zum Ofen gehend) Ja, ja, wie du willst, Robert.

Helmer (ihr folgend) Nun, nun, meine Lerche muß nicht gleich die Flügel hängen lassen ... Wie, Mäulchenverziehen? *(Nimmt sein Portemonnaie)* Nora, was meinst du, daß ich hier habe?
Nora (sich schnell umwendend) Geld!
Helmer Da! *(Reicht ihr einige Zettel)* Gott, ich weiß ja, daß zu Weihnachten gar mancherlei notwendig ist.
Nora (gehend) Zehn – zwanzig – dreißig – vierzig. O Dank, Dank, Robert! Nun ist mir für lange Zeit geholfen.
Helmer Das hoff' ich, Nora.
Nora Ja, ja, für lange Zeit. Aber nun komm auch und sieh, was ich alles gekauft habe. Und so billig! Schau, hier sind neue Kleider für Erwin – auch ein Säbel. Hier ist ein Pferdchen und eine Trompete für Bob. Und hier eine Puppe und ein Puppenbett für Emmy. Das ist nun ganz einfach; aber sie reißt es ja doch bald entzwei. Und hier hab' ich Kleider und Tücher für Helene und Marianne.
Helmer Und was ist in dem Paket?
Nora (aufschreiend) Nein, Robert, das bekommst du vor heut abend nicht zu sehn!
Helmer Ah so. Aber nun sag mir, du kleine Verschwenderin: Womit hast du dich nun selbst bedacht?
Nora Bah, mich selbst? Ich wünsche mir gar nichts.
Helmer Doch, doch! Nenne mir mal etwas Vernünftiges, das du gerne haben möchtest.
Nora Nein, ich weiß wirklich nichts ... Ja, höre, Robert –
Helmer Nun?
Nora (an seinen Knöpfen hantierend, ohne ihn anzusehen) Wenn du mir etwas geben willst, so könntest du ja ... könntest du –
Helmer Nun, nun? Heraus damit.
Nora (schnell) Du könntest mir Geld geben, Robert. Nur so viel, als du glaubst, entbehren zu können; dann werd' ich mir später etwas dafür kaufen.
Helmer Aber Nora –
Nora Ach ja, tu's, lieber Robert; ich bitte dich inständig. Ich würde dann das Geld in schönem Goldpapier an den Weihnachtsbaum hängen. Wär' das nicht amüsant?
Helmer Wie nennt man die Vögel, die immer alles verschwenden?
Nora Ja, ja, lockre Zeisige; ich weiß schon. Aber tu mir nun den Gefallen, Robert; dann hab' ich Zeit zu überlegen, was ich am meisten brauche. Ist das nicht sehr vernünftig? Wie?
Helmer (lächelnd) Gewiß; das heißt, wenn du das Geld, das ich dir gebe,

wirklich festhalten könntest und dir selbst etwas dafür kauftest. Aber es geht alles im Haushalt und für allerlei unnütze Dinge drauf, und dann muß ich wieder herausrücken.

Nora Aber Robert –

Helmer Kannst du's leugnen, liebe Nora? *(Legt den Arm um sie)* Meine Lerche ist ein allerliebstes Geschöpfchen; aber sie braucht einen sehr großen Haufen Geld. 's ist unglaublich, wie teuer einem ein solches Vögelchen zu stehen kommt.

Nora Pfui, wie kannst du so reden? Ich spare doch wirklich, so viel ich kann.

Helmer (lächelnd) Sehr wahr. So viel du kannst. Aber du kannst gar nicht.

Nora (summt und lächelt stillvergnügt) Hm, du solltest nur wissen, Robert, wie viel Ausgaben wir Lerchen und Eichkätzchen haben.

Helmer Du bist ein seltsames Wesen. Ganz wie dein Vater war. Immer eifrig bemüht, Geld zu erwerben; aber sobald du's hast, zerfließt es dir zwischen den Fingern; du weißt nie, wo du's gelassen. Nun, man muß dich nehmen, wie du bist. Es liegt im Blut. Ja, ja, ja, Nora, so etwas vererbt sich.

Nora Ach, ich möchte wünschen, ich hätte manche Eigenschaft von Vater geerbt.

Helmer Und ich möchte dich nicht anders wünschen als just so wie du bist, meine holde kleine Lerche. Aber hör: Da fällt mir etwas ein. Du siehst heute so – so – wie soll ich's nennen? – so verdächtig aus –

Nora Wirklich?

Helmer Jawohl. Sieh mir mal stramm in die Augen.

Nora (ihn ansehend) Nun?

Helmer (mit dem Finger drohend) Das Leckermäulchen hat doch heute nicht in der Stadt genascht?

Nora Behüte! Wie kannst du so etwas von mir denken.

Helmer Hat das Leckermäulchen wirklich keinen Abstecher in die Konditorei gemacht?

Nora Nein, ich versichre dir, Robert –

Helmer Nicht ein bißchen Eingemachtes gekostet?

Nora Nein, durchaus nicht.

Helmer Nicht mal ein paar Makronen probiert?

Nora Nein, Robert, ich versichre dir wirklich –

Helmer Nun, nun, nun; 's ist ja natürlich nur Scherz . . .

Nora (geht zu dem Tisch rechts) Wie könnte mir's einfallen, dich so zu betrüben.

Helmer Das weiß ich; und du hast mir dein Wort gegeben – *(Tritt zu ihr)* Nein, behalt deine kleinen Weihnachtsgeheimnisse nur für dich, liebe Nora. Sie kommen heut abend schon ans Licht, wenn der Weihnachtsbaum angezündet ist.
Nora Hast du auch daran gedacht, Doktor Rank einzuladen?
Helmer Nein. Aber das ist ja nicht nötig; versteht sich ja von selbst, daß er mit uns ißt. Übrigens werd' ich's ihm doch sagen, wenn er heute kommt. Guten Wein hab' ich schon bestellt. Nora, du kannst nicht glauben, wie ich mich auf heut abend freue.
Nora Ich auch. Und wie die Kinder jubeln werden, Robert!
Helmer Ach, 's ist doch herrlich, zu wissen, daß man eine feste sichre Stellung und sein reichliches Auskommen hat. Nicht wahr, das Bewußtsein ist ein großer Genuß?
Nora Ach ja!
Helmer Erinnerst du dich des vorigen Weihnachtsfestes? Ganze drei Wochen vorher schlossest du dich jeden Abend bis lange nach Mitternacht ein, um Blumen für den Christbaum und all die andern Herrlichkeiten zurechtzumachen, mit denen wir überrascht werden sollten. Hu, das war die langweiligste Zeit, die ich je erlebt'!
Nora Ich langweilte mich gar nicht.
Helmer (lächelnd) Aber es fiel doch ziemlich dürftig aus.
Nora Ach, willst du mich nun wieder damit necken! Was konnt' ich dafür, daß die Katze hereinkam und mir alles entzweiriß?
Helmer Gewiß, dafür konntest du nichts, meine arme kleine Nora. Du hattest den besten Willen, uns allen eine Freude zu machen, und das ist die Hauptsache ... Aber 's ist doch gut, daß die knappen Zeiten vorüber sind.
Nora Das ist es, Robert.
Helmer Nun brauch' ich nicht mehr hier allein zu sitzen und mich zu langweilen; und du brauchst deine Augen und deine feinen kleinen Hände nicht mehr so anzustrengen ...
Nora (in die Hände klatschend) Nicht wahr, Robert, das ist jetzt nicht mehr nötig? Ach, wie herrlich! *(Nimmt ihn unter den Arm)* Und nun will ich dir sagen, wie ich mir gedacht, daß wir uns einrichten sollten, Robert ... Sobald Weihnachten vorüber ist – *(Es klingelt im Flur)* Ach, da klingelt es! *(Räumt ein wenig im Zimmer auf)* Da kommt gewiß jemand hierher. Das ist ärgerlich.
Helmer Für Besuch bin ich nicht zu Hause; vergiß das nicht.
Helene (in der Entréetür, zu Nora) Da ist eine fremde Dame.
Nora Ich lasse bitten.

Helene (zu Helmer) Und der Herr Doktor ist ebenfalls gekommen.
Helmer Ist er gleich in mein Zimmer gegangen?
Helene Ja.
(Helmer geht in sein Zimmer. Helene führt Frau Linden, die im Reiseanzug ist, herein und schließt die Tür hinter ihr.)
Frau Linden (zaghaft und etwas zögernd) Guten Tag, Nora.
Nora (unsicher) Guten Tag –
Frau Linden Du erkennst mich wohl nicht wieder ...
Nora Nein, ich weiß nicht – ja doch ... mir scheint – *(Ausbrechend)* Wie! Christine! Bist du's wirklich!?
Frau Linden Ja, ich bin's.
Nora Christine! Und ich, die dich nicht wiedererkannte! Aber wie konnt' ich auch – *(Leiser)* Wie du dich verändert hast, Christine!
Frau Linden Das hab' ich. In neun ... zehn langen Jahren –
Nora So lang ist es schon, daß wir uns nicht gesehn? Ja, wirklich! Oh, die letzten acht Jahre waren eine glückliche Zeit, das glaube mir ... Und nun bist du also zur Residenz gekommen? Hast mitten im Winter die weite Reise gemacht! Das war tapfer.
Frau Linden Ich bin soeben mit der Bahn gekommen.
Nora Um dich während der Weihnachtstage zu amüsieren, natürlich. Ach, wie schön das ist! Ja, uns amüsieren, das wollen wir ... Aber leg doch ab. Du frierst doch wohl nicht? *(Hilft ihr ablegen)* So! Nun setzen wir uns hier gemütlich an den Ofen. Nein, in den Lehnstuhl dort! Hier in den Schaukelstuhl setz' ich mich. *(Ergreift ihre Hände)* Ja, nun zeigst du wieder dein liebes altes Gesicht ... es war nur im ersten Augenblick ... Etwas blasser bist du doch geworden, Christine ... und vielleicht auch ein wenig magerer.
Frau Linden Und viel, viel älter, Nora.
Nora Ja, vielleicht auch ein wenig älter; ein ganz, ganz klein wenig; nicht viel! *(Hält plötzlich inne; ernst)* Ach, welch ein gedankenloses Geschöpf ich bin! Da sitz' ich und plaudre und – Liebe gute Christine, kannst du mir verzeihen?
Frau Linden Was meinst du, Nora?
Nora (leise) Arme Christine, du bist ja Witwe geworden!
Frau Linden Ja, vor drei Jahren.
Nora Oh, ich wußt' es recht gut; ich las es ja in der Zeitung. Ach, glaube mir, Christine, ich hatte damals oft vor, dir zu schreiben; aber immer verschob ich's wieder, und immer kam etwas dazwischen.
Frau Linden Liebe Nora, das kann ich sehr wohl begreifen.
Nora Nein, Christine, das war abscheulich von mir! Ach du Ärmste, wie

viel du durchgemacht haben mußt! ... Und er hinterließ dir ja wohl nichts, wovon du leben konntest?
Frau Linden Nein.
Nora Auch keine Kinder?
Frau Linden Nein.
Nora Also gar nichts?
Frau Linden Nicht einmal eine Sorge.
Nora (sie ungläubig ansehend) Ja, aber, Christine, wie ist das möglich?
Frau Linden (schwermütig lächelnd und ihr das Haar streichelnd) Oh, das kommt zuweilen vor, Nora.
Nora So ganz allein ... Wie schrecklich hart das für dich sein muß! Ich habe drei allerliebste Kinder. Ja, jetzt kann ich sie dir nicht zeigen – sie sind mit der Kinderfrau draußen. Aber nun mußt du mir alles erzählen –
Frau Linden Nein, nein, erzähle du lieber.
Nora Nein, du mußt anfangen. Heut will ich nicht egoistisch sein. Heut will ich nur an dich denken. Aber eins muß ich dir doch erzählen. Weißt du schon, welch großes Glück uns dieser Tage zuteil geworden?
Frau Linden Nein. Was ist's?
Nora Denke dir, mein Mann ist Direktor der Aktienbank geworden!
Frau Linden Dein Mann? Ah, das ist wirklich ein großes –
Nora – ein sehr großes Glück; nicht wahr? Advokat sein, das ist so unsicher, wenn man davon leben muß, namentlich wenn man sich nicht mit andern Dingen befassen will als solchen, die ... fein und anständig sind. Und das hat Robert natürlich nie gewollt; und darin bin ich nun ganz mit ihm einverstanden. Oh, du kannst mir's glauben, wir freuen uns recht sehr! Er wird schon zu Neujahr seine Stelle antreten, und dann bekommt er einen großen Gehalt und hohe Prozente. In Zukunft können wir ganz anders leben als bisher – ganz wie wir wollen. Oh, Christine, wie leicht und glücklich fühl' ich mich! ... 's ist doch schön, recht viel Geld zu haben und sorgenfrei leben zu können. Nicht wahr?
Frau Linden Ja, jedenfalls muß es schön sein, das Notwendige zu haben.
Nora Nein, nicht bloß das Notwendige, sondern viel, recht viel Geld!
Frau Linden (lächelnd) Nora, Nora, bist du noch nicht vernünftig geworden? In deinen Pensionstagen warst du eine große Verschwenderin.
Nora (still lächelnd) Ja, das behauptet Robert noch. *(Droht mit dem Finger)* Aber »Nora, Nora« ist nicht so töricht, wie ihr glaubt. – Oh, so ist's uns wahrlich nicht gegangen, daß ich verschwenden konnte. Wir mußten beide arbeiten.
Frau Linden Du auch?

Nora Jawohl, leichte Handarbeit: Sticken, Häkeln und dergleichen; *(leichthin)* und auch andres. Du weißt doch, daß Robert, als wir heirateten, den Staatsdienst quittierte? Er hatte keine Aussicht auf Beförderung, und dann mußt' er ja auch mehr Geld verdienen als früher. Aber im ersten Jahr überanstrengte er sich ganz schrecklich. Wie du dir denken kannst, mußt' er ja allerlei Nebenverdienst suchen und früh und spät arbeiten. Aber das konnt' er nicht vertragen, und so ward er todkrank. Da erklärten es die Ärzte für notwendig, daß er nach dem Süden käme.
Frau Linden Ja, ihr hieltet euch ja ein ganzes Jahr in Italien auf?
Nora Gewiß. Es war nicht leicht, fortzukommen, das glaube mir. Erwin war damals grade geboren. Aber fort mußten wir! Ach, das war eine wunderschöne Reise! Und sie rettete Robert das Leben. Aber sie kostete schrecklich viel Geld, Christine.
Frau Linden Das kann ich mir denken.
Nora Achtzehnhundert Taler. Fünftausendvierhundert Mark. Du, das ist viel Geld.
Frau Linden Aber in solchen Fällen ist's immerhin ein großes Glück, wenn man es hat.
Nora Ja, wir bekamen es von Vater.
Frau Linden Ah so. Er starb ja wohl grade zu der Zeit, dein Vater?
Nora Ja, Christine, grade damals. Und denke dir, ich konnte nicht zu ihm reisen und ihn pflegen. Ich erwartete ja täglich, daß der kleine Erwin zur Welt kommen sollte. Und dann hatt' ich ja auch meinen todkranken Robert zu pflegen. Mein lieber, guter Vater! Ich bekam ihn nie wieder zu sehn, Christine. Ach, das ist das Schwerste, was ich seit meiner Verheiratung erlebt habe.
Frau Linden Ich weiß, du hingst mit großer Liebe an ihm. Und dann reistet ihr also nach Italien?
Nora Ja, vier Wochen später; da hatten wir das Geld; und die Ärzte drängten so sehr.
Frau Linden Und dein Mann kam vollständig geheilt zurück?
Nora Gesund wie ein Fisch!
Frau Linden Aber – der Doktor?
Nora Wieso?
Frau Linden Mir scheint, das Mädchen sagte, der Herr, welcher zugleich mit mir eintrat, wäre der Doktor ...
Nora Ja, das war Doktor Rank. Aber der macht hier keine Krankenbesuche. Er ist unser bester Freund und spricht wenigstens einmal täglich bei uns vor. Nein, Robert ist seitdem keine einzige Stunde wieder krank

gewesen. Und auch die Kinder sind frisch und gesund und ich ebenfalls. *(Springt auf und klatscht in die Hände)* Ach Gott, ach Gott, Christine, es ist doch wunderschön, zu leben und glücklich zu sein! – Oh, aber das ist wirklich abscheulich von mir –! Ich rede ja nur von meinen eignen Verhältnissen! *(Setzt sich auf einen Schemel dicht neben sie und legt die Arme auf Christinens Knie.)* Oh, sei mir deshalb nicht bös! – Sag mal, ist's wirklich wahr, daß du deinen Mann nicht leiden mochtest? Warum nahmst du ihn denn?

Frau Linden Meine Mutter lebte noch; und sie war krank und hilflos; und dann hatt' ich für meine beiden jüngern Brüder zu sorgen. Ich hielt es für meine Pflicht, seinen Antrag anzunehmen.

Nora Ja, ja, darin magst du recht haben. Er war also damals reich?

Frau Linden Ganz wohlhabend, glaub' ich. Aber es waren unsichre Geschäfte, Nora. Als er starb, zerfiel alles, und es blieb nichts übrig.

Nora Und da –?

Frau Linden Ja, da mußt' ich mich mit einem kleinen Handel, einer kleinen Schule und was sich sonst fand, durchzuschlagen suchen. Die letzten drei Jahre waren für mich ein einziger langer ruheloser Arbeitstag. Nun ist er zu Ende, Nora. Meine arme Mutter bedarf meiner nicht mehr, denn sie ruht im Grabe. Und die Knaben ebenfalls nicht; sie sind nun in Stellung und können für sich selbst sorgen.

Nora Wie du dich erleichtert fühlen mußt –

Frau Linden Nein, Nora: nur unaussprechlich leer. Niemand haben, dem man sein Leben widmen kann –! *(Steht unruhig auf)* Darum konnt' ich's in dem kleinen abgelegnen Orte nicht mehr aushalten. Hier muß doch leichter etwas zu finden sein, das einen in Anspruch nimmt und die Gedanken beschäftigt. Wär' ich nur so glücklich, eine feste Stelle ... etwas Komptoirarbeit zu erhalten ...

Nora Aber, Christine, das ist so schrecklich anstrengend; und du siehst schon so angegriffen aus! Es wäre dir viel besser, wenn du in ein Bad kommen könntest.

Frau Linden (zum Fenster gehend) Ich habe keinen Vater, der mir das Reisegeld geben könnte, Nora.

Nora (aufstehend) Oh, nimm mir's nicht übel!

Frau Linden (ihr entgegen) Nein, ich muß dich um Nachsicht bitten, liebe Nora. Das Schlimmste an einer Stellung wie der meinen ist, daß sie uns verbittert macht. Man hat niemand, für den man arbeiten könnte; und doch ist man genötigt, immer eifrig tätig zu sein. Leben muß man ja; und so wird man selbstsüchtig. Als du mir von der glück-

lichen Veränderung in euern Verhältnissen erzähltest – kannst du's glauben? –, da freut' ich mich mehr meinet- als deinetwegen.
Nora Wieso? Ah, versteh'. Du meinst, Robert könnte vielleicht etwas für dich tun.
Frau Linden Ja, das dacht' ich.
Nora Das soll er auch, liebe Christine. Überlaß das nur mir. Ich werd' es so fein, so fein einfädeln – auf etwas Liebenswürdiges sinnen, um ihn der Sache geneigt zu machen. Oh, ich möchte dir so gern einen Gefallen tun.
Frau Linden Wie schön von dir, Nora, daß du dich meiner so eifrig annimmst – doppelt schön von dir, die selbst so wenig von den Mühen und Beschwerden des Lebens kennt.
Nora Ich –? Ich kenne so wenig von –?
Frau Linden (lächelnd) Du lieber Gott, das bißchen Handarbeit und dergleichen ... Du bist ein Kind, Nora.
Nora (wirft den Kopf in den Nacken und schreitet durch das Zimmer hin) Das solltest du nicht mit so überlegner Miene sagen.
Frau Linden So?
Nora Du bist wie die andern. Ihr glaubt alle, zu etwas wirklich Ernstem taug' ich nicht –
Frau Linden Nun, nun –
Nora – ich hätte noch keine Erfahrungen gemacht in dieser bösen Welt.
Frau Linden Liebe Nora, du hast mir ja soeben all deine Widerwärtigkeiten erzählt.
Nora Bah – die kleinen! *(Leise)* Die großen hab' ich dir nicht erzählt.
Frau Linden Welche großen? Was meinst du damit?
Nora Du siehst mich nur so über die Achsel an, Christine; aber das solltest du nicht. Du bist stolz darauf, daß du so hart und so lange für deine Mutter gearbeitet hast.
Frau Linden Ich seh' gewiß niemand über die Achsel an. Aber das ist wahr: Ich bin stolz und froh darüber, daß es mir vergönnt war, meiner Mutter einen sorgenfreien Lebensabend zu bereiten.
Nora Und auch darauf bist du stolz, was du für deine Brüder getan.
Frau Linden Mir scheint, ich hab' ein Recht dazu.
Nora Das scheint mir ebenfalls. Aber nun will ich dir etwas sagen, Christine: Ich kann auch über etwas froh und stolz sein.
Frau Linden Daran zweifl' ich nicht. Aber wie meinst du das?
Nora Nicht so laut. Bedenke, wenn es Robert hörte! Um keinen Preis darf er – niemand darf es erfahren, Christine; niemand als du.
Frau Linden Aber was denn?

Nora Komm hierher. *(Zieht sie neben sich auf das Sofa)* Ja . . . ich kann auch über etwas froh und stolz sein . . . Ich bin's, die Robert das Leben gerettet hat.
Frau Linden Leben gerettet –? Wieso Leben gerettet?
Nora Ich erzählte dir von unsrer italienischen Reise. Ohne dieselbe wäre Robert verloren gewesen . . .
Frau Linden Nun ja: Dein Vater gab euch das nötige Geld . . .
Nora (lächelnd) Ja, das glaubt nicht bloß Robert, sondern auch all die andern; aber –
Frau Linden Aber –?
Nora Vater gab uns keinen Pfennig. Ich war's, die das Geld schaffte.
Frau Linden Du? Die ganze große Summe?
Nora Achtzehnhundert Taler. Fünftausendvierhundert Mark. Was sagst du dazu?
Frau Linden Ja aber, Nora, wie war das möglich? Hattest du in der Lotterie gewonnen?
Nora (geringschätzig) In der Lotterie? *(Wegwerfend)* Was wär's da für eine Kunst gewesen?
Frau Linden Aber wo bekamst du's denn her?
Nora (summt und lächelt geheimnisvoll) Hm; tralalala!
Frau Linden Denn leihen konntest du's ja nicht.
Nora So? Warum nicht?
Frau Linden Nein, denn wie könnte eine Frau ohne ihres Mannes Einwilligung eine so bedeutende Summe leihen?
Nora (den Kopf zurückwerfend) Oh, wenn's eine Frau ist, die ein wenig Geschäftskenntnis hat – eine Frau, die sich ein bißchen klug zu benehmen versteht, so –
Frau Linden Aber, Nora, ich begreife gar nicht –
Nora Brauchst du auch nicht. 's ist ja nicht gesagt, daß ich das Geld geliehen habe. Ich kann's ja auf andre Weise bekommen haben. *(Wirft sich im Sofa zurück)* Ich kann's ja von dem einen oder andern Anbeter erhalten haben. Wenn man wie ich leidlich hübsch aussieht –
Frau Linden Du bist eine Närrin.
Nora Nun bist du gewiß schrecklich neugierig, Christine . . .
Frau Linden Hör mal, liebe Nora – hast du da nicht eine Unbesonnenheit begangen?
Nora (sich wieder aufrechtsetzend) Ist es unbesonnen, seinem Manne das Leben zu retten?
Frau Linden Mir scheint, es war unbesonnen, daß du ohne sein Wissen –
Nora Aber er durfte ja nichts davon wissen! Mein Gott, kannst du das

nicht begreifen? Er durfte nich einmal erfahren, wie schlimm es mit ihm stand. Nur mir allein sagten die Ärzte, daß sein Leben in Gefahr wäre; daß nichts ihn retten könnte als ein Aufenthalt im Süden. Meinst du, ich hätt's nicht erst auf andre Weise versucht? Ich schilderte ihm, wie schön es für mich sein würde, wenn ich wie andre Frauen eine Reise ins Ausland machen könnte; ich weint' und flehte; ich sagte, er möchte doch bedenken, in welchen Umständen ich sei – es wäre seine Pflicht, mir den Willen zu tun; und dann deutete ich an, daß er ja ein Anlehen machen könnte. Aber da, Christine, ward er fast zornig. Er sagte, ich sei leichtsinnig, und es wäre seine Pflicht als Ehemann, meinen Launen und Kapricen – ja, so nannt' er's, glaub' ich – nicht nachzugeben. Ja, ja, dacht' ich, gerettet mußt du werden; und da schafft' ich Rat...

Frau Linden Und erfuhr dein Mann nicht von deinem Vater, daß das Geld nicht von ihm kam?

Nora Nein, nie. Vater starb ja gerade in den Tagen. Es war meine Absicht, ihn in die Sache einzuweihen und ihn zu bitten, nichts zu verraten. Aber da er so krank war... Leider ward es nicht notwendig.

Frau Linden Und hast du dich später deinem Mann nie anvertraut?

Nora Um Gottes willen, wie kannst du denken –! Er, der in dieser Beziehung so streng ist! Und zudem – Robert mit seinem männlichen Selbstbewußtsein –, wie peinlich und demütigend würd' es für ihn sein, zu wissen, daß er mir etwas verdanke! Das würd' unser gegenseitiges Verhältnis ganz verschieben; unser schönes glückliches Daheim würde nicht mehr sein, was es jetzt ist.

Frau Linden Willst du es ihm nie sagen?

Nora (nachdenklich, halb lächelnd) Ja – später vielleicht –, nach vielen Jahren, wenn ich nicht mehr so hübsch bin wie jetzt. Du mußt mich nicht auslachen! Ich meine natürlich: wenn Robert mich nicht mehr so gern leiden mag wie jetzt; wenn er kein Vergnügen mehr daran findet, daß ich vor ihm herumtanze und mich verkleide und deklamiere. Dann könnt' es gut sein, etwas in der Hinterhand zu haben – *(Abbrechend)* Ach Unsinn! Die Zeit kommt nie! – Na, was sagst du nun zu meinem großen Geheimnis, Christine? Taug' ich nicht auch zu etwas? – Übrigens kannst du mir glauben, die Sache hat mir viel Kummer gemacht. Es war mir wahrlich nicht leicht, rechtzeitig meinen Verpflichtungen nachzukommen. Du mußt wissen, Christine, in der Geschäftswelt gibt es etwas, das man Abzahlung und Quartalszinsen nennt; und die sind immer so schrecklich schwer herbeizuschaffen! Da mußt' ich hier und dort, überall wo ich eben konnte, ein wenig absparen. Von dem Wirtschaftsgelde konnt' ich mir nichts beiseite legen, denn Robert mußte ja doch gut leben. Die Kinder konnt' ich auch nicht ärmlich gekleidet gehen lassen; was ich dazu bekam, mußt' ich alles verbrauchen. Die süßen lieben Kinderchen!

Frau Linden Und so mußten wohl deine eignen Bedürfnisse herhalten, arme Nora?

Nora Ja natürlich. Mich ging's ja doch zunächst an. Jedesmal, wenn Robert mir Geld zu neuen Kleidern und dergleichen gab, braucht' ich nie mehr als die Hälfte; kaufte immer die einfachsten und billigsten Stoffe. Ein wahres Glück war's, daß mich alles so gut kleidet – so merkte Robert nichts. Aber manchmal, Christine, kam es mich doch schwer an; denn es ist doch schön, fein gekleidet zu gehn. Nicht wahr?

Frau Linden Ach ja.

Nora Na, und dann hatt' ich auch noch andre Einnahmequellen. Im vorigen Winter z. B. war ich so glücklich, für eine Zeitung einen Roman übersetzen zu können – natürlich anonym. Da schloß ich mich jeden Abend ein und saß und schrieb bis tief in die Nacht. Ach, ich war manchmal so müde, so müde. Aber amüsant war's doch, so zu arbeiten und Geld zu verdienen. Mir war fast, als wär' ich ein Mann.

Frau Linden Aber wie viel hast du von diesen Schulden abzahlen können?

Nora Ja, das kann ich so genau nicht sagen. Bei solchen Geschäften, siehst du, ist es sehr schwer, Ordnung zu halten. Ich weiß nur, daß ich alles hingab, was ich zusammenscharren konnte. Manchmal wußt' ich mir keinen Rat. *(Lächelt)* Dann saß ich hier und stellte mir vor, daß ein alter reicher Herr sich in mich verliebt –

Frau Linden Was! ... Welcher Herr?

Nora Ach Unsinn! – Daß er nun tot wäre – und als man sein Testament öffnete, stand da mit großen Buchstaben: »Meine sämtlichen Gelder sollen der liebenswürdigen Frau Nora Helmer sofort bar ausgezahlt werden ...«

Frau Linden Aber liebe Nora – was ist das für ein Herr?

Nora Herrgott, kannst du das nicht begreifen? Der alte Herr existierte ja gar nicht; das dacht' und träumt' ich mir ja nur, wenn ich nicht wußte, wo ich Geld herschaffen sollte. Aber lassen wir ihn – der langweilige alte Mensch kann meinetwegen bleiben, wo er ist; ich kümmere mich weder um ihn noch um sein Testament; denn nun bin ich aller Sorge enthoben. *(Aufspringend)* Ach Gott, Christine, der Gedanke tut wohl! Sorgenfrei! Sorgenfrei sein, ganz sorgenfrei; mit den Kindern spielen und sich tummeln können; es geschmackvoll und fein und gemütlich im Hause haben, ganz so wie Robert es sich wünscht! Und dann kehrt bald der Frühling wieder mit der hellblauen Luft. Vielleicht können wir dann eine kleine Reise machen, und ich bekomme vielleicht wieder das Meer zu sehn. Ach, ja, ja, es ist doch herrlich, zu leben und glücklich zu sein! *(Im Flur ertönt die Glocke.)*

Frau Linden (aufstehend) Es klingelt; es ist vielleicht das beste, ich gehe.

Nora Nein, bleib nur; hier herein kommt gewiß niemand; der Besuch wird wohl Robert gelten –

Helene (in der Tür zur Entrée) Um Verzeihung – da ist ein Herr, welcher Herrn Helmer zu sprechen wünscht –

Nora Den Herrn Bankdirektor, meinen Sie.

Helene Ja, den Herrn Bankdirektor; aber ich wußte nicht – da der Doktor bei ihm ist –

Nora Wer ist der Herr?

Günther (in der Tür zur Entrée) Ich bin's, gnädige Frau. *(Helene ab)*

(Frau Linden stutzt, fährt zusammen und wendet sich nach dem Fenster.)

Nora (geht ihm einen Schritt entgegen; gespannt, mit halber Stimme) Sie? Was bedeutet das? Worüber wünschen Sie mit meinem Mann zu reden?

Günther Über Bankgeschäfte – gewissermaßen. Ich hab' eine kleine Anstellung bei der Aktienbank, und Ihr Mann soll ja nun unser Chef werden, hör' ich –

Nora Es handelt sich also –?

Günther – nur um langweilige Geschäfte, gnädige Frau; um weiter gar nichts.

Nora Ja, wollen Sie dann so gut sein, sich dort in das Comptoir zu bemühen?

(Günther ab. Sie grüßt gleichgültig, während sie die Tür zur Entrée schließt; dann geht sie zum Ofen und sieht nach dem Feuer.)

Frau Linden Nora – wer war der Mann?

Nora Ein gewisser Herr Günther, früher Rechtsanwalt.

Frau Linden Er war's also wirklich.

Nora Kennst du den Mann?

Frau Linden Ich hab' ihn gekannt – vor einer Reihe von Jahren. Er war bei uns längere Zeit Vertreter des Rechtsanwalts.

Nora Ja, richtig.

Frau Linden Wie er sich verändert hat!

Nora Er ist sehr unglücklich verheiratet gewesen.

Frau Linden Und ist er jetzt Witwer?

Nora Mit einer ganzen Schar Kinder. So; nun brennt's.

(Sie schließt die Ofentür und schiebt den Schaukelstuhl etwas beiseite.)

Frau Linden Er befaßt sich wohl mit allerhand Geschäften, wie man behauptet?
Nora So? Mag sein. Ich weiß es nicht... Aber denken wir nicht an Geschäfte; das ist so langweilig.
(Doktor Rank kommt aus Helmers Zimmer.)
Rank (noch in der Tür; zurücksprechend) Nein, nein; ich will nicht stören; ich geh' lieber ein wenig zu deiner Frau. *(Schließt die Tür und bemerkt Frau Linden)* Oh, um Verzeihung; hier stör' ich wohl auch?
Nora Nein, durchaus nicht. *(Vorstellend)* Herr Doktor Rank – Frau Linden.
Rank Ah so. Ein Name, den man hier im Hause oft hört. Ich glaub', ich ging vorhin auf der Treppe an Ihnen vorbei.
Frau Linden Ja; ich ging sehr langsam; ich kann das Treppensteigen nicht recht vertragen.
Rank Aha, ein kleiner innerer Schaden.
Frau Linden Eigentlich mehr Überanstrengung.
Rank Weiter nichts? Dann sind Sie wohl nach der Hauptstadt gekommen, um sich bei den Festlichkeiten zu erholen?
Frau Linden Ich bin hierher gekommen, um Arbeit zu suchen.
Rank Soll das ein probates Mittel gegen Überanstrengung sein?
Frau Linden Man muß leben, Herr Doktor.
Rank Ja, 's ist die allgemeine Ansicht, daß das notwendig sei.
Nora Nun, Sie, Herr Doktor, wollen auch noch gern leben.
Rank Gewiß will ich das. So elend ich bin, möcht' ich mich doch gern möglichst lange peinigen lassen. Und meine Patienten hegen alle denselben Wunsch. Den moralisch Schadhaften geht's just ebenso. Da ist grad in diesem Augenblick so ein moralisches Hospitalsmitglied da drin bei Helmer...
Frau Linden (gedämpft) Ah!
Nora Wen meinen Sie?
Rank Oh, 's ist ein gewisser Günther, Rechtsanwalt a. D., ein Ihnen ganz unbekannter Mensch. Ist bis an die innersten Wurzeln seines Charakters angefault. Aber selbst der begann wie von etwas sehr Wichtigem davon zu schwatzen, daß er leben müsse.
Nora So? Worüber wollt' er denn mit Robert sprechen?
Rank Ich weiß es wirklich nicht; ich hörte nur, daß es mit der Aktienbank zusammenhing.
Nora Ich wußte nicht, daß Günt– daß dieser Herr Günther etwas mit der Aktienbank zu tun hat.

Rank Er hat 'ne Art Anstellung dabei. *(Zu Frau Linden)* Ich weiß nicht, ob's auch bei Ihnen jene Sorte von Menschen gibt, die überall herumspuken, um moralische Fäulnis auszuwittern und dann die betreffenden Kandidaten in die eine oder andre vorteilhafte Stellung zu befördern. Die Gesunden haben das Zusehen.
Frau Linden Nun, zunächst sind's doch wohl auch die Kranken, welche der Pflege bedürfen.
Rank (achselzuckend) Da haben wir's. Eben die Erwägung ist's, welche die Gesellschaft zu einem Krankenhause macht.
(Nora, in ihre eignen Gedanken versunken, bricht in halblautes Lachen aus und klatscht in die Hände.)
Rank Warum lachen Sie darüber? Wissen Sie denn, was die Gesellschaft ist?
Nora Was kümmere ich mich um die langweilige Gesellschaft? Ich lachte über etwas ganz andres – etwas ungeheuer Komisches ... Sagen Sie mal, Doktor – alle die, welche bei der Aktienbank angestellt sind, werden die nun von Robert abhängig?
Rank Finden Sie das so ungeheuer komisch?
Nora (lächelt und summt) Lassen Sie mich! Lassen Sie mich! *(Spaziert im Zimmer umher)* Ja, zu denken, daß wir – daß Robert jetzt auf viele Menschen einen so großen Einfluß hat, das macht mich in der Tat ungeheuer vergnügt. *(Nimmt die Tüte aus der Tasche)* Doktor, wollen Sie eine Makrone?
Rank Ei, ei! Makronen. Ich glaubte das sei hier Kontrebande.
Nora Ja ... aber diese hat mir Christine geschenkt.
Frau Linden Wie? Ich –?
Nora Nun, nun, nun; erschrick nicht so. Du konntest ja nicht wissen, daß Robert sie verboten hat. Er fürchtet nämlich, ich könnte schlechte Zähne davon bekommen. Aber ... bah ... einmal –! Nicht wahr, Doktor? Sei'n Sie so gut! *(Steckt ihm eine Makrone in den Mund)* Und du auch, Christine. Und ich will ebenfalls eine haben; nur eine kleine – oder höchstens zwei. *(Spaziert wieder umher)* Ja, nun bin ich wirklich ganz außerordentlich glücklich. Nun gibt's nur noch eins in der Welt, was ich ganz besonders gern möchte.
Rank Nun? Und das ist?
Nora Etwas, das ich so sehr gern sagen möchte – aber so, daß Robert es hörte.
Rank Warum sagen Sie's denn nicht?
Nora Weil ich nicht darf; denn es klingt so häßlich.
Frau Linden Häßlich?

Rank Ja, dann ist's nicht ratsam. Aber zu uns können Sie ja doch ... Wohlan, was ist's, daß Sie in Helmers Gegenwart gerne –?
Nora Ich möchte mal so recht von Herzen rufen: Himmeldonnerwetter!
Rank Sind Sie verrückt!
Frau Linden Aber mein Gott, Nora –!
Rank Sagen Sie's, da ist er.
Nora (versteckt die Makronentüte) St, st, st!
(Helmer kommt mit dem Überzieher auf dem Arm und dem Hut in der Hand aus seinem Zimmer.)
Nora (ihm entgegen) Nun, lieber Robert, bist du ihn los?
Helmer Ja, jetzt ist er fort.
Nora Darf ich dich vorstellen – das ist Christine, die –
Helmer Christine –? Verzeihung, aber ich weiß nicht –
Nora Frau Linden, lieber Robert; Frau Christine Linden.
Helmer (zu Frau Linden) Ah so. Vermutlich eine Jugendfreundin meiner Frau?
Frau Linden Ja, wir haben uns schon früher gekannt.
Nora Und denke dir, nun hat sie eine weite Reise gemacht, um mit dir zu sprechen.
Helmer Um mit mir zu sprechen?
Frau Linden Nun, eigentlich nicht –
Nora Christine ist nämlich so außerordentlich geschickt in Komtoirarbeiten, und dann hat sie eine solche Lust, unter die Leitung eines tüchtigen Mannes zu kommen und noch mehr zu lernen, als sie schon kann –
Helmer (zu Frau Linden) Sehr vernünftig.
Nora Und da sie hörte, du seist Bankdirektor geworden – sogar der Telegraph hat es der Welt verkündet –, da reiste sie so schnell wie möglich hierher und – Nicht wahr, Robert, du kannst etwas für Christine tun? Ja?
Helmer Das wäre nicht unmöglich. Sie sind wohl Witwe?
Frau Linden Ja.
Helmer Und haben schon Übung in Komtoirarbeiten?
Frau Linden Ziemlich viel.
Helmer Nun, dann kann ich Ihnen höchstwahrscheinlich eine Anstellung verschaffen ...
Nora (in die Hände klatschend) Siehst du; siehst du!
Helmer Sie kommen grade in einem günstigen Augenblick, Frau Linden –
Frau Linden Oh, wie soll ich Ihnen danken –!

Helmer (lächelnd) Ist gar nicht nötig. *(Zieht seinen Überzieher an)* Heut jedoch müssen Sie mich entschuldigen ...
Rank Wart; ich geh' mit. *(Holt seinen Pelz aus der Entrée und wärmt ihn am Ofen)*
Nora Bleib nicht zu lange, lieber Robert.
Helmer Nur eine Stunde; nicht länger.
Nora Gehst du auch, Christine?
Frau Linden (ihre Überkleider anziehend) Ja, nun muß ich fort und mich nach einem Zimmer umsehn.
Helmer Dann können wir vielleicht zusammen gehn.
Nora (ihr helfend) Wie ärgerlich, daß wir so beschränkt wohnen; aber es ist uns wirklich unmöglich, dir –
Frau Linden Wo denkst du hin! Adieu, liebe Nora, und Dank für alles.
Nora Adieu solange. Ja, heut abend kommst du natürlich wieder. Und Sie auch, Doktor ... Wie? Wenn's Ihre Gesundheit erlaubt? Natürlich tut sie das; hüllen Sie sich nur recht warm ein.
(Man geht unter allgemeinem Sprechen in die Entrée. Draußen auf der Treppe ertönen Kinderstimmen.)
Nora Da sind sie! Da sind sie!
(Sie läuft zur Tür und schließt auf. Marianne erscheint mit den Kindern.)
Nora Kommt herein, kommt herein! *(Neigt sich herab und küßt die Kinder)* Ach, meine süßen, herzigen –! Siehst du sie, Christine? Sind sie nicht allerliebst?
Rank Nicht so hier in der Zugluft stehn!
Helmer Kommen Sie, Frau Linden; nun wird's hier für Leute, die nicht Mütter sind, nicht zum Aushalten.
(Rank, Helmer und Frau Linden ab. – Marianne tritt mit den Kindern in das Zimmer; Nora ebenfalls, wobei sie die Tür schließt.)
Nora Wie frisch und munter ihr ausseht. Nein, und wie rote Wangen ihr habt! Wie Äpfel und Rosen. *(Die Kinder sprechen während des Folgenden durcheinander mit ihr.)* Ja, und ihr habt euch gut amüsiert? Das ist ja prächtig. Ja, so; du hast Emmy und Bob auf dem Schlitten gefahren? Beide zugleich! Herrje! Ja, du bist ein wackrer Bursch, Erwin. Ach, geben Sie sie mir ein wenig, Marianne. Mein süßes, herziges Püppchen! *(Nimmt das Kleinste der Kinderfrau ab und tanzt mit demselben)* Ja, ja, Mama wird mit Bob auch tanzen. Wie, mit Schneebällen habt ihr euch beworfen? Ah, da hätt' ich dabei sein müssen! Nein, lassen Sie, Marianne; ich will sie selbst ausziehen. Nein, nein, lassen Sie's mich tun; das ist so amüsant. Gehn Sie so lange hinein; Sie sehn so verfroren aus. Da steht warmer Kaffee für Sie auf der Maschine. *(Die Kinderfrau geht*

in das Zimmer links. Nora nimmt den Kindern die Überkleider ab und wirft sie umher, während sie die Kleinen durcheinander reden und erzählen läßt.) So? Also ein großer Hund war da, der hinter euch her lief? Aber er biß doch nicht? Nein, artige Kinder beißen die Hunde nicht. Nicht in die Pakete gucken, Erwin! Was das ist? Ja, das solltet ihr nur wissen. Ach nein, nein; das ist nicht schön. So? Spielen sollen wir? Was sollen wir denn spielen? Verstecken? Ja, spielen wir Verstecken. Bob soll sich zuerst verstecken. Ich soll's? Ja, ich will mich zuerst verstecken.

(Sie und die Kinder spielen unter Lachen und Jubeln im Zimmer und in dem anstoßenden Gemach rechts. Schließlich versteckt sich Nora unter dem Tisch; die Kinder kommen hereingestürmt, suchen, können sie aber nicht finden, hören ihr halbunterdrücktes Lachen, stürzen zum Tische, heben die Decke auf und sehen sie. Stürmischer Jubel. Sie kriecht hervor, wie um sie zu erschrecken. Neuer Jubel. Inzwischen hat es an die Eingangstür geklopft; niemand hat es gehört. Jetzt wird die Tür halb geöffnet, und Günther wird sichtbar. Er wartet ein wenig; das Spiel wird fortgesetzt.)

Günther Um Vergebung, Frau Helmer –

Nora (mit einem gedämpften Schrei, wendet sich um und springt halb empor) Ah! Was wollen Sie?

Günther Um Verzeihung; die Korridortür war nur angelehnt; da muß jemand vergessen haben, sie zuzumachen.

Nora (aufstehend) Mein Mann ist nicht zu Hause, Herr Günther.

Günther Das weiß ich.

Nora Ja – was wollen Sie dann hier?

Günther Ein paar Worte mit Ihnen reden.

Nora Mit –? *(Zu den Kindern, leise)* Geht hinein zu Marianne. Wie? Nein, der fremde Mann will Mama nichts tun. Wenn er fort ist, spielen wir wieder.

(Sie führt die Kinder in das Zimmer links und schließt die Tür hinter ihnen.)

Nora (unruhig, gespannt) Mit mir wollen Sie reden?

Günther Ja.

Nora Heute – Aber 's ist ja noch nicht der Erste –

Günther Nein, heut ist heiliger Abend. Es wird von Ihnen selbst abhängen, welche Weihnachtsfreude Ihnen beschert wird.

Nora Was wollen Sie denn eigentlich? Ich kann heute gar nicht –

Günther Davon wollen wir vorläufig nicht reden. Es handelt sich um etwas andres. Sie haben doch einen Augenblick Zeit?

Nora O ja; gewiß; das wohl, obgleich –

Günther Gut. Ich saß drüben in der Restauration und sah Ihren Mann über die Straße gehn –

Nora Ja, nun?
Günther – mit einer Dame.
Nora Und was weiter?
Günther Darf ich fragen, ob die Dame eine gewisse Frau Linden war?
Nora Ja.
Günther Soeben hier angekommen?
Nora Ja, heute morgen.
Günther Sie ist wohl eine gute Freundin von Ihnen?
Nora Das ist sie. Aber ich begreife nicht –
Günther Ich habe sie auch einst gekannt.
Nora Das weiß ich.
Günther So? Sie sind also eingeweiht. Das dacht' ich mir. Nun, darf ich fragen, ob Frau Linden bei der Aktienbank angestellt werden soll?
Nora Wie können Sie sich erlauben, mich auszufragen, Herr Günther, Sie, ein Unterbeamter meines Mannes? Aber da Sie nun einmal gefragt haben, sollen Sie's erfahren: Ja, Frau Linden soll angestellt werden. Und ich bin es, die sich ihrer angenommen hat, Herr Günther. Nun wissen Sie's.
Günther Ich hatte also richtig geraten.
Nora (auf und ab gehend) Ah, man hat doch auch ein klein wenig Einfluß, sollt' ich meinen. Weil man nur Frau ist, darum ist es noch gar nicht gesagt, daß ... Wenn man sich in einem Abhängigkeitsverhältnis befindet, Herr Günther, sollte man sich wirklich hüten, jemand zu verletzen, der – hm –
Günther – der Einfluß hat?
Nora Sie haben meinen Gedanken vollkommen richtig aufgefaßt.
Günther (einen andern Ton annehmend) Frau Helmer, wollen Sie die Güte haben, Ihren Einfluß zu meinen Gunsten zu verwenden?
Nora Wie –? Was meinen Sie damit?
Günther Wollen Sie so freundlich sein, dafür zu sorgen, daß ich meine abhängige Stellung bei der Bank behalte? ...
Nora Was soll das bedeuten? Wer will Ihnen denn Ihre Stelle nehmen?
Günther Oh, Sie brauchen mir gegenüber nicht die Unwissende zu spielen. Ich begreife sehr wohl, daß es Ihrer Freundin nicht angenehm sein kann, sich einer Begegnung mit mir auszusetzen; auch begreif' ich jetzt, wem ich's zu danken habe, daß ich fortgejagt werden soll.
Nora Aber ich versichre Sie –
Günther Ja, ja, ja, kurz und gut: Noch ist es Zeit und ich rat' Ihnen, wenden Sie Ihren Einfluß an, um es zu verhindern.
Nora Aber Herr Günther, ich habe gar keinen Einfluß.

Günther Nicht? Mir scheint, Sie sagten vorhin selbst –
Nora So war das natürlich nicht zu verstehn. Ich! Wie können Sie glauben, ich hätte einen solchen Einfluß auf meinen Mann?
Günther Oh, Ihren Mann kenn' ich von unsrer Studentenzeit her. Ich denke, der Herr Bankdirektor ist nicht standhafter als andre Ehemänner.
Nora Wenn Sie geringschätzig von meinem Manne reden, weis' ich Ihnen die Tür.
Günther Sie sind sehr mutig, gnädige Frau.
Nora Ich fürchte Sie nicht mehr. Wenn Neujahr vorüber ist, werd' ich aus der ganzen Verlegenheit bald heraus sein.
Günther (sich mehr beherrschend) Nun hören Sie, Frau Helmer. Wenn es sein muß, werd' ich bis zum Äußersten kämpfen, um meinen kleinen Posten bei der Bank zu behalten.
Nora Ja, das sieht wirklich so aus.
Günther Es ist nicht bloß des Gehalts wegen; um den ist mir's sogar am wenigsten zu tun. Aber da ist etwas andres ... nun ja, heraus damit! Sehn Sie, es ist folgendes: Sie wissen natürlich ebensogut wie alle andern, daß ich mich vor einer Reihe von Jahren einmal einer Unbesonnenheit schuldig machte.
Nora Ich glaube so etwas gehört zu haben.
Günther Die Sache kam nicht vor Gericht; aber alle Wege waren mir von dem Augenblick an wie verbarrikadiert. Da warf ich mich auf die Geschäfte, welche Sie ja kennen. Irgend etwas mußt' ich ja doch ergreifen; und ich darf sagen, ich war keiner der schlimmsten. Aber nun muß ich aus alledem heraus. Meine Kinder wachsen heran; ihretwegen muß ich mir so viel bürgerliche Achtung wieder zu erwerben suchen, als eben möglich ist. Diese Stelle bei der Bank war gleichsam die erste Stufe. Und nun will Ihr Mann mich wieder in den Schmutz hinabstoßen.
Nora Aber um Gottes willen, Herr Günther, es steht gar nicht in meiner Macht, Ihnen zu helfen.
Günther Weil Sie nicht wollen; aber ich habe die Mittel, Sie zu zwingen.
Nora Sie wollen doch meinem Mann nicht sagen, daß ich Ihnen Geld schuldig bin?
Günther Hm; wenn ich's ihm nun sagte?
Nora Das wäre schändlich von Ihnen. *(Mit unterdrückten Tränen)* Dies Geheimnis, das meine Freude und mein Stolz ist, er sollt' es auf so gemeine und plumpe Weise erfahren – und noch von Ihnen! Sie würden mich den schrecklichsten Unannehmlichkeiten aussetzen –

Günther Bloß Unannehmlichkeiten?
Nora (heftig) Aber tun Sie's nur; die Folgen werden für Sie selbst am schlimmsten sein; denn dann sieht mein Mann klar, welch schlechter Mensch Sie sind, und Sie behalten Ihre Stelle erst recht nicht.
Günther Ich fragte, ob es nur häusliche Unannehmlichkeiten seien, die Sie befürchteten?
Nora Erfährt es mein Mann, so wird er natürlich den Rest sofort bezahlen; und dann haben wir nichts mehr mit Ihnen zu schaffen.
Günther (einen Schritt näher tretend) Hören Sie, Frau Helmer – entweder haben Sie ein etwas schwaches Gedächtnis, oder Sie verstehn nicht viel von Geschäften. Da muß ich Sie etwas gründlicher in die Sache einweihen.
Nora Wieso?
Günther Als Ihr Mann krank war, kamen Sie zu mir, um achtzehnhundert Taler von mir zu leihen.
Nora Ich wußte niemand anders.
Günther Ich versprach Ihnen die Summe zu schaffen –
Nora Sie schafften sie ja auch ...
Günther Ich versprach Ihnen die Summe unter gewissen Bedingungen zu schaffen. Sie waren damals über die Krankheit Ihres Mannes so aufgeregt und so eifrig bemüht, das Reisegeld zu erhalten, daß Sie vermutlich an die damit verbundnen Schwierigkeiten nicht weiter dachten. Es ist daher nicht überflüssig, Sie daran zu erinnern. Nun, ich versprach Ihnen, das Geld gegen einen Schuldschein zu verschaffen, den ich aufsetzte.
Nora Ja, und den ich unterschrieb.
Günther Gut. Aber dann fügt' ich noch einige Zeilen hinzu, worin Ihr Vater sich für die Schuld verbürgte. Diese Zeilen sollte Ihr Vater unterschreiben.
Nora Sollte –? Er unterschrieb ja.
Günther Ich hatte das Datum in Blanco beigefügt; d. h. Ihr Vater sollte selbst den Tag angeben, an welchem er das Dokument unterschrieb. Erinnern Sie sich dessen, Frau Helmer?
Nora Ja, ich glaube –
Günther Darauf übergab ich Ihnen den Schuldschein, damit Sie ihn Ihrem Vater schickten. Ist dem nicht so?
Nora Ja.
Günther Und natürlich taten Sie das auch sofort; denn schon nach fünf, sechs Tagen brachten Sie mir den Schuldschein mit Ihres Vaters Unterschrift zurück. Da erhielten Sie die Summe von mir ausbezahlt.

Nora Nun ja; hab' ich nicht pünktlich abgezahlt?
Günther So ziemlich, ja. Aber – um darauf zurückzukommen, wovon wir sprachen –, es war damals wohl eine schwere Zeit für Sie, Frau Helmer?
Nora Das war es.
Günther Ihr Vater war ja wohl auch schwer krank, glaub' ich.
Nora Er lag auf dem Sterbebett.
Günther Starb also kurz darauf?
Nora Ja.
Günther Sagen Sie mal, Frau Helmer, sollten Sie sich zufällig des Sterbetags Ihres Vaters erinnern? Welcher Tag im Monat, mein' ich.
Nora Vater starb am 29. September.
Günther Ganz recht; ich habe mich danach erkundigt. Eben deshalb vermag ich mir einen merkwürdigen Umstand *(zieht ein Schriftstück hervor)* nicht zu erklären...
Nora Welchen merkwürdigen Umstand? Ich weiß nicht –
Günther – den merkwürdigen Umstand, gnädige Frau, daß Ihr Vater diesen Schuldschein drei Tage nach seinem Tode unterschrieben hat.
Nora Wie? Ich begreife nicht –
Günther Ihr Vater starb am 29. September. Aber sehn Sie her. Hier hat Ihr Vater seine Unterschrift vom 2. Oktober datiert. Ist das nicht merkwürdig, Frau Helmer?
(Nora schweigt.)
Günther Können Sie mir das erklären?
(Nora schweigt noch immer.)
Günther Auffallend ist es auch, daß die Worte »2. Oktober« sowie die Jahreszahl nicht Ihres Vaters Handschrift zeigen, sondern eine Schrift, die ich zu kennen glaube. Nun, das läßt sich ja erklären; ihr Vater mag das Datum vergessen haben, und da hat jemand es aufs Geratewohl hinzugefügt, eh' man noch etwas von dem Todesfall wußte. Darin liegt nichts Ungehöriges. Es ist die Namensunterschrift, auf die es ankommt. Und die ist ja echt, Frau Helmer? Es ist ja wirklich Ihr Vater, der eigenhändig seinen Namen hierher gesetzt hat?
Nora (nach kurzem Schweigen wirft sie den Kopf zurück und sieht ihn trotzig an) Nein – ich bin's, die seinen Namen darunter gesetzt hat.
Günther Hören Sie, Frau Helmer – wissen Sie auch, daß das ein gefährliches Geständnis ist?
Nora Warum? Sie werden Ihr Geld bald erhalten.
Günther Darf ich mir eine Frage erlauben – weshalb schickten Sie Ihrem Vater das Dokument nicht?

Nora Es war unmöglich. Vater lag ja schwer krank. Hätt' ich ihn um seine Unterschrift gebeten, so hätt' ich ihm auch sagen müssen, wozu ich das Geld brauchte. Aber in seinem Zustande konnt' ich ihm ja doch nicht sagen, daß meines Mannes Leben in Gefahr schwebte. Das war ja unmöglich.

Günther Dann wär's besser für Sie gewesen, Sie hätten die Reise ins Ausland aufgegeben.

Nora Das war auch unmöglich. Von der Reise hing ja das Leben meines Mannes ab. Die konnt' ich nicht aufgeben.

Günther Aber bedachten Sie denn nicht, daß es ein Betrug gegen mich war –?

Nora Darauf konnt' ich keine Rücksicht nehmen. Um Sie kümmert' ich mich gar nicht. Ich mochte Sie nicht ausstehn wegen all der hartherzigen Schwierigkeiten, die Sie machten, obgleich Sie wußten, wie schlimm es mit meinem Manne stand.

Günther Frau Helmer, Sie haben offenbar keine klare Vorstellung davon, wessen Sie sich eigentlich schuldig gemacht haben. Aber ich kann Sie versichern, es war weder etwas andres noch etwas schlimmeres, was ich einst beging und was meine ganze bürgerliche Stellung vernichtete.

Nora Sie? Wollen Sie mich glauben machen, Sie hätten eine mutige Tat gewagt, um Ihrer Frau das Leben zu retten?

Günther Die Gesetze fragen wenig nach den Beweggründen.

Nora Dann müssen wir sehr schlechte Gesetze haben.

Günther Schlecht oder nicht – leg' ich dies Dokument dem Staatsanwalt vor, so werden Sie nach den Gesetzen verurteilt.

Nora Das glaub' ich nicht. Eine Tochter sollte nicht das Recht haben, ihren alten todkranken Vater mit Kummer und Sorgen zu verschonen? Eine Frau sollte nicht das Recht haben, ihrem Manne das Leben zu retten? Ich kenne die Gesetze so genau nicht; aber ich bin überzeugt, irgendwo muß es darin stehn, daß so etwas erlaubt ist. Und das wissen Sie nicht, Sie, ein Rechtsanwalt? Sie müssen ein schlechter Jurist sein, Herr Günther.

Günther Mag sein. Aber Geschäfte – solche Geschäfte wie das unsrige hier –, daß ich mich darauf versteh', werden Sie doch wohl glauben? Gut. Tun Sie nun, was Ihnen beliebt. Aber das sag' ich Ihnen: Werd' ich zum zweiten Mal ausgestoßen, so sollen Sie mir Gesellschaft leisten.

(Er grüßt und geht durch den Flur ab.)

Nora (steht eine Weile nachdenkend; dann wirft sie den Kopf zurück) Ach was! Er wollte mich nur erschrecken! So einfältig bin ich nicht.

(Beginnt die Kleidungsstücke der Kinder zusammenzulegen; hält bald inne) Aber –? Nein, aber das ist ja unmöglich! Ich tat es ja aus Liebe.
Die Kinder (in der Tür links) Mama, nun ist der fremde Mann fortgegangen.
Nora Ja, ja, ich weiß. Aber erzählt niemand von dem fremden Mann. Hört ihr? Auch Papa nicht!
Die Kinder Nein, Mama; aber willst du nun wieder mit uns spielen?
Nora Nein, nein; jetzt nicht.
Die Kinder Ach ja, Mama; du versprachst es doch.
Nora Ja, aber ich kann jetzt nicht. Geht hinein; ich hab' so viel zu tun. Geht hinein, geht hinein, meine lieben guten Kinder.
(Sie nötigt sie sanft in das Zimmer zu gehen und schließt die Tür hinter ihnen.)
Nora (setzt sich auf das Sofa, nimmt eine Stickerei und tut einige Stiche, hält aber bald inne) Nein! *(Wirft die Stickerei hin, steht auf, geht an die Tür nach dem Flur und ruft hinaus.)* Helene! Bringen Sie den Baum herein. *(Tritt an den Tisch links und öffnet die Tischlade; bleibt wieder gedankenvoll stehen.)* Nein ... aber das ist ja ganz unmöglich!
Helene (mit dem Weihnachtsbaum) Wo soll ich ihn hinstellen, gnädige Frau?
Nora Dahin, mitten ins Zimmer.
Helene Soll ich sonst noch etwas hereinbringen?
Nora Nein, danke; ich habe, was ich brauche.
(Helene, die den Baum hingestellt hat, geht wieder hinaus.)
Nora (damit beschäftigt, den Baum zu schmücken) Hier ein Licht – und hier Blumen. – Der abscheuliche Mensch! Unsinn, Unsinn! Es ist nichts schlimmes dabei ... Der Weihnachtsbaum soll schön werden. Ich will alles tun, was dir Freude macht, Robert – ich werde singen und tanzen und –
(Helmer von draußen mit einem Stoß Akten unter dem Arm.)
Nora Ah – kommst du schon wieder?
Helmer Ja. Ist jemand hier gewesen?
Nora Hier? Nein.
Helmer Merkwürdig. Ich sah Günther aus dem Hause kommen.
Nora So? Ach ja, 's ist wahr, Günther war einen Augenblick hier.
Helmer Nora, ich seh's dir an, er ist hier gewesen und hat dich gebeten, ein gutes Wort für ihn einzulegen.
Nora Ja.
Helmer Und das solltest du wie aus eignem Antrieb tun? Du solltest mir verschweigen, daß er hier gewesen. Bat er nicht auch darum?

Nora Ja, Robert, aber –
Helmer Nora, Nora, und dazu konntest du dich verstehen? Mit einem solchen Menschen dich in ein Gespräch einlassen und ihm ein Versprechen geben! Und mir dann noch eine Unwahrheit sagen!
Nora Eine Unwahrheit –?
Helmer Sagtest du nicht, es sei niemand hier gewesen? *(Droht mit dem Finger)* Das muß meine Lerche nie wieder tun. Ein Singvögelchen darf nie falsche Töne hören lassen. *(Legt den Arm um sie)* Nicht wahr, so muß es sein? ... Ja, das wußt' ich wohl. *(Läßt sie los)* Und nun nichts mehr davon. *(Setzt sich vor den Ofen)* Ah, wie behaglich und gemütlich es hier ist. *(Blättert ein wenig in seinen Akten)*
Nora (mit dem Baum beschäftigt, nach kurzem Schweigen) Robert!
Helmer Ja.
Nora Ich freue mich so außerordentlich auf den Kostümball bei Steinbergs übermorgen.
Helmer Und ich bin so außerordentlich neugierig, womit du mich überraschen willst.
Nora Ach, die dumme Geschichte.
Helmer Wieso?
Nora Ich kann nichts Passendes finden. Es nimmt sich alles so närrisch, so nichtssagend aus.
Helmer Ist die kleine Nora zu der Erkenntnis gekommen?
Nora (hinter seinem Stuhle, mit den Armen auf der Lehne) Bist du sehr beschäftigt, Robert?
Helmer Ah –
Nora Was sind das für Akten?
Helmer Papiere, welche die Bank betreffen.
Nora Schon?
Helmer Ich habe mir von der abtretenden Direktion die Vollmacht geben lassen, in dem Personal und im Geschäftsplan die nötigen Änderungen vorzunehmen. Dazu muß ich die Weihnachtswoche benutzen. Zu Neujahr will ich alles in Ordnung haben.
Nora Also deshalb war dieser arme Günther –
Helmer Hm –
Nora (über die Lehne weiter vorgeneigt, krault ihn langsam im Nackenhaar) Hättest du nicht eine so dringende Arbeit, so würd' ich dich um einen sehr, sehr großen Gefallen bitten, Robert.
Helmer Laß hören. Was kann das sein?
Nora Niemand hat ja einen so feinen Geschmack wie du. Nun möcht' ich so gern gut aussehn auf dem Kostümball. Robert, könntest du dich

meiner nicht annehmen und bestimmen, als was ich auftreten und wie mein Kostüm beschaffen sein soll?
Helmer Aha, sitzt der kleine Trotzkopf fest und sieht sich nach Rettung um?
Nora Ja, Robert, ohne dich steh' ich ganz hilflos da.
Helmer Gut, gut; ich will daran denken; wir wollen schon Rat schaffen.
Nora Ach, wie liebenswürdig das von dir ist. *(Geht wieder zum Baum. Pause)* Wie hübsch die roten Blumen sich ausnehmen. – Aber sag' mal, war die ... Sache, welche dieser Günther sich zuschulden kommen ließ, wirklich so schlimm?
Helmer Hatte Namen gefälscht. Hast du eine Vorstellung davon, was das bedeutet?
Nora Sollte er's nicht aus Not getan haben?
Helmer Ja, oder, wie so viele andre, aus Leichtsinn. Ich bin nicht so herzlos, jemanden einer solchen einzelnen Handlung wegen unbedingt zu verurteilen.
Nora Ja, nicht wahr, Robert?
Helmer Mancher kann sich moralisch wieder erheben, wenn er sein Vergehen offen bekennt und seine Strafe abbüßt.
Nora Strafe –?
Helmer Aber den Weg betrat Günther nicht; er suchte sich durch Kniffe und Kunstgriffe herauszuwinden; und eben dadurch hat er sich moralisch ruiniert.
Nora Glaubst du, daß es –?
Helmer Denke dir nur, wie ein solcher schuldbewußter Mann überall lügen und heucheln und sich verstellen muß, wie er seinen Nächsten, ja sogar Weib und Kindern gegenüber die Maske anlegen muß. Und den eignen Kindern gegenüber – das ist das Schrecklichste, Nora.
Nora Warum?
Helmer Weil ein solcher Dunstkreis von Lüge Krankheitsstoff in eine ganze Familie bringt. Jeder Atemzug, den die Kinder tun, birgt den Keim zu etwas Bösem.
Nora (näher hinter ihm) Bist du davon überzeugt?
Helmer Als Advokat, liebes Kind, hab' ich das oft genug beobachtet. Fast alle früh verdorbnen Menschen haben lügenhafte Mütter gehabt.
Nora Warum grade – Mütter?
Helmer Am häufigsten kommt es von der Mutter; aber natürlich ist der Vater ebenfalls schuld; das weiß jeder Richter. Und doch hat dieser Günther jahrelang seine eignen Kinder durch Verstellung und Lüge vergiftet; eben darum nenn' ich ihn moralisch verkommen. *(Streckt die*

Hände nach ihr aus) Deshalb muß meine liebe kleine Nora mir geloben, sich nicht für ihn zu verwenden. Hand drauf. Nun, nun, was ist das? Gib mir deine Hand. So. Also abgemacht. Ich versichre dich, es wäre mir unmöglich gewesen, mit ihm zusammen zu arbeiten; ich empfinde in der Nähe solcher Leute gradezu ein körperliches Unbehagen.
Nora (zieht ihre Hand zurück und tritt an die andre Seite des Weihnachtsbaumes) Wie warm es hier ist. Und ich habe noch so viel zu tun.
Helmer (steht auf und legt seine Papiere zusammen) Ja, ich muß auch sehn, daß ich vor dem Essen noch einige dieser Akten durchlese; auch an dein Kostüm werd' ich denken. Und so 'ne Kleinigkeit, die man etwa in Goldpapier da an den Weihnachtsbaum hängen könnte, hab' ich vielleicht ebenfalls in Bereitschaft. *(Legt die Hand auf ihren Kopf)* Meine liebe kleine Lerche.
(Er geht in sein Zimmer und schließt die Tür hinter sich.)
Nora (leise, nach einer Pause) Ach was! So ist es nicht ... Das ist unmöglich ... Es muß unmöglich sein.
Marianne (in der Tür links) Die Kleinen bitten so inständig, sie zu Mama hereinzulassen.
Nora Nein, nein; lassen Sie sie nicht herein zu mir! Bleiben Sie bei ihnen, Marianne.
Marianne Gut. *(Schließt die Tür)*
Nora (bleich vor Entsetzen) Ich meine Kinder verderben –! Mein Heim vergiften? *(Kurze Pause. Sie richtet den Kopf stolz empor)* Das ist nicht wahr. Das ist nie und nimmer wahr!

ZWEITER AKT

Dasselbe Zimmer

In der Ecke neben dem Pianoforte steht der Weihnachtsbaum, gepflückt, zerzaust und mit herabgebrannten Lichtenden. Auf dem Sofa Noras Überkleider.

Nora (allein. Sie geht unruhig umher. Endlich bleibt sie am Sofa stehen und nimmt ihren Mantel. Nach kurzem Besinnen läßt sie ihn wieder auf das Sofa fallen.) Da kommt jemand! *(Geht auf die Tür zu, lauscht)*

Nein – niemand. Natürlich – heut, am ersten Weihnachtstag kommt niemand ... und morgen auch nicht. – Aber vielleicht – *(Öffnet die Tür und blickt hinaus)* Nein; nichts im Briefkasten; ganz leer. *(Kommt nach vorn)* Ach, dummes Zeug! Er sollte Ernst daraus machen! So etwas kann nicht geschehn. Es ist unmöglich. Ich habe ja drei kleine Kinder.
(Marianne kommt mit einer großen Pappschachtel aus dem Zimmer links.)
Marianne Endlich hab' ich die Schachtel mit dem Maskenanzug gefunden.
Nora Danke; stellen Sie sie da auf den Tisch.
Marianne (tut es) Aber er ist noch sehr in Unordnung.
Nora Ach, ich möcht' ihn in hunderttausend Stücke reißen!
Marianne Du lieber Gott, das läßt sich leicht zurechtmachen; nur ein bißchen Geduld.
Nora Ja, ich will zu Frau Linden gehn, damit sie mir hilft.
Marianne Sie wollen schon wieder fort? Bei dem häßlichen Wetter? Sie erkälten sich – werden krank ...
Nora Oh, das wär' das Schlimmste nicht. – Was machen die Kinder?
Marianne Die kleinen Krabben spielen mit den Weihnachtsgeschenken, aber –
Nora Fragen sie oft nach mir?
Marianne Sie sind ja so dran gewöhnt, ihre Mama immer um sich zu haben ...
Nora Ja, aber, Marianne, von jetzt an kann ich nicht mehr so viel bei ihnen sein wie früher.
Marianne Nun, kleine Kinder gewöhnen sich an alles.
Nora Meinen Sie? Glauben Sie, daß sie ihre Mutter vergessen würden, wenn sie ganz fortginge?
Marianne Mein Gott – ganz fort!
Nora Sagen Sie mal, Marianne ... ich hab' so oft darüber nachgedacht – wie konnten Sie's übers Herz bringen, Ihr Kind fremden Leuten zu übergeben?
Marianne Aber das mußt' ich ja doch, wenn ich der kleinen Nora ihre Amme werden wollte.
Nora Ja, aber daß Sie das wollten –?
Marianne Da ich eine so gute Stelle bekommen konnte? Ein armes Mädchen, das so 'n Unglück gehabt, muß noch froh darüber sein. Denn der schlechte Mensch tat ja nichts für mich.
Nora Aber Ihre Tochter hat Sie doch gewiß vergessen? ...
Marianne O nein, durchaus nicht. Da sie konfirmiert wurde, und als sie sich verheiratete, da hat sie mir beide mal geschrieben.

Nora (sie umarmend) Liebe Marianne, Sie waren mir eine gute Mutter, als ich klein war.
Marianne Die arme kleine Nora hatte ja keine andre Mutter als mich.
Nora Und wenn meine Kleinen niemand anders hätten, so bin ich überzeugt, Sie würden – Unsinn, Unsinn! *(Öffnet die Schachtel)* Gehn Sie hinein zu ihnen. Jetzt muß ich ... Morgen sollen Sie sehn, wie schön mich das kleidet.
Marianne Ja, 's wird wirklich niemand auf dem ganzen Balle so schön sein wie Frau Nora. *(Sie geht in das Zimmer links.)*
Nora (beginnt das Kostüm aus der Schachtel auszupacken, wirft aber bald alles wieder hin) Ach, wenn ich doch fortgehn könnte. Wenn nur niemand käme. Wenn sich inzwischen hier zu Hause nur nichts ereignete ... Dummes Zeug; es kommt niemand. Nur nicht denken ... Den Muff glattstreichen. Schöne Handschuh, schöne Handschuh ... Fort mit der Sache, fort damit! ... Eins, zwei, drei, vier, fünf, sechs – *(Schreit)* Ah, da kommt der – *(will nach der Tür, bleibt aber unentschlossen stehen)*
(Frau Linden kommt vom Flur, wo sie abgelegt hat.)
Nora Ah, du bist's, Christine! Es ist doch niemand anders draußen? – Wie schön, daß du kommst.
Frau Linden Ich höre, du bist in meiner Wohnung gewesen und hast nach mir gefragt.
Nora Ja, ich ging grade vorbei. Da ist etwas, wobei ich deiner Hilfe bedarf. Setzen wir uns hier aufs Sofa. Sieh her. Morgen abend findet beim Konsul Steinberg hier über uns ein Kostümball statt, und nun will Robert, daß ich als neapolitanisches Fischermädchen erscheine und die Tarantella tanze, denn die lernt' ich auf Capri.
Frau Linden Ei, ei; du sollst also eine förmliche Vorstellung geben?
Nora Ja, Robert wünscht es. Sieh, hier hab' ich das Kostüm. Das ließ mir Robert in Italien machen; aber nun ist alles so zerrissen, und ich weiß gar nicht –
Frau Linden Oh, das wollen wir bald wieder in Ordnung bringen; 's ist ja nur der Besatz, der hier und da etwas losgegangen ist ... Nadel und Faden? Ah, da ist ja, was wir brauchen.
Nora Wie freundlich das von dir ist ...
Frau Linden (nähend) Du willst dich also morgen verkleiden, Nora ... Weißt du was – dann komm' ich auf einen Augenblick hierher, um dich geschmückt zu sehn. Aber ich habe ja ganz vergessen, dir für den gemütlichen Abend gestern zu danken.
Nora (steht auf und geht quer durch das Zimmer) Ach, gestern abend schien es mir hier nicht so gemütlich wie sonst gewöhnlich. – Du hättest

etwas früher nach der Residenz kommen müssen, Christine. – Ja, Robert versteht's, unser Heim schön und gemütlich zu machen.

Frau Linden Du doch auch, denk' ich; du bist doch nicht umsonst deines Vaters Tochter. Aber sag mal, ist Doktor Rank immer so niedergeschlagen wie gestern abend?

Nora Ja, gestern war's besonders auffallend. Aber er leidet ja an einer sehr gefährlichen Krankheit. Er hat die Rückenmarkschwindsucht, der Ärmste. Du mußt nämlich wissen, sein Vater war ein abscheulicher Mensch, der sich Geliebte und dergleichen hielt; und deshalb, siehst du, ist sein Sohn von Kindheit an krank gewesen.

Frau Linden (läßt das Nähzeug in den Schoß sinken) Aber, liebste, beste Nora, wo erfährst du so etwas?

Nora (spazierend) Bah – wenn man drei Kinder hat, bekommt man zuweilen Besuch von – von Frauen, die einige medizinische Kenntnisse haben, und die erzählen einem das eine oder andre.

Frau Linden (näht wieder; kurze Pause) Kommt Doktor Rank täglich hierher?

Nora Tagtäglich. Er ist ja Roberts bester Jugendfreund; und auch mein guter Freund. Doktor Rank gehört gleichsam zur Familie.

Frau Linden Aber sag mal: Ist der Mann ganz aufrichtig? Ich meine, sagt er den Leuten nicht gern Schmeicheleien?

Nora Im Gegenteil! Wie kommst du darauf?

Frau Linden Als du mich ihm gestern vorstelltest, versicherte er, er hätte meinen Namen hier im Hause schon oft gehört; aber dann merkt' ich, daß dein Mann gar nicht wußte, wer ich eigentlich war. Wie konnte also Doktor Rank –?

Nora Du hast recht, Christine. Aber siehst du, Robert liebt mich so unbeschreiblich; und deshalb will er mich ganz allein besitzen, wie er sich ausdrückt. In der ersten Zeit ward er fast eifersüchtig, wenn ich nur einen meiner Lieben daheim nannte. Da unterließ ich's natürlich. Aber mit Doktor Rank red' ich oft davon; denn er hört mich so gern plaudern.

Frau Linden Liebe Nora, in manchen Dingen bist du noch wie ein Kind; ich bin etwas älter als du und hab' ein wenig mehr Erfahrung. Ich will dir etwas sagen: Du solltest der Sache mit diesem Doktor ein Ende zu machen suchen.

Nora Welcher Sache?

Frau Linden Dem einen wie dem andern, scheint mir. Gestern erzähltest du von einem reichen Bewunderer, der dir Geld schaffen sollte –

Nora Ja, und der nicht existiert – leider. Aber was weiter?

Frau Linden Hat Doktor Rank Vermögen?
Nora Das hat er.
Frau Linden Und für niemand zu sorgen?
Nora Für niemand. Aber –?
Frau Linden Und er kommt täglich hier ins Haus?
Nora Du hörst ja – tagtäglich.
Frau Linden Aber wie kann der feine Mann so undelikat sein?
Nora Ich versteh' dich gar nicht.
Frau Linden Verstell dich doch nicht, Nora. Glaubst du, ich hätte nicht erraten, von wem du die achtzehnhundert Taler geliehen hast?
Nora Bist du von Sinnen? Das glaubst du! Ein Hausfreund, der täglich zu uns kommt! Welch schreckliches peinliches Verhältnis wäre das!
Frau Linden Er ist's also wirklich nicht?
Nora Nein, das versicher' ich dich. Es ist mir nie einen Augenblick in den Sinn gekommen, ihm – Zudem hatte er damals auch nichts zu verleihen; er hat erst später geerbt.
Frau Linden Nun, das war gewiß ein Glück für dich, liebe Nora.
Nora Nein wirklich, es wäre mir nie eingefallen, Doktor Rank zu bitten – übrigens weiß ich bestimmt, wenn ich ihn ersuchte –
Frau Linden Aber das tust du doch natürlich nicht!
Nora Behüte. Ich glaub' auch nicht, daß es notwendig werden könnte. Aber davon bin ich fest überzeugt, wenn ich Doktor Rank sagte –
Frau Linden Hinter dem Rücken deines Mannes?
Nora Aus der andern Sache muß ich heraus; die ist ja auch hinter seinem Rücken geschehen. Ich muß heraus.
Frau Linden Ja, ja, das sagtest du schon gestern, aber –
Nora (auf und ab gehend) Ein Mann kann so etwas besser in Ordnung bringen als eine Frau –
Frau Linden Der eigne Mann, ja.
Nora Unsinn. *(Bleibt stehen)* Wenn man alles bezahlt, was man schuldig ist, bekommt man doch den Schuldschein zurück –?
Frau Linden Natürlich.
Nora – und kann es in hunderttausend Stücke zerreißen und verbrennen, das abscheuliche schmutzige Papier!
Frau Linden (sieht sie starr an, legt das Nähzeug hin und steht langsam auf) Nora, du verheimlichst mir etwas.
Nora Kannst du mir das ansehn?
Frau Linden Seit gestern morgen ist dir etwas begegnet. Nora, was ist's?
Nora (ihr entgegen) Christine! *(Horcht)* Still! Da kommt Robert nach

Hause. Hier – setz dich solange zu den Kindern. Robert kann Schneiderei nicht sehen. Laß dir Marianne helfen.
Frau Linden (sucht einen Teil der Sachen zusammen) Ja, ja, aber ich geh' nicht fort, eh' wir offen miteinander geredet haben.
(Sie geht links ab; in demselben Augenblick kommt Helmer vom Flur.)
Nora (geht ihm entgegen) Oh, wie sehnlich ich dich erwartet habe, lieber Robert.
Helmer War die Näherin hier?
Nora Nein, Christine; sie hilft mir mein Kostüm in Ordnung bringen. Du sollst sehn, ich werde ganz reizend aussehen.
Helmer Ja, war das nicht ein ganz glücklicher Einfall von mir?
Nora Ein herrlicher! Aber ist das nicht auch schön von mir, daß ich mich dir füge?
Helmer (faßt sie unters Kinn) Schön von dir ... daß du dich deinem Mann fügst? Nun, nun, du kleiner Schelm, ich weiß ja, so meintest du's nicht. Aber ich will dich nicht stören; du willst wohl Probe halten?
Nora Und du willst wohl arbeiten?
Helmer Ja. *(Zeigt auf einen Stoß Akten)* Sieh mal. Ich war in der Bank – *(Will in sein Zimmer gehen)*
Nora Robert.
Helmer (stehenbleibend) Ja.
Nora Wenn nun dein Eichkätzchen dich so recht artig und herzlich um etwas bäte –?
Helmer Dann –?
Nora Würdest du's dann tun?
Helmer Erst muß ich doch natürlich wissen, was es ist.
Nora Das Eichkätzchen würde umherspringen und allerlei lustige Streiche machen, wenn du liebenswürdig und folgsam sein wolltest.
Helmer Heraus damit.
Nora Die Lerche würde in allen Zimmern herumzwitschern, laut und leise –
Helmer Ih was, das tut sie ja ohnehin schon.
Nora Ich würde Elfe spielen und im Mondschein tanzen, Robert.
Helmer Nora – es ist doch nicht das, worauf du heute morgen anspieltest?
Nora (näher) Ja, Robert, ich bitte dich so inständig!
Helmer Du hast wirklich den Mut, die Sache wieder zu berühren?
Nora Ja, ja, du mußt meine Bitte erfüllen; du mußt Günther seine Stelle bei der Bank lassen.
Helmer Liebe Nora, seine Stelle habe ich für Frau Linden bestimmt.

Nora Ja, das ist sehr schön von dir; aber statt Günther kannst du ja einen andern Komtoristen entlassen.

Helmer Das ist doch ein unglaublicher Eigensinn! Weil du unbesonnenerweise versprochen hast, ein Wort für ihn einzulegen, sollte ich –!

Nora Darum nicht, Robert. Es geschieht deinetwegen. Der Mensch ist ja Mitarbeiter bei den unverschämtesten Zeitungen; das hast du selbst gesagt. Er kann dir so ungemein viel Böses zufügen. Ich hab' eine so schreckliche Angst vor ihm –

Helmer Aha, ich versteh'; es sind alte Erinnerungen, die dich aufschrekken.

Nora Was meinst du damit?

Helmer Ich denke natürlich an deinen Vater.

Nora Ja; jawohl. Erinnere dich nur, was boshafte Menschen über Vater in den Zeitungen schrieben und wie entsetzlich sie ihn verleumdeten. Ich glaube, sie hätten seine Absetzung durchgesetzt, wenn die Regierung dich nicht hingeschickt hätte, um die Sache zu untersuchen, und wenn du nicht so wohlwollend und nachsichtig gegen ihn gewesen wärst.

Helmer Meine liebe Nora, zwischen deinem Vater und mir ist ein bedeutender Unterschied. Dein Vater war als Beamter nicht unangreifbar. Aber das bin ich; und das hoff' ich zu bleiben, solang ich mich in meiner Stellung befinde.

Nora Oh, du begreifst gar nicht, was boshafte Menschen alles erfinden. Jetzt könnten wir's so gut haben und so ruhig und glücklich hier in unserm friedlichen, sorgenfreien Heim leben – du und ich und die Kinder, Robert! Darum bitt' ich dich so inständig –

Helmer Und just dadurch, daß du dich seiner annimmst, machst du mir's unmöglich, ihn zu behalten. Man weiß an der Bank schon, daß ich Günther verabschieden will. Sollt' es nun bekannt werden, daß der neue Bankdirektor sich von seiner Frau hätte umstimmen lassen –

Nora Nun, dann –?

Helmer Wenn nur der kleine Trotzkopf seinen Willen bekommt – weiter hat's natürlich keinen Zweck . . . Ich soll mich vor dem ganzen Personal lächerlich machen – die Leute auf den Gedanken bringen, ich stände unter fremdem Einfluß? Glaube mir, die Folgen würd' ich bald spüren! Und zudem – da ist noch ein Umstand, der Günther bei der Bank ganz unmöglich macht, solang ich Direktor bin.

Nora Welcher Umstand?

Helmer Seine moralischen Fehler hätt' ich vielleicht übersehen können –

Nora Ja, nicht wahr, Robert?
Helmer Und wie ich höre, soll er auch ganz brauchbar sein. Aber er ist ein Jugendbekannter von mir. Es ist eine von jenen übereilten Bekanntschaften, die einen im spätern Leben so oft genieren. Ja gerad heraus gesagt: Wir duzen uns. Und daraus macht dieser taktlose Mensch gar kein Hehl, wenn andre zugegen sind. Im Gegenteil – er glaubt, das berechtige ihn mir gegenüber zu einem familiären Ton; und so trumpft er jeden Augenblick sein Du aus: »du, du Helmer!« Ich versichre dich, das berührt mich höchst peinlich. Er würde mir meine Stellung an der Bank unerträglich machen.
Nora Robert, das Alles ist dir nicht ernst.
Helmer Nicht? Warum nicht?
Nora Nein, denn das sind ja nur kleinliche Rücksichten.
Helmer Was sagst du? Kleinliche Rück–? Hältst du mich für kleinlich!?
Nora Nein, im Gegenteil, lieber Robert; und eben deshalb –
Helmer Gleichviel; du nennst meine Beweggründe kleinlich; da muß ich's wohl auch sein. Kleinlich! Ah so! . . . Nun, dem muß wirklich ein Ende gemacht werden. *(Geht nach der Tür zum Flur und ruft)* Helene!
Nora Was willst du –?
Helmer (unter seinen Akten suchend) Der Sache ein Ende machen.
Helmer (zu Helene) Da, bringen Sie den Brief fort. Geben Sie ihn einem Dienstmann. Aber daß er ihn sofort besorgt. Die Adresse steht darauf. Hier ist Geld.
Helene Gut. *(Ab mit dem Brief)*
Helmer (seine Akten ordnend) So, mein kleiner Trotzkopf.
Nora (wie geistesabwesend) Robert – was war das für ein Brief?
Helmer Günthers Entlassung.
Nora Hol ihn wieder zurück, Robert! Es ist noch Zeit! O Robert, hol ihn wieder zurück! Tu es meinetwegen – deiner selbst wegen; um unsrer Kinder willen! Hörst du, Robert; tu es! Du weißt nicht, was dieser Brief uns allen bringen kann.
Helmer Zu spät.
Nora Ja, zu spät.
Helmer Liebe Nora, ich verzeihe dir diese deine Angst, obgleich sie im Grunde für mich eine Beleidigung ist. Ja, das ist sie! Oder ist es vielleicht keine Beleidigung, zu glauben, ich fürchtete mich vor der Rache eines verkommenen Winkeladvokaten? Aber ich vergebe es dir, weil es zugleich ein schöner Beweis deiner großen Liebe zu mir ist. *(Nimmt sie in seine Arme)* So muß es sein, meine teure, geliebte Nora. Mag da kommen was will. Sei überzeugt, wenn es gilt, hab' ich nicht bloß Mut,

sondern auch die nötige Kraft. Du sollst sehn, ich bin stark genug, alles auf mich zu nehmen.

Nora (plötzlich erschreckt) Was meinst du damit?

Helmer Alles, sag' ich –

Nora (gefaßt) Das sollst du nie und nimmer.

Helmer Gut, dann teilen wir, Nora – wie Mann und Frau. Ganz wie es sich gehört. *(Streichelt sie)* Bist du nun zufrieden? Nun, nun, nun; nicht diese erschreckten Taubenaugen! 's ist ja alles nur leere Einbildung. – Nun solltest du die Tarantella spielen und dich auf dem Tamburin üben. Ich setze mich da in das andre Komtoir und schließe die Mitteltür, dann hör' ich nichts; du kannst so viel Lärm machen als du willst. *(Wendet sich in der Tür um)* Und wenn Rank kommt, so sag' ihm, wo ich zu finden bin.

(Er nickt ihr zu, tritt mit seinen Akten in sein Kabinett, und schließt die Tür hinter sich.)

Nora (verstört vor Angst, steht wie angewurzelt, flüstert) Das konnt' er tun! Ja, er tat es. Er tat es, trotz allem und allem! – Nein, das in alle Ewigkeit nicht! Lieber alles andre! Rettung –! Ein Ausweg – *(Es klingelt im Flur.)* Doktor Rank –! Lieber alles andre, was es auch sein mag! *(Sie fährt sich langsam mit der Hand über das Gesicht, nimmt sich zusammen, geht nach der Tür zum Flur und öffnet sie. Rank steht draußen und hängt seinen Pelzmantel auf. Während des Folgenden beginnt es zu dunkeln.)* Guten Abend, Herr Doktor. Ich erkannte Sie am Klingeln. Aber Sie dürfen jetzt nicht zu Robert gehn; denn ich glaub', er hat zu arbeiten.

Rank Und Sie?

Nora (während er ins Zimmer tritt und sie die Tür hinter ihm schließt) Oh, das wissen Sie ja – für Sie hab' ich immer ein Stündchen übrig.

Rank Ich dank' Ihnen. Ich werde mir Ihre Freundlichkeit zunutze machen, solang ich noch kann.

Nora Was meinen Sie damit? Solange Sie noch können?

Rank Ja, erschreckt Sie das?

Nora Das ist so wunderlich ausgedrückt. Sollte denn etwas bevorstehen –?

Rank Etwas, worauf ich schon lange gefaßt gewesen. Aber ich glaubte nicht, daß es so schnell eintreten würde.

Nora (seinen Arm ergreifend) Was ist's? ... Doktor, Sie müssen mir's sagen!

Rank (sich an den Ofen setzend) Es geht bergab mit mir. Es ist nichts dagegen zu machen.

Nora (erleichtert aufatmend) Sie sind es, der –?

Rank Wer denn sonst? Wozu sich selbst belügen? Ich bin der miserabelste aller meiner Patienten, Frau Helmer. In diesen Tagen hab' ich eine Generaluntersuchung meines innern Status vorgenommen. Bankrott. Eh' vier Wochen vergehen, lieg' ich vielleicht für die Würmer auf dem Kirchhof.
Nora Pfui, wie häßlich Sie reden!
Rank Die Sache ist auch verflucht häßlich. Aber das Schlimmste ist, daß so viel andre Häßlichkeit vorausgehn wird. Es ist nur noch eine einzige Untersuchung vorzunehmen; bin ich damit fertig, dann weiß ich so ungefähr, wann die Auflösung beginnt... Für diesen Fall eine kurze Benachrichtigung: Helmer hat bei seiner feinen Natur einen so ausgeprägten Widerwillen gegen alles was häßlich ist: Ich will ihn nicht in meinem Krankenzimmer haben –
Nora Aber Doktor –
Rank Ich will ihn darin nicht haben. Unter keiner Bedingung. Ich verschließ' ihm meine Tür! – Sobald ich über das Schlimmste volle Gewißheit habe, schick' ich Ihnen meine Visitenkarte mit einem schwarzen Kreuz darauf, und dann wissen Sie, daß die Widerwärtigkeiten der Vernichtung begonnen haben.
Nora Nein, heute sind Sie aber in der Tat abgeschmackt. Und ich, die so gern gesehn, daß Sie bei wirklich guter Laune gewesen –
Rank Mit dem Tode vor Augen? – Und so eines andern Schuld zu büßen. Wo bleibt da die Gerechtigkeit? Und so waltet in jeder Familie auf die eine oder andre Weise solch eine unerbittliche Vergeltung –
Nora (hält sich die Ohren zu) Unsinn! Lustig, lustig!
Rank Ja, die ganze Geschichte ist wahrlich nur zum Lachen. Mein armes unschuldiges Rückgrat muß für meines Vaters lustige Leutnantstage büßen.
Nora (an dem Tische links) Er war ja wohl ein großer Freund von Spargel und Gänseleberpastete. Nicht wahr?
Rank Jawohl, und von Trüffeln.
Nora Ja, und von Trüffeln, ja. Und auch von Austern, glaub' ich.
Rank Ja, die Austern, die Austern; versteht sich.
Nora Und dann all der Portwein und Champagner. Es ist traurig, daß all diese leckern Sachen so auf die Glieder schlagen.
Rank Namentlich aber, daß sie auf ein so unglückseliges Glied schlagen, das nicht den geringsten Vorteil davon gehabt hat.
Nora Ach ja, das ist das Allertraurigste.
Rank (sieht sie forschend an) Hm –
Nora (etwas später) Warum lächelten Sie?

Rank Nein, Sie lächelten ja.
Nora Nein Sie, Doktor!
Rank (aufstehend) Sie sind doch ein größrer Schalk, als ich dachte.
Nora Ich bin heute so zu Narrenstreichen aufgelegt.
Rank Das scheint so.
Nora (mit beiden Händen auf seinen Schultern) Lieber, guter Doktor, der Tod soll Sie Robert und mir nicht entreißen.
Rank Ach, Sie werden den Verlust leicht verschmerzen. Die Fortgehenden sind bald vergessen.
Nora (ihn ängstlich ansehend) Glauben Sie?
Rank Man schließt neue Verbindungen, und dann –
Nora Wer schließt neue Verbindungen?
Rank Sie und auch Helmer, sobald ich fort bin. Ja, Sie sind schon auf dem besten Wege, scheint mir. Was sollte hier gestern abend diese Frau Linden?
Nora Aha – Sie sind doch wohl nicht eifersüchtig auf die arme Christine?
Rank Ja, das bin ich. Sie wird hier im Hause meine Nachfolgerin werden. Diese Frau wird vermutlich –
Nora St! Nicht so laut; sie ist da drin.
Rank Heut auch? Sehn Sie wohl.
Nora Nur um mir mein Kostüm zurechtzumachen. Aber mein Gott, wie abgeschmackt Sie reden. *(Setzt sich auf das Sofa)* Sein Sie nun vernünftig, Doktor; morgen sollen Sie sehn, wie schön ich tanze; und dann mögen Sie sich einbilden, daß ich's bloß Ihretwegen tu – ja, und natürlich auch Robert zuliebe; das versteht sich. *(Nimmt verschiedne Sachen aus der Schachtel)* Doktor, setzen Sie sich hierher; ich will Ihnen etwas zeigen.
Rank (sich setzend) Was denn?
Nora Sehn Sie her. Sehn Sie!
Rank Seidene Strümpfe.
Nora Fleischfarbene. Sind die nicht wunderschön? Ja, jetzt ist es hier so dunkel; aber morgen... Nein, nein, nein; sie bekommen nur das Fußblatt zu sehn. Nun ja, meinetwegen können Sie den obern Teil auch sehn.
Rank Hm –
Nora Warum machen Sie ein so kritisches Gesicht? Glauben Sie vielleicht, sie paßten nicht?
Rank Darüber kann ich unmöglich eine begründete Ansicht haben.
Nora (sieht ihn einen Augenblick an) Pfui, schämen Sie sich. *(Schlägt ihn*

mit den Strümpfen leicht aufs Ohr) Das haben Sie dafür. *(Packt sie wieder ein)*
Rank Und was sind da sonst noch für Herrlichkeiten, die ich sehn sollte?
Nora Sie bekommen nichts mehr zu sehn; denn Sie sind unanständig. *(Sie summt ein wenig und sucht unter den Sachen.)*
Rank (nach kurzem Schweigen) Wenn ich hier so ganz vertraulich mit Ihnen zusammensitze, muß ich darüber nachsinnen, was wohl aus mir geworden wäre, wenn ich niemals dieses Haus betreten hätte.
Nora (lächelnd) Ja, ich glaube wirklich, es gefällt Ihnen ganz gut bei uns.
Rank (leise, vor sich hinblickend) Und nun dies alles verlassen müssen –
Nora Unsinn! Sie verlassen uns nicht.
Rank (wie vorhin) – und nicht einmal ein armseliges Zeichen des Dankes zurücklassen können; kaum ein flüchtiges Vermissen – weiter nichts als eine leere Stelle, die von dem ersten besten ausgefüllt werden kann ...
Nora Und wenn ich Sie nun bäte um –? Nein –
Rank Um was?
Nora Um einen großen Beweis Ihrer Freundschaft –
Rank Ja, ja?
Nora Nein, ich meine – um einen sehr, sehr großen Dienst –
Rank Sie wollten mich wirklich einmal so glücklich machen?
Nora Ach, Sie wissen ja noch gar nicht, was es ist.
Rank Gut; so sagen Sie's.
Nora Aber ich kann nicht, Doktor; es ist so außerordentlich viel ... nicht bloß ein Dienst, sondern auch Rat und Hilfe ...
Rank Um so besser. Ich begreife gar nicht, was Sie meinen können. Aber so reden Sie doch. Besitz' ich denn nicht Ihr Vertrauen?
Nora Ja, wie kein andrer. Sie sind mein bester und treuester Freund, das weiß ich. Darum will ich's Ihnen auch sagen. Nun wohl, Herr Doktor: Sie müssen mir etwas verhindern helfen. Sie wissen, wie innig, wie unbeschreiblich Robert mich liebt; keinen Augenblick würd' er zaudern, für mich sein Leben hinzugeben.
Rank (nach ihr vorgeneigt) Nora – glauben Sie denn, daß er der einzige sei –?
Nora (mit einem leichten Ruck) Der –?
Rank Der freudig für Sie sein Leben hingeben würde.
Nora (schwermütig) Ah so.
Rank Ich hatte mir den Schwur getan, daß Sie es erfahren sollten, eh' ich für immer fortginge. Eine bess're Gelegenheit würd' ich nie finden. – Ja, Nora, nun wissen Sie's. Und nun wissen Sie also auch, daß Sie sich mir wie keinem andern vertrauen dürfen.

Nora (sieht auf; einfach und ruhig) Lassen Sie mich vorbei.
Rank (macht ihr Platz, bleibt aber sitzen) Nora –
Nora (in der Tür zum Flur) Helene, bringen Sie die Lampe. *(Geht zum Ofen)* Ach, lieber Doktor, das war wirklich schlecht von Ihnen.
Rank (aufstehend) Daß ich Sie so innig geliebt, wie nur irgend jemand? War das schlecht?
Nora Nein, aber daß Sie mir's sagen. Es war ja gar nicht notwendig ...
Rank Was meinen Sie damit? Wußten Sie denn –?
(Helene kommt mit der Lampe herein, stellt sie auf den Tisch und geht wieder hinaus.)
Rank Nora – Frau Helmer –, ich frage Sie, wußten Sie etwas?
Nora Ach, was weiß ich, was ich wußte oder nicht wußte? Ich kann Ihnen wirklich nicht sagen ... Daß Sie auch so ungeschickt sein konnten, Herr Doktor! Es war alles so schön.
Rank Nun, jedenfalls haben Sie jetzt die Gewißheit, daß ich Ihnen ganz zur Verfügung steh', mit Leib und Seele. Und nun reden Sie.
Nora (ihn ansehend) Jetzt noch?
Rank Ich bitte Sie, sagen Sie mir, was es ist.
Nora Jetzt kann ich Ihnen nichts mehr sagen.
Rank Doch, doch. So müssen Sie mich nicht strafen. Gestatten Sie mir, für Sie zu tun, was in menschlicher Macht steht.
Nora Jetzt können Sie nichts mehr für mich tun. – Und übrigens bedarf ich auch keiner fremden Hilfe. Sie sollen sehn, es sind alles nur Einbildungen. Ja, ja, Einbildungen. Natürlich! *(Setzt sich in den Schaukelstuhl, sieht ihn an, lächelt)* Ja, Sie sind wirklich ein netter Freund, Herr Doktor. Sagen Sie mal, schämen Sie sich nicht, nun die Lampe da steht?
Rank Nein, eigentlich nicht. Aber ich soll vielleicht gehen – für immer gehen?
Nora Nein, das sollen Sie nicht. Sie sollen nach wie vor zu uns kommen. Sie wissen ja, daß Robert Sie nicht entbehren kann.
Rank Ja, aber Sie?
Nora Oh, mir kommt es hier immer so außerordentlich vergnügt vor, wenn Sie bei uns sind.
Rank Das ist's ja eben, was mich auf eine falsche Fährte lockte. Sie sind mir ein Rätsel. Manchmal schien es mir, als möchten Sie fast ebenso gern mit mir zusammen sein wie mit Helmer.
Nora Ja, sehn Sie, den einen Menschen liebt man, und mit dem andern möchte man gern zusammen sein.
Rank Ja, da ist etwas Wahres dran.
Nora Als ich noch zu Hause war, liebt' ich natürlich Vater über alles.

Aber es machte mir immer ein so außerordentliches Vergnügen, wenn ich mich in die Mädchenstube fortstehlen konnte; denn erstens demoralisierten sie mich nie, und dann ging's immer so vergnügt bei ihnen zu.

Rank Aha, die sind es also, welche ich abgelöst habe.

Nora (springt auf und eilt zu ihm) O lieber, bester Doktor, so meint' ich's gar nicht. Aber Sie können sich doch wohl denken, daß es mit Robert grad' so ist wie mit Vater ...

Helene (vom Flur kommend) Gnädige Frau! *(Flüstert ihr etwas zu und reicht ihr eine Karte)*

Nora (wirft einen Blick auf die Karte) Ah! *(Steckt sie in die Tasche)*

Rank Etwas Unangenehmes?

Nora Nein, nein, durchaus nicht; 's ist nur – 's ist mein neues Kostüm –

Rank Wieso? Das liegt ja da.

Nora Ach, ja das; aber 's ist ein andres, das ... ich bestellte es ... Robert darf's nicht wissen ...

Rank Aha, da haben wir also das große Geheimnis.

Nora Jawohl; gehn Sie nur hinein zu ihm; er befindet sich in dem zweiten Zimmer; halten Sie ihn so lange auf –

Rank Unbesorgt; er soll mir nicht entschlüpfen.

(Ab in Helmers Zimmer)

Nora (zu Helene) Er wartet also in der Küche?

Helene Ja, er kam die Hintertreppe herauf ...

Nora Aber sagten Sie ihm denn nicht, daß ich Besuch hätte?

Helene Gewiß, aber es half nichts.

Nora Er will gar nicht wieder fortgehn?

Helene Nein, nicht eher, als bis er mit Ihnen gesprochen hätte.

Nora So lassen Sie ihn herein; aber leise. Und daß Sie es niemand sagen, Helene; es ist eine Überraschung für meinen Mann.

Helene Ja, ja, versteh' schon ... *(Ab)*

Nora Das Entsetzliche kommt. Es kommt dennoch. Nein, nein, nein, es kann, es darf nicht geschehn.

(Sie tritt an Helmers Tür und schiebt den Riegel vor. – Helene öffnet Günther die Flurtür und schließt sie wieder hinter ihm. Er trägt einen Reisepelz, hohe Stiefel und eine Pelzmütze.)

Nora (ihm entgegen) Reden Sie leise; mein Mann ist zu Hause.

Günther Nun, mag er doch ...

Nora Was wollen Sie von mir?

Günther Bescheid über etwas haben.

Nora So machen Sie schnell. Was ist's?

Günther Sie wissen, daß ich meine Entlassung erhalten habe.
Nora Ich konnt's nicht verhindern, Herr Günther. Ich hab' bis zum äußersten für Ihre Sache gekämpft; aber ohne Erfolg.
Günther Hat Ihr Mann so wenig Liebe zu Ihnen? Er weiß, was ich gegen Sie tun kann, und doch wagt er –
Nora Wie können Sie denken, ich hätt's ihm gesagt?
Günther Herrgott, das dacht' ich auch gar nicht. So viel Mannesmut zu zeigen, das sah meinem braven Robert Helmer gar nicht ähnlich ...
Nora Herr Günther, ich fordre Achtung vor meinem Manne.
Günther Natürlich, alle schuldige Achtung vor ihm! Aber da die gnädige Frau es so ängstlich geheimhält, so darf ich auch wohl annehmen, daß Sie jetzt ein wenig besser als gestern darüber aufgeklärt sind, was Sie eigentlich getan haben?
Nora Mehr als Sie mich jemals lehren konnten.
Günther Gewiß, ein so schlechter Jurist wie ich –
Nora Was wollen Sie?
Günther Nur sehn, wie es Ihnen geht, Frau Helmer. Den ganzen Tag hab' ich an Sie gedacht. Ein Kassierer, ein Winkeladvokat, ein – kurz, ein Mensch wie ich, sehn Sie, hat auch etwas von dem, was man Herz nennt.
Nora So beweisen Sie's; denken Sie an meine kleinen Kinder.
Günther Hat Ihr Mann an die meinen gedacht? Aber lassen wir das. Ich wollte Ihnen nur sagen, daß Sie diese Sache nicht gar zu ernst zu nehmen brauchen. Für's erste wird sie von meiner Seite nicht anhängig gemacht.
Nora Ach nein, nicht wahr? Das wußt' ich ja.
Günther Sie kann ja in Güte geordnet werden; sie braucht gar nicht unter die Leute zu kommen; sie bleibt unter uns dreien.
Nora Mein Mann darf nie etwas davon erfahren.
Günther Wie wollen Sie das verhindern? Können Sie den Rest vielleicht bezahlen?
Nora Nein, sofort nicht.
Günther Oder wissen Sie vielleicht ein Mittel, um die Summe in den nächsten Tagen zu beschaffen?
Nora Keines, von dem ich Gebrauch machen kann.
Günther Würde Ihnen jetzt auch nichts mehr genützt haben. Und hätten Sie das ganze Geld hier bar in der Hand, Ihren Schuldschein bekämen Sie doch nicht zurück.
Nora So sagen Sie mir, was Sie damit machen wollen.

Günther Ihn nur behalten – ihn nur in meinen Händen haben. Kein Fremder erfährt etwas davon. Wenn Sie also mit irgendeinem verzweifelten Entschluß umgehn sollten –
Nora Das tu ich.
Günther – wenn Sie die Absicht hegen sollten, Mann und Kinder zu verlassen –
Nora Das tu ich!
Günther – oder wenn Sie etwas vorhaben sollten, das noch schlimmer ist –
Nora Woher wissen Sie das?
Günther – lassen Sie all dergleichen.
Nora Woher wissen Sie, daß ich das vorhabe?
Günther Die meisten von uns haben das anfangs vor. Ich hatt's auch vor; aber ich besaß nicht den Mut...
Nora (tonlos) Ich auch nicht.
Günther (erleichtert) Ja, nicht wahr? Sie haben nicht den Mut dazu... Sie auch nicht?
Nora Nein... nein...
Günther Es wär' auch eine große Dummheit. Ist nur der erste häusliche Sturm vorüber – Ich hab' hier einen Brief an Ihren Mann in der Tasche...
Nora Und da steht alles drin?
Günther So schonend wie möglich.
Nora (schnell) Den Brief darf er nicht erhalten. Reißen Sie ihn entzwei. Ich schaffe das Geld.
Günther Um Verzeihung, Frau Helmer, aber ich glaube, ich sagt' Ihnen schon –
Nora Ich spreche ja nicht von dem Gelde, das ich Ihnen schuldig bin. Sagen Sie mir, eine wie große Summe Sie von meinem Manne fordern: Ich schaffe sie Ihnen!
Günther Ich fordre kein Geld von Ihrem Manne.
Nora Was denn?
Günther Das will ich Ihnen sagen. Ich will wieder empor, Frau Helmer; ich will mich rehabilitieren; und dazu soll Ihr Mann mir behilflich sein. Seit anderthalb Jahren hab' ich mir nichts Unehrenhaftes zuschulden kommen lassen; während dieser ganzen Zeit hab' ich mit den drückendsten Verhältnissen gekämpft; ich war damit zufrieden, daß ich mich Schritt für Schritt emporarbeiten konnte. Jetzt bin ich fortgejagt, und da begnüg' ich mich nicht damit, daß man mich wieder zu Gnaden annimmt. Ich will empor, sag' ich Ihnen... Ich will wieder in die Bank

– in eine höhere Stellung; Ihr Mann soll mir eigens einen Posten errichten ...

Nora Das tut er niemals!

Günther Er tut es; ich kenne ihn; er wagt nicht zu mucksen. Und bin ich erst mit ihm zusammen da drin, dann sollen Sie schon sehn! Eh' ein Jahr um ist, bin ich des Direktors rechte Hand. Nicht Robert Helmer, sondern Heinrich Günther wird dann die Aktienbank leiten.

Nora Dahin werden Sie es niemals bringen!

Günther Wollen Sie vielleicht –?

Nora Ja, jetzt hab' ich den Mut dazu!

Günther Oh, Sie machen mir nicht bange. Eine feine verwöhnte Dame wie Sie –

Nora Das sollen Sie sehn; das sollen Sie sehn!

Günther Unter das Eis vielleicht? Heinein in das schwarze kalte Wasser? Um dann im Frühling ans Ufer gespült zu werden, häßlich, unkenntlich, mit ausgefallnem Haar –

Nora Sie erschrecken mich nicht.

Günther Sie mich auch nicht. So etwas tut man nicht, Frau Helmer. Und zudem, was würd' es nützen? Ich hab' ihn ja doch grad so vollständig in der Tasche.

Nora Auch dann noch? Wenn ich nicht mehr –?

Günther Sie vergessen, daß von mir dann Ihr guter Name abhängt.

(Nora steht sprachlos und sieht ihn an.)

Günther So, nun sind Sie vorbereitet. Begehn Sie keine Dummheiten. Sobald Helmer meinen Brief erhalten hat, erwart' ich Nachricht von ihm. Und bedenken Sie wohl, daß Ihr Mann selbst es ist, der mich wieder auf solche Wege gedrängt hat. Das werd' ich ihm nie vergeben. Leben Sie wohl, Frau Helmer. *(Ab durch den Flur)*

Nora (eilt nach der Tür, öffnet sie ein wenig und lauscht) Er geht. Gibt den Brief nicht ab. Nein, nein, das wär' ja auch unmöglich! *(Öffnet die Tür mehr und mehr)* Was bedeutet das? Er bleibt stehn, geht nicht die Treppe hinunter. Besinnt er sich? Sollt' er –?

(Es fällt ein Brief in den Briefkasten; dann hört man Günthers Schritte, welche sich die Treppe hinunter verlieren.)

Nora (mit gedämpftem Aufschrei, läuft durch das Zimmer nach dem Sofatisch; kurze Pause) Im Briefkasten. *(Eilt leise und scheu nach der Tür)* Da liegt er. – Robert, Robert – nun sind wir verloren!

Frau Linden (mit dem Kostüm aus dem Zimmer links) Ja, nun ist alles wieder in Ordnung ... Sollen wir vielleicht mal probieren –?

Nora (heiser und leise) Christine, komm mal her ...

Frau Linden (wirft die Kleider auf das Sofa) Was fehlt dir? Du siehst so verstört aus.
Nora Komm mal her. Siehst du den Brief? Dort; sieh – durch das Gitter im Briefkasten.
Frau Linden Ja, ja, ich seh' ihn.
Nora Der Brief ist von Günther –
Frau Linden Nora – Günther hat dir das Geld geliehen!
Nora Ja, und nun wird Robert alles erfahren.
Frau Linden Glaube mir, Nora, das ist für euch beide das beste.
Nora Du weißt noch nicht alles. Ich hab' eine Unterschrift gefälscht.
Frau Linden Aber um Himmels willen –?
Nora Jetzt bloß eins, Christine: Du sollst mein Zeuge sein.
Frau Linden Wieso Zeuge? Was soll ich –?
Nora Wenn ich den Verstand verliere – und das könnte ja leicht geschehen –
Frau Linden Nora!
Nora Oder wenn mir etwas andres zustoßen sollte – etwas der Art, daß ich hier nicht zugegen sein könnte –
Frau Linden Nora, Nora, du weißt nicht, was du sagst!
Nora Wenn dann jemand alles auf sich nehmen wollte ... die ganze Schuld, mein' ich –
Frau Linden Ja, ja, aber wie kannst du glauben –?
Nora Dann sollst du bezeugen, daß es nicht wahr ist, Christine. Ich weiß sehr wohl, was ich sage; ich habe meinen vollen Verstand; und ich sage dir: Niemand anders hat darum gewußt; ich allein hab' alles getan. Vergiß das nicht!
Frau Linden Ich werd' es nicht vergessen. Aber von alledem begreif' ich nicht das geringste.
Nora Ach, wie könntest du auch! Aber das Wunderbare wird noch geschehn.
Frau Linden Wunderbare?
Nora Ja, das Wunderbare – aber das ist so entsetzlich, Christine; es darf nicht geschehn, um keinen Preis der Welt.
Frau Linden Ich will gleich zu Günther gehn und mit ihm reden.
Nora Geh nicht zu ihm; er tut dir etwas zuleide!
Frau Linden Es gab eine Zeit, wo er mir zuliebe gern alles getan hätte.
Nora Der?
Frau Linden Wo wohnt er?
Nora Ach, was weiß ich –? Ja *(greift in die Tasche)*, hier hab' ich ja seine Karte; aber der Brief, der Brief –

Helmer (in seinem Zimmer, klopft an die Tür) Nora!
Nora (schreit angstvoll auf) Ja, was ist das? Was willst du von mir?
Helmer Nun, nun, erschrick doch nicht so. Wir kommen ja nicht; du hast ja die Tür verriegelt; probierst du vielleicht?
Nora Ja, ja, ich probiere. Es kleidet mich so schön, Robert.
Frau Linden (welche die Karte gelesen hat) Er wohnt ja hier gleich um die Ecke.
Nora Ja, aber es nützt ja nichts mehr. Wir sind verloren. Der Brief liegt ja im Kasten.
Frau Linden Und dein Mann hat den Schlüssel?
Nora Immer.
Frau Linden Günther muß seinen Brief ungelesen zurückverlangen, er muß einen Vorwand suchen –
Nora Aber grad um diese Zeit pflegt Robert –
Frau Linden Verhindre das; geh solange zu ihm hinein. Ich komme so schnell wie möglich zurück. *(Rasch ab durch die Entréetür)*
Nora (tritt an Helmers Tür, öffnet sie und guckt hinein) Robert!
Helmer (im Hinterzimmer) Na, darf man endlich wieder in sein eignes Zimmer? Komm, Rank, nun wollen wir mal sehn – *(in der Tür)* aber was ist das?
Nora Was denn, lieber Robert?
Helmer Rank bereitete mich auf eine großartige Verkleidungsszene vor.
Rank (in der Tür) Ich verstand es so; ich hab' mich also geirrt.
Nora Nein, vor morgen abend bekommt ihr keine Gelegenheit, mich zu bewundern.
Helmer Aber liebe Nora, du siehst so angegriffen aus. Hast du zu viel geübt?
Nora Nein, ich hab' noch gar nicht geübt.
Helmer Das ist aber doch notwendig –
Nora Ja, es ist durchaus notwendig, Robert! Aber ohne deine Hilfe geht's nicht; ich hab' alles vergessen.
Helmer Oh, wir werden's bald wieder auffrischen.
Nora Ja, sei mir behilflich, Robert. Du versprichst mir's? Ach, mir ist so ängstlich. Die große Gesellschaft ... heut abend mußt du dich mir ganz ausschließlich widmen. Gar nicht arbeiten; keine Feder angerührt. Ja? Nicht wahr, lieber Robert?
Helmer Ich versprech' es dir; heut abend will ich ganz zu deiner Verfügung stehn – du kleines hilfloses Ding. – Hm, 's ist wahr, ich will doch eben erst – *(Geht nach der Flurtür)*
Nora Was willst du draußen?

Helmer Nur sehn, ob keine Briefe gekommen sind.
Nora Nein, nein, tu das nicht, Robert!
Helmer Warum denn nicht?
Nora Robert, ich bitte dich; 's ist keiner da.
Helmer Laß mich doch eben nachsehen. *(Will gehn)*
(Nora, am Piano, schlägt die ersten Takte der Tarantella.)
Helmer (an der Tür, bleibt stehen) Aha!
Nora Ich kann morgen nicht tanzen, wenn ich nicht zuvor mit dir Probe halten kann.
Helmer (zu ihr gehend) Ist dir wirklich so bange, liebe Nora?
Nora Ja, so schrecklich bange. Laß mich gleich probieren; wir haben noch etwas Zeit, eh' wir zu Tische gehn. Oh, setz dich hierher und begleite mich, lieber Robert; korrigiere und belehre mich, wenn ich –
Helmer Gern, sehr gern, da du's wünschest. *(Er setzt sich ans Piano.)*
Nora (nimmt das Tamburin und einen langen bunten Schal aus der Schachtel; mit dem letztern drapiert sie sich eiligst; darauf stellt sie sich mit einem Sprung vorn auf die Bühne) Nun spiel mir auf! Nun will ich tanzen!
(Helmer spielt, Nora tanzt; Rank steht am Piano hinter Helmer und sieht zu.)
Helmer (spielend) Langsamer, langsamer.
Nora Ich kann nicht anders.
Helmer Nicht so stürmisch, Nora!
Nora Grad so gehört es sich.
Helmer (hört auf) Nein, nein, es geht nicht.
Nora (lacht und schwingt das Tamburin) Sagt' ich's dir nicht?
Rank Ich will sie mal begleiten.
Helmer (steht auf) Ja, tu das; dann kann ich sie besser korrigieren.
(Rank setzt sich ans Piano und spielt; Nora tanzt mit steigender Wildheit. Helmer stellt sich an den Ofen und richtet während des Tanzes häufig korrigierende Bemerkungen an sie; sie scheint dieselben nicht zu hören; ihr Haar löst sich und fällt über die Schultern herab; sie achtet nicht darauf, sondern fährt fort zu tanzen. – Frau Linden tritt ein.)
Frau Linden (steht wie festgebannt an der Tür) Ah –!
Nora (während des Tanzens) Hier geht's lustig her, Christine.
Helmer Aber liebste, beste Nora, du tanzt ja, als ging's auf Leben und Tod.
Nora Das tut's auch.
Helmer Rank, hör auf; das ist ja der reinste Wahnsinn . . . Hör auf, sag' ich.

(Rank hört auf zu spielen, und Nora bleibt plötzlich stehen.)
Helmer (auf sie zugehend) Das hätt' ich nie geglaubt. Du hast ja alles vergessen.
Nora (wirft das Tamburin fort) Da siehst du selbst.
Helmer Hier bedarf's wirklich erst eines gründlichen Unterrichts.
Nora Ja, nun siehst du, wie notwendig es ist. Du mußt bis zum letzten Augenblick mit mir üben. Willst du das, Robert?
Helmer Gewiß, gewiß.
Nora Du sollst weder heut noch morgen an etwas andres als an mich denken; du sollst keinen Brief öffnen – ja nicht einmal den Briefkasten –
Helmer Aha, es ist noch die Angst vor diesem Menschen –
Nora Ja, ja, auch das.
Helmer Nora, ich seh' dir's an, es ist schon ein Brief von ihm da.
Nora Ich weiß nicht; ich glaub' es; aber du sollst jetzt nichts derart lesen; es darf nichts Widerwärtiges zwischen uns kommen, eh' alles vorüber ist.
Rank (leise zu Helmer) Du darfst ihr nicht widersprechen.
Helmer (den Arm um sie legend) Das Kind soll seinen Willen haben. Aber morgen nacht, wenn du getanzt hast –
Nora Dann bist du frei.
Helene (in der Tür rechts) Gnädige Frau, es ist serviert.
Nora Wir wollen auch Champagner haben, Helene.
Helene Gut. *(Ab)*
Helmer Ei, ei – also ein förmliches Gelage?
Nora Ja, ein Gelage mit Champagner, bis zum hellen Morgen. *(Ruft hinaus)* Und auch Makronen, Helene, viel, viel – dies eine Mal!
Helmer (ergreift ihre Hände) Nun, nun; nicht diese bange Wildheit. Sei nun wieder wie sonst meine holde, kleine Lerche.
Nora Ach ja, das will ich. Aber geh jetzt hinein; und Sie auch, Doktor. Christine, du mußt mir das Haar ordnen helfen.
Rank (leise, während sie gehen) Es steht doch nichts zu erwarten? Nichts ... ich meine –
Helmer Bewahre, lieber Rank; 's ist nur diese kindliche Angst, von der ich dir erzählte. *(Beide rechts ab)*
Nora Nun!?
Frau Linden Verreist.
Nora Ich sah's dir an.
Frau Linden Er kommt erst morgen abend zurück. Ich hab' ihm einen Zettel dagelassen.

Nora Das hättest du nicht tun sollen. Du sollst nichts verhindern. Im Grunde ist es doch herrlich, so das Wunderbare zu erwarten.
Frau Linden Was erwartest du denn?
Nora Ach, das kannst du nicht begreifen. Geh hinein zu ihnen; ich komm' im Augenblick. *(Frau Linden tritt ins Speisezimmer.)*
Nora (steht eine Weile da, wie um sich zu sammeln; dann sieht sie auf ihre Uhr) Fünf. Sieben Stunden bis Mitternacht. Darauf vierundzwanzig Stunden bis nächste Mitternacht. Dann ist die Tarantella aus. Vierundzwanzig und sieben? Noch einunddreißig Stunden zu leben.
Helmer (in der Tür rechts) Aber wo bleibt denn meine kleine Lerche?
Nora (eilt mit offnen Armen auf ihn zu) Hier ist sie!

DRITTER AKT

Dasselbe Zimmer

Der Sofatisch ist samt den ihn umgebenden Stühlen vorn in die Mitte gestellt. Auf dem Tische befindet sich eine brennende Lampe. Die Entréetür steht offen. Man hört Tanzmusik aus dem obern Stock.

Frau Linden sitzt an dem Tische und blättert zerstreut in einem Buche; sie versucht zu lesen, scheint aber ihre Gedanken nicht festhalten zu können; wiederholt blickt sie gespannt lauschend nach der Eingangstür. Dann Günther.

Frau Linden (auf ihre Uhr sehend) Noch nicht. Und es ist doch nun die höchste Zeit. Wenn er nur nicht – *(Lauscht wieder)* Ah, da ist er. *(Sie geht in den Flur und öffnet vorsichtig die Korridortür; man hört leise Schritte auf der Treppe; sie flüstert.)* Kommen Sie herein. Es ist niemand hier.
Günther (in der Tür) Ich fand zu Hause einen Zettel von Ihnen. Was soll das bedeuten?
Frau Linden Ich muß unbedingt mit Ihnen reden.
Günther So? Und muß das unbedingt hier geschehn?

Frau Linden Bei mir war's nicht möglich; mein Zimmer hat keinen besondern Eingang. Kommen Sie herein; wir sind ganz allein; das Mädchen schläft, und Helmers sind oben auf dem Ball.
Günther (in das Zimmer tretend) Sieh mal an: Helmers tanzen heut abend? Wirklich?
Frau Linden Ja. Warum nicht?
Günther Ganz recht: warum nicht?
Frau Linden Und nun, Günther, lassen Sie uns miteinander reden.
Günther Haben wir beiden uns denn noch etwas zu sagen?
Frau Linden Wir haben uns sogar viel zu sagen.
Günther Das glaubt' ich nicht.
Frau Linden Weil Sie mich niemals richtig verstanden haben.
Günther Was ist da viel zu verstehn bei einer Sache, die vollständig klar ist? Eine herzlose Frau gibt einem Manne den Laufpaß, wenn sich eine vorteilhaftere Partie bietet!
Frau Linden Halten Sie mich für so ganz herzlos? Glauben Sie, ich hätte leichten Herzens gebrochen?
Günther Nicht?
Frau Linden Günther, haben Sie das wirklich geglaubt?
Günther Weshalb schrieben Sie mir denn damals einen solchen Brief?
Frau Linden Ich konnte ja nicht anders. Da ich mit Ihnen brechen mußte, war's ja doch auch meine Pflicht, aus Ihrem Herzen alles auszurotten, was Sie für mich fühlten.
Günther (seine Hände zusammenpressend) So also. Und das – das nur des Geldes wegen!
Frau Linden Sie dürfen nicht vergessen, daß ich eine hilflose Mutter und zwei kleine Brüder hatte. Auf Sie, Günther, konnten wir nicht warten; Sie hatten ja damals erst so geringe Aussichten.
Günther Mag sein; aber Sie hatten nicht das Recht, mich eines andern Menschen wegen zu verstoßen.
Frau Linden Ja, ich weiß nicht. Ich hab' mich oft genug gefragt, ob ich das Recht dazu hatte.
Günther (leiser) Als ich Sie verloren, da war's, als wär' mir aller feste Boden unter den Füßen weggezogen. Sehn Sie mich an: Jetzt bin ich ein hilfloser schiffbrüchiger Mann.
Frau Linden Die Hilfe dürfte doch wohl nahe sein.
Günther Sie war nahe; aber da kamen Sie und stellten sich mir in den Weg.
Frau Linden Ohne mein Wissen, Günther. Erst heute morgen hörte ich, daß ich Ihre Stelle erhalten sollte.

Günther Ich glaub' Ihnen, wenn Sie es sagen. Aber treten Sie, nun Sie es wissen, auch zurück?
Frau Linden Nein, denn es würd' Ihnen doch nicht das geringste nützen.
Günther Ah, nützen, nützen ... ich würd' es trotzdem tun.
Frau Linden Das Leben und die harte bittre Notwendigkeit haben mich gelehrt, vernünftig zu handeln.
Günther Und mich hat das Leben gelehrt, Redensarten nicht zu trauen.
Frau Linden Da hat es Sie etwas sehr Vernünftiges gelehrt. Aber den Taten werden Sie doch wohl trauen?
Günther Wie meinen Sie das?
Frau Linden Sie sagten, Sie seien ein hilfloser, schiffbrüchiger Mann.
Günther Ich hab' guten Grund, das zu sagen.
Frau Linden Auch ich habe Schiffbruch gelitten.
Günther Sie wählten selbst.
Frau Linden Ich hatte damals keine andre Wahl.
Günther Aber was weiter?
Frau Linden Günther, wenn wir beiden Schiffbrüchigen zueinander gelangen könnten ...
Günther Was sagen Sie?
Frau Linden Zwei können sich auf einem Wrack eher retten, als wenn jeder für sich allein dahinsteuert.
Günther Christine!
Frau Linden Warum glauben Sie, daß ich hierher gekommen sei?
Günther Sollten Sie an mich gedacht haben?
Frau Linden Ich muß arbeiten, um das Leben ertragen zu können. Von Jugend auf hab' ich gearbeitet, und das ist meine einzige und beste Freude gewesen. Aber nun steh' ich ganz allein in der Welt; so schrecklich leer und verlassen! Für sich selbst arbeiten, das gewährt doch keine Freude. Günther, geben Sie mir jemand, für den ich arbeiten kann.
Günther An das alles glaub' ich nicht. Das ist weiter nichts als überspannte opferwillige Frauengroßmut.
Frau Linden Haben Sie je gemerkt, daß ich überspannt war?
Günther Wie, Sie könnten wirklich –? Sagen Sie – kennen Sie meine Vergangenheit?
Frau Linden Ja.
Günther Und wissen Sie, wofür ich hier gelte?
Frau Linden Deuteten Sie nicht vorhin an, mit mir hätten Sie ein andrer werden können?
Günther Davon bin ich sogar überzeugt.
Frau Linden Sollt' es nicht jetzt noch geschehn können?

Günther Christine! ... Das sagen Sie mit voller Überlegung! Ja, das tun Sie. Ich seh' es Ihnen an. Sie haben also wirklich den Mut –?

Frau Linden Ich bedarf jemandes, für den ich leben kann; und Ihre Kinder bedürfen einer Mutter. Wir beiden sind einander notwendig. Günther, ich glaub' an die edle Grundlage in Ihnen – gemeinsam mit Ihnen wag' ich alles.

Günther (ihre Hände ergreifend) Dank, Dank, Christine ... nun werd' ich mich auch in den Augen andrer wieder zu erheben wissen. – Ah, aber ich vergaß –

Frau Linden (lauscht) Still! Die Tarantella! Gehn Sie, gehn Sie!

Günther Warum? Was ist das?

Frau Linden Hören Sie das Tanzen da über uns? Wenn das vorbei ist, kommen sie zurück.

Günther Ja, ja, ich geh'. Es ist ja schon vergebens. Sie wissen doch natürlich nicht, was ich gegen Helmers unternommen habe?

Frau Linden Ja, Günther, ich weiß es.

Günther Und dennoch sollten Sie den Mut haben, mir –?

Frau Linden Ich begreife sehr wohl, wohin die Verzweiflung einen Mann wie Sie treiben kann.

Günther Oh, könnt' ich's doch ungeschehen machen!

Frau Linden Das können Sie; denn Ihr Brief liegt noch im Kasten.

Günther Ist das wahr?

Frau Linden Ja; aber –

Günther (sie forschend ansehend) Sollt' es so zu verstehen sein? Sie wollen Ihre Freundin um jeden Preis retten. Sagen Sie es offen heraus. Verhält es sich so?

Frau Linden Günther, wer sich andern zuliebe einmal verkauft hat, tut es niemals wieder.

Günther Ich werde meinen Brief zurückverlangen.

Frau Linden Nein, nein.

Günther Ja! Ich bleib' hier, bis Helmer kommt. Ich verlange meinen Brief zurück – ich sag' ihm, es handle sich nur um meine Entlassung –, er solle ihn nicht lesen –

Frau Linden Nein, Günther, Sie sollen den Brief nicht zurückverlangen.

Günther Aber sagen Sie mir, war das nicht eigentlich der Grund, daß Sie mich hierher bestellten?

Frau Linden Ja, im ersten Schreck; aber seitdem sind mehr als vierundzwanzig Stunden verflossen, und während dieser Zeit hab' ich hier im Hause unglaubliche Dinge gesehn. Helmer muß alles erfahren; dies unglückselige Geheimnis muß an den Tag; zwischen den beiden muß es zu einer offnen Auseinandersetzung kommen; bei diesen Ausflüchten und Verheimlichungen kann es unmöglich bleiben.

Günther Nun wohl; wenn Sie's also wagen – Aber eins kann ich jedenfalls tun, und das soll sofort geschehn ...

Frau Linden (lauscht) Eilen Sie! Gehn Sie, gehn Sie! Der Tanz ist aus; wir sind keinen Augenblick mehr sicher.

Günther Ich erwarte Sie unten vorm Hause.

Frau Linden Ja, tun Sie das; Sie müssen mich begleiten.

Günther Oh, so unendlich glücklich bin ich noch nie gewesen!

(Ab. Die Tür zwischen dem Zimmer und der Entrée bleibt während des Folgenden offen.)

Frau Linden (räumt ein wenig auf und legt ihre Überkleider zurecht) Welche Wendung! Ja, welche Wendung! Jemand haben, für den man arbeiten – für den man leben kann; in ein verödetes Heim liebevolle Ordnung bringen ... ja, ja, das will ich! ... Wenn sie doch bald kämen – *(Lauscht)* Aha, da sind sie schon. Schnell meine Sachen.

(Nimmt Hut und Mantel. – Man hört Helmers und Noras Stimme; ein Schlüssel wird im Schloß umgedreht, und Helmer führt Nora fast mit Gewalt in die Entrée. Sie trägt das italienische Kostüm mit einem großen schwarzen Schal darüber; er ist im Gesellschaftsanzug mit einem offnen schwarzen Domino darüber.)

Nora (noch in der Tür, widerstrebend) Nein, nein, nein; nicht hinein; ich will wieder hinauf. Ich will nicht so früh fortgehn ...

Helmer Aber liebste Nora –

Nora Oh, ich bitte dich so flehentlich, Robert, so inständig – nur noch eine Stunde.

Helmer Keine Minute mehr, liebe Nora. Du weißt, so war's abgeredet. So; hinein ins Zimmer; hier erkältest du dich. *(Er führt sie trotz ihres Widerstandes sanft ins Zimmer.)*

Frau Linden Guten Abend.

Nora Christine!

Helmer Wie, Frau Linden, Sie noch so spät hier?

Frau Linden Ja, verzeihn Sie; ich wollte Nora so gern in ihrem Kostüm sehen.

Nora Hast du hier gesessen und auf mich gewartet?

Frau Linden Ja; ich kam leider nicht früh genug; du warst schon oben, und da mocht' ich nicht wieder gehn, ohne dich erst gesehn zu haben.

Helmer (Nora den Schal abnehmend) Ja, dann betrachten Sie sie nur ordentlich. Ich denke, sie ist das Ansehn wert. Ist sie nicht schön, Frau Linden?

Frau Linden Ja, das muß ich sagen –
Helmer Ist sie nicht wunderschön? Das war auch die allgemeine Ansicht auf dem Ball. Aber schrecklich eigensinnig ist sie – das holde, kleine Geschöpfchen. Was ist dabei zu machen? Wollen Sie wohl glauben, daß ich fast Gewalt brauchen mußte, um sie fortzubringen?
Nora O Robert, du wirst es bereuen, daß du mir nicht wenigstens noch ein halbes Stündchen gönntest.
Helmer Da hören Sie, Frau Linden. Sie tanzt ihre Tarantella – erntet stürmischen Applaus – der übrigens ehrlich verdient war – obgleich im Vortrag vielleicht etwas zu viel Realismus lag; ich meine ... etwas mehr als sich, streng genommen, mit den Forderungen der Kunst vereinigen ließ. Aber gleichviel! Die Hauptsache war ... sie erntete Applaus, stürmischen Applaus. Sollt' ich sie da noch dort lassen? Die Wirkung abschwächen? Danke bestens. Ich nahm mein reizendes Mädchen von Capri – mein kapriziöses Mädchen von Capri, möcht' ich sagen – unter den Arm; eine blitzschnelle Runde durch den Saal, Verbeugung nach allen Seiten, und – verschwunden war der schöne Anblick. Ein Abgang muß immer effektvoll sein, Frau Linden; aber das kann ich Nora gar nicht begreiflich machen ... Puh, ist das hier warm. *(Wirft den Domino auf einen Stuhl und öffnet die Tür zu seinem Zimmer)* Was? Da ist's ja finster. Ach ja; natürlich. Verzeihn Sie – *(Er geht hinein und zündet ein paar Kerzen an.)*
Nora (flüstert schnell und atemlos) Nun –?
Frau Linden (leise) Ich hab' mit ihm gesprochen.
Nora Und –?
Frau Linden Nora – du mußt deinem Manne alles sagen.
Nora (tonlos) Ich wußte es.
Frau Linden Von seiten Günthers hast du nichts zu fürchten; aber du mußt reden.
Nora Ich rede nicht.
Frau Linden Dann redet der Brief.
Nora Hab' Dank, Christine; ich weiß nun, was ich zu tun habe. St –!
Helmer (wieder eintretend) Nun, Frau Linden, haben Sie sie bewundert?
Frau Linden Ja, und nun will ich gute Nacht sagen.
Helmer I was, schon? Gehört das Ihnen, dies Strickzeug?
Frau Linden (es nehmend) Ja, danke; das hätt' ich bald vergessen.
Helmer Stricken Sie also?
Frau Linden Ja.
Helmer Wissen Sie was, Sie sollten lieber sticken.
Frau Linden So? Warum?

Helmer Weil das viel schöner aussieht. Sehn Sie mal; man hält die Stickerei so mit der linken Hand, und dann führt man mit der rechten die Nadel – so – hinaus in einem leichten, langgestreckten Bogen; nicht wahr –?
Frau Linden Ja, mag schon sein –
Helmer Beim Stricken dagegen – das sieht immer unschön aus. Sehn Sie her; die zusammengeklemmten Arme – die Stricknadeln, die auf und ab gehn – das hat etwas Chinesisches an sich – Ah, das war wirklich ein herrlicher Champagner . . .
Frau Linden Nun gute Nacht, Nora, und sei jetzt nicht mehr eigensinnig.
Helmer Schön gesprochen, Frau Linden!
Frau Linden Gute Nacht, Herr Direktor.
Helmer (sie bis an die Tür begleitend) Gute Nacht, gute Nacht. Ich hoffe doch, Sie kommen gut nach Hause? Ich würde gern – aber Sie haben ja nicht weit. Gute Nacht, gute Nacht.
(Sie geht. Er schließt die Tür hinter ihr und kommt wieder nach vorn.)
Helmer So, endlich sind wir sie los. Die ist entsetzlich langweilig.
Nora Bist du nicht sehr müde, Robert?
Helmer Nein, nicht im mindesten.
Nora Auch nicht schläfrig?
Helmer Gar nicht; ich fühle mich im Gegenteil außerordentlich munter. Aber du? Ja, du siehst wirklich müd' und schläfrig aus.
Nora Ja, ich bin sehr müde. Nun werd' ich bald schlafen.
Helmer Siehst du, siehst du! Es war also doch richtig von mir, daß ich nicht länger mit dir blieb.
Nora Oh, es ist alles richtig, was du tust.
Helmer (küßt sie auf die Stirn) Da redet mein liebes Weibchen doch mal vernünftig. Aber hast du auch bemerkt, wie lustig Rank heut abend war?
Nora So? War er wirklich? Ich konnte nicht mit ihm reden.
Helmer Ich auch fast gar nicht; aber seit langer Zeit hab' ich ihn nicht bei so guter Laune gesehn. *(Sieht sie ein Weilchen an, dann kommt er näher)* Hm . . . 's ist doch schön, daß wir wieder in unsrer eignen Wohnung sind; daß ich ganz allein mit dir bin. – Ach, du entzückendes herrliches Weib!
Nora Sieh mich nicht so an, Robert.
Helmer Ich soll nicht mein teuerstes Gut ansehn? All die Herrlichkeit, die mein ist, nur mein, ganz und gar mein.

Nora (geht an die andre Seite des Tisches) Du mußt heut abend nicht so zu mir reden.
Helmer (ihr folgend) Du hast noch die Tarantella im Blut, merk' ich. Und das macht dich noch verführerischer. Horch! Nun beginnen die Gäste zu gehn. *(Leiser)* Nora – bald ist es still im ganzen Hause.
Nora Das hoff' ich.
Helmer Ja, nicht wahr, meine geliebte Nora? Ach, weißt du ... wenn ich so mit dir in Gesellschaft bin – weißt du, weshalb ich dann so wenig mit dir spreche, mich so fern von dir halte, dir nur gelegentlich einen verstohlenen Blick zuwerfe – weißt du, warum ich das tu? Weil ich mir dann einbilde, du seist meine heimlich Geliebte, meine heimlich Verlobte, und niemand ahne, daß zwischen uns beiden etwas bestehe.
Nora Ja, ja, ja, ich weiß ja, all deine Gedanken sind bei mir.
Helmer Und wenn wir dann gehen wollen und ich den Schal um deine zarten jugendlichen Schultern lege – um diesen herrlichen Nacken –, dann stell' ich mir vor, du seist meine junge Braut, und wir kämen grade von der Trauung, und ich führte dich zum ersten Mal in meine Wohnung – und ich sei zum ersten Mal allein mit dir – ganz allein mit dir, du junge bebende Schönheit! Den ganzen Abend sehnt' ich mich nur nach dir. Als ich dich während der Tarantella locken und jagen sah – da kochte mir das Blut; ich hielt es nicht mehr aus ... das war's, weshalb ich dich so früh mit mir herunterzog.
Nora Geh nun, Robert! Du mußt mich allein lassen. Ich will das alles nicht.
Helmer Was bedeutet das? Ich darf doch mit dir schäkern, süße Nora ... Willst du wohl! Bin ich nicht dein Mann –? *(Es klopft)*
Nora (fährt zusammen) Hörst du –?
Helmer (nach der Entréetür) Wer ist da?
Rank (draußen) Ich bin's. Darf ich einen Augenblick herein?
Helmer (leise, ärgerlich) Ach, was will der jetzt noch? *(Laut)* Wart ein wenig. *(Geht und schließt auf)* Na, das ist ja schön von dir, daß du an unsrer Tür nicht vorbeigehst.
Rank Ich glaubte deine Stimme zu hören, und da wollt' ich doch erst eben hereinblicken. *(Läßt den Blick flüchtig umhergleiten)* Ach ja, diese lieben bekannten Räume. Es ist so still und traulich hier bei euch beiden.
Helmer Es schien dir dort oben doch auch recht gut zu gefallen.
Rank Ausgezeichnet. Warum auch nicht? Weshalb soll man in dieser Welt nicht alles mitnehmen? Jedenfalls so viel und so lange als man kann. Der Wein war vorzüglich –

Helmer Namentlich der Champagner.
Rank Hast du das auch gemerkt? Es ist unglaublich, wie viel ich hinunterspülen konnte.
Nora Robert hat heut abend auch viel Champagner getrunken.
Rank So?
Nora Ja, und dann ist er später immer so vergnügt.
Rank Nun, weshalb soll man sich nach einem wohlangewendeten Tage nicht einen lustigen Abend machen?
Helmer Wohlangewendet? Dessen kann ich mich leider nicht rühmen.
Rank (ihm auf die Schulter klopfend) Aber ich, siehst du!
Nora Dann haben Sie heute gewiß eine wissenschaftliche Untersuchung vorgenommen, Doktor.
Rank Ganz recht.
Helmer Sieh mal an: Nora redet von wissenschaftlichen Untersuchungen!
Nora Und darf ich Ihnen zu dem Ergebnis gratulieren?
Rank Freilich dürfen Sie das.
Nora Also ein gutes Resultat?
Rank Das bestmögliche, sowohl für den Arzt wie für den Patienten, nämlich – Gewißheit.
Nora (hastig und forschend) Gewißheit?
Rank Volle Gewißheit. Sollt' ich mir daraufhin nicht einen lustigen Abend machen?
Nora Ja, daran taten Sie recht, Doktor.
Helmer Das sag' ich auch. Wenn du nur morgen nicht dafür büßen mußt.
Rank Nun, für nichts ist hier im Leben ja nichts zu haben.
Nora Doktor – Sie sind gewiß ein großer Freund von Maskenbällen.
Rank Wenn recht viele interessante Masken da sind, gewiß –
Nora Hören Sie, wie sollen wir beide auf der nächsten Maskerade erscheinen?
Helmer Du kleiner Leichtsinn – denkst du jetzt schon an den nächsten Ball?
Rank Wir beide? Das will ich Ihnen sagen: Sie sollen das Glückskind darstellen –
Helmer Ja, aber schaff' auch ein Kostüm, das einem solchen entspricht.
Rank Laß deine Frau auftreten, wie sie geht und steht –
Helmer Sehr treffend bemerkt. Aber was willst du selbst darstellen?
Rank Damit, lieber Freund, bin ich schon vollständig im klaren.
Helmer Nun?

Rank Auf der nächsten Maskerade werd' ich unsichtbar erscheinen.
Helmer Ein drolliger Einfall.
Rank Es war einmal ein großer schwarzer Hut – hast du nicht von dem unsichtbarmachenden Hute gehört? Den zieht man sich über, und dann wird man von niemand gesehn.
Helmer (mit unterdrücktem Lächeln) Da hast du recht.
Rank Aber ich vergesse ja ganz, weshalb ich hereinkam. Helmer, gib mir eine Zigarre, eine von den dunklen Havannas.
Helmer Mit dem größten Vergnügen. *(Hält ihm das Etui hin)*
Rank (nimmt eine und schneidet die Spitze ab) Danke.
Nora (streicht ein Wachszündhölzchen an) Hier haben Sie Feuer.
Rank Besten Dank. *(Sie hält ihm das Zündhölzchen hin; er steckt sich die Zigarre an.)* Und nun lebt wohl!
Helmer Adieu, adieu, lieber Freund!
Nora Schlafen Sie wohl, Doktor.
Rank Ich dank' Ihnen für diesen Wunsch.
Nora Wünschen Sie mir dasselbe.
Rank Ihnen? Nun ja, wenn Sie das verlangen ... Schlafen Sie wohl. Und Dank für das Feuer.
(Er nickt beiden zu und geht.)
Helmer (gedämpft) Er hat heute sehr viel getrunken.
Nora (geistesabwesend) Mag sein. *(Helmer nimmt seinen Schlüsselbund aus der Tasche und geht in den Entrée.)* Robert – was willst du dort?
Helmer Ich muß den Briefkasten leeren; er ist ganz voll; sonst ist morgen früh kein Platz für die Zeitungen ...
Nora Willst du noch arbeiten?
Helmer Behüte. – Was ist das? Hier ist ja jemand am Schloß gewesen.
Nora Am Schloß –?
Helmer Jawohl. Was bedeutet das? Ich will doch nicht hoffen, daß die Mädchen –? Hier liegt eine abgebrochne Haarnadel. Nora, das ist eine von deinen –
Nora (schnell) Dann müssen's die Kinder gewesen sein –
Helmer Das mußt du ihnen wirklich abgewöhnen. Hm, hm ... na, da hab' ich ihn doch noch aufbekommen. *(Nimmt den Inhalt heraus und ruft in die Küche hinein)* Helene! – Helene, machen Sie das Licht im Entrée aus. *(Er kommt wieder ins Zimmer und schließt die Tür zum Entrée. – Mit den Briefen in der Hand)* Sieh her. Sieh mal, wie sich das aufgehäuft hat. *(Blättert darunter)* Was ist das?
Nora (am Fenster) Der Brief! Ach nein, nein, Robert!
Helmer Zwei Visitenkarten – von Rank.

Nora Von Doktor Rank!
Helmer (darauf sehend) Doktor medicinae Rank. Sie lagen obenauf; er muß sie soeben erst hineingesteckt haben.
Nora Steht etwas darauf?
Helmer Über dem Namen befindet sich ein schwarzes Kreuz. Sieh her. Das ist doch ein unheimlicher Einfall. 's ist ja, als zeigte er seinen eignen Tod an.
Nora Das tut er auch.
Helmer Wie!? Weißt du etwas? Hat er dir etwas gesagt?
Nora Ja. Wenn die Karte komme, habe er Abschied von uns genommen. Er will sich einschließen und sterben.
Helmer Armer Freund! Ich wußte ja, daß wir ihn nicht mehr lange behalten würden. Aber so bald ... Und da versteckt er sich wie ein verwundetes Tier.
Nora Wenn es geschehn muß, ist es das Beste, es geschieht ohne Worte. Nicht wahr, Robert?
Helmer (auf und ab gehend) Er war mit uns so innig vereint. Mir ist, als könnt' ich ihn mir gar nicht fort von uns denken. Er mit seinen Leiden und seiner Vereinsamung gab gleichsam einen bewölkten Hintergrund ab für unser sonnenhelles Glück. – Nun, es ist vielleicht am besten so. Jedenfalls für ihn. *(Bleibt stehen)* Und vielleicht auch für uns, Nora. Jetzt sind wir beide ganz auf uns allein angewiesen. *(Legt den Arm um sie)* O mein geliebtes Weib; mir ist, als könnt' ich dich nicht fest genug halten. Weißt du, Nora – manchmal wünsch' ich, es möchte dir eine Gefahr drohen, auf daß ich Leib und Leben und alles, alles andre deinetwegen aufs Spiel setzen könnte.
Nora (reißt sich los und sagt stark und bestimmt) Nun sollst du deine Briefe lesen, Robert.
Helmer Nein, nein; heute nacht nicht. Ich will bei dir bleiben, mein geliebtes Weib.
Nora Mit den Todesgedanken an deinen Freund –?
Helmer Du hast recht. Dies hat uns beide erschüttert; es ist etwas Unschönes zwischen uns gekommen: Gedanken an Tod und Auflösung. Davon müssen wir uns zu befreien suchen. Bis dahin – wir wollen jeder in sein Zimmer gehn.
Nora (an seinem Halse) Robert – gute Nacht! Gute Nacht!
Helmer (küßt sie auf die Stirn) Gute Nacht, du mein teures Weib. Schlaf wohl, Nora. Nun les' ich die Briefe eben durch.
(Er geht mit dem Pack Briefe in sein Zimmer und schließt die Tür hinter sich.)

Nora (mit wilden Blicken, tastet umher, ergreift Helmers Domino, wirft ihn sich um und flüstert hastig, heiser und abgebrochen) Ihn niemals wiedersehn! Niemals. Niemals. Niemals. *(Wirft ihren Schal über den Kopf)* Und auch die Kinder niemals wiedersehn. Sie auch nicht. Niemals; niemals. – O dieses schwarze, eiskalte Wasser. O dieses bodenlose – dieses ... O wär's doch erst vorüber! – Jetzt hat er ihn; jetzt liest er ihn. Ach nein, nein; noch nicht. Robert, lebt wohl, du und die Kinder –

(Sie will durch den Flur hinausstürzen; in demselben Augenblick reißt Helmer seine Tür auf und steht da mit einem offnen Brief in der Hand.)

Helmer Nora!

Nora (laut aufschreiend) Ah –!

Helmer Was ist das? Weißt du, was in diesem Briefe steht?

Nora Ja, ich weiß es. Laß mich gehn! Laß mich hinaus!

Helmer (sie zurückhaltend) Wo willst du hin?

Nora (versucht sich loszureißen) Du sollst mich nicht retten, Robert!

Helmer (zurücktaumelnd) Wahr! Ist es wahr, was er schreibt? ... Entsetzlich! Nein, nein! Es ist ja unmöglich, es kann nicht wahr sein!

Nora Es ist wahr. Ich habe dich über alles in der Welt geliebt.

Helmer Komm mir nicht mit albernen Ausflüchten.

Nora (einen Schritt auf ihn zu) Robert –!

Helmer Unglückselige – was hast du getan!?

Nora Laß mich fort. Du sollst nicht dafür büßen: Du sollst es nicht auf dich nehmen.

Helmer Keine Komödie. *(Verschließt die Tür zum Entrée)* Hier bleibst du und stehst Rechenschaft. Begreifst du, was du getan hast? Antworte! Begreifst du das?

Nora (sieht ihn unverwandt an und sagt mit steigendem Nachdruck) Ja, jetzt beginn' ich es ganz zu begreifen.

Helmer (umhergehend) O welch ein entsetzliches Erwachen! Während all dieser acht Jahre – sie, die meine Freude und mein Stolz war – eine Heuchlerin, ein Lügnerin – ja, noch Schlimmeres, noch Schlimmeres – eine Verbrecherin! – O diese bodenlose Häßlichkeit, die darin liegt! Pfui, pfui!

(Nora schweigt und sieht ihn fortwährend unverwandt an.)

Helmer (bleibt vor ihr stehen) Ich hätte ahnen müssen, daß so etwas geschehen würde. Ich hätte es voraussehen müssen. Deines Vaters leichtsinnigen Grundsätze – schweig! Deines Vaters leichtsinnigen Grundsätze, du hast sie alle geerbt. Keine Religion, keine Moral, kein Pflichtgefühl ... O wie bin ich dafür gestraft worden, daß ich mit ihm durch die Finger sah. Ich tat es um deinetwillen; und so lohnst du mir's.

Nora Ja, so.

Helmer Mein ganzes Glück hast du vernichtet; meine ganze Zukunft mir vereitelt. Oh, der Gedanke ist furchtbar. Ich befinde mich in der Gewalt eines gewissenlosen Menschen; er kann mit mir machen, was er will, von mir verlangen, was ihm beliebt, mir gebieten und befehlen, was ihm gefällt – ich muß es mir schweigend gefallen lassen ... Und so jämmerlich muß ich sinken und zugrunde gehn eines leichtsinnigen Weibes wegen!

Nora Wenn ich nicht mehr bin, bist du frei.

Helmer Keine Phrasen. Mit solchen Redensarten warf dein Vater auch um sich. Was könnte es mir nützen, wenn du nicht mehr »bist«? Nicht das allergeringste. Er kann die Sache trotzdem bekanntmachen; und tut er das, so komm' ich vielleicht in den Verdacht, um deine verbrecherische Tat gewußt zu haben. Man wird vielleicht glauben, ich wäre der Urheber – ich hätte dich dazu verleitet! Und dies alles hab' ich dir zu danken, dir, die ich während unsres ganzen Zusammenlebens auf Händen getragen. Begreifst du nun, was du mir getan hast?

Nora (mit kalter Ruhe) Ja.

Helmer Es ist so unglaublich, daß ich es noch immer nicht fassen kann. Aber es muß ein Entschluß gefaßt werden. Den Schal herunter. Herunter damit, sag' ich! ... Ich muß ihn auf die eine oder andre Weise zu befriedigen suchen. Die Sache muß um jeden Preis vertuscht werden. – Und was dich und mich angeht, so muß es aussehn, als sei alles zwischen uns wie bisher. Aber natürlich nur vor den Augen der Welt. Du bleibst also auch fernerhin hier im Hause; das ist selbstverständlich. Aber die Kinder zu erziehen, das erlaub' ich dir nicht; die wag' ich dir nicht anzuvertrauen ... Oh, das zu derjenigen sagen müssen, die ich so innig geliebt, und die ich noch –! Aber es muß aus sein. Von heut an gilt es nicht mehr, das Glück; es gilt nur noch, die Trümmer, die Reste, den Schein zu retten – *(Es klingelt. Helmer fährt zusammen.)* Was ist das? So spät noch! Sollte das Schrecklichste –! Sollte er –? Versteck dich, Nora! Sag, du seist krank.

(Nora bleibt regungslos stehen. Helmer geht nach der Tür und öffnet sie.)

Helene (halb ausgekleidet, im Entrée) Ein Brief an die gnädige Frau.

Helmer Geben Sie her. *(Ergreift den Brief und schließt die Tür)* Ja, von ihm. Du bekommst ihn nicht; ich will ihn selbst lesen.

Nora So lies ihn.

Helmer (bei der Lampe) Ich hab' kaum den Mut dazu. Vielleicht sind wir verloren, du sowohl wie ich. Nein; ich muß es wissen. *(Reißt den Brief hastig auf; durchfliegt einige Zeilen, besieht ein beigelegtes Schriftstück; ein Freudenschrei.)* Nora!

(Nora sieht ihn fragend an.)

Helmer Nora! ... Nein, ich muß es noch einmal lesen. – Ja, ja, es ist so. Ich bin gerettet! Nora, ich bin gerettet!

Nora Und ich?

Helmer Du natürlich auch; wir sind beide gerettet, alle beide. Sieh her. Er schickt dir deinen Schuldschein zurück. Er schreibt, er bedaure und bereue – eine glückliche Wendung in seinem Leben –, ach, es kann uns ja gleichgültig sein, was er schreibt. Wir sind gerettet, Nora! Niemand kann dir etwas anhaben. O Nora, Nora – nein, erst all diese abscheulichen Schriftstücke aus der Welt geschafft! ... Will doch mal sehn – *(Wirft einen Blick auf den Schuldschein)* Nein, ich will's nicht sehn; all das soll mir weiter nichts sein als ein Traum. *(Reißt den Schein und beide Briefe entzwei, wirft alles in den Ofen und sieht zu, während es brennt.)* So; nun existiert es nicht mehr. – Er schrieb, seit dem heiligen Abend hättest du – O Nora, das müssen drei entsetzliche Tage für dich gewesen sein.

Nora Ich habe einen harten Kampf gekämpft in diesen drei Tagen.

Helmer Welche Qualen du gelitten haben mußt, ohne einen andern Ausweg zu haben als – nein, wir wollen all dieser häßlichen Dinge nicht mehr gedenken. Wir wollen nur jubeln und wiederholen: Es ist vorüber, es ist vorüber! Hörst du denn nicht, Nora? Du scheinst es noch nicht fassen zu können; ja, es ist vorüber. Was ist denn das – dieser starre Gesichtsausdruck? Ah, liebe, arme Nora, ich versteh' schon: Du kannst noch nicht recht glauben, daß ich dir vergeben habe. Aber ich habe dir wirklich vergeben, Nora; ich schwöre dir's: Ich hab' dir alles vergeben. Ich weiß ja, du tatest es aus Liebe zu mir.

Nora Ja, aus Liebe.

Helmer Du hast mich so geliebt, wie eine Frau ihren Mann lieben muß. Es waren nur die Mittel, welche du nicht zu beurteilen verstandest. Aber glaubst du, du seist mir weniger teuer, weil du nicht auf eigne Hand zu handeln vermagst? Nein, nein; stütze dich nur auf mich; ich werde dir raten, dich führen und leiten. Ich müßte kein Mann sein, wenn nicht just diese weibliche Hilflosigkeit dich doppelt anziehend in meinen Augen machte. Du mußt dich nicht an die harten Worte halten, die ich dir im ersten Schreck sagte, in einem Moment, da ich glaubte, alles drohe über meinem Haupt zusammenzustürzen. Ich habe dir verziehen, Nora; ich schwöre dir's: Ich habe dir verziehen.

Nora Ich danke dir für deine Verzeihung. *(Ab durch die Tür links)*
Helmer Nein, bleib ... *(Blickt hinein)* Was willst du dort im Alkoven?
Nora (draußen) Den Maskenanzug ablegen.
Helmer (an der offnen Tür) Ja, tu das; suche zur Ruhe zu kommen und dein Gemüt wieder ins Gleichgewicht zu bringen, meine verschüchterte Taube. Ruhe dich nur getrost aus; ich werde dich schützen und schirmen. *(Geht in der Nähe der Tür umher)* O wie schön und traulich es in unserm Heim ist, Nora. Hier bist du vor allem Ungemach gesichert; hier werd' ich dich schützen wie eine verfolgte Taube, die ich aus den Klauen des Habichts noch glücklich gerettet habe; ich werde dein armes pochendes Herz schon wieder beruhigen. Glaube mir, Nora, nach und nach kehrt der Frieden wieder. Morgen wird dir dies alles ganz anders erscheinen; ich werde dir nicht mehr zu wiederholen brauchen, daß ich dir vergeben habe; du wirst es selbst fühlen, daß ich das getan. Wie kannst du denken, ich vermöcht' es übers Herz zu bringen, dich zu verstoßen oder dir auch nur einen Vorwurf zu machen! Oh, du kennst die Natur eines wahren echten Mannes nicht, Nora. Es liegt für den Mann etwas so unbeschreiblich Süßes und Beruhigendes darin, zu fühlen, daß er seiner Frau vergeben hat – daß er ihr aufrichtig, von ganzem Herzen vergeben hat. Sie ist ja dadurch gleichsam in doppeltem Sinne sein Eigentum geworden; sie ist durch ihn gleichsam neu geboren; sie ist gewissermaßen zugleich seine Gattin und sein Kind geworden. Und das sollst du mir von jetzt an wirklich sein, du rat- und hilfloses Wesen. Ängstige dich um nichts, Nora; sei nur offenherzig gegen mich, dann werd' ich zugleich dein Wille und dein Gewissen sein. – Was ist das? Nicht zu Bett? Du hast dich umgekleidet?
Nora (in ihrem Alltagskleide wieder eintretend) Ja, Robert, nun hab' ich mich umgekleidet.
Helmer Aber weshalb? Jetzt, so spät –?
Nora Heute nacht schlaf' ich nicht.
Helmer Aber, liebe Nora –
Nora (auf ihre Uhr blickend) So spät ist es noch nicht. Setz dich hierher, Robert; wir beide haben uns viel zu sagen.
(Sie setzt sich an die eine Seite des Tisches.)
Helmer Nora – was bedeutet das? Dies kalte, starre Gesicht –
Nora Setz dich. Ich hab' über vieles mit dir zu reden.
Helmer (sich ihr gegenüber an den Tisch setzend) Nora, du ängstigst mich ... Ich versteh' dich gar nicht.
Nora Das ist es eben. Du verstehst mich nicht. Und ich habe dich

ebenfalls nicht verstanden – bis heut abend. Nein, unterbrich mich nicht. Höre nur, was ich sage ... Es ist dies eine Abrechnung, Robert.

Helmer Wie meinst du das?

Nora (nach kurzem Schweigen) Ist dir, wie wir hier sitzen, nicht eines auffallend?

Helmer Was könnte das sein?

Nora Wir sind nun acht Jahre verheiratet gewesen. Fällt es dir nicht auf, daß wir beide, du und ich, Mann und Frau, heut zum ersten Mal ernst miteinander reden?

Helmer Ja, ernst – was bedeutet das?

Nora Während voller acht Jahre – ja noch länger –, von dem Tage unsrer ersten Bekanntschaft an haben wir niemals ein ernstes Wort über ernste Dinge gewechselt.

Helmer Sollt' ich dich denn beständig in Sorgen einweihen, die du mir doch nicht tragen helfen konntest?

Nora Von Sorgen red' ich nicht. Ich sage, noch niemals haben wir irgendeine Sache ernstlich miteinander besprochen.

Helmer Aber, liebste Nora, wäre denn das etwas für dich gewesen?

Nora Da sind wir bei der Sache. Du hast mich nie verstanden ... Es ist mir viel Unrecht zugefügt worden, Robert. Erst von Vater und dann von dir.

Helmer Wie! Von uns beiden – von uns beiden, welche dich inniger geliebt als alle andern Menschen?

Nora (schüttelt den Kopf) Ihr habt mich nie geliebt. Es machte euch nur Vergnügen, in mich verliebt zu sein.

Helmer Aber Nora, was sind das für Worte!

Nora Verhält es sich nicht so, Robert? Als ich noch zu Hause bei Vater war, teilte er mir all seine Ansichten mit, und so hatte ich dieselben Ansichten; hatte ich einmal eine andre, so verheimlichte ich sie; denn eigne Meinungen – die wären ihm nicht angenehm gewesen. Er nannte mich sein Püppchen und spielte mit mir, wie ich wieder mit meinen Puppen spielte. Dann kam ich zu dir ins Haus –

Helmer Was sind das für Ausdrücke, deren du dich da über unsre Ehe bedienst!

Nora (ungestört) Ich meine, dann ging ich aus Vaters Händen in die deinen über. Du richtetest alles nach deinem Geschmack ein, und so bekam ich denselben Geschmack wie du; oder ich tat nur so; ich weiß nicht recht, was ... ich glaub', es war beides: bald das eine, bald das andre. Wenn ich jetzt darauf zurückblicke, so kommt es mir vor, als hätt' ich hier wie ein armer Mensch gelebt – nur von der Hand in den

Mund. Ich lebte davon, daß ich dir Kunststücke vormachte, Robert. Aber du wolltest es so haben. Du und Vater, ihr habt eine große Sünde gegen mich begangen. Ihr seid schuld, daß nichts aus mir geworden ist.

Helmer Wie unvernünftig und undankbar du bist! ... Bist du hier nicht glücklich gewesen?

Nora Nein, niemals. Ich glaubt' es zu sein; aber ich war es niemals.

Helmer Nicht glücklich! Nicht –

Nora Nein; nur lustig. Und du warst immer so freundlich gegen mich. Aber unser Heim war nichts andres als eine Spielstube. Zu Hause bei Vater ward ich wie eine kleine Puppe behandelt, hier wie eine große. Und die Kinder waren wiederum meine Puppen. Ich war recht vergnügt, wenn du mit mir spieltest, just wie die Kinder ihrerseits vergnügt waren, wenn ich mit ihnen spielte. Das war unsre Ehe, Robert.

Helmer Es ist etwas Wahres daran, was du da sagst – so übertrieben und überspannt es auch ist. Aber von jetzt an soll's anders werden. Die Zeit des Spielens ist vorbei; jetzt kommt die der Erziehung.

Nora Wessen Erziehung? Die meine oder die der Kinder?

Helmer Sowohl die deine wie die der Kinder, meine liebe Nora.

Nora Ach, Robert, du bist nicht dazu geeignet, mich zu einer richtigen Gattin für dich zu erziehen.

Helmer Und das sagst du?

Nora Und ich – wie bin ich darauf vorbereitet, die Kinder zu erziehen?

Helmer Nora!

Nora Sagtest du nicht selbst vorhin – die Aufgabe wagtest du mir nicht anzuvertrauen?

Helmer In der Aufregung! Wie kannst du darauf Gewicht legen?

Nora Nein, du hattest vollkommen recht: Der Aufgabe bin ich nicht gewachsen. Zuvor muß eine andre gelöst werden. Ich muß mich selbst zu erziehen suchen. Dabei vermagst du mir nicht zu helfen. Ich muß mich allein damit befassen. Und darum verlasse ich dich jetzt.

Helmer (aufspringend) Was sagst du?!

Nora Ich muß lediglich auf mich selbst angewiesen sein, will ich mir von mir und meiner Umgebung Rechenschaft geben. Deshalb kann ich nicht länger bei dir bleiben.

Helmer Nora, Nora!

Nora Ich verlasse jetzt sofort deine Wohnung. Christine wird mich wohl für heute nacht aufnehmen ...

Helmer Du bist wahnsinnig! Das erlaub' ich dir nicht! Ich verbiete dir's!

Nora Es wird dir nichts nützen, mir von jetzt an noch etwas zu verbieten. Was mir gehört, nehm' ich mit. Von dir will ich nichts haben, weder jetzt noch später.

Helmer Welche Verrücktheit ist das!

Nora Morgen reis' ich nach Hause – ich meine, nach meinem Geburtsort. Dort wird es mir leichter werden, auf eine oder andre Weise meinen Lebensunterhalt zu verdienen.

Helmer O du verblendetes, unerfahrnes Wesen!

Nora Ich muß mir Erfahrung zu erwerben suchen, Robert.

Helmer Deine Wohnung, deinen Mann und deine Kinder verlassen! Und bedenkst du nicht, was die Leute dazu sagen werden?!

Nora Darauf kann ich keine Rücksicht nehmen. Ich weiß nur, daß es für mich notwendig ist.

Helmer Oh, es ist empörend! So kannst du dich über deine heiligsten Pflichten hinwegsetzen?

Nora Was hältst du für meine heiligsten Pflichten?

Helmer Und das muß ich dir erst sagen! Sind es nicht die Pflichten gegen deinen Mann und deine Kinder?

Nora Ich habe andre ebenso heilige Pflichten.

Helmer Das hast du nicht ... Welche denn?

Nora Die Pflichten gegen mich selbst.

Helmer Vor allem bist du Gattin und Mutter.

Nora Das glaub' ich nicht mehr. Ich glaube, vor allem bin ich ein menschlich Wesen – ebenso wie du –, oder ich will es wenigstens zu werden versuchen. Ich weiß wohl, daß die meisten Menschen dir recht geben, Robert, und daß etwas der Art in den Büchern steht. Aber ich kann mich nicht mehr damit begnügen, was die meisten Menschen sagen und was in den Büchern steht. Ich muß selbst über die Dinge nachdenken und mir über dieselben klar zu werden suchen.

Helmer Du solltest dir über deine Stellung in deiner eignen Familie nicht klar sein? Hast du bei solchen Fragen nicht einen untrüglichen Führer? Hast du nicht die Religion?

Nora Ach, Robert, ich weiß ja gar nicht, was Religion ist.

Helmer Was sagst du!

Nora Ich weiß weiter nichts, als was Pastor Jakobi sagte, da ich konfiermiert wurde. Er sagte, Religion wäre das und das. Komm' ich aus alledem hier heraus und bin auf mich ganz allein angewiesen, dann will ich auch diese Frage untersuchen. Ich will sehn, ob es richtig ist, was Pastor Jakobi sagte, oder vielmehr: ob es für mich richtig ist.

Helmer Das ist denn doch unerhört in dem Munde einer jungen Frau! Aber kann die Religion dich nicht zum Rechten leiten, so will ich wenigstens dein Gewissen aufrütteln. Denn moralisches Gefühl hast du doch? Oder ... antworte mir – hast du das vielleicht auch nicht?

Nora Ja, Robert, es ist wohl das beste, darauf nicht zu antworten. Ich weiß es ja nicht. Über die Dinge bin ich mir gar nicht klar. Ich weiß nur, daß ich über so etwas eine ganz andre Meinung habe als du. Ich höre ja jetzt auch, daß die Gesetze anders sind, als ich glaubte; aber daß die Gesetze gut sein sollten, das will mir nicht in den Kopf. Eine Frau sollte also nicht das Recht haben, ihren alten sterbenden Vater zu schonen oder ihren Mann zu retten! So etwas glaub' ich nicht.

Helmer Du sprichst wie ein Kind. Du verstehst die Gesellschaft nicht, in der du lebst.

Nora Das tu ich auch nicht. Aber nun will ich sie kennenlernen. Ich muß mich überzeugen, wer recht hat, die Gesellschaft oder ich.

Helmer Nora, du bist krank; du fieberst; ja, ich glaube fast, du bist von Sinnen.

Nora Niemals bin ich mir über alles so klar gewesen wie heute nacht.

Helmer Und mit klarem Bewußtsein verläßt du Mann und Kinder?

Nora Ja, das tu ich.

Helmer Dann ist nur eine Erklärung möglich.

Nora Welche?

Helmer Du liebst mich nicht mehr.

Nora Ja, das ist es grade.

Helmer Nora! ... Und das sagst du!

Nora Es tut mir weh, Robert; denn du bist immer so freundlich gegen mich gewesen. Aber ich kann's nicht ändern. Ich liebe dich nicht mehr.

Helmer (mit mühsam erkämpfter Fassung) Ist dies auch eine klare Überzeugung?

Nora Ja, eine vollkommen klare. Eben darum will ich nicht länger hier sein.

Helmer Und kannst du mir auch erklären, wodurch ich deine Liebe verscherzt habe?

Nora Ja, das kann ich. Es war heut abend, als das Wunderbare nicht kam; denn da sah ich, daß du nicht der Mann warst, für den ich dich gehalten.

Helmer Erklär' dich deutlicher; ich versteh' dich nicht.

Nora Ich hab' nun acht Jahre lang so geduldig gewartet; denn ... Gott, ich sah ja ein, daß das Wunderbare nicht so als etwas alltägliches kommt ... Dann brach dieses Unglück über mich herein; und da war ich so unerschütterlich fest überzeugt: Nun kommt das Wunderbare. Als

Günthers Brief da draußen lag – niemals kam mir der Gedanke, du könntest dich durch die Drohungen dieses Menschen einschüchtern lassen. Ich war so unerschütterlich fest überzeugt, du würdest zu ihm sagen: »Machen Sie die Sache nur der ganzen Welt bekannt.« Und wenn das geschehen –

Helmer Dann? Wenn ich meine eigne Frau der Schmach und Schande preisgegeben –

Nora Wenn das geschehen, dann würdest du, wie ich unerschütterlich fest glaubte, vor die Welt hintreten, alles auf dich nehmen und sagen: Ich bin der Schuldige!

Helmer Nora –!

Nora Du meinst, ein solches Opfer hätt' ich niemals von dir angenommen? Nein, gewiß nicht. Aber was würden meine Versicherungen gegenüber den deinen gegolten haben? – Das war das Wunderbare, worauf ich mit Furcht und Beben hoffte. Und nur um das zu verhindern, wollt' ich meinem Leben ein Ende machen.

Helmer Freudig würd' ich Tag und Nacht für dich arbeiten, Nora – Kummer und Not um deinetwillen ertragen. Aber niemand opfert derjenigen, die er liebt, seine Ehre!

Nora Das haben Millionen Frauen getan!

Helmer Ach, du denkst und redest wie ein unverständiges Kind.

Nora Mag sein. Aber du denkst und redest nicht wie der Mann, an den ich mich anschließen könnte. Als dein Schrecken vorüber war – nicht über das, was mir drohte, sondern über das, was dir selbst bevorstand – und als nichts mehr zu befürchten war – da war's in deinen Augen, als sei gar nichts geschehen. Ich war ganz so wie früher deine Lerche, deine Puppe, die du, da sie ja so schwach und gebrechlich war, in Zukunft doppelt behutsam auf den Händen tragen wolltest. *(Steht auf)* Robert – in dem Augenblick ward es mir klar, daß ich hier durch acht Jahre mit einem fremden Manne zusammen gelebt, und daß ich drei Kinder geboren – oh, der Gedanke ist mir unerträglich! Ich könnte mich selbst zermalmen, in Stücke reißen!

Helmer (mit schwerem Herzen) Ich seh' es, ich seh' es: Ein Abgrund hat sich zwischen uns aufgetan! ... Aber, Nora, sollte er sich nicht überbrücken lassen?

Nora So wie ich jetzt bin, bin ich keine Frau für dich.

Helmer Ich habe die Kraft, ein andrer zu werden.

Nora Vielleicht – wenn dir die Puppe weggenommen ist.

Helmer Mich trennen – mich von dir trennen! Nein, nein, Nora, den Gedanken kann ich nicht fassen.

Nora (in das Zimmer links gehend) Um so notwendiger muß es geschehen.
(Sie kommt mit ihren Überkleidern und einer kleinen Reisetasche zurück, die sie auf den Stuhl neben dem Tische stellt.)
Helmer Nora, Nora, nicht jetzt! Warte bis morgen.
Nora (sich den Mantel umwerfend) Ich kann mich nicht während der Nacht in der Wohnung eines fremden Mannes aufhalten.
Helmer Aber können wir denn nicht wie Bruder und Schwester hier wohnen –?
Nora (bindet sich den Hut fest) Du weißt recht gut, das würde nicht lange dauern ... *(Wirft sich den Schal um)* Leb wohl, Robert. Die Kleinen will ich nicht erst sehen. Ich weiß, sie sind in bessern Händen als den meinen. So wie ich jetzt bin, kann ich ihnen nichts sein.
Helmer Aber später, Nora – später –?
Nora Wie kann ich das wissen? Ich weiß ja gar nicht, was aus mir wird.
Helmer Aber du bist meine Frau, nicht bloß jetzt, sondern auch –
Nora Höre, Robert: – Wenn eine Frau ihres Mannes Wohnung verläßt, so wie ich's jetzt tue, dann ist er, wie ich gehört, nach dem Gesetz von allen Verpflichtungen gegen sie entbunden. Jedenfalls entbinde ich dich aller Verpflichtungen. Du sollst dich nicht durch irgend etwas gefesselt fühlen, ebensowenig wie ich es will. Auf beiden Seiten muß volle Freiheit herrschen. Da, hier hast du deinen Ring zurück. Gib mir den meinen.
Helmer Auch das?
Nora Auch das.
Helmer Hier ist er.
Nora So. Ja, nun ist es also vorbei. Hier leg' ich die Schlüssel hin. Die Mädchen wissen über alles im Hause Bescheid – besser als ich. Morgen, wenn ich abgereist bin, kommt Christine hierher, um die Sachen einzupacken, welche mein Eigentum sind. Die sollen mir nachgeschickt werden.
Helmer Vorbei, vorbei! Nora, wirst du nie mehr an mich denken?
Nora Ich werde gewiß noch oft an dich und die Kinder und dies Haus hier denken müssen.
Helmer Darf ich dir schreiben, Nora?
Nora Nein – niemals. Das sollst du nicht.
Helmer Ach, aber ich darf dir doch schicken, was –?
Nora Nichts, nichts.
Helmer – dir helfen, wenn du in Not geraten solltest.
Nora Nein, sag' ich. Ich nehme von Fremden nichts an.

Helmer Nora – kann ich dir niemals mehr als ein Fremder werden?
Nora (ihre Reisetasche nehmend) Ach, Robert, dann müßte das Wunderbarste geschehen. –
Helmer Nenne mir dies Wunderbarste!
Nora Dann müßten wir beide, du sowohl wie ich, uns so verändern, daß – ach, Robert, ich glaube nicht mehr an etwas Wunderbares.
Helmer Aber ich glaube daran. Nenne es! Uns so verändern, daß –?
Nora Daß ein Zusammenleben zwischen uns beiden eine Ehe werden könnte. Leb wohl.
(Sie geht durch den Flur hinaus.)
Helmer (sinkt neben der Tür auf einen Stuhl und schlägt die Hände vors Gesicht) Nora! Nora! *(Er sieht sich um und steht auf.)* Leer. Sie ist nicht mehr hier. *(Eine Hoffnung zuckt in ihm auf.)* Das Wunderbarste –?!
(Von unten herauf hört man eine Tür dröhnend ins Schloß fallen.)

GESPENSTER

Ein Familiendrama

Personen

Helene Alving, Witwe des Hauptmanns und Kammerherrn Alving
Osvald, ihr Sohn, Maler
Pastor Manders
Tischler Engstrand
Regine Engstrand, im Hause der Frau Alving

Das Stück spielt auf Frau Alvings Landgut an einem großen Fjord im westlichen Norwegen

ERSTER AKT

Ein geräumiges Gartenzimmer mit einer Tür an der linken Seitenwand und zwei Türen an der Wand rechts. In der Mitte des Zimmers ein runder Tisch mit Stühlen ringsherum; auf dem Tische liegen Bücher, Zeitschriften und Zeitungen. Links im Vordergrund ein Fenster; daneben ein kleines Sofa, vor dem ein Nähtisch steht. Im Hintergrunde läuft der Raum in ein offenes, etwas schmaleres Blumenzimmer aus, das nach außen durch Glaswände und große Scheiben geschlossen ist. An der rechten Seitenwand des Blumenzimmers ist eine Tür, die zum Garten hinunterführt. Durch die Glaswand sieht man die Umrisse einer düsteren, in gleichmäßigen Regen getauchten Fjordlandschaft.

Engstrand steht oben an der Gartentür. Sein linkes Bein ist etwas krumm; unter der Stiefelsohle hat er einen Holzklotz. Regine, in der Hand eine leere Gießkanne, verwehrt ihm den Eintritt.

Regine (mit gedämpfter Stimme) Was willst du denn? Rühr dich nicht vom Fleck. Du triefst ja vor Nässe.
Engstrand Unseres Herrgotts Regen ist das, mein Kind!
Regine I – dem Teufel sein Regen ist's!
Engstrand Herrjeh, was sind das für Reden! *(Hinkt ein paar Schritte ins Zimmer hinein)* Aber was ich sagen wollte –
Regine Trample nicht so mit dem Fuß auf, Mensch! Der junge Herr liegt oben und schläft.
Engstrand Liegt noch und schläft? Am hellichten Tage?
Regine Was geht das dich an!
Engstrand Gestern abend war ich auf 'nem Bummel –
Regine Das glaub' ich gern.
Engstrand Ja, mein Kind, wir Menschen sind nun mal schwach –
Regine Allerdings!
Engstrand – und der Versuchungen sind so viel auf dieser Welt, siehst du – aber, weiß Gott, ich stand doch schon heut früh um halb sechs an der Arbeit.

Regine Na ja, aber jetzt mach nur, daß du fortkommst. Ich will nicht hier stehen und Rendezvous mit dir haben.
Engstrand Was willst du nicht haben?
Regine Ich will nicht haben, daß dich hier wer trifft. Na also, nun geh deiner Wege.
Engstrand (kommt einige Schritte näher) I was, ich geh' nicht eher, als bis ich eins mit dir geredet habe. Heut nachmittag bin ich mit meiner Arbeit unten im Schulhaus fertig, und dann mach' ich gleich abends noch, daß ich mit dem Dampfer nach Hause komme.
Regine (murmelt) Glückliche Reise!
Engstrand Dank' schön, mein Kind. Siehst du, morgen soll doch das Asyl eingeweiht werden, und da wird's hier wahrscheinlich wieder hoch hergehen mit berauschenden Getränken, siehst du. Na, und da soll keiner dem Jakob Engstrand nachsagen, daß er nicht festbleiben kann, wenn die Versuchung kommt.
Regine Ha!
Engstrand Denn morgen kommen hier ja doch so viel feine Leute zusammen. Pastor Manders wird doch auch aus der Stadt erwartet.
Regine Er kommt schon heut.
Engstrand Siehst du wohl. Teufel auch – da will ich ihm doch nicht Grund zu Vorwürfen geben, weißt du.
Regine Aha! So steht's also!
Engstrand Was steht –?
Regine (sieht ihn fest an) Mit was willst du nun schon wieder den Pastor reinlegen?
Engstrand Pst! Pst! Du bist wohl nicht recht bei Trost! Ich den Pastor reinlegen? Ach nee, dazu ist der Pastor viel zu nett gegen mich gewesen. Aber was ich dir sagen wollte – also, wie gesagt, heut fahr' ich wieder nach Haus.
Regine Meinen Segen hast du.
Engstrand Ja, aber ich will dich mitnehmen, Regine.
Regine (mit offenem Munde) Mich mit –? Was sagst du da?
Engstrand Ich will dich mit nach Hause nehmen, sag' ich.
Regine (höhnisch) Da kannst du lange warten, bis du mich mitkriegst.
Engstrand Das werden wir ja sehen.
Regine Ja, da kannst du sicher sein, daß du das sehen wirst. Ich, die ich bei der Frau Kammerherr Alving aufgewachsen bin –? Ich, die ich hier beinah bin wie Kind im Hause –? Ich soll zu dir? In ein solches Haus? Pfui Teufel!

Engstrand Donnerwetter, was soll das heißen? Du lehnst dich gegen deinen Vater auf, du Gans?
Regine (murmelt, ohne ihn anzusehen) Hast du nicht oft genug gesagt, ich ginge dich nichts an?
Engstrand Ach was, kehr dich doch daran nicht –
Regine Hast du mich nicht manches liebe Mal ausgeschimpft und gesagt, ich sei ein –? Fi donc!
Engstrand Nein, wahrhaftigen Gott, so 'n gemeines Wort hab' ich nie gebraucht.
Regine Oh! Ich weiß ganz gut, was für ein Wort du gebraucht hast.
Engstrand Ja, das war aber doch immer nur, wenn ich einen weghatte – hm. Der Versuchungen gibt's so viele auf dieser Welt, Regine.
Regine Uh!
Engstrand Und dann doch auch immer bloß, wenn deine Mutter sich dicketat. Irgend was mußt' ich doch haben, mein Kind, womit ich sie ärgerte. Zu allem war sie zu schade. *(Ahmt nach)* »Laß mich, Engstrand! Laß mich in Ruh'! Ich hab' drei Jahre bei Kammerherrn Alvings auf Rosenvold gedient – da hab' ich!« *(Lacht)* Gott, o Gott, o Gott! Nie konnt' sie vergessen, daß der Hauptmann Kammerherr wurde, während ihrer Dienstzeit.
Regine Arme Mutter – du hast sie früh genug zu Tode geärgert.
Engstrand (richtet sich auf) Ja, versteht sich; ich muß ja immer an allem schuld sein.
Regine (wendet sich ab, halblaut) Uh –! Und dann das Bein!
Engstrand Was sagst du, mein Kind?
Regine Pied de mouton!
Engstrand Das ist wohl englisch?
Regine Ja.
Engstrand Freilich, gelernt hast du hier draußen was, und das kann uns jetzt zustatten kommen, Regine.
Regine (nach kurzer Pause) Was hast du eigentlich in der Stadt mit mir vor?
Engstrand Du kannst noch fragen, was ein Vater mit seinem einzigen Kinde vorhat? Bin ich denn nicht ein einsamer und verlassener Witwer?
Regine Ach, komm mir bloß nicht mit solchem Geschwätz. Warum soll ich in die Stadt?
Engstrand Na, ich will dir sagen, ich möchte mal was Neues anfangen.
Regine (pfeift) Das hast du schon oft versucht, aber es ist immer schiefgegangen.

Engstrand Ja, aber diesmal sollst du sehen, Regine! – Der Teufel soll mich holen –
Regine (stampft mit dem Fuß auf) Laß die Flucherei!
Engstrand Na ja! Na ja! Da hast du nur zu recht, mein Kind! Aber was ich sagen wollte: Ich hab' mir bei der Arbeit an dem neuen Asyl da 'n hübsches Sümmchen auf die hohe Kante gelegt.
Regine So? Na, das ist ja gut für dich.
Engstrand Wofür sollte man auch hier bei den Bauern seine paar Kröten ausgeben?
Regine Na, und nun?
Engstrand Ja, sieh mal, nun hab' ich die Idee, das Geld in was Lohnendem anzulegen. Ich denk' mir so 'ne Art Wirtschaft für Seeleute –
Regine Uh!
Engstrand Eine pikfeine Wirtschaft, weißt du, nicht solche Schweinebude für Matrosen. Himmeldonnerwetter ja – du, es müßte 'ne Sache für Schiffskapitäne und Steuermänner und – und wirklich feine Kunden sein.
Regine Und da sollt' ich –?
Engstrand Du müßtest mittun, jawohl. Nur so zum Schein – das kannst du dir wohl denken. Verdammt, du sollst es nicht schwer haben, mein Kind. Du kriegst es akkurat so, wie du's haben willst.
Regine Ja – jawohl!
Engstrand Aber Frauenzimmer müssen im Haus sein – das ist klar wie der Tag. Denn abends muß es 'n bißchen vergnügt hergehen bei Tanz und Gesang und so weiter. Vergiß nicht, es sind Seeleute, die auf dem Weltmeer reisen. *(Näherkommend)* Nun, sei nicht dumm, Regine, und steh dir nicht selbst im Wege. Wie weit kannst du's denn hier draußen bringen? Was für einen Vorteil hast du davon, daß die gnädige Frau so viel an dich gewandt hat? Du sollst ja auf die Kinder passen im neuen Asyl, hör' ich. Ist denn das was für dich? Bist du denn gar so versessen darauf, dich für die dreckigen Kinder totzuschuften?
Regine Nein, wenn's nach meinem Wunsch ginge, so –. Na, das kann ja noch kommen. Das kann ja noch kommen!
Engstrand Was kann noch kommen?
Regine Nichts, was dich anginge. – Ist das viel Geld, was du dir hier auf die Seite gelegt hast?
Engstrand Alles in allem mögen es wohl so an sieben-, achthundert Kronen sein.
Regine Gar nicht so übel.
Engstrand Für den Anfang reicht's, mein Kind.

Regine Ist dir nicht der Gedanke gekommen, mir von dem Gelde was abzugeben?
Engstrand Weiß Gott, nein, der Gedanke ist mir nicht gekommen.
Regine Nicht mal soviel wie 'nen armseligen Stoff zum Kleide willst du mir schicken?
Engstrand Komm nur mit in die Stadt und bleib bei mir, dann kriegst du Kleider, soviel du willst.
Regine Pah! Das könnt' ich auf eigene Faust tun, wenn ich Lust dazu hätte.
Engstrand Nein, Regine, an eines Vaters leitender Hand geht das besser. Ich kann jetzt ein nettes Haus in der Kleinen Hafengasse haben. Viel bares Geld gehört nicht dazu; und siehst du, das könnte 'ne Art Seemannsheim werden.
Regine Aber ich will nicht zu dir! Ich habe nichts mit dir zu schaffen. Schieb ab!
Engstrand Hol' mich der Henker, du würdest nicht lange bei mir bleiben, mein Kind. Ach, leider nicht! Wenn du dich zu benehmen wüßtest. So 'n hübsches Mädel wie du in den letzten Jahren geworden bist –
Regine Na –?
Engstrand Es dauerte gar nicht so lange und es käme ein Steuermann – vielleicht sogar ein Kapitän –
Regine So einen würde ich doch nicht heiraten. Die Seeleute haben kein »savoir vivre«.
Engstrand Was haben sie nicht?
Regine Ich kenne die Seeleute, mein' ich. Das sind keine Leute, die man heiratet.
Engstrand Du brauchst sie ja nicht zu heiraten. Es kann sich ja auch so lohnen. *(Vertraulicher)* Er – der Engländer – der mit der Lustjacht – der gab dreihundert Speziestaler – und sie, sie war nicht hübscher als du.
Regine (auf ihn zu) Hinaus mit dir!
Engstrand Na, na, du willst doch wohl nicht etwa hauen.
Regine Jawohl! Wenn du so von Mutter sprichst, dann hau' ich. Hinaus, sag' ich! *(Drängt ihn nach der Gartentür hin)* Und wirf die Türen nicht, der junge Herr Alving –
Engstrand – schläft, jawohl. Merkwürdig, wie du um den jungen Herrn besorgt bist. – *(Leiser)* Hoho! Der wird doch wohl nicht gar –?
Regine Hinaus! Und zwar fix! Du bist verdreht, Mensch! Nein, nicht den Weg. Da kommt Pastor Manders. Die Küchentreppe hinunter!

Engstrand (nach rechts) Ich geh' ja schon, ja doch. Aber sprich mal mit dem Mann, der da kommt. Der wird dir schon sagen, was ein Kind seinem Vater schuldig ist. Denn ich bin doch mal dein Vater, siehst du. Das kann ich aus dem Kirchenbuch beweisen.

(Er geht hinaus durch die zweite Tür, die Regine geöffnet hat und wieder hinter ihm schließt. Regine sieht hastig in den Spiegel, fächelt sich mit dem Taschentuch und bringt ihre Krawatte in Ordnung; darauf macht sie sich wieder an den Blumen zu schaffen.)

(Manders, im Paletot und mit Regenschirm; er trägt eine kleine Reisetasche an einem Riemen über der Schulter; tritt durch die Gartentür in das Blumenzimmer ein.)

Manders Guten Tag, Jungfer Engstrand.

Regine (dreht sich freudig überrascht um) Ei sieh da, Herr Pastor! Guten Tag. Ist das Dampfschiff schon angekommen?

Manders In diesem Augenblick. *(Geht ins Gartenzimmer)* Das Regenwetter, das wir nun schon tagelang haben, ist doch recht verdrießlich.

Regine (folgt ihm) Für den Landmann ist dies Wetter aber ein wahrer Segen, Herr Pastor.

Manders Da haben Sie freilich recht. Daran denken wir Stadtleute so wenig. *(Will den Paletot ausziehen)*

Regine Ach, darf ich helfen? – So – so! Nein, wie naß er ist! Ich will ihn gleich im Vorzimmer aufhängen. Und dann der Regenschirm – den spanne ich auf, daß er trocknen kann.

(Sie geht mit den Sachen durch die zweite Tür rechts ab. Manders nimmt die Reisetasche ab und legt sie und den Hut auf einen Stuhl. Inzwischen kommt Regine wieder herein.)

Manders Ah! Es tut ordentlich gut, unter Dach und Fach zu kommen. Na, hier auf dem Hof ist doch alles wohl?

Regine Ja, danke sehr.

Manders Aber tüchtig zu tun gibt's für den morgigen Tag, was?

Regine Ach ja, wir haben rechtschaffen zu tun.

Manders Und Frau Alving ist hoffentlich zu Hause?

Regine Ja natürlich; sie ist nur oben und besorgt die Schokolade für den jungen Herrn.

Manders Ja, sagen Sie mal – ich habe schon unten am Landungsplatz gehört, daß Osvald da sein soll.

Regine Er ist seit vorgestern da. Wir hatten ihn erst heut erwartet.

Manders Und ich will hoffen, munter und gesund?

Regine Danke schön, das ist er wohl. Aber gräßlich müde von der Reise.

Er ist in einer Tour von Paris hergereist – ich meine, er hat die ganze Route in einem und demselben Zug gemacht. Ich glaube, er schläft jetzt ein wenig; deshalb müssen wir wohl ein klein bißchen leise sprechen.
Manders St! Also wollen wir ganz leise sein.
Regine (indem sie einen Lehnstuhl am Tisch zurechtrückt) So nehmen Sie doch gütigst Platz, Herr Pastor, und machen Sie sich's recht bequem. *(Er setzt sich; sie schiebt ihm einen Schemel unter die Füße.)* So –! Sitzen Sie gut so, Herr Pastor?
Manders Danke, danke, ich sitze ausgezeichnet. *(Betrachtet sie)* Wissen Sie was, Jungfer Engstrand – ich glaube wirklich, Sie sind gewachsen, seit ich Sie das letztemal gesehen habe.
Regine Finden Sie, Herr Pastor? Die gnädige Frau sagt, ich sei auch voller geworden.
Manders Voller geworden? Na ja, ein bißchen vielleicht – so wie's sein soll.
(Kurze Pause)
Regine Soll ich vielleicht die gnädige Frau holen?
Manders Danke, danke, das eilt ja nicht, mein liebes Kind. – Na, nun sagen Sie mir aber, meine gute Regine, wie geht es Ihrem Vater hier draußen?
Regine Danke, Herr Pastor, es geht ihm ja so leidlich.
Manders Er hat mich aufgesucht, als er das letztemal in der Stadt war.
Regine Wirklich? Er freut sich immer so, wenn er mit dem Herrn Pastor reden kann.
Manders Und Sie gehen jetzt wohl fleißig zu ihm hinunter?
Regine Ich? Ja, das tu' ich schon; sooft ich Zeit habe –
Manders Als Mensch ist Ihr Vater nicht der stärkste, Jungfer Engstrand. Er bedarf recht sehr einer führenden Hand.
Regine Ach ja, das mag schon wahr sein.
Manders Er braucht notwendig wen um sich, dem er zugetan ist, auf dessen Ansicht er etwas geben kann. Er hat das selbst so treuherzig zugestanden das letztemal, als er bei mir war.
Regine Ja, er hat auch zu mir so was Ähnliches gesagt. Aber ich weiß nicht, ob Frau Alving mich entbehren kann – und gerade jetzt, wo wir das neue Asyl zu leiten haben. Und dann möchte ich auch so schrecklich ungern von Frau Alving fort; denn sie ist doch immer so lieb zu mir gewesen.
Manders Aber die Pflicht der Tochter, mein gutes Mädchen –. Natürlich müßten wir zuerst Frau Alvings Zustimmung einholen.

Regine Aber ich weiß nicht, ob es sich für mich schickt, in meinem Alter einer alleinstehenden Mannsperson die Wirtschaft zu führen.
Manders Was! Aber liebe Jungfer Engstrand, von Ihrem eigenen Vater ist hier doch die Rede!
Regine Das mag wohl sein, jedoch –. Ja, wenn es ein gutes Haus und ein durch und durch reeller Herr wäre –
Manders Aber meine liebe Regine –
Regine – einer, zu dem ich Zuneigung fassen, zu dem ich aufblicken könnte, dem ich wie eine Tochter wäre –
Manders Ja, aber mein liebes, gutes Kind –
Regine – dann möchte ich ja ganz gern in die Stadt. Hier draußen ist es furchtbar einsam – und Sie wissen ja selbst, Herr Pastor, was es heißt, allein in der Welt zu stehen. Und ich darf wohl sagen, daß ich flink und willig bin. Wissen Sie nicht solch einen Platz für mich, Herr Pastor?
Manders Ich? Wirklich nicht – ich weiß keinen.
Regine Aber lieber, lieber Herr Pastor – denken Sie jedenfalls an mich, wenn mal –
Manders (steht auf) Ja, das will ich wohl, Jungfer Engstrand.
Regine Denn wenn ich –
Manders Wollen Sie jetzt nicht so freundlich sein und Frau Alving holen?
Regine Sie wird gleich hier sein, Herr Pastor. *(Links ab)*
Manders (geht ein paarmal im Zimmer auf und ab, bleibt einen Augenblick, mit den Händen auf dem Rücken, im Hintergrund stehen und sieht in den Garten hinaus. Dann kommt er wieder in die Nähe des Tisches, nimmt ein Buch in die Hand und sieht das Titelblatt an; er stutzt und besieht dann noch mehrere) Hm – ja so!
(Frau Alving kommt durch die Tür links. Regine folgt ihr und geht dann gleich durch die vorderste Tür rechts hinaus.)
Frau Alving (reicht Manders die Hand) Willkommen, Herr Pastor.
Manders Guten Tag, gnädige Frau. Da wär' ich also, wie ich versprochen habe.
Frau Alving Immer mit dem Glockenschlag.
Manders Aber glauben Sie mir, es war gar nicht so leicht, abzukommen. Die vielen Kommissionen und Ämter, in denen ich sitze –
Frau Alving Desto liebenswürdiger war es von Ihnen, daß Sie so zeitig gekommen sind. Da können wir unsere Geschäfte noch vor dem Mittagessen erledigen. Aber wo haben Sie denn Ihren Koffer?
Manders (schnell) Meine Sachen sind unten beim Krämer. Ich übernachte da.

Frau Alving (unterdrückt ein Lächeln) Sind Sie wirklich auch diesmal nicht zu bewegen, bei mir zu übernachten?
Manders Nein, nein, verehrte Frau; übrigens meinen herzlichen Dank. Ich bleibe da unten, wie ich's gewohnt bin. Es ist so bequem für mich, wenn ich wieder an Bord muß.
Frau Alving Na, ganz wie Sie wollen. Aber sonst mein' ich doch, wir beiden alten Leute –
Manders Nein, wie Sie scherzen! Na, heut sind Sie natürlich über die Maßen vergnügt. Erstens der Festtag morgen, und dann haben Sie ja Ihren Osvald wieder.
Frau Alving Ja, nicht wahr, solch ein Glück! Über zwei Jahre ist's nun schon her, daß er das letztemal zu Hause war. Er hat aber auch versprochen, den ganzen Winter bei mir zu bleiben.
Manders So? Wirklich? Das ist ja hübsch und kindlich von ihm. Denn es mag weit verführerischer sein, in Rom und Paris zu leben, denk' ich mir.
Frau Alving Aber hier hat er doch seine Mutter, sehen Sie. Mein lieber, prächtiger Junge – er hat doch noch ein Herz für seine Mutter!
Manders Es wäre doch auch sehr traurig, wenn Trennung und Beschäftigung mit Dingen wie Kunst imstande wären, so natürliche Gefühle abzustumpfen.
Frau Alving Allerdings. Aber nein, mit ihm hat es wahrlich keine Not. Jetzt soll mich's aber wundern, ob Sie ihn wiedererkennen. Er kommt bald herunter; er liegt nur ein wenig auf dem Sofa oben und ruht sich aus. – Aber nehmen Sie doch Platz, mein lieber Herr Pastor.
Manders Danke sehr. Es ist Ihnen also recht –?
Frau Alving Aber gewiß. *(Setzt sich an den Tisch)*
Manders Gut. Nun passen Sie mal auf – *(Geht an den Stuhl, wo die Reisetasche liegt, entnimmt ihr ein Paket Papiere, setzt sich an die andere Seite des Tisches und macht einen Platz für seine Papiere frei)* Hier sind also zunächst – *(Hält inne)* Sagen Sie mal, Frau Alving, wie kommen die Bücher hierher?
Frau Alving Die Bücher? Das sind Bücher, die ich lese.
Manders Solche Schriften lesen Sie?
Frau Alving Ja, gewiß.
Manders Fühlen Sie denn, daß Sie besser oder glücklicher werden durch solche Lektüre?
Frau Alving Mir ist gewissermaßen, als ob ich ruhiger würde.
Manders Merkwürdig. Inwiefern?
Frau Alving Ja, ich finde dort etwas wie eine Erklärung und Bestätigung für sehr vieles, worüber ich schon selbst nachgedacht habe. Das ist

nämlich das Seltsame, Herr Pastor – eigentlich steht gar nichts Neues in den Büchern; es steht nur das drin, was die Welt im allgemeinen denkt und glaubt. Nur, daß die Welt im allgemeinen sich nicht klar darüber wird oder es sich nicht eingestehen will.

Manders Aber du lieber Gott! Glauben Sie denn allen Ernstes, daß die Welt –?

Frau Alving Das glaub' ich allerdings.

Manders Ja, aber doch wohl nicht hierzulande? Nicht bei uns hier?

Frau Alving O freilich, auch hier bei uns.

Manders Na, da muß ich aber doch sagen –!

Frau Alving Übrigens, was haben Sie denn eigentlich gegen diese Bücher einzuwenden?

Manders Einzuwenden? Sie glauben doch wohl nicht gar, daß ich mich mit der Prüfung solcher Erzeugnisse beschäftige?

Frau Alving Mit andern Worten, Sie kennen das gar nicht, was Sie verdammen?

Manders Ich habe genügend über diese Schriften gelesen, um sie zu mißbilligen.

Frau Alving Ja, aber Ihre eigene Meinung –

Manders Liebe Frau Alving, es gibt gar manche Fälle im Leben, wo man sich auf andere verlassen muß. Das ist nun einmal so auf der Welt, und das ist gut. Was sollte auch sonst wohl aus der menschlichen Gesellschaft werden?

Frau Alving Ja, ja – da mögen Sie recht haben.

Manders Übrigens leugne ich gar nicht, daß in derlei Schriften manches Anziehende enthalten sein mag. Und ich kann es Ihnen ja auch gar nicht verdenken, daß Sie sich mit den geistigen Strömungen vertraut zu machen wünschen, die da draußen in der großen Welt, wie es heißt, bestehen – wo Sie Ihren Sohn so lange herumfahren ließen. Aber –

Frau Alving Aber –?

Manders (senkt die Stimme) Aber man spricht nicht davon, Frau Alving. Man hat doch wahrhaftig nicht nötig, jedem einzelnen Menschen Rechenschaft über das zu geben, was man liest und was man in seinen vier Wänden denkt.

Frau Alving Natürlich nicht; der Meinung bin ich auch.

Manders Bedenken Sie doch nur, welche Rücksichten Sie diesem Asyl schulden, das Sie zu einer Zeit zu errichten beschlossen haben, wo Ihre Ansichten über geistige Dinge noch stark abwichen von denen, die Sie heute haben – soweit ich da urteilen kann.

Frau Alving Jawohl, das geb' ich ohne weiteres zu. Aber wir wollten vom Asyl –
Manders Wir wollten vom Asyl reden, jawohl. Also – Vorsicht, beste Frau! Und nun wollen wir an unsere Geschäfte gehen. *(Öffnet den Umschlag und nimmt etliche Papiere heraus)* Sehen Sie das hier?
Frau Alving Die Dokumente?
Manders Alle, und in bester Ordnung. Glauben Sie nur, es hat schwergehalten, sie noch rechtzeitig zu bekommen. Ich mußte förmlich Pression üben. Die Behörden sind ja fast peinlich gewissenhaft, wenn es sich um Auflassungen handelt. Aber nun hätten wir alles. *(Blättert in dem Bündel)* Sehen Sie, hier ist die ins Grundbuch eingetragene Abtretungsurkunde für den Gutsteil Solvik, zugehörig zum Herrenhof Rosenvold, mit den darauf befindlichen neuaufgeführten Gebäuden an Häusern, Schullokalen, Lehrerwohnung und Kapelle. Und hier ist die Bestätigung des Legats und der Stiftungsstatuten. Sehen Sie, bitte – *(Liest)* »Die Statuten des Kinderheims ›Hauptmann-Alving-Stiftung‹.«
Frau Alving (blickt lange auf das Dokument) Da ist es also.
Manders Ich habe den Titel Hauptmann und nicht Kammerherr gewählt. Hauptmann hört sich nicht so protzig an.
Frau Alving Jawohl; ganz wie Sie denken.
Manders Und hier haben Sie das Sparkassenbuch über das zu verzinsende Kapital, das ausgesetzt ist, um die Betriebskosten des Asyls zu decken.
Frau Alving Danke sehr; aber seien Sie so gut und behalten Sie es der Bequemlichkeit wegen.
Manders Sehr gern. Ich denke, wir lassen das Geld vorläufig noch in der Sparkasse stehen. Der Zinsfuß ist allerdings nicht sehr verlockend; vier Prozent bei halbjähriger Kündigung. Wenn man später zu einer guten Pfandobligation kommen könnte – es müßte selbstverständlich erste Priorität und ein Papier von zweifelloser Sicherheit sein –, dann ließe sich ja weiter darüber reden.
Frau Alving Freilich, lieber Herr Pastor, das verstehen Sie alles besser.
Manders Jedenfalls werde ich mich umsehen. – Aber nun noch eins, was ich Sie schon immer fragen wollte.
Frau Alving Das wäre?
Manders Sollen die Asylgebäude versichert werden oder nicht?
Frau Alving Selbstverständlich müssen sie versichert werden.
Manders Nur Geduld, verehrte Frau. Wir müssen uns die Sache näher ansehen.

Frau Alving Bei mir ist alles versichert; Mobiliar und Gebäude, die Ernte wie das Inventar.
Manders Selbstverständlich. Auf Ihren eigenen Besitzungen. Das tu' ich ja auch – natürlich. Aber hier, schauen Sie, liegt die Sache ganz anders. Das Asyl soll doch sozusagen einer höheren Lebensaufgabe geweiht sein.
Frau Alving Ja, aber wenn –
Manders Was mich persönlich betrifft, so würde ich wahrhaftig nicht den geringsten Anstoß daran nehmen, wenn wir uns gegen alle Möglichkeiten sicherten –
Frau Alving Das mein' ich doch auch.
Manders – aber wie ist es hier in der Gegend mit der Stimmung der Leute? Die kennen Sie doch besser als ich.
Frau Alving Hm, die Stimmung –
Manders Gibt es hier eine beträchtliche Anzahl von Meinungsberechtigten – von wirklich Meinungsberechtigten –, die Anstoß daran nehmen könnten?
Frau Alving Ja, was verstehen Sie eigentlich unter wirklich Meinungsberechtigten?
Manders Na, vor allen Dingen denk' ich an Männer in soweit unabhängiger und einflußreicher Stellung, daß man nicht gut umhin kann, ihren Ansichten ein gewisses Gewicht beizulegen.
Frau Alving Solcher gibt es hier verschiedene, die es vielleicht doch anstößig finden könnten, wenn –
Manders Na sehen Sie wohl! In der Stadt haben wir deren eine ganze Menge. Denken Sie nur an die vielen Anhänger meines Amtsbruders! Man könnte wirklich unschwer zu der Auffassung kommen, als ob weder Sie noch ich das rechte Vertrauen zu einem höheren Willen hätten.
Frau Alving Aber was Sie betrifft, lieber Herr Pastor, Sie sind sich doch jedenfalls bewußt, daß –
Manders Ja, ich weiß, ich weiß – ich habe meine gute innere Überzeugung, das ist wohl wahr. Trotzdem aber würden wir eine verkehrte und nachteilige Auslegung nicht verhindern können. Und eine solche könnte wiederum leicht einen hemmenden Einfluß auf die Tätigkeit des Asyls selbst ausüben.
Frau Alving Wenn das der Fall sein könnte, so –
Manders Ich kann auch nicht ganz von der schwierigen – ja, ich möchte fast sagen, peinlichen – Stellung absehen, in die ich möglicherweise geraten würde. In den leitenden Kreisen der stadt beschäftigt man sich

sehr viel mit dieser Asylfrage. Teilweise ist das Asyl ja auch zugunsten der Stadt gegründet, und hoffentlich wird es in nicht geringem Grade dazu beitragen, unsere kommunalen Armenlasten zu erleichtern. Da ich nun aber Ihr Ratgeber gewesen bin und den geschäftlichen Teil der Sache besorgt habe, so muß ich befürchten, daß die Neider in erster Linie über mich herfallen –
Frau Alving Ja, dem dürfen Sie sich nicht aussetzen.
Manders Von den Angriffen gar nicht zu reden, die gewisse Blätter und Zeitschriften zweifellos gegen mich richten würden –
Frau Alving Genug, lieber Pastor; diese Rücksicht ist durchaus entscheidend.
Manders Sie wollen also nicht, daß versichert wird?
Frau Alving Nein; lassen wir's.
Manders (lehnt sich im Stuhl zurück) Aber wenn nun mal ein Unglück passierte? Man kann ja nie wissen. – Würden Sie den Schaden ersetzen können?
Frau Alving Nein, das sag' ich Ihnen offen – das könnt' ich auf keinen Fall.
Manders Ja, aber wissen Sie, Frau Alving, dann übernehmen wir eigentlich eine bedenkliche Verantwortung.
Frau Alving Meinen Sie denn, daß wir anders können?
Manders Nein. Das ist es ja gerade; wir können eigentlich nicht anders. Wir dürfen uns doch keiner schiefen Beurteilung aussetzen; und wir dürfen auch auf keinen Fall Ärgernis wecken in der Gemeinde.
Frau Alving Sie als Geistlicher jedenfalls nicht.
Manders Und ich meine auch wahrlich, wir können doch die Zuversicht haben, mit einer solchen Anstalt werde das Glück im Bunde sein – ja, sie werde unter einem besonderen Schutze stehen.
Frau Alving Hoffen wir's, Herr Pastor.
Manders Wollen wir's also dabei bewenden lassen?
Frau Alving Ja, gewiß.
Manders Gut. Wie Sie wollen. *(Notiert)* Also – nicht versichern.
Frau Alving Übrigens – merkwürdig, wie Sie gerade heut darauf zu sprechen kommen –
Manders Ich habe Sie schon oft deswegen befragen wollen –
Frau Alving – denn gestern hätten wir unten beinahe eine Feuersbrunst gehabt.
Manders Was Sie sagen!
Frau Alving Nun, es hatte weiter nichts auf sich. In der Tischlerwerkstatt hatten Hobelspäne Feuer gefangen.

Manders Wo Engstrand arbeitet?
Frau Alving Ja. Er soll, wie man sagt, oft sehr unvorsichtig mit den Zündhölzern umgehen.
Manders Er hat so viele Dinge im Kopf, der Mann – so mancherlei Anfechtungen. Gott sei Dank, er befleißigt sich ja jetzt eines tadellosen Lebenswandels, wie ich höre.
Frau Alving So? Wer sagt das?
Manders Das hat er mir selbst versichert. Und ein tüchtiger Arbeiter ist er doch auch.
Frau Alving O ja, solange er nüchtern ist.
Manders Ja, diese traurige Schwäche! Aber er ist manchmal seines elenden Beines wegen dazu gezwungen, sagt er. Als er das letztemal in der Stadt war, da hat er mich wirklich ganz weich gemacht. Er kam zu mir und wußte mir nicht genug zu danken dafür, daß ich ihm die Arbeit hier verschafft hatte und er nun doch mit Regine zusammen sein konnte.
Frau Alving Er sieht sie aber nicht oft.
Manders O doch; er spricht sie jeden Tag; das hat er mir selbst gesagt.
Frau Alving Na ja – kann sein.
Manders Er fühlt sehr wohl, daß er wen braucht, der ihn zurückhalten kann, wenn die Versuchung naht. Das ist das Liebenswürdige an Jakob Engstrand, daß er so ganz hilflos zu einem kommt und sich selbst anklagt und seine Gebrechlichkeit bekennt. Als er das letztemal mich besuchte und mit mir sprach –. Hören Sie, Frau Alving, wenn es ihm nun ein Herzensbedürfnis wäre, Regine wieder bei sich zu haben –
Frau Alving (steht schnell auf) Regine!
Manders – dann dürfen Sie sich dem nicht widersetzen.
Frau Alving Dem werde ich mich allerdings widersetzen. Und außerdem – Regine bekommt doch eine Stellung im Asyl.
Manders Aber bedenken Sie doch – er ist ihr Vater –
Frau Alving Ach, ich weiß am besten, was für ein Vater er ihr gewesen ist. Nein, zu ihm wird sie mit meiner Einwilligung niemals zurückkehren.
Manders (steht auf) Aber beste Frau, werden Sie doch nicht so heftig. Es ist wirklich traurig, wie Sie Engstrand verkennen. Es ist ja, als ob Sie geradezu entsetzt –
Frau Alving (ruhiger) Ganz egal. Ich habe Regine zu mir genommen, und bei mir bleibt sie. *(Horcht auf)* Still, lieber Pastor – nichts mehr von diesem Thema. *(Ihre Miene verklärt sich freudig)* Hören Sie nur. Da

kommt Osvald die Treppe herunter. Jetzt wollen wir nur an ihn denken!

(Osvald, in leichtem Paletot, den Hut in der Hand, kommt durch die Tür links; er raucht aus einer großen Meerschaumpfeife.)

Osvald (bleibt bei der Tür stehen) Ach, pardon – ich glaubte, die Herrschaften seien im Kontor. *(Kommt näher)* Guten Tag, Herr Pastor.

Manders (starrt ihn an) Ah –! Das ist doch seltsam –

Frau Alving Na – was sagen Sie zu dem da, Pastor.

Manders Ich sage – ich sage –. Aber ist das auch wirklich –?

Osvald Jawohl! Es ist wirklich der verlorene Sohn, Herr Pastor.

Manders Aber mein lieber, junger Freund –

Osvald Na, also der heimgekehrte Sohn.

Frau Alving Osvald denkt daran, wie Sie damals so sehr dagegen waren, daß er Maler wurde.

Manders Dem Menschenauge mag ja mancher Schritt bedenklich erscheinen, der trotzdem später – *(Schüttelt ihm die Hand)* Na, willkommen, willkommen! Mein lieber Osvald – ich darf Sie doch beim Vornamen nennen?

Osvald Wie wollten Sie mich denn sonst nennen?

Manders Schön. Was ich also sagen wollte, mein lieber Osvald – glauben Sie nur nicht von mir, daß ich den Künstlerstand unbedingt verdamme. Ich nehme an, daß es viele gibt, die sich auch in diesem Stande ihren inneren Menschen unverdorben zu bewahren vermögen.

Osvald Hoffentlich doch.

Frau Alving (vor Freude strahlend) Ich kenne einen, der seinen inneren wie seinen äußeren Menschen unverdorben bewahrt hat. Sehen Sie ihn nur an, Herr Pastor.

Osvald (spaziert durchs Zimmer) Gewiß, liebe Mutter; laß gut sein.

Manders Na, selbstverständlich – das läßt sich nicht leugnen. Sie haben sich ja auch nachgerade schon einen Namen gemacht. Die Zeitungen haben Sie oft erwähnt, und zwar in außerordentlich günstigem Sinne. Ja, das heißt – seit einiger Zeit habe ich den Eindruck, als ob es ein bißchen stille würde.

Osvald (steht bei den Blumen) Ich habe in letzter Zeit nicht mehr so viel malen dürfen.

Frau Alving Ein Maler muß sich doch auch zwischendurch ausruhen.

Manders Kann mir's denken. Man bereitet sich dann vor und sammelt Kräfte zu etwas Großem.

Osvald Jawohl. – Mutter, essen wir noch nicht bald?

Frau Alving In einer kleinen halben Stunde. Appetit hat er ja, Gott sei Dank.
Manders Und der Tabak schmeckt ihm auch.
Osvald Ich habe Papas Pfeife auf der Kammer oben gefunden, und da –
Manders Ah! Das war es also!
Frau Alving Was?
Manders Als Osvald ins Zimmer trat, die Pfeife im Munde, da war mir's doch, als sähe ich seinen Vater leibhaftig vor mir.
Osvald So, wirklich?
Frau Alving Wie können Sie so etwas sagen! Osvald schlägt doch ganz mir nach.
Manders Mag sein; aber da ist ein Zug um die Mundwinkel, ein Etwas um die Lippen, das haarscharf an Alving erinnert – wenigstens jetzt, wo er raucht.
Frau Alving Keineswegs. Osvald, mein' ich, hat eher so etwas von einem Priester um den Mund.
Manders O ja! O ja! Verschiedene meiner Amtsbrüder haben einen ähnlichen Zug.
Frau Alving Aber nun tu die Pfeife weg, lieber Junge, ich mag hier drin keinen Rauch haben.
Osvald (tut es) Gern. Ich wollte sie nur probieren, denn als Kind hab' ich einmal aus ihr geraucht.
Frau Alving Du?
Osvald Jawohl. Ich war noch ganz klein. Aber ich weiß noch, eines Abends kam ich zu Papa ins Zimmer, und er war so lustig und ausgelassen.
Frau Alving Ach, gar nichts mehr weißt du aus jenen Jahren.
Osvald Doch; ich weiß noch genau, daß er mich auf seinem Knie sitzen und mich aus der Pfeife rauchen ließ. »Rauch, Junge«, sagte er, »rauch tüchtig, Junge!« Und ich rauchte, was ich nur konnte, bis ich merkte, wie ich blaß wurde und mir der Schweiß in großen Tropfen auf die Stirn trat. Und da lachte er aus Leibeskräften –
Manders Das war doch höchst sonderbar –
Frau Alving Lieber Freund, das hat Osvald nur geträumt.
Osvald Nein, Mutter, ich hab' das ganz und gar nicht geträumt. Denn da – hast du denn das vergessen – kamst du herein und trugst mich in die Kinderstube hinüber. Dort wurde mir übel, und ich sah, wie du weintest. – Trieb Papa oft solche Possen?
Manders In seiner Jugend war er ein ungemein lebensfroher Mensch –

Osvald Und hat doch so viel geschafft hier in der Welt. So viel Gutes und Nützliches; und dabei ist er gar nicht alt geworden.
Manders Ja, Sie haben in der Tat den Namen eines tätigen und würdigen Mannes geerbt, mein lieber Osvald. Na, das wird Ihnen hoffentlich ein Sporn sein –
Osvald Es sollte so sein, jawohl.
Manders Jedenfalls war es schön von Ihnen, daß Sie zu seinem Ehrentage gekommen sind.
Osvald Weniger könnte ich doch für Papa nicht tun.
Frau Alving Und daß ich ihn nun so lange hierbehalten darf – das ist doch am allerschönsten von ihm.
Manders Sie bleiben ja wohl den ganzen Winter über hier, wie ich höre.
Osvald Ich bleibe auf unbestimmte Zeit, Herr Pastor. – Ach, es ist doch herrlich, wieder bei Mutter zu sein!
Frau Alving (strahlend) Ja, nicht wahr, du?
Manders (blickt ihn teilnahmsvoll an) Sie sind früh in die Welt hinausgekommen, mein lieber Osvald.
Osvald Allerdings. Manchmal denk' ich, ob es nicht zu früh gewesen ist.
Frau Alving Ach, durchaus nicht. Das kann einem gesunden Burschen nur guttun. Und besonders einem, der das einzige Kind ist. So einer soll nicht zu Hause bei Papa und Mama hocken und sich verziehen lassen.
Manders Das ist eine sehr strittige Frage, Frau Alving. Das Vaterhaus ist und bleibt doch immer des Kindes bester Aufenthalt.
Osvald Da bin ich mit dem Herrn Pastor ganz einer Meinung.
Manders Sehen Sie nur mal Ihren eigenen Sohn an. Ja, wir können in seiner Gegenwart ganz gut darüber reden. Was für Folgen hat es für ihn gehabt? Er ist sechs- oder siebenundzwanzig Jahre alt und hat noch nie Gelegenheit gehabt, ein ordentliches Heim kennenzulernen.
Osvald Vergebung, Herr Pastor – da sind Sie in einem großen Irrtum.
Manders So? Ich glaubte, Sie hätten fast ausschließlich in Künstlerkreisen verkehrt.
Osvald Das hab' ich auch.
Manders Und meistens mit jüngeren Künstlern.
Osvald Nun ja.
Manders Ich glaubte doch, diese Leute hätten größtenteils nicht die Mittel, eine Familie und Haus und Herd zu gründen.
Osvald Es sind manche unter ihnen, die nicht die Mittel haben, sich zu verheiraten, Herr Pastor.
Manders Na, das mein' ich ja gerade.
Osvald Deshalb können sie aber doch ein Heim haben. Und einer oder

der andere hat es auch; und zwar ein sehr ordentliches und sehr gemütliches Heim.
(Frau Alving folgt gespannt, nickt, sagt jedoch nichts.)
Manders Aber ich spreche ja nicht von einer Junggesellenwirtschaft. Unter einem Heim verstehe ich doch das Heim einer Familie, wo der Mann mit seiner Frau und seinen Kindern lebt.
Osvald Ja; oder mit seinen Kindern und der Mutter seiner Kinder.
Manders (stutzt, schlägt die Hände zusammen) Aber du barmherziger –!
Osvald Nun?
Manders Zusammen lebt mit – der Mutter seiner Kinder!
Osvald Ja, sähen Sie's denn lieber, er sollte die Mutter seiner Kinder verstoßen?
Manders Also von ungesetzlichen Verhältnissen sprechen Sie! Von den sogenannten wilden Ehen!
Osvald Ich habe niemals etwas besonders Wildes in dem Zusammenleben dieser Leute bemerkt.
Manders Aber wie ist es möglich, daß ein – ein nur leidlich gesitteter Mensch oder ein junges Weib sich zu einem derartigen Leben verstehen kann – so vor aller Leute Augen!
Osvald Aber was sollen sie denn tun? Ein armer, junger Künstler – ein armes, junges Mädchen –. Heiraten kostet viel Geld. Was sollen sie also tun?
Manders Was sie tun sollen? Nun, Herr Alving, ich will Ihnen sagen, was sie tun sollen. Von allem Anfang an hätten sie einander meiden sollen – das hätten sie sollen!
Osvald Mit solchen Reden kommen Sie nicht weit bei jungen heißblütigen, verliebten Menschen.
Frau Alving Nein, damit kommen Sie nicht weit!
Manders (fortfahrend) Und daß die Behörden so was dulden! Daß so was vor aller Augen geschehen darf! *(Zu Frau Alving gewendet)* Hatte ich nun nicht Ursache, um Ihren Sohn aufrichtig besorgt zu sein. In Kreisen, wo die unverhüllte Unsittlichkeit im Schwang ist und gewissermaßen Wurzel gefaßt hat –
Osvald Ich will Ihnen etwas sagen, Herr Pastor. Ich bin ein ständiger Sonntagsgast in einigen solchen unregelmäßigen Haushaltungen gewesen –
Manders Und das am Sonntag!
Osvald Ja, da soll man sich doch vergnügen. Aber nie habe ich dort ein anstößiges Wort gehört, und noch weniger bin ich jemals Zeuge dessen

gewesen, was man unsittlich nennen könnte. Nein, wissen Sie, wann und wo ich die Unsittlichkeit in Künstlerkreisen gefunden habe?

Manders Gott sei Dank, nein!

Osvald Na, dann bin ich so frei, es Ihnen zu sagen. Ich habe sie gefunden, wenn mal einer von unseren mustergültigen Ehemännern und Familienvätern nach Paris kam, um sich dort ein bißchen auf eigene Faust umzutun – und dann uns Künstlern die Ehre erwies, uns in unseren armseligen Kneipen aufzusuchen. Da konnten wir was lernen! Die Herren wußten uns über Orte und Dinge zu erzählen, von denen wir uns nie hatten träumen lassen.

Manders Was?! Sie wollen behaupten, daß ehrenhafte Männer unseres Landes –

Osvald Haben Sie denn nie gehört, wie diese ehrenhaften Männer über die zunehmende Unsittlichkeit im Auslande klagten, wenn sie wieder nach Hause kamen?

Manders Ja, natürlich –

Frau Alving Das hab' ich auch gehört.

Osvald Man darf ihnen getrost aufs Wort glauben. Es sind sachkundige Leuter unter ihnen. *(Greift sich an den Kopf)* Ach! – Das schöne, herrliche Leben der Freiheit da draußen – daß es so besudelt werden muß!

Frau Alving Du sollst dich nicht aufregen, Osvald, es tut dir nicht gut.

Osvald Du hast recht, Mutter. Es ist mir nicht gesund. Diese verdammte Müdigkeit, siehst du. Ich will vor Tisch noch ein bißchen laufen. Entschuldigen Sie, Herr Pastor; Sie können sich da nicht hineinversetzen; aber es kam mal wieder so über mich. *(Ab durch die zweite Tür rechts)*

Frau Alving Mein armer Junge –!

Manders Ja, das dürfen Sie schon sagen. So weit ist es also mit ihm gekommen!

(Frau Alving sieht ihn an und schweigt.)

Manders (geht auf und ab) Er nannte sich selbst den verlorenen Sohn. Ja, leider – leider!

(Frau Alving sieht ihn unverwandt an.)

Manders Und was sagen Sie zu alledem?

Frau Alving Ich sage, daß Osvald Wort für Wort recht hatte.

Manders (bleibt stehen) Recht? Recht! Mit solchen Grundsätzen!

Frau Alving Hier in meiner Einsamkeit bin ich dahin gelangt, ebenso zu denken, Herr Pastor. Aber ich habe nie den Mut gehabt, daran zu rühren. Nun denn; mein Junge soll für mich reden.

Manders Sie sind ein beklagenswertes Weib, Frau Alving. Aber jetzt will ich ein ernstes Wort mit Ihnen reden. Nicht mehr Ihr Geschäftsführer und Ratgeber, nicht Ihr und Ihres verstorbenen Mannes Jugendfreund steht jetzt vor Ihnen. Es ist der Priester – so, wie er vor Ihnen stand in der verirrungsvollsten Stunde Ihres Lebens.
Frau Alving Und was hat der Priester mir zu sagen?
Manders Vor allen Dingen will ich Ihr Gedächtnis aufrütteln, Frau Alving. Der Zeitpunkt ist gut gewählt. Morgen ist der zehnjährige Todestag Ihres Gatten; morgen wird dem Heimgegangenen das Ehrendenkmal enthüllt werden; morgen werde ich zu der ganzen Schar der Versammelten reden – heute aber will ich zu Ihnen allein reden.
Frau Alving Gut, Herr Pastor; so reden Sie!
Manders Erinnern Sie sich, daß Sie nach kaum einjähriger Ehe am äußersten Rande des Abgrunds standen? Daß Sie Haus und Hof verließen, daß Sie Ihrem Manne entflohen – ja, Frau Alving, entflohen, entflohen – und daß Sie sich sträubten, zu ihm zurückzukehren, wie sehr er Sie auch darum bat und anflehte?
Frau Alving Haben Sie vergessen, wie grenzenlos unglücklich ich mich in diesem ersten Jahre fühlte?
Manders Just das ist der rechte Geist des Aufruhrs, das Glück zu fordern hier auf Erden. Was für ein Recht haben wir Menschen auf das Glück? Nein, wir sollen unsere Pflicht tun, werte Frau! Und Ihre Pflicht war es, bei dem Manne auszuhalten, den Sie einmal gewählt hatten und an den Sie durch heilige Bande geknüpft waren.
Frau Alving Sie wissen ganz gut, was für ein Leben Alving damals führte; welcher Ausschweifungen er sich schuldig machte.
Manders Ich weiß sehr wohl, was für Gerüchte über ihn umgingen; und ich bin gewiß der letzte, der seinen Lebenswandel während der Jugendjahre billigt, insoweit als die Gerüchte auf Wahrheit beruhten. Aber eine Ehefrau ist nicht zur Richterin über ihren Mann berufen. Ihre Schuldigkeit wäre es gewesen, demütigen Sinnes das Kreuz zu tragen, das ein höherer Wille für Sie dienlich erachtet hatte. Statt dessen aber werfen Sie in Empörung das Kreuz von sich, verlassen den Strauchelnden, den Sie hätten stützen sollen, setzen Ihren guten Namen und Ruf aufs Spiel und – hätten um ein Haar auch noch den Ruf anderer vernichtet.
Frau Alving Anderer? Eines anderen, meinen Sie doch wohl.
Manders Es war unerhört rücksichtslos von Ihnen, bei mir Zuflucht zu suchen.
Frau Alving Bei unserem Geistlichen? Bei unserem Hausfreund?

Manders Eben darum. – Ja, danken Sie Ihrem lieben Herrgott, daß ich die nötige Festigkeit besaß – daß ich Ihnen Ihr überspanntes Vorhaben ausredete und daß es mir vergönnt war, Sie auf den Weg der Pflicht und in das Haus Ihres Eheherrn zurückzuführen.

Frau Alving Ja, Manders, wahrhaftig, das ist Ihr Werk gewesen.

Manders Ich war nur ein schwaches Werkzeug in eines Höheren Hand. Und ist nicht daraus, daß ich Sie der Pflicht und dem Gehorsam unterwürfig machte – ist Ihnen daraus nicht für das ganze übrige Leben reicher Segen gediehen? Kam es nicht, wie ich Ihnen prophezeit habe? Entsagte Alving nicht seinen Verirrungen, wie es sich für einen Mann geziemt? Lebte er nicht fortan in Liebe und ohne Tadel mit Ihnen bis an sein Lebensende? Wurde er nicht zum Wohltäter für die ganze Gegend, und hob er Sie nicht so zu sich empor, daß Sie allmählich seine Mitarbeiterin in allen Unternehmungen wurden? Und zwar eine tüchtige Mitarbeiterin; oh, ich weiß das, Frau Alving; das Lob werde ich Ihnen auch lassen. – Aber nun komme ich zu dem zweiten großen Fehltritt Ihres Lebens.

Frau Alving Was meinen Sie damit?

Manders So, wie Sie einst die Pflichten der Ehefrau verleugnet haben, so haben Sie später die Pflichten der Mutter verleugnet.

Frau Alving Ah –!

Manders Ein Geist des Eigenwillens hat unheilschwanger Sie Ihr Leben lang beherrscht. Ihr ganzes Trachten war dem Zwanglosen und dem Gesetzlosen zugewendet. Jede Fessel war Ihnen unerträglich. Was immer im Leben Ihnen beschwerlich fiel, das haben Sie rücksichtslos und gewissenlos abgeworfen wie ein Bürde, mit der Sie machen konnten, was Sie wollten. Es paßte Ihnen nicht mehr, Gattin zu sein – und Sie verließen Ihren Mann. Es war Ihnen lästig, Mutter zu sein, und Sie taten Ihr Kind aus – unter fremde Leute.

Frau Alving Ja, das ist wahr; das hab' ich getan.

Manders Aber deshalb sind Sie ihm auch eine Fremde geworden.

Frau Alving Nein, nein, das bin ich nicht!

Manders Sie sind es; Sie müssen es sein. Und wie haben Sie ihn zurückbekommen! Überlegen Sie wohl, Frau Alving. Gegen Ihren Gatten haben Sie schwer gefehlt – das gestehen Sie zu, indem Sie ihm jenes Denkmal unten errichten. Nun erkennen Sie aber auch, wie Sie gegen Ihren Sohn gefehlt; es dürfte noch Zeit sein, ihn von den Pfaden der Verirrung abzubringen. Kehren Sie selbst um; richten Sie auf in ihm, was vielleicht doch noch aufzurichten ist. Denn – *(mit erhobenem*

Zeigefinger) – in Wahrheit, Frau Alving, Sie sind eine schuldbeladene Mutter! – Ihnen dies zu sagen, hielt ich für meine Pflicht.
(Pause)
Frau Alving (langsam und mit Selbstbeherrschung) Sie haben nun geredet, Herr Pastor; und morgen werden Sie öffentlich zu meines Mannes Gedächtnis reden. Ich werde morgen nicht reden. Aber jetzt werd' ich ein weniges zu Ihnen sprechen, grade so, wie Sie zu mir gesprochen haben.
Manders Natürlich; Sie wollen Entschuldigungen vorbringen für Ihr Tun –
Frau Alving Nein. Ich will nur erzählen.
Manders Nun –?
Frau Alving Was Sie hier eben von mir und meinem Manne und unserem Zusammenleben gesagt haben, nachdem Sie, wie Sie sich ausdrückten, mich auf den Pfad der Pflicht zurückgeführt haben – das alles wissen Sie ja doch gar nicht aus eigener Wahrnehmung. Seit jener Stunde setzten Sie – unser täglicher Freund und Gast – Ihren Fuß nicht mehr in unser Haus.
Manders Sie und Ihr Mann haben ja gleich darauf die Stadt verlassen.
Frau Alving Jawohl; und bei meines Mannes Lebzeiten sind Sie nie zu uns herausgekommen. Erst Geschäfte zwangen Sie, mich zu besuchen, als Sie nämlich mit der Asylfrage zu tun bekamen.
Manders (leise und unsicher) Helene – soll das ein Vorwurf sein, so bitt' ich Sie, zu überlegen –
Frau Alving – welche Rücksichten Sie Ihrer Stellung schuldig waren, jawohl. Und ferner, daß ich eine davongelaufene Frau war. Solchen rücksichtslosen Weibsbildern gegenüber kann man gar nicht zurückhaltend genug sein.
Manders Liebe – Frau Alving, das ist eine so maßlose Übertreibung –
Frau Alving Jawohl, ja – mag schon sein. Ich wollte auch nur sagen, daß Sie bei der Beurteilung meiner ehelichen Verhältnisse sich so ganz ohne weiteres auf die allgemein verbreitete Ansicht stützen.
Manders Nun ja; und was weiter?
Frau Alving Aber jetzt, Manders, jetzt will ich Ihnen die Wahrheit sagen. Ich habe mir geschworen, daß Sie sie einmal erfahren sollten. Sie allein!
Manders Und was ist denn die Wahrheit?
Frau Alving Die Wahrheit ist, daß mein Mann ebenso ruchlos gestorben ist, wie er immer gelebt hatte.
Manders (tastet nach einem Stuhl) Was sagen Sie da?

Frau Alving Nach neunzehnjähriger Ehe ebenso ruchlos – in seinen Gelüsten wenigstens –, wie er gewesen, bevor Sie uns trauten.
Manders Und diese Jugendverirrungen – diese Unregelmäßigkeiten –, Ausschweifungen, wenn Sie wollen, nennen Sie ein ruchloses Leben!
Frau Alving Unser Hausarzt gebrauchte den Ausdruck.
Manders Jetzt versteh' ich Sie nicht.
Frau Alving Ist auch nicht nötig.
Manders Mir wird ganz schwindelig. Ihre ganze Ehe – dies ganze langjährige Zusammenleben mit Ihrem Manne sollte nichts anderes gewesen sein als ein verdeckter Abgrund!
Frau Alving Das und nichts anderes. Nun wissen Sie's.
Manders Darin – darin kann ich mich nur schwer zurechtfinden. Ich kann's nicht fassen! Nicht festhalten! Wie war's denn möglich, daß –? Wie hat so was geheim bleiben können?
Frau Alving Darum hab' ich auch Tag für Tag unausgesetzt gekämpft. Als wir Osvald bekamen, da schien etwas wie eine Besserung in Alving vorzugehen. Aber das dauerte nicht lange. Und nun mußte ich ja doppelt kämpfen, kämpfen auf Leben und Tod, damit niemand erführe, was der Vater meines Kindes für ein Mensch war. Und Sie wissen ja auch, wie Alving die Herzen für sich einnahm. Kein Mensch traute ihm andres als Gutes zu. Er gehörte zu den Leuten, deren Ruf nicht unter ihrem Leben leidet. Aber nun, Manders – auch das sollen Sie wissen –, nun kam das Allerabscheulichste.
Manders Noch Abscheulicheres!
Frau Alving Ich hatte ihm durch die Finger gesehen, obgleich ich sehr wohl wußte, was außerhalb des Hauses heimlich vorging. Als dann aber das Ärgernis in unsere eigenen vier Wände drang –
Manders Was sagen Sie! Hier!
Frau Alving Ja, hier in unserem eigenen Hause. Da drin – *(zeigt auf die erste Tür rechts)* – im Speisezimmer hab' ich zuerst Wind bekommen von der Sache. Ich hatte drinnen was zu tun, und die Tür war nur angelehnt. Da hörte ich, wie unser Stubenmädchen mit Wasser für die Blumen aus dem Garten heraufkam.
Manders Nun, und –?
Frau Alving Kurz darauf hörte ich auch Alving kommen. Ich hörte, wie er leise etwas zu ihr sagte. Und dann hörte ich – *(Mit einem kurzen Lachen)* Oh, noch jetzt klingt es mir in den Ohren, so herzzerreißend und so lächerlich zugleich – ich hörte, wie meine eigene Magd flüsterte: Lassen Sie mich, Herr Kammerherr! Lassen Sie mich in Ruh'!

Manders Was für ein unstatthafter Leichtsinn von ihm! Ach, denn mehr als Leichtsinn ist es nicht gewesen, Frau Alving. Glauben Sie mir.
Frau Alving Ich erfuhr bald, was ich zu glauben hatte. Der Kammerherr setzte bei dem Mädchen seinen Willen durch – und dieses Verhältnis hatte Folgen, Herr Pastor.
Manders (wie versteinert) Und das alles in diesem Hause! In diesem Hause!
Frau Alving Ich hatte viel in diesem Hause erduldet. Um ihn ans Haus zu fesseln an den Abenden – und in den Nächten –, mußte ich mich oben auf seinem Zimmer zum Genossen seiner heimlichen Gelage machen. Da hab' ich unter vier Augen mit ihm sitzen müssen, hab' ich mit ihm anstoßen und trinken, seine unzüchtigen, sinnlosen Reden mitanhören müssen, hab' ich einen Ringkampf mit ihm kämpfen müssen, um ihn ins Bett zu kriegen –
Manders (erschüttert) Und das alles haben Sie ertragen können?!
Frau Alving Ich ertrug es ja doch für meinen kleinen Sohn. Als dann aber jene letzte Verunglimpfung hinzukam, als mein eigenes Dienstmädchen – da hab' ich mir geschworen: Das muß ein Ende haben! Und da hab' ich die Herrschaft im Haus übernommen – ganz und gar –, über ihn wie über alles andere. Denn jetzt, sehen Sie, hatt' ich ja Waffen gegen ihn; er wagte nicht zu mucksen. Um diese Zeit war's, wo ich Osvald weggab. Er ging schon ins siebente Jahr und fing an aufzumerken und zu fragen, wie Kinder tun. Das konnt' ich nicht ertragen, Manders. Mir war, als müßte schon die Luft, die es in diesem besudelten Hause einatmete, das Kind vergiften. Das war der Grund, weshalb ich ihn weggab. Und nun begreifen Sie auch, warum er nie wieder einen Fuß in das Haus hier setzen durfte, solange sein Vater lebte. Keine Menschenseele weiß, was mich das gekostet hat.
Manders Sie haben in Wahrheit erfahren, was das Leben ist.
Frau Alving Nie hätt' ich es ausgehalten, wenn ich meine Arbeit nicht gehabt hätte. Ja – denn ich darf wohl sagen, daß ich gearbeitet habe! Die Vermehrung unseres Grundbesitzes, alle Verbesserungen, die ganzen praktischen Einrichtungen, für die Alving Lob und Ruhm erntete – glauben Sie etwa, er hätte für so was Energie gehabt? Er, der den ganzen Tag auf dem Sofa lag und in einem alten Staatskalender las! Nein; nun will ich Ihnen auch das noch sagen: Ich war's, die ihn vorwärtstrieb, wenn er mal seine lichteren Augenblicke hatte; ich war's, die die ganze Last schleppen mußte, wenn er dann wieder in seine Ausschweifungen verfiel oder in Jammer und Elend zusammenbrach.

Manders Und dem Andenken eines solchen Mannes errichten Sie ein Ehrenmal.
Frau Alving Da sehen Sie die Macht des bösen Gewissens.
Manders Des bösen –? Wie meinen Sie das?
Frau Alving Ich dachte immer, die Wahrheit müßte notwendigerweise einmal an den Tag kommen und geglaubt werden. Deshalb sollte das Asyl gewissermaßen alle Gerüchte niederschlagen und jeden Zweifel beseitigen.
Manders Und diesen Zweck haben Sie sicherlich auch erreicht, Frau Alving.
Frau Alving Dann hatte ich aber auch noch einen anderen Grund. Ich wollte nicht, daß Osvald, mein lieber Junge, auch nur das Geringste von seinem Vater erben sollte.
Manders Also von Alvings Vermögen ist –?
Frau Alving Jawohl. Die Beträge, die ich diesem Asyl jahraus, jahrein überwiesen habe, machen ungefähr die Summe aus – ich hab' es genau ausgerechnet –, die Summe, die den Leutnant Alving seinerzeit zu einer guten Partie machte.
Manders Ich verstehe Sie –
Frau Alving Das war die Kaufsumme. – Ich will nicht, daß von dem Gelde etwas in Osvalds Hände übergeht. Mein Sohn soll alles von mir empfangen – das soll er.
(Osvald kommt durch die zweite Tür rechts; Hut und Paletot hat er draußen abgelegt.)
Frau Alving (geht ihm entgegen) Schon wieder da? Mein lieber, lieber, Junge!
Osvald Ja. Was soll man draußen in diesem ewigen Regenwetter? Aber ich höre, daß wir zu Tisch gehen. Das ist famos!
Regine (mit einem Paket aus dem Speisezimmer) Hier ist ein Paket für die gnädige Frau. *(Reicht es ihr)*
Frau Alving (mit einem Blick auf Manders) Vermutlich die Festgesänge für morgen.
Manders Hm –
Regine Es ist auch angerichtet.
Frau Alving Gut; wir kommen gleich; ich will nur – *(Fängt an, das Paket zu öffnen)*
Regine (zu Osvald) Wünschen Herr Alving weißen oder roten Portwein?
Osvald Beides, Jungfer Engstrand.
Regine Bien – sehr wohl, Herr Alving. *(Ab in das Speisezimmer)*

Osvald Ich will ihr doch lieber beim Aufziehen helfen – *(Ebenfalls ab in das Speisezimmer, dessen Tür sich hinter ihm wieder halb öffnet)*
Frau Alving (die das Paket geöffnet hat) Richtig; da sind die Festgesänge, Herr Pastor.
Manders (mit gefalteten Händen) Wie ich morgen mit freudigem Gemüte meine Festrede halten soll, das –!
Frau Alving Ach, Sie werden sich schon aus der Sache zu ziehen wissen.
Manders (leise, um im Speisezimmer nicht gehört zu werden) Nun ja, Ärgernis dürfen wir ja doch nicht wecken.
Frau Alving (mit gedämpfter, aber fester Stimme) Nein. Aber dann ist auch das lange, häßliche Komödienspiel zu Ende. Von übermorgen an soll es für mich sein, als habe der Tote nie gelebt in diesem Hause. Niemand anders soll hier sein, als mein Sohn und seine Mutter.
(Aus dem Speisezimmer hört man das Geräusch von einem umfallenden Stuhl; zugleich hört man:)
Reginens Stimme (scharf, aber flüsternd) Aber Osvald! Bist du nicht bei Troste? Laß mich in Ruh'!
Frau Alving (fährt entsetzt zusammen) Ah –! *(Sie starrt wie von Sinnen nach der halbgeöffneten Tür. Drinnen hört man Osvald husten und trällern. Eine Flasche wird aufgezogen.)*
Manders (empört) Was ist denn das? Was gibt es da, Frau Alving?
Frau Alving (heiser) Gespenster! Das Paar aus dem Blumenzimmer – geht um!
Manders Was sagen Sie! Regine –? Sie ist –?
Frau Alving Ja. Kommen Sie. Kein Wort –! *(Sie nimmt Pastor Manders' Arm und geht schwankend auf das Speisezimmer zu.)*

ZWEITER AKT

Dasselbe Zimmer. Der Regennebel liegt noch immer schwer auf der Landschaft. Manders und Frau Alving kommen aus dem Speisezimmer.

Frau Alving (noch in der Tür) Mahlzeit, Herr Pastor. *(Spricht ins Speisezimmer hinein)* Kommst du nicht mit, Osvald?
Osvald (drinnen) Danke, nein; ich möchte ein bißchen ausgehen.

Frau Alving Ja, tu das; der Regen läßt grade ein wenig nach. *(Schließt die Speisezimmertür, geht an die Tür des Vorzimmers und ruft)* Regine!
Regine (draußen) Gnädige Frau?
Frau Alving Geh hinunter in die Plättstube und hilf bei den Kränzen.
Regine Sehr wohl, gnädige Frau.
(Frau Alving vergewissert sich, ob Regine gegangen; dann schließt sie die Tür.)
Manders Er kann doch da drin nichts hören?
Frau Alving Wenn die Tür geschlossen ist, nicht. Überdies geht er ja aus.
Manders Ich bin noch wie vor den Kopf geschlagen. Ich begreife nicht, wie ich auch nur einen Bissen von dem guten Essen hinunterbringen konnte.
Frau Alving (geht auf und ab, indem sie ihre Unruhe zu beherrschen sucht) Ich auch nicht. Doch was ist da zu tun?
Manders Ja, was ist zu tun? Meiner Seel', ich weiß es nicht; solchen Lagen bin ich so gar nicht gewachsen.
Frau Alving Ich bin davon überzeugt, daß noch kein Unglück geschehen ist.
Manders Nein, das verhüte der Himmel! Ein unstatthaftes Verhältnis aber bleibt es dennoch.
Frau Alving Die ganze Geschichte ist ein loser Einfall von Osvald; da können Sie sicher sein.
Manders Ja, ich bin, wie ich schon sagte, in solchen Dingen nicht bewandert; aber ich glaube doch sicher –
Frau Alving Aus dem Hause muß sie. Und das sofort. Das ist sonnenklar –
Manders Ja, selbstverständlich.
Frau Alving Wohin aber? Wir können es doch nicht verantworten, daß –
Manders Wohin? Natürlich nach Hause zu ihrem Vater.
Frau Alving Zu wem, sagen Sie?
Manders Zu ihrem – nein, Engstrand ist ja gar nicht. – Aber lieber Gott, beste Frau, wie ist das nur möglich? Am Ende irren Sie sich doch.
Frau Alving Leider irre ich mich durchaus nicht. Johanne mußte mir beichten – und Alving konnte nicht leugnen. Es blieb also nichts anderes übrig, als die Sache zu vertuschen.
Manders Ja, das war wohl die einzige Möglichkeit.
Frau Alving Das Mädchen mußte gleich aus dem Dienst und bekam eine recht ansehnliche Summe, um bis auf weiteres zu schweigen. Für das übrige sorgte sie selbst, als sie in die Stadt kam. Sie erneuerte eine alte Bekanntschaft mit dem Tischler Engstrand, ließ vermutlich auch

durchblicken, wieviel Geld sie habe, und redete ihm dann etwas ein von einem Ausländer, der hier den Sommer über mit seiner Lustjacht gelegen habe. Dann wurden sie und Engstrand Hals über Kopf getraut. Sie selbst haben sie ja getraut.

Manders Wie soll ich mir aber nur erklären –? Ich entsinne mich noch deutlich, wie Engstrand kam, um die Trauung zu bestellen. Er war total gebrochen und klagte sich gar bitterlich wegen des Leichtsinns an, dessen er und seine Braut sich schuldig gemacht hätten.

Frau Alving Er mußte die Schuld ja doch auf sich nehmen.

Manders Aber so eine Unaufrichtigkeit! Und das mir gegenüber! Das hätte ich von Jakob Engstrand nie und nimmer gedacht. Na, ich werde ihn mir ganz gehörig vornehmen; darauf kann er sich nur gefaßt machen. – Und dann das Unsittliche einer solchen Verbindung! Dem Gelde zuliebe –! Wie groß war die Summe, über die das Mädchen verfügte?

Frau Alving Es waren dreihundert Taler.

Manders Ja, nun denken Sie mal – sich für lumpige dreihundert Taler mit einem gefallenen Mädchen trauen zu lassen.

Frau Alving Was sagen Sie denn von mir, die ich hinging und mich mit einem gefallenen Manne trauen ließ?

Manders Aber um Gottes willen – was sagen Sie da? Ein gefallener Mann!

Frau Alving Glauben Sie vielleicht, Alving war, als ich mit ihm zum Altar ging, reiner als Johanne, da Engstrand sich mit ihr trauen ließ?

Manders Ja, aber das sind doch himmelweit verschiedene Dinge –

Frau Alving Ganz und gar nicht. Allerdings war der Unterschied im Preise groß – lumpige dreihundert Taler und ein ganzes Vermögen.

Manders Aber daß Sie so was auch nur vergleichen können. Sie hatten sich ja doch mit Ihrem Herzen und Ihren Angehörigen beraten.

Frau Alving (ohne ihn anzusehen) Ich sollte meinen, Sie wüßten, wohin das, was Sie mein Herz nennen, sich damals verirrt hatte.

Manders (fremd) Hätt' ich so etwas gewußt, so wäre ich nicht ein täglicher Gast im Hause Ihres Mannes gewesen.

Frau Alving Nun, soviel steht wenigstens fest, daß ich mich mit mir selbst wahrlich nicht beraten hatte.

Manders Na, dann aber doch mit Ihrer nächsten Familie; so, wie es vorgeschrieben ist; mit Ihrer Mutter und Ihren beiden Tanten.

Frau Alving Ja, das ist wahr. Die drei lösten das Rechenexempel für mich. Ach, man sollt' es nicht glauben, wie klar sie herausbrachten, daß es der reine Wahnsinn wäre, einen solchen Antrag auszuschlagen. Könnte meine Mutter jetzt herabblicken und sehen, wohin die ganze Herrlichkeit geführt hat!

Manders Für den Ausgang kann kein Mensch verantwortlich gemacht werden. Soviel steht jedenfalls fest, daß Ihre Ehe in völliger Übereinstimmung mit der gesetzlichen Ordnung geschlossen wurde.

Frau Alving (am Fenster) O ja, Gesetz und Ordnung! Zuweilen mein' ich, die stiften in der Welt alles Unheil an.

Manders Frau Alving, da versündigen Sie sich.

Frau Alving Mag sein; aber diese ganzen Fesseln und Rücksichten ertrag' ich nicht länger. Ich kann es nicht. Ich muß mich zur Freiheit durcharbeiten.

Manders Wie meinen Sie das?

Frau Alving (trommelt auf den Fensterrahmen) Ich hätte kein Geheimnis aus Alvings Lebenswandel machen sollen. Aber damals wagt' ich so was nicht – auch um meiner selbst willen nicht. So feige war ich.

Manders Feige?

Frau Alving Hätten die Leute was erfahren, so hätte es geheißen: der arme Mann! Ganz begreiflich, daß er ausschweifend lebt; er hat ja ein Weib, das ihm davonläuft.

Manders Es hätte auch mit einer gewissen Berechtigung so heißen können.

Frau Alving (sieht ihn fest an) Wäre ich, die ich sein sollte, so würde ich mir Osvald vornehmen und sagen: Hör mich an, mein Sohn, dein Vater war ein gesunkener Mensch –

Manders Aber du barmherziger –

Frau Alving – und dann würde ich ihm alles erzählen, was ich Ihnen erzählt habe – haarklein alles.

Manders Es fehlt nicht viel, und ich bin empört über Sie, Frau Alving.

Frau Alving Das weiß ich. Ich weiß es ja! Ich bin selbst empört bei dem Gedanken. *(Verläßt das Fenster)* So feige bin ich.

Manders Und das nennen Sie Feigheit, wenn Sie einfach Ihre Pflicht und Schuldigkeit tun! Haben Sie vergessen, daß ein Kind Vater und Mutter achten und lieben soll?

Frau Alving Lassen Sie uns das nicht so allgemein nehmen. Fragen wir lieber: Muß Osvald den Kammerherrn Alving achten und lieben?

Manders Ist denn keine Stimme in Ihrem Mutterherzen, die Ihnen verbietet, die Ideale Ihres Sohnes zu zerstören?

Frau Alving Und die Wahrheit?

Manders Und die Ideale?

Frau Alving Ach – Ideale, Ideale! Wär' ich nur nicht so feige, wie ich bin!

Manders Verachten Sie mir die Ideale nicht, Frau Alving – denn das rächt sich schwer. Und nun gar Osvald. Osvald hat wohl nicht so viele Ideale – leider! Aber soviel hab' ich doch schon gemerkt, daß er seinen Vater als eine Art Ideal betrachtet.

Frau Alving Da haben Sie recht.

Manders Und diese seine Anschauungen haben Sie selbst durch Ihre Briefe in ihm geweckt und genährt.

Frau Alving Jawohl; ich stand unter dem Zwang von Pflichten und Rücksichten; deshalb belog ich meinen Jungen jahraus, jahrein. O wie feige – wie feige bin ich gewesen!

Manders Sie haben eine glückliche Illusion in Ihrem Sohn befestigt, Frau Alving – und das dürfen Sie wahrlich nicht gering anschlagen.

Frau Alving Hm, wer weiß, ob das nun grade so gut war. – Auf keinen Fall aber will ich von einem Techtelmechtel mit Regine etwas wissen. Er soll das arme Mädchen nicht unglücklich machen.

Manders Nein, gütiger Gott, das wäre ja fürchterlich!

Frau Alving Wenn ich wüßte, daß er es ernst meint und daß es zu seinem Glücke wäre –

Manders Wie? Was dann?

Frau Alving Aber das wär' es nicht; denn Regine ist leider nicht danach.

Manders Nun, und was dann? Was meinen Sie?

Frau Alving Wenn ich nicht so gottesjämmerlich feige wäre, wie ich bin, so würde ich zu ihm sagen: Heirate sie, oder richtet euch ein, wie ihr wollt; aber nur keinen Betrug!

Manders Aber du barmherziger –! Sogar noch eine gesetzliche Ehe! Etwas so Furchtbares –! Etwas so Unerhörtes –

Frau Alving Jawohl. Sie sagen unerhört! Hand aufs Herz, Pastor Manders; glauben Sie nicht, daß es hierzulande nicht wenige Ehepaare gibt, die gerade so nahe verwandt sind?

Manders Ich verstehe Sie ganz und gar nicht.

Frau Alving Oh, Sie verstehen mich ganz gut.

Manders Nun ja, Sie denken an den möglichen Fall, daß –. Ja, leider ist das Familienleben gewiß nicht immer so rein, wie es sein sollte. Aber so etwas, wie Sie da im Auge haben, das kann man ja doch nie wissen – wenigstens nicht mit Bestimmtheit. Hier dagegen – daß Sie, eine Mutter, damit einverstanden sein könnten, daß Ihr Sohn –!

Frau Alving Aber ich will ja gar nicht. Ich würde um keinen Preis der Welt damit einverstanden sein können; das sag' ich grade.

Manders Weil Sie feige sind, wie Sie sich ausdrücken. Wenn Sie nun aber nicht feige wären –! Du mein Schöpfer – eine so empörende Verbindung!
Frau Alving Wir entstammen übrigens samt und sonders solcher Art Verbindungen, heißt es. Und wer hat es denn so auf der Welt eingerichtet, Herr Pastor?
Manders Solche Fragen erörtere ich nicht mit Ihnen, Frau Alving; dazu haben Sie ganz und gar nicht die rechte Überlegung. Aber daß Sie sich unterfangen zu sagen, es sei feige von Ihnen –!
Frau Alving Hören Sie also, wie ich das meine. Ich bin furchtsam und scheu, weil etwas Gespensterhaftes in mir steckt, das ich nie so recht loswerden kann.
Manders Wie nannten Sie das?
Frau Alving Gespensterhaft. Als ich Regine und Osvald da drin hörte, war es, als säh' ich Gespenster vor mir. Aber, Manders, ich glaube fast, wir alle sind Gespenster. Nicht nur das, was wir von Vater und Mutter geerbt haben, geht in uns um. Es sind alle erdenklichen alten, toten Ansichten und allerhand alter, toter Glaube und so weiter. Es lebt nicht in uns; aber es sitzt uns trotzdem im Blut, und wir können es nicht loswerden. Wenn ich nur eine Zeitung in die Hand nehme und drin lese, so ist mir, als säh' ich Gespenster zwischen den Zeilen schleichen. Es müssen ringsum im ganzen Land Gespenster leben. Sie müssen so zahlreich sein, glaub' ich, wie Sand am Meer. Und dann sind wir alle so gottsjämmerlich lichtscheu, einer wie der andere.
Manders Aha! Da hätten wir also das Ergebnis Ihrer Lektüre. Schöne Früchte, in der Tat! O diese abscheulichen, aufrührerischen, freigeistigen Schriften!
Frau Alving Sie irren sich, lieber Pastor. Sie selbst sind es gewesen, der mich zum Denken gereizt hat; und dafür sollen Sie bedankt und gepriesen sein!
Manders Ich!
Frau Alving Jawohl; als Sie mich in das hineinzwangen, was Sie Pflicht und Schuldigkeit nannten; als Sie das als recht und richtig priesen, wogegen sich meine ganze Seele auflehnte, wie gegen etwas Entsetzliches. Damals macht' ich den Anfang, Ihre Lehren in den Nähten zu prüfen. Nur an einem einzigen Knoten wollt' ich zupfen; als ich den aber aufhatte, da gab die ganze Geschichte nach. Und da merkt' ich, daß es nur Maschinennaht war.
Manders (leise, erschüttert) Das sollte der Gewinn aus dem schwersten Kampf meines Lebens sein?

Frau Alving Nennen Sie es lieber Ihre kläglichste Niederlage.
Manders Es war der größte Sieg meines Lebens, Helene; der Sieg über mich selbst.
Frau Alving Es war ein Verbrechen an uns beiden.
Manders Daß ich Ihnen gebot und sagte: »Frau, gehen Sie heim zu Ihrem rechtmäßigen Gatten«, als Sie in Ihrer Verirrung zu mir kamen und riefen: Hier bin ich; nimm mich! War das ein Verbrechen?
Frau Alving Jawohl, ich halt' es dafür.
Manders Wir zwei verstehen uns nicht.
Frau Alving Wenigstens jetzt nicht mehr.
Manders Nie – auch in meinen geheimsten Gedanken nicht – waren Sie für mich etwas anderes als die Ehegenossin eines andern.
Frau Alving So – glauben Sie?
Manders Helene –!
Frau Alving Man kommt sich selbst so leicht aus dem Gedächtnis.
Manders Ich nicht. Ich bin derselbe, der ich immer war.
Frau Alving (in verändertem Ton) Ja, ja, ja – sprechen wir nicht mehr von alten Zeiten. Sie sitzen jetzt bis über die Ohren in Ämtern und Verwaltungen, und ich laufe hier herum und kämpfe mit Gespenstern, innerlich wie äußerlich.
Manders Mit den äußerlichen will ich Ihnen helfen fertig zu werden. Nach allem, was ich mit Entsetzen heut aus Ihrem Munde gehört habe, kann ich es vor meinem Gewissen nicht verantworten, ein junges haltloses Mädchen in Ihrem Hause zu lassen.
Frau Alving Meinen Sie nicht auch, es wäre das beste, wir könnten sie gut versorgen? Ich denke dabei – an eine gute Heirat.
Manders Zweifellos. Ich glaube, das wäre in jeder Hinsicht wünschenswert für sie. Regine ist ja nun in dem Alter, wo – ja, ich verstehe mich zwar nicht so sonderlich darauf, aber –
Frau Alving Regine war sehr früh erwachsen.
Manders Ja, nicht wahr? Es schwebt mir so vor, als sei sie in körperlicher Beziehung schon auffallend entwickelt gewesen, als ich sie zur Konfirmation vorbereitete. Vorläufig muß sie aber auf jeden Fall nach Hause; unter die Aufsicht ihres Vaters. – Ach ja, Engstrand ist ja gar nicht – daß er – daß er mir so die Wahrheit verheimlichen konnte!
(Es klopft an der Tür des Vorzimmers.)
Frau Alving Wer kann das sein? Herein!
Engstrand (sonntäglich gekleidet, in der Tür) Bitte recht schön um Entschuldigung, aber –
Manders Aha! Hm –

Frau Alving Sie sind es, Engstrand?
Engstrand – es war keins von den Dienstmädchen da, und da war ich denn so dreist und so frei, gleich anzuklopfen.
Frau Alving Na ja. Kommen Sie herein. Haben Sie mir was zu sagen?
Engstrand (tritt ein) Nein, danke ergebenst. Nur mit dem Herrn Pastor wollt' ich ein paar Worte reden.
Manders (geht auf und ab) Hm; so? Mit mir wollen Sie reden? Ach, wirklich?
Engstrand Ja, ich wollte so mächtig gern –
Manders (bleibt vor ihm stehen) Na, darf ich fragen, um was es sich handelt?
Engstrand Jawohl, Herr Pastor, es war nämlich dies: Nun haben wir da unten Klarierung. Schönen Dank, gnädige Frau. – Und nun sind wir fertig mit allem; und da mein' ich, da wär' es so hübsch und passend, wenn wir, die wir die ganze Zeit rechtschaffen zusammen gearbeitet haben – ich meine, wir sollten heut abend mit 'ner kleinen Andacht Schluß machen.
Manders Einer Andacht? Unten im Asyl?
Engstrand Ja, aber wenn der Herr Pastor es nicht passend finden, so –
Manders Gewiß find' ich das, aber – hm –
Engstrand Ich selbst habe gewöhnlich abends so 'ne kleine Andacht unten abgehalten –
Frau Alving So?
Engstrand Ja, dann und wann; sozusagen 'ne kleine Erbauungsstunde. Aber ich bin ja ein geringer, gemeiner Mann und habe, Gott helf' mir, nicht recht die Gabe dazu, und da dachte ich denn, weil Herr Pastor Manders doch just hier sind, so –
Manders Ja, sehen Sie, Engstrand, ich muß zuvor eine Frage an Sie richten. Haben Sie die rechte Stimmung für eine solche Andacht? Fühlen Sie Ihr Gewissen frei und leicht?
Engstrand Ach, du lieber Gott, ja, es verlohnt sich wohl nicht, vom Gewissen zu reden, Herr Pastor.
Manders Doch, erst recht wollen wir davon reden. Also antworten Sie?
Engstrand Ja, das Gewissen – das ist manchmal eine eklige Geschichte.
Manders Na, das sehen Sie wenigstens ein. Aber wollen Sie mir jetzt kurz und bündig sagen – was hat es mit Regine für eine Bewandtnis?
Frau Alving (hastig) Herr Pastor!
Manders (beruhigt sie) Lassen Sie mich –
Engstrand Mit Regine! Herrjeh, wie Sie mir Angst machen! *(Sieht Frau Alving an)* Es ist doch wohl nichts Schlimmes mit Regine passiert?

Manders Das wollen wir nicht hoffen. Aber ich meine, wie hängt das mit Ihnen und Regine zusammen? Sie gelten ja für ihren Vater. Nun?
Engstrand (unsicher) Ja – hm – Herr Pastor wissen doch die Geschichte mit mir und der seligen Johanne.
Manders Keine Verdrehung der Wahrheit mehr. Ihre verstorbene Frau hat Frau Alving den wirklichen Hergang mitgeteilt, ehe sie den Dienst verließ.
Engstrand Na, da soll aber doch gleich –! Das hat sie also doch getan?
Manders Sie sind also entlarvt, Engstrand.
Engstrand Und sie schwur und fluchte doch so hoch und heilig, daß –
Manders Fluchte!
Engstrand Nein, sie schwur bloß, aber so recht von Herzen.
Manders Und in diesen ganzen Jahren haben Sie mir die Wahrheit verheimlicht. Verheimlicht mir, der Ihnen unbedingt in allem und jedem getraut hat.
Engstrand Ja, leider hab' ich das.
Manders Habe ich das um Sie verdient, Engstrand? Bin ich Ihnen nicht stets bereitwillig mit Rat und Tat an die Hand gegangen, soweit es in meiner Macht stand? Antworten Sie mir! Bin ich das nicht?
Engstrand Es wäre manches Mal nicht gut um mich bestellt gewesen, wenn ich den Pastor Manders nicht gehabt hätte.
Manders Und da lohnen Sie's mir auf solche Art. Veranlassen mich, Unrichtigkeiten in das Kirchenbuch einzutragen, und enthalten mir dann noch jahrelang die Aufklärungen vor, die Sie mir und der Wahrheit schuldig waren. Ihre Handlungsweise ist ganz unverantwortlich gewesen, Engstrand; und von heut ab sind wir geschiedene Leute.
Engstrand (mit einem Seufzer) Ja, das sind wir wohl, wie ich mir denken kann.
Manders Wie wollten Sie sich denn auch wohl rechtfertigen?
Engstrand Hätte sie sich denn durch Weitertratschen noch mehr verschimpfieren sollen? Stellen der Herr Pastor sich nur mal vor, Herr Pastor wären in derselben Lage wie die selige Johanne –
Manders Ich!
Engstrand Jesus, Jesus, ich meine ja nicht akkurat so. Ich meine nur, wenn der Herr Pastor in den Augen der Leute sozusagen einen Schandfleck hätten. Wir Mannsleute sollten so 'n armes Frauenzimmer doch nicht so streng beurteilen, Herr Pastor.
Manders Aber das tue ich ja gar nicht. Gegen Sie richten sich meine Vorwürfe.
Engstrand Dürft' ich mir wohl 'ne ganz, ganz lüttche Frage erlauben?

Manders Na also, fragen Sie.
Engstrand Ist es nicht recht und billig von einem Manne, wenn er die Gefallene aufrichtet?
Manders Selbstverständlich.
Engstrand Und ist es nicht einem Mann seine Schuldigkeit, sein ehrliches Wort zu halten?
Manders Ja natürlich; aber –
Engstrand Dazumal, als Johanne Schaden genommen hatte mittels des Engländers – oder vielleicht war's ein Amerikaner oder ein Russer, wie man das nennt –, na, also da kam sie in die Stadt. Die arme Person, die hatte schon früher ein- oder zweimal mich abfahren lassen, denn sie sah ja man bloß auf die Hübschigkeit; und ich hatte ja doch diesen Knacks mit dem Bein. Herr Pastor werden wohl noch wissen, ich hatte mich mal auf einen Tanzboden gewagt, wo seefahrende Matrosen in Besoffenheit und Berauschung sozusagen radauten. Und wie ich sie nun vermahnen wollte, ein neues Leben zu wandeln –
Frau Alving (drüben am Fenster) Hm –
Manders Ich weiß, Engstrand; die rohen Menschen haben Sie die Treppe hinuntergeworfen. Diese Geschichte haben Sie mir schon früher einmal erzählt. Sie tragen Ihr Gebrechen in Ehren.
Engstrand Ich prahle nicht damit, Herr Pastor. Aber was ich sagen wollte – da kam sie also und vertraute sich mir unter Heulen und Zähneklappen an. Ich muß sagen, Herr Pastor, das tat mir bitter leid mitanzuhören.
Manders Es hat Ihnen leid getan, Engstrand? Na, und dann?
Engstrand Na, und da sagt' ich zu ihr: Der Amerikaner, der treibt sich auf dem Weltmeer herum. Und du, Johanne, sagt' ich, du hast einen Sündenfall begangen und bist ein gefallenes Wesen. Aber Jakob Engstrand, sagt' ich, ja der steht auf zwei reellen Beinen – das meint' ich nun sozusagen gleichnisweise, Herr Pastor.
Manders Verstehe schon; fahren Sie nur fort.
Engstrand Na, und da richtete ich sie wieder auf und ließ mich ehrlich mit ihr trauen, damit die Leute nicht zu wissen kriegten, wie sie sich mit dem Fremden vergangen hatte.
Manders Das war eine sehr schöne Tat von Ihnen. Nur kann ich nicht billigen, daß Sie sich dazu verstehen konnten, Geld anzunehmen.
Engstrand Geld? Ich? Nicht 'nen Groschen.
Manders (fragend zu Frau Alving) Aber –!
Engstrand Ach ja – warten Sie mal; nun fällt's mir ein. Johanne hatte doch wohl 'n paar Pfennige. Aber davon wollte ich nichts wissen. Pfui,

sagt' ich, Mammon, das ist Sündenlohn; das erbärmliche Gold – oder Papiergeld, was es nun war –, das werfen wir dem Amerikaner wieder in den Hals, sagt' ich. Aber er war weg und verschwunden, weit übers wilde Meer, Herr Pastor.
Manders War er das, mein guter Engstrand?
Engstrand Jawohl. Und da beschlossen ich und Johanne, daß das Geld dazu gebraucht werden sollte, das Kind zu erziehen; und so geschah es auch; und ich kann über jeden Pfennig Rechenschaft geben, wo er geblieben ist.
Manders Das ändert die Sache allerdings ganz bedeutend.
Engstrand So verhält sich die Sache, Herr Pastor. Und ich kann wohl sagen, ich bin Reginen ein ehrlicher Vater gewesen – soweit meine Kräfte gereicht haben – denn ich bin nur ein schwacher Mann, leider.
Manders Na, na, mein lieber Engstrand –
Engstrand Aber ich kann wohl sagen, ich habe das Kind erzogen und mit der seligen Johanne in Liebe gelebt und Hauszucht geübt, wie geschrieben steht. Aber nie wär's mir doch eingefallen, zu Herrn Pastor raufzukommen und zu prahlen und mir was darauf zugute zu tun, daß ich auch mal 'n gutes Werk getan habe, ich auch. Nein, wenn Jakob Engstrand so was passiert, dann schweigt er stille. Leider kommt es wohl nicht gar zu oft vor, weiß wohl. Und wenn ich zu Herrn Pastor komme, dann hab' ich ewig so viel zu reden von dem, was da töricht und gebrechlich ist. Denn ich sage, was ich vorhin schon gesagt habe – mit dem Gewissen ist das manchmal 'ne böse Sache.
Manders Reichen Sie mir Ihre Hand, Jakob Engstrand.
Engstrand Jesus, Herr Pastor –
Manders Keine Umstände. *(Drückt ihm die Hand)* So!
Engstrand Und wenn ich den Herrn Pastor nun recht hübsch brav um Verzeihung bäte –
Manders Sie mich? Nein, im Gegenteil – ich muß Sie um Verzeihung bitten –
Engstrand I Gott behüte, nein!
Manders Ja, unter allen Umständen. Und ich tu' es von ganzem Herzen. Verzeihen Sie, daß ich Sie so verkennen konnte. Ich wünschte, ich könnte Ihnen irgendeinen Beweis meines aufrichtigen Bedauerns und meines Wohlwollens geben –
Engstrand Das wollten Herr Pastor wirklich?
Manders Mit dem allergrößten Vergnügen –
Engstrand Ja, dazu wäre jetzt freilich 'ne Gelegenheit. Mit dem Glücks-

gelde, das ich mir hier auf die Seite gelegt habe, denk' ich in der Stadt so 'ne Art Seemannsheim zu gründen.
Frau Alving Sie?
Engstrand Ja, das sollte sozusagen 'ne Art Asyl werden. Der Versuchungen sind so viele für den Seefahrer, wenn er auf dem Festlande wandelt. Aber in diesem meinem Haus könnt' er gewissermaßen wie unter einer väterlichen Aufsicht sein, dacht' ich.
Manders Was sagen Sie dazu, Frau Alving!
Engstrand Ich hab' ja, weiß Gott, nicht gar viel für den Anfang; wenn mir nur 'n Wohltäter hilfreiche Hand liehe, so –
Manders Na ja, wir wollen die Sache in nähere Erwägung ziehen. Ihr Unternehmen sagt mir ganz außerordentlich zu. Aber jetzt gehen Sie nur voraus und setzen Sie alles instand und stecken Sie Licht an, damit es ein bißchen feierlich aussieht. Und dann werden wir eine Erbauungsstunde zusammen halten, mein lieber Engstrand; denn jetzt, glaub' ich, haben Sie die rechte Stimmung.
Engstrand Ja, das glaub' ich auch. Und somit adieu, gnädige Frau, und Dank für alles. Passen Sie mir nur recht gut auf die Regine auf. *(Wischt sich eine Träne aus dem Auge)* Das Kind von Johanne selig – hm – 's ist 'ne wunderliche Sache – aber es ist akkurat so, als wär' sie mir ans Herz festgewachsen. Weiß Gott ja, es ist so. *(Grüßt und geht durchs Vorzimmer ab)*
Manders Na, Frau Alving, was sagen Sie jetzt zu dem Mann! Das war eine ganz andere Erklärung, die wir da bekommen haben.
Frau Alving Ja, allerdings.
Manders Da, sehen Sie's, wie außerordentlich vorsichtig man sein muß mit der Verurteilung eines Mitmenschen. Aber es ist doch auch eine Herzensfreude, sich davon zu überzeugen, daß man geirrt hat. Oder was meinen Sie?
Frau Alving Ich meine, Sie sind und bleiben ein großes Kind, Manders.
Manders Ich?
Frau Alving (legt beide Hände ihm auf die Schultern) Und ich sage, ich hätte Lust, Ihnen um den Hals zu fallen.
Manders (entzieht sich ihr schnell) Nein, nein, Gott schütze Sie – solche Gelüste –
Frau Alving (mit leichtem Lächeln) Haben Sie nur keine Angst vor mir.
Manders (am Tische) Sie haben manchmal eine so übertriebene Art, sich auszudrücken. Doch nun will ich zuerst die Dokumente zusammenpakken und in meine Tasche tun. *(Tut, wie er sagt)* So. Und nun adieu so lange. Geben Sie obacht, wenn Osvald zurückkommt! Ich spreche

später noch einmal bei Ihnen vor. *(Nimmt seinen Hut und geht durchs Vorzimmer ab)*
Frau Alving (seufzt, sieht einen Augenblick zum Fenster hinaus, räumt ein wenig im Zimmer auf, will in das Speisezimmer gehen, bleibt jedoch mit einem gedämpften Aufschrei in der Tür stehen) Osvald, du sitzt noch bei Tische!
Osvald (im Speisezimmer) Ich rauche nur meine Zigarre zu Ende.
Frau Alving Ich glaubte, du seist ein bißchen die Straße hinaufgegangen.
Osvald Bei solchem Wetter?
(Ein Glas klirrt. Frau Alving läßt die Tür offenstehen und setzt sich mit ihrem Strickzeug auf das Sofa neben dem Fenster.)
Osvald (drinnen) Was das nicht Pastor Manders, der da eben fortging?
Frau Alving Jawohl, er ist hinunter nach dem Asyl.
Osvald Hm. *(Glas und Flasche klirren wieder)*
Frau Alving (mit besorgtem Blick) Lieber Osvald, mit dem Likör solltest du vorsichtig sein. Der ist stark.
Osvald Er ist gut gegen das feuchte Wetter.
Frau Alving Willst du nicht lieber zu mir hereinkommen?
Osvald Da drin darf ich ja nicht rauchen.
Frau Alving Eine Zigarre darfst du rauchen, das weißt du doch.
Osvald Na ja, dann komme ich. Nur noch ein kleines Tröpfchen. – So. *(Kommt mit der Zigarre ins Zimmer und schließt die Tür hinter sich. Kurze Pause.)*
Osvald Wo ist der Pastor hin?
Frau Alving Ich habe dir ja schon gesagt, nach dem Asyl hinunter.
Osvald Ach ja!
Frau Alving Du solltest nicht so lange bei Tische sitzen bleiben, Osvald.
Osvald (mit der Zigarre hinter dem Rücken) Aber Mutter, ich finde es so gemütlich. *(Streichelt und liebkost sie)* Denk doch mal, was das für mich, der nun wieder zu Hause ist, heißt: an Mutters Tisch in Mutters Stube zu sitzen und von Mutters leckeren Speisen zu essen.
Frau Alving Mein lieber, lieber Junge!
Osvald (etwas ungeduldig, geht auf und ab und raucht) Und was soll ich hier sonst auch tun? Ich kann nichts schaffen –
Frau Alving Das kannst du nicht?
Osvald Bei so trübem Wetter? Wo den ganzen Tag kein Sonnenstrahl zu sehen ist? *(Geht durchs Zimmer)* Oh! Nicht arbeiten können –!
Frau Alving Vielleicht war es doch etwas unüberlegt von dir, nach Hause zu kommen.

Osvald Nein, Mutter; es mußte sein.
Frau Alving Zehnmal lieber wollt' ich das Glück entbehren, dich bei mir zu haben, als daß du –
Osvald (bleibt am Tische stehen) Sag mal, Mutter – ist es denn wirklich ein so großes Glück für dich, mich wieder zu Hause zu haben?
Frau Alving Ob das ein Glück für mich ist!
Osvald (zerknittert eine Zeitung) Mich dünkt, es müßte dir so gut wie gleichgültig sein, ob ich dabin oder nicht.
Frau Alving Und du hast das Herz, deiner Mutter das zu sagen, Osvald?
Osvald Du hast doch früher so gut ohne mich leben können.
Frau Alving Ja; ich habe ohne dich gelebt – das ist wahr.
(Pause. Die Dämmerung setzt langsam ein. Osvald geht im Zimmer auf und ab. Die Zigarre hat er weggelegt.)
Osvald (bleibt bei Frau Alving stehen) Mutter, darf ich mich zu dir aufs Sofa setzen?
Frau Alving (macht ihm Platz) Ja, komm, mein lieber Junge.
Osvald (setzt sich) Jetzt muß ich dir was sagen, Mutter.
Frau Alving (gespannt) Nun?
Osvald (starrt vor sich hin) Denn ich kann es auf die Dauer nicht ertragen.
Frau Alving Was denn? Was ist?
Osvald (wie oben) Ich hab' es nicht gewagt, dir darüber zu schreiben; und seit ich wieder zu Hause bin –
Frau Alving (packt ihn am Arm) Osvald, was ist?
Osvald Gestern wie auch heut hab' ich versucht, die Gedanken abzuschütteln – mich loszureißen. Aber es geht nicht.
Frau Alving (steht auf) Du sollst jetzt geradeheraus reden, Osvald!
Osvald (zieht sie wieder aufs Sofa nieder) Bleib sitzen, dann will ich dir's zu sagen versuchen. – Ich habe über Müdigkeit infolge der Reise geklagt –
Frau Alving Nun ja. Und –
Osvald Aber das ist es nicht, was mir fehlt; nicht eine gewöhnliche Müdigkeit –
Frau Alving (will aufspringen) Du bist doch nicht krank, Osvald!
Osvald (zieht sie wieder nieder) Bleib sitzen, Mutter. Nimm es nur in Ruhe auf. Ich bin auch nicht so richtig krank; nicht, was man im allgemeinen krank nennt. *(Schlägt die Hände über dem Kopf zusammen)* Mutter, ich bin geistig gebrochen – vernichtet – ich darf nie wieder ans Arbeiten denken! *(Birgt hastig das Gesicht in den Händen, wirft sich in Frau Alvings Schoß und bricht in Schluchzen aus)*

Frau Alving (bleich und zitternd) Osvald! Sieh mich mal an! Nein, nein, das ist nicht wahr.
Osvald (sieht mit verzweifelten Blicken auf) Nie mehr arbeiten können! Nie – nie mehr! Tot sein bei lebendigem Leibe! Mutter, kannst du dir etwas so Furchtbares denken?
Frau Alving Mein unglücklicher Junge! Wie ist dies Furchtbare über dich gekommen?
Osvald (setzt sich wieder aufrecht) Ja, eben das kann ich absolut nicht fassen und begreifen. Ich habe niemals ein ausschweifendes Leben geführt. In gar keiner Beziehung. Das darfst du von mir nicht glauben, Mutter! Das hab' ich nie getan.
Frau Alving Das glaub' ich ja auch nicht, Osvald.
Osvald Und doch ist so etwas über mich gekommen! Dieses fürchterliche Unglück!
Frau Alving Ach, das wird sich schon wieder geben, mein lieber Herzensjunge. Es ist nur Überanstrengung. Das kannst du mir glauben.
Osvald (schwermütig) Das glaubte ich im Anfang auch; aber dem ist nicht so.
Frau Alving Erzähl' mir alles von A bis Z.
Osvald Das will ich auch.
Frau Alving Wann hast du's zuerst gemerkt?
Osvald Gleich nachdem ich das letztemal hier gewesen und wieder nach Paris gekommen war. Es fing damit an, daß ich die wahnsinnigsten Kopfschmerzen bekam – meistens im Hinterkopf, wie mir schien. Mir war, als würde mir ein enger Eisenring um den Nacken und nach oben hinauf geschraubt.
Frau Alving Und weiter?
Osvald Zunächst glaubt' ich, es sei nur der gewöhnliche Kopfschmerz, von dem ich in der Zeit meines Wachstums so sehr geplagt wurde.
Frau Alving Ja, ja –
Osvald Aber das war es nicht; das merkt' ich bald. Ich konnte nicht mehr arbeiten. Ich wollte ein neues großes Bild anfangen; aber es war, als ob die Kräfte mich verließen; meine ganze Energie war wie gelähmt; ich konnte mich nicht zu festen Vorstellungen sammeln; es schwindelte mir vor den Augen – alles drehte sich im Kreise. Ach, es war ein entsetzlicher Zustand! Schließlich schickte ich zum Arzt – und von ihm bekam ich Aufschluß.
Frau Alving Wie meinst du das?
Osvald Es war einer der ersten Ärzte von Paris. Ich mußte ihm beschreiben, was und wie ich es fühlte; und da fing er denn an, mir eine ganze

Reihe Fragen zu stellen, die mit der Sache scheinbar nichts zu tun hatten; ich begriff nicht, wo der Mann hinauswollte –
Frau Alving Nun?
Osvald Schließlich sagte er: Von Geburt an haben Sie was Wurmstichiges an sich gehabt – er brauchte genau den Ausdruck »vermoulu«.
Frau Alving (gespannt) Was meinte er damit?
Osvald Ich verstand es auch nicht und bat ihn um eine nähere Erklärung. Und da sagte der alte Zyniker – *(Ballt die Faust)* Oh –!
Frau Alving Was sagte er?
Osvald Er sagte: Der Väter Sünden werden heimgesucht an den Kindern.
Frau Alving (steht langsam auf) Der Väter Sünden –!
Osvald Ich war versucht, ihm ins Gesicht zu schlagen –
Frau Alving (geht durchs Zimmer) Der Väter Sünden –
Osvald (lächelt schwermütig) Ja, was sagst du dazu? Natürlich versicherte ich ihm, daß von so etwas gar nicht die Rede sein könne. Aber glaubst du, daß er sich davon abbringen ließ? Nein; er blieb dabei; und erst nachdem ich deine Briefe hervorgeholt und ihm alle die Stellen übersetzt hatte, die von Papa handelten –
Frau Alving Da –?
Osvald Ja, da mußte er selbstverständlich zugeben, daß er auf falscher Fährte gewesen; und dann erfuhr ich die Wahrheit. Die unfaßbare Wahrheit! Jenem seligen, glücklichen Jugendleben mit den Kameraden hätte ich mich fernhalten müssen. Es hätte meine Kräfte wesentlich überstiegen. Also selbstverschuldet!
Frau Alving Osvald! Ach nein, glaub das nicht!
Osvald Eine andere Erklärung sei nicht möglich, sagte er. Das ist das Furchtbare. Rettungslos verloren fürs ganze Leben – durch meine eigene Unbesonnenheit. Was hätt' ich nicht alles auf der Welt vollbringen können – nicht mal mehr daran denken zu dürfen – nicht daran denken zu können. Oh, könnt' ich nur ein neues Leben beginnen – könnt' ich alles ungeschehen machen! *(Wirft sich mit dem Gesicht aufs Sofa)*
(Frau Alving ringt die Hände und geht in innerem Kampf auf und ab.)
Osvald (sieht nach einer Weile auf und bleibt, auf den Ellenbogen gestützt, halb liegen) Wenn es doch nur wenigstens etwas Ererbtes wäre – etwas, wofür man selbst nichts kann. Aber so! Auf so schändliche, gedankenlose, leichtsinnige Art sein ganzes Glück, seine ganze Gesundheit, alles, aber auch alles – seine Zukunft, sein Leben verwirtschaftet zu haben –!
Frau Alving Nein, nein, mein Herzensjunge! Das ist unmöglich! *(Beugt sich über ihn)* Es steht nicht so verzweifelt um dich, wie du glaubst.

Osvald Ach, du weißt nicht – *(Springt auf)* Und dann, Mutter – daß ich dir diese Sorgen machen muß! Manchmal habe ich fast gewünscht und gehofft, du möchtest mich weniger liebhaben.
Frau Alving Ich! Osvald, mein einziger Junge! Das einzige, was ich auf Erden besitze und habe! Das einzige, was ich liebe.
Osvald (ergreift ihre beiden Hände und küßt sie) Freilich, ich seh' es wohl. Wenn ich zu Hause bin, so seh' ich es ja. Und das ist mit das Schwerste für mich. – Jetzt weißt du es also. Und nun wollen wir für heute nicht mehr davon reden. Ich kann es nicht vertragen, so lange hintereinander darüber nachzudenken. *(Geht durchs Zimmer)* Gib mir was zu trinken, Mutter.
Frau Alving Zu trinken? Was willst du jetzt trinken?
Osvald Ach, irgend was. Du hast ja kalten Punsch im Hause.
Frau Alving Ja, aber lieber Osvald –!
Osvald Du darfst nichts dagegen haben, Mutter. Sei doch nett! Ich muß was haben, womit ich diese ganzen quälenden Gedanken hinunterspüle. *(Geht ins Blumenzimmer)* Und dann – wie dunkel es hier ist!
(Frau Alving zieht rechts an einem Klingelzug.)
Osvald Und dies unaufhörliche Regenwetter. Wochenlang kann es so andauern; ganze Monate. Nie bekommt man einen Sonnenstrahl zu sehen. Sooft ich auch in der Heimat war, nie erinnere ich mich, Sonnenschein gesehen zu haben.
Frau Alving Osvald – du denkst daran, mich wieder zu verlassen!
Osvald Hm – *(atmet schwer)* Ich denk' an gar nichts. Kann an nichts denken! *(Leise)* Das lass' ich hübsch bleiben.
Regine (aus dem Speisezimmer) Haben gnädige Frau geschellt?
Frau Alving Jawohl, bring uns die Lampe.
Regine Gleich, gnädige Frau. Sie brennt schon. *(Ab)*
Frau Alving (geht zu Osvald hin) Osvald, verbirg mir nichts.
Osvald Das tu' ich auch nicht, Mutter. *(Geht an den Tisch)* Ich meine, ich hätte dir doch schon genug gesagt.
(Regine bringt die Lampe, stellt sie auf den Tisch.)
Frau Alving Du, Regine, du könntest uns eine halbe Flasche Champagner bringen.
Regine Sehr wohl, gnädige Frau. *(Ab)*
Osvald (faßt Frau Alvings Kopf mit beiden Händen) Das ist schön von dir. Ich wußte doch, Mutter würde ihren Jungen nicht verdursten lassen.
Frau Alving Mein armer, lieber Osvald; wie sollt' ich dir jetzt etwas abschlagen können?
Osvald (voll Leben) Ist das wahr, Mutter? Ist das dein Ernst?

Frau Alving Wie? Was?
Osvald Daß du mir nichts abschlagen könntest?
Frau Alving Aber lieber Osvald –
Osvald Pst!
Regine (bringt auf einem Teebrett eine halbe Flasche Champagner und zwei Gläser, die sie auf den Tisch stellt) Soll ich aufziehen –?
Osvald Danke schön – das tu' ich selbst.
(Regine wieder ab)
Frau Alving (nimmt am Tische Platz) Was meintest du – was dürft' ich dir nicht abschlagen?
Osvald (mit dem Aufziehen der Flasche beschäftigt) Zuerst ein Glas – oder zwei. *(Der Pfropfen springt; er schenkt das eine Glas voll und will auch das andere füllen.)*
Frau Alving (legt die Hand über das Glas) Danke – für mich nicht.
Osvald Na, dann für mich! *(Er leert das Glas, füllt es aufs neue und leert es noch einmal; dann setzt er sich an den Tisch.)*
Frau Alving (gespannt) Nun –?
Osvald (ohne sie anzusehen) Hör mal, du – Pastor Manders und du, ihr kamt mir so wunderlich – hm, so schweigsam bei Tische vor.
Frau Alving Hast du das bemerkt?
Osvald Ja. Hm – *(Nach einer kurzen Pause)* Sag mal – wie findest du Regine?
Frau Alving Wie ich sie finde?
Osvald Ja, ist sie nicht prächtig?
Frau Alving Lieber Osvald, du kennst sie nicht so genau wie ich –
Osvald Nun?
Frau Alving Regine ist leider zu lange bei ihren Eltern zu Haus gewesen. Ich hätte sie früher zu mir nehmen sollen.
Osvald Ja, aber ist sie nicht prächtig anzusehen, Mutter? *(Füllt sein Glas)*
Frau Alving Regine hat viele und große Fehler –
Osvald Nun ja, doch was tut das? *(Trinkt wieder)*
Frau Alving Trotzdem aber mag ich sie leiden; und ich bin für sie verantwortlich. Um alles auf der Welt möchte ich nicht, daß ihr etwas zustieße.
Osvald (springt auf) Mutter, Regine ist meine einzige Rettung!
Frau Alving (steht auf) Was meinst du damit?
Osvald Ich kann diese Seelenqualen auf die Dauer nicht allein ertragen.
Frau Alving Hast du denn nicht deine Mutter, die sie dir ertragen hilft?
Osvald Ja, das dachte ich, und deshalb kam ich auch zu dir zurück. Aber

auf diese Art geht's nicht. Ich seh's; es geht nicht. Hier halte ich das Leben nicht aus!
Frau Alving Osvald.
Osvald Ich muß anders leben, Mutter. Deshalb muß ich fort von dir. Ich will nicht haben, daß du es immer mitansiehst.
Frau Alving Mein unglücklicher Junge! Aber Osvald, solange du so krank bist wie jetzt –
Osvald Wär' es die Krankheit allein, ich würde bei dir bleiben, Mutter. Denn ich habe auf der Welt keinen besseren Freund als dich.
Frau Alving Ja, nicht wahr, Osvald? Das hast du nicht!
Osvald (geht unruhig umher) Aber es sind die Qualen alle – etwas – die Reue – und dann die schreckliche tödliche Angst. Oh – diese entsetzliche Angst!
Frau Alving (ihm nachgehend) Angst? Was für eine Angst? Was meinst du?
Osvald Ach, du darfst nicht weiter fragen. Ich weiß es nicht. Ich kann es nicht beschreiben.
(Frau Alving geht nach rechts und zieht die Glocke.)
Osvald Was willst du?
Frau Alving Ich will meinen Jungen fröhlich sehen – das will ich. Er soll nicht mehr herumgehen und grübeln. *(Zu Regine, die in der Tür erscheint)* Mehr Champagner. Eine ganze Flasche. *(Regine ab)*
Osvald Mutter!
Frau Alving Meinst du, wir verstünden hier auf dem Lande nicht auch zu leben?
Osvald Ist sie nicht prächtig anzusehen? Wie sie gebaut ist! Und so kerngesund.
Frau Alving (setzt sich an den Tisch) Setz dich, Osvald, und laß uns ruhig miteinander reden.
Osvald (setzt sich) Du weißt wohl nicht, Mutter, daß ich an Regine ein Unrecht wiedergutzumachen habe.
Frau Alving Du!
Osvald Oder doch eine kleine Unbesonnenheit – wenn du es so nennen willst. Sehr unschuldig übrigens. Als ich das letztemal hier war –
Frau Alving Ja?
Osvald – da fragte sie mich oft nach Paris, und ich erzählte ihr allerlei davon. So erinnere ich mich, daß ich sie eines Tages beiläufig fragte: Möchten Sie nicht selbst mal hin?
Frau Alving Nun?
Osvald Ich sah, daß sie rot wie Feuer wurde, und dann sagte sie: Ja, das

möcht' ich furchtbar gern. – Na ja, erwiderte ich, das wird sich schon noch mal machen lassen – oder so was Ähnliches.
Frau Alving Und weiter?
Osvald Ich hatte natürlich die ganze Sache vergessen; als ich sie vorgestern aber fragte, ob sie sich freue, daß ich nun so lange daheim bleiben würde –
Frau Alving Ja?
Osvald – da sah sie mich so eigentümlich an, und dann fragte sie: Was wird denn aber aus meiner Reise nach Paris?
Frau Alving Ihrer Reise!
Osvald Und da kriegt' ich denn aus ihr heraus, daß sie die Sache ernstgenommen, daß sie in der ganzen Zeit unablässig an mich gedacht hatte und daß sie eifrig Französisch gelernt –
Frau Alving Darum also –
Osvald Mutter – als ich das prächtige, schöne, kernfrische Mädchen sah – früher hatte ich sie ja gar nicht weiter beachtet – aber jetzt – wie sie sozusagen mit offenen Armen vor mir stand, bereit, mich zu empfangen –
Frau Alving Osvald!
Osvald – da wurde mir klar, daß in ihr meine Rettung sei; denn ich sah, in ihr ist Lebensfreude.
Frau Alving (stutzt) Lebensfreude –? Kann darin Rettung sein?
Regine (aus dem Speisezimmer mit einer Flasche Champagner) Ich bitte um Entschuldigung, daß ich so lange geblieben bin, aber ich mußte in den Keller – *(Stellt die Flasche auf den Tisch)*
Osvald Hol noch ein Glas.
Regine (sieht ihn verwundert an) Das Glas für die gnädige Frau steht da, Herr Alving.
Osvald Ja, aber du sollst noch eins für dich holen, Regine.
(Regine fährt zusammen und wirft einen scheuen, blitzschnellen Seitenblick auf Frau Alving.)
Osvald Nun?
Regine (leise und zögernd) Erlaubt es die gnädige Frau –?
Frau Alving Hol das Glas, Regine.
(Regine ab ins Speisezimmer)
Osvald (sieht ihr nach) Hast du bemerkt, wie sie geht? So fest und unbefangen.
Frau Alving Das geschieht nicht, Osvald!
Osvald Es ist beschlossene Sache. Das siehst du doch. Dagegen nützt kein Reden mehr.

(Regine kommt mit einem leeren Glas, das sie in der Hand behält.)
Osvald Setz dich, Regine.
(Regine sieht fragend Frau Alving an.)
Frau Alving Setz dich hin.
(Regine setzt sich auf einen Stuhl neben der Tür zum Speisezimmer und behält das leere Glas in der Hand.)
Frau Alving Osvald – was hast du da eben von der Lebensfreude gesagt?
Osvald Ja, Mutter, die Lebensfreude – von der wißt ihr hierzulande nicht viel. Ich spüre sie hier nie.
Frau Alving Auch nicht, wenn du bei mir bist?
Osvald Wenn ich daheim bin, nicht. Aber das verstehst du nicht.
Frau Alving O ja, ich glaube fast, ich verstehe es – jetzt.
Osvald Die Lebensfreude – und dann die Arbeitsfreude. Im Grunde genommen ist das wohl dasselbe. Aber auch von der wißt ihr nichts.
Frau Alving Da kannst du recht haben. Osvald, laß mich mehr davon hören.
Osvald Ja, ich meine nur, daß den Leuten hier der Glaube eingebläut wird, die Arbeit sei ein Fluch und eine Sündenstrafe und das Leben sei eine jämmerliche Sache, aus der man gar nicht schnell genug herauskommen könne.
Frau Alving Ein Jammertal, jawohl. Und dazu machen wir's auch mit redlichem Bemühen.
Osvald Von so was aber wollen in der Fremde draußen die Menschen nichts wissen. Da glaubt keine Seele mehr ernsthaft an solche Lehren. Da wird es schon als helle Glückseligkeit empfunden, nur auf der Welt zu sein. Mutter, ist es dir nicht aufgefallen, daß es sich bei allem, was ich gemalt habe, um die Lebensfreude gehandelt hat? Stets und ständig um die Lebensfreude. Da sind Licht und Sonnenschein und Sonntagsluft – und heiter strahlende Menschengesichter. Deshalb habe ich Angst, hier, zu Hause, bei dir zu bleiben.
Frau Alving Angst? Wovor hast du denn Angst hier bei mir?
Osvald Ich habe Angst, es könnte alles, was in mir lodert, hier in Häßlichkeit ausarten.
Frau Alving (sieht ihn fest an) Das, meinst du, könnte geschehen?
Osvald Ich bin davon überzeugt. Und lebtest du hier bei uns auch dasselbe Leben wie dort in der Fremde, so wär's doch nicht dasselbe Leben.
Frau Alving (hat gespannt zugehört, sieht jetzt mit großen, gedankenvollen Augen auf und sagt) Nun seh' ich den Zusammenhang.
Osvald Was siehst du?

Frau Alving Jetzt seh' ich ihn zum ersten Mal. Und nun kann ich reden.
Osvald (steht auf) Mutter, ich verstehe dich nicht.
Regine (die ebenfalls aufgestanden ist) Soll ich vielleicht gehen?
Frau Alving Nein, bleibe. Jetzt kann ich reden. Jetzt, mein Junge, sollst du alles erfahren. Und dann magst du wählen. Osvald! Regine!
Osvald Still. Der Pastor –
Pastor Manders (kommt durch die Vorzimmertür) So – eine herzerquikkende Stunde haben wir jetzt eben da unten gehabt.
Osvald Wir auch.
Manders Engstrand muß mit seinem Seemannsheim geholfen werden. Regine wird mit ihm gehen und ihm behilflich sein –
Regine Nein, danke, Herr Pastor.
Manders (gewahrt sie erst jetzt) Wie –? Hier – und ein Glas in der Hand!
Regine (stellt das Glas rasch weg) Pardon –!
Osvald Regine geht mit mir, Herr Pastor.
Manders Geht –! Mit Ihnen!
Osvald Ja, als meine Frau – wenn sie es verlangt.
Manders Aber du barmherziger –!
Regine Ich kann nichts dafür, Herr Pastor.
Osvald Oder sie bleibt hier, wenn ich bleibe.
Regine (unwillkürlich) Hier?!
Manders Ich bin starr über Sie, Frau Alving.
Frau Alving Keines von beiden wird geschehen; den jetzt darf ich frei reden.
Manders Aber das werden Sie doch nicht! Nein, nein, nein!
Frau Alving Jawohl, ich kann und ich will. Und doch sollen keine Ideale fallen.
Osvald Mutter, hier wird mir was verheimlicht!
Regine (horcht auf) Gnädige Frau! Hören Sie nur! Draußen schreien die Leute. *(Geht ins Blumenzimmer und sieht hinaus)*
Osvald (eilt ans Fenster links) Was ist denn da los? Woher kommt der Feuerschein?
Regine (ruft) Es brennt im Asyl!
Frau Alving (ans Fenster stürzend) Brennt?!
Manders Brennt? Unmöglich. Ich war ja eben erst dort.
Osvald Wo ist mein Hut? Na, einerlei – Papas Asyl –! *(Stürzt zur Gartentür hinaus)*
Frau Alving Mein Tuch, Regine! Es brennt lichterloh!
Manders Furchtbar! Frau Alving, da leuchtet das Strafgericht über diesem Haus der Verirrung!

Frau Alving Jawohl – gewiß. Komm, Regine. *(Sie und Regine eilen durch das Vorzimmer ab)*
Manders (schlägt die Hände zusammen) Und nicht versichert! *(Denselben Weg ab)*

DRITTER AKT

Zimmer wie vorher. Alle Türen stehen auf. Die Lampe brennt noch immer auf dem Tische. Draußen ist es dunkel. Nur ein schwacher Feuerschein links im Hintergrunde.

Frau Alving, ein großes Tuch über dem Kopf, steht hinten im Blumenzimmer und sieht hinaus, Regine, die auch ein Tuch umhat, steht ein wenig hinter ihr.

Frau Alving Niedergebrannt, alles! Bis auf den Grund.
Regine Es brennt noch in den Kellern.
Frau Alving Daß Osvald nicht heraufkommt! Es ist ja nichts mehr zu retten.
Regine Soll ich ihm vielleicht den Hut hinunterbringen?
Frau Alving Nicht einmal seinen Hut hat er auf?
Regine (zeigt nach dem Vorzimmer) Nein, da hängt er.
Frau Alving So laß ihn hängen. Er muß doch gleich kommen. Ich werde selbst nachsehen. *(Durch die Gartentür ab)*
Manders (kommt aus dem Vorzimmer) Ist Frau Alving nicht hier?
Regine Sie ist eben hinunter in den Garten.
Manders Das ist die entsetzlichste Nacht, die ich je erlebt.
Regine Ja, ist das nicht ein grauenhaftes Unglück, Herr Pastor?
Manders Ach, sprechen Sie nicht davon! Ich darf nicht mal dran denken!
Regine Aber wie mag es nur zugegangen sein –?
Manders Fragen Sie mich nicht, Jungfer Engstrand! Woher soll ich das wissen? Wollen Sie vielleicht auch –? Ist es noch nicht genug, wenn Ihr Vater?
Regine Was ist mit ihm?
Manders Er hat mich rein verdreht im Kopf gemacht.

Engstrand (kommt durch das Vorzimmer) Herr Pastor –!
Manders (wendet sich erschrocken um) Sind Sie hier auch hinter mir her?
Engstrand Ja, Donnerwetter –! Herrjesus, nein! Aber das ist doch zu scheußlich, Herr Pastor!
Manders (geht auf und ab) Leider, leider!
Regine Was ist denn?
Engstrand Ach, sieh mal, es kam von dieser Andacht her. *(Leise)* Jetzt ist er auf den Leim gegangen, mein Kind! *(Laut)* Und daß ich Schuld daran sein muß, daß Herr Pastor Manders so was verüben!
Manders Aber ich versichere Ihnen, Engstrand –
Engstrand Es hat aber doch kein anderer als der Herr Pastor mit dem Licht rumgefuchtelt.
Manders Ja, das behaupten Sie. Aber ich erinnere mich wahrhaftig nicht, ein Licht in der Hand gehabt zu haben.
Engstrand Aber ich habe doch ganz deutlich gesehen, daß Herr Pastor das Licht packten und es mit den Fingern schneuzten und die Schnuppe in die Hobelspäne schmissen.
Manders Und das haben Sie gesehen?
Engstrand Na gewiß doch.
Manders Das ist mir ganz unbegreiflich. Es ist doch sonst meine Gewohnheit nicht, das Licht mit den Fingern zu putzen.
Engstrand Ja, es sah auch ruppig genug aus – das tat es. Aber kann es denn wirklich den Kragen kosten, Herr Pastor?
Manders (geht unruhig auf und ab) Ach! Fragen Sie mich nicht!
Engstrand (geht mit ihm) Und versichert haben Herr Pastor auch nicht?
Manders (immer im Gehen) Nein, nein, nein; Sie hören es ja.
Engstrand (hinter ihm her) Nicht versichert. Und sachte zu verduften und die ganze Pastete anzustecken. Herrjeh, Herrjeh, was für 'n Unglück!
Manders (trocknet sich den Schweiß von der Stirn) Ja, Engstrand, das dürfen Sie schon sagen.
Engstrand Und daß so was mit 'ner wohltätigen Anstalt passieren muß, wo Stadt und Land ihren Vorteil davon haben sollten, wie es heißt. Die Zeitungen werden den Herrn Pastor wohl nicht mit Glacéhandschuhen anfassen.
Manders Darüber mach' ich mir ja gerade Gedanken. Das ist beinah das Schlimmste bei der ganzen Sache. Die gehässigen Angriffe und Beschuldigungen –! Ach, es ist gräßlich, daran zu denken!
Frau Alving (kommt aus dem Garten) Er ist nicht dazu zu bewegen, die Löscharbeiten aufzugeben.

Manders Ah, da sind Sie, werte Frau!
Frau Alving Nun sind Sie um Ihre Festrede doch herumgekommen, Herr Pastor.
Manders Ach, ich hätte mit Freuden –
Frau Alving (mit gedämpfter Stimme) Es ist wohl das beste, daß es so und nicht anders gekommen ist. Dies Asyl wäre keinem zum Segen geworden.
Manders Glauben Sie?
Frau Alving Glauben Sie es nicht?
Manders Aber es war doch ein ungeheuer großes Unglück.
Frau Alving Sprechen wir in aller Kürze davon, wie von einer geschäftlichen Sache. – Warten Sie auf den Herrn Pastor, Engstrand?
Engstrand (an der Vorzimmertür) Ja, das tu' ich.
Frau Alving Dann setzten Sie sich solange.
Engstrand Danke schön, ich kann ebensogut stehen.
Frau Alving (zu Manders) Sie fahren vermutlich mit dem nächsten Dampfschiff?
Manders Jawohl. Es geht in einer Stunde.
Frau Alving Dann haben Sie wohl die Güte, alle Papiere wieder mitzunehmen. Ich will kein Wort mehr hören von dieser Sache. Ich habe jetzt andere Dinge im Kopf –
Manders Frau Alving –
Frau Alving Ich schicke Ihnen Vollmacht nach, alles nach Ihrem Belieben zu ordnen.
Manders Das übernehme ich herzlich gern. Die ursprüngliche Bestimmung des Legats muß ja nun leider ganz geändert werden.
Frau Alving Das versteht sich.
Manders Ja, dann denk' ich, ich ordne es vorläufig so, daß das Gehöft Solvik an den Distrikt fällt. Den Grund und Boden kann man doch keineswegs für ganz wertlos erklären. Irgendeine nützliche Bestimmung wird sich doch wohl dafür finden lassen. Und die Zinsen des Barbestandes, der in der Sparkasse steht, könnte ich vielleicht sehr passend zur Unterstützung dieses oder jenes Unternehmens verwenden, das anerkanntermaßen der Stadt von Vorteil ist.
Frau Alving Ganz wie Sie wollen. Mir ist das alles jetzt ganz einerlei.
Engstrand Vergessen Sie mein Seemannsheim nicht, Herr Pastor!
Manders Natürlich – ganz recht, ja. Aber das will genau überlegt sein.
Engstrand Zum Teufel das Überlegen – ach Herrjesus.
Manders (mit einem Seufzer) Und leider weiß ich auch nicht, wie lange ich noch die Sachen unter mir haben werde. Ob nicht die öffentliche

Meinung mich nötigen wird, zurückzutreten. Das hängt doch alles von dem Ausgang der Branduntersuchung ab.

Frau Alving Was sagen Sie da?

Manders Und über den Ausgang läßt sich im voraus gar nichts bestimmen.

Engstrand (tritt näher) I, aber natürlich. Denn hier steht Jakob Engstrand und ich.

Manders Ja, ja, aber –?

Engstrand (leiser) Und Jakob Engstrand ist nicht der Mann, der einen würdigen Wohltäter in der Stunde der Not in der Patsche sitzenläßt, wie man zu sagen pflegt.

Manders Aber, mein Lieber – wie –?

Engstrand Jakob Engstrand ist sozusagen mit einem Rettungsengel zu vergleichen, Herr Pastor!

Manders Nein, nein, das kann ich wirklich nicht annehmen.

Engstrand O, das müssen Sie nun doch schon. Ich kenne einen, der hat schon mal anderer Leute Schuld auf sich genommen – ja!

Manders Jakob! *(Drückt ihm die Hand)* Sie sind ein seltener Mensch. Na, Sie sollen aber auch Ihr Seemannsasyl kriegen; darauf können Sie sich verlassen.

(Engstrand will danken, kann aber vor Rührung nicht.)

Manders (hängt die Reisetasche um die Schultern) Und nun fort. Wir zwei reisen zusammen.

Engstrand (an der Tür des Speisezimmers, leise zu Regine) Komm mit, Mädel! Du sollst es haben wie der Herrgott in Frankreich.

Regine (wirft den Kopf in den Nacken) Merci! *(Geht ins Vorzimmer und holt das Reisegepäck des Pastors)*

Manders Leben Sie wohl, Frau Alving! Und möge der Geist der Ordnung und der Gesetzlichkeit recht bald seinen Einzug halten in dieses Haus.

Frau Alving Leben Sie wohl, Manders! *(Sie geht auf das Blumenzimmer zu, während sie Osvald durch die Gartentür eintreten sieht.)*

Engstrand (indem er und Regine dem Pastor beim Anziehen des Paletots helfen) Adieu, mein Kind. Und wenn dir was passieren sollte, so weißt du ja, wo Jakob Engstrand zu finden ist. *(Leise)* Kleine Hafengasse, hm –! *(Zu Frau Alving und Osvald)* Und das Haus für die fahrenden Seeleute, das soll heißen »Kammerherrn Alvings Heim«. Und wenn ich das Haus nach meinem Kopf führen darf, dann kann ich wohl versprechen, daß es dem seligen Herrn Kammerherrn keine Unehre machen wird.

Manders (in der Tür) Hm – hm! Kommen Sie nur, mein lieber Engstrand. Leben Sie wohl! Leben Sie wohl! *(Er und Engstrand durch das Vorzimmer ab)*

Osvald (geht an den Tisch) Von was für einem Hause sprach er da?

Frau Alving Von einer Art Asyl, das er zusammen mit dem Pastor Manders gründen will.

Osvald Das wird auch abbrennen, wie die ganze Geschichte hier.

Frau Alving Wie kommst du darauf?

Osvald Alles wird abbrennen. Nichts bleibt übrig von dem, was an Papa erinnert. Ich verbrenne ja auch.

(Regine sieht ihn betroffen an.)

Frau Alving Osvald, mein armer Junge, du hättest nicht so lange da unten bleiben sollen.

Osvald (setzt sich an den Tisch) Ich glaube beinah, du hast recht.

Frau Alving Laß dir das Gesicht abtrocknen, Osvald; du bist ganz naß. *(Trocknet ihm das Gesicht mit ihrem Taschentuch)*

Osvald (blickt gleichgültig vor sich hin) Danke schön, Mutter.

Frau Alving Bist du nicht müde, Osvald? Willst du vielleicht schlafen?

Osvald (ängstlich) Nein, nein – nicht schlafen! Ich schlafe nie; ich stelle mich nur so. *(Schwermütig)* Das kommt noch früh genug.

Frau Alving (sieht ihn bekümmert an) Ja, du bist wahrhaftig krank, mein Herzensjunge.

Regine (gespannt) Herr Alving ist krank?

Osvald (ungeduldig) Schließt alle Türen zu! Diese tödliche Angst –

Frau Alving Mach sie zu, Regine. *(Regine schließt zu und bleibt an der Vorzimmertür stehen. Frau Alving legt ihr Tuch ab; Regine ebenso.)*

Frau Alving (rückt einen Stuhl neben Osvald und setzt sich zu ihm) So! Nun will ich mich zu dir setzen –

Osvald Ja, tu das! Regine soll auch hierbleiben. Regine soll immer um mich sein. Du wirst mir doch hilfreiche Hand leisten, Regine – nicht wahr?

Regine Ich verstehe nicht –

Frau Alving Hilfreiche Hand?

Osvald Ja – wenn es nötig wird.

Frau Alving Osvald, ist denn nicht deine Mutter da, dir hilfreiche Hand zu leisten?

Osvald Du? *(Lächelt)* Nein, Mutter, die leistest du mir nicht. *(Lächelt schwermütig)* Du! Haha! *(Sieht sie ernst an)* Übrigens wärst du ja die Nächste dazu. *(Heftig)* Warum kannst du nicht du zu mir sagen, Regine? Warum nennst du mich nicht Osvald?

Regine (leise) Ich glaube nicht, daß die gnädige Frau damit einverstanden wäre.
Frau Alving Nur ein Weilchen noch, und es ist dir erlaubt. Setz auch du dich hierher zu uns.
(Regine setzt sich bescheiden und zögernd an die andere Seite des Tisches.)
Frau Alving Und nun, mein armer Schmerzensjunge, nun will ich dir die Lasten von der Seele nehmen –
Osvald Du, Mutter?
Frau Alving – alles, was du Gewissensbisse und Reue und Vorwürfe nennst –
Osvald Und das glaubst du zu können?
Frau Alving Jawohl, jetzt kann ich es, Osvald. Vorhin, wie du auf die Lebensfreude zu sprechen kamst, da rückte mir auf einmal mein ganzes Dasein in eine neue Beleuchtung.
Osvald (schüttelt den Kopf) Davon versteh' ich kein Wort.
Frau Alving Du hättest deinen Vater kennen sollen, als er noch ein ganz junger Leutnant war. In dem loderte die Lebensfreude, du!
Osvald Ja, das weiß ich.
Frau Alving Wie Sonntagswetter wirkte sein bloßer Anblick. Und dann – was für eine unbändige Kraft und Lebensfülle waren in ihm!
Osvald Und nun –?
Frau Alving Und nun mußte so ein Kind der Lebensfreude – denn er war damals wie ein Kind –, mußte er hier in einer Mittelstadt seine Tage verbringen, die nicht Freuden zu bieten hatte, sondern nur Vergnügungen. Mußte sie hier verbringen, wo er keinen Lebenszweck fand; er hatte bloß ein Amt. Wo die Aufgabe, der er sich mit seiner ganzen Seele hätte widmen können? Er hatte nur Geschäfte. Auch nicht einen Kameraden zu haben, der fähig gewesen wäre, zu empfinden, was Lebensfreude ist – nur Tagediebe und Zechbrüder –!
Osvald Mutter –!
Frau Alving So kam es, wie es kommen mußte.
Osvald Und wie mußte es denn kommen?
Frau Alving Du selbst hast vorhin gesagt, wie es dir ergehen würde, wenn du daheim bliebst.
Osvald Willst du damit sagen, daß Papa –?
Frau Alving Deinem armen Vater fehlte jedes Ventil für die überströmende Lebensfreude, die in ihm war. Auch ich brachte ihm nicht das Sonntagswetter ins Haus.
Osvald Auch du nicht?
Frau Alving Man hatte mich etwas gelehrt von Pflichten und derglei-

chen, und ich hatte lange und fest daran geglaubt. Alles lief da auf Pflichten hinaus – auf meine Pflichten und auf seine Pflichten und –. Ich fürchte, Osvald, daß ich deinem armen Vater das Haus unerträglich gemacht habe.

Osvald Warum hast du mir darüber nie etwas geschrieben?

Frau Alving Bisher hab' ich es nie in dem Lichte gesehen, daß ich es dir, seinem Sohn, gegenüber hätte berühren können.

Osvald Und wie hast du es denn gesehen?

Frau Alving (langsam) Ich sah nur das eine – daß dein Vater ein gebrochener Mann war, ehe du geboren wurdest.

Osvald (mit gedämpfter Stimme) Ah –! *(Er steht auf und geht ans Fenster.)*

Frau Alving Und dann verfolgte mich tagaus, tagein nur immer der eine Gedanke, daß Regine im Grunde ebensogut in dieses Haus hier gehöre – wie mein eigenes Kind.

Osvald (wendet sich schnell um) Regine –!

Regine (fährt auf und fragt mit gedämpfter Stimme) Ich –!

Frau Alving Ja, nun wißt ihr's beide.

Osvald Regine!

Regine (vor sich hin) Mutter war also so eine.

Frau Alving Deine Mutter hatte viele gute Seiten, Regine.

Regine Ja, aber sie war doch so eine. Ich hab's mir schon manchmal gedacht; aber –. Ja, gnädige Frau, lassen Sie mich bitte gleich auf der Stelle fort.

Frau Alving Ist das dein Ernst, Regine?

Regine Allerdings.

Frau Alving Du hast natürlich deine Freiheit, aber –

Osvald (nähert sich Regine) Fort? Jetzt? Du gehörst doch hierher.

Regine Merci, Herr Alving – ja, nun darf ich ja wohl Osvald sagen. Freilich nicht auf die Art, wie ich's mir vorgestellt hatte.

Frau Alving Regine, ich bin zu dir nicht offenherzig gewesen –

Regine Ja, das war 'ne Sünde und Schande! Hätte ich gewußt, daß Osvald kränklich ist, so –. Und nun, wo zwischen uns ernstlich doch nichts werden kann –. Nein, ich kann wirklich nicht hier auf dem Lande herumlaufen und mich für kranke Leute abschinden.

Osvald Nicht einmal für einen, der dir so nahesteht?

Regine Nein wirklich, auch das nicht. Ein armes Mädchen muß seine Jugend ausnützen; denn sonst ist man auf dem Hund, eh' man sich's versieht. Und ich hab' auch Lebensfreude in mir, gnädige Frau!

Frau Alving Ja, leider; aber wirf dich nur nicht weg, Regine.
Regine Na, wenn's so kommt, so soll's wohl so sein. Gerät Osvald seinem Vater nach, so gerat' ich wohl meiner Mutter nach. – Darf ich fragen, gnädige Frau, ob Herr Pastor Manders um diese Geschichte mit mir weiß?
Frau Alving Pastor Manders weiß alles.
Regine (mit ihrem Tuch beschäftigt) Ja, dann muß ich zusehen, so schnell wie möglich mit dem Dampfschiff wegzukommen. Mit dem Pastor wird man immer so nett fertig; und dann finde ich doch auch, daß ich geradesogut auf ein bißchen Geld Anspruch habe wie er – der eklige Tischler.
Frau Alving Das sei dir gegönnt, Regine.
Regine (sieht sie fest an) Gnädige Frau hätten mich schon auch erziehen können wie ein Kind von einer Standesperson; das hätte sich besser für mich gepaßt. *(Wirft den Kopf in den Nacken)* Ach Quark, ist mir auch egal! *(Mit einem erbitterten Seitenblick auf die zugekorkte Flasche)* Ich habe auch schon noch mal Gelegenheit, Champagnerwein zu trinken mit Leuten von Stande.
Frau Alving Und wenn du eine Heimat brauchst, Regine, so komm zu mir.
Regine Nein, danke schön, gnädige Frau. Pastor Manders, der nimmt sich meiner schon an. Und wenn's ganz faulgehen sollte, so weiß ich ja ein Haus, wo ich hingehöre.
Frau Alving Und das wäre?
Regine Kammerherr Alvings Asyl.
Frau Alving Regine – jetzt seh' ich's –, du wirst zugrunde gehen!
Regine Ach was! Adieu. *(Grüßt und geht durchs Vorzimmer ab)*
Osvald (steht am Fenster und sieht hinaus) Ist sie weg?
Frau Alving Ja.
Osvald (murmelt vor sich hin) 'ne dumme Geschichte, das!
Frau Alving (tritt hinter ihn und legt ihre Hände auf seine Schultern) Osvald, mein lieber Junge – es hat dich wohl sehr erschüttert?
Osvald (wendet ihr das Gesicht zu) Die Sache mit Papa, meinst du?
Frau Alving Ja, mit deinem unglücklichen Papa. Ich fürchte, es hat zu heftigen Eindruck auf dich gemacht.
Osvald Was fällt dir ein?! Es kam mir allerdings höchst überraschend; aber im Grunde kann es mir doch ganz gleich sein.
Frau Alving (zieht ihre Hände zurück) Ganz gleich! Daß dein Vater so grenzenlos unglücklich war!

Osvald Natürlich empfinde ich Teilnahme für ihn, wie für jeden andern, aber –
Frau Alving Sonst nichts? Für deinen eigenen Vater!
Osvald (ungeduldig) Ach, Vater – Vater. Ich habe Papa ja gar nicht gekannt. Nur das eine ist mir von ihm eim Gedächtnis geblieben, daß er mir einmal eine Übelkeit verursacht hat.
Frau Alving Entsetzlicher Gedanke, das! Sollte ein Kind nicht unter allen Umständen Liebe für seinen Vater fühlen?
Osvald Wenn ein Kind seinem Vater nichts zu verdanken hat? Ihn gar nicht gekannt hat? Hältst du denn wirklich noch fest an dem alten Aberglauben, du, die doch sonst so aufgeklärt ist?
Frau Alving Und das sollte nur Aberglauben sein –!
Osvald Ja, das mußt du doch einsehen, Mutter. Das ist so eine von den Anschauungen, die auf der Welt gang und gäbe sind und –
Frau Alving (erschüttert) Gespenster!
Osvald (geht durchs Zimmer) Ja, du kannst sie schon Gespenster nennen.
Frau Alving (leidenschaftlich) Osvald – dann liebst du mich auch nicht!
Osvald Dich kenne ich doch wenigstens –
Frau Alving Ja, kennst mich – das ist aber auch alles!
Osvald Und ich weiß auch, wie lieb du mich hast; schon dafür muß ich dir doch dankbar sein. Und jetzt, wo ich krank bin, kannst du dich mir doch auch so sehr nützlich machen.
Frau Alving Ja, nicht wahr, Osvald! Oh, fast möcht' ich deine Krankheit segnen, weil sie dich nach Haus zu mir getrieben hat. Denn ich sehe schon: Ich habe dich nicht, ich muß dich erringen.
Osvald (ungeduldig) Jawohl, ja; das sind alles solche Redensarten. Vergiß nicht, daß ich ein kranker Mensch bin, Mutter. Ich kann mich nicht soviel mit anderen beschäftigen; ich habe genug mit mir selbst zu tun.
Frau Alving (leise) Ich will genügsam und geduldig sein.
Osvald Und auch fröhlich, Mutter!
Frau Alving Ja, mein lieber Junge, da hast du recht. *(Geht zu ihm)* Habe ich dich nun von allen Gewissensbissen und Selbstvorwürfen befreit?
Osvald Ja, das hast du. Aber wer befreit mich nun von der Angst?
Frau Alving Der Angst?
Osvald (geht durchs Zimmer) Regine hätt's getan für ein gutes Wort.
Frau Alving Ich verstehe dich nicht. Was ist mit der Angst – und mit Regine?
Osvald Ist es schon sehr spät in der Nacht, Mutter?

Frau Alving Es geht schon auf den Morgen. *(Sieht hinaus vom Blumenzimmer)* Der Tag fängt schon an zu grauen auf den Höhen oben. Und das Wetter wird sich aufklären, Osvald! Um ein Weilchen wirst du die Sonne sehen.

Osvald Darauf freue ich mich. Ach, es gibt doch noch so manches, woran ich mich erfreuen, wofür ich leben kann –

Frau Alving Das sollt' ich meinen!

Osvald Wenn ich auch nicht arbeiten kann, so –

Frau Alving Ach, du wirst auch schon bald wieder arbeiten können, mein lieber Junge. Jetzt brauchst du ja nicht mehr über diese quälenden und niederdrückenden Gedanken nachzugrübeln.

Osvald Nein, es war gut, daß du diese Einbildungen mir von der Seele gewälzt hast. Und wenn ich erst noch über das eine fort bin – *(Setzt sich aufs Sofa)* Jetzt wollen wir plaudern, Mutter –

Frau Alving Ja, tun wir das. *(Sie schiebt einen Lehnstuhl an das Sofa und setzt sich ganz nahe zu ihm.)*

Osvald – und indessen kommt die Sonne. Und dann wirst du's wissen. Und dann hab' ich nicht mehr diese Angst.

Frau Alving Was, sagst du, werd' ich wissen?

Osvald (ohne auf sie zu hören) Mutter, hast du nicht vorhin gesagt, es gäbe nichts auf der Welt, was du nicht für mich tun würdest, wenn ich dich drum bäte?

Frau Alving Freilich hab' ich das gesagt!

Osvald Und du bist nach wie vor dazu bereit, Mutter?

Frau Alving Darauf kannst du dich verlassen, mein lieber, einziger Junge. Ich lebe ja doch einzig und allein für dich.

Osvald Nun ja; so höre denn – du, Mutter, du hast eine starke, standhafte Seele. Du mußt ganz ruhig sitzen bleiben, wenn du es vernimmst.

Frau Alving Aber was ist denn so Furchtbares –!

Osvald Du sollst nicht aufschreien. Hörst du? Versprichst du mir's? Wir wollen sitzen bleiben und ganz ruhig drüber reden. Versprichst du mir das, Mutter?

Frau Alving Ja, ja, ich versprech' es dir; so rede doch nur!

Osvald So sollst du denn erfahren, daß der Zustand der Müdigkeit – und die Unfähigkeit, an eine Arbeit zu denken –, daß das alles nicht die eigentliche Krankheit ist –

Frau Alving Aber was ist denn die Krankheit?

Osvald Die Krankheit, die ich als Erbschaft empfangen habe, die – *(zeigt auf die Stirn und fügt ganz leise hinzu)* – die sitzt hier drin.

Frau Alving (fast sprachlos) Osvald! Nein – nein!
Osvald Schrei nicht. Ich kann's nicht vertragen. Ja, du, die sitzt hier drin und lauert. Und sie kann ausbrechen zu jedweder Zeit und Stunde.
Frau Alving Oh, wie entsetzlich –!
Osvald Nur ruhig jetzt! So steht es mit mir –
Frau Alving (springt auf) Es ist nicht wahr, Osvald! Es ist nicht möglich! Es kann nicht sein!
Osvald In Paris hab' ich einen Anfall gehabt. Er ging bald vorüber. Aber als ich erfuhr, wie es um mich gestanden hatte, da überkam mich eine Angst, so rasend und so wild; und da reist' ich nach Haus zu dir, so schnell ich konnte.
Frau Alving Das ist also die Angst –!
Osvald Ja, denn es ist unbeschreiblich ekelhaft, sieh mal. Wär' es nur eine gewöhnliche, tödliche Krankheit gewesen –. Denn vor dem Tode hab' ich keine solche Furcht; wenn ich auch gern noch möglichst lange leben möchte.
Frau Alving Jawohl, Osvald, das sollst du!
Osvald Aber das da ist so entsetzlich ekelhaft. Gewissermaßen wieder zum Wickelkind zu werden; gefüttert zu werden und so weiter. – Ach, es ist unbeschreiblich!
Frau Alving Das Kind hat die Mutter, die es pflegt.
Osvald (springt auf) Nie und nimmer! Gerade das will ich nicht! Ich kann den Gedanken nicht ertragen, daß ich vielleicht viele Jahre so daniederliegen muß – und alt und grau dabei werde. Und am Ende könntest du auch noch vor mir sterben. *(Setzt sich in Frau Alvings Stuhl)* Denn es braucht nicht gleich tödlich zu enden, sagte der Arzt. Er nannt' es eine Art Gehirnerweichung oder so ähnlich. *(Lächelt schwermütig)* Ich finde, der Ausdruck klingt so schön. Ich muß dabei immer an Vorhänge von kirschrotem Seidensammet denken – an etwas, woran sich's delikat herunterstreichen läßt.
Frau Alving (schreit auf) Osvald!
Osvald (springt wieder auf und geht durchs Zimmer) Und nun hast du Regine mir genommen! Wenn ich wenigstens die gehabt hätte. Sie würde mir schon den Liebesdienst geleistet haben.
Frau Alving (geht zu ihm hin) Was meinst du damit, mein Herzensjunge? Gibt es auf der Welt denn irgendeinen Liebesdienst, den ich dir nicht leisten würde?
Osvald Als ich mich in Paris von dem Anfall erholt hatte, da sagte der Arzt, wenn der Anfall wiederkäme – und er kommt wieder –, so sei keine Hoffnung mehr.

Frau Alving Und er war herzlos genug, dir das –
Osvald Ich forderte es von ihm. Ich sagte ihm, ich hätte Verfügungen zu treffen – *(Lächelt lustig)* Und das hatte ich auch. *(Zieht eine kleine Schachtel aus der inneren Brusttasche hervor)* Mutter, siehst du das hier?
Frau Alving Was ist das?
Osvald Morphiumpulver.
Frau Alving (sieht ihn entsetzt an) Osvald – mein Junge?
Osvald Ich hab' mir zwölf Kapseln zusammengespart –
Frau Alving (greift danach) Gib mir die Schachtel, Osvald!
Osvald Noch nicht, Mutter. *(Er steckt die Schachtel wieder in die Tasche.)*
Frau Alving Das überleb' ich nicht!
Osvald Du wirst schon müssen. Hätt' ich Regine jetzt hier gehabt, so hätte ich ihr gesagt, wie es um mich steht – und hätte sie um den letzten Liebesdienst gebeten: sie hätte mir geholfen; das weiß ich bestimmt.
Frau Alving Nimmermehr!
Osvald Wenn das Gräßliche über mich gekommen wäre, wenn sie mich hilflos hätte daliegen sehen, wie ein ganz kleines Kind, aufgegeben, verloren, hoffnungslos – keine Rettung mehr –
Frau Alving Um alles in der Welt hätte Regine das nicht getan!
Osvald Regine hätt' es getan. Regine hatte ein so wundervoll leichtes Herz. Und sie hätt' es auch bald satt gehabt, so einen Kranken wie mich zu pflegen.
Frau Alving Dann sei dem Himmel Lob und Dank, daß Regine nicht da ist!
Osvald Ja, nun mußt du mir also den Liebesdienst leisten, Mutter.
Frau Alving (schreit laut auf) Ich!
Osvald Bist du nicht die Nächste dazu?
Frau Alving Ich! Deine Mutter!
Osvald Gerade deshalb.
Frau Alving Ich, die dir das Leben gegeben hat?
Osvald Ich hab' dich nicht um das Leben gebeten. Und was für ein Leben hast du mir denn gegeben? Ich will es nicht länger! Du sollst es zurücknehmen!
Frau Alving Zu Hilfe! Zu Hilfe! *(Läuft hinaus ins Vorzimmer)*
Osvald (ihr nach) Laß mich nicht allein! Wo willst du hin?
Frau Alving (im Vorzimmer) Dir einen Arzt holen, Osvald! Laß mich fort!
Osvald (ebenfalls draußen) Du kommst nicht fort. Und herein kommt keiner. *(Ein Schlüssel wird im Schloß umgedreht.)*

Frau Alving (kommt wieder herein) Osvald, Osvald – mein Kind!
Osvald (folgt ihr) Du willst mich wie eine Mutter lieben – und kannst mich leiden sehen in dieser namenlosen Angst?!
Frau Alving (nach kurzer Pause mit vollkommener Selbstbeherrschung) Hier meine Hand darauf.
Osvald Du willst –?
Frau Alving Wenn es nötig sein wird. Aber es wird nicht nötig sein. Nein, nein, nun und nimmermehr!
Osvald Wir wollen's hoffen. Und laß uns zusammen leben, so lange wir können. Ich danke dir, Mutter.
(Er setzt sich in den Lehnstuhl, den Frau Alving ans Sofa geschoben hat. Der Tag bricht an; die Lampe auf dem Tisch brennt weiter.)
Frau Alving (nähert sich behutsam) Fühlst du dich nun ruhig?
Osvald Ja.
Frau Alving (über ihn gebeugt) Es ist eine grauenhafte Einbildung von dir gewesen, Osvald. Alles nur Einbildung. Du hast die vielen Aufregungen nicht vertragen können. Nun mußt du aber ausruhen. Daheim bei deiner Mutter, mein Herzensjunge. Auch deine leisesten Wünsche sollen dir erfüllt werden – wie damals, als du noch ein kleines Kind warst. – So. Nun ist der Anfall vorüber. Siehst du, wie leicht es ging. Ach, ich wußt' es wohl. – Und siehst du, Osvald, was wir für einen herrlichen Tag bekommen? Strahlender Sonnenschein. Jetzt kannst du die Heimat erst richtig sehen.
(Sie geht an den Tisch und löscht die Lampe aus. Sonnenaufgang. Der Gletscher und die Bergspitzen im Hintergrunde liegen im hellen Morgenlichte.)
Osvald (sitzt im Lehnstuhl mit dem Rücken nach dem Hintergrund, ohne sich zu rühren; plötzlich sagt er) Mutter, gib mir die Sonne.
Frau Alving (am Tische, stutzt und sieht ihn an) Was sagst du?
Osvald (wiederholt dumpf und tonlos) Die Sonne. Die Sonne.
Frau Alving (stürzt hin zu ihm) Osvald, was ist mit dir?
(Osvald scheint im Stuhl zusammenzuschrumpfen; alle Muskeln geben nach; das Gesicht ist ausdruckslos; die Augen stieren blöde vor sich hin.)
Frau Alving (bebend vor Entsetzen) Was ist das! *(Schreit laut auf)* Osvald! Was ist dir! *(Wirft sich neben ihm auf die Knie und rüttelt ihn)* Osvald! Osvald! Sieh mich an! Kennst du mich nicht?
Osvald (tonlos wie zuvor) Die Sonne. – Die Sonne.
Frau Alving (springt verzweifelt auf, rauft sich mit beiden Händen das Haar und schreit) Das ist nicht zu ertragen! *(Flüstert wie erstarrt)* Das ist

nicht zu ertragen. Nimmermehr! *(Plötzlich)* Wo hat er sie nur? *(Fährt pfeilschnell über seine Brust hin)* Hier! *(Weicht ein paar Schritte zurück und schreit)* Nein, nein, nein! – Ja! – Nein, nein! *(Sie steht ein paar Schritte von ihm entfernt, die Hände in das Haar vergraben, und stiert ihn in sprachlosem Entsetzen an.)*
Osvald (sitzt unbeweglich nach wie vor und sagt) Die Sonne. – Die Sonne.

EIN VOLKSFEIND

Schauspiel in fünf Akten

Personen

Doktor Thomas Stockmann, Badearzt
Frau Stockmann
Petra, beider Tochter, Lehrerin
Ejlif, Morten, beider Söhne,
im Alter von dreizehn und zehn Jahren
Peter Stockmann, der ältere Bruder des Doktors, Stadtvogt, Haupt der Polizei und Vorsitzender der Badeverwaltung usw.
Morten Kiil, Gerbermeister, Frau Stockmanns Pflegevater
Hovstad, Redakteur des »Volksboten«
Billing, Mitarbeiter des Blattes
Horster, Schiffskapitän
Aslaksen, Buchdrucker
Besucher einer Bürgerversammlung, Männer aus allen Ständen, einige Frauen und eine Schar Schulknaben

Das Stück spielt in einer Küstenstadt des südlichen Norwegens

ERSTER AKT

Wohnzimmer des Doktors. Abend. Das Zimmer ist sehr einfach, aber nett eingerichtet und möbliert. An der rechten Seitenwand sind zwei Türen, von denen die hintere ins Vorzimmer und die vordere in das Arbeitszimmer des Doktors führt. An der entgegengesetzten Wand, der Vorzimmertür gerade gegenüber, ist eine Tür, die zu den übrigen Zimmern der Familie führt. In der Mitte dieser Wand steht der Ofen und weiter nach dem Vordergrund zu ein Sofa mit Spiegel; vor dem Sofa ein ovaler Tisch mit Decke. Auf dem Tische eine brennende Lampe mit Schirm. Im Hintergrund eine offene Tür, die ins Speisezimmer führt. Der Tisch drinnen, mit der Lampe darauf, ist zum Abendessen gedeckt.

Billing sitzt drin am Eßtisch mit einer Serviette unter dem Kinn.
Frau Stockmann steht am Tisch und reicht ihm eine Schüssel mit einem großen Stück Rinderbraten. Die übrigen Plätze am Tisch sind leer; das Tischzeug ist in Unordnung, wie nach einer beendeten Mahlzeit.

Frau Stockmann Ja, wenn Sie 'ne Stunde zu spät kommen, Herr Billing, so müssen Sie mit kaltem Essen vorliebnehmen.
Billing (essend) Es schmeckt ganz ausgezeichnet – ganz großartig.
Frau Stockmann Sie wissen ja, wie peinlich Stockmann darauf hält, daß pünktlich gegessen wird –
Billing Das macht mir gar nichts. Ich glaube fast, es schmeckt mir noch besser, wenn ich so ganz allein dasitzen und ungestört essen kann.
Frau Stockmann Na ja, wenn es Ihnen nur schmeckt, so – *(Horcht nach dem Vorzimmer hin)* Da kommt gewiß auch Hovstad.
Billing Schon möglich.
(Stadtvogt Stockmann im Paletot mit Amtsmütze und Stock tritt ein.)
Stadtvogt Ergebensten guten Abend, Frau Schwägerin.
Frau Stockmann (tritt ins Wohnzimmer) Ei sieh da, guten Abend; Sie sind's? Hübsch von Ihnen, daß Sie sich mal bei uns sehen lassen.

Stadtvogt Ich ging grad' vorbei und da – *(Mit einem Blick auf das Speisezimmer)* Aber – Sie haben Gesellschaft, wie es scheint.
Frau Stockmann (etwas verlegen) O, durchaus nicht; das ist reiner Zufall. *(Rasch)* Wollen Sie nicht eintreten und 'nen Bissen mitessen?
Stadtvogt Ich? Nein, vielen Dank. I Gott bewahre; warmes Abendbrot; das ist nichts für meine Verdauung.
Frau Stockmann Ach, einmal ist doch keinmal –
Stadtvogt Nein, nein, das wär' noch schöner; ich bleibe bei meinem Tee und meinem Butterbrot. Das ist doch gesünder auf die Dauer – und auch ein bißchen haushälterischer.
Frau Stockmann (lächelt) Sie halten doch wohl nicht Thomas und mich für ausgemachte Verschwender –?
Stadtvogt Sie nicht, Frau Schwägerin; das sei fern von mir. *(Deutet auf das Arbeitszimmer des Doktors)* Er ist am Ende nicht zu Hause?
Frau Stockmann Nein, er macht einen kleinen Spaziergang nach dem Essen – er und die Jungen.
Stadtvogt Ob das wohl gesund sein mag? *(Horcht auf)* Da kommt er wohl.
Frau Stockmann Nein, das ist er schwerlich. *(Es klopft)* Herein!
(Hovstad kommt aus dem Vorzimmer.)
Frau Stockmann Ah, Sie sind's, Herr Hovstad –?
Hovstad Ja – Sie müssen entschuldigen; aber ich wurde in der Druckerei aufgehalten. Guten Abend, Herr Stadtvogt.
Stadtvogt (grüßt etwas steif) Herr Redakteur. Sie kommen vermutlich in Geschäften?
Hovstad Zum Teil. Es handelt sich um etwas, das ins Blatt soll.
Stadtvogt Kann mir's denken. Mein Bruder, hör' ich, soll ein enorm fruchtbarer Mitarbeiter des »Volksboten« sein.
Hovstad Jawohl, er ist so frei, für den »Volksboten« zu schreiben, wenn er aus diesem oder jenem Anlaß die Wahrheit sagen will.
Frau Stockmann (zu Hovstad) Aber wollen Sie nicht –? *(Zeigt nach dem Speisezimmer)*
Stadtvogt I, ich verdenk' es ihm durchaus nicht, daß er für den Leserkreis schreibt, wo er hoffen darf, den meisten Anklang zu finden. Übrigens habe ich persönlich ja gar keinen Grund, auf Ihr Blatt ungehalten zu sein, Herr Hovstad.
Hovstad Nein, das scheint mir auch.
Stadtvogt Im großen Ganzen herrscht ein schöner Geist der Verträglichkeit in unserer Stadt – ein Bürgersinn, wie er sein soll. Und das kommt daher, weil wir uns um eine große gemeinsame Angelegenheit scharen

können – eine Angelegenheit, die in gleich hohem Grade alle rechtschaffenenen Mitbürger angeht –

Hovstad Das Bad, jawohl.

Stadtvogt Allerdings. Wir haben unser großes, neues, prächtiges Bad. Passen Sie auf! Das Bad wird die Hauptbedingung für die Existenz der Stadt, Herr Hovstad. Unbestritten!

Frau Stockmann Dasselbe sagt Thomas auch.

Stadtvogt Welchen Riesenaufschwung hat der Ort nicht in den letzten paar Jahren genommen! Hier ist Geld unter die Leute gekommen; Leben und Bewegung! Haus- und Grundbesitz steigen im Werte mit jedem Tage.

Hovstad Und die Arbeitslosigkeit nimmt ab.

Stadtvogt Auch das, jawohl. Die Armenlast hat sich für die besitzenden Klassen in erfreulichem Maße vermindert, und das wird in noch höherem Grade der Fall sein, wenn wir dies Jahr nur einen recht guten Sommer kriegen – einen recht regen Fremdenverkehr – eine hübsche Menge Kranker, die dem Bad einen Namen machen.

Hovstad Und dazu ist ja Aussicht vorhanden, wie ich höre.

Stadtvogt Es läßt sich vielversprechend an. Jeden Tag laufen Anfragen wegen Wohnungen und dergleichen ein.

Hovstad Na, da kommt ja der Aufsatz des Herrn Doktor grad' gelegen.

Stadtvogt Hat er wieder was geschrieben?

Hovstad Es ist ein Manuskript vom letzten Winter; eine Empfehlung des Bades, eine Darstellung der günstigen Gesundheitsverhältnisse hier bei uns. Aber damals ließ ich den Aufsatz liegen.

Stadtvogt Aha, vermutlich hatte die Sache in irgendwelcher Beziehung einen Haken.

Hovstad Nein, das nicht; aber ich hielt es für besser, bis zum Frühjahr damit zu warten; denn jetzt beginnt ja das Publikum Anstalten zu treffen und an die Sommerfrische zu denken –

Stadtvogt Sehr richtig; ungemein richtig, Herr Hovstad.

Frau Stockmann Ja, Thomas ist wirklich unermüdlich, wenn es sich um das Bad handelt.

Stadtvogt Na, er steht doch auch im Dienste des Bades.

Hovstad Und dann ist ja auch er es gewesen, der die Grundlage dazu geschaffen hat.

Stadtvogt Er? So? Ich höre allerdings zuweilen, daß man in gewissen Kreisen dieser Ansicht ist. Ich glaubte nun freilich, daß ich auch einen bescheidenen Anteil an diesem Unternehmen habe.

Frau Stockmann Ja, das sagt Thomas immer.

Hovstad Wer leugnet denn das, Herr Stadtvogt? Sie haben die Sache in Gang gebracht und sie praktisch durchgeführt; das wissen wir doch alle. Aber ich meinte nur, daß die ursprüngliche Idee vom Herrn Doktor stammt.
Stadtvogt Ja, Ideen hat mein Bruder gewiß Zeit seines Lebens genug gehabt – leider. Wenn aber was ins Werk gesetzt werden soll, so werden Männer von anderem Schlage gebraucht, Herr Hovstad. Und ich glaubte wirklich, daß man am allerwenigsten in diesem Hause –
Frau Stockmann Aber, lieber Schwager –
Hovstad Wie können Sie nur, Herr Stadtvogt –
Frau Stockmann Jetzt gehen Sie aber hinein, Herr Hovstad, und nehmen Sie was zu sich; inzwischen kommt auch wohl mein Mann.
Hovstad Danke sehr; 'nen kleinen Bissen nur!
(Ab ins Speisezimmer)
Stadtvogt (mit etwas gedämpfter Stimme) Es ist was Merkwürdiges mit den Leuten, die direkt von Bauern abstammen; taktlos sind und bleiben sie nun einmal.
Frau Stockmann Aber lohnt sich's denn, Aufhebens davon zu machen? Können Sie und Thomas sich nicht bürderlich in die Ehre teilen?
Stadtvogt Ja, man sollt' es meinen; offenbar aber ist nicht jeder mit dem Teilen zufrieden.
Stockmann Ach Unsinn! Sie und Thomas kommen doch ganz vortrefflich miteinander aus. *(Horcht)* Ich glaube, da ist er. *(Geht hin und öffnet die Tür des Vorzimmers)*
Doktor Stockmann (lacht und lärmt draußen) Sieh, Käte, da kriegst du noch 'nen Gast! Famos! Was? Bitte, Kapitän. Hängen Sie den Rock nur da an den Kleiderriegel. Ach so – Sie tragen keinen Paletot? Du, Käte, ich hab' ihn auf der Straße abgefangen; er wollte durchaus nicht mit rauf.
(Horster tritt ein und begrüßt Frau Stockmann.)
Stockmann (in der Tür) Hinein, Ihr Jungens. Du! Sie haben schon wieder einen Mordshunger! Kommen Sie, Kapitän, Sie sollen einen Rinderbraten kosten, der – *(Nötigt Horster ins Speisezimmer. Ejlif und Morten gehen ebenfalls hinein.)*
Frau Stockmann Aber Thomas, siehst du denn nicht –?
Stockmann (wendet sich in der Tür um) Ach, du bist's, Peter! *(Geht auf ihn zu und reicht ihm die Hand)* Nein, das ist aber reizend.
Stadtvogt Ich muß leider gleich wieder fort –
Stockmann Unsinn! Gleich kommt der Toddy auf den Tisch. Du hast den Toddy doch nicht vergessen, Käte?

Frau Stockmann I bewahre. Das Wasser kocht schon. *(Ab ins Speisezimmer)*
Stadtvogt Toddy auch –!
Stockmann Ja, laß Dich nur nieder, und dann machen wir's uns gemütlich.
Stadtvogt Ich danke. Ich beteilige mich niemals an Toddygelagen.
Stockmann Aber das ist doch kein Gelage.
Stadtvogt Mir scheint doch – *(Sieht nach dem Speisezimmer)* Merkwürdig, was die alles vertilgen können.
Stockmann (reibt sich die Hände) Ja, ist's nicht 'ne wahre Freude, junge Leute essen zu sehen? Immer Appetit, du! So ist's recht. Das Essen gehört mit dazu! Kräfte! Das sind die Leute, die den gärenden Zukunftsstoff aufwühlen sollen, Peter.
Stadtvogt Darf ich fragen, was es hier »aufzuwühlen« gibt, wie du dich ausdrückst?
Stockmann Ja, das mußt du die Jugend fragen – wenn es soweit ist. Wir erleben es natürlich nicht mehr. Selbstverständlich. So 'n paar alte Knaben wie du und ich –
Stadtvogt Na, na! Das ist doch eine höchst ungewöhnliche Bezeichnung –
Stockmann Du darfst es nicht so genau mit mir nehmen, Peter. Denn du mußt wissen, ich bin riesig froh und vergnügt. Ich fühle mich ganz unsagbar glücklich inmitten dieses keimenden, sprießenden Lebens. 's ist doch 'ne herrliche Zeit, in der wir leben! Es ist, als ob eine ganz neue Welt aufblühen wolle um einen her.
Stadtvogt Findest du wirklich?
Stockmann Du kannst das natürlich nicht so gut sehen wie ich. Bist du doch dein Leben lang mitten drin gewesen; da stumpft sich der Eindruck ab. Aber ich, der ich die langen Jahre da oben im Norden in meinem einsamen Winkel sitzen mußte und fast nie eines fremden Menschen ansichtig wurde, der ein ermunterndes Wort für mich gehabt hätte – auf mich wirkt das, wie wenn ich mitten in das Gewimmel einer Weltstadt versetzt wäre –
Stadtvogt Hm, Weltstadt –
Stockmann Ich weiß ja wohl, daß die Verhältnisse hier klein sind im Vergleich zu vielen anderen Orten. Aber hier ist Leben – Verheißung, eine Unzahl von Dingen, für die man wirken und kämpfen kann; und das ist die Hauptsache. *(Ruft)* Käte, ist der Postbote nicht da gewesen?
Frau Stockmann (im Speisezimmer) Nein, es ist keiner da gewesen.
Stockmann Und dann das gute Auskommen, Peter! Das lernt man

schätzen, wenn man wie wir nichts zu brechen und zu beißen gehabt hat –

Stadtvogt Na, na –

Stockmann O ja, glaub nur, daß bei uns da oben oft Schmalhans Küchenmeister gewesen ist. Und nun leben zu können wie ein Grandseigneur! Heut, zum Beispiel, hatten wir Rinderbraten zu Mittag; ja, und abends hatten wir auch noch davon. Willst du nicht ein Stück probieren? Oder soll ich ihn dir nicht wenigstens zeigen? Komm mit –

Stadtvogt Nein, nein, keinesfalls –

Stockmann Na, so komm hierher. Sieh mal, wir haben eine Tischdecke gekriegt.

Stadtvogt Ja, das hab' ich bemerkt.

Stockmann Und auch einen Lampenschirm. Siehst du? Das alles hat Käte zusammengespart. Und das macht die Stube so gemütlich. Findest du nicht auch? Stell dich nur mal hierher – nein, nein, nein; nicht so. So. Ja! Siehst du, wenn das Licht so konzentriert darauf fällt – Ich Ich finde, es sieht wirklich elegant aus. Was?

Stadtvogt Ja, wenn man sich solchen Luxus gestatten kann –

Stockmann O ja; den kann ich mir jetzt schon gestatten. Käte sagt, daß ich fast schon soviel verdiene, wie wir brauchen.

Stadtvogt Fast – jawohl!

Stockmann Aber ein Mann der Wissenschaft muß doch auch ein bißchen vornehm leben. Ich bin überzeugt, daß ein gewöhnlicher Amtmann weit mehr im Jahre braucht als ich.

Stadtvogt Ja, das glaub' ich schon! Ein Amtmann, eine obrigkeitliche Person –

Stockmann Na, und ein einfacher Großkaufmann! So einer braucht noch x-mal soviel –

Stadtvogt Ja, das liegt nun mal in den Verhältnissen.

Stockmann Übrigens geb' ich wirklich nichts unnütz aus, Peter. Aber ich kann mir denn doch nicht die Herzensfreude versagen, Menschen bei mir zu sehen. Das brauch' ich, siehst du. Ich war so lange in der Verbannung – es ist mir förmlich ein Lebensbedürfnis, mit jungen, flotten, mutigen Leuten, mit freigesinnten, unternehmungslustigen Leuten zusammen zu sein – und das sind sie alle, alle, die da drin sitzen und so tapfer zulangen. Ich wünschte, du lerntest diesen Hovstad etwas näher kennen –

Stadtvogt Hovstad – ja, richtig – er hat mir erzählt, daß er wieder einen Aufsatz von dir drucken will.

Stockmann Einen Aufsatz von mir?

Stadtvogt Ja, über das Bad. Einen Aufsatz, den du schon im Winter geschrieben hast.

Stockmann Ach den, ja! – Aber den will ich jetzt vorläufig nicht hinein haben.

Stadtvogt So? Mir scheint denn doch, gerade jetzt wäre die günstigste Zeit.

Stockmann Ja, da hast du schon recht; unter gewöhnlichen Verhältnissen – *(Geht durchs Zimmer)*

Stadtvogt (sieht ihm nach) Was sollte denn jetzt wohl Ungewöhnliches an den Verhältnissen sein?

Stockmann (bleibt stehen) Ja, Peter, das kann ich dir in diesem Augenblick noch nicht sagen; wenigstens heut abend nicht. Vielleicht ist sehr vieles ungewöhnlich an den Verhältnissen; oder vielleicht auch gar nichts. Leicht möglich, daß es nur eine Einbildung ist.

Stadtvogt Ich muß gestehen, das klingt höchst rätselhaft. Ist was los? Etwas, wovon ich nichts wissen soll? Ich sollte doch meinen, daß ich, als Vorsitzender der Badeverwaltung –

Stockmann Und ich sollte meinen, daß ich – na, Peter, wir wollen einander nicht in die Haare fahren.

Stadtvogt I Gott – es ist nicht meine Art, einem in die Haare zu fahren, wie du sagst. Aber ich muß entschieden darauf bestehen, daß alle Maßregeln auf dem geschäftsmäßigen Weg erledigt werden und durch die gesetzlich dazu bestellten Behörden. Ich kann nicht gestatten, daß man krumme Wege und Hintertreppen betritt.

Stockmann Pfleg' ich jemals krumme Wege und Hintertreppen zu gehen?!

Stadtvogt Jedenfalls hast du von Natur den Hang, deine eigenen Wege zu gehen. Und das ist in einer wohlgeordneten Gesellschaft beinahe ebenso unstatthaft. Der einzelne muß sich durchaus dem Ganzen unterordnen oder, richtiger gesagt, den Behörden, die über das Gemeinwohl zu wachen haben.

Stockmann Mag sein. Aber was zum Henker geht mich das an?

Stadtvogt Ja, mein guter Thomas, das eben scheinst du nie lernen zu wollen. Aber paß nur auf; du wirst schon noch mal dafür büßen müssen – früher oder später. Ich hab's dir nun gesagt. Adieu.

Stockmann Aber bist du denn ganz verrückt? Du bist auf ganz falscher Fährte –

Stadtvogt Das pfleg' ich doch sonst nicht zu sein. Übrigens muß ich mir verbitten – *(Grüßt ins Speisezimmer)* Adieu, Frau Schwägerin. Adieu, meine Herren. *(Ab)*

Frau Stockmann (kommt ins Wohnzimmer) Ist er gegangen?
Stockmann Ja, und zwar in Wut und Ärger.
Frau Stockmann Aber, lieber Thomas, was hast du ihm denn wieder angetan?
Stockmann Absolut nichts. Er kann doch nicht verlangen, daß ich ihm Rechenschaft gebe, eh' die Zeit gekommen ist.
Frau Stockmann Über was solltest du ihm denn Rechenschaft geben?
Stockmann Ach, laß mich damit in Ruh', Käte. – Sonderbar, daß der Postbote nicht kommt.
(Hovstad, Billing und Horster sind vom Tische aufgestanden und kommen ins Wohnzimmer. Gleich darauf auch Ejlif und Morten.)
Billing (reckt die Arme) Ah! Nach solch 'ner Mahlzeit ist man, Gott verdamm mich, ein ganz neuer Mensch.
Hovstad Der Stadtvogt, scheint mir, war heut nicht grad' in rosigster Laune.
Stockmann Das kommt vom Magen her; er leidet an schlechter Verdauung.
Hovstad Besonders uns vom »Volksboten«, die konnt' er nicht gut verdauen.
Stockmann Sie sind, mein' ich, doch noch leidlich gut mit ihm ausgekommen.
Hovstad Na ja, aber es ist doch immer nur eine Art Waffenstillstand.
Billing Das ist's! Das Wort erschöpft die Situation.
Stockmann Wir dürfen nicht vergessen, daß Peter ein einsamer Mann ist, der arme Kerl. Er hat kein Heim, wo er sich behaglich fühlt; nur Geschäfte und immer wieder Geschäfte. Und dann der verdammte dünne Tee, den er fortwährend in sich hineingießt. Na, Jungens, so stellt doch Stühle an den Tisch. Käte, kriegen wir nicht bald unsern Toddy?
Frau Stockmann (geht nach dem Speisezimmer) Ich bringe ihn gleich herein.
Stockmann Setzen Sie sich zu mir aufs Sofa, Kapitän. Ein so seltener Gast wie Sie –. Bitte, nehmen Sie Platz, meine Freunde.
(Die Herren setzen sich um den Tisch. Frau Stockmann bringt einen Präsentierteller, auf dem Teekessel, Gläser, Karaffe und das Zubehör stehen.)
Frau Stockmann So. Hier ist Arrak, und das da ist Rum; und hier steht der Kognak. Jetzt muß sich jeder selbst bedienen.
Stockmann (nimmt ein Glas) Ja, das werden wir machen. *(Während der Toddy gemischt wird)* Und nun die Zigarren! Ejlif, du weißt sicher, wo

die Kiste steht. Und du, Morten, kannst mir meine Pfeife bringen. *(Die Knaben gehen rechts ins Zimmer.)* Ich habe Ejlif im Verdacht, daß er dann und wann eine Zigarre klemmt; aber ich lasse mir nichts merken. *(Ruft)* Und dann mein Käppchen, Morten! Käte, kannst du ihm nicht sagen, wo ich's hingelegt habe. Na, er hat es schon! *(Die Knaben bringen das Verlangte.)* Bitte, meine Freunde, Ihr wißt ja, ich bleibe bei der Pfeife; die hat da oben in Nordland mit mir manchen Sturm erlebt. *(Stöße an)* Prosit! Ach, 's ist schon ein ander Ding, hier mollig und sicher zu sitzen.

Frau Stockmann (strickend) Gehen Sie bald in See, Herr Kapitän?

Horster Nächste Woche hoff' ich segelfertig zu sein.

Frau Stockmann Und dann fahren Sie wohl nach Amerika?

Horster Ja, das ist meine Absicht.

Billing Aber dann können Sie ja nicht bei den städtischen Neuwahlen mittun.

Horster Sind hier Neuwahlen?

Billing Das wissen Sie nicht?

Horster Nein, von solchen Sachen lass' ich die Finger weg.

Billing Aber um die öffentlichen Angelegenheiten kümmern Sie sich doch?

Horster Nein, ich versteh' mich auf so was nicht.

Billing Gleichviel; mitstimmen muß man doch wenigstens.

Horster Die auch, die gar nichts davon verstehen?

Billing Verstehen? Ja, wie meinen Sie das? Die Gesellschaft ist wie ein Schiff. Alle Mann müssen mittun am Steuerruder.

Horster Fürs Festland mag das angebracht sein; aber an Bord würd' es nicht gutgehen.

Hovstad Sonderbar, daß die Seeleute im allgemeinen sich so wenig um die Dinge auf dem Lande kümmern.

Billing Ganz merkwürdig.

Stockmann Die Seeleute sind wie die Zugvögel; sie fühlen sich im Süden wie im Norden zu Hause. Aber darum müssen wir andern um so tätiger sein, Herr Hovstad. Steht morgen was von allgemeinem Interesse im »Volksboten«?

Hovstad Nichts über städtische Angelegenheiten. Doch übermorgen dacht' ich Ihren Aufsatz zu bringen –

Stockmann Donnerwetter ja, der Aufsatz! Nein, hören Sie, damit müssen Sie warten.

Hovstad So? Jetzt haben wir aber gerade so schönen Platz, und ich meinte, der Augenblick wäre gerade sehr günstig –

Stockmann Jawohl, da mögen Sie schon recht haben; trotzdem aber müssen Sie warten. Ich werde Ihnen später erklären –
(Petra kommt in Hut und Mantel und mit einem Stoß Schreibhefte unter dem Arm aus dem Vorzimmer.)
Petra Guten Abend.
Stockmann Guten Abend, Petra; bist du da?
(Gegenseitige Begrüßung; Petra legt Hut, Mantel und Hefte auf einen Stuhl an der Tür.)
Petra Und hier sitzt man und tut sich gütlich, während ich draußen bin und mich abschufte.
Stockmann Na, so tu dir doch auch gütlich, du.
Billing Soll ich Ihnen ein Gläschen anmachen?
Petra (kommt an den Tisch) Danke, das tu' ich lieber selbst; Sie machen ihn mir immer zu stark an. Richtig ja, Vater! Ich hab' einen Brief für dich. *(Geht zu dem Stuhl, wo ihre Sachen liegen)*
Stockmann Einen Brief! Von wem?
Petra (sucht in der Manteltasche) Der Postbote hat ihn mir gegeben, gerade als ich das Haus verließ –
Stockmann (steht auf und geht zu ihr) Und da gibst du ihn erst jetzt ab!
Petra Ich hatte wirklich nicht Zeit, wieder raufzulaufen! Bitte schön, hier ist er.
Stockmann (nimmt schnell den Brief) Laß mich sehen; laß mich sehen, mein Kind. *(Sieht die Aufschrift an)* Ja, ganz recht –!
Frau Stockmann Ist das der, auf den du so gewartet hast, Thomas?
Stockmann Ja freilich; jetzt muß ich gleich hinein. – Wo krieg' ich ein Licht her, Käte? Es ist schon wieder keine Lampe in meinem Zimmer!
Frau Stockmann Doch; die Lampe steht auf dem Schreibtisch und brennt.
Stockmann Gut, gut. Entschuldigen Sie einen Augenblick – *(Ab in das Zimmer rechts)*
Petra Was kann das nur sein, Mutter?
Frau Stockmann Ich weiß nicht. In den letzten Tagen hat er so oft nach dem Postboten gefragt.
Billing Vermutlich ein auswärtiger Patient –
Petra Armer Vater; es wird bald zuviel, was er zu tun hat. *(Bereitet sich den Toddy)* Ah, das soll schmecken!
Hovstad Haben Sie heut auch Abendunterricht gehabt?
Petra (nippt an ihrem Glase) Zwei Stunden.
Billing Und vormittags vier Stunden im Institut –
Petra (setzt sich an den Tisch) Fünf Stunden.

Frau Stockmann Und heut abend hast du noch Hefte zu korrigieren, wie ich sehe.
Petra Ja, einen ganzen Haufen.
Horster Sie haben auch alle Hände voll zu tun, wie mir scheint.
Petra Ja, aber das ist famos! Man wird hernach so himmlisch müde.
Billing Und das mögen Sie?
Petra Ja, weil man dann so gut schläft.
Morten Du, Petra, du mußt mächtig sündhaft sein.
Petra Sündhaft?
Morten Ja, weil du so viel arbeitest. Herr Rörlund sagt, das Arbeiten, das ist eine Strafe für unsere Sünden.
Ejlif (pfeift) Pah! Wie dumm du bist, so was zu glauben.
Frau Stockmann Na, na, Ejlif!
Billing (lacht) Nein, das ist ausgezeichnet.
Hovstad Du möchtest wohl nicht gern so viel arbeiten, Morten?
Morten Nein, das möcht' ich nicht.
Hovstad Ja, aber was willst du denn mal werden?
Morten Ich möchte am liebsten Wiking werden.
Ejlif Aber dann müßtest du ja Heide sein!
Morten Ja, dann könnte ich ja Heide werden.
Billing Darin halt' ich's mit dir, Morten! Ich sage genau dasselbe.
Frau Stockmann (macht ihm ein Zeichen) Das ist doch Ihr Ernst nicht – nein, Herr Billing.
Billing Ja, Gott verdamm mich –! Ich bin ein Heide, und darauf bin ich stolz. Passen Sie mal auf, bald werden wir alle Heiden, einer wie der andere.
Morten Und dürfen wir dann alles tun, was wir wollen?
Billing Ja, sieh mal, Morten –
Frau Stockmann Nun macht aber, daß ihr hineinkommt, ihr Jungens; ihr habt gewiß noch Schularbeiten für morgen.
Ejlif Ich könnte doch ganz gut noch ein bißchen bleiben –
Frau Stockmann Auch du nicht; ihr sollt jetzt beide gehen.
(Die Knaben sagen gute Nacht und gehen in das Zimmer links.)
Hovstad Glauben Sie wirklich, es könnte den Jungens schaden, wenn sie so was hören?
Frau Stockmann Ja, ich weiß nicht; aber ich hab' es nicht gern.
Petra Aber, Mutter; mir scheint, das ist von dir so verkehrt wie möglich.
Frau Stockmann Mag sein; aber ich hab' es nicht gern; wenigstens nicht hier zu Hause.
Petra Zu Hause wie in der Schule ist so viel Unwahrheit. Zu Hause soll

geschwiegen werden, und in der Schule müssen wir den Kindern vorlügen.

Horster Vorlügen?

Petra Ja, meinen Sie nicht, wir trügen sehr vieles vor, woran wir selbst nicht glauben?

Billing Ja, das ist nur allzu wahr.

Petra Hätt' ich nur die Mittel, ich würde selber eine Schule gründen, und da sollt' es anders zugehen.

Billing Ach was, Mittel –

Horster Wenn's weiter nichts ist, Fräulein Stockmann, so stell' ich Ihnen gern bei mir ein Lokal zur Verfügung. Das große Haus meines seligen Vaters steht ja so gut wie leer; zu ebener Erde ist ein riesiger Speisesaal –

Petra (lacht) Ja, ich danke Ihnen recht schön; aber es wird wohl nichts draus werden.

Hovstad Ach nein, Fräulein Petra geht wohl eher unter die Zeitungsschreiber, mein' ich. Doch daß ich's nicht vergesse – haben Sie Zeit gehabt, ein bißchen in die englische Erzählung hineinzugucken, die Sie für uns übersetzen wollten?

Petra Nein, noch nicht. Aber Sie bekommen sie rechtzeitig.

(Stockmann kommt aus seinem Zimmer mit dem offenen Brief in der Hand.)

Stockmann (schwingt den Brief) Jetzt, paßt mal auf, soll die Stadt eine Neuigkeit hören!

Billing Eine Neuigkeit?

Frau Stockmann Was ist das für eine Neuigkeit?

Stockmann Eine große Entdeckung, Käte!

Hovstad So?

Frau Stockmann Die du gemacht hast?

Stockmann Ich, allerdings. *(Geht auf und ab)* Laßt sie nur kommen und, wie gewöhnlich, sagen, daß es Grillen und Einfälle eines verrückten Kerls sind. Aber sie werden sich wohl hüten! Haha! Sie werden sich hüten, denk' ich!

Petra Aber Vater, so sag doch, was es ist.

Stockmann Ja, ja, laßt mir nur Zeit, dann sollt Ihr alles erfahren. Ach, hätt' ich jetzt nur den Peter da! Da sieht man, wie wir Menschen herumlaufen und urteilen können, als wären wir die blindesten Maulwürfe –

Hovstad Wie meinen Sie das, Herr Doktor?

Stockmann (bleibt am Tisch stehen) Ist es nicht die allgemeine Ansicht, daß unsere Stadt ein gesunder Ort ist?

Hovstad Ei freilich.
Stockmann Ein ganz außerordentlich gesunder Ort obendrein – ein Ort, der unseren kranken wie unseren gesunden Mitmenschen nicht warm genug empfohlen werden kann –
Frau Stockmann Aber, lieber Thomas –
Stockmann Und empfohlen und gepriesen haben wir ihn denn auch! Ich habe geschrieben und geschrieben, im »Volksboten« wie in Flugschriften –
Hovstad Nun ja, und –?
Stockmann Dieses Bad, das man die Pulsader der Stadt und den Lebensnerv der Stadt und – und weiß der Teufel wie sonst noch nennt –
Billing »Das pochende Herz der Stadt« hab' ich mir mal in einer festlichen Stunde erlaubt zu –
Stockmann Na ja, das auch. Aber wissen Sie denn, was sie in Wirklichkeit ist, diese große, prächtige, gepriesene Badeanlage, die so viel Geld gekostet hat – wissen Sie, was sie ist?
Hovstad Nein, was ist sie denn?
Frau Stockmann Ja, was ist sie?
Stockmann Das ganze Bad ist eine Pesthöhle.
Petra Das Bad, Vater!
Frau Stockmann (zu gleicher Zeit) Unser Bad!
Hovstad (ebenso) Aber Herr Doktor –
Billing Ganz unglaublich!
Stockmann Das ganze Bad ist ein übertünchtes, vergiftetes Grab, sag' ich. Gesundheitsgefährlich im allerhöchsten Grade! Der ganze Unrat da oben im Mühltal – alles, was da so eklig riecht –, es infiziert das Wasser in den Zuflußröhren des Brunnenhauses, und dieser selbe verdammte, vergiftete Dreck sickert auch hinunter zum Strande –
Horster Wo die Seebäder liegen?
Stockmann Eben dahin.
Hovstad Woher wissen Sie denn das alles so sicher, Herr Doktor?
Stockmann Ich habe die Verhältnisse so gewissenhaft wie nur denkbar untersucht. Ach, ich hatte schon lange einen solchen Verdacht gehegt. Voriges Jahr kam eine Reihe auffallender Krankheitsfälle unter den Badegästen vor – Fälle von Typhus und gastrischem Fieber –
Frau Stockmann Ja, das ist freilich wahr.
Stockmann Damals glaubten wir, die Fremden hätten die Ansteckung mitgebracht; hernach aber – in diesem Winter – bin ich auf andere Gedanken gekommen; und dann machte ich mich dran, das Wasser zu untersuchen, so gut es sich tun ließ.

Frau Stockmann Das war es also, was dir so viel zu schaffen gemacht hat?
Stockmann Ja, Käte, du darfst schon sagen, daß es mir zu schaffen gemacht hat. Aber hier fehlten mir ja die nötigen wissenschaftlichen Hilfsmittel; und so schickte ich Proben vom Trinkwasser wie vom Seewasser an die Universität, um von einem Chemiker eine genaue Analyse zu erhalten.
Hovstad Und die haben Sie jetzt bekommen?
Stockmann (zeigt den Brief) Hier hab' ich sie! Das Vorhandensein verfaulter organischer Stoffe ist im Wasser nachgewiesen – Infusorien in Massen. Das Wasser ist absolut schädlich für die Gesundheit, ob es nun innerlich oder äußerlich gebraucht wird.
Frau Stockmann Es ist ein wahres Glück, daß du noch beizeiten dahintergekommen bist.
Stockmann Ja, da hast du recht.
Hovstad Und was werden Sie jetzt tun, Herr Doktor?
Stockmann Natürlich versuchen, Wandel zu schaffen.
Hovstad Das ist also möglich?
Stockmann Es muß möglich sein. Sonst ist das ganze Bad unbrauchbar – ruiniert. Aber damit hat es keine Not. Ich bin vollständig mit mir im reinen darüber, was hier zu tun ist.
Frau Stockmann Aber, bester Thomas, daß du dies alles so geheimgehalten hast.
Stockmann Hätt' ich vielleicht in der Stadt rumrennen und es ausposaunen sollen, eh' ich noch volle Gewißheit hatte? Ich werde mich hüten – so dumm bin ich nicht.
Petra Na, aber deiner Familie –
Stockmann Keiner Menschenseele. Doch morgen kannst du zum »Dachs« laufen –
Frau Stockmann Aber Thomas –!
Stockmann Na, also zum Großvater. Ja, der Alte, der wird ein Gesicht machen! Er glaubt ja, ich bin verrückt; na ja, ich weiß schon: es gibt noch mehr Leute, die das glauben. Jetzt sollen die Herrschaften aber sehen – jetzt sollen sie sehen –! *(Geht umher und reibt sich die Hände)* Was wird das für einen Krach in der Stadt geben, Käte! Davon kannst du dir gar keinen Begriff machen. Die ganze Wasserleitung muß umgelegt werden.
Hovstad (steht auf) Die ganze Wasserleitung –?
Stockmann Ja, versteht sich. Das Aufnahmebecken liegt zu niedrig; es muß nach einer weit höheren Stelle verlegt werden.

Petra So hast du also doch recht gehabt.
Stockmann Ja, du erinnerst dich, Petra? Ich schrieb dagegen, als man den Bau beginnen wollte. Aber damals wollte kein Mensch auf mich hören. Na, glaubt mir nur, ich werde ihnen die volle Ladung geben – denn ich habe natürlich eine Eingabe an die Badeverwaltung aufgesetzt; sie liegt seit einer ganzen Woche fertig da; ich habe nur noch auf das da gewartet. *(Zeigt den Brief)* Aber nun soll sie auch auf der Stelle fort. *(Geht in sein Zimmer und kommt mit einem Paket Schriftstücke zurück)* Da seht! Vier engbeschriebene Bogen voll! Und der Brief soll mit dazu. Eine Zeitung, Käte! Gib mir was zum Einschlagen! Gut; so; gib's der – der – *(stampft mit dem Fuß auf)* Donnerwetter, wie heißt sie doch gleich? Na, also gib's dem Mädchen und sag ihr, sie soll es sofort zum Stadtvogt bringen.
(Frau Stockmann mit dem Paket durch das Speisezimmer ab)
Petra Vater, was glaubst du, wird Onkel Peter sagen?
Stockmann Was sollt' er denn sagen? Er wird doch wohl froh sein, denk' ich, daß eine so wichtige Wahrheit an den Tag kommt.
Hovstad Darf ich eine kleine Notiz über Ihre Entdeckung im »Volksboten« bringen?
Stockmann Ja, dafür wär' ich Ihnen sehr dankbar.
Hovstad Es ist doch wünschenswert, daß das Publikum so schnell wie möglich davon unterrichtet wird.
Stockmann Ja, gewiß.
Frau Stockmann (kommt zurück) Sie ist schon fort damit.
Billing Bald sind Sie – Gott verdamm mich – der erste Mann der Stadt, Herr Doktor!
Stockmann (geht vergnügt umher) Ach was! Im Grunde hab' ich ja doch nur meine Pflicht getan. Ich bin ein glücklicher Schatzgräber gewesen; das ist alles; trotzdem aber –
Billing Hovstad, was meinen Sie, müßte die Stadt nicht dem Doktor einen Fackelzug bringen?
Hovstad Ich will es wenigstens befürworten.
Billing Und ich werde mit Aslaksen drüber reden.
Stockmann Nein, liebe Freunde, solche Narreteien, die laßt nur bleiben; von solchen Veranstaltungen will ich nichts wissen. Und wenn's der Badeverwaltung vielleicht einfallen sollte, mir eine Gehaltszulage zu bewilligen, so nehm' ich sie nicht an. Käte, das sag' ich dir – ich nehm' sie nicht an.
Frau Stockmann Das ist recht von dir, Thomas.
Petra (erhebt ihr Glas) Prosit, Vater!

Hovstad und Billing Prosit, prosit, Herr Doktor!
Horster (stößt mit dem Doktor an) Mögen Sie nur Freude an der Geschichte erleben!
Stockmann Danke schön, danke schön, meine lieben Freunde, danke! Ich bin so herzensfroh – ach, es ist doch was Herrliches, das Bewußtsein, sich um seine Vaterstadt und seine Mitbürger verdient gemacht zu haben. Hurra, Käte! *(Schlingt beide Arme um ihren Hals und wirbelt mit ihr im Kreis herum. Frau Stockmann schreit und sträubt sich. Lachen, Händeklatschen und Hochrufe. Die Knaben stecken den Kopf durch die Türe.)*

ZWEITER AKT

Wohnzimmer des Doktors. Die Tür zum Speisezimmer ist zu. Vormittag.

Frau Stockmann (kommt, einen versiegelten Brief in der Hand, aus dem Speisezimmer, geht rechts an die vorderste Tür und guckt hinein) Bist du da, Thomas?
Stockmann (drinnen) Ja, ich bin eben gekommen. *(Tritt ein)* Was ist?
Frau Stockmann Ein Brief von deinem Bruder. *(Reicht ihm den Brief)*
Stockmann Aha, laß sehen. *(Öffnet ihn und liest)* »Das übersandte Manuskript folgt anbei zurück –« *(Liest murmelnd weiter)* Hm –
Frau Stockmann Was sagt er denn?
Stockmann (steckt das Papier in die Tasche) Er schreibt nur, daß er gegen Mittag selber kommen wird.
Frau Stockmann Dann vergiß ja nicht, zu Hause zu bleiben.
Stockmann Es paßt gut; denn mit meinen Morgenbesuchen bin ich fertig.
Frau Stockmann Ich bin riesig neugierig, wie er die Sache aufnimmt.
Stockmann Du sollst sehen, es wird ihm nicht recht sein, daß ich diese Entdeckung gemacht habe und nicht er.
Frau Stockmann Das fürchtest du also auch?
Stockmann Na, im Grunde wird es ihn ja freuen, weißt du. Trotzdem aber – Peter hat 'ne Heidenangst, es könnten noch andere Leute was für das Wohl der Stadt tun.
Frau Stockmann Weißt du was, Thomas, du solltest nett sein und die

Ehre mit ihm teilen. Könnt' es nicht heißen, er habe dich auf die Spur gebracht –?
Stockmann Na meinetwegen. Wenn ich die Sache nur ins Lot bringe, so –
Morten Kiil (steckt den Kopf durch die Tür des Vorzimmers, sieht sich forschend um, lacht in sich hinein und fragt pfiffig) Ist's – ist's wahr?
Frau Stockmann (ihm entgegen) Vater – du?!
Stockmann Seh' einer an, Schwiegervater! Guten Morgen, guten Morgen!
Frau Stockmann Aber so komm doch rein.
Kiil Ja, bloß wenn es wahr ist, sonst geh ich wieder.
Stockmann Was soll denn wahr sein?
Kiil Der Blödsinn mit dem Wasserwerk. Ist das wahr?
Stockmann Ei natürlich. Aber wie haben Sie denn das erfahren?
Kiil (tritt ein) Petra war auf 'nen Sprung da, als sie zur Schule ging –
Stockmann Wirklich?
Kiil Ja, haha, und da hat sie denn erzählt –. Ich dachte, sie wollte mich bloß zum Narren halten, obgleich das Petra auch wieder nicht ähnlich sieht.
Stockmann Wie konnten Sie nur so was denken!
Kiil Ach, man soll keinem trauen; eh' man sich's versieht, ist man hinters Licht geführt. Es ist also doch wahr?
Stockmann Ganz gewiß doch. Aber so setzen Sie sich doch, Schwiegervater. *(Nötigt ihn aufs Sofa)* Und ist es nicht ein wahres Glück für die Stadt –?
Kiil (kämpft mit dem Lachen) Glück für die Stadt?
Stockmann Daß ich diese Entdeckung noch beizeiten gemacht habe –
Kiil (wie vorher) Ja, ja, ja! – Aber nie und nimmer hätt' ich geglaubt, daß Sie Ihren leiblichen Bruder hineinlegen würden.
Stockmann Hineinlegen –!
Frau Stockmann Aber lieber Vater –
Kiil (stützt Hände und Kinn auf die Stockkrücke und zwinkert dem Doktor listig zu) Wie war's doch? Es sollten ja wohl Tiere in die Wasserröhren hineingekommen sein?
Stockmann Jawohl, Infusionstierchen.
Kiil Und es sollten ja viele solche Tiere hineingekommen sein, sagt Petra. Eine ganz riesige Masse.
Stockmann Freilich, es können wohl an die Hundert-, Hunderttausende sein.
Kiil Aber kein Mensch kann sie sehen – was?

Stockmann Nein, sehen kann man sie nicht.

Kiil (mit leisem, glucksendem Lachen) Hol mich der Teufel, dies ist das Großartigste, was ich noch von Ihnen gehört habe.

Stockmann Wie denn?

Kiil Aber so was können Sie doch dem Stadtvogt im Leben nicht weismachen.

Stockmann Na, das werden wir schon sehen.

Kiil Meinen Sie, er wäre so verrückt?

Stockmann Ich hoffe, die ganze Stadt wird so verrückt sein.

Kiil Die ganze Stadt! I, das kann schon sein. Aber das schadet den Leuten nicht; das ist ihnen ganz recht. Sie wollten ja immer so sehr viel klüger sein als wir Alten. Sie hundsfottierten mich aus dem Stadtrat raus. Wie einen Hund haben sie mich rausvotiert, die Leute! Aber jetzt kriegen sie ihr Fett. Legen Sie sie man ordentlich hinein, Stockmann.

Stockmann Aber, Schwiegervater –

Kiil Ordentlich hinein, sag' ich. *(Steht auf)* Wenn Sie's dahin bringen, daß der Stadtvogt und seine Freunde in die Patsche zu sitzen kommen, dann geb' ich auf der Stelle hundert Kronen für die Armen.

Stockmann Ei, das wäre nett von Ihnen.

Kiil Ich hab' das Geld auch nicht so dick, wissen Sie wohl, aber wenn Sie's dahin bringen, so kriegen die Armen von mir zu Weihnachten 'n halb hundert Kronen.

(Hovstad durchs Vorzimmer)

Hovstad Guten Morgen! *(Bleibt stehen)* Ach, pardon –

Stockmann Kommen Sie nur; kommen Sie.

Kiil (gluckst wieder) Der! Ist der auch mit dabei?

Hovstad Was meinen Sie?

Stockmann Gewiß ist er mit dabei.

Kiil Hätt's mir auch denken können! Es muß ja in die Zeitungen. Na, Sie sind mir schon der rechte, Stockmann. Na, überlegen Sie sich's man; jetzt geh' ich.

Stockmann Ach was, Schwiegervater, bleiben Sie noch ein bißchen.

Kiil Nein, ich geh' jetzt. Und denken Sie man nach, wie Sie sie am besten heineinlegen. Donnerwetter ja, Sie sollen's nicht umsonst getan haben. *(Ab; Frau Stockmann begleitet ihn hinaus.)*

Stockmann (lacht) Denken Sie bloß, der Alte glaubt kein Wort von der Geschichte mit dem Wasserwerk.

Hovstad Ach, das war's –!

Stockmann Ja, davon haben wir gesprochen. Und Sie kommen am Ende in derselben Sache?

Hovstad Allerdings. Haben Sie einen Augenblick Zeit, Herr Doktor?
Stockmann So lange Sie wollen, Verehrtester.
Hovstad Haben Sie schon was vom Stadtvogt gehört?
Stockmann Noch nicht. Er kommt später her.
Hovstad Ich habe seit gestern viel über die Sache nachgedacht.
Stockmann Nun, und?
Hovstad Für Sie als Arzt und Mann der Wissenschaft steht dieser Fall mit dem Wasserwerk da als eine Sache für sich. Ich meine, es fällt Ihnen nicht auf, daß sie mit einer Menge anderer Dinge im Zusammenhang steht.
Stockmann Ja, wie –? Setzen wir uns, Verehrtester. – Nein, da aufs Sofa. *(Hovstad setzt sich aufs Sofa, der Doktor in einen Lehnstuhl auf der andern Seite des Tisches.)*
Stockmann Nun? Sie meinen also –?
Hovstad Sie sagten gestern, das verdorbene Wasser käme von Unreinlichkeiten im Erdboden her.
Stockmann Ja, ohne Zweifel kommt es aus dem verpesteten Sumpf da oben im Mühltal.
Hovstad Pardon, Herr Doktor, aber ich glaube, es kommt aus einem ganz anderen Sumpf.
Stockmann Was sollte das für einer sein?
Hovstad Der Sumpf, in dem unser ganzes kommunales Leben steht und fault.
Stockmann Aber, zum Henker, Herr Hovstad, was sind das für Reden?
Hovstad Alle städtischen Angelegenheiten sind nach und nach in die Hände einer Beamtengruppe gekommen –
Stockmann Na, es sind doch nicht alle zusammen Beamte.
Hovstad Nein – aber die, die nicht Beamte sind, die sind jedenfalls Freunde und Anhänger von den Beamten; es sind die reichen Leute, die alten angesehenen Namen der Stadt; die sind es, die unser Wohl und Wehe in der Hand haben.
Stockmann Ja, aber diese Leute, die sind doch auch wirklich tüchtig und intelligent.
Hovstad Haben sie Tüchtigkeit und Intelligenz bewiesen, als sie die Wasserleitung da anlegten, wo sie jetzt liegt?
Stockmann Nein, das war natürlich eine große Dummheit von ihnen. Aber die soll ja nun wieder gutgemacht werden.
Hovstad Glauben Sie, daß das so glattgehen wird?
Stockmann Glatt oder nicht – gehen wird es auf alle Fälle.
Hovstad Ja, wenn die Presse eingreifen darf.

Stockmann Wird gar nicht nötig sein, Verehrtester. Ich bin überzeugt, daß mein Bruder –
Hovstad Pardon, Herr Doktor, aber ich will Ihnen nur sagen, ich beabsichtige, die Sache selber in die Hand zu nehmen.
Stockmann In der Zeitung?
Hovstad Jawohl. Als ich den »Volksboten« übernahm, da war mein Gedanke, diesen Ring von alten, eigensinnigen Rechthabern zu sprengen, die über allen Einfluß geboten.
Stockmann Aber Sie haben mir doch selbst erzählt, was das Ende davon war; Sie hatten das Blatt damit ja fast ruiniert.
Hovstad Ja, damals mußten wir allerdings den Degen einstecken. Denn es war Gefahr, daß das Bad nicht zustande kommen würde, wenn jene Männer fielen. Aber jetzt steht es da, und nun sind die hohen Herren überflüssig.
Stockmann Überflüssig, ja; aber wir schulden ihnen doch großen Dank.
Hovstad Der soll ihnen auch werden, wie sich's gebührt. Aber ein Zeitungsschreiber von meiner volkstümlichen Richtung kann eine Gelegenheit wie diese nicht vorübergehen lassen. Es muß gerüttelt werden an der Fabel von der Unfehlbarkeit der leitenden Männer. So was muß ausgerottet werden wie jeder andere Aberglaube.
Stockmann Darin pflichte ich Ihnen von ganzem Herzen bei, Herr Hovstad; ist's ein Aberglaube, dann weg damit!
Hovstad Dem Stadtvogt möchte ich ungern zu nahe treten, weil er Ihr Bruder ist. Aber Sie sind doch gewiß mit mir der Ansicht, daß die Wahrheit allen anderen Rücksichten vorgeht.
Stockmann Das versteht sich von selbst. – *(Erregt)* Ja, aber –! Aber –!
Hovstad Sie dürfen nicht schlecht von mir denken. Ich bin weder eigennütziger noch ehrgeiziger als die Menschen im allgemeinen.
Stockmann Aber, mein Lieber – wer behauptet denn das?
Hovstad Ich stamme von geringen Leuten ab, wie Sie wissen; und ich habe hinreichend Gelegenheit gehabt, zu sehen, was den unteren Volksschichten am meisten not tut. Und das ist: teilzuhaben an der Leitung der allgemeinen Angelegenheiten, Herr Doktor. Das eben entwickelt Fähigkeiten und Kenntnisse und Selbstgefühl. –
Stockmann Das leuchtet mir außerordentlich ein –
Hovstad Ja – und dann mein' ich auch, daß ein Journalist eine schwere Verantwortung auf sich ladet, wenn er eine günstige Gelegenheit versäumt zur Befreiung der Menge, der Geringen, der Unterdrückten. Ich weiß wohl – im Lager der Großen wird man das Aufwiegelei und so

weiter nennen; mögen sie das meinetwegen tun, wenn sie wollen. Wenn ich nur mein Gewissen rein fühle, so –

Stockmann Recht so! Recht so, lieber Herr Hovstad. Trotzdem aber – Donnerwetter –! *(Es klopft)* Herein!

(Aslaksen in der Vorzimmertür. Er ist schlicht, aber anständig gekleidet, in Schwarz, mit einer weißen, etwas zerknitterten Halsbinde; Handschuhe und Filzhut hat er in der Hand.)

Aslaksen (verbeugt sich) Verzeihung, Herr Doktor, daß ich mir herausnehme –

Stockmann (steht auf) Ei, sieh da – da ist ja der Herr Aslaksen!

Aslaksen Ja, freilich, Herr Doktor –

Hovstad (steht auf) Suchen Sie mich, Aslaksen?

Aslaksen Nein, das nicht; ich wußte nicht mal, daß ich Sie hier treffen würde. Nein, ich suche den Herrn Doktor selbst –

Stockmann Na, was steht zu Diensten?

Aslaksen Ist es wahr, Herr Doktor, was ich von Herrn Billing gehört habe, daß Sie uns ein besseres Wasserwerk schaffen wollen?

Stockmann Ja, für das Bad.

Aslaksen Jawohl; verstehe schon. Na, so komm' ich, um zu sagen, daß ich die Sache nach meinen Kräften unterstützen werde.

Hovstad (zum Doktor) Sehen Sie!

Stockmann Meinen schönsten Dank; aber –

Aslaksen Es könnte ja doch vielleicht nützlich sein, uns Kleinbürger im Rücken zu haben. Wir bilden hier in der Stadt sozusagen eine kompakte Majorität – wenn wir wollen. Und es kann nie schaden, die Majorität für sich zu haben, Herr Doktor.

Stockmann Das ist unzweifelhaft wahr; aber ich kann nur nicht begreifen, daß hier besondere Vorkehrungen vonnöten sein sollten. Ich meine, eine so klare und einfache Sache –

Aslaksen O doch, das könnte immerhin nicht schaden; die lokalen Behörden, die kenn' ich doch gründlich. Die Machthaber gehen nicht gern gutwillig auf Vorschläge ein, die von anderer Seite kommen. Und deshalb, mein' ich, wär' es nicht unangebracht, wenn wir ein bißchen demonstrierten.

Hovstad Sehr richtig.

Stockmann Demonstrierten, sagen Sie? Ja, wie wollen Sie denn eigentlich demonstrieren?

Aslaksen Natürlich mit Maß und Ziel, Herr Doktor; ich befleißige mich immer der Mäßigung; denn Mäßigung, das ist die erste Bürgerpflicht – meiner Ansicht nach.

Stockmann Dafür sind Sie ja auch bekannt, Herr Aslaksen.
Aslaksen Ja, das darf ich schon sagen. Und diese Sache mit dem Wasserwerk, die ist für uns Kleinbürger enorm wichtig. Das Bad verspricht eine kleine Goldgrube für die Stadt zu werden. Vom Bade wollen wir alle zusammen leben, zumal wir Hausbesitzer. Deshalb wollen wir auch das Unternehmen mit allen Kräften unterstützen. Und da ich nun Vorsitzender des Vereins der Hausbesitzer bin –
Stockmann So –?
Aslaksen – und außerdem eine Rolle im Mäßigkeitsverein spiele – Sie wissen doch, Herr Doktor, daß ich für die Mäßigkeitssache tätig bin?
Stockmann Versteht sich.
Aslaksen Na – so ist es doch begreiflich, daß ich mit einer Masse Leute zusammenkomme. Und da ich als besonnener und gefügiger Staatsbürger bekannt bin, wie Herr Doktor selbst sagten, so habe ich ja einen gewissen Einfluß in der Stadt – eine Art kleiner Machtstellung – wenn ich mich so ausdrücken darf.
Stockmann Das weiß ich sehr wohl, Herr Aslaksen.
Aslaksen Ja, sehen Sie – drum wär' es eine Leichtigkeit für mich, eine Adresse zusammenzubringen, wenn die Sache schiefgehen sollte.
Stockmann Eine Adresse, sagen Sie?
Aslaksen Ja, 'ne Art Dankadresse seitens der Bürgerschaft, weil Sie diese gemeinnützige Sache ans Licht gebracht haben. Selbstverständlich müßte sie mit der gebührenden Mäßigung verfaßt sein, so daß sie weder bei den Behörden noch bei den andern Machthabern Anstoß erregt. Und wenn wir darauf nur genau achten, so kann es uns niemand übelnehmen, denk' ich.
Hovstad Na, und selbst wenn sie nicht so sehr nach dem Geschmack dieser Leute wäre, so –
Aslaksen Nein, nein, nein! Keine Kränkung der Obrigkeit, Herr Hovstad. Keine Opposition gegen Leute, die uns so dicht auf den Hacken sitzen. Davon weiß ich ein Liedchen zu singen; und es kommt auch nie was Gutes dabei heraus. Aber die besonnenen und freimütigen Äußerungen eines Staatsbürgers, die können keinem verdacht werden.
Stockmann (schüttelt ihm die Hand) Ich kann Ihnen gar nicht sagen, mein lieber Herr Aslaksen, wie aufrichtig ich mich freue, bei meinen Mitbürgern einem solchen Verständnis zu begegnen. Ich bin so froh – so froh! Sie, wie wär's mit 'nem Gläschen Sherry? Was?
Aslaksen Nein, danke sehr; ich nehme nie Spirituosen.
Stockmann Aber ein Glas Bier? Was meinen Sie dazu?
Aslaksen Danke sehr, auch das nicht, Herr Doktor; so früh am Tage

nehm' ich nie was zu mir. Nun will ich aber in die Stadt und mit etlichen Hausbesitzern reden und die Stimmung bearbeiten.
Stockmann Das ist außerordentlich liebenswürdig von Ihnen, Herr Aslaksen; aber es will mir durchaus nicht in den Kopf, daß alle diese Vorkehrungen notwendig sein sollten; ich meine, die Sache müßte sich ganz von selbst machen.
Aslaksen Die Behörden arbeiten ein bißchen schwerfällig, Herr Doktor. Gott behüte, ich sag' das nicht, um sie zu tadeln –
Hovstad Morgen werden wir sie munter machen, im Blatt, Aslaksen.
Aslaksen Aber bloß nicht gewaltsam, Herr Hovstad. Gehen Sie mit Mäßigung vor, sonst kriegen Sie die Leute nicht vom Fleck; hören Sie nur auf meinen Rat, denn ich habe in der Schule des Lebens Erfahrungen gesammelt. – Jetzt muß ich mich aber empfehlen, Herr Doktor. Sie wissen nun, daß wir Kleinbürger jedenfalls wie eine Mauer hinter Ihnen stehen. Sie haben die kompakte Majorität auf Ihrer Seite, Herr Doktor.
Stockmann Danke schön, mein lieber Herr Aslaksen. *(Reicht ihm die Hand)* Adieu, adieu!
Aslaksen Kommen Sie mit in die Druckerei, Herr Hovstad?
Hovstad Ich komme nach; ich habe noch eine Kleinigkeit zu erledigen.
Aslaksen Schön, schön. *(Er grüßt und geht; Stockmann begleitet ihn ins Vorzimmer.)*
Hovstad (während Stockmann ins Zimmer zurückkommt) Na, was sagen Sie nun, Herr Doktor? Glauben Sie nicht, daß es endlich an der Zeit ist, hier auszulüften und all diese Schlaffheit und Halbheit und Feigheit aufzurütteln?
Stockmann Meinen Sie damit den Aslaksen?
Hovstad Allerdings. Er gehört mit zu denen, die im Sumpf stecken – so ein braver Mann er auch sonst sein mag. Und so sind die meisten hier bei uns; sie schwanken und wanken nach beiden Seiten; vor lauter Rücksichten und Bedenken wagen sie nie, einen ganzen Schritt zu tun.
Stockmann Ja, aber Aslaksen scheint mir doch recht anständige Gesinnungen zu haben.
Hovstad Es gibt was, das ich noch höher stelle; und das ist: dazustehen als ein unabhängiger, selbstsicherer Mann.
Stockmann Da gebe ich Ihnen vollständig recht.
Hovstad Deshalb will ich jetzt die Gelegenheit nicht vorübergehen lassen, zu versuchen, ob ich die besseren Elemente bei uns nicht dahinbringen kann, sich aufzuraffen mit einem Mal. Der Autoritätsdusel hier muß aufhören. Dieser unverantwortliche Mißgriff mit dem Wasserwerk muß allen stimmberechtigten Mitbürgern zu Gemüte geführt werden.

Stockmann Gut; wenn Sie meinen, daß es für das allgemeine Beste ist, so mag es geschehen; aber nicht eher, als bis ich mit meinem Bruder gesprochen habe.
Hovstad Inzwischen schreibe ich für alle Fälle einen Leitartikel. Und wenn dann der Stadtvogt für die Sache nicht zu haben ist –
Stockmann Ach, wie können Sie das nur denken?
Hovstad Das kann ich mir sehr wohl denken. Dann also –?
Stockmann Ja, dann versprech' ich Ihnen – hören Sie –, dann können Sie meine Abhandlung drucken – dann ins Blatt mit ihr ganz und gar!
Hovstad Darf ich das? Ist das ein Wort?
Stockmann (reicht ihm das Manuskript) Da ist sie; nehmen Sie sie mit; es kann ja nicht schaden, wenn Sie sie durchlesen; Sie geben sie mir dann später zurück.
Hovstad Schön, schön; das werd' ich. Und nun adieu, Herr Doktor.
Stockmann Adieu, adieu! Aber Sie werden sehen, die Sache geht glatt, Herr Hovstad – ganz glatt!
Hovstad Hm – werden ja sehen. *(Grüßt und geht durch das Vorzimmer ab)*
Stockmann (geht an die Tür des Speisezimmers und sieht hinein) Käte –! So, du bist da, Petra?
Petra (tritt ein) Ich komme diesen Augenblick aus der Schule.
Frau Stockmann (tritt ein) Ist er noch nicht dagewesen?
Stockmann Peter? Nein. Aber ich habe ein langes Gespräch mit Hovstad gehabt. Er ist ganz weg von der Entdeckung, die ich gemacht habe. Sie ist nämlich von weit größerer Tragweite, mußt du wissen, als ich im Anfang gedacht hatte. Und dann hat er mir sein Blatt zur Verfügung gestellt, wenn's nötig sein sollte.
Frau Stockmann Glaubst du denn, daß es nötig sein wird?
Stockmann Durchaus nicht. Aber es ist jedenfalls ein stolzes Bewußtsein, die freisinnige, unabhängige Presse auf seiner Seite zu haben. Ja, und denk mal – auch vom Vorsitzenden des Vereins der Hausbesitzer hab' ich Besuch gehabt.
Frau Stockmann So? Was wollte denn der?
Stockmann Mir ebenfalls seine Unterstützung anbieten. Sie wollen mich alle unterstüzen, wenn's schiefgehen sollte. Käte – weißt du, was ich hinter mir habe?
Frau Stockmann Hinter dir? Nein. Was hast du denn hinter dir?
Stockmann Die kompakte Majorität.
Frau Stockmann So. Ist das gut für dich, Thomas?
Stockmann Na, das sollt' ich doch meinen! *(Reibt sich die Hände und*

geht auf und ab) O Gott, wie himmlisch ist es doch, mit seinen Mitbürgern zusammenzustehen in brüderlichem Vereine!
Petra Und so viel Gutes und Nützliches vollbringen zu können, Vater!
Stockmann Ja, du, und noch dazu für seine eigene Vaterstadt!
Frau Stockmann Es hat geklingelt.
Stockmann Das ist er sicher. – *(Es klopft)* Herein!
Stadtvogt (durch das Vorzimmer) Guten Morgen.
Stockmann Willkommen, Peter!
Frau Stockmann Guten Morgen, Herr Schwager. Wie geht es?
Stadtvogt Danke, so – so. *(Zu Stockmann)* Gestern abend nach Büroschluß erhielt ich deine Abhandlung, die Wasserverhältnisse des Bades betreffend.
Stockmann Jawohl. Hast du sie gelesen?
Stadtvogt Allerdings.
Stockmann Und was sagst du dazu?
Stadtvogt (mit einem Seitenblick) Hm –
Frau Stockmann Komm, Petra. *(Sie und Petra ab in das Zimmer links)*
Stadtvogt (nach einer Pause) War es nötig, diese ganzen Untersuchungen hinter meinem Rücken anzustellen?
Stockmann Ja, solange ich nicht absolute Gewißheit hatte, so –
Stadtvogt Und die glaubst du also jetzt zu haben?
Stockmann Ja; davon hast du dich doch wohl selbst überzeugt.
Stadtvogt Ist es deine Absicht, der Badeverwaltung dieses Aktenstück als eine Art offiziellen Dokuments vorzulegen?
Stockmann Jawohl. Es muß doch etwas in der Sache geschehen; und das sogleich.
Stadtvogt Wie gewöhnlich gebrauchst du in deiner Abhandlung starke Ausdrücke. Unter anderm sagst du: Das was wir unsern Badegästen bieten, sei eine permanente Vergiftung.
Stockmann Ja, Peter, kann man es denn anders nennen? Denk doch mal – vergiftetes Wasser zu innerlichem wie äußerlichem Gebrauch! Und das für arme, kranke Menschen, die im guten Glauben ihre Zuflucht zu uns nehmen und ihr schweres Geld bezahlen, um ihre Gesundheit wiederzuerlangen!
Stadtvogt Und dann kommst du in deiner Deduktion zu dem Resultat, daß wir eine Kloake bauen müssen, die besagten Schmutz aus dem Mühltal aufnehmen kann, und daß die Wasserleitung umgelegt werden muß.
Stockmann Ja, weißt du einen andern Ausweg? Ich nicht.
Stadtvogt Ich hab' mir heut früh beim Stadtingenieur im Zimmer was

zu schaffen gemacht. Und bei dieser Gelegenheit bracht' ich, so halb im Scherz, die Rede auf diese Maßregeln als auf eine Sache, die wir in Zukunft vielleicht einmal in Erwägung ziehen müßten.
Stockmann In Zukunft einmal!
Stadtvogt Er lächelte über meine vermeintliche Extravaganz – natürlicherweise. Hast du dir die Mühe genommen, zu überlegen, wie hoch die vorgeschlagenen Veränderungen zu stehen kommen würden? Nach den Aufschlüssen, die mir geworden sind, würden die Ausgaben wahrscheinlich in die Hunderttausende gehen.
Stockmann So teuer sollte das sein?
Stadtvogt Ja. Und dann kommt das Schlimmste. Die Arbeit würde mindestens einen Zeitraum von zwei Jahren beanspruchen.
Stockmann Zwei Jahre, sagst du? Ganze zwei Jahre?
Stadtvogt Mindestens. Und was sollen wir inzwischen mit dem Bade machen? Es schließen? Ja, dazu würden wir genötigt sein. Oder glaubst du vielleicht, es würde ein Mensch zu uns kommen, sobald es ruchbar würde, daß das Wasser gesundheitsgefährlich ist?
Stockmann Ja, Peter, das ist es aber doch.
Stadtvogt Und das alles jetzt – grade jetzt, wo die Anstalt im Aufblühen ist. In den Nachbarstädten sind auch gewisse Vorbedingungen vorhanden, die sie zu Badeorten qualifizieren. Glaubst du, die Leute würden nicht sofort alles daransetzen, um den ganzen Fremdenstrom an sich zu ziehen? Das ist über allem Zweifel. Und dann ständen wir da; wahrscheinlich müßten wir die ganze teure Anstalt abreißen; und dann hättest du deine Vaterstadt ruiniert.
Stockmann Ich – ruiniert –!
Stadtvogt Einzig und allein durch das Bad hat die Stadt eine nennenswerte Zukunft vor sich. Das siehst du doch gewiß ebensogut ein wie ich.
Stockmann Aber was, meinst du denn, soll geschehen?
Stadtvogt Ich habe aus deiner Abhandlung nicht die Überzeugung gewinnen können, daß die Wasserverhältnisse des Bades so bedenklich sind, wie du sie darstellst.
Stockmann Eher sind sie noch schlimmer, du! Oder sie werden es wenigstens im Sommer, wenn die heißen Tage kommen.
Stadtvogt Wie gesagt, ich glaube, du übertreibst bedeutend. Ein tüchtiger Arzt muß seine Verhaltungsmaßregeln zu treffen wissen – er muß verstehen, schädlichen Einwirkungen vorzubeugen und ihnen abzuhelfen, wenn sie sich ganz augenscheinlich geltend machen sollten.
Stockmann Und dann? – Was weiter –?

Stadtvogt Die Wasserversorgung des Bades, so wie sie existiert, ist nun einmal ein Faktum und muß selbstverständlich als ein solches behandelt werden. Doch voraussichtlicherweise wird die Direktion seinerzeit nicht abgeneigt sein, in Erwägung zu ziehen, inwieweit es mit erschwinglichen pekuniären Opfern möglich sein wird, gewisse Verbesserungen einzuführen.
Stockmann Und auf solche Hinterlist, meinst du, würde ich jemals eingehen?!
Stadtvogt Hinterlist?
Stockmann Jawohl, es wäre eine Hinterlist – ein Betrug, eine Lüge, geradezu ein Verbrechen am Publikum, an der ganzen Gesellschaft!
Stadtvogt Ich habe, wie ich schon bemerkte, nicht die Überzeugung gewinnen können, daß Gefahr im Verzuge ist.
Stockmann Doch hast du das. Es ist nicht anders möglich. Meine Darstellung ist schlagkräftig und richtig, das weiß ich! Und du siehst das auch sehr wohl ein, Peter; aber du willst es nur nicht wahrhaben. Du hast es durchgesetzt, daß die Badegebäude wie auch das Wasserwerk da angelegt wurden, wo sie jetzt liegen; und das ist es – dieser verdammte Mißgriff ist es, den du nicht eingestehen willst. Pah! – Glaubst du, daß ich dich nicht durchschaue?
Stadtvogt Und wenn dem so wäre? Wenn ich vielleicht mit einer gewissen Ängstlichkeit über meinem Ansehen wache, so geschieht das zum Frommen der Stadt. Ohne moralische Autorität kann ich die Geschäfte nicht führen und leiten, wie ich's für das Wohl des Ganzen am zweckdienlichsten erachte. Deshalb – und aus diversen anderen Gründen – ist mir viel daran gelegen, daß deine Darstellung nicht an die Badedirektion gelangt. Im Interesse des Gemeinwohls muß sie zurückgehalten werden. Ich werde dann später die Sache zur Diskussion bringen, und wir werden in aller Stille unser Bestes tun; aber nichts – auch nicht das leiseste Wort – darf in dieser fatalen Angelegenheit zur öffentlichen Kenntnis gelangen.
Stockmann Ja, das wird sich wohl nicht verhindern lassen, mein lieber Peter.
Stadtvogt Es muß und wird sich verhindern lassen.
Stockmann Das geht nicht, sag' ich dir; es wissen schon zu viel Leute darum.
Stadtvogt Wissen darum! Wer? Doch wohl in aller Welt nicht diese Herren vom »Volksboten«, die –?
Stockmann Doch; auch die. Die freisinnige, unabhängige Presse wird schon dafür sorgen, daß Ihr Eure Schuldigkeit tut.

Stadtvogt (nach einer kurzen Pause) Du bist ein grenzenlos unbesonnener Mensch, Thomas. Hast du nicht bedacht, welche Folgen das für dich selbst haben kann?
Stockmann Folgen? Folgen für mich?
Stadtvogt Für dich und die Deinen – jawohl.
Stockmann Was zum Teufel soll das heißen?
Stadtvogt Ich glaube, ich bin dir mein Leben lang ein gefälliger und hilfreicher Bruder gewesen.
Stockmann Ja, das bist du, und dafür weiß ich dir Dank.
Stadtvogt Nicht nötig. Ich war ja auch teilweise dazu genötigt – um meiner selbst willen. Es war immer meine Hoffnung, dich einigermaßen im Zaume halten zu können, wenn ich dir beistand, deine ökonomische Stellung zu verbessern.
Stockmann Was! Also nur um deiner selbst willen –!
Stadtvogt Teilweise, sag' ich. Es ist peinlich für einen Beamten, wenn seine nächsten Angehörigen sich ein ums andre Mal kompromittieren.
Stockmann Und du meinst, ich tue das?
Stadtvogt Ja, leider tust du das, ohne es selbst zu wissen. Du hast eine unruhige, streitbare, aufrührerische Gemütsart. Und dann dein unglückseliger Hang, öffentlich über alle möglichen und unmöglichen Dinge zu schreiben. Kaum hast du einen Einfall – gleich mußt du einen Zeitungsartikel oder eine ganze Broschüre draus machen.
Stockmann Ja, aber ist es denn nicht die Pflicht eines Staatsbürgers, sich dem Publikum mitzuteilen, wenn er einen neuen Gedanken hat?
Stadtvogt Ach, das Publikum braucht gar keine neuen Gedanken. Dem Publikum ist am besten mit den alten, guten, anerkannten Gedanken gedient, die es schon hat.
Stockmann Und das sagst du so grad' heraus!
Stadtvogt Ja, einmal muß ich doch grad' heraus mit dir reden. Bis jetzt hab' ich es zu vermeiden gesucht, weil ich weiß, wie irritabel du bist; aber jetzt muß ich dir die Wahrheit sagen, Thomas. Du machst dir keine Vorstellung davon, wie sehr du dir mit deiner Übereiltheit schadest. Du beklagst dich über die Behörden, ja selbst über die Regierung – reißt sie sogar herunter – behauptest, du werdest zurückgesetzt, verfolgt. Aber kannst du anderes erwarten – so ein lästiger Mann, wie du bist.
Stockmann Was – ich bin auch noch lästig?
Stadtvogt Ja, Thomas, du bist als Mitarbeiter ein sehr lästiger Mann. Das hab' ich fühlen müssen. Du setzt dich über alle Rücksichten hinweg; du scheinst ganz zu vergessen, daß ich es bin, dem du diesen deinen Posten als Badearzt zu verdanken hast –

Stockmann Dazu war ausschließlich ich berufen! Ich und kein anderer! Ich war der erste, der eingesehen hat, die Stadt könne ein blühender Badeort werden; und ich war der einzige, der das damals eingesehen hat. Ich stand allein und kämpfte viele Jahre für den Gedanken; und ich schrieb und schrieb –
Stadtvogt Unleugbar. Aber damals war der richtige Zeitpunkt noch nicht da; na, das konntest du da oben in deinem Winkel ja nicht beurteilen. Als dann aber der passende Moment gekommen war, da nahm ich – und die anderen – die Sache in die Hand –
Stockmann Und da habt ihr meinen ganzen herrlichen Plan verpfuscht. O ja, jetzt zeigt es sich allerdings, was für schlaue Kerle ihr wart!
Stadtvogt Nach meiner Ansicht zeigt sich es nur, daß du wieder einmal ein Ventil für deine Streitsucht brauchst. Du willst deinen Vorgesetzten zu Leibe – das ist ja eine alte Gewohnheit von dir. Du willst keine Autorität über dir dulden; du siehst jeden schief an, der ein übergeordnetes Amt bekleidet; du betrachtest ihn als einen persönlichen Feind – und sofort ist dir jedwede Angriffswaffe recht. Aber jetzt hab' ich dich darauf aufmerksam gemacht, welche Interessen für die ganze Stadt auf dem Spiel stehen – und folglich auch für mich. Und deshalb sag' ich dir, Thomas, ich bin unerbittlich in der Forderung, die ich jetzt an dich zu stellen vorhabe.
Stockmann Was ist das für eine Forderung?
Stadtvogt Da du so schwatzhaft gewesen bist, von dieser heiklen Angelegenheit Unberufenen gegenüber zu sprechen, obgleich sie als ein Direktionsgeheimnis hätte bewahrt werden müssen, so kann die Sache natürlich nicht vertuscht werden. Allerhand Gerüchte werden sich verbreiten, und unsere Neider werden die Gerüchte durch allerlei Zusätze nähren. Es wird deshalb nötig sein, daß du solchen Gerüchten öffentlich entgegentrittst.
Stockmann Ich! Wie? Ich verstehe dich nicht.
Stadtvogt Es steht zu erwarten, du werdest vermöge erneuter Untersuchungen zu dem Resultat kommen, daß die Sache nicht annähernd so gefährlich oder bedenklich ist, wie du dir im ersten Augenblick eingebildet hast.
Stockmann Aha – das erwartest du also!
Stadtvogt Und weiter erwartet man, daß du zu der Verwaltung das Vertrauen hegst und ihm öffentlich Ausdruck gibst, sie werde gründlich und gewissenhaft das Nötige veranlassen, um möglichen Übelständen abzuhelfen.
Stockmann Ja, aber das werdet ihr nie und nimmer können, solange ihr

euch mit Pfuscherei und Flickwerk behelft. Das sag' ich dir, Peter; und es ist meine aufrichtigste und festeste Überzeugung –!

Stadtvogt Als Angestellter hast du kein Recht, eine separate Überzeugung zu haben.

Stockmann (betroffen) Kein Recht, eine –!

Stadtvogt Als Angestellter, sag' ich. Als Privatperson – du lieber Gott, das ist eine andere Sache. Aber als subalterner Beamter des Bades darfst du keine Überzeugung aussprechen, die im Gegensatz zu der deiner Vorgesetzten steht.

Stockmann Das geht zu weit! Ich, als Arzt, als Mann der Wissenschaft, sollte nicht das Recht haben, zu –!

Stadtvogt Die Angelegenheit, um die es sich hier handelt, ist nicht rein wissenschaftlich; es ist eine kombinierte Angelegenheit; es ist sowohl eine technische als auch eine ökonomische Angelegenheit.

Stockmann Ach, zum Donnerwetter, meinetwegen kann sie sein, was sie will! Ich will die Freiheit haben, mich über alle möglichen Angelegenheiten der Welt auszusprechen!

Stadtvogt Bitte sehr. Aber nur nicht über die Angelegenheiten des Bades. – Das verbieten wir dir.

Stockmann (aufbegehrend) Ihr verbietet –! Ihr! Solche –!

Stadtvogt Ich verbiet' es dir – ich, dein oberster Vorgesetzter; und wenn ich dir was verbiete, so hast du zu gehorchen.

Stockmann (bezwingt sich) Peter – wahrhaftig, wärst du nicht mein Bruder –

Petra (reißt die Tür auf) Vater, das darfst du dir nicht gefallen lassen!

Frau Stockmann (hinter ihr her) Petra! Petra!

Stadtvogt Aha, man hat gehorcht.

Frau Stockmann Es war so laut hier; und da war es unvermeidlich, daß wir –

Petra Ja, ich habe gestanden und gehorcht.

Stadtvogt Na, eigentlich ist mir das nur lieb –

Stockmann (kommt näher) Du sprachst mir von verbieten und gehorchen –?

Stadtvogt Du hast mich gezwungen, in diesem Ton zu reden.

Stockmann Und nun soll ich mit einer öffentlichen Erklärung mich selbst auf den Mund schlagen?

Stadtvogt Wir erachten es für unumgänglich nötig, daß du eine Erklärung veröffentlichst, wie ich sie verlangt habe.

Stockmann Und wenn ich nun nicht – gehorche?

Stadtvogt So erlassen wir selbst eine Erklärung zur Beruhigung des Publikums.
Stockmann Sehr gut – aber dann schreibe ich gegen euch. Ich bleibe bei meiner Ansicht; ich werde beweisen, daß ich recht habe und ihr unrecht. Was wollt ihr dann machen?
Stadtvogt Dann werde ich nicht verhindern können, daß du den Abschied bekommst.
Stockmann Was –!
Petra Vater – den Abschied!
Frau Stockmann Den Abschied!
Stadtvogt Den Abschied als Badearzt. Ich werde mich veranlaßt sehen, augenblickliche Kündigung zu beantragen und dir alle Funktionen zu untersagen, die mit dem Bade etwas zu tun haben.
Stockmann Und das würdet ihr wagen?!
Stadtvogt Du selbst bist es, der hier ein gewagtes Spiel spielt.
Petra Onkel, das ist ein empörendes Vorgehen gegen einen Mann wie Papa!
Frau Stockmann Willst du wohl schweigen, Petra!
Stadtvogt (sieht Petra an) Aha, man versteigt sich hier schon zu Meinungsäußerungen. Ja natürlich. *(Zur Frau Stockmann)* Frau Schwägerin, vermutlich sind Sie die Besonnenste im Hause. Bieten Sie allen Einfluß auf, den Sie auf Ihren Mann haben; bringen Sie ihm zum Bewußtsein, was für Folgen diese Geschichte sowohl für seine Familie –
Stockmann Meine Familie geht keinen andern als mich etwas an.
Stadtvogt – sowohl für seine Familie, sag' ich, als auch für die Stadt haben wird, in der er lebt.
Stockmann Der das wahre Wohl der Stadt will, das bin ich! Ich will die Mängel aufdecken, die früher oder später ans Tageslicht kommen müssen. O, es wird sich schon zeigen, ob ich meine Vaterstadt liebe!
Stadtvogt Du? Und da gehst du in blindem Trotze hin und schneidest der Stadt die wichtigste Nahrungsquelle ab.
Stockmann Die Quelle ist vergiftet, Mensch! Bist du denn toll?! Wir leben hier vom Hökerhandel mit Unrat und Fäulnis! Das ganze aufblühende Leben unseres Gemeinwesens saugt seine Nahrung aus einer Lüge!
Stadtvogt Hirngespinste – oder noch was Schlimmeres. Ein Mann, der so beleidigende Insinuationen gegen seine eigene Vaterstadt schleudert, muß ein Feind der Gesellschaft sein.
Stockmann (auf ihn zu) Und das wagst du –!
Frau Stockmann (wirft sich zwischen beide) Thomas!

Petra (faßt ihren Vater am Arm) Nur Ruhe, Vater!
Stadtvogt Ich will mich nicht Gewalttätigkeiten aussetzen; du bist jetzt gewarnt. Überlege, was du dir und den Deinen schuldig bist. Adieu. *(Ab)*
Stockmann (geht auf und ab) Und eine solche Behandlung muß ich mir gefallen lassen! In meinem eigenen Hause, Käte! Was sagst du dazu!
Frau Stockmann Gewiß, es ist eine Schmach und eine Schande, Thomas –
Petra Könnt' ich diesem Onkel nur an den Kragen –
Stockmann Es ist meine eigene Schuld; ich hätte mich schon längst auf die Hinterbeine stellen – ihnen die Zähne zeigen – um mich beißen sollen! – Mich einen Feind der Gesellschaft zu nennen! Mich! Das lass' ich, bei meiner Seele Seligkeit, nicht auf mir sitzen!
Frau Stockmann Aber, bester Thomas, dein Bruder hat nun einmal die Macht –
Stockmann Ja, aber ich habe das Recht, du!
Frau Stockmann Ach ja, Recht – Recht; was hilft dir dein Recht, wenn du nicht die Macht hast?
Petra Aber, Mutter – wie kannst du nur so reden?
Stockmann Also in einem freien Gemeinwesen sollt' es nichts helfen, das Recht auf seiner Seite zu haben? Du bist komisch, Käte. Und außerdem – habe ich nicht die freisinnige, unabhängige Presse vor mir – und die kompakte Majorität hinter mir? Das wäre doch Macht genug, sollt' ich meinen.
Frau Stockmann Aber, Gott im Himmel, Thomas, du gedenkst doch um alles in der Welt nicht –?
Stockmann An was sollt' ich nicht denken?
Frau Stockmann – dich gegen deinen Bruder aufzulehnen, mein' ich.
Stockmann Was zum Teufel, meinst du, sollt' ich sonst tun, wenn ich nicht das preisgeben will, was rechtens und wahr ist.
Petra Ja, das frag' ich wahrhaftig auch.
Frau Stockmann Aber es nützt dir doch absolut gar nichts; wenn sie nicht wollen, so wollen sie nicht.
Stockmann Hoho, Käte, laß mir nur Zeit, und du wirst sehen, ich setze meinen Willen durch.
Frau Stockmann Ja, du setzt es vielleicht durch, daß sie dir den Abschied geben – das tust du.
Stockmann Dann habe ich jedenfalls meine Pflicht gegen das Publikum – gegen die Gesellschaft getan. Ich, den sie einen Feind der Gesellschaft genannt haben!
Frau Stockmann Aber gegen deine Familie, Thomas? Gegen uns?

Nennst du das deine Pflicht tun gegen die, deren Versorger du bist?

Petra Ach, denk doch nicht immer zuerst und vor allem an uns, Mutter.

Frau Stockmann Ja, du hast gut reden; du kannst im Notfall auf eigenen Füßen stehen. – Aber denk an die Jungen, Thomas; und denk auch ein bißchen an dich selbst und an mich –

Stockmann Aber ich glaube, du hast den Verstand verloren, Käte! Wenn ich so jämmerlich feige wäre, vor diesem Peter und seinem vermaledeiten Anhang zu kapitulieren – würde ich dann wohl im Leben je wieder eine glückliche Stunde haben?

Frau Stockmann Ja, das weiß ich nicht; aber der liebe Herrgott möge uns vor dem Glück bewahren, das unser aller wartet, wenn du bei deinem Trotz verharrst. Dann stehst du wieder ohne Brot da, ohne feste Einnahmen. Ich sollte meinen, das hätten wir in früheren Tagen zur Genüge gekostet; vergiß das nicht, Thomas; vergiß nicht, was das heißen will.

Stockmann (windet sich in innerem Kampf und ringt die Hände) Und in solche Lage können diese Bürosklaven einen freien, ehrlichen Mann bringen! Ist das nicht schrecklich, Käte?

Frau Stockmann Ja, es ist sündhaft an dir gehandelt, das ist gewiß wahr. Aber, lieber Gott, es ist auf dieser Welt so viel Ungerechtigkeit, der man sich beugen muß. – Da sind die Jungens, Thomas! Sieh sie an! Was soll aus ihnen werden? Ach, nein, nein, du kannst doch nun und nimmer es übers Herz bringen –

(Ejlif und Morten sind inzwischen mit ihren Schulbüchern eingetreten.)

Stockmann Die Jungens –! *(Steht mit einemmal fest und entschlossen da)* Und wenn die ganze Welt zugrunde ginge, ich krieche nicht zu Kreuze. *(Geht auf sein Zimmer zu)*

Frau Stockmann (hinter ihm her) Thomas – was willst du tun!

Stockmann (an der Tür) Ich will das Recht nicht verwirken, meinen Jungens in die Augen zu sehen, wenn sie mal erwachsene, freie Männer sind. *(Ab in sein Zimmer)*

Frau Stockmann (bricht in Tränen aus) Gott steh uns allen bei und gebe uns seinen Trost!

Petra Bravo, Vater! Er unterwirft sich nicht.

(Die Knaben fragen verwundert, um was es sich handelt; Petra bedeutet ihnen zu schweigen.)

DRITTER AKT

Redaktionsbüro des »Volksboten«. Links im Hintergrund ist die Eingangstür; rechts an derselben Wand eine zweite Tür mit Glasscheiben, durch die man in die Druckerei sieht. An der Wand rechts eine Tür. Mitten im Zimmer ein großer Tisch, der mit Papieren, Zeitungen und Büchern bedeckt ist. Vorn links ein Fenster und an diesem ein Schreibpult mit hohem Stuhl. Am Tisch stehen ein paar Lehnstühle, einige andere Stühle längs den Wänden. Das Zimmer ist finster und ungemütlich, das Mobiliar alt, die Lehnstühle sind schmutzig und zerschlissen. In der Druckerei sieht man ein paar Setzer bei der Arbeit; weiter hinten ist eine Handpresse in Tätigkeit.

Hovstad sitzt am Pult und schreibt. Gleich darauf kommt Billing von rechts mit Stockmanns Manuskript in der Hand.

Billing Na, das muß ich sagen –!
Hovstad (schreibend) Haben Sie's durchgelesen?
Billing (legt das Manuskript auf das Pult) Allerdings.
Hovstad Hübsch scharf, der Doktor – was meinen Sie?
Billing Scharf? Gott verdamm mich, der ist geradezu erbarmungslos. Jedes Wort saust wuchtig nieder wie – ich möchte sagen – wie ein Axthieb.
Hovstad Ja, aber die Leute fallen auch nicht auf den ersten Schlag.
Billing Sehr richtig; aber dann geht's weiter – Schlag auf Schlag, bis das ganze Herrenregiment zusammenstürzt. Als ich auf meinem Zimmer das hier las, da war mir, als säh' ich von fern die Revolution kommen.
Hovstad (dreht sich um) Pst! Lassen Sie das nur Aslaksen nicht hören.
Billing (dämpft die Stimme) Aslaksen ist ein Hasenfuß, ein feiger Kerl; es ist kein Mannesmut in ihm. Aber diesmal setzen Sie Ihren Willen doch wohl durch? Was? Der Artikel des Doktors kommt doch wohl hinein?
Hovstad Ja, wenn nur der Stadtvogt sich nicht gutwillig fügt –
Billing Das wär' verteufelt ärgerlich.
Hovstad Na, was auch geschieht, wir können glücklicherweise die Situation ausnutzen. Wenn der Stadtvogt nicht auf des Doktors Vorschlag eingeht, so hat er sämtliche Kleinbürger – den ganzen Verein der Hausbesitzer und die anderen – auf dem Hals. Und geht er drauf ein,

so überwirft er sich mit einem ganzen Haufen großer Aktionäre, die bis heut seine besten Stützen waren –

Billing Jawohl, ja; denn die müssen mit 'ner schweren Menge Geld rausrücken –

Hovstad Darauf können Sie Gift nehmen. Und dann ist der Ring gesprengt, sehen Sie, und dann werden wir Tag für Tag im Blatt dem Publikum klarmachen, daß der Stadtvogt in jeder Richtung unfähig ist und daß sämtliche Vertrauensposten der Stadt wie die ganze Kommunalverwaltung in die Hände freisinniger Leute gelegt werden müßten.

Billing Das ist, Gott verdamm mich, klar wie Kloßbrühe! Ich seh's – ich seh's, wir stehen am Vorabend einer Revolution!

(Es klopft)

Hovstad Pst! *(Ruft)* Herein!

(Doktor Stockmann kommt durch die Tür im Hintergrund links.)

Hovstad (geht ihm entgegen) Ah, der Herr Doktor! Na?

Stockmann Drucken Sie los, Herr Hovstad!

Hovstad Es wird also was draus?

Billing Hurra!

Stockmann Drucken Sie los, sag' ich. Ja gewiß wird was draus. Nun sollen sie ihren Willen haben. Jetzt gibt es Krieg in der Stadt, Herr Billing!

Billing Krieg bis aufs Messer, will ich hoffen! Das Messer an die Kehle, Herr Doktor!

Stockmann Die Abhandlung ist nur der Anfang. Ich trage mich schon mit Entwürfen zu vier, fünf anderen Aufsätzen. Wo steckt Aslaksen?

Billing (ruft in die Druckerei hinein) Aslaksen, ach, kommen Sie doch einen Augenblick rein!

Hovstad Vier, fünf Aufsätze, sagen Sie? Über denselben Gegenstand?

Stockmann I, keine Spur, mein Lieber. Nein, über ganz andere Dinge. Aber es geht alles vom Wasserwerk und von der Kloake aus. Eins zieht das andere nach sich, sehen Sie. Wie wenn man darangeht, ein altes Gebäude einzureißen – akkurat so ist es.

Billing So ist es – Gott verdamm mich! Man meint nicht eher damit fertig zu sein, als bis man den ganzen Krempel eingerissen hat.

Aslaksen (aus der Druckerei) Eingerissen? Sie denken doch wohl nicht daran, das Badehaus einzureißen?

Hovstad Keine Spur; haben Sie bloß keine Angst.

Stockmann Nein, es handelt sich um ganz andere Dinge. Na, was sagen Sie denn zu meiner Abhandlung, Herr Hovstad?

Hovstad Meines Erachtens ein wahres Meisterstück –

Stockmann Ja, nicht wahr –? Na, das freut mich; das freut mich.
Hovstad So klar und so einleuchtend; man braucht durchaus nicht Fachmann zu sein, um den Zusammenhang zu verstehen. Ich wage zu behaupten, Sie werden alle aufgeklärten Elemente, Mann für Mann, auf Ihrer Seite haben.
Aslaksen Und die besonnenen doch wohl auch?
Billing Die besonnenen wie die unbesonnenen – ja, fast die ganze Stadt, glaub' ich.
Aslaksen Na, dann können wir die Abhandlung wohl drucken.
Stockmann Ja, das sollt' ich meinen!
Hovstad Sie soll morgen früh hinein.
Stockmann Donnerwetter ja – auch nicht ein Tag darf verloren werden. Hören Sie, Herr Aslaksen, darum möcht' ich Sie gebeten haben: Nehmen Sie sich persönlich des Manuskripts an.
Aslaksen Das werd' ich tun.
Stockmann Behüten Sie's, als ob es Gold wäre. Keinen Druckfehler; jedes Wort ist wichtig. Ich komme später wieder mit heran; vielleicht könnt' ich dann rasch Korrektur lesen. – Ich kann gar nicht sagen, wie ich darauf brenne, die Sache gedruckt zu sehen – in die Welt geschleudert –
Billing Geschleudert – ja, wie einen Blitz!
Stockmann – dem Urteil aller verständigen Mitbürger unterbreitet. Ach, Sie können sich nun und nimmer vorstellen, welchen Dingen ich heut ausgesetzt war. Man hat mir mit allem Möglichen gedroht; man hat mir meine sonnenklarsten Menschenrechte nehmen wollen –
Billing Was! Ihre Menschenrechte!
Stockmann – man hat mich erniedrigen, mich zu einem Schurken machen wollen, hat verlangt, ich solle persönliche Vorteile über meine innerste, heiligste Überzeugung stellen –
Billing Das ist doch, Gott verdamm mich, zu stark!
Hovstad O ja, von der Seite kann man alles gewärtigen.
Stockmann Aber bei mir werden sie den kürzeren ziehen; das sollen sie schwarz auf weiß haben. Jetzt werd' ich Tag für Tag mich im »Volksboten« sozusagen vor Anker legen und sie mit einem explodierenden Aufsatz nach dem andern bestreichen –
Aslaksen Ja, aber hören Sie –
Billing Hurra! Es gibt Krieg, es gibt Krieg!
Stockmann – ich werde sie zu Boden schlagen, werde sie zerschmettern, ihre Festungswerke vor den Augen aller rechtschaffenen Leute wegrasieren! Das werd' ich tun!

Aslaksen Aber machen Sie's nur moderat, Herr Doktor; schießen Sie mit Maß –
Billing Ach was! Ach was! Nur nicht das Dynamit sparen!
Stockmann (fährt unbeirrt fort) Denn jetzt handelt es sich, sehen Sie, nicht mehr um das Wasserwerk und die Kloake allein. Nein, das ganze Gemeinwesen soll gereinigt, desinfiziert werden –
Billing Das ist das erlösende Wort!
Stockmann Alle Flickwerksgreise müssen weggefegt werden, verstehen Sie. Und zwar auf allen möglichen Gebieten! Heut haben sich mir unendliche Perspektiven eröffnet. So ganz klar bin ich mir darüber noch nicht – aber das wird sich schon machen. Wir müssen hin und uns junge, frische Bannenträger suchen, meine Freunde; auf allen Vorposten müssen wir neue Kommandanten haben.
Billing Hört! Hört!
Stockmann Und wenn wir nur zusammenhalten, so wird alles glattgehen, ganz glatt! Die ganze Umwälzung wird sich vollziehen wie ein Stapellauf. Glauben Sie nicht?
Hovstad Ich für mein Teil glaube, daß wir jetzt alle Aussicht haben, die Kommunalverwaltung in die Hände zu bringen, wo sie von Rechts wegen hingehört.
Aslaksen Und wenn wir nur mit Maß zu Werke gehen, so kann ich mir wahrhaftig nicht denken, daß es gefährlich sein könnte.
Stockmann Wer zum Teufel schert sich drum, ob es gefährlich ist oder nicht! Was ich tue, tu' ich im Namen der Wahrheit und um meines Gewissens willen.
Hovstad Sie sind ein Mann, der Unterstützung verdient, Herr Doktor.
Aslaksen Ja, das steht fest, der Herr Doktor ist der wahre Freund der Stadt; er ist der Gesellschaft ein echter Freund, jawohl!
Billing Doktor Stockmann ist – Gott verdamm mich, Aslaksen – ein Volksfreund!
Aslaksen Ich denke, der Verein der Hausbesitzer wird von diesem Ausdruck bald Gebrauch machen.
Stockmann (bewegt, drückt ihnen die Hände) Danke schön, danke schön, meine lieben, treuen Freunde – wie erquicklich mir das in meinen Ohren klingt! Mein Herr Bruder nannte mich ganz anders. Na, das soll ihm aber bei Gott mit Zinsen heimgezahlt werden. Nun muß ich aber weg und nach einem armen Teufel schauen. – Ich komme wieder, wie gesagt. Nehmen Sie nur das Manuskript gut in acht, Herr Aslaksen – und streichen Sie mir um alles in der Welt keines von den Ausrufungszeichen! Setzen Sie lieber noch ein paar hinzu! Schön, schön; adieu so

lange, adieu, adieu! *(Gegenseitige Verabschiedung auf dem Wege zur Tür; ab)*
Hovstad Der kann uns unbezahlbar werden.
Aslaksen Ja, solange er sich nur an die Geschichte mit der Badeanstalt halten wollte. Wenn er aber weitergeht, so ist es nicht ratsam, mit ihm gemeinsame Sache zu machen.
Hovstad Hm, das kommt doch drauf an –
Billing Sie sind aber auch verflucht ängstlich, Aslaksen.
Aslaksen Ängstlich? Ja, wenn es sich um die lokalen Machthaber handelt, dann bin ich ängstlich, Herr Billing. Ich will Ihnen was sagen – das hab' ich in der Schule der Erfahrung gelernt. Aber stellen Sie mich mal vor die hohe Politik, ja selbst vor die Opposition gegen die Regierung, und dann sehen Sie zu, ob ich ängstlich bin.
Billing Nein, dann gewiß nicht. Aber das ist ja gerade der Widerspruch in Ihnen.
Aslaksen Ich bin ein Mann von Gewissen – das ist die Geschichte. Fährt man gegen die Regierung los, so tut man wenigstens der Gesellschaft keinen Schaden; denn die Leute kümmern sich darum nicht, sehen Sie – die stehen doch fest. Aber die lokalen Behörden, die können gestürzt werden, und dann kommt vielleicht die Ignoranz ans Ruder zum unersetzlichen Schaden der Hausbesitzer und andrer Leute.
Hovstad Aber die Erziehung des Bürgers durch die Selbstverwaltung – an die denken Sie wohl nicht?
Aslaksen Wenn man ein bißchen was vor sich gebracht hat, das erhalten sein will, so kann man nicht an alles denken, Herr Hovstad.
Hovstad Dann möcht' ich nie was vor mich bringen!
Billing Hört! Hört!
Aslaksen (lächelt) Hm. *(Zeigt auf das Pult)* Auf dem Redakteursstuhl da hat vor Ihnen der Stiftsamtmann Stensgård gesessen.
Billing (spuckt aus) Pfui! So ein Überläufer!
Hovstad Ich bin keine Wetterfahne – und werd' es auch niemals sein.
Aslaksen Ein Politiker soll sich nie zum Schwur vermessen – Herr Hovstad. Und Sie, Herr Billing, sollten, mein' ich, zur Stunde auch Ihre Segel ein bißchen einziehen; denn Sie haben sich ja um den Sekretärposten beim Magistrat beworben.
Billing Ich –!
Hovstad Sie, Billing?!
Billing Na ja doch, aber zum Teufel, Sie können sich doch wohl denken, daß es nur geschieht, um die wohlweisen Herren zu ärgern.
Aslaksen Das kann mir ja ganz egal sein. Wenn man mich aber der

Feigheit beschuldigt und des Widerspruchs in meinem Verhalten, so möcht' ich doch dies eine betonen: Des Buchdruckers Aslaksen politische Vergangenheit liegt offen vor aller Welt da. Ich habe keine andere Wandlung durchgemacht, als daß ich gemäßigter geworden bin, sehen Sie. Mein Herz ist nach wie vor bei dem Volke; aber ich leugne nicht, daß mein Verstand etwas zu den Machthabern hinüberneigt – wohlgemerkt: zu den lokalen. *(Ab in die Druckerei)*

Billing Wollen wir nicht zusehen, ihn loszuwerden, Hovstad?

Hovstad Wissen Sie sonst wen, der uns Satz, Druck und Papier krediticrt?

Billing Verdammte Geschichte, daß wir nicht das nötige Betriebskapital haben.

Hovstad (setzt sich an das Pult) Ja, hätten wir das nur, so –

Billing Wenn Sie sich mal an Doktor Stockmann wendeten?

Hovstad (blättert in den Papieren) Ach, was kann das nützen? Der hat ja selber nichts.

Billing Nein, aber er hat einen guten Hintermann, den alten Morten Kiil – den »Dachs«, wie sie ihn nennen.

Hovstad (schreibt) Wissen Sie denn so sicher, daß der was hat?

Billing Gott verdamm mich, das wird er doch!? Und ein Teil davon muß doch wohl an Stockmanns Familie fallen. Er muß doch an eine Aussteuer – wenigstens für die Kinder – denken.

Hovstad (dreht sich halb um) Rcchnen Sie darauf?

Billing Rechnen? Ich rechne selbstverständlich auf nichts.

Hovstad Da tun Sie recht dran. Und auf den Posten beim Magistrat sollen Sie schon gar nicht rechnen; denn ich kann Sie versichern – Sie kriegen ihn nicht.

Billing Glauben Sie denn, daß ich das nicht sehr gut weiß? Und es ist mir gerade recht, daß ich ihn nicht kriege. Solch eine Zurücksetzung feuert den Kampfesmut an – man erhält sozusagen eine Zufuhr von frischer Galle, und das tut einem wirklich not in solch einem Krähwinkel wie hier, wo so selten etwas wirklich Aufregendes passiert.

Hovstad (schreibt) O ja – o ja.

Billing Na – die sollen bald von mir hören! – Ich gehe jetzt und schreibe den Aufruf an die Hausbesitzer. *(Ab in das Zimmer rechts)*

Hovstad (sitzt am Pult, kaut am Federhalter und sagt langsam) Hm – ja, so wird's gehen. – *(Es klopft)* Herein!

(Petra kommt durch die Tür im Hintergrund links.)

Hovstad (steht auf) Sie sind's? Sie geben uns die Ehre?

Petra Ja, Sie müssen entschuldigen –

Hovstad (rückt einen Lehnstuhl vor) Wollen Sie nicht Platz nehmen?
Petra Nein, danke sehr; ich gehe gleich wieder.
Hovstad Kommen Sie vielleicht in Ihres Herrn Vaters Sache –?
Petra Nein, in eigener Sache. *(Nimmt ein Buch aus der Manteltasche)* Hier ist die englische Erzählung.
Hovstad Warum geben Sie sie zurück?
Petra Weil ich sie nicht übersetzen will.
Hovstad Aber Sie haben mir doch so fest versprochen –
Petra Ja, damals hatt' ich sie noch nicht gelesen. Und Sie haben sie wohl auch nicht gelesen?
Hovstad Nein; Sie wissen ja, ich verstehe kein Englisch; aber –
Petra Schön; und deshalb möchte ich Ihnen sagen, daß Sie sich nach etwas anderem umsehen müssen. *(Legt das Buch auf den Tisch)* Das da paßt durchaus nicht für den »Volksboten«.
Hovstad Weshalb nicht?
Petra Weil die Erzählung durchaus im Widerspruch mit Ihren eigenen Ansichten steht.
Hovstad Na, wenn's weiter nichts ist –
Petra Sie verstehen mich wohl nicht. Sie handelt davon, wie eine überirdische Macht die Wege der sogenannten guten Menschen auf Erden leitet und schließlich alles zu ihrem Besten lenkt – und daß die sogenannten schlechten Menschen ihre Strafe kriegen.
Hovstad Ja, aber das ist doch wunderhübsch. So was wollen die Leute ja gerade haben.
Petra Wollen Sie denn der Mann sein, der den Leuten so was gibt? Selber glauben Sie doch kein Wort davon. Sie wissen ja sehr gut, daß es in der Wirklichkeit nicht so zugeht.
Hovstad Da haben Sie vollkommen recht; aber ein Redakteur kann nicht immer handeln, wie er möchte. In minder wichtigen Dingen muß er sich oft den Anschauungen der Leute fügen. Die Politik ist ja doch die Hauptsache im Leben – oder wenigstens für eine Zeitung; und sollen die Leute mir folgen zur Freiheit und zum Fortschritt, so darf ich sie nicht abschrecken. Wenn sie so eine moralische Erzählung unten im Erdgeschoß der Zeitung finden, so gehen sie williger auf das ein, was wir über dem Strich bringen – sie werden dadurch gewissermaßen sicherer.
Petra Pfui; so heimtückisch gehen Sie also hin und legen Ihren Lesern Schlingen; Sie sind doch keine Spinne.
Hovstad (lächelt) Ich danke Ihnen für Ihre gute Meinung. Nein, es ist allerdings auch nur Billings Gedankengang und nicht der meinige.
Petra Billings!

Hovstad Ja, wenigstens redete er neulich mal hier in diesem Sinne. Es ist doch Billing, der so darauf brennt, die Erzählung zu bringen; ich kenne das Buch ja nicht.
Petra Aber wie kann denn Billing mit seinen radikalen Anschauungen –!
Hovstad Ach, Billing, der ist vielseitig. Jetzt bemüht er sich auch um den Sekretärposten beim Magistrat, wie ich höre.
Petra Das glaub' ich nicht, Hovstad. Wie sollte er sich zu so was verstehen können?
Hovstad Ja, das müssen Sie ihn selbst fragen.
Petra Nie und nimmer hätt' ich das von Billing gedacht.
Hovstad (blickt sie fester an) Nicht? Kommt Ihnen das so ganz unerwartet?
Petra Ja. Oder vielleicht doch nicht. Ach, ich weiß im Grunde nicht –
Hovstad Wir Zeitungsschreiber taugen nicht viel, Fräulein.
Petra Sagen Sie das im Ernst?
Hovstad Zuweilen glaub' ich es.
Petra Ja, unter dem Eindruck des gewöhnlichen Tagesgezänks; das kann ich wohl verstehen. Aber jetzt, wo Sie in einer großen Sache mitwirken –
Hovstad Die Sache da mit Ihrem Vater, meinen Sie?
Petra Natürlich. Mich dünkt, Sie müßten sich wie ein Mann fühlen, der vor den Besten etwas voraus hat.
Hovstad Ja, heut fühl' ich etwas dergleichen.
Petra Ja, nicht wahr? Hab' ich nicht recht? O, Sie haben einen herrlichen Lebensberuf erwählt. Verkannten Wahrheiten und neuen mutigen Anschauungen den Weg zu bahnen – ja, auch nur furchtlos hervorzutreten und das Wort für einen unterdrückten Mann zu nehmen –
Hovstad Ganz besonders, wenn dieser unterdrückte Mann – hm – ich weiß nicht, wie ich –
Petra Wenn er so rechtschaffen und so grundehrlich ist, meinen Sie?
Hovstad (leiser) Ganz besonders wenn er Ihr Vater ist, meinte ich.
Petra (plötzlich betroffen) Darum?
Hovstad Ja, Petra – Fräulein Petra.
Petra Das kommt also für Sie in erster Reihe? Nicht die Sache selbst? Nicht die Wahrheit; nicht die große, warme Gesinnung meines Vaters?
Hovstad Doch – doch, selbstverständlich das auch.
Petra Nein, bitte, jetzt haben Sie sich verschnappt, Hovstad, und jetzt glaub' ich Ihnen in nichts mehr.

Hovstad Können Sie es mir denn so übelnehmen, daß es vor allem Ihnen zuliebe –?

Petra Das verüble ich Ihnen, daß Sie nicht ehrlich gegen meinen Vater gewesen sind. Sie haben zu ihm gesprochen, als ob die Wahrheit und das Gemeinwohl Ihnen zunächst am Herzen lägen; Sie haben meinen Vater wie mich betrogen; Sie sind nicht der Mann, für den Sie sich ausgegeben haben. Und das verzeih' ich Ihnen niemals – niemals!

Hovstad Das sollten Sie nicht mit solcher Schroffheit sagen, Fräulein Petra; und am allerwenigsten jetzt.

Petra Weshalb nicht auch jetzt?

Hovstad Weil Ihr Vater meine Hilfe nicht entbehren kann.

Petra (sieht ihn von obenherab an) So einer sind Sie auch noch? Pfui!

Hovstad Nein, nein; das bin ich nicht. Es kam nur so unversehens über mich; Sie dürfen das nicht glauben.

Petra Ich weiß, was ich zu glauben habe. Adieu.

Aslaksen (rasch und geheimnisvoll aus der Druckerei) Himmeldonnerwetter, Herr Hovstad – *(sieht Petra)* Au, verflucht –

Petra So; da liegt das Buch. Geben Sie's wem anders. *(Geht nach der Ausgangstür)*

Hovstad (folgt ihr) Aber Fräulein –

Petra Adieu. *(Ab)*

Aslaksen Herr Hovstad, hören Sie!

Hovstad Nanu, was gibt's denn?

Aslaksen Der Stadtvogt steht draußen in der Druckerei.

Hovstad Wie? Der Stadtvogt?

Aslaksen Ja, er will mit Ihnen sprechen; er ist von hinten gekommen – um nicht gesehen zu werden, begreifen Sie wohl.

Hovstad Was kann denn das sein? Nein, warten Sie, ich werde selbst – *(Geht an die Tür zur Druckerei, öffnet, grüßt und ladet den Stadtvogt ein, näher zu treten.)*

Hovstad Stehen Sie Posten, Aslaksen, daß keiner –

Aslaksen Verstehe – *(Ab in die Druckerei)*

Stadtvogt Sie haben wohl nicht erwartet, mich hier zu sehen, Herr Hovstad.

Hovstad Nein, das muß ich allerdings sagen.

Stadtvogt (sieht sich um) Sie haben sich hier ja ganz gemütlich eingerichtet; wirklich nett.

Hovstad O –

Stadtvogt Und nun komme ich so ohne weiteres und nehme Ihre Zeit in Anspruch.

Hovstad Bitte, Herr Stadtvogt; ich stehe zu Diensten. Aber darf ich Ihnen nicht behilflich sein –? *(Legt den Hut und den Stock des Stadtvogts auf einen Stuhl)* Und wollen Sie nicht Platz nehmen, Herr Stadtvogt?
Stadtvogt (setzt sich an den Tisch) Danke sehr.
(Hovstad setzt sich ebenfalls an den Tisch.)
Stadtvogt Ich habe heute einen – einen sehr großen Verdruß gehabt, Herr Hovstad.
Hovstad So? Ach ja; so viele Geschäfte wie Herr Stadtvogt haben –
Stadtvogt Der Ärger heute rührt vom Badearzt her.
Hovstad So? Vom Herrn Doktor?
Stadtvogt Er hat so eine Art Abhandlung für die Badeverwaltung geschrieben, die eine Reihe vermeintlicher Mängel betrifft.
Hovstad So, wirklich?
Stadtvogt Ja. Hat er Ihnen nicht gesagt –? Mir ist, er hat erzählt –
Hovstad Ach ja, es ist wahr, er ließ einige Worte fallen –
Aslaksen (aus der Druckerei) Ich wollte nur das Manuskript –
Hovstad (ärgerlich) Hm; es liegt ja dort auf dem Pult.
Aslaksen (findet es) Schön.
Stadtvogt Aber sehen Sie, da ist ja doch –
Aslaksen Ja, das ist die Abhandlung des Herrn Doktors, Herr Stadtvogt.
Hovstad Ach so, von der sprechen Sie?
Stadtvogt Eben davon. Was halten Sie von ihr?
Hovstad Ich bin ja kein Fachmann und habe sie nur ganz flüchtig gelesen.
Stadtvogt Aber Sie lassen sie doch drucken?
Hovstad Einem Manne von Namen kann ich's nicht gut abschlagen –
Aslaksen Ich habe in redaktionellen Dingen nichts zu sagen, Herr Stadtvogt –
Stadtvogt Versteht sich.
Aslaksen Ich drucke nur, was man mir übergibt.
Stadtvogt Ganz in der Ordnung.
Aslaksen Und darum muß ich – *(Geht auf die Druckerei zu)*
Stadtvogt Nein, bleiben Sie einen Augenblick, Herr Aslaksen. Mit Ihrer Erlaubnis, Herr Hovstad –
Hovstad Ich bitte, Herr Stadtvogt –
Stadtvogt Sie sind ein besonnener und verständiger Mann, Herr Aslaksen.
Aslaksen Freut mich, daß Sie das finden, Herr Stadtvogt.
Stadtvogt Und ein Mann, der in den weitesten Kreisen Einfluß hat.

Aslaksen Doch hauptsächlich nur unter den kleinen Leuten.
Stadtvogt Die kleinen Steuerzahler sind die zahlreichsten – hier wie überall.
Aslaksen Allerdings ja.
Stadtvogt Und ich zweifle nicht daran, daß Sie die Stimmung unter ihnen im allgemeinen kennen. Nicht wahr?
Aslaksen Ja freilich, das darf ich schon sagen, Herr Stadtvogt.
Stadtvogt Ja – wenn also eine so rühmenswerte Opferwilligkeit unter den weniger bemittelten Bürgern der Stadt herrscht, so –
Aslaksen Wie das?
Hovstad Opferwilligkeit?
Stadtvogt Das ist ein schönes Zeichen von Gemeinsinn, ein außerordentlich schönes Zeichen. Fast möcht' ich sagen, ich hätt' es nicht erwartet. Aber Sie kennen ja die Stimmung besser als ich.
Aslaksen Ja aber, Herr Stadtvogt –
Stadtvogt Und es handelt sich wahrlich nicht um geringe Opfer, die die Stadt wird bringen müssen.
Hovstad Die Stadt?
Aslaksen Aber ich begreife nicht –. Es ist doch das Bad –!
Stadtvogt Nach einem vorläufigen Überschlag werden die Veränderungen, die der Badearzt für wünschenswert hält, auf ein paarmal hunderttausend Kronen zu stehen kommen.
Aslaksen Das ist ja 'ne schwere Menge Geld; aber –
Stadtvogt Natürlich wird es notwendig werden, daß wir eine Kommunalanleihe aufnehmen.
Hovstad (steht auf) Es ist doch wohl nun und nimmermehr die Meinung, daß die Stadt –?
Aslaksen Aus dem Stadtsäckel sollte das gehen? Aus den poweren Taschen der Kleinbürger!
Stadtvogt Ja, verehrter Herr Aslaksen, woher sollten sonst die Mittel genommen werden?
Aslaksen Das ist Sorge der Herren, denen das Bad gehört.
Stadtvogt Die Eigentümer sehen sich nicht in der Lage, noch weiterzugehen, als es geschehen ist.
Aslaksen Ist das ganz sicher, Herr Stadtvogt?
Stadtvogt Ich habe mich genau erkundigt. Wünscht man also diese umfassenden Veränderungen, so muß die Stadt selbst sie bezahlen.
Aslaksen Aber Himmelkreuzdonnerwetter – oh, pardon! – das ist denn doch eine ganz andere Geschichte, Herr Hovstad!
Hovstad Ja, allerdings.

Stadtvogt Das fatalste ist, daß wir das Bad ein paar Jahre werden schließen müssen.
Hovstad Schließen? Ganz schließen!
Aslaksen An die zwei Jahre!
Stadtvogt Ja, so lange werden die Arbeiten dauern – wenigstens.
Aslaksen Aber zum Donnerwetter, das halten wir ja überhaupt nicht aus, Herr Stadtvogt! Wovon sollen wir Hausbesitzer denn so lange leben?
Stadtvogt Darauf zu antworten ist leider ungemein schwer, Herr Aslaksen. Aber was sollen wir denn nach Ihrer Meinung tun? Glauben Sie, wir kriegen auch nur einen einzigen Badegast her, wenn man den Leute fortwährend einredet, daß das Wasser verdorben ist, daß wir auf einem Pestboden leben, daß die ganze Stadt –
Aslaksen Und die ganze Geschichte ist nur ein Hirngespinst?
Stadtvogt Ich habe mich beim besten Willen nicht vom Gegenteil überzeugen können.
Aslaksen Ja, aber dann ist es doch ganz unverantwortlich vom Doktor Stockmann – Verzeihung, Herr Stadtvogt, aber –
Stadtvogt Es ist eine traurige Wahrheit, die Sie da aussprechen, Herr Aslaksen. Mein Bruder ist leider immer ein unbesonnener Mann gewesen.
Aslaksen Und in so was wollen Sie ihn noch unterstützen, Herr Hovstad!
Hovstad Aber wer konnte denn auch wissen, daß –?
Stadtvogt Ich habe eine kurze Darstellung des Sachverhalts aufgesetzt, so wie er von einem nüchternen Gesichtspunkt aufzufassen ist; und dabei habe ich angedeutet, wie man eventuellen Schäden durch Mittel abhelfen könne, die für die Kasse des Bades erschwinglich sind.
Hovstad Haben Sie den Artikel bei sich, Herr Stadtvogt?
Stadtvogt (sucht in der Tasche) Ja; ich hab' ihn mitgenommen für den Fall, daß Sie –
Aslaksen (schnell) Himmeldonnerwetter ja – da ist er!
Stadtvogt Wer? Mein Bruder?
Hovstad Wo – wo?!
Aslaksen Er kommt durch die Druckerei.
Stadtvogt Fatal. Ich möchte ihm hier nicht gern begegnen, und ich hätte doch noch manches mit Ihnen zu besprechen.
Hovstad (zeigt nach der Tür rechts) Gehen Sie da solange hinein.
Stadtvogt Aber –?
Hovstad Sie finden nur Billing dort.

Aslaksen Rasch, rasch, Herr Stadtvogt; er ist schon da.
Stadtvogt Jawohl, ja; aber sehen Sie zu, daß Sie ihn bald wieder wegkriegen. *(Ab durch die Tür rechts, die Aslaksen öffnet und wieder hinter ihm schließt)*
Hovstad Machen Sie sich was zu schaffen, Aslaksen. *(Setzt sich und schreibt. Aslaksen wühlt in einem Haufen Zeitungen, die rechts auf einem Stuhl liegen.)*
Stockmann (kommt durch die Druckerei) Da bin ich wieder. *(Legt Hut und Stock ab)*
Hovstad (schreibend) Schon, Herr Doktor? Beeilen Sie sich mit der Sache, von der wir gesprochen haben, Aslaksen. Die Zeit ist uns heut riesig knapp.
Stockmann (zu Aslaksen) Noch keine Korrektur da, wie ich höre.
Aslaksen (ohne sich umzuwenden) Nein, wie konnten Sie nur denken, Herr Doktor?
Stockmann Ja freilich; aber Sie begreifen wohl, daß ich ungeduldig bin. Ich habe nicht Rast noch Ruhe, eh' ich's gedruckt sehe.
Hovstad Hm; das wird gewiß noch eine gute Weile dauern. Meinen Sie nicht auch, Aslaksen?
Aslaksen Ja, ich fürchte fast.
Stockmann Schön, schön, meine teuren Freunde; dann komme ich wieder; ich komme gern zweimal, wenn es nötig ist. Eine so große Sache – die Wohlfahrt der ganzen Stadt – da darf man sich wahrhaftigen Gott nicht auf die faule Seite legen. *(Will gehen, bleibt aber stehen und kommt zurück)* Hören Sie, da ist noch etwas, worüber ich mit Ihnen sprechen muß.
Hovstad Entschuldigen Sie; aber könnten wir nicht ein andermal –?
Stockmann Es ist mit zwei Worten gesagt. Sehen Sie, es ist nur das – wenn man nun morgen meinen Aufsatz in der Zeitung liest und folglich erfährt, daß ich den ganzen Winter hier in aller Stille für das Wohl der Stadt gewirkt habe –
Hovstad Ja aber, Herr Doktor –
Stockmann Ich weiß, was Sie sagen wollen. Sie meinen, es war nur meine verfluchte Pflicht und Schuldigkeit – meine einfache Bürgerpflicht. Natürlich; das weiß ich so gut wie Sie. Aber, meine Mitbürger, schauen Sie – lieber Gott, die famosen Menschen halten ja so viel von mir –
Aslaksen Ja, die Bürger haben bis heute riesig viel von Ihnen gehalten, Herr Doktor.
Stockmann Ja, und deshalb eben fürchte ich, daß – was ich also sagen

wollte: Wenn nun das an sie herantritt – besonders an die unbemittelten Klassen – wie ein mahnender Ruf, die Angelegenheiten der Stadt künftig selbst in die Hand zu nehmen –

Hovstad (steht auf) Hm, Herr Doktor, ich will Ihnen nicht verbergen –

Stockmann Aha – dacht' ich's mir doch, daß was im Werke sei! Aber davon will ich nichts wissen. Wenn man so was vorbereiten sollte –

Hovstad Was denn?

Stockmann Na, irgend etwas – einen Fackelzug oder ein Bankett oder eine Sammlung für eine Ehrengabe – oder was es sonst sei, so müssen Sie mir hoch und heilig versprechen, es zu hintertreiben. Und Sie auch, Herr Aslaksen, hören Sie wohl?

Hovstad Entschuldigen Sie, Herr Doktor, wir wollen Ihnen lieber gleich reinen Wein einschenken –

(Frau Stockmann in Hut und Mantel, tritt links durch die Tür im Hintergrund.)

Frau Stockmann (sieht den Doktor) Also richtig!

Hovstad (ihr entgegen) Ei, sieh da, Sie kommen auch, gnädige Frau?

Stockmann Was zum Henker willst du hier, Käte?

Frau Stockmann Das kannst du dir doch wohl denken.

Hovstad Wollen Sie sich nicht setzen? Oder vielleicht –

Frau Stockmann Danke sehr; bemühen Sie sich nicht. Und nehmen Sie es auch nicht übel, wenn ich komme, um Stockmann zu holen; denn ich bin Mutter von drei Kindern, will ich Ihnen sagen.

Stockmann Unsinn, Unsinn! Das wissen wir ja.

Frau Stockmann Na, aber es hat wirklich nicht den Anschein, als ob du heut sonderlich an Frau und Kind dächtest; denn sonst würdest du uns doch nicht allesamt ins Unglück stürzen.

Stockmann Aber du bist ja nicht recht gescheit, Käte? Soll es einem Manne, der Frau und Kinder hat, verwehrt sein, die Wahrheit zu verkünden – ein nützlicher und tätiger Staatsbürger zu sein –, soll es ihm verwehrt sein, der Stadt zu dienen, in der er lebt!

Frau Stockmann Alles mit Maß, Thomas!

Aslaksen Das sag' ich auch. Maß in allen Dingen.

Frau Stockmann Und deshalb versündigen Sie sich an uns, Herr Hovstad, wenn Sie meinen Mann von Haus und Hof weglocken und ihn zu dieser ganzen Geschichte verleiten.

Hovstad Ich verleite wahrhaftig keinen zu –

Stockmann Verleiten! Glaubst du, ich ließe mich verleiten!

Frau Stockmann Ja, das tust du. Ich weiß wohl, daß du der klügste Mann der Stadt bist, aber du läßt dich so furchtbar leicht verleiten,

Thomas. *(Zu Hovstad)* Denken Sie doch bloß, er wird seine Stelle als Badearzt verlieren, wenn Sie das drucken, was er geschrieben hat –
Aslaksen Was ist das?
Hovstad Ja, wissen Sie, Herr Doktor –
Stockmann (lacht) Haha, sie sollen's nur probieren –! Ach was – sie werden sich hüten. Denn ich habe die kompakte Majorität hinter mir, siehst du!
Frau Stockmann Ja, das ist eben dein Unglück, daß du so was Ekliges hinter dir hast.
Stockmann Schnickschnack, Käte – geh nach Hause und kümmere dich um deine Wirtschaft und überlaß mir die Sorge um das Gemeinwesen. Wie kannst du nur so ängstlich sein, wenn ich so froh und zuversichtlich bin? *(Reibt sich die Hände und geht auf und ab)* Die Wahrheit und das Volk werden die Schlacht gewinnen – darauf kannst du schwören. O, ich sehe ihn, den ganzen freisinnigen Bürgerstand, wie er sich schart zu einem siegreichen Heere –! *(Bleibt vor einem Stuhl stehen)* Was – was zum Teufel ist denn das?
Aslaksen (sieht hin) Au weh!
Hovstad (ebenso) Hm –
Stockmann Da liegt ja der Gipfel der Autorität. *(Faßt behutsam die Mütze des Stadtvogts mit den Fingerspitzen und hält sie empor)*
Frau Stockmann Die Mütze des Stadtvogts!
Stockmann Und hier auch der Kommandostab. Kreuzhimmeldonnerwetter, wie –?
Hovstad Nun ja denn –
Stockmann Ah! Ich verstehe! Er ist hier gewesen, um Sie zu beschwatzen. Haha! Da ist er an den Rechten gekommen! Und wie er mich in der Druckerei sah –. *(Bricht in Gelächter aus)* Da riß er aus, Herr Aslaksen?
Aslaksen (schnell) Ja, weiß Gott, da riß er aus, Herr Doktor.
Stockmann Da riß er aus und ließ Stock und –. Larifari – Peter reißt vor nichts aus. Aber wo, zum Henker, habt Ihr ihn gelassen? Ah – da drin natürlich. Jetzt paß mal auf, Käte!
Frau Stockmann Thomas – ich bitte dich –!
Aslaksen Nehmen Sie sich in acht, Herr Doktor!
(Stockmann hat sich die Mütze des Stadtvogts aufgesetzt und nimmt den Stock; dann geht er an die Tür, öffnet und grüßt mit der Hand an der Mütze. Der Stadtvogt kommt herein, rot vor Zorn. Hinter ihm kommt Billing.)
Stadtvogt Was soll der Unfug heißen?

Stockmann Respekt, mein guter Peter. Jetzt bin ich in der Stadt die Autorität. *(Spaziert auf und ab)*

Frau Stockmann (der die Tränen nahe sind) Aber – aber, Thomas!

Stadtvogt (geht hinter ihm her) Gib mir meine Mütze und meinen Stock!

Stockmann (wie zuvor) Bist du Polizeimeister, so bin ich Bürgermeister – ich bin Meister vom Ganzen, siehst du!

Stadtvogt Leg die Mütze hin, sag' ich. Vergiß nicht, es ist eine vorschriftsmäßige Amtsmütze!

Stockmann Pah! Glaubst du, daß der erwachende Volkslöwe sich durch Amtsmützen schrecken ließe? Ja, du – wir machen morgen Revolution in der Stadt. Du hast gedroht, mich abzusetzen; aber jetzt setz' ich dich ab – enthebe dich aller deiner Vertrauensämter. – Glaubst du etwa, ich kann das nicht? O doch. Die siegenden Gewalten der Gesellschaft sind mit mir. Hovstad und Billing werden im »Volksboten« donnern, und Aslaksen rückt aus an der Spitze des ganzen Vereins der Hausbesitzer –

Aslaksen Das tu' ich nicht, Herr Doktor.

Stockmann Sie werden es tun –

Stadtvogt Aha; Herr Hovstad zieht es am Ende doch vor, sich der Agitation anzuschließen?

Hovstad Nein, Herr Stadtvogt.

Aslaksen Nein, Herr Hovstad ist nicht so dumm, um eines Hirngespinstes willen sich selbst und die Zeitung zu ruinieren.

Stockmann (sieht sich um) Was soll das heißen?

Hovstad Sie haben Ihre Sache in einem falschen Lichte dargestellt, Herr Doktor; und deshalb kann ich Sie nicht unterstützen.

Billing Nein – nach allem, was der Herr Stadtvogt so liebenswürdig war, mir da drin mitzuteilen –

Stockmann In falschem Licht? Das lassen Sie doch meine Sorge sein. Drucken Sie nur meinen Aufsatz; ich bin Manns genug, dafür einzustehen.

Hovstad Ich drucke ihn nicht. Ich kann und will und darf ihn nicht drucken.

Stockmann Sie dürfen nicht? Was ist das für ein Unsinn? Sie sind doch Redakteur; und die Redakteure, die regieren doch die Presse, sollt' ich meinen!

Aslaksen Nein, das tun die Abonnenten, Herr Doktor.

Stadtvogt Glücklicherweise, ja.

Aslaksen Die öffentliche Meinung, das aufgeklärte Publikum, die Hausbesitzer und all die andern; die regieren die Presse.

Stockmann (gefaßt) Und diese Mächte habe ich alle gegen mich?
Aslaksen Ja, das haben Sie. Es würde für die Bürgerschaft den reinen Ruin bedeuten, wenn Ihr Artikel gedruckt würde.
Stockmann Ja so –
Stadtvogt Meine Mütze und meinen Stock!
(Stockmann nimmt die Mütze ab und legt sie mit dem Stock zusammen auf den Tisch.)
Stadtvogt (nimmt beides) Deine Bürgermeisterwürde nahm ein jähes Ende.
Stockmann Wir sind noch nicht am Ende. *(Zu Hovstad)* Es ist also ganz unmöglich, meinen Aufsatz in den »Volksboten« zu bringen?
Hovstad Ganz unmöglich; auch mit Rücksicht auf Ihre Familie.
Frau Stockmann Ach, lassen Sie doch die Familie nur aus dem Spiel, Herr Hovstad.
Stadtvogt (zieht ein Papier aus der Tasche) Zur Orientierung des Publikums wird es genügen, wenn das hineinkommt; es ist eine authentische Erklärung. Bitte schön.
Hovstad (nimmt das Papier) Gut; es soll hinein.
Stockmann Und mein Artikel nicht. Man bildet sich ein, man könne mich und die Wahrheit totschweigen! Aber das geht nicht so glatt, wie Ihr meint. Herr Aslaksen, wollen Sie gleich mein Manuskript nehmen und es als Flugblatt drucken – auf meine eigenen Kosten – im Selbstverlag. Ich will vierhundert Exemplare haben; nein, fünf-, sechshundert will ich haben.
Aslaksen Und wenn Sie mir's mit Gold aufwiegen, ich würde meine Offizin zu so etwas nicht hergeben, Herr Doktor. Ich darf es nicht mit Rücksicht auf die öffentliche Meinung. Sie kriegen es nirgendwo in der ganzen Stadt gedruckt.
Stockmann So geben Sie's mir wieder.
Hovstad (reicht ihm das Manuskript) Bitte sehr.
Stockmann (nimmt Hut und Stock) In die Welt soll es doch. Ich will es in einer großen Volksversammlung vorlesen; alle meine Mitbürger sollen die Stimme der Wahrheit vernehmen!
Stadtvogt Kein Verein in der ganzen Stadt überläßt dir sein Lokal für einen solchen Zweck.
Aslaksen Nicht ein einziger; das weiß ich genau.
Billing Gott verdamm mich – wenn sie's tun!
Frau Stockmann Das wäre doch zu empörend! Weshalb stehen sie denn alle so wider dich, Mann für Mann?
Stockmann (zornig) Ja, das will ich dir sagen. Darum, weil alle Männer

hier in der Stadt alte Weiber sind – gerade wie du; alles denkt nur an die Familie und nicht an die Gesellschaft.
Frau Stockmann (faßt seinen Arm) So werd' ich ihnen ein – ein altes Weib zeigen, das auch einmal Mann sein kann. Denn nun halt' ich's mit dir, Thomas!
Stockmann Das war brav gesprochen, Käte. Und in die Welt soll es, bei meiner Seele Seligkeit! Kann ich kein Lokal kriegen, so miet' ich mir einen Tambour – mit dem zieh' ich durch die Stadt und les' es an allen Straßenecken vor.
Stadtvogt So heillos verrückt wirst du doch nicht sein!
Stockmann Ja, das bin ich!
Aslaksen Sie werden in der ganzen Stadt keinen einzigen Mann finden, der mit Ihnen geht.
Billing Nein, Gott verdamm mich – den finden Sie nicht!
Frau Stockmann Nur nicht nachgeben, Thomas. Die Jungens sollen mit dir gehen.
Stockmann Das ist eine ausgezeichnete Idee!
Frau Stockmann Morten tut es sehr gern; und Ejlif, na, der wird auch mitgehen.
Stockmann Ja, und Petra auch! Und du auch, Käte!
Frau Stockmann Nein, nein – ich nicht; aber ich werde am Fenster stehen und dir zusehen; das werd' ich tun.
Stockmann (umarmt und küßt sie) Ich danke dir! Ja, jetzt werden wir eine Lanze brechen miteinander, ihr wackeren Herren! Ich will doch sehen, ob die Niederträchtigkeit die Macht hat, einem Patrioten, der die Gesellschaft reinigen will, den Mund zu verschließen. *(Er und seine Frau ab durch die Tür links im Hintergrund)*
Stadtvogt (schüttelt nachdenklich den Kopf) Nun hat er sie auch verrückt gemacht!

VIERTER AKT

Ein großer, altmodischer Saal in Horsters Hause. Eine offene Flügeltür im Hintergrunde führt in ein Vorzimmer. An der linken Längswand sind drei Fenster; in der Mitte der gegenüberliegenden Wand ist ein Podium errichtet, auf dem ein kleiner Tisch mit zwei Kerzen, Wasserkaraffe, einem

Glase und einer Glocke stehen. Sonst ist der Saal durch Armleuchter erhellt, die zwischen den Fenstern angebracht sind. Links im Vordergrund steht ein Tisch mit Lichtern und davor ein Stuhl. Rechts ganz vorn ist eine Tür und dabei einige Stühle.

Eine Menge Bürger aller Stände. Man sieht einzelne Frauen und etliche Schulknaben darunter. Immer mehr Menschen strömen nach und nach durch den Hintergrund herein, bis der Saal voll ist.

Ein Bürger (zu einem andern, der ihm entgegenkommt) Bist auch heut da, Lamstad?
Der Angesprochene Ich – ich bin bei allen Volksversammlungen mit bei.
Ein Danebenstehender Sie haben doch wohl 'ne Pfeife mit, was?
Der zweite Bürger Na freilich. Sie nicht?
Der dritte Und ob. Der Schiffer Evensen, der will sich ein mächtig großes Horn mitbringen, hat er gesagt.
Der zweite Bürger Evensen, der ist gelungen.
(Gelächter in der Gruppe)
Ein vierter Bürger (kommt dazu) Sagt doch mal, was ist denn eigentlich heut hier los?
Der zweite Bürger Der Doktor Stockmann, der will doch eine Rede halten gegen den Stadtvogt.
Der Neuangekommene Aber der Stadtvogt ist doch sein Bruder.
Der erste Bürger Das ist egal; Doktor Stockmann, der ist nicht bange.
Der dritte Bürger Aber er hat doch unrecht; das hat im »Volksboten« gestanden.
Der zweite Bürger Ja, diesmal muß er wirklich unrecht haben, denn weder der Verein der Hausbesitzer noch der Bürgerklub wollten ihm ihren Saal leihen.
Der erste Bürger Nicht einmal den Kursaal konnt' er kriegen.
Der zweite Ja, das läßt sich denken.
Ein Mann (in einer andern Gruppe) Sie, mit wem soll man's eigentlich in dieser Sache halten?
Ein zweiter Mann (in derselben Gruppe) Richten Sie sich nur nach dem Buchdrucker Aslaksen; und tun Sie, was der tut.
Billing (mit einer Mappe unter dem Arm, bahnt sich einen Weg durch die Menge) Pardon, meine Herren! Darf ich vielleicht durch? Ich bin der Berichterstatter des »Volksboten«. Besten Dank! *(Setzt sich links an den Tisch)*
Ein Arbeiter Wer war denn das?

Ein zweiter Arbeiter Den kennst du nicht? Das ist der Billing von Aslaksen seiner Zeitung.

(Horster führt Frau Stockmann und Petra durch die Tür rechts im Vordergrund herein. Ejlif und Morten folgen.)

Horster Hier, dacht' ich, ist der beste Platz für die Herrschaften; man kommt leicht hinaus, wenn was passieren sollte.

Frau Stockmann Glauben Sie denn, daß es Radau gibt?

Horster Man kann nie wissen – wo so viel Menschen sind –. Aber nehmen Sie nur ruhig Platz.

Frau Stockmann (setzt sich) Wie hübsch von Ihnen, daß Sie Stockmann den Saal zur Verfügung gestellt haben.

Horster Da kein anderer wollte, so –

Petra (die sich ebenfalls gesetzt hat) Und mutig war's auch, Horster.

Horster Ach, dazu, mein' ich, gehört doch wohl kein so großer Mut.

(Hovstad und Aslaksen kommen zu gleicher Zeit, doch jeder für sich, durch die Menge.)

Aslaksen (geht zu Horster hin) Ist der Doktor noch nicht da?

Horster Er wartet drin.

(Bewegung oben an der Tür im Hintergrund)

Hovstad (zu Billing) Da ist der Stadtvogt. Sehen Sie doch!

Billing Ja, Gott verdamm mich – er kommt wirklich her!

(Stadtvogt Stockmann bahnt sich vorsichtig einen Weg durch die Menge; er grüßt höflich und stellt sich links an die Wand. Bald darauf kommt Doktor Stockmann durch die Tür rechts im Vordergrund. Er trägt einen schwarzen Anzug [Gehrock] und eine weiße Krawatte. Einige klatschen zaghaft, begegnen aber einem gedämpften Zischen. Es wird still.)

Stockmann (halblaut) Wie ist dir, Käte?

Frau Stockmann O, ganz gut. *(Leiser)* Werde nur nicht gleich hitzig, Thomas.

Stockmann Ach, du, ich weiß mich schon zu beherrschen. *(Sieht auf seine Uhr, steigt auf das Podium und verneigt sich)* Die Uhr ist ein Viertel nach voll – ich fange also an – *(Holt sein Manuskript hervor)*

Aslaksen Zunächst muß wohl ein Vorsitzender gewählt werden.

Stockmann Nein – das ist durchaus nicht nötig.

Einige Herren (rufen) Doch! Doch!

Stadtvogt Ich sollte auch meinen, es müßte ein Präsident gewählt werden.

Stockmann Aber Peter, ich habe diese Versammlung doch berufen, um einen Vortrag zu halten!

Stadtvogt Der Vortrag des Herrn Badearztes könnte möglicherweise zu divergierenden Meinungsäußerungen Anlaß geben.
Mehrere Stimmen (aus der Menge) Einen Vorsitzenden! Einen Präsidenten!
Hovstad Der Volkswille scheint einen Vorsitzenden zu verlangen.
Stockmann (sich beherrschend) Na meinetwegen; mag der Volkswille seinen Willen haben.
Aslaksen Möchten Sie nicht das Amt übernehmen, Herr Stadtvogt?
Drei Herren (klatschen) Bravo! Bravo!
Stadtvogt Aus mehreren leicht begreiflichen Gründen muß ich ablehnen. Aber glücklicherweise haben wir in unserer Mitte einen Mann, den, glaub' ich, alle akzeptieren können. Ich meine den Vorsitzenden des Vereins der Hausbesitzer, Herrn Buchdrucker Aslaksen.
Viele Stimmen Jawohl, ja! Aslaksen soll leben! Hoch Aslaksen!
(Stockmann nimmt sein Manuskript und steigt vom Podium.)
Aslaksen Wenn das Vertrauen meiner Mitbürger mich ruft, so darf ich nicht nein sagen –
(Händeklatschen und Beifallsrufe. Aslaksen steigt auf das Podium.)
Billing (schreibt) Also – »Herr Buchdrucker Aslaksen gewählt durch Akklamation –«
Aslaksen Und da ich nun an diesem Platze stehe, so werde ich mir erlauben, ein paar kurze Worte zu sprechen. Ich bin ein ruhiger und friedfertiger Mann, der auf besonnene Mäßigung hält – und – auf mäßige Besonnenheit; das weiß jeder, der mich kennt.
Viele Stimmen Sehr richtig, Aslaksen! Jawohl!
Aslaksen Ich hab' in der Schule des Lebens und der Erfahrung gelernt, daß Mäßigung die Tugend ist, die einen Staatsbürger am besten kleidet –
Stadtvogt Hört! Hört!
Aslaksen – daß auch der Gesellschaft vor allem Besonnenheit und Mäßigung frommen. Ich möchte es daher dem angesehenen Mitbürger, der die Versammlung berufen hat, ans Herz legen, daß er die Grenzen der Mäßigung nicht überschreite.
Ein Mann (oben an der Tür) Hoch der Mäßigkeitsverein!
Eine Stimme Pfui Teufel ja!
Viele Scht! Scht!
Aslaksen Keine Unterbrechungen, meine Herren! – Wünscht einer das Wort?
Stadtvogt Herr Präsident!
Aslaksen Herr Stadtvogt Stockmann hat das Wort.

Stadtvogt In Anbetracht des nahen Verwandtschaftsverhältnisses, in dem ich bekanntermaßen zu dem amtierenden Badearzt stehe, wäre mir nichts erwünschter gewesen, als heute hier nicht sprechen zu brauchen. Aber mein Verhältnis zum Bade und die Rücksicht auf die allerwichtigsten Interessen der Stadt zwingen mich, einen Antrag zu stellen. Ich darf wohl voraussetzen, daß die hier anwesenden Bürger ohne Ausnahme es ungern sehen würden, wenn unzuverlässige und übertriebene Mitteilungen über die sanitären Verhältnisse des Bades und der Stadt in weitere Kreise gelangten.
Viele Stimmen Jawohl! Ja! Natürlich! Wir protestieren!
Stadtvogt Ich möchte deshalb vorschlagen, daß die Versammlung dem Herrn Badearzt nicht gestatte, seine Darstellung der Sache vorzulesen oder vorzutragen.
Stockmann (aufbrausend) Nicht gestatte –! Was!
Frau Stockmann (hustet) Hm – hm!
Stockmann (faßt sich) Na – also nicht gestatte!
Stadtvogt Ich habe in meiner Erklärung im »Volksboten« das Publikum mit den wesentlichsten Fakten bekanntgemacht, so daß alle wohlgesinnten Bürger sich unschwer ihr Urteil bilden können. Man wird daraus ersehen, daß der Vorschlag des Herrn Badearztes – abgesehen von einem Mißtrauensvotum gegen die Spitzen der Stadtverwaltung – im Grunde darauf hinausläuft, den steuerpflichtigen Einwohnern eine unnötige Ausgabe von mindestens hunderttausend Kronen aufzubürden.
(Äußerungen des Unmuts; hier und dort Pfeifen)
Aslaksen (läutet mit der Glocke) Silentium, meine Herren! Ich bin so frei, den Vorschlag des Herrn Stadtvogt zu unterstützen. Es ist auch meine Ansicht, daß die Agitation des Herrn Doktor Stockmann einen Hintergedanken hat. Er spricht vom Bade; aber er strebt eine Revolution an; er will die Verwaltung in andere Hände bringen. Niemand zweifelt an den redlichen Absichten des Herrn Doktor. I bewahre – darüber kann es nur eine Meinung geben. Ich bin auch ein Freund der kommunalen Selbstverwaltung – nur darf sie den Steuerzahlern nicht zu hoch zu stehen kommen. Das aber würde hier der Fall sein; und deshalb – hol mich der Henker – mit Verlaub – kann ich diesmal nicht mit Herrn Doktor Stockmann gehen. Man kann auch Gold zu teuer kaufen; das ist so meine Ansicht.
(Lebhafte Zustimmung von allen Seiten)
Hovstad Auch ich fühle mich veranlaßt, meine Stellungnahme zu vertreten. Die Agitation des Herrn Doktor Stockmann schien zunächst

einigen Anklang zu finden, und ich unterstützte sie so unparteiisch, wie ich konnte. Dann aber kamen wir dahinter, daß wir uns durch eine falsche Darstellung hatten irreführen lassen –

Stockmann Falsche –!

Hovstad Na also – eine nicht ganz zuverlässige Darstellung. Die Erklärung des Herrn Stadtvogt hat das bewiesen. Ich hoffe, daß niemand hier im Saal an meiner liberalen Gesinnung zweifelt; die Haltung des »Volksboten« in den großen politischen Fragen ist allbekannt. Aber ich habe von erfahrenen und besonnenen Männern gelernt, daß in rein lokalen Fragen ein Blatt mit einer gewissen Vorsicht zu Werke gehen muß.

Aslaksen Vollkommen einverstanden mit dem Redner.

Hovstad Und in dem vorliegenden Falle steht es über allem Zweifel, daß Herr Doktor Stockmann die allgemeine Stimmung gegen sich hat. Was ist aber die erste und vornehmste Pflicht eines Redakteurs, meine Herren? Doch wohl die: in Übereinstimmung mit seinen Lesern zu wirken? Hat er nicht sozusagen ein stillschweigendes Mandat, standhaft und unbeirrt die Wohlfahrt seiner Gesinnungsgenossen zu fördern? Oder sollte ich mich hierin irren?

Viele Stimmen Nein, nein, nein! Hovstad hat recht!

Hovstad Es hat mich einen schweren Kampf gekostet, mit einem Manne zu brechen, in dessen Hause ich noch in jüngster Zeit ein häufiger Gast gewesen bin – mit einem Manne, der bis zu diesem Tage sich bei seinen Mitbürgern des ungeteilten Wohlwollens erfreuen durfte – einem Manne, dessen einziger – oder wenigstens hauptsächlichster – Fehler es ist, daß er mehr sein Herz als seinen Kopf um Rat fragt.

Stimmen hier und dort Sehr richtig! Hoch Doktor Stockmann!

Hovstad Aber meine Pflicht der Gesellschaft gegenüber gebot mir, mit ihm zu brechen. Und dann gibt es noch eine Rücksicht, die mich veranlaßt, ihn zu bekämpfen und ihn womöglich von dem schicksalsschwangeren Weg abzubringen, den er eingeschlagen hat; das ist die Rücksicht auf seine Familie –

Stockmann Bleiben Sie bei der Wasserleitung und der Kloake!

Hovstad – die Rücksicht auf seine Gattin und seine unversorgten Kinder.

Morten Meint er uns, Mutter?

Frau Stockmann Pst!

Aslaksen Ich bringe also den Antrag des Herrn Stadtvogt zur Abstimmung.

Stockmann Ist nicht nötig! Ich gedenke jetzt nicht über die Schweinerei da unten in der Badeanstalt zu reden. Nein – ihr sollt was ganz anderes zu hören kriegen.

Stadtvogt (halblaut) Was ist denn nun schon wieder?

Ein Betrunkener (oben an der Eingangstür) Ich bin steuerberechtigt! Und darum bin ich auch meinungsberechtigt! Und ich bin der sichern – festen – unbegreiflichen Meinung, daß –

Mehrere Stimmen Ruhe da hinten!

Andere Er ist betrunken! Schmeißt ihn raus!

(Der Betrunkene wird an die Luft gesetzt.)

Stockmann Hab' ich das Wort?

Aslaksen (läutet mit der Glocke) Herr Doktor Stockmann hat das Wort!

Stockmann Vor einigen Tagen noch hätte man sich nur unterstehen und versuchen sollen, mich mundtot zu machen, wie hier in dieser Stunde! Wie ein Löwe hätt' ich um meine heiligen Menschenrechte gekämpft! Aber jetzt kann es mir gleich sein, denn nun hab' ich mich über wichtigere Dinge auszusprechen.

(Die Menge schart sich dichter um ihn. Morten Kiil wird unter den Zunächststehenden sichtbar.)

Stockmann (fährt fort) Ich habe in diesen letzten Tagen viel gedacht und gegrübelt – habe so intensiv gegrübelt, daß mir schließlich der Kopf brummte –

Stadtvogt (hustet) Hm –!

Stockmann – dann aber ward mir alles klar; ich sah mit voller Deutlichkeit den Zusammenhang. Und deshalb steh' ich jetzt hier. Ich will große Enthüllungen machen, liebe Mitbürger! Ich will euch über eine Entdeckung von ganz anderer Tragweite berichten als über die geringfügige Geschichte, daß unsere Wasserleitung vergiftet ist und unser Kurort auf durchseuchtem Grund und Boden steht.

Viele Stimmen (schreien) Nicht vom Bade reden! Wir wollen's nicht hören! Schwamm drüber!

Stockmann Ich habe gesagt, ich will über die große Entdeckung sprechen, die ich dieser Tage gemacht habe – die Entdeckung, daß unsere sämtlichen geistigen Lebensquellen vergiftet sind, daß unsere ganze bürgerliche Gesellschaft auf dem verpesteten Boden der Lüge ruht.

Verblüffte Stimmen (halblaut) Was sagt er da?

Stadtvogt Solch eine Insinuation –

Aslaksen (mit der Hand an der Glocke) Der Redner wird ersucht, sich zu mäßigen.

Stockmann Ich habe meine Vaterstadt so tief geliebt, wie ein Mann nur die Heimat seiner Jugend lieben kann. Ich war nicht alt, als ich von hier

wegging, und die Entfernung, die Sehnsucht und die Erinnerung warfen etwas wie einen gesteigerten Glanz auf den Ort wie auf die Menschen.
(Vereinzelter Applaus und Beifallsrufe)
Stockmann Dann saß ich lange Jahre in einem entsetzlichen Erdwinkel hoch oben im Norden. Begegnete ich mal einem der Leute, die da zwischen den Steinhaufen verstreut lebten, dann dacht' ich zuweilen, es wäre besser für die armen, verkommenen Geschöpfe, wenn sie einen Tierarzt da oben hätten an Stelle eines Mannes wie ich.
(Gemurmel im Saal)
Billing (legt die Feder hin) So was hab' ich, Gott verdamm mich, denn doch noch nicht gehört –!
Hovstad Das heißt eine ehrenwerte Bevölkerungsklasse verhöhnen!
Stockmann Nur ein bißchen Geduld! – Ich glaube, keiner wird mir nachsagen können, ich hätte da oben meine Vaterstadt vergessen. Ich saß und brütete wie ein Eidervogel; und was ich ausgebrütet – das war die Idee zu diesem Bade.
(Applaus und Einspruch)
Stockmann Und als ich dann endlich nach Jahr und Tag, dank einer guten und glücklichen Schicksalsfügung, in die Heimat zurückkehren durfte – ja, liebe Mitbürger, da war mir's, als bliebe mir auf Erden kaum noch etwas zu wünschen übrig. Nur den einen Wunsch hatt' ich noch: mit heißem, unermüdlichem Eifer tätig zu sein zum Wohl der Heimat und des Gemeinwesens.
Stadtvogt (sieht in die Luft) Die Art und Weise ist ein bißchen sonderbar – hm.
Stockmann Und so schwelgte und schwelgte ich hier im Glücke der Verblendung. Gestern früh aber – oder eigentlich schon vorgestern abend –, da gingen mir die Augen meines Geistes weit auf, und das erste, was ich zu sehen bekam, das war die unerhörte Dummheit der Behörden –
(Lärm, Rufe und Gelächter. Frau Stockmann hustet anhaltend.)
Stadtvogt Herr Präsident!
Aslaksen (läutet) Kraft meiner Befugnisse –!
Stockmann Es ist kleinlich, sich an ein Wort zu klammern, Herr Aslaksen. Ich meine nur, daß ich hinter die unglaubliche Sauwirtschaft gekommen bin, deren sich die Spitzen der Badeverwaltung schuldig gemacht haben. »Spitzen« kann ich auf den Tod nicht leiden – Leute dieser Art hab' ich in meinem Leben dickgekriegt. Sie sind wie Ziegenböcke in einer jungen Pflanzung; überall richten sie Unheil an; dem freien Manne stehen sie im Wege, wie er sich auch dreht und wendet –

und ich würde es am liebsten sehen, man könnte sie ausrotten wie andere schädliche Tiere –
(Unruhe im Saal)
Stadtvogt Herr Präsident, dürfen solche Ausdrücke passieren?
Aslaksen (mit der Hand an der Glocke) Herr Doktor –!
Stockmann Ich wundre mich nur, daß mir erst jetzt die Augen über die Herren aufgegangen sind, denn ich habe doch hier beinahe Tag für Tag ein Prachtexemplar vor Augen gehabt – meinen Bruder Peter – schwerfällig und voller Vorurteile –
(Gelächter, Lärm und Pfeifen. Frau Stockmann hustet fortdauernd. Aslaksen läutet heftig.)
Der Betrunkene (der wieder hereingekommen ist) Meint er etwa mich? Ich heiße doch nämlich Pettersen; aber der Teufel soll mich holen –
Entrüstete Stimmen Schmeißt den Betrunkenen raus! Setzt ihn vor die Tür!
(Der Mann wird wieder hinausgeworfen.)
Stadtvogt Wer war der Mensch?
Ein in der Nähe Stehender Kannte ihn nicht, Herr Stadtvogt.
Ein zweiter Er ist kein Hiesiger.
Ein dritter Es soll ein Holzhändler sein aus – *(Der Rest ist undeutlich.)*
Aslaksen Der Mann hatte offenbar 'nen Bierrausch. – Fahren Sie fort, Herr Doktor; aber befleißigen Sie sich endlich mal der Mäßigung.
Stockmann Na also, Mitbürger, ich werde mich nicht weiter über unsere »Spitzen« auslassen. Wenn einer aus dem, was ich eben gesagt habe, schließen sollte, daß ich heut diesen Herren zu Leibe will, so irrt er – irrt er ganz gewaltig. Denn ich tröste mich mit dem wohltuenden Gedanken, daß diese Greise da aus einer absterbenden Ideenwelt sich selbst am besten zum Tode befördern; sie brauchen keines Doktors Hilfe, um möglichst schnell in die Grube zu fahren. Und diese Leute sind es gar nicht mal, die für die Gesellschaft die größe Gefahr sind; sie sind es nicht, die zur Vergiftung unserer geistigen Lebensquellen und zur Verpestung des Bodens, auf dem wir stehen, das meiste beitragen; nicht sie sind in unserm Gemeinwesen die gefährlichsten Feinde der Wahrheit und der Freiheit.
Rufe von allen Seiten Wer denn? Wer sonst? Namen nennen!
Stockmann Verlaßt euch drauf, ich werde sie nennen! Den das ist ja die große Entdeckung, die ich gestern gemacht habe. *(Mit erhobener Stimme)* Der gefährlichste Feind der Wahrheit und Freiheit bei uns – das ist die kompakte Majorität. Jawohl, die verfluchte, kompakte, liberale Majorität – die ist es! Jetzt wißt ihr's!

(Ungeheurer Lärm im Saal. Die Mehrzahl schreit, trampelt und pfeift. Einige ältere Herren wechseln verstohlene Blicke und scheinen sich zu amüsieren. Frau Stockmann steht ängstlich auf; Ejlif und Morten treten drohend zu den Schulknaben, die Lärm machen. Aslaksen läutet mit der Glocke und mahnt zur Ruhe. Hovstad und Billing sprechen zusammen, ohne daß man sie versteht. Endlich tritt wieder Ruhe ein.)

Aslaksen Der Vorsitzende erwartet, daß der Redner seine unbesonnenen Ausdrücke zurücknimmt.

Stockmann I, ich denke gar nicht dran, Herr Aslaksen. Die überwiegende Mehrheit in unserer Gesellschaft ist es, die mich meiner Freiheit beraubt und mir verbieten will, die Wahrheit auszusprechen.

Hovstad Die Mehrheit hat immer das Recht auf ihrer Seite.

Billing Und auch die Wahrheit; Gott verdamm mich!

Stockmann Die Mehrheit hat nie das Recht auf ihrer Seite. Nie, sag' ich! Das ist auch so eine von den gesellschaftlichen Lügen, gegen die ein freier, denkender Mann sich empören muß. Woraus besteht denn in einem Lande die Mehrheit der Bewohner? Aus den klugen Leuten oder aus den dummen? Wir sind, denk' ich, uns wohl darin einig, daß die Dummen in geradezu überwältigender Majorität rings auf der weiten Erde vorhanden sind. Aber zum Teufel noch mal, es kann doch nie und nimmer in Ordnung sein, daß die Dummen über die Klugen herrschen!

(Lärm und Geschrei)

Stockmann Jawohl, ja; ihr könnt mich wohl niederschreien, aber ihr könnt mich nicht widerlegen. Die Mehrheit hat die Macht – leider Gottes –, aber das Recht hat sie nicht. Das Recht habe ich und noch ein paar andere. Die Minorität hat immer das Recht.

(Wieder großer Lärm)

Hovstad Haha! Herr Doktor Stockmann ist also seit vorgestern Aristokrat geworden!

Stockmann Ich habe gesagt, daß ich nicht ein Wort an die kleine engbrüstige, kurzatmige Bande verschwenden mag, die zurückgeblieben ist. Mit ihr hat das pulsierende Leben nichts mehr zu schaffen. Aber ich denke an die Schar der Wenigen und Vereinzelten hierzulande, die sich die jungen, keimenden Wahrheiten alle zu eigen gemacht haben. Diese Männer stehen sozusagen draußen als Vorposten, so weit vorgeschoben, daß die kompakte Majorität ihnen noch nicht nachgerückt ist, und da kämpfen sie für Wahrheiten, die noch zu neugeboren sind in der Welt des Bewußtseins, als daß sie die Wahrheit für sich haben könnten.

Hovstad Na, dann ist der Herr Doktor also Revolutionär geworden!

Stockmann Himmeldonnerwetter ja, das bin ich, Herr Hovstad. Ich

gedenke Revolution zu machen gegen die Lüge, daß die Mehrheit im Besitz der Wahrheit sei. Was sind denn das für Wahrheiten, um die die Mehrheit sich zu scharen pflegt? Das sind die Wahrheiten, die so hoch in die Jahre gekommen sind, daß sie auf dem Wege sind, altersschwach zu werden. Aber wenn eine Wahrheit so alt geworden ist, so ist sie auch auf dem besten Wege, eine Lüge zu werden, meine Herren.
(Gelächter und höhnische Zurufe)
Stockmann Jawohl – ob ihr mir's nun glaubt oder nicht; aber die Wahrheiten sind durchaus nicht so zählebige Methusalems, wie die Leute sich einreden. Eine normal gebaute Wahrheit lebt – sagen wir – in der Regel siebzehn bis achtzehn, höchstens zwanzig Jahre; selten länger. Aber solche bejahrten Wahrheiten sind immer schauerlich spindeldürr. Und trotzdem macht sich erst dann die Mehrheit mit ihnen bekannt und empfiehlt sie der Gesellschaft als gesunde geistige Nahrung. Aber es steckt kein großer Nährwert in solcher Kost, kann ich euch versichern; und das muß ich als Arzt wissen. Diese ganzen Majoritäts-Wahrheiten kann man mit Rauchfleisch vom vorigen Jahr vergleichen; sie sind so etwas wie ranzige, verdorbene, neugesalzene Schinken. Und davon kommt dieser ganze moralische Skorbut, der rings in allen Gesellschaftsschichten grassiert.
Aslaksen Mir scheint, der geschätzte Redner schweift einigermaßen von der Sache ab.
Stadtvogt Ich muß im wesentlichen der Ansicht des Herrn Präsidenten beitreten.
Stockmann Ich glaube, du bist nicht recht bei Troste, Peter! Ich halte mich ja so streng an die Sache wie möglich. Denn davon will ich ja doch reden, daß die Masse, die Mehrheit, diese verdammte kompakte Majorität – daß sie es ist, sag' ich, die unsere geistigen Lebensquellen vergiftet und den Boden unter unsern Füßen verpestet.
Hovstad Und das täte des Volkes große, freisinnige Mehrheit, weil sie besonnen genug ist, den sicheren und anerkannten Wahrheiten zu huldigen?
Stockmann Ach, mein guter Herr Hovstad, schwätzen Sie doch nicht von sicheren Wahrheiten! Die Wahrheiten, die die Masse und der Pöbel anerkennen, das sind jene Wahrheiten, die in den Tagen unserer Großväter die Vorpostenkämpfer für sicher hielten. Wir Vorpostenkämpfer von heutzutage, wir anerkennen sie nicht mehr; und ich bin der festen Überzeugung, es gibt nur die eine sichere Wahrheit, daß keine Gesellschaft ein gesundes Leben führen kann auf Grund solcher alten, marklosen Wahrheiten.

Hovstad Anstatt hier ins Blaue hinein zu reden, wäre es doch nett, wenn man uns mitteilte, was für alte, marklose Wahrheiten das sind, von denen wir leben.

(Zustimmung von mehreren Seiten)

Stockmann Ach, ich könnte einen ganzen Haufen solchen Dreckzeugs herzählen; aber zunächst will ich mich auf eine anerkannte Wahrheit beschränken, die im Grunde eine eklige Lüge ist, von der aber trotzdem Herr Hovstad wie der »Volksbote« und alle Anhänger des »Volksboten« leben.

Hovstad Und die wäre –?

Stockmann Es ist die Lehre, die ihr von euren Vätern ererbt habt und nun gedankenlos in die Welt hinausposaunt – die Lehre, daß die niederen Klassen, der Haufen, die Masse, daß die der Kern des Volkes – daß sie das Volk selbst seien –, daß der gemeine Mann, daß die Unwissenden und Unfertigen innerhalb der Gesellschaft dasselbe Recht haben, zu verdammen und anzuerkennen, zu regieren und zu beschließen, wie die kleine Zahl der geistig vornehmen Persönlichkeiten.

Billing Das hab' ich denn doch, Gott verdamm mich –

Hovstad (ruft gleichzeitig) Bürger, merkt auf!

Entrüstete Stimmen Hoho! Wir sind nicht das Volk? Nur die Vornehmen sollen regieren?

Ein Arbeiter Schmeißt ihn raus, den Mann, der solche Reden führt!

Andere Setzt ihn an die Luft!

Ein Bürger (schreit) Ins Horn gestoßen, Evensen!

(Dröhnende Horntöne; Pfeifen und rasender Lärm im Saal)

Stockmann (nachdem der Lärm sich ein wenig gelegt hat) Aber so seid doch vernünftig! Wollt ihr denn nicht ein einziges Mal die Stimme der Wahrheit hören? Ich verlange ja gar nicht, daß ihr alle gleich auf der Stelle mir beipflichten sollt. Aber ich hätte allerdings erwartet, Herr Hovstad würde nach einiger Überlegung mir recht geben. Denn Herr Hovstad erhebt ja Anspruch darauf, Freidenker zu sein –

Verblüffte, halblaute Fragen Freidenker, sagt er? Was? Hovstad ist Freidenker?

Hovstad (ruft) Beweise, Herr Doktor Stockmann! Wann hätt' ich das je drucken lassen?

Stockmann (besinnt sich) Schockschwerenot ja, da haben Sie recht! – Den Freimut haben Sie nie gehabt. Na, ich will Sie nicht in die Tinte setzen, Herr Hovstad. Ich selbst bin also der Freidenker. Und jetzt will ich euch allen aus der Naturwissenschaft beweisen, daß der »Volksbote« euch schamlos an der Nase herumführt, wenn er euch vorerzählt, daß

ihr, daß das Volk, daß die Masse und der Pöbel der wahre Kern des Volkes seien. Das ist bloß 'ne Zeitungsente, seht ihr. Die große Masse ist nur der Rohstoff, aus dem das Volk Menschen machen soll.
(Brummen, Gelächter und Unruhe im Saal)
Stockmann Ja, geht es denn nicht so in der ganzen übrigen Welt des Lebendigen zu? Was für ein Unterschied ist nicht zwischen einer kultivierten und einer unkultivierten Tierfamilie? Seht euch nur mal ein gemeines Bauernhuhn an. Was ist das Fleisch solch eines verkrüppelten Hühnervieches wert? Wahrhaftig nicht viel! Und was für Eier legt es? Eine halbwegs anständige Krähe kann ungefähr ebenso gute Eier legen. Aber nun nehmt mal ein kultiviertes spanisches oder japanisches Huhn oder nehmt einen vornehmen Fasan oder eine Truthenne – ja, da werdet ihr den Unterschied schon sehen! Und dann nenne ich die Hunde, mit denen wir Menschen so erstaunlich nahe verwandt sind. Denkt euch zunächst mal einen gewöhnlichen Pöbelhund – ich meine, solch einen ekligen, zottigen, pöbelhaften Köter, der nur die Straßen lang rennt und die Häuser versaut. Und dann vergleicht den Köter mit einem Pudel, der schon seit mehreren Generationen aus einem vornehmen Hause stammt, wo er feines Futter gekriegt und Gelegenheit gehabt hat, harmonische Stimmen und Musik zu hören. Glaubt ihr nicht, daß das Gehirn des Pudels ganz anders entwickelt ist als dem Köter seines? Ja, verlaßt euch drauf! Solche kultivierten jungen Pudel sind es, die die Gaukler zu den erstaunlichsten Kunststücken abrichten. So was kann ein gemeiner Bauernköter niemals lernen, und wenn er sich auf den Kopf stellt.
(Lärm und Ulken ringsumher)
Ein Bürger (ruft) Nun wollen Sie uns auch noch zu Hunden machen?
Ein zweiter Wir sind keine Tiere, Herr Doktor!
Stockmann Und ob wir Tiere sind, mein Lieber! Wir sind alle durch die Bank so gute Tiere, wie man sie sich nur wünschen kann. Doch vornehme Tiere gibt es allerdings nicht viele unter uns. O, es ist ein ganz ungeheurer Unterschied zwischen Pudelmenschen und Kötermenschen. Und das Komische an der Sache ist, daß Herr Hovstad mir durchaus beistimmt, solange von vierbeinigen Tieren die Rede ist –
Hovstad Ja, die lass' ich Ihnen hingehen.
Stockmann Jawohl; aber sobald ich das Gesetz auf die zweibeinigen ausdehne, so macht Herr Hovstad nicht mehr mit; dann hat er nicht mehr den Mut, seiner eigenen Meinung zu sein, seine eigenen Gedanken zu Ende zu denken; dann stellt er die ganze Lehre auf den Kopf und verkündet im »Volksboten«, der Bauernhahn und der Straßenköter

– das seien die Prachtexemplare der Menagerie. Aber so geht's immer, wenn einem noch die plebejische Abstammung in den Gliedern steckt und man sich nicht zu geistiger Vornehmheit durchgearbeitet hat.
Hovstad Ich mache auf keinerlei Vornehmheit Anspruch. Ich stamme von einfachen Bauern ab; und ich bin stolz darauf, daß ich tief in den niederen Klassen wurzle, die hier verhöhnt werden.
Viele Arbeiter Hovstad hoch! Hurra, hurra!
Stockmann Die Art Plebs, von der ich hier rede, die ist nicht bloß unten in den Niederungen zu finden; von der kriecht es und wimmelt es rings um uns her – bis hinauf zu den Höhen der Gesellschaft. Seht euch nur mal euren eigenen, feinen, ehrsamen Stadtvogt an! Mein Bruder Peter, der ist auch ein Plebejer, wie er im Buche steht –
(Lachen und Zischen)
Stadtvogt Ich protestiere gegen solche persönliche Ausfälle –
Stockmann (unbeirrt) – und zwar nicht deshalb, weil er wie ich von einem alten, ekligen Seeräuber unten aus Pommern oder aus der Gegend da herstammt – daher stammen wir nämlich –
Stadtvogt Abgeschmackte Legende. Wird bestritten.
Stockmann – sondern darum, weil er die Gedanken seiner Vorgesetzten denkt und weil er stets der Meinung seiner Vorgesetzten ist. Leute, die das tun, sind geistiger Pöbel; seht, deshalb ist mein stolzer Bruder Peter im Grunde so furchtbar wenig vornehm – und folglich auch so wenig freisinnig.
Stadtvogt Herr Präsident –!
Hovstad Also die Vornehmen, die sind hierzulande freisinnig? Das ist ja eine ganz neue Enthüllung.
(Lachen in der Versammlung)
Stockmann Jawohl, das gehört auch mit zu meiner neuen Entdeckung. Und auch das gehört noch dazu, daß Freisinn sich beinah ganz mit Moralität deckt. Und deshalb sag' ich, daß es ganz unverantwortlich vom »Volksboten« ist, wenn er tagaus, tagein die Irrlehre verkündet, die Masse und der Pöbel, die kompakte Majorität seien im Besitz des Freisinns und der Moral – und das Laster und die Verdorbenheit und der geistige Dreck aller Art, das sei etwas, das aus der Kultur heraussikkere, wie all der Unrat von den Gerbereien im Mühltal zum Bade heruntersickert!
(Lärm und Unterbrechung)
Stockmann (unbeirrt, lacht in seinem Eifer) Und doch kann dieser selbe »Volksbote« predigen, daß die Masse und der Pöbel gehoben werden müssen zu höheren Lebensbedingungen! Kreuzhimmeldonnerwetter

noch mal – wenn die Lehre des »Volksboten« stichhielte, so wäre ja diese Hebung des Volkes gleichbedeutend damit, daß man es geradenwegs ins Verderben hinabschleuderte! Aber glücklicherweise ist es nur eine alte überkommene Volkslüge, daß die Kultur demoralisiere. Nein, die Verdummung, die Armut, die Elendigkeit der Lebensverhältnisse, die sind es, die dieses Teufelswerk verrichten! In einem Hause, wo nicht täglich gelüftet und ausgefegt wird – Käte, mein Weib, behauptet, der Fußboden müsse auch gescheuert werden, doch darüber läßt sich noch streiten – na –, in einem solchen Hause, behaupt' ich, verlieren die Menschen in zwei bis drei Jahren die Fähigkeit, moralisch zu denken und zu handeln. Der Mangel an Sauerstoff entkräftet das Gewissen. Und in sehr, sehr vielen Häusern unserer Stadt scheint der Sauerstoff recht knapp zu sein, wenn die ganze kompakte Majorität so gewissenlos sein kann, die Zukunft der Stadt auf einen Schlammboden von Lüge und Betrug zu gründen.

Aslaksen Eine so grobe Beleidigung braucht sich eine ganze Bürgerschaft nicht bieten zu lassen.

Ein Herr Ich stelle dem Herrn Präsidenten anheim, dem Redner das Wort zu entziehen.

Eifrige Stimmen Jawohl, ja! Sehr richtig! Entzieht ihm das Wort!

Stockmann (aufbrausend) Dann schreie ich die Wahrheit an allen Straßenecken aus! Ich bring' es in auswärtige Zeitungen! Das ganze Land soll erfahren, wie hier die Dinge stehen!

Hovstad Es scheint beinahe, daß der Herr Doktor den Zweck verfolgt, die Stadt zugrunde zu richten.

Stockmann Jawohl, so lieb' ich meine Vaterstadt, daß ich sie eher zugrunde richten als mitansehen möchte, wie sie auf einer Lüge gedeiht.

Aslaksen Das ist stark!

(Lärm und Pfeifen. Frau Stockmann hustet vergeblich. Der Doktor hört es nicht mehr.)

Hovstad (ruft in den Lärm hinein) Der Mann muß ein Bürgerfeind sein, der den Untergang einer ganzen Gesellschaft wünschen kann.

Stockmann (in zunehmender Leidenschaft) Es ist nichts daran gelegen, wenn eine lügenhafte Gesellschaft zugrunde geht! Vom Erdboben muß sie wegrasiert werden, sag' ich! Wie schädliche Tiere müssen sie ausgerottet werden, alle, die in der Lüge leben! Ihr verpestet am Ende das ganze Land; ihr bringt es dahin, daß das ganze Land den Untergang verdient. Und kommt es so weit, dann sag' ich aus voller, innerster Überzeugung: möge das ganze Land zugrunde gehen; möge das ganze Volk hier ausgerottet werden!

Ein Mann (in der Menge) Das heißt, ganz wie ein Volksfeind reden!
Billing Das war, Gott verdamm mich, des Volkes Stimme!
Die ganze Versammlung (brüllt) Ja, jawohl, ja! Er ist ein Volksfeind! Er haßt sein Land! Er haßt das ganze Volk!
Aslaksen Ich bin sowohl als Staatsbürger wie als Mensch tief erschüttert über das, was ich hier habe hören müssen. Herr Doktor Stockmann hat sich in einer Weise entpuppt, wie ich es mir nie hätte träumen lassen. Ich muß mich leider dem Urteil anschließen, das eben von achtbaren Bürgern ausgesprochen worden ist; und ich halte dafür, daß wir diesem Urteil in einer Resolution Ausdruck geben. Ich schlage folgendes vor: »Die Versammlung erklärt, daß sie den Badearzt Doktor Thomas Stockmann für einen Volksfeind hält.«
(Stürmische Hurrarufe und Beifall. Ein großer Kreis bildet sich um Doktor Stockmann, man pfeift ihm ins Gesicht. Frau Stockmann und Petra sind aufgestanden. Ejlif und Morten prügeln sich mit den andern Schulknaben, die auch gepfiffen haben. Einige Erwachsene trennen sie.)
Stockmann (zu den Pfeifern) O, Toren, die ihr seid – ich sage euch –
Aslaksen (läutet) Der Herr Doktor hat nicht mehr das Wort. Eine regelrechte Abstimmung muß stattfinden; doch um persönliche Gefühle zu schonen, soll es schriftlich und ohne Namen geschehen. Haben Sie weißes Papier, Herr Billing?
Billing Hier ist blaues und weißes Papier.
Aslaksen (steigt herab) Sehr schön; auf diese Weise geht es rascher. Schneiden Sie's in Stücke – so, ja. *(Zur Versammlung)* Blau bedeutet »Nein«; weiß bedeutet »Ja«. Ich werde selbst herumgehen und die Stimmen sammeln.
(Der Stadtvogt verläßt den Saal. Aslaksen und einige andere Bürger gehen, die Papierschnitzel im Hut, in der Versammlung herum.)
Ein Herr (zu Hovstad) Was ist denn mit dem Doktor los, Sie? Was soll man eigentlich davon denken?
Hovstad Sie wissen ja, wie unbesonnen er ist.
Ein zweiter Herr (zu Billing) Hören Sie mal – Sie verkehren doch in dem Hause. Haben Sie etwa bemerkt, daß der Mann trinkt?
Billing Ich weiß nicht, Gott verdamm mich, was ich sagen soll. Der Toddy steht immer auf dem Tisch, sooft man hinkommt.
Ein dritter Herr Nein, ich glaube eher, er ist zuweilen nicht ganz richtig.
Der erste Herr Vielleicht ist der Irrsinn in seiner Familie erblich?
Billing Kann auch sein.
Ein vierter Herr Ach was, nur pure Bosheit ist's – Rache für irgend etwas.

Billing Er sprach allerdings neulich von Gehaltszulage; aber die hat er nicht bekommen.
Alle Herren (stimmen ein) Aha! Dann ist's ja leicht zu verstehen.
Der Betrunkene (mitten in der Menge) Ich – ich will 'nen blauen haben! Und 'nen weißen will ich auch haben!
Rufe Da ist der Besoffene schon wieder! Raus, raus!
Kiil (nähert sich dem Doktor) Na, Stockmann, sehen Sie nun, wohin solche schlechten Witze führen?
Stockmann Ich habe meine Schuldigkeit getan.
Kiil Was haben Sie da von den Gerbereien im Mühltal gesagt?
Stockmann Sie haben's ja gehört; ich sagte, von da käme die ganze Jauche.
Kiil Von meiner Gerberei auch?
Stockmann Leider; Ihre Gerberei ist die allerschlimmste.
Kiil Wollen Sie das in die Zeitungen bringen?
Stockmann Ich werde mit nichts hinter dem Berge halten.
Kiil Das kann Sie teuer zu stehen kommen, Stockmann. *(Ab)*
Ein beleibter Herr (tritt zu Horster, ohne die Damen zu begrüßen) Na, Kapitän! So? Sie geben Ihr Haus an Volksfeinde?
Horster Ich denke, ich kann mit meinem Eigentum machen, was ich will, Herr Vik.
Der Herr Dann werden Sie wohl auch nichts dagegen haben, wenn ich es mit meinem Eigentum ebenso mache?
Horster Was meinen Sie damit, Herr Vik?
Der Herr Morgen werden Sie von mir hören. *(Kehrt ihm den Rücken und geht)*
Petra Horster, war das nicht Ihr Reeder?
Horster Jawohl, es war der Großkaufmann Vik.
Aslaksen (mit den Stimmzetteln in der Hand, steigt auf das Podium und läutet) Meine Herren, darf ich Sie mit dem Resultat bekanntmachen? Mit allen Stimmen gegen eine –
Ein jüngerer Herr Das ist die von dem Betrunkenen!
Aslaksen Mit allen Stimmen gegen eine – die eines Bezechten – hat diese Bürgerversammlung den Badearzt Doktor Thomas Stockmann für einen Volksfeind erklärt. *(Rufe und Beifallszeichen)* Es lebe unser alter, ehrenwerter Bürgerstand. *(Erneute Beifallsrufe)* Es lebe unser tüchtiger und tätiger Stadtvogt, der so loyal die Stimme des Bluts unterdrückt hat! *(Hochrufe)* Die Versammlung ist geschlossen.
(Er steigt herab.)
Billing Ein Hoch dem Präsidenten!

Die ganze Versammlung Hoch Buchdrucker Aslaksen!
Stockmann Meinen Hut und Paletot, Petra! Kapitän, haben Sie Platz für Passagiere nach der Neuen Welt?
Horster Für Sie und die Ihrigen ist immer noch Platz, Herr Doktor.
Stockmann (während Petra ihm in den Rock hilft) Gut. Komm, Käte! Kommt, Jungens! *(Nimmt den Arm seiner Frau)*
Frau Stockmann (leise) Lieber Thomas, laß uns durch die Hintertür gehen.
Stockmann Keine Hintertüren, Käte. *(Mit erhobener Stimme)* Ihr sollt noch vom Volksfeind hören, eh' er den Staub von seinen Füßen schüttelt! Ich bin nicht so gottähnlich wie eine gewisse Person; ich sage nicht: »Ich vergebe euch, denn ihr wisset nicht, was ihr tut.«
Aslaksen (ruft) Das ist ein gotteslästerlicher Vergleich, Herr Doktor Stockmann!
Billing Das ist, Gott verd –! Es ist eine harte Sache für einen vernünftigen Menschen, so was mitanzuhören!
Eine grobe Stimme Und drohen tut er auch noch!
Hetzende Rufe Werft ihm die Fenster ein! Schmeißt ihn in den Fjord!
Ein Mann (in der Menge) Ins Horn gestoßen, Evensen! Tute, Tute!
(Horntöne, Pfeifen und wildes Geschrei. Doktor Stockmann geht mit den Seinen dem Ausgang zu. Horster bahnt ihnen den Weg.)
Die ganze Versammlung (heult den Fortgehenden nach) Volksfeind! Volksfeind! Volksfeind!
Billing (indem er seine Notizen ordnet) Gott verdamm mich! Heut möcht' ich nicht bei Stockmanns Toddy trinken!
(Die Versammlung strömt dem Ausgang zu; der Lärm pflanzt sich draußen fort; man hört von der Straße den Ruf: »Volksfeind! Volksfeind!«)

FÜNFTER AKT

Doktor Stockmanns Arbeitszimmer. Bücherregale und Spinde mit verschiedenen Präparaten längs den Wänden. Im Hintergrunde ist der Ausgang zum Vorzimmer; im Vordergrunde links die Tür zum Wohnzimmer. Rechts an der Wand befinden sich zwei Fenster, an denen alle Scheiben zerschlagen sind. Mitten im Zimmer steht Stockmanns Schreib-

tisch; er ist mit Büchern und Papieren bedeckt. Das Zimmer ist in Unordnung. Vormittag.

Doktor Stockmann, in Schlafrock und Pantoffeln und mit dem Hauskäppchen auf dem Kopf, steht gebückt und fährt mit einem Regenschirm unter einem der Spinde hin und her; schließlich holt er einen Stein darunter hervor.

Stockmann (spricht durch die offene Tür des Wohnzimmers) Käte, ich hab' noch einen gefunden.
Frau Stockmann (im Wohnzimmer) Ach, du findest sicher noch ein ganzes Teil.
Stockmann (legt den Stein zu einem Haufen anderer auf dem Tisch) Diese Steine werd' ich aufbewahren wie ein Heiligtum. Ejlif und Morten sollen sie täglich vor Augen haben, und wenn beide erwachsen sind, sollen sie sie von mir erben. *(Fährt mit dem Schirm unter ein Bücherregal)* Ist sie – Donnerwetter, wie heißt sie denn gleich, das Frauenzimmer –, ist sie noch nicht beim Glaser gewesen?
Frau Stockmann (tritt ein) Ja, aber er hat sagen lassen, er wisse noch nicht, ob er heute kommen kann.
Stockmann Du sollst sehen, er traut sich nicht.
Frau Stockmann Jawohl, Randine meinte auch, der Nachbarn wegen traue er sich nicht zu kommen. *(Spricht ins Wohnzimmer hinein)* Was willst du, Randine? Ach so. *(Geht hinein und kommt gleich zurück)* Hier ist ein Brief für dich, Thomas.
Stockmann Laß sehen. *(Öffnet ihn und liest)* Na also.
Frau Stockmann Von wem ist er?
Stockmann Vom Hauswirt. Er kündigt uns.
Frau Stockmann Ist das wirklich wahr? Ein so anständiger Mann –
Stockmann (sieht in den Brief) Er kann nicht anders, sagt er. Er tät' es sehr ungern; aber er dürfe nicht anders – seiner Mitbürger wegen – mit Rücksicht auf die öffentliche Meinung – ist abhängig – darf gewisse einflußreiche Männer nicht vor den Kopf stoßen –
Frau Stockmann Da siehst du's nun, Thomas.
Stockmann Jawohl, ja; ich seh' es; sie sind feige hier bei uns, einer wie der andere; kein Mensch getraut sich was vor lauter Rücksicht auf die andern Leute. *(Schleudert den Brief auf den Tisch)* Aber uns kann es ja gleich sein, Käte. Wir gehen jetzt nach der Neuen Welt, und –
Frau Stockmann Thomas, hast du dir die Sache mit der Reise aber auch gut überlegt?

Stockmann Soll ich am Ende hierbleiben, wo man mich als einen Volksfeind an den Pranger gestellt hat, mich gebrandmarkt, mir die Fenster eingeschmissen hat! Und sieh mal, Käte, meine schwarzen Hosen haben sie mir auch in Fetzen gerissen.
Frau Stockmann Ach Gott! Und noch dazu die besten, die du hast!
Stockmann Man sollte nie seine besten Hosen anziehen, wenn man hingeht und für Freiheit und Wahrheit ficht. Um die Hosen, weißt du, scher' ich mich ja nicht weiter; denn die kannst du mir ja immer wieder zusammenflicken. Aber daß der Mob, der Pöbel, es wagt, mir zu Leibe zu gehen, als ob sie meinesgleichen wären – siehst du, das kann ich nun und nimmermehr verwinden.
Frau Stockmann Ja, Thomas, die Leute haben sich schrecklich roh gegen dich benommen; aber müssen wir deshalb denn gleich außer Landes gehen?
Stockmann Glaubst du etwa, die Plebejer in andern Städten sind nicht ebenso unverfroren wie hier? Ach ja, du! Das ist Jacke wie Hose. Na, laß man. Die Köter sollen kläffen; das ist das Schlimmste nicht; das schlimmste ist, daß die Menschen im ganzen Land, einer wie der andere, Parteisklaven sind. Nicht, daß es im freien Westen vielleicht besser wäre; da grassiert die kompakte Majorität und die liberale öffentliche Meinung und der ganze andere Teufelskram ja auch. Aber da sind die Verhältnisse großartiger, siehst du; sie können einen totschlagen, aber sie martern einen nicht langsam; sie spannen eine freie Seele nicht auf die Folterbank wie hierzulande. Und im Notfall kann man ja den Dingen aus dem Wege gehen. *(Spaziert durchs Zimmer)* Wenn ich nur wüßte, wo man einen Urwald oder eine kleine Südseeinsel um billigen Preis haben könnte –
Frau Stockmann Und die Jungen, Thomas?
Stockmann (bleibt stehen) Du bist aber komisch, Käte! Möchtest du lieber, daß die Jungen in einer solchen Gesellschaft wie hier aufwachsen? Du hast ja selbst gestern abend gesagt, daß die Hälfte der Bevölkerung wahnsinnig ist; und wenn die andere Hälfte den Verstand nicht verloren hat, so ist der Grund der, daß es Schafsköpfe sind, die überhaupt keinen Verstand zu verlieren haben.
Frau Stockmann Ja, bester Thomas, du bist aber auch so unvorsichtig in deinen Reden!
Stockmann Na – ist es vielleicht nicht wahr, was ich sage? Stellen sie nicht alle Begriffe auf den Kopf? Werfen sie nicht Recht und Unrecht in einen Topf! Nennen sie nicht alles Lüge, was mir Wahrheit ist? Das Allertollste aber ist, daß hier erwachsene liberale Menschen

haufenweise umherlaufen, die sich und andern einreden, sie seien freisinnig! Hast du schon so was gehört, Käte!

Frau Stockmann Jawohl, ja – freilich ist das toll, aber –

(Petra kommt aus dem Wohnzimmer.)

Frau Stockmann Jetzt kommst du schon aus der Schule?

Petra Ja; mir ist gekündigt worden.

Frau Stockmann Gekündigt!?

Stockmann Dir auch!

Petra Frau Busch hat mir gekündigt, und da hielt ich es für das beste, auf der Stelle zu gehen.

Stockmann Daran hast du wahrhaftig recht getan!

Frau Stockmann Wer hätte auch denken können, daß Frau Busch ein so schlechtes Menschenkind wäre!

Petra Ach, Mutter, die Frau Busch ist wirklich nicht schlecht; ich sah deutlich, wie leid es ihr tat. Sie dürfe aber nicht anders, sagte sie; und da kündigte sie mir.

Stockmann (reibt sich lachend die Hände) Auch sie durfte nicht! O, es ist göttlich!

Frau Stockmann Ach nein, nach dem häßlichen Spektakel von gestern –

Petra Das war es nicht allein. Nun paß mal auf, Vater!

Stockmann Na?

Petra Frau Busch zeigte mir nicht weniger als drei Briefe, die sie heute früh bekommen hatte –

Stockmann Ohne Namen natürlich?

Petra Ja.

Stockmann Ja, mit ihrem Namen wagen sie nicht einzutreten, Käte!

Petra Und in zweien stand, ein Herr, der hier im Hause verkehrt, habe gestern abend im Klub erzählt, ich hätte über verschiedene Dinge so unerhört freie Ansichten –

Stockmann Und das hast du doch hoffentlich nicht geleugnet?

Petra Nein, das kannst du dir doch denken. Frau Busch selbst hat recht freie Ansichten, wenn wir unter vier Augen sind; da dies nun aber über mich bekannt geworden ist, so durfte sie mich nicht behalten.

Frau Stockmann Man soll denken – einer, der hier im Hause verkehrt! Da siehst du nun, was du für deine Gastfreundschaft hast, Thomas.

Stockmann In solcher Schweinerei wollen wir nicht länger leben. Pack so schnell wie möglich ein, Käte; wir wollen fort, je eher, je lieber.

Frau Stockmann Still – ich glaube, auf dem Flur draußen ist wer. Sieh mal nach, Petra.

Petra (öffnet die Tür) Ah, Sie sind's, Herr Kapitän? Bitte, treten Sie näher.
Horster (kommt aus dem Vorzimmer) Guten Tag. Ja, ich wollte doch mal her und sehen, wie's hier geht.
Stockmann (schüttelt ihm die Hand) Danke sehr; das ist sehr nett von Ihnen.
Frau Stockmann Und vielen Dank, daß Sie uns durchgeholfen haben, Herr Kapitän.
Petra Aber wie sind Sie denn wieder nach Hause gekommen?
Horster O, es ging schon; ich bin ja einigermaßen kräftig; und die Leute sind doch größtenteils nur Maulhelden.
Stockmann Ja, sie, diese hundsgemeine Feigheit – ist das nicht merkwürdig? Kommen Sie mal, ich will Ihnen was zeigen. Sehen Sie, da liegen die Steine, die sie uns in die Stube geschmissen haben. Sehen Sie sich die nur mal an! Es sind wahrhaftig in dem ganzen Haufen nicht mehr als zwei ordentliche feste Feldsteine; der Rest ist nur Klopfstein – lauter kleines Zeug. Und doch standen sie da draußen und krakeelten und schwuren, sie würden mir den Garaus machen; aber handeln – handeln –, so was gibt's hier so gut wie gar nicht!
Horster Das war diesmal auch wohl das beste für Sie, Herr Doktor.
Stockmann Ja doch. Aber ärgerlich ist es trotzdem: denn kommt es einmal zu einem ernsten, fürs Land wichtigen Zusammenstoß, dann werden Sie sehen, daß die öffentliche Meinung die Beine unter die Arme nimmt und daß die kompakte Majorität sich aus dem Staube macht – wie ein Rudel Säue, die waldeinwärts rennen. Der Gedanke daran ist eben das Traurige; er tut mir im Herzen weh. – Na, aber, zum Henker, das ist ja doch eigentlich nur dummes Zeug. Haben die Leute mich mal für 'nen Volksfeind erklärt, so will ich auch einer sein.
Frau Stockmann Das wirst du doch nie und nimmer werden, Thomas.
Stockmann Das solltest du nicht mit dieser Zuversicht sagen, Käte. Ein garstiges Wort kann wirken wie ein Stecknadelstich in der Lunge. Und dies verdammte Wort – ich kann es nicht loswerden; es hat sich festgesetzt hier unter der Herzgrube, da liegt es und bohrt und zieht wie saure Säfte. Und dagegen hilft kein Magnesia.
Petra Pah, Vater, du solltest ihrer nur lachen.
Horster Die Leute werden schon noch auf andre Gedanken kommen, Herr Doktor.
Frau Stockmann Ja, Thomas, das ist so gewiß, wie du hier stehst.
Stockmann Ja, vielleicht wenn es zu spät ist. Aber das geschieht ihnen schon recht! Dann können sie hier in ihrem Unrat waten und Gewis-

sensbisse fühlen, daß sie einen Patrioten in die Verbannung getrieben haben. – Wann geht die Reise, Kapitän?

Horster Hm – darüber wollt' ich eigentlich mit Ihnen reden –

Stockmann Ist etwa mit dem Schiff was los?

Horster Nein; aber es wird wohl so sein, daß ich nicht mitgehe.

Petra Ihnen ist doch wohl nicht gekündigt?

Horster (lächelt) Allerdings.

Petra Ihnen auch.

Frau Stockmann Da siehst du's nun, Thomas.

Stockmann Und das um der Wahrheit willen! Ach! Ich hätt' es mir auch denken können –

Horster Nehmen Sie sich's weiter nicht zu Herzen; ich finde schon eine Stelle bei irgendeiner auswärtigen Reederei.

Stockmann Und noch dazu dieser Vik – ein vermögender Mann und durchaus unabhängig –! Pfui Teufel!

Horster Er ist sonst ganz rechtschaffen; und er sagt selbst, er hätte mich gern behalten, wenn er nur dürfte –

Stockmann Aber er darf nicht? Versteht sich!

Horster Es sei nicht so einfach, sagte er, wenn man einer Partei angehöre –

Stockmann Da hat er ein wahres Wort gesprochen, der Ehrenmann! Eine Partei, die ist wie eine Fleischhackmaschine; darin werden alle Köpfe zu einem Brei zerrieben; und deshalb sind sie auch alle Schwachköpfe und Flachköpfe, einer wie der andere.

Frau Stockmann Aber Thomas –!

Petra (zu Horster) Hätten Sie uns nicht nach Hause gebracht, dann wär's am Ende nicht so weit gekommen.

Horster Ich bereu' es nicht.

Petra (reicht ihm die Hand) Ich danke Ihnen!

Horster (zum Doktor) Und was ich noch sagen wollte: Wenn Sie durchaus wegwollen, so weiß ich einen andern Ausweg –

Stockmann Sehr schön; wenn wir nur wegkommen –

Frau Stockmann Pst! Hat es nicht geklopft?

Petra Das ist gewiß der Onkel.

Stockmann Aha! *(Ruft)* Herein!

Frau Stockmann Bester Thomas, du mußt mir aber versprechen –

(Stadtvogt Stockmann kommt aus dem Vorzimmer.)

Stadtvogt (in der Tür) Oh, du bist beschäftigt. Dann will ich lieber –

Stockmann Nein, nein – komm nur herein.

Stadtvogt Aber ich hätte gern unter vier Augen mit dir gesprochen.
Frau Stockmann Wir gehen solange ins Wohnzimmer.
Horster Und ich will später wiederkommen.
Stockmann Nein – gehen Sie nur mit hinein, Horster; ich muß Näheres wissen –
Horster Gut, dann warte ich.
(Geht mit Frau Stockmann und Petra ins Wohnzimmer)
(Der Stadtvogt sagt nichts, blickt aber verstohlen nach den Fenstern.)
Stockmann Du findest es gewiß heut hier ein bißchen lustig. Bedecke dich nur.
Stadtvogt Wenn du erlaubst. *(Tut es)* Ich glaube, ich hab' mich gestern erkältet; mich fror –
Stockmann So? Wahrhaftig, mir kam's warm genug vor.
Stadtvogt Ich bedauere, daß es nicht in meiner Macht gestanden hat, diese nächtlichen Exzesse zu verhüten.
Stockmann Ist das alles, was du mir zu sagen hast?
Stadtvogt (zieht einen großen Brief hervor) Dies Dokument hab' ich dir von der Badeleitung zu übermitteln.
Stockmann Bin ich entlassen?
Stadtvogt Jawohl, mit dem heutigen Datum. *(Legt den Brief auf den Tisch)* Es tut uns leid; aber – offen gesagt – wir durften nicht anders mit Rücksicht auf die öffentliche Meinung.
Stockmann (lächelt) Ihr durftet nicht? Das Wort habe ich heut schon mal gehört.
Stadtvogt Bitte, mach dir deine Lage klar. Du darfst in Zukunft auf keinerlei Praxis hier in der Stadt rechnen.
Stockmann Der Teufel hole die ganze Praxis! Aber woher weißt du das so genau?
Stadtvogt Der Verein der Hausbesitzer läßt eine Liste herumgehen von Haus zu Haus. Alle rechtschaffenen Bürger werden aufgefordert, dich nicht zu nehmen; und ich schwöre drauf, daß kein einziger Hausvorstand sich getraut, seine Unterschrift zu verweigern; man darf es ganz einfach nicht.
Stockmann Gewiß, gewiß, daran zweifle ich gar nicht. Aber was weiter?
Stadtvogt Wenn ich dir einen Rat geben darf, so würde es der sein, daß du für einige Zeit aus der Stadt ziehst –
Stockmann Jawohl, ich hab' nachgerade auch daran gedacht, aus der Stadt zu ziehen.
Stadtvogt Schön. Und wenn du dann etwa ein halbes Jahr zum Nach-

denken Zeit gehabt hast und dich nach reiflicher Überlegung dazu verstehen könntest, mit ein paar bedauernden Worten deinen Irrtum zu bekennen, so –

Stockmann So könnt' ich am Ende meinen Posten wiederbekommen, meinst du?

Stadtvogt Vielleicht; das ist nicht ganz ausgeschlossen.

Stockmann Ja, aber die öffentliche Meinung? Ihr dürft ja nicht mit Rücksicht auf die öffentliche Meinung.

Stadtvogt Die öffentliche Meinung ist ein überaus variables Ding. Und offen gesagt, es ist uns von besonderer Wichtigkeit, ein solches Zugeständnis von deiner Hand zu bekommen.

Stockmann Ja, das könnte euch so schmecken! Aber Donnerwetter ja, du hast wohl vergessen, was ich dir schon mal über solche Pfiffe und Kniffe gesagt habe!

Stadtvogt Damals war deine Position noch favorabler; damals konntest du voraussetzen, du habest die ganze Stadt im Rücken –

Stockmann Ja, und jetzt krieg' ich zu fühlen, daß ich die ganze Stadt auf dem Halse habe – *(Braust auf)* Und hätt' ich den Teufel selbst und seine Großmutter auf dem Halse –! Nimmermehr – nimmermehr, sag' ich!

Stadtvogt Ein Familienvater darf nicht so handeln, wie du es tust. Das darfst du nicht, Thomas.

Stockmann Ich darf nicht? Es gibt nur eins auf der Welt, was ein freier Mann nicht darf; und weißt du, was das ist?

Stadtvogt Nein.

Stockmann Natürlich. Aber ich will es dir sagen. Ein freier Mann darf sich nicht wie ein Lump besudeln; er darf sich nicht so benehmen, daß er sich selbst ins Gesicht spucken müßte!

Stadtvogt Das klingt ja außerordentlich plausibel; und wenn keine andere Erklärung für deine Halsstarrigkeit vorläge – aber die gibt es schon –

Stockmann Was meinst du damit?

Stadtvogt Das weißt du ganz gut. Aber als dein Bruder und als besonnener Mann rate ich dir, nicht allzufest auf Hoffnungen und Aussichten zu bauen, die nur zu leicht fehlschlagen könnten.

Stockmann Wo zum Henker willst du damit hinaus?

Stadtvogt Willst du mir wirklich einreden, daß du in Unkenntnis seist über die letztwilligen Verfügungen, die der Gerbermeister Kiil getroffen hat?

Stockmann Ich weiß, daß das bißchen, was er hat, an eine Stiftung für alte bedürftige Handwerker fällt. Aber was geht das mich an?

Stadtvogt Erstens handelt sich's hier nicht um ein bißchen. Kiil ist ein recht vermögender Mann.
Stockmann Davon hatt' ich ja keine Ahnung –!
Stadtvogt Hm – wirklich nicht? Du hast also auch keine Ahnung davon, daß ein nicht unbedeutender Teil seines Vermögens deinen Kindern zufallen soll, und zwar so, daß du mit deiner Frau den Nießbrauch auf Lebenszeit hast? Hat er dir das nicht gesagt?
Stockmann Nein, bei Gott nicht! Im Gegenteil; er hat stets und ständig gewettert, daß er so wahnsinnig hoch besteuert sei. Aber weißt du denn das auch gewiß, Peter?
Stadtvogt Ich weiß es aus ganz sicherer Quelle.
Stockmann Aber, du himmlischer Vater, dann ist Käte ja sichergestellt – und die Kinder auch! Das muß ich ihr doch gleich sagen – *(ruft)* Käte, Käte!
Stadtvogt (hält ihn zurück) Pst! Noch kein Wort davon!
Frau Stockmann (öffnet die Tür) Was ist denn los?
Stockmann Ach nichts; geh nur wieder hinein.
(Frau Stockmann schließt die Tür wieder.)
Stockmann (geht im Zimmer umher) Sichergestellt! Denk nur – alle sichergestellt! Und fürs ganze Leben! Es ist doch ein himmlisches Gefühl, sich sichergestellt zu wissen.
Stadtvogt Aber das bist du eben nicht. Der alte Kiil kann jeden Tag und jede Stunde sein Testament annullieren.
Stockmann Aber das tut er nicht, mein guter Peter. Dazu ist der Dachs viel zu vergnügt darüber, daß ich dich und deine wohlweisen Freunde angepackt habe.
Stadtvogt (stutzt und sieht ihn forschend an) Ah, das erklärt manches.
Stockmann Was denn?
Stadtvogt Die ganze Geschichte ist also ein kombiniertes Manöver gewesen. Die gewaltsamen, rücksichtslosen Attentate, die du – im Namen der Wahrheit – an den Spitzen der Stadt verübt –
Stockmann Was ist damit? Was ist damit?
Stadtvogt Die waren also nur eine verabredete Revanche für das Testament des alten rachsüchtigen Morten Kiil?
Stockmann (beinahe sprachlos) Peter – du bist doch der gemeinste Plebejer, der mir je im Leben vorgekommen ist.
Stadtvogt Wir sind miteinander fertig. Deine Entlassung ist unwiderruflich; denn jetzt haben wir eine Waffe gegen dich. *(Ab)*
Stockmann Pfui, pfui, pfui! (Ruft) Käte! Der Fußboden soll gescheuert werden da, wo der Mensch gestanden hat! Sie soll mit 'nem Zuber

reinkommen, die – na Donnerwetter, wie heißt sie denn – der Schmutzfink –
Frau Stockmann (im Wohnzimmer) Still – still doch, Thomas!
Petra (ebenfalls in der Tür) Der Großvater ist da und fragt, ob er dich allein sprechen kann, Vater.
Stockmann Ja, natürlich. *(An der Tür)* Kommen Sie rein, Schwiegervater.
(Morten Kiil tritt ein. Der Doktor schließt die Tür hinter ihm.)
Stockmann Na, was gibt's denn? Setzen Sie sich.
Kiil Stehe lieber. *(Sieht umher)* Bei Ihnen sieht's heut hübsch aus, Stockmann.
Stockmann Ja, nicht wahr?
Kiil Recht hübsch sieht's hier aus, und frische Luft haben Sie auch; heut haben Sie wohl genug von dem sauren Stoff, von dem Sie gestern gefaselt haben. Kann mir denken, heut müssen Sie ein großartig gutes Gewissen haben.
Stockmann Hab' ich auch.
Kiil Kann ich mir denken. *(Klopft sich auf die Brust)* Aber wissen Sie auch, was ich hier habe?
Stockmann Doch wohl auch ein gutes Gewissen, hoff' ich.
Kiil I! Was viel Besseres!
(Er holt eine dicke Brieftasche hervor, öffnet sie und zeigt einen Stoß Papiere.)
Stockmann (sieht ihn verwundert an) Badeaktien?
Kiil Waren heute leicht zu kriegen.
Stockmann Und Sie haben aufgekauft –?
Kiil Für alles Geld, was ich hatte.
Stockmann Aber, lieber Schwiegervater – jetzt bei der verzweifelten Lage des Bades –!
Kiil Wenn Sie sich benehmen wie ein vernünftiger Mensch, so wird das Bad schon wieder in die Höhe kommen.
Stockmann Sie sehen ja selbst, ich tue, was ich kann, aber –. Die Leute hier sind ja verrückt!
Kiil Sie sagten gestern, die größte Jauche käme aus meiner Gerberei. Aber wenn das wahr ist, so hätten ja vor mir mein Großvater und mein Vater und dann ich selbst undenkliche Jahre hindurch die Stadt verjaucht wie drei Würgengel. Glauben Sie, ich lasse die Schande auf mir sitzen?
Stockmann Das werden Sie wohl müssen – leider.
Kiil Danke sehr. Mir ist mein guter Ruf und Name was wert. Die Leute

nennen mich den »Dachs«, hab' ich sagen hören. Ein Dachs, das ist ja so 'ne Art Schmutzferkel; aber darin sollen sie denn doch nicht recht behalten. Ich will leben und sterben als reinlicher Mensch.
Stockmann Und wie wollen Sie das anfangen?
Kiil Sie wollen mich weißwaschen, Stockmann.
Stockmann Ich!
Kiil Wissen Sie, was das für Geld ist, womit ich diese Aktien gekauft habe? Nein, das können Sie nicht wissen; aber ich will es Ihnen jetzt sagen. Das Geld, das Käte und Petra und die Jungen mal kriegen sollen. Denn, sehen Sie, ich habe mir doch ein bißchen was auf die Seite gelegt.
Stockmann (braust auf) Und dann gehen Sie hin und machen so was mit Kätes Geld!
Kiil Jawohl, das ganze Geld steht jetzt auf dem Bade. Und nun will ich doch mal sehen, ob Sie wirklich so wahnsinnig – so heillos toll sind, Stockmann. Wenn Sie jetzt noch weiter Tiere und ähnliches Dreckzeugs aus meiner Gerberei rauskommen lassen, so ist es akkurat dasselbe, als ob Sie breite Riemen schnitten aus Kätes und Petras und der Kinder Haut. Aber das tut kein anständiger Familienvater – wenn er nicht verrückt ist.
Stockmann (geht auf und ab) Ich bin doch aber verrückt, ich bin verrückt!
Kiil Wenn es sich um Weib und Kind handelt, dann werden Sie doch wohl Ihr letztes bißchen Verstand noch zusammennehmen können.
Stockmann (bleibt vor ihm stehen) Weshalb konnten Sie's mir denn nicht sagen, ehe Sie den Kram da aufkauften?
Kiil Das ist nun mal geschehen; daran ist nicht mehr zu tippen.
Stockmann (geht unruhig umher) Wenn ich meiner Sache nur nicht so sicher wäre –! Aber ich bin im Innersten so überzeugt davon, daß ich recht habe.
Kiil (wägt die Brieftasche in der Hand) Wenn Sie nicht von Ihrer Verrücktheit ablassen, dann ist das da nicht mehr viel wert. *(Steckt die Brieftasche ein)*
Stockmann Aber Donnerwetter, die Wissenschaft, sollt' ich meinen, müßte doch wohl Verhütungsmittel ausfindig machen können; irgendein Präservativ –
Kiil Womit man die Tiere tötet, meinen Sie?
Stockmann Ja, oder sie unschädlich macht.
Kiil Könnten Sie's nicht mal mit Rattengift probieren?
Stockmann Ach Unsinn, Unsinn! – Aber alle Leute sagen ja, es sei nur ein Hirngespinst! Kann es denn nicht ein Hirngespinst sein! Mögen sie

ihren Willen haben! Die unwissenden, engherzigen Hunde – haben sie mich nicht einen Volksfeind gescholten – und mir die Kleider vom Leibe zu reißen, dazu waren sie auch bereit!
Kiil Und die Masse Scheiben, die sie Ihnen eingeschmissen haben!
Stockmann Ja, und jetzt wieder diese Sache mit den Pflichten gegen die Familie! Darüber muß ich mit Käte reden; in solchen Sachen kennt sie sich aus.
Kiil Das ist famos; hören Sie nur auf den Rat einer vernünftigen Frau.
Stockmann (fährt auf ihn los) Daß Sie auch so was Dummes machen konnten! Kätes Geld aufs Spiel zu setzen; mich in diese schauderhaft peinliche Lage zu bringen! Wenn ich Sie ansehe, so ist mir's, als säh' ich den leibhaftigen Gottseibeiuns –!
Kiil Dann ist es wohl besser, ich gehe. Aber bis zwei Uhr will ich Ihre Antwort haben. Ja oder nein. Lautet sie nein, so gehen die Aktien an die Stiftung – und zwar noch heutigen Tages.
Stockmann Und was bekommt dann Käte?
Kiil Nicht so viel!
(Die Vorzimmertür wird geöffnet. Draußen sieht man Hovstad und Aslaksen.)
Kiil Seh mal einer die beiden da.
Stockmann (starrt sie an) Was? Sie wagen es noch, meine Schwelle zu betreten!
Hovstad Jawohl, wir sind so frei.
Aslaksen Wir haben mit Ihnen zu reden, sehen Sie.
Kiil (flüstert) Ja oder nein – bis zwei Uhr.
Aslaksen (wechselt mit Hovstad einen Blick) Aha!
(Kiil ab)
Stockmann Na also, was wollen Sie von mir? Machen Sie's kurz.
Hovstad Ich begreife wohl, daß Sie wegen unserer Haltung gestern auf der Versammlung etwas gegen uns haben –
Stockmann Und das nennen Sie Haltung? Eine schöne Haltung, das! Ich nenn' es haltungslos, altweiberhaft –, pfui Teufel!
Hovstad Nennen Sie's, wie Sie wollen; aber wir konnten nicht anders.
Stockmann Sie durften wohl nicht? Was?
Hovstad Wenn Sie wollen – ja.
Aslaksen Aber warum ließen Sie denn nicht vorher ein Wörtchen fallen? Hätten Sie doch Herrn Hovstad oder mir nur 'nen kleinen Wink gegeben.
Stockmann Einen Wink? Weswegen?
Aslaksen Über das, was dahinter steckt.

Stockmann Ich verstehe Sie ganz und gar nicht.
Aslaksen (nickt vertraulich) Ach, Herr Doktor, Sie verstehen uns schon.
Hovstad Jetzt läßt sich damit doch nicht länger hinter dem Berge halten.
Stockmann (sieht beide abwechselnd an) Ja, aber Himmelkreuzdonnerwetter –
Aslaksen Darf ich fragen – geht Ihr Schwiegervater nicht in der Stadt herum und kauft alle Badeaktien auf?
Stockmann Jawohl, er war heut aus und hat Badeaktien gekauft; aber –?
Aslaksen Es wäre klüger gewesen, Sie hätten einen anderen damit betraut – einen, der Ihnen nicht so nahe steht.
Hovstad Und dann hätten Sie nicht unter Ihrem Namen auftreten sollen. Es brauchte ja keiner zu wissen, daß der Angriff auf das Bad von Ihnen ausging. Sie hätten mich zu Rate ziehen sollen, Herr Doktor.
Stockmann (blickt vor sich hin; ein Licht scheint ihm aufzugehen, und er sagt wie aus den Wolken gefallen) Ist so was denkbar? Ist so was möglich?
Aslaksen (lächelt) Es zeigt sich ja, daß es möglich ist. Aber sehen Sie, es hätte feiner gemacht werden müssen.
Hovstad Und dann hätten auch mehrere dabei beteiligt sein müssen; denn die Verantwortlichkeit für den einzelnen wird ja immer geringer, wenn noch andere mit dabei sind.
Stockmann (gefaßt) Kurz und gut, meine Herren – was wollen Sie?
Aslaksen Herr Hovstad wird das am besten –
Hovstad Nein, sagen Sie's, Aslaksen.
Aslaksen Na, also, die Sache ist die: Da wir wissen, wie die ganze Geschichte zusammenhängt, so glauben wir, daß wir Ihnen den »Volksboten« zur Verfügung stellen dürfen.
Stockmann Jetzt dürfen Sie? Aber die öffentliche Meinung? Fürchten Sie nicht, daß sich ein Sturm gegen uns erheben wird?
Hovstad Wir werden ihn vor Anker aushalten, den Sturm.
Aslaksen Und dann, Herr Doktor, müssen Sie zusehen, daß Sie rasch beim Lavieren sind. Sobald Ihr Angriff seine Wirkung getan hat –
Stockmann Sobald mein Schwiegervater und ich die Aktien zu niedrigerem Preise in Händen haben, meinen Sie –?
Hovstad Sie suchen ja doch wohl hauptsächlich aus wissenschaftlichen Rücksichten die Leitung des Bades in die Hand zu bekommen.
Stockmann Versteht sich; und aus wissenschaftlichen Rücksichten suchte ich den alten Dachs zum Mittun zu bewegen. Jetzt flicken wir die Wasserleitung ein bißchen aus und buddeln ein bißchen am Strand,

ohne daß es die Stadtkasse einen Groschen kostet. Meinen Sie nicht, daß es geht? Was?

Hovstad Ich denke: ja – wenn Sie den »Volksboten« auf Ihrer Seite haben.

Aslaksen In einem freien Gemeinwesen ist die Presse eine Macht, Herr Doktor.

Stockmann Jawohl; und die öffentliche Meinung auch; und Sie, Herr Aslaksen, Sie nehmen wohl den Verein der Hausbesitzer auf Ihr Gewissen?

Aslaksen I freilich, und den Mäßigkeitsverein auch. Da können Sie ganz ruhig sein.

Stockmann Aber, meine Herren – ja, ich schäme mich der Frage, aber – die Gegenleistung –?

Hovstad Am liebsten möchten wir Sie ja ohne Entgelt unterstützen, das können Sie sich wohl denken. Aber der »Volksbote« steht auf schwachen Füßen; er will nicht recht vorwärts; und das Blatt eingehen zu lassen, jetzt, wo es in der hohen Politik hier so viel zu tun gibt – dazu kann ich mich nicht entschließen.

Stockmann Versteht sich; einem Volksfreund, wie Sie einer sind, muß das ja riesig schwerfallen. *(Braust auf)* Aber ich, ich bin ein Volksfeind! *(Rennt im Zimmer umher)* Wo hab' ich nur meinen Stock? Zum Donnerwetter, wo hab' ich meinen Stock?

Hovstad Was soll das heißen?

Aslaksen Sie wollen doch wohl nicht –?

Stockmann *(hält inne)* Und wenn ich Ihnen nun von meinen Aktien nicht einen Pfennig gäbe? Der Groschen sitzt nicht lose bei uns reichen Leuten, das dürfen Sie nicht vergessen.

Hovstad Und Sie dürfen nicht vergessen, daß die Geschichte mit den Aktien sich auf zwei Arten darstellen läßt.

Stockmann Ja, darauf verstehen Sie sich allerdings; wenn ich dem »Volksboten« nicht unter die Arme greife, so erscheint Ihnen die Sache sicherlich in einem üblen Lichte; dann machen Sie Jagd auf mich, denk' ich mir – setzen mir nach – suchen mich zu erwürgen, wie der Hund den Hasen erwürgt!

Hovstad Das ist Naturgesetz; jedes Tier sucht seines Leibes Nahrung.

Aslaksen Schauen Sie, man nimmt sein Futter, wo man's findet.

Stockmann So sucht euch was im Rinnstein draußen! *(Fährt im Zimmer umher)* Denn Schockschwerenot, jetzt soll sich's zeigen, wer von uns dreien das stärkste Tier ist. *(Ergreift den Regenschirm und schwingt ihn)* Hei! Seht mal da –!

Hovstad Sie wollen sich doch nicht an uns vergreifen!
Aslaksen Nehmen Sie sich in acht mit dem Regenschirm!
Stockmann Durchs Fenster mit Ihnen, Herr Hovstad!
Hovstad (an der Vorzimmertür) Sind Sie denn ganz toll!
Stockmann Durchs Fenster, Herr Aslaksen! Hinaus, sag' ich! Und so schnell wie möglich.
Aslaksen (läuft um den Schreibtisch herum) Alles mit Maß, Herr Doktor; ich bin ein schwächlicher Mensch; ich kann nichts vertragen – *(Schreit)* Hilfe, Hilfe!
(Frau Stockmann, Petra und Horster aus dem Wohnzimmer)
Frau Stockmann Aber um Gottes willen, Thomas, was ist denn hier los?
Stockmann (schwingt den Regenschirm) Hinaus, sag' ich! In den Rinnstein!
Hovstad Überfall eines Wehrlosen! Sie sind mein Zeuge, Herr Kapitän. *(Eilt hinaus durchs Vorzimmer)*
Aslaksen (ratlos) Wüßte man nur mit den lokalen Verhältnissen Bescheid –
(Schleicht durch das Wohnzimmer hinaus)
Frau Stockmann (hält ihren Mann fest) Aber so beherrsche dich doch, Thomas!
Stockmann (wirft den Regenschirm weg) Donnerwetter, nun sind sie mir doch entwischt!
Frau Stockmann Was wollten sie denn von dir?
Stockmann Das sollst du später erfahren; jetzt hab' ich an anderes zu denken. *(Geht zum Tisch und beschreibt eine Visitenkarte)* Sieh mal, Käte, was steht da?
Frau Stockmann Drei große »Nein«. Was heißt das?
Stockmann Auch das sollst du später erfahren. *(Reicht Petra die Karte hin)* Da, Petra; schick den Schmutzfink damit so schnell wie möglich zum Dachs. Rasch doch!
(Petra mit der Karte durch das Vorzimmer ab)
Stockmann Wenn ich heute nicht von allen Sendboten der Hölle heimgesucht worden bin, dann weiß ich's nicht! Aber jetzt werd' ich auch meine Feder gegen sie spitzen, daß sie wird wie eine Ahle; ich will sie in Gift und Galle tauchen, ich werde ihnen mein Tintenfaß grad' an den Schädel schmeißen!
Frau Stockmann Ja, aber wir ziehen doch weg, Thomas.
(Petra kommt zurück.)
Stockmann Na?
Petra Ist besorgt.

Stockmann Gut. – Wegziehen, sagst du? Nein, Schockschwerenot, das tun wir nicht; wir bleiben, wo wir sind, Käte!
Petra Bleiben!
Frau Stockmann Hier in der Stadt?
Stockmann Jawohl, hier und nirgendwo anders; hier ist die Walstatt; hier wird die Schlacht geschlagen; hier will ich siegen! Wenn nur erst meine Hosen wieder ganz sind, dann geh' ich aus und suche eine Wohnung; zum Winter müssen wir doch einen Unterschlupf haben.
Horster Den finden Sie bei mir.
Stockmann Wahrhaftig?
Horster Ganz gewiß; ich habe Platz genug, und dann bin ich ja doch auch fast nie zu Hause.
Frau Stockmann Wie freundlich das von Ihnen ist, Herr Horster.
Petra Haben Sie Dank!
Stockmann (schüttelt ihm die Hand) Danke schön, danke schön! Die Sorge wär' ich also auch los. Und nun mach' ich mich noch heute allen Ernstes an die Arbeit. Ach, Käte, hier gibt's aufzuräumen ohne Ende! Wie gut, daß ich jetzt so ganz über meine Zeit verfügen kann: denn sieh mal her, du – die Direktion hat mir gekündigt –
Frau Stockmann (seufzt) Ach ja, das hab' ich schon erwartet.
Stockmann – und nun wollen sie mir auch noch meine Praxis nehmen. Aber laß sie nur! Die armen Leute behalt' ich sowieso – die, die nichts bezahlen; und, lieber Gott, die brauchen mich ja auch am nötigsten. Aber mich zu hören bekommen, das sollen sie, Donnerwetter ja; ich will ihnen predigen zu rechter Zeit und zur Unzeit, wie da geschrieben steht irgendwo.
Frau Stockmann Aber, bester Thomas, ich glaube, du hast gesehen, was Predigen nützt.
Stockmann Du bist wirklich komisch, Käte. Soll ich mich vielleicht von der öffentlichen Meinung und der kompakten Majorität und ähnlichem Teufelszeug aus dem Felde schlagen lassen? Nein, danke sehr! Und was ich will, ist doch auch so einfach und klar und zweifelsohne. Ich will den Hunden ja nur einbläuen, daß die Liberalen die hinterlistigsten Feinde der freien Männer sind – daß die Parteiprogramme allen jungen, lebensfähigen Wahrheiten den Hals umdrehen, daß Zweckmäßigkeitsrücksichten Moral und Rechtschaffenheit auf den Kopf stellen, so daß das Leben hier schließlich rein zur Qual wird. Meinen Sie nicht, Herr Kapitän, daß ich das den Leuten nicht doch noch begreiflich machen kann?
Horster Mag sein; ich verstehe mich auf so etwas nicht sonderlich.

Stockmann Ja, sehen Sie – nun passen Sie auf! Die Parteihäuptlinge, die müssen ausgerottet werden. Denn ein Parteihäuptling, sehen Sie, ist wie ein Wolf – wie ein hungriger Isegrim –, er braucht das Jahr soundso viel Stück Kleinvieh, wenn er bestehen will. Sehen Sie nur mal die Hovstad und Aslaksen an! Wie vielem Kleinvieh machen die allein nicht den Garaus; oder sie verunstalten es und verderben es derart in Grund und Boden, daß nichts anderes draus wird als Hausbesitzer oder Abonnenten des »Volksboten«! *(Setzt sich auf die Tischkante)* Du, Käte, komm mal her – sieh, wie schön heut die Sonne hereinscheint. Und diese herrliche, frische Frühlingsluft, die auf uns einströmt!

Frau Stockmann Ja, wenn wir nur von Sonnenschein und Frühlingsluft leben könnten, Thomas!

Stockmann Na, du mußt an allen Ecken und Kanten sparen – dann geht's schon. Das ist meine geringste Sorge. Nein, weit schlimmer ist, daß ich keinen Mann kenne, der, frei und vornehm, es wagt, nach meinem Tode meine Aufgabe zu übernehmen.

Petra Ach, denk daran nicht, Vater; die Zukunft liegt noch vor dir. – Ei, da sind ja die Jungen schon.

(Ejlif und Morten kommen herein aus dem Wohnzimmer.)

Frau Stockmann Habt ihr heute freibekommen?

Morten Nein; aber wir haben uns mit den andern in der Zwischenpause gehauen –

Ejlif Das ist nicht wahr; die andern, die haben sich mit uns gehauen.

Morten Und da sagte Herr Rörlund, es wäre besser, wir blieben ein paar Tage zu Hause.

Stockmann (knipst mit den Fingern und springt vom Tisch herunter) Jetzt hab' ich's! Jetzt hab' ich's, bei Gott! Ihr werdet keinen Fuß mehr in die Schule setzen!

Die Jungen Nicht mehr in die Schule!

Frau Stockmann Aber Thomas –

Stockmann Keinen Fuß mehr, sag' ich! Ich selbst will euch unterrichten – das heißt, ihr sollt nicht irgendwelches gleichgültiges Zeugs lernen –

Morten Hurra!

Stockmann – aber ich will euch zu freien, vornehmen Männern machen. – Und du, Petra, du mußt mir dabei helfen.

Petra Ja, Vater, darauf kannst du dich verlassen.

Stockmann Und die Schule, die soll in dem Saal abgehalten werden, wo sie mich einen »Volksfeind« gescholten haben. Aber wir sind nicht genug; mindestens zwölf Jungen muß ich zum Anfang haben.

Frau Stockmann Die kriegst du hier in der Stadt nicht zusammen.

Stockmann Das werden wir ja sehen. *(Zu den Jungen)* Kennt ihr nicht ein paar Straßenbengels – so ein paar ruppige, struppige –?
Morten Ja, Vater, ich kenne eine ganze Masse!
Stockmann Das ist famos; bring mir nur ein paar Stück her. Ich will mal mit den Kötern experimentieren; zuweilen sind merkwürdige Köpfe unter ihnen.
Morten Aber was werden wir tun, wenn wir freie und vornehme Männer geworden sind?
Stockmann Dann werdet ihr alle Isegrims nach dem fernen Westen jagen, ihr Jungens!
(Ejlif macht ein etwas bedenkliches Gesicht; Morten hopst herum und ruft Hurra.)
Frau Stockmann Ach, wenn's nur nicht so kommt, Thomas, daß die Isegrims dich jagen.
Stockmann Du bist nicht recht gescheit, Käte! Mich jagen! Jetzt, wo ich der stärkste Mann der Stadt bin!
Frau Stockmann Der stärkste – jetzt?
Stockmann Ja, ich darf das große Wort aussprechen, jetzt bin ich einer der stärksten Männer von der Welt.
Morten Ach nee?!
Stockmann (senkt die Stimme) Pst! Ihr sollt noch nicht drüber reden; aber ich habe eine große Entdeckung gemacht.
Frau Stockmann Schon wieder mal?
Stockmann Allerdings, allerdings! *(Sammelt alle um sich und sagt vertraulich)* Die Sache ist die, seht mal: der ist der stärkste Mann der Welt, der allein steht.
Frau Stockmann (lächelt und schüttelt den Kopf) Ach du, Thomas –
Petra (mutig, faßt seine Hände) Vater!

DIE WILDENTE

Schauspiel

Personen

Werle, Großkaufmann, Hüttenbesitzer usw.
Gregers, sein Sohn
Der alte Ekdal
Hjalmar Ekdal, des Alten Sohn, Photograph
Gina, Hjalmars Frau
Hedwig, ihre Tochter, 14 Jahre alt
Frau Sörby, Haushälterin bei Werle
Relling, Arzt
Molvik, gewesener Theologe
Gråberg, Buchhalter
Pettersen, Diener bei Werle
Jensen, Lohndiener
Ein beleibter Herr von bleicher Gesichtsfarbe
Ein Herr mit einer Glatze
Ein kurzsichtiger Herr
Sechs andere Herren, Gäste Werles
Mehrere Lohndiener

Der erste Akt spielt in Werles Hause, die vier andern bei Hjalmar Ekdal

ERSTER AKT

In Werles Haus. Reich und bequem eingerichtetes Arbeitszimmer; Bücherschränke und Polstermöbel; Schreibtisch mit Dokumenten und Protokollen; mitten im Zimmer brennende Lampen mit grünen Schirmen, so daß ein gedämpftes Licht im Zimmer herrscht. Offene Flügeltür mit zurückgeschlagener Portière an der Hinterwand. Durch diese Tür blickt man in ein großes, elegantes Zimmer, das durch Lampen und Armleuchter hell erleuchtet ist. Vorn rechts im Arbeitszimmer führt eine kleine Tapetentür in die Kontore. Vorn links ein Kamin, worin Kohlen glühen; weiter nach hinten eine Doppeltür, die in den Speisesaal führt.

Pettersen, in Livree, und Jensen, im Frack, machen im Arbeitszimmer Ordnung. In dem größeren Zimmer bewegen sich zwei, drei andere Lohndiener, räumen auf und machen noch mehr Licht. Aus dem Speisesaal tönt das Summen der Unterhaltung und vielstimmiges Lachen; man klopft mit einem Messer ans Glas; Ruhe tritt ein; ein Toast wird gehalten; Bravorufe, darauf wieder das Summen des Gesprächs.

Pettersen (zündet eine Lampe auf dem Kamin an und setzt den Schirm darüber) Sie, Jensen, hören Se man bloß mal; nu steht der Alte auf und red't 'nen länglichen Tomast auf Frau Sörby.
Jensen (schiebt einen Lehnstuhl vor) Ist das vielleicht wahr, was die Leute sagen, daß mit die beiden was los is?
Pettersen Weiß der Deubel.
Jensen Er soll ja in frühere Jahre ein toller Bengel gewesen sein.
Pettersen Das' woll möglich.
Jensen Das Diner, das gibt er ja woll für seinen Sohn.
Pettersen Ja. Der Sohn ist seit gestern wieder da.
Jensen Ich hab' gar nich mal gewußt, daß Herr Werle 'n Sohn hat.
Pettersen Jawoll – er hat 'n Sohn. Aber der kommt nie da oben vom Höjdalswerk weg. In die ganzen Jahre, wo ich hier diene, is er nie zu Haus' gewesen.

Ein Lohndiener (in der Tür zum anderen Zimmer) Sie, Pettersen, da is so'n alter Kunde, der –

Pettersen (brummend) Deubel noch mal, wer will denn jetzt hier 'rein?

(Der alte Ekdal wird im Zimmer rechts sichtbar. Er trägt einen fadenscheinigen Radmantel mit hohem Kragen; wollene Fausthandschuhe; in der Hand hält er einen Stock und eine Pelzmütze; unter dem Arm ein Paket in Packpapier. Rotbraune, schmutzige Perücke und einen kleinen grauen Schnurrbart.)

Pettersen (geht ihm entgegen) Herrjeh! – Was wollen Sie denn hier?

Ekdal (in der Tür) Muß dringend aufs Kontor, Pettersen.

Pettersen Das Kontor ist schon 'ne Stunde zu, un –

Ekdal Hab's schon unten gehört, Freundchen! Aber Gråberg ist noch drin. Seien Sie nett, Pettersen, und lassen Sie mich durch die Tür da rein. *(Zeigt auf die Tapetentür)* Bin schon mal den Weg gegangen.

Pettersen Na, meinswegen! *(Öffnet ihm die Tür)* Aber passen Sie ja auf, daß Sie auch den richtigen Weg wieder 'runter kommen. Wir haben Gäste.

Ekdal Weiß schon – hm! Danke, Pettersenchen! Alter guter Freund. Danke schön. *(Brummt leise)* Schafskopf! *(Ab ins Kontor, Pettersen schließt die Tür hinter ihm)*

Jensen Gehört der auch mit zu die Kontorleute?

Pettersen Nee, das is man bloß so einer, der aus 'm Hause schreibt, wenn sie 'ne Aushilfe brauchen. Aber das war früher mal 'n verdammt feinen Kerl, der alte Ekdal.

Jensen Ja, er sah auch aus nach so was.

Pettersen Na ja! Der is doch auch Leutnant gewesen!

Jensen Deubel auch – Leutnant!

Pettersen Jawoll ja. Dann schmiß er sich auf 'n Holzhandel oder was ähnliches. Sie sagen, er hat Werle mal tüchtig reingelegt. Die beiden hatten nämlich damals das Höjdalswerk zusammen, verstehn Sie. Oh, den alten Ekdal, den kenn' ich 'n bißchen fein. Wir trinken so manchen Bittern und manche Buddel Bayrisch zusammen – bei Madam Eriksen.

Jensen Na, bei dem is es mit 'm Spendieren doch woll man bloß nur so so?

Pettersen Herrjeh, Jensen – Sie können sich doch woll denken, daß ich der Spendierer bin. Ich mein' doch, man soll schangtil mit Leute sein, denen 's mal besser gegangen is.

Jensen Hat er denn Bankrott gemacht?

Pettersen Nee, es war woll noch viel schlimmer. Er hat Festung gekriegt.

Jensen Festung!

Pettersen Kann auch Zuchthaus gewesen sein – *(Horcht)* Pst! Sie stehen vom Tisch auf.

(Ein paar Diener öffnen die Tür des Speisesaals von innen. Frau Sörby, im Gespräch mit einigen Herren, tritt auf. Ihr folgt auf dem Fuße die ganze Tischgesellschaft. Darunter Werle. Zuletzt kommen Hjalmar und Gregers.)

Frau Sörby (im Vorübergehen zum Diener) Pettersen, lassen Sie bitte den Kaffee im Musiksaal servieren.

Pettersen Sehr wohl, Frau Sörby.

(Sie und die zwei Herren treten in das große Zimmer und von dort aus rechts ab. Pettersen und Jensen ab auf demselben Wege.)

Ein Beleibter (zu einem Glatzkopf) Puh – dies Diner! – das war ein derbes Stück Arbeit!

Der Glatzkopf Ach, mit 'nem bißchen gutem Willen kann man in drei Stunden enorm viel leisten.

Der Beleibte Ja, aber nachher, nachher, mein lieber Kammerherr!

Ein dritter Herr Ich höre, der Mokka und der Maraschino werden im Musiksaal gereicht.

Der Beleibte Bravo! Dann spielt uns Frau Sörby vielleicht was vor.

Der Glatzkopf (mit gedämpfter Stimme) Wenn Frau Sörby uns nur nicht bald was pfeift, du.

Der Beleibte I Gott bewahre. Berta läßt ihre alten Freunde nicht sitzen.

(Sie lachen und gehen ins Zimmer ab.)

Werle (leise und verstimmt) Ich glaube, es hat niemand was bemerkt, Gregers.

Gregers (sieht ihn an) Was?

Werle Hast du's auch nicht bemerkt?

Gregers Was sollt' ich bemerkt haben?

Werle Wir waren dreizehn bei Tische.

Gregers So? Dreizehn?

Werle (mit einem Blick auf Hjalmar Ekdal) Wir sind sonst gewöhnlich nur zwölf. *(Zu den übrigen)* Bitte, meine Herren!

(Er und die Zurückgebliebenen, mit Ausnahme von Hjalmar und Gregers, gehen durch den Hintergrund rechts ab.)

Hjalmar (der das Gespräch gehört hat) Du hättest mich nicht einladen sollen, Gregers.

Gregers Was! Es heißt ja doch, die Gesellschaft sei mir zu Ehren gegeben. Und da hätt' ich meinen einzigen und besten Freund nicht bitten sollen –

Hjalmar Aber ich glaube, es ist deinem Vater nicht recht. Ich komme ja sonst nie hier ins Haus.
Gregers Ja, das hör' ich. Aber ich mußte dich doch sehen und sprechen; denn ich reise ja doch bald wieder ab. – Ja, du – wir zwei alten Schulkameraden – wir sind allerdings recht sehr auseinander gekommen. Wir haben uns an die sechzehn, siebzehn Jahre nicht gesehen!
Hjalmar Ist das so lange her?
Gregers Allerdings. Na, wie geht's dir denn? Du siehst gut aus. Du bist sehr stark geworden.
Hjalmar Hm, stark kann man das wohl nicht nennen. Aber natürlich seh' ich männlicher aus als dazumal.
Gregers In der Tat. Dein Äußeres hat nicht gelitten.
Hjalmar (in düsterem Ton) Aber, du, das Innere! Das sieht anders aus, kannst du glauben! Du weißt doch, wie schrecklich es mit mir und den Meinen bergab gegangen ist, seit wir uns das letzte Mal gesehen haben.
Gregers (leiser) Wie geht's denn deinem Vater jetzt?
Hjalmar (scheu) Mein Lieber, darüber wollen wir lieber nicht reden. Mein armer, unglücklicher Vater lebt natürlich bei mir. Er hat ja auf der weiten Welt keine andere Zufluchtsstätte. Aber, siehst du, über diese Geschichte zu reden, das fällt mir grauenhaft schwer. – Sag' mir lieber, wie ist's dir da oben auf dem Werk gegangen.
Gregers Himmlisch einsam hab' ich gelebt – hatte viel Muße, über dies und das nachzudenken. – Komm her, wir wollen's uns bequem machen. – *(Er setzt sich in einen Lehnstuhl am Kamin und nötigt Hjalmar in einen daneben stehenden.)*
Hjalmar (weich) Trotz alledem weiß ich dir dafür Dank, Gregers, daß du mich an deines Vaters Tisch geladen hast; denn nun weiß ich doch, daß du nichts mehr gegen mich hast.
Gregers (verwundert) Wie kommst du auf den Gedanken, ich könnte etwas gegen dich haben?
Hjalmar In den ersten Jahren war es doch der Fall.
Gregers In welchen ersten Jahren?
Hjalmar Nachdem das große Unglück geschehen war. Und es war ja auch nur zu natürlich. Es hing ja doch nur an einem Haar, und dein Vater wäre mit in diese – oh, diese schrecklichen Geschichten hineingezogen worden!
Gregers Und deshalb sollt' ich etwas gegen dich haben? Wer hat dir das eingeredet?
Hjalmar Ich weiß, du hattest etwas gegen mich, Gregers; denn dein Vater selbst hat es mir gesagt.

Gregers (stutzt) Mein Vater! Ja so. Hm. – Und nur deshalb hast du nie wieder was von dir hören lassen? Kein Sterbenswörtchen?
Hjalmar Ja.
Gregers Nicht mal zu der Zeit, als du Photograph wurdest?
Hjalmar Dein Vater sagte, es lohne sich der Mühe nicht, dir über dies und anderes zu schreiben.
Gregers (sieht vor sich hin) Nein, nein – kann sein, daß er darin recht hatte. Aber sag' mir jetzt, Hjalmar – befriedigt dich deine Stellung einigermaßen?
Hjalmar (seufzt leicht) Ach ja, weshalb nicht; kann eigentlich nicht klagen. Im Anfang kam es mir freilich ein bißchen seltsam vor, weißt du. Ich kam ja in so ganz andere Verhältnisse. Aber mein ganzes anderes Leben war ja auch so völlig verändert. Der große unglückselige Ruin meines Vaters – die Schande und der Skandal –
Gregers (bewegt) Jawohl, ja. Jawohl.
Hjalmar Meine Studien fortzusetzen, daran konnt' ich doch nicht denken. Kein Pfennig war übrig geblieben; im Gegenteil, eher noch Schulden – zumal bei deinem Vater, glaub' ich –
Gregers Hm –
Hjalmar Na also, da hielt ich's für das beste – so mit einem Ruck, siehst du – mich aus allen alten Verhältnissen und Verbindungen herauszureißen. Ganz besonders dein Vater riet mir dazu; und da er sich meiner so hilfreich annahm –
Gregers Hat mein Vater das getan?
Hjalmar Ja; das weißt du ja doch? Wo hätt' ich denn das Geld hernehmen sollen, um das Photographieren zu erlernen, mir ein Atelier einzurichten und mich zu etablieren. Du, das kostet was!
Gregers Und die Kosten für das alles hat mein Vater getragen?
Hjalmar Jawohl, mein Lieber, das weißt du nicht? Ich verstand ihn so, als hätte er es dir geschrieben.
Gregers Kein Wort, daß er es war. Er muß es vergessen haben. Wir haben immer nur Geschäftsbriefe gewechselt. So, also mein Vater hat –!
Hjalmar Ja freilich. Er hat nur nicht gewollt, daß die Leute etwas davon erführen; aber er ist es gewesen. Und er war's auch, der mir das Heiraten ermöglichte. Oder – weißt du am Ende auch das nicht?
Gregers Nein, das wußt' ich freilich nicht. – *(Packt ihn bewegt am Arm)* Aber, mein lieber Hjalmar, ich kann dir nicht sagen, wie das alles mich freut – und mich quält. Vielleicht hab' ich meinem Vater doch unrecht getan – in manchen Stücken. Denn, siehst du, diese Regung ist ja doch ein Zeichen von Gemüt –. Es ist wie eine Art Gewissen –

Hjalmar Gewissen –?
Gregers Jawohl, ja, oder wie du es sonst nennen willst. Nein, ich finde gar keine Worte für meine Freude, so etwas über meinen Vater zu hören. – Also, du bist verheiratet, Hjalmar. So weit werd' ich's nie bringen. Na, ich hoffe doch, du fühlst dich als Ehemann glücklich?
Hjalmar Oh, natürlich. Sie ist eine so tüchtige und brave Frau, wie ein Mann sie sich nur wünschen kann. Und außerdem ist sie nicht ganz ohne Bildung.
Gregers (ein wenig erstaunt) Nein – das kann sie wohl auch nicht sein.
Hjalmar Das Leben, sieh mal, erzieht. Der tägliche Umgang mit mir – und dann kommen doch auch häufig ein paar begabte Menschen zu uns. Ich versichere dich, du würdest Gina nicht wiedererkennen.
Gregers Gina?
Hjalmar Ja, mein Lieber, hast du denn vergessen, daß sie Gina hieß?
Gregers Wer hieß Gina? Ich weiß ja gar nicht –
Hjalmar Aber hast du denn vergessen, daß sie eine Zeitlang bei euch in Stellung war?
Gregers (sieht ihn an) Ist es Gina Hansen –?
Hjalmar Ja, natürlich – Gina Hansen.
Gregers – die uns den Haushalt führte im letzten Jahr, wo Mutter krank war?
Hjalmar Ja, gewiß. Aber, lieber Freund, ich weiß doch ganz bestimmt, daß dein Vater dir über meine Verheiratung geschrieben hat.
Gregers (der aufgestanden ist) Ja, das hat er freilich getan; aber nicht, daß – *(Geht im Zimmer auf und ab)* Aber wart' mal – vielleicht doch – wenn ich mich recht besinne. Aber Vater schreibt mir immer so kurz. *(Setzt sich halb auf die Armlehne)* Du, Hjalmar, sag' mir mal – die Sache ist komisch – wie ist das zugegangen, daß du mit Gina – mit deiner Frau bekannt wurdest?
Hjalmar Oh, das war sehr einfach. Gina blieb doch nicht lange hier im Hause; denn hier ging's damals drunter und drüber; die Krankheit deiner Mutter – all das wurde Gina zuviel, und deshalb kündigte sie und ging. Das war ein Jahr vor dem Tode deiner Mutter – oder vielleicht war's auch im selben Jahr.
Gregers Es war im demselben Jahr. Und ich war damals auf dem Werk oben. Aber was weiter.
Hjalmar Ja, da zog Gina wieder zu ihrer Mutter, einer Madam Hansen, einer ungewöhnlich tüchtigen und strebsamen Frau, die eine kleine Gastwirtschaft betrieb. Auch hatte sie noch ein Zimmer zu vermieten; ein recht nettes, gemütliches Zimmer.

Gregers Das du so glücklich warst zu bekommen?
Hjalmar Jawohl. Auch darauf hatte dein Vater mich aufmerksam gemacht. Und dort – siehst du – dort hab' ich Gina recht eigentlich kennengelernt.
Gregers Und dann kam es zur Verlobung?
Hjalmar Ja. Junge Leute verlieben sich ja so leicht ineinander – hm –
Gregers (steht auf und geht hin und her) Sag' mal – nachdem du dich verlobt hattest, da erst ließ mein Vater dich – ich meine – da erst fingst du an, dich auf das Photographieren zu legen?
Hjalmar Ja freilich. Denn ich wollte gern vorwärts und mich je eher, je lieber niederlassen. Und da fand denn dein Vater wie auch ich, daß es auf die bequemste Art ginge, wenn ich's mit dem Photographieren versuchte. Gina war derselben Meinung. Und außerdem, siehst du, gab es noch einen andern Grund. Es traf sich, daß Gina das Retuschieren erlernt hatte.
Gregers Das paßte ja ganz wunderbar.
Hjalmar (zufrieden, steht auf) Ja, nicht wahr? Du findest auch, daß es ganz wunderbar paßte?
Gregers Ja, das muß ich gestehen. Mein Vater ist für dich so eine Art Vorsehung gewesen.
Hjalmar (bewegt) Er verließ den Sohn seines alten Freundes nicht in den Tagen der Bedrängnis. Denn er hat Gemüt, siehst du.
Frau Sörby (tritt ein, mit Werle am Arm) Keine Widerrede, mein guter Herr Werle; Sie dürfen mir nicht länger da drin bleiben und in das viele Licht starren. Es bekommt Ihnen nicht gut.
Werle (läßt ihren Arm los und fährt mit der Hand über die Augen) Schon möglich, daß Sie recht haben.
(Pettersen und Jensen kommen mit Präsentiertellern.)
Frau Sörby (zu den Gästen im anderen Zimmer) Bitte schön, meine Herren; wer ein Glas Punsch haben will, der muß sich hier herein bemühen.
Der Beleibte (tritt zu Frau Sörby) Mein Gott, ist's wahr, daß Sie die herrliche Rauchfreiheit aufgehoben haben?
Frau Sörby Jawohl, hier im Bereich des Herrn Werle ist sie aufgehoben, Herr Kammerherr.
Der Glatzkopf Seit wann haben Sie für das Zigarrengesetz diese verschärften Bestimmungen eingeführt, Frau Sörby?
Frau Sörby Nach dem letzten Diner, Herr Kammerherr; denn da haben sich gewisse Leute erlaubt, über die Stränge zu schlagen.

Der Glatzkopf Und das ist nicht erlaubt, ein klein bißchen über die Stränge zu schlagen, Frau Berta? Wirklich nicht?
Frau Sörby In gar keiner Beziehung, Herr Balle.
(Die Mehrzahl der Gäste hat sich im Arbeitszimmer versammelt. Die Diener reichen Punsch herum.)
Werle (zu Hjalmar, weiter vorn an einem Tische) Was studieren Sie denn da so eifrig, Ekdal?
Hjalmar 's ist nur ein Album, Herr Werle.
Der Glatzkopf (der umhergeht) Ah, Photographien! Ja, das ist ja so was für Sie.
Der Beleibte (in einem Lehnstuhl) Haben Sie nicht 'n paar von Ihren eigenen mitgebracht?
Hjalmar Nein, bedaure.
Der Beleibte Das hätten Sie doch tun sollen; es ist gut für die Verdauung, so dazusitzen und Bilder anzuschauen.
Der Glatzkopf Und dann, sehen Sie, trägt es auch immer ein bißchen mit zur Unterhaltung bei.
Der Kurzsichtige Und jeder Beitrag wird dankbar entgegengenommen.
Frau Sörby Die Herren meinen, wenn man zum Diner eingeladen ist, so muß man auch für das Essen was leisten, Herr Ekdal.
Der Beleibte In einem Hause, wo gut gegessen wird, ist das ein wahres Vergnügen.
Der Glatzkopf Du lieber Gott, wenn es den Kampf ums Dasein gilt, so –
Frau Sörby Da haben Sie recht! *(Setzen das Gespräch unter Lachen und Scherzen fort)*
Gregers (leise) Du mußt mitreden, Hjalmar.
Hjalmar (unwillig) Von was soll ich denn reden?!
Der Beleibte Meinen Sie nicht auch, Herr Werle, daß man den Tokayer als ein verhältnismäßig gesundes Getränk für den Magen ansehen kann?
Werle (am Kamin) Für den Tokayer, den Sie heute bekommen haben, kann ich wenigstens garantieren; das ist einer von den aller-, allerfeinsten Jahrgängen. Nun, das haben Sie wohl auch selbst gemerkt.
Der Beleibte Jawohl, er schmeckte hervorragend delikat.
Hjalmar (unsicher) Gibt es einen Unterschied zwischen den Jahrgängen?
Der Beleibte (lachend) Nein – Sie sind gut!
Werle (lächelt) Es lohnt sich wirklich nicht, Ihnen einen edlen Tropfen vorzusetzen.

Der Glatzkopf Es ist mit dem Tokayer, wie mit den Photographien, Herr Ekdal. Es gehört Sonnenschein dazu. Oder ist es vielleicht nicht so?
Hjalmar Ja, das Licht tut das Seinige.
Frau Sörby Aber dann ist es ja akkurat so wie mit den Kammerherren; denn die haben Sonnenschein auch furchtbar nötig, wie man sagt.
Der Glatzkopf Au! Au! Da haben Sie aber 'nen recht alten Witz gemacht!
Der Kurzsichtige Gnädige Frau produzieren sich –
Der Beleibte – und zwar auf unsere Kosten. *(Droht)* Frau Berta! Frau Berta!
Frau Sörby Ja, aber das steht doch nun mal bombenfest, daß die Jahrgänge sehr verschieden sein können. Die alten Jahrgänge sind die feinsten.
Der Kurzsichtige Rechnen Sie mich zu den alten?
Frau Sörby I, keine Spur.
Der Glatzkopf Seh' mal einer an! Aber ich, verehrteste Frau –?
Der Beleibte Ja, und ich! Zu welchen Jahrgängen rechnen Sie uns?
Frau Sörby Sie rechne ich zu den süßen Jahrgängen, meine Herren. *(Sie nippt an einem Glase Punsch; die Kammerherren lachen und scherzen mit ihr.)*
Werle Frau Sörby weiß sich immer aus der Affäre zu ziehen – wenn sie will. Aber Sie trinken ja gar nichts, meine Herren! – Pettersen, so passen Sie doch auf –! Gregers, ich denke, wir trinken ein Glas zusammen. *(Gregers rührt sich nicht)* Wollen Sie nicht mithalten, Ekdal? Ich hatte keine Gelegenheit, bei Tisch mit Ihnen anzustoßen.
Gråberg (durch die Tapetentür ins Zimmer) Pardon, Herr Werle, aber ich kann nicht 'raus.
Werle Man hat Sie da drin schon wieder eingeschlossen?
Gråberg Jawohl, und Flakstad hat die Schlüssel mitgenommen –
Werle Na, dann gehen Sie nur hier durch.
Gråberg Aber da ist noch wer –
Werle Ja, kommt nur, kommt nur, ihr zwei beiden; geniert euch nicht. *(Gråberg und der alte Ekdal kommen aus dem Kontor)*
Werle (unwillkürlich) Nanu!
(Lachen und Gespräch der Gäste verstummen. Hjalmar fährt beim Anblick seines Vaters zusammen, stellt sein Glas hin und wendet sich dem Kamin zu.)
Ekdal (sieht nicht auf, macht aber während des Gehens kurze Verbeugungen nach allen Seiten und murmelt) Bitte um Verzeihung. Bin den falschen Weg gekommen. War unten zu – war unten zu. Bitte um Verzeihung. *(Er und Gråberg durch den Hintergrund rechts ab)*

Werle (zwischen den Zähnen) Der verdammte Gråberg!
Gregers (starrt Hjalmar mit offenem Munde an) Das war doch nicht –!
Der Beleibte Was ist das? Wer war das?
Gregers Oh, das war weiter niemand. Nur der Buchhalter und noch wer.
Der Kurzsichtige (zu Hjalmar) Kannten Sie den Mann?
Hjalmar Ich weiß nicht – ich hab' nicht aufgepaßt –
Der Beleibte (steht auf) Donnerwetter, was ist denn los? *(Geht zu einigen anderen, die leise sprechen)*
Frau Sörby (flüstert dem Diener zu) Geben Sie ihm draußen was mit; was recht Gutes.
Pettersen (nickt) Soll geschehen. *(Ab)*
Gregers (leise und bewegt zu Hjalmar) Er war es also wirklich!
Hjalmar Ja.
Gregers Und doch hast du dagestanden und ihn verleugnet!
Hjalmar (flüstert heftig) Aber konnt' ich denn –!
Gregers – zu deinem Vater dich bekennen?
Hjalmar (schmerzlich) Oh, wärest du nur an meiner Stelle –
(Die Unterhaltung der Gäste, die bis jetzt mit leiser Stimme geführt wurde, wird jetzt gezwungen laut.)
Der Glatzkopf (nähert sich Hjalmar und Gregers freundschaftlich) Aha, da frischt man wohl alte Erinnerungen aus der Studentenzeit auf? Was? Rauchen Sie nicht, Herr Ekdal? Wünschen Sie Feuer? Ist ja wahr, wir dürfen nicht –
Hjalmar Danke, ich rauche nicht –
Der Beleibte Wollen Sie uns nicht ein kleines nettes Gedicht vordeklamieren, Herr Ekdal? Früher konnten Sie das so hübsch.
Hjalmar Ich kann leider keins mehr.
Der Beleibte Ach, das ist aber schade. – Ja, was wollen wir denn jetzt machen, Balle? *(Beide Herren gehen ab in den anderen Raum)*
Hjalmar (düster) Gregers – ich will fort! Wenn ein Mann auf seinem Haupt des Schicksals schwere Hand gefühlt hat, siehst du –. Empfiehl mich deinem Vater.
Gregers Jawohl, ja. Gehst du gleich nach Haus?
Hjalmar Ja. Weshalb fragst du?
Gregers Weil ich dann vielleicht später zu dir komme.
Hjalmar Nein, das sollst du nicht. Nicht in meine Wohnung. Bei mir ist es trist, Gregers – besonders nach einem so glänzenden Fest, wie diesem hier. Wir können uns ja immer irgendwo in der Stadt treffen.
Frau Sörby (hat sich genähert; mit gedämpfter Stimme) Wollen Sie fort, Ekdal?

Hjalmar Ja.
Frau Sörby So grüßen Sie Gina.
Hjalmar Danke.
Frau Sörby Und sagen Sie ihr, ich würde nächstens mal zu ihr kommen.
Hjalmar Besten Dank. *(Zu Gregers)* Bleib hier. Ich will unbemerkt verschwinden.
(Geht langsam durchs Zimmer, dann hinein in die andere Stube und schließlich rechts ab.)
Frau Sörby (leise zum Diener, der zurückgekommen ist) Na, hat der Alte was mitgekriegt?
Pettersen Jawoll, ich hab' ihm 'ne Flasche Kognak zugesteckt.
Frau Sörby Na, Sie hätten auch was Besseres aussuchen können.
Pettersen Nee, Frau Sörby; was Besseres als wie Kognak, das kennt der nicht.
Der Beleibte (in der Tür, mit einem Notenheft in der Hand) Wollen wir nicht zusammen etwas spielen, Frau Sörby?
Frau Sörby Ach ja – tun wir das.
Die Gäste Bravo, bravo!
(Sie und alle Gäste gehen durch das Zimmer rechts ab. Gregers bleibt am Kamin stehen. Werle sucht etwas auf dem Schreibtisch und scheint zu wünschen, Gregers möge gehen. Da dieser sich nicht rührt, geht Werle der Ausgangstür zu.)
Gregers Vater, willst du nicht einen Augenblick bleiben?
Werle (bleibt stehen) Was ist?
Gregers Ich habe mit dir zu reden.
Werle Hat das nicht Zeit, bis wir allein sind?
Gregers Nein. Denn möglicherweise sind wir überhaupt nicht wieder allein.
Werle (tritt näher) Was soll das heißen?
(Während des Folgenden ertönt gedämpftes Klavierspiel aus dem Musiksaal.)
Gregers Wie konnte man diese Familie so jämmerlich verkommen lassen!
Werle Vermutlich meinst du die Ekdals.
Gregers Jawohl, ich meine die Ekdals. Der Leutnant Ekdal hat dir doch einmal so nahegestanden.
Werle Ja, leider; er hat mir nur zu nahegestanden. Das habe ich lange Jahre fühlen und büßen müssen. Ihm habe ich's zu danken, daß auch mein guter Name und Ruf so was wie einen Flecken mit abbekam.
Gregers (leise) War er wirklich der allein Schuldige?
Werle Wer denn sonst?

Gregers Ihr habt ja doch gemeinschaftlich den großen Ankauf von Waldungen gemacht –

Werle Aber war's nicht Ekdal, der die Karte von dem Terrain aufnahm – jene unzuverlässige Karte? Er war's, der die ungesetzliche Abholzung auf fiskalischem Grund und Boden vornahm. Er war ja doch für den ganzen Betrieb da oben verantwortlich. Ich hatte keine Einsicht in das, was Leutnant Ekdal trieb.

Gregers Leutnant Ekdal hatte wohl selbst keine Einsicht in das, was er trieb.

Werle Mag sein. Aber Tatsache ist, daß er verurteilt und ich freigesprochen wurde.

Gregers Ja, ich weiß wohl, daß die Beweise fehlten.

Werle Freisprechung ist Freisprechung. Weshalb rührst du an diese alten, peinlichen Geschichten, die mein Haar vor der Zeit grau gemacht haben? Hast du etwa darüber jahraus, jahrein da oben gegrübelt? Ich kann dich versichern, Gregers – hier in der Stadt sind diese Geschichten lange vergessen – soweit sie mich betreffen.

Gregers Und die unglückliche Familie Ekdal –?

Werle Was, meinst du, hätt' ich denn eigentlich für die Leute tun sollen? Als Ekdal wieder auf freien Fuß kam, da war er ein gebrochener, unrettbar verlorener Mann. Es gibt Leute, die ganz und gar untergehen auf dieser Welt, auch wenn sie nur ein paar Körner Schrot in den Pelz gekriegt haben, und die ihr Lebelang nicht wieder auf die Beine kommen. Du kannst mir auf mein Wort glauben, Gregers, ich bin so weit gegangen, wie ich konnte, wenn ich mich nicht selbst bloßstellen und allerhand Verdächtigungen und Redereien der Leute Nahrung geben wollte –

Gregers Verdächtigungen –? Na ja, jawohl.

Werle Ich habe Ekdal Schreibarbeiten fürs Kontor zugewandt, und ich zahle ihm für seine Arbeit weit, weit mehr, als was sie wert ist –

Gregers (ohne ihn anzusehen) Hm, daran zweifle ich nicht.

Werle Du lachst? Glaubst du etwa, daß ich die Unwahrheit sage? In meinen Büchern steht allerdings nichts davon; denn über solche Ausgaben führe ich niemals Buch.

Gregers (lächelt kalt) Allerdings, es gibt gewisse Ausgaben, über die man lieber nicht Buch führt.

Werle (stutzt) Was meinst du damit?

Gregers (mit erkämpftem Mut) Hast du über das Buch geführt, was dich Hjalmars photographische Studien gekostet haben?

Werle Ich? Inwiefern Buch geführt?

Gregers Ich weiß jetzt, daß du das bezahlt hast. Und jetzt weiß ich auch, daß du es gewesen bist, der ihm so freigebig zur Etablierung verholfen hat.
Werle Na – und da sagt man noch, ich hätte nichts für Ekdals getan! Ich kann dich versichern, die Leute haben mir genug Ausgaben verursacht.
Gregers Hast du über keine dieser Ausgaben Buch geführt?
Werle Weshalb fragst du?
Gregers Oh, das hat so seine Gründe. Sag' mal – als du dich so warm interessiertest für den Sohn deines alten Jugendfreundes – das war doch gerade in der Zeit, wo er heiraten wollte?
Werle Ja, zum Henker, wie kann ich nach so vielen Jahren noch –
Gregers Du hast mir damals einen Brief geschrieben – einen Geschäftsbrief natürlich. Und in einer Nachschrift stand ganz kurz, Hjalmar Ekdal habe sich mit einem Fräulein Hansen verheiratet.
Werle Ja, ganz recht, so hieß sie.
Gregers Aber du hast nichts davon geschrieben, daß dieses Fräulein Hansen Gina Hansen war – unsere frühere Wirtschafterin.
Werle (lacht spöttisch, aber gezwungen) Nein, denn ich konnte mir wirklich nicht denken, daß du dich so sehr für unsere frühere Wirtschafterin interessiertest.
Gregers Das hab' ich auch nicht getan. Aber – *(senkt die Stimme)* es waren hier im Hause andere Leute, die sich sehr für sie interessierten.
Werle Was soll das heißen? *(Aufbrausend)* Du meinst damit doch wohl nicht gar mich?
Gregers (leise, aber fest) Jawohl, ich meine dich.
Werle Und das wagst du –! Das unterstehst du dich –! Wie kann dieser undankbare Mensch, dieser Photograph – wie kann er sich erdreisten, mit solchen Bezichtigungen zu kommen!
Gregers Hjalmar hat diese Dinge nicht mit einem Worte berührt. Ich glaube, er hat nicht einmal eine Ahnung davon.
Werle Aber woher hast du's denn? Wer hat dir so etwas sagen können?
Gregers Meine arme, unglückliche Mutter hat es mir gesagt. Das letzte Mal, als ich sie sah.
Werle Deine Mutter! Hätt' es mir auch denken können! Sie und du – ihr habt immer zusammengehalten. Sie war es, die von Anfang an dein Herz mir entfremdet hat.
Gregers Nein – das haben die Leiden und Kränkungen getan, die sie hier ertragen mußte, bis sie zusammenbrach und jammervoll zugrunde ging.
Werle Oh, sie hatte keine Leiden und Kränkungen zu ertragen; wenig-

stens nicht mehr als so viele andere! Aber mit kränklichen, überspannten Menschen ist schwer auszukommen. Das habe ich nur zu sehr fühlen müssen. – Und nun kommst du mit solcher Verdächtigung daher – rührst allerhand alte Gerüchte wieder auf und Verleumdungen gegen deinen Vater. Lieber Gregers, ich meine, du in deinem Alter könntest dich wirklich mit etwas Nützlicherem beschäftigen.
Gregers Ja, Zeit dazu wär' es allerdings.
Werle Dann würd' es dir wohl auch leichter ums Herz, als es jetzt der Fall zu sein scheint. Wohin soll es denn führen, daß du jahraus, jahrein auf dem Werk da oben wie ein einfacher Kontorist hockst und dich plagst und nicht einen Pfennig über den gewöhnlichen Monatslohn annehmen willst? Das ist ja der reine Wahnsinn von dir!
Gregers Ja, wenn ich das nur so sicher wüßte.
Werle Ich verstehe dich ganz gut. Du willst unabhängig sein, willst mir nichts verdanken. Aber gerade jetzt hast du eine Gelegenheit, dich unabhängig zu machen – in jeder Beziehung dein eigener Herr zu werden.
Gregers So? Und auf welche Weise –?
Werle Als ich dir schrieb, du möchtest unverzüglich hierherkommen – hm –
Gregers Ja – was willst du denn eigentlich von mir? Den ganzen Tag wart' ich schon darauf, es zu erfahren.
Werle Ich möchte dir vorschlagen, als Teilhaber in die Firma zu treten.
Gregers Ich? In deine Firma? Als Kompagnon?
Werle Ja. Deshalb brauchen wir doch nicht ständig zusammen zu sein. Du könntest die Geschäfte hier in der Stadt übernehmen, und ich zöge aufs Werk hinauf.
Gregers Das wolltest du?
Werle Ja, denn, sieh mal, ich bin nicht mehr so arbeitsfähig wie früher. Ich bin gezwungen, meine Augen zu schonen, Gregers; denn sie wollen schon etwas schwach werden.
Gregers Das sind sie ja immer gewesen.
Werle Nicht so wie jetzt. Und überdies – die Verhältnisse könnten es mir vielleicht wünschenswert erscheinen lassen, da oben zu wohnen – wenigstens eine Zeitlang.
Gregers An alles andere hätte ich eher gedacht als an so was.
Werle Nun hör' mich mal an, Gregers. Es steht so vieles zwischen uns – gewiß. Aber wir sind doch nun mal Vater und Sohn. Ich meine, es müßte doch etwas wie eine Verständigung zwischen uns möglich sein.
Gregers Du meinst doch wohl: äußerlich.

Werle Na, das wäre schon immerhin etwas. Überleg' dir's, Gregers. Glaubst du nicht, es ließe sich machen? Was?
Gregers (blickt ihn kalt an) Dahinter steckt irgend etwas.
Werle Wieso?
Gregers Du hast mich gewiß zu etwas nötig.
Werle In einem so nahen Verhältnis, wie wir zueinander stehen, hat der eine den andern wohl immer nötig.
Gregers Ja, so heißt es.
Werle Ich möchte dich jetzt gern einige Zeit bei mir haben. Ich bin ein einsamer Mann, Gregers, habe mich immer einsam gefühlt – mein ganzes Leben lang: aber besonders jetzt, wo das Alter sich mir fühlbar macht. Ich muß wen um mich haben.
Gregers Du hast doch Frau Sörby.
Werle Allerdings. Und sie ist mir nachgerade sozusagen unentbehrlich geworden. Sie ist munter; ist ohne Launen; sie bringt Leben ins Haus – und das kann ich grade gut gebrauchen.
Gregers Na, dann hast du ja alles, was dein Herz begehrt.
Werle Ja, aber ich fürchte, das kann nicht so bleiben. Eine Frau in solcher Situation kommt der Welt gegenüber leicht in eine schiefe Stellung. Ja, fast hätt' ich gesagt, auch einem Mann ist damit nicht gedient.
Gregers Oh, wenn ein Mann solche Diners gibt wie du, so kann er gewiß manches riskieren.
Werle Ja, aber sie, Gregers? Ich fürchte, sie wird sich auf die Dauer nicht darein finden. Und selbst wenn sie sich darein finden sollte – wenn sie sich aus Hingebung für mich über den Klatsch und die Nachrede der Leute und dergleichen hinwegsetzen würde –? Meinst du denn, Gregers, du mit deinem stark ausgeprägten Gerechtigkeitssinn –
Gregers (ihn unterbrechend) Kurz und gut – sag' mir eins: Hast du die Absicht, sie zu heiraten?
Werle Und wenn ich nun die Absicht hätte? Was dann?
Gregers Ja, das frag' ich auch. Was dann?
Werle Würde dir das so durchaus gegen den Strich gehen?
Gregers Nein, gar nicht. Absolut nicht.
Werle Ich konnte ja doch nicht wissen, ob nicht vielleicht die Erinnerung an deine selige Mutter –
Gregers Ich bin nicht überspannt.
Werle Na, wie dem nun auch sei – jedenfalls hast du mir einen schweren Stein vom Herzen genommen. Es ist mir unendlich lieb, daß ich in dieser Sache auf deine Zustimmung zählen darf.

Gregers (blickt ihn unverwandt an) Jetzt weiß ich, wozu du mich brauchen willst.
Werle Dich brauchen? Was ist denn das für ein Ausdruck!
Gregers Ach, seien wir nicht heikel in der Wahl der Worte – wenigstens nicht unter vier Augen. *(Lacht kurz)* Ja so! Donnerwetter – deshalb mußt' ich mich also in eigener Person hier einfinden. Frau Sörby zuliebe soll hier im Haus ein Familienleben inszeniert werden. Tableau zwischen Vater und Sohn! Das ist was Neues, ei ja!
Werle Wie kannst du es wagen, in solchem Ton zu reden!
Gregers Wann haben wir hier ein Familienleben gehabt? Niemals, solange ich denken kann. Aber jetzt hat man Verwendung für 'n bißchen so was. Denn unstreitig wird es sich sehr gut ausnehmen, wenn man erzählen kann, daß der Sohn auf den Flügeln der Pietät zum Hochzeitsfest des alternden Vaters herbeigeeilt ist. Was bleibt dann von all den Gerüchten über die Leiden der toten Dulderin? Kein Atom. Ihr Sohn schlägt sie ja nieder.
Werle Gregers – ich glaube, kein Mensch auf der Welt ist dir so zuwider wie ich.
Gregers (leise) Ich habe dich zu sehr in der Nähe gesehen.
Werle Du hast mich mit den Augen deiner Mutter gesehen. *(Senkt ein wenig die Stimme)* Aber du solltest nicht vergessen, daß ihre Augen – zuweilen umnebelt waren.
Gregers (bebend) Ich weiß, worauf du hinaus willst. Aber wer trägt die Schuld an der unglücklichen Schwäche meiner Mutter? Du und alle die –! Die letzte von ihnen war dieses Frauenzimmer, mit dem Hjalmar Ekdal verkuppelt wurde, als du nicht mehr – oh!
Werle (zuckt die Achseln) Wort für Wort – als ob ich deine Mutter hörte.
Gregers (ohne auf ihn zu achten) – und da sitzt er nun mit seinem großen arglosen Kindergemüte inmitten des Betrugs – lebt unter einem Dach mit einer solchen – und ahnt nicht, daß das, was er sein Heim nennt, auf eine Lüge gegründet ist! *(Einen Schritt näher)* Wenn ich auf deinen ganzen Wandel zurückblicke, so ist mir's, als säh' ich ein Schlachtfeld voll hingemordeter Menschenlose.
Werle Ich glaube nachgerade selbst, die Kluft zwischen uns ist zu groß.
Gregers (verbeugt sich, mit Selbstbeherrschung) Das hab' ich bemerkt. Und deshalb nehm' ich auch meinen Hut und gehe.
Werle Du gehst? Aus dem Hause?
Gregers Jawohl. Denn jetzt sehe ich endlich eine Aufgabe, für die ich leben kann.
Werle Was ist das für eine Aufgabe?

Gregers Du würdest ja doch nur lachen, wenn du's hörtest.
Werle Ein einsamer Mann lacht nicht so leicht, Gregers.
Gregers (zeigt nach dem Hintergrunde) Sieh mal, Vater, da spielen die Kammerherren mit Frau Sörby Blindekuh. – Gute Nacht – Adieu!
(Ab durch den Hintergrund rechts. Man hört die Gesellschaft lachen und scherzen; sie wird in dem äußeren Zimmer sichtbar.)
Werle (murmelt höhnisch hinter Gregers her) He –! Der Tropf – und der sagt, er sei nicht überspannt!

ZWEITER AKT

Hjalmar Ekdals Atelier. Man sieht dem Raum, der ziemlich groß ist, an, daß er ein Bodenzimmer ist. Rechts ein Schrägdach mit großen Glasscheiben, halb verdeckt von einem blauen Vorhang. Oben in der Ecke rechts die Eingangstür; vorn an derselben Seite eine Tür zur Wohnstube. An der Wand links sind ebenfalls zwei Türen und dazwischen ein eiserner Ofen. An der Rückwand ist eine breite Doppeltür, die so eingerichtet ist, daß ihre Teile zur Seite geschoben werden können. Das Atelier ist einfach, aber gemütlich eingerichtet und ausgestattet. Zwischen den Türen rechts, ein wenig von der Wand entfernt, steht ein Sofa mit einem Tisch und einigen Stühlen; auf dem Tisch eine brennende Lampe mit Schirm; im Ofenwinkel ein alter Lehnstuhl. Verschiedene photographische Apparate und Instrumente sind hier und da im Zimmer aufgestellt. An der Rückwand links von der Doppeltür steht ein Regal, worin einige Bücher, Schachteln, Flaschen mit Chemikalien, verschiedenartige Geräte, Werkzeuge und andere Gegenstände. Photographien und Kleinigkeiten wie Pinsel, Papier und ähnliches liegen auf dem Tische.

Gina sitzt auf einem Stuhl am Tisch und näht. Hedwig sitzt auf dem Sofa, die Hände vor den Augen, die Daumen in den Ohren, und liest in einem Buche.

Gina (blickt ein paarmal, wie in geheimer Sorge, Hedwig verstohlen an; dann sagt sie) Hedwig!
(Hedwig hört es nicht.)
Gina (lauter) Hedwig!

Hedwig (nimmt die Hände fort und blickt auf) Ja, Mutter?
Gina Hetechen, jetzt darfst du aber nicht länger lesen.
Hedwig Ach, Mutter, laß mich doch noch ein bißchen! Nur ein bißchen!
Gina Nein, nein, leg' jetzt das Buch weg. Dein Vater mag das nicht; er liest des Abends auch nie.
Hedwig (schlägt das Buch zu) Nein, Vater, der macht sich aus dem Lesen nicht viel.
Gina (tut das Nähzeug weg und legt einen Bleistift und ein kleines Heft auf den Tisch) Weißt du noch, wieviel wir heut für Butter bezahlt haben?
Hedwig Eine Krone und fünfundsechzig Öre.
Gina Richtig. *(Notiert)* Furchtbar, was hier im Haus für Butter draufgeht. Und dann für Schlackwurst und Käse – laß mal sehen – *(notiert)* und dann für Schinken – hm – *(zählt zusammen)* Das macht ja gleich –
Hedwig Und das Bier kommt auch noch hinzu.
Gina Versteht sich. *(Notiert)* Es läuft ins Geld; aber es muß ja sein.
Hedwig Dafür haben wir beide doch auch kein warmes Mittagbrot gebraucht, weil Vater aus war.
Gina Ja; und das war gut. Na, und dann habe ich ja auch acht Kronen fünfzig für Photographien eingenommen.
Hedwig Denk mal – so viel war das!
Gina Akkurat acht Kronen fünfzig.
(Pause. Gina nimmt ihr Nähzeug wieder zur Hand. Hedwig nimmt Papier und Bleistift und fängt an, etwas zu zeichnen, mit der linken Hand die Augen beschattend.)
Hedwig Ist's nicht wundernett, Vater auf einem großen Diner beim reichen Herrn Werle zu wissen?
Gina Das kannst du doch nicht sagen, daß er beim reichen Herrn Werle ist. Der Sohn hat ihn doch holen lassen. *(Nach kurzer Pause)* Mit dem alten Werle haben wir doch nichts zu schaffen.
Hedwig Ich freue mich riesig drauf, wenn Vater nach Hause kommt. Denn er hat versprochen, er will Frau Sörby um was Gutes für mich bitten.
Gina Ja, du, glaub' man, in dem Haus, da gibt's dir gute Sachen!
Hedwig (immer zeichnend) Ein bißchen hungrig bin ich nun auch.
(Der alte Ekdal mit einem Stoß Papiere unter dem Arm und einem anderen Paket in der Rocktasche, tritt durch die Flurtür ein.)
Gina Wie spät Sie heut nach Hause kommen, Großvater.
Ekdal Das Kontor war zu. Mußte bei Gråberg warten. Und dann mußt' ich durch – hm.

Hedwig Haben sie dir wieder was abzuschreiben gegeben, Großvater?
Ekdal Den ganzen Stoß hier. Sieh bloß mal.
Gina Das ist ja fein.
Hedwig Und in der Tasche hast du auch noch ein Paket.
Ekdal So? Ach was! Das ist weiter nichts. *(Stellt seinen Stock in den Winkel.)* Das gibt wieder für 'ne ganze Zeit Arbeit, das da, Gina. *(Zieht den einen Flügel der Tür hinten ein wenig zur Seite.)* Pst! *(Guckt einen Augenblick in den Raum und schiebt die Tür dann wieder vorsichtig zu.)* He – he! Sie schlafen schon, alle miteinander. Und sie hat sich in den Korb gelegt. He – he!
Hedwig Bist du sicher, Großvater, daß sie im Korb nicht friert?
Ekdal I, was fällt dir ein! Frieren! In der Masse Stroh? *(Geht nach der oberen Tür links)* Wo sind die Streichhölzer?
Gina Die Streichhölzer stehen auf der Kommode.
(Ekdal geht ab in sein Zimmer.)
Hedwig Das ist wirklich gut, daß Großvater wieder die Masse Schreibarbeit bekommen hat.
Gina Ja, der arme alte Vater. So verdient er sich doch wenigstens ein bißchen Taschengeld.
Hedwig Und dann kann er nicht den ganzen Vormittag in der ekligen Madam Eriksen ihrer Kneipe sitzen.
Gina Das auch, jawohl. *(Kurze Pause)*
Hedwig Glaubst du, sie sind noch bei Tisch?
Gina Das weiß der liebe Gott. Kann schon möglich sein.
Hedwig Denk bloß, das viele gute Essen, das Vater kriegt. Ich bin sicher, er ist froh und vergnügt, wenn er kommt. Meinst du nicht auch, Mutter?
Gina Jawohl; aber, du, wenn wir ihm nun noch erzählen könnten, daß wir die Stube vermietet haben.
Hedwig Aber das ist heut nicht nötig.
Gina Ach du, das käm' uns aber auch ganz gut zupaß. Und für uns hat die Stube doch keinen Zweck.
Hedwig Nein, ich meine, es ist nicht nötig, weil Vater heut sowieso gut aufgelegt ist. Es ist besser, die Sache mit dem Zimmer, die bleibt für ein ander Mal.
Gina (sieht hin zu ihr) Du freust dich wohl, Vater was Gutes erzählen zu können, wenn er abends nach Hause kommt?
Hedwig Ja – weil 's dann hier lustiger ist.
Gina (sinnt vor sich hin) Ach ja! Ist auch wahr.
(Der alte Ekdal kommt wieder herein und will durch die vorderste Tür links hinausgehen.)

Gina (wendet sich auf dem Stuhl halb um) Großvater, wollen Sie was in der Küche?

Ekdal Will was, ja, Aber bleib nur sitzen. *(Ab)*

Gina Er wirtschaftet da draußen doch wohl nicht mit den glühenden Kohlen 'rum? *(Wartet einen Augenblick)* Hedwig, sieh mal nach, was er da macht.

(Ekdal kommt wieder mit einem kleinen Henkelkrug voll dampfenden Wassers.)

Hedwig Du holst dir warmes Wasser, Großvater?

Ekdal Jawohl – tu ich. Brauch's zu was. Ich muß schreiben, und nun ist dic Tintc dick geworden wie Brei – hm.

Gina Aber, Großvater, essen Sie doch erst Ihr Abendbrot. Ich hab's Ihnen ja hineingesetzt.

Ekdal Aus dem Abendbrot, da mach' ich mir nichts draus, Gina. Hab' enorm zu tun, sag' ich dir. Ich will keinen drin haben in meiner Kammer. Keinen – hm.

(Ab in sein Zimmer. Gina und Hedwig wechseln Blicke.)

Gina (leise) Ahnst du, woher er das Geld hat?

Hedwig Er hat's gewiß von Gråberg.

Gina Keine Idee. Gråberg schickt ja das Geld immer an mich.

Hedwig Dann muß er irgendwo eine Flasche auf Borg genommen haben.

Gina Armer Großvater; ihm borgt doch keiner was.

(Hjalmar im Überzieher, mit grauem Filzhut, kommt von rechts.)

Gina (wirft das Nähzeug hin und steht auf) Aber, Ekdal, du bist schon wieder da?

Hedwig (gleichzeitig, springt auf) Nein, daß du schon nach Haus kommst, Vater!

Hjalmar (legt den Hut weg) Ja, es gingen die meisten.

Hedwig So zeitig?

Hjalmar Es war ja ein Diner. *(Will den Überrock ausziehen)*

Gina Ich will dir helfen.

Hedwig Ich auch. *(Sie ziehen ihm den Rock aus. Gina hängt ihn an der Rückwand auf.)*

Hedwig Waren viel Leute da, Vater?

Hjalmar Ach, nein, nicht viel. Wir waren so etwa zwölf bis vierzehn Personen bei Tisch.

Gina Und mit den allen hast du gered't?

Hjalmar O ja, ein bißchen; hauptsächlich hatte mich aber Gregers in Beschlag genommen.

Gina Ist Gregers noch immer so häßlich?
Hjalmar Na, schön sieht er ja nicht gerade aus. – Ist der Alte schon zu Hause?
Hedwig Jawohl, Großvater sitzt drin und schreibt.
Hjalmar Hat er was gesagt?
Gina Nee, was hätt' er denn sagen sollen?
Hjalmar Hat er nicht erzählt, daß –? Ich glaube gehört zu haben, er sei bei Gråberg gewesen. Ich will ein bißchen zu ihm hineingehen.
Gina Nee, nee, laß man –
Hjalmar Wieso? Hat er gesagt, er will mich nicht drin haben?
Gina Er will heut niemand drin haben –
Hedwig (macht ein Zeichen) Hm – hm!
Gina (merkt es nicht) – er ist hier gewesen und hat sich warmes Wasser geholt –
Hjalmar Aha! Nun sitzt er und –?
Gina Wird schon so sein.
Hjalmar Herrgott – mein armer, alter, greiser Vater –! Ja, laßt ihn nur sitzen und sich recht ordentlich was zugute tun.
(Der alte Ekdal im Hausrock, mit brennender Tabakspfeife, kommt aus seinem Zimmer.)
Ekdal Wieder da? 's war mir doch auch, als hört' ich deine Stimme.
Hjalmar Diesen Augenblick bin ich gekommen.
Ekdal Du hast mich wohl nicht gesehen, du?
Hjalmar Nein; aber es hieß, du seist durchs Zimmer gegangen – und da bin ich dir nachgekommen.
Ekdal Hm, nett von dir, Hjalmar. – Was waren denn das eigentlich alles für Leute?
Hjalmar Oh, allerlei Leute. Da war der Kammerherr Flor und Kammerherr Balle und Kammerherr Kaspersen und Kammerherr Soundso; was weiß ich –
Ekdal (nickt) Hast du gehört, Gina! Er ist mit lauter Kammerherren zusammengewesen.
Gina Ja, das geht jetzt riesig fein zu in dem Haus.
Hedwig Haben die Kammerherren gesungen, Vater? Oder was vorgelesen?
Hjalmar Nein, sie haben nur gekohlt. Und dann verlangten sie von mir, ich sollte ihnen was vordeklamieren; aber dazu kriegten sie mich nicht.
Ekdal Kriegten dich nicht?
Gina Das hättest du doch aber tun können.

Hjalmar Nein; man braucht doch nicht gleich nach eines jeden Pfeife zu tanzen. *(Spaziert im Zimmer umher)* Ich wenigstens tu's nicht.
Ekdal I nein, Hjalmar, der ist nicht so ohne weiteres zu haben.
Hjalmar Ich weiß nicht, warum gerade ich für die Unterhaltung sorgen soll, wenn ich mal unter Menschen gehe. Laß die andern sich doch anstrengen. Die Bande geht da von einer Futterstelle zur andern und frißt und säuft tagaus, tagein. So sollen sie sich auch hübsch nützlich machen für das viele gute Essen, das sie kriegen.
Gina Das hast du doch wohl nicht gesagt?
Hjalmar (trällernd) Hi – hi – hi – sie haben so allerhand zu hören gekriegt.
Ekdal Und das hast du den Kammerherren ins Gesicht gesagt!
Hjalmar Wird schon so gewesen sein. *(Hinwerfend)* Und später hatten wir 'nen kleinen Disput über Tokayer.
Ekdal Tokayer? Du, das ist ein feiner Wein!
Hjalmar (bleibt stehen) Er kann fein sein. Aber ich will dir sagen, nicht alle Jahrgänge sind gleich fein; es kommt ganz darauf an, wieviel Sonne die Trauben bekommen haben.
Gina Nein, du weißt aber auch alles, Ekdal.
Ekdal Und darüber fingen sie zu disputieren an?
Hjalmar Sie wollten's versuchen; aber dann wurde ihnen begreiflich gemacht, daß es mit den Kammerherren genau dasselbe sei. Von denen seien auch nicht alle Jahrgänge gleich fein – wurde gesagt!
Gina Nein, auf was du nicht alles kommst!
Ekdal He – he! Und das kriegten sie unter die Nase gerieben?
Hjalmar Ins Gesicht kriegten sie's.
Ekdal Du, Gina, er hat's den Kammerherren ins Gesicht gesagt.
Gina Nein, denk mal an, ins Gesicht.
Hjalmar Ja, aber ich wünsche nicht, daß darüber gesprochen wird. So was erzählt man nicht weiter. Die ganze Sache verlief ja auch natürlich in aller Freundschaft. Es waren ja doch nette, gemütliche Leute; weshalb sollt' ich sie denn verletzen? Nein!
Ekdal Aber, ins Gesicht –
Hedwig (schmeichelnd) Wie famos du im Frack aussiehst. Der Frack kleidet dich fein, Vater.
Hjalmar Ja, nicht wahr? Und der hier paßt mir wirklich ganz großartig. Er sitzt wie angegossen – vielleicht 'ne Idee zu eng unter'm Arm – hilf mir, Hedwig. *(Zieht den Frack aus)* Ich zieh' lieber die Jacke an. Wo ist die Jacke, Gina?
Gina Da ist sie. *(Bringt die Jacke und hilft ihm)*

Hjalmar So! Vergiß nur nicht, daß Molvik den Frack gleich morgen früh wiederkriegt.
Gina (legt den Frack hin) Wird schon besorgt.
Hjalmar (reckt sich) Ah, das ist doch viel gemütlicher. Und so eine lose und bequeme Haustracht paßt auch besser zu meiner ganzen Figur. Meinst du nicht auch, Hedwig?
Hedwig Ja, Vater!
Hjalmar Besonders, wenn ich die Krawatte so in zwei flatternde Enden schlinge – sieh mal, so –! – Was?
Hedwig Ja, das steht gut zu dem Knebelbart und dem dichten, krausen Haar.
Hjalmar Kraus möcht' ich's nicht eigentlich nennen, eher noch lockig.
Hedwig Ja, denn es ist so langgekräust.
Hjalmar Eigentlich gelockt.
Hedwig (nach kurzer Pause, zupft ihn an der Jacke) Vater!
Hjalmar Na, was ist?
Hedwig Oh, das weißt du ganz gut.
Hjalmar Ich weiß wirklich nicht – nein.
Hedwig (lachend und weinerlich) O doch, Vater; du darfst mich jetzt nicht länger quälen!
Hjalmar Aber was ist denn?
Hedwig (rüttelt ihn) Unsinn! Gib's nur jetzt her, Vater! Du weißt doch – das Gute, das du mir versprochen hast.
Hjalmar Ach! Herrgott – daß ich das vergessen mußte!
Hedwig Vater, du willst mich nur necken. Schäm' dich! Wo hast du's denn?
Hjalmar Ich hab's wahrhaftig vergessen. Aber warte mal! Ich habe doch noch was für dich, Hedwig. *(Geht und sucht in den Fracktaschen)*
Hedwig (springt umher und klatscht in die Hände) Ach, Mutter, Mutter!
Gina Siehst du, wenn du nur Geduld hast, so –
Hjalmar (mit einem Papier) Sieh – da ist er.
Hedwig Das da? Das ist ja bloß ein Stück Papier.
Hjalmar Du, das ist der Speisezettel. Der ganze Speisezettel. Da steht »Menü«; das heißt Speisezettel.
Hedwig Sonst hast du nichts?
Hjalmar Du hörst doch, das andere hab' ich vergessen. Aber du kannst mir auf mein Wort glauben: die Leckereien, die sind nur ein armseliges Vergnügen. Setz' dich jetzt nur an den Tisch und lies die Karte vor: dann werd' ich dir beschreiben, wie die Gerichte schmecken. Da – Hedwig.

Hedwig (würgt die Tränen hinunter) Danke. *(Sie setzt sich, jedoch ohne zu lesen; Gina macht ihr Zeichen; Hjalmar merkt es.)*
Hjalmar (geht im Zimmer umher) Ein Familienvater soll aber auch an die unglaublichsten Dinge denken; und vergißt er nur mal die kleinste Kleinigkeit, gleich sieht er saure Mienen! Na, man gewöhnt sich auch an so was. *(Bleibt neben dem Alten am Ofen stehen)* Hast du heut Abend da hineingeguckt, Vater?
Ekdal Kannst du dir doch wohl denken. Sie ist in den Korb.
Hjalmar So? In den Korb? Sie fängt also an, sich dran zu gewöhnen.
Ekdal Ja, freilich; das hab' ich doch vorausgesagt. Da sind nun aber doch einige kleine Sachen –
Hjalmar Etliche Verbesserungen, ja.
Ekdal Die aber doch gemacht werden müssen.
Hjalmar Jawohl, reden wir ein bißchen von den Verbesserungen, Vater. Komm her, setzen wir uns aufs Sofa.
Ekdal Schön! Hm! – Will aber erst noch die Pfeife stopfen – muß sie wohl auch reinigen. Hm. *(Ab in sein Zimmer)*
Gina (lächelt Hjalmar zu) Die Pfeife reinigen, du!
Hjalmar Na ja, ja, Gina, laß ihn nur – den armen schiffbrüchigen Greis. – Ja, die Verbesserungen – es ist das beste, wir machen sie gleich morgen.
Gina Morgen wirst du wohl keine Zeit dazu haben, Ekdal.
Hedwig (einfallend) O doch, Mutter.
Gina – denn vergiß nicht die Kopien, die retuschiert werden müssen. Die Leute haben schon so oft danach geschickt.
Hjalmar So! Also wieder die Kopien! Die werden schon noch fertig. Sind vielleicht neue Bestellungen gekommen?
Gina Leider nein; morgen hab' ich bloß die beiden Porträts, wie du weißt.
Hjalmar Sonst nichts? Natürlich, wenn man sich keine Mühe gibt, so –
Gina Aber was soll ich denn tun? Ich meine, ich rück' es doch soviel wie möglich in die Zeitungen ein.
Hjalmar Ach, in die Zeitungen, in die Zeitungen! Du siehst ja, was das nützt. Und wegen der Stube, da war wohl auch niemand da?
Gina Nein, noch nicht.
Hjalmar Das war ja zu erwarten. Wenn man sich nicht umtut, so –. Man muß sich ordentlich zusammennehmen, Gina!
Hedwig (geht zu ihm) Soll ich dir nicht die Flöte holen, Vater?
Hjalmar Nein; keine Flöte; ich brauche keine Freuden auf dieser Welt.

(Geht umher) Ja, morgen will ich arbeiten, daß es 'ne Art hat. Daran soll's nicht fehlen. Ich werde arbeiten, soweit meine Kräfte reichen –
Gina Aber liebster, bester Ekdal, so hab' ich das ja gar nicht gemeint.
Hedwig Vater, soll ich nicht 'ne Flasche Bier 'reinholen?
Hjalmar Nein, auf keinen Fall. Ich hab' nichts nötig. – *(Bleibt stehen)* Bier? – Hast du von Bier gesprochen?
Hedwig (lebhaft) Ja, Vater; schönes, frisches Bier.
Hjalmar Na – wenn du durchaus willst, so hol' meinetwegen 'ne Flasche herein.
Gina Ja, tu das; dann werden wir's uns gemütlich machen.
(Hedwig läuft auf die Küchentür zu.)
Hjalmar (am Ofen, hält sie auf, sieht sie an, nimmt ihren Kopf in seine Hände und drückt sie an sich) Hedwig! Hedwig!
Hedwig (froh und in Tränen) Oh, du lieber Vater!
Hjalmar Nenn mich nicht so! Da hab' ich nun am Tisch des reichen Mannes gesessen und zugegriffen – habe gesessen und geschwelgt an der üppigen Tafel! – Und doch konnt' ich –!
Gina (am Tische sitzend) Ach, Unsinn, Unsinn, Ekdal.
Hjalmar Doch! Aber ihr dürft es nicht so genau mit mir nehmen. Ihr wißt ja, daß ich euch doch lieb habe.
Hedwig (umarmt ihn) Und wir haben dich so furchtbar lieb, Vater!
Hjalmar Und wenn ich dann und wann mal ungemütlich sein sollte, so – Herrgott – so vergeßt nicht, daß ich ein Mann bin, der von einem Heer von Sorgen bestürmt wird. Na! *(Trocknet die Augen)* Kein Bier in solchem Augenblick. Gib mir die Flöte.
(Hedwig läuft an das Regal und holt sie.)
Hjalmar Danke schön! So ist's recht. Mit der Flöte in der Hand und mir zur Seite ihr beiden – oh!
(Hedwig setzt sich zu Gina an den Tisch; Hjalmar geht auf und ab, setzt kräftig ein und spielt einen böhmischen Volkstanz, aber in langsamem, elegischem Tempo und mit gefühlvollem Vortrag.)
Hjalmar (bricht ab im Spiel, reicht Gina die linke Hand und sagt bewegt:) Ist's auch eng und ärmlich unter unserem Dache, Gina – so ist es doch eine Heimstatt. Und ich sage euch: hier ist gut sein! *(Beginnt wieder zu spielen; gleich darauf klopft es an der Flurtür)*
Gina (steht auf) Still, Ekdal – ich glaube, es kommt wer.
Hjalmar (legt die Flöte auf das Regal) Was ist denn nun schon wieder!
(Gina geht und öffnet die Tür.)
Gregers Werle (draußen auf dem Flur) Bitte um Verzeihung –
Gina (weicht ein wenig zurück) Oh!

Gregers – wohnt hier nicht der Photograph Ekdal?
Gina Jawohl.
Hjalmar (geht an die Tür) Gregers? Du bist es doch? Nun, so komm nur herein.
Gregers (tritt ein) Ich habe dir ja gesagt, ich würde bei dir vorsprechen.
Hjalmar Aber heut Abend noch –? Du hast die Gesellschaft im Stich gelassen?
Gregers Die Gesellschaft sowohl wie mein väterliches Haus. – Guten Abend, Frau Ekdal. Ich weiß nicht, ob Sie mich noch kennen?
Gina O ja, der junge Herr Werle ist nicht schwer zu erkennen.
Gregers Nein; ich sehe ja meiner Mutter ähnlich; und ihrer entsinnen Sie sich wohl.
Hjalmar Du hast das Haus verlassen, sagst du?
Gregers Jawohl, ich bin in ein Hotel gezogen.
Hjalmar So. Na, da du nun mal da bist, so leg' ab und nimm Platz.
Gregers Danke schön.
(Legt den Überzieher ab. Er hat sich umgekleidet und trägt einen einfachen grauen Tuchanzug von ländlichem Schnitt.)
Hjalmar Komm her, aufs Sofa. Mach's dir bequem.
(Gregers setzt sich aufs Sofa, Hjalmar auf einem Stuhl am Tisch.)
Gregers (sieht sich im Zimmer um) Hier also hausest du, Hjalmar. Hier also wohnst du.
Hjalmar Das hier ist das Atelier, wie du wohl siehst –
Gina Aber hier ist mehr Platz, und deshalb halten wir uns am liebsten hier auf.
Hjalmar Früher wohnten wir besser; aber diese Wohnung hat einen großen Vorzug: hier sind prächtige Nebengelasse –
Gina Und dann haben wir auf der andern Seite des Flurs eine Stube, die wir vermieten können.
Gregers (zu Hjalmar) So, so – du hast auch Untermieter?
Hjalmar Nein, noch nicht. Das geht nicht so rasch, sieh mal. Man muß sich umtun. *(Zu Hedwig)* Aber, du, wo bleibt denn das Bier?
(Hedwig nickt und geht in die Küche.)
Gregers Das ist also deine Tochter?
Hjalmar Ja, das ist Hedwig.
Gregers Und sie ist euer einziges Kind?
Hjalmar Sie ist das einzige, jawohl. Sie ist auf der Welt unsere höchste Freude, und – *(senkt die Stimme)* sie ist auch unser tiefster Kummer, Gregers.
Gregers Was sagst du da!

Hjalmar Ja, Gregers; denn es besteht die drohende Gefahr, daß sie das Augenlicht verlieren wird.
Gregers Blind wird!
Hjalmar Ja. Bis jetzt sind nur die ersten Anzeichen zu spüren; und es kann ja auch noch eine ganze Weile gut gehen. Aber der Arzt hat uns gewarnt. Es ist unabwendbar.
Gregers Das ist ja ein schreckliches Unglück. Wie hat sie das bekommen?
Hjalmar (seufzt) Wahrscheinlich durch Vererbung.
Gregers (betroffen) Vererbung?
Gina Ekdals Mutter hatte auch schwache Augen.
Hjalmar Ja, das sagt Vater; ich kann mich ihrer ja nicht entsinnen.
Gregers Armes Kind. Und wie trägt sie's?
Hjalmar Ach, du kannst dir wohl denken, daß wir's nicht übers Herz bringen, ihr so etwas zu sagen. Sie ahnt die Gefahr nicht. Froh und sorglos und zwitschernd wie ein kleiner Vogel flattert sie hinein in des Lebens ewige Nacht. *(Überwältigt)* Oh, das ist namenlos hart für mich, Gregers.
(Hedwig bringt einen Präsentierteller mit Bier und Gläsern und stellt ihn auf den Tisch.)
Hjalmar (ihr Haar streichelnd) Danke, danke, Hedwig.
(Hedwig schlingt den Arm um seinen Hals und flüstert ihm etwas ins Ohr.)
Hjalmar Nein. Butterbrot jetzt nicht. *(Mit einem Blick auf Gregers)* Oder vielleicht nimmt Gregers einen Bissen?
Gregers (ablehnend) Nein, nein, danke.
Hjalmar (noch immer wehmütig) Na, bring' man doch 'n bißchen. Wenn du eine Kante hättest, so wär' mir's lieb. Und spar' nur ja die Butter nicht.
(Hedwig nickt vergnügt und geht wieder in die Küche.)
Gregers (der ihr mit den Blicken gefolgt ist) Sonst sieht sie recht frisch und gesund aus, mein' ich.
Gina Sonst hat sie ja auch, Gott sei Dank, kein Manko nicht.
Gregers Sie wird Ihnen gewiß mit der Zeit ähnlich, Frau Ekdal. Wie alt ist sie jetzt eigentlich?
Gina Hedwig ist nun bald akkurat vierzehn Jahre. Sie hat übermorgen Geburtstag.
Gregers Dann ist sie ziemlich groß für ihr Alter.
Gina Ja, im letzten Jahr ist sie mächtig in die Höhe geschossen.
Gregers An denen, die heranwachsen, sieht man am besten, wie alt man selber wird. – Wie lange sind Sie nun schon verheiratet?

Gina Verheiratet sind wir jetzt so die – jawohl, bald fünfzehn Jahre.
Gregers Denken Sie mal an, so lange schon!
Gina (wird aufmerksam; sieht ihn an) Jawohl – allerdings.
Hjalmar Gewiß. Es fehlen ein paar Monate an fünfzehn Jahren. *(Geht darüber hinweg)* Dir muß die Zeit da oben auf dem Werk recht lang geworden sein, Gregers.
Gregers Jawohl – während ich sie durchlebte – jetzt hinterher weiß ich kaum, wo die Zeit geblieben ist.
(Der alte Ekdal kommt aus seinem Zimmer, ohne Pfeife, aber mit seiner alten Militärmütze auf dem Kopfe; sein Gang ist ein wenig unsicher.)
Ekdal So, Hjalmar, jetzt können wir uns setzen und über die Geschichte reden – hm. Was ist denn hier los?
Hjalmar (geht ihm entgegen) Vater, da ist wer. Gregers Werle –. Ich weiß nicht, ob du dich seiner noch erinnerst.
Ekdal (sieht Gregers an, der aufgestanden ist) Werle? Ist das der Sohn, das? Was will er von mir?
Hjalmar Nichts. Er besucht mich.
Ekdal Na, dann ist also weiter nichts los?
Hjalmar Kein Gedanke – nein.
Ekdal (schwingt die Arme) Nicht deswegen, siehst du. Ich bin nicht bange, aber –
Gregers (geht auf ihn zu) Ich wollte Sie nur von den alten Jagdgründen grüßen, Herr Leutnant.
Ekdal Jagdgründen?
Gregers Jawohl, beim Höjdalswerk da oben.
Ekdal Ach so, da oben. Ja, da war ich gut bekannt dazumal.
Gregers Sie waren mal ein gewaltiger Jäger.
Ekdal I freilich. Wird wohl so sein. Sie sehen die Montur an. Ich frage keinen um Erlaubnis, ob ich sie hier drin tragen darf. Wenn ich nur nicht damit auf die Straße gehe, so –
(Hedwig bringt einen Teller mit Butterbrot, den sie auf den Tisch stellt.)
Hjalmar Nun setz' dich, Vater, und nimm ein Glas Bier. Bediene dich, Gregers.
(Ekdal murmelt etwas und stolpert nach dem Sofa. Gregers setzt sich auf den ihm zunächst stehenden Stuhl, Hjalmar an Gregers' andere Seite. Gina sitzt ein wenig vom Tische entfernt und näht. Hedwig steht bei ihrem Vater.)
Gregers Wissen Sie noch, Herr Leutnant, wie Hjalmar und ich da oben zu Ihnen auf Besuch kamen im Sommer und um die Weihnachtszeit?

Ekdal So? Taten Sie das? Nein, nein, nein – hab' keine Ahnung. Aber darf schon sagen, bin 'n scharfer Jäger gewesen. Hab' auch Bären geschossen. Hab' an die neun Stück geschossen.
Gregers (sieht ihn teilnehmend an) Und nun gehen Sie gar nicht mehr auf die Jagd.
Ekdal Oh, sagen Sie das nicht, mein Lieber. Tu' schon noch jagen ab und zu mal. Freilich nicht auf die Art! Denn der Wald, sehen Sie – der Wald, der Wald –! *(Trinkt)* Was macht der Wald? Ist er schön?
Gregers Nicht so stolz als wie zu Ihrer Zeit. Er ist stark gelichtet.
Ekdal Gelichtet? *(Leiser, gleichsam ängstlich)* Das ist 'n gefährliches Geschäft. Das bleibt nicht ohne Folgen. Der Wald, der hat Rache.
Hjalmar (füllt ihm das Glas) Bitt schön, Vater; noch 'nen Schluck.
Gregers Wie kann ein Mann wie Sie – so ein Freiluftmensch – mitten in einer qualmigen Stadt, zwischen vier engen Wänden leben?
Ekdal (kichert und zwinkert zu Hjalmar hinüber) Ach, hier ist's so übel nicht. Gar nicht so übel.
Gregers Aber wo ist hier das zu finden, womit Ihr Herz verwachsen ist? Die frische, erquickende Luft, das freie Leben im Walde und auf der Halde, unter Wild und Vögeln –?
Ekdal (lächelt) Hjalmar, wollen wir's ihm zeigen?
Hjalmar (schnell und ein wenig verlegen) Ach nein, Vater, nein; heut nicht.
Gregers Was will er mir zeigen?
Hjalmar Ach, es ist weiter nichts – du siehst es schon noch ein ander Mal.
Gregers (fährt, zum Alten gewendet, fort) Was ich eigentlich sagen wollte, Herr Leutnant: Sie sollten mit mir da hinauf kommen; denn ich reise schon bald wieder ab. Sie können da auch Schreibarbeit kriegen. Und hier haben Sie ja doch absolut nichts, was Sie trösten oder erquicken könnte.
Ekdal (starrt ihn erstaunt an) Ich hab' absolut nichts, was –!
Gregers Na ja, Sie haben Hjalmar; aber der hat doch wieder seine Familie. Und ein Mann wie Sie, der sich immer hingezogen fühlte zu allem Freien und Urwüchsigem –
Ekdal (schlägt auf den Tisch) Hjalmar, nun soll er's sehen!
Hjalmar Vater, so laß doch – wozu denn? Es ist ja dunkel –
Ekdal Unsinn! Es ist doch Mondschein. *(Steht auf)* Er soll es sehen, sag' ich. Laß mich durch. Komm, Hjalmar, und hilf mir!
Hedwig Ach ja, tu's, Vater!
Hjalmar (steht auf) Na, meinetwegen.

Gregers (zu Gina) Was ist denn eigentlich?
Gina Ach, glauben Sie nur nicht, daß es so was Besonderes ist.
(Ekdal und Hjalmar sind zur Rückwand gegangen und schieben von der Tür jeder einen Flügel zur Seite; Hedwig hilft dem Alten; Gregers bleibt am Sofa stehen; Gina näht unbekümmert weiter. Durch die Türöffnung wird ein großer, langgestreckter Bodenraum von unregelmäßiger Gestalt mit Gewinkel und ein paar freistehenden Schornsteinen sichtbar. Dachluken, durch die das klare Mondlicht auf einzelne Teile des großen Raumes fällt; andere liegen in tiefem Schatten.)
Ekdal (zu Gregers) Dürfen schon näher treten, Sie!
Gregers (geht zu ihnen) Was ist denn das eigentlich?
Ekdal Können ja selbst nachsehen! Hm!
Hjalmar (ein wenig verlegen) Das gehört Vater, weißt du.
Gregers (an der Tür, sieht in den Bodenraum) Sie halten ja Hühner, Herr Leutnant!
Ekdal Und ob wir Hühner halten! Sie sind jetzt aufgeflogen. Aber Sie sollten die Hühner nur mal bei Tage sehen, Sie!
Hedwig Und dann ist auch –
Ekdal Pst – pst! Noch nichts sagen.
Gregers Und Tauben, seh' ich, haben Sie auch.
Ekdal O ja! Werden schon auch Tauben haben! Die haben ihre Brutkästen da oben unter der Dachtraufe; denn die Tauben, die wollen gern recht hoch sitzen, wissen Sie.
Hjalmar Das ist auch nicht alles eine gewöhnliche Sorte Tauben.
Ekdal Gewöhnliche Sorte! Meiner Treu, nein. Wir haben Tummler; und ein paar Kropftauben haben wir auch. Aber kommen Sie nur 'rein! Sehen Sie den Kasten da hinten an der Wand?
Gregers Ja, wozu brauchen Sie den?
Ekdal Da liegen die Kaninchen des Nachts, mein Lieber.
Gregers So? Kaninchen haben Sie auch?
Ekdal Donnerwetter ja, das können Sie sich doch denken, daß wir Kaninchen haben. Du, Hjalmar, er fragt, ob wir Kaninchen haben! Hm! Aber nun kommt das Wahre, sehen Sie. Nun kommt es! Geh weg da, Hedwig. Stellen Sie sich hierher, so, ja – und nun sehen Sie da 'runter. – Sehen Sie da nicht einen Korb mit Stroh drin?
Gregers Ja. Und ich sehe, es liegt ein Vogel im Korb.
Ekdal Hm! – »ein Vogel« –
Gregers Ist das nicht 'ne Ente?
Ekdal (verletzt) Wird schon so sein.
Hjalmar Aber was für 'ne Ente, glaubst du?

Hedwig Das ist keine gemeine Ente –
Ekdal Pst!
Gregers Und 'ne türkische Ente ist's auch nicht.
Ekdal Nein, Herr – Werle; das ist keine türkische Ente; denn das ist eine Wildente.
Gregers Wirklich? Eine wilde Ente?
Ekdal Jaha, so ist's. Der »Vogel«, wie Sie sagten – der ist 'ne Wildente. Unsere Wildente, mein Lieber.
Hedwig Meine Wildente. Denn mir gehört sie.
Gregers Und die kann hier oben auf dem Boden leben? Und gedeihen?
Ekdal Natürlich hat sie 'nen Trog mit Wasser, wo sie drin planschen kann.
Hjalmar Einen Tag um den andern kriegt sie frisches Wasser.
Gina (wendet sich zu Hjalmar) Aber lieber Ekdal, du, es wird hier eiskalt.
Ekdal Hm, dann wollen wir zumachen. Lohnt sich auch nicht, sie in der Nachtruhe zu stören. Faß an, Hedwig.
(Hjalmar und Hedwig schieben die Bodentür zu.)
Ekdal Ein andermal können Sie sich sie ordentlich ansehen. *(Setzt sich in den Lehnstuhl am Ofen)* Sie, glauben Sie man, die Wildenten, das ist was ganz Merkwürdiges.
Gregers Wie haben Sie sie denn nur gefangen, Herr Leutnant?
Ekdal Hab' sie gar nicht gefangen. Wir verdanken sie hier wem in der Stadt.
Gregers (stutzt ein wenig) Doch wohl nicht etwa meinem Vater?
Ekdal Gewiß doch. Dem und keinem sonst. Hm.
Hjalmar Es ist doch komisch, Gregers, wie du das erraten hast.
Gregers Du hast mir ja schon erzählt, daß du meinem Vater so mancherlei verdankst; und da dacht' ich mir so –
Gina Aber wir haben die Ente nicht von Herrn Werle selbst –
Ekdal Deshalb verdanken wir sie Håken Werle doch, Gina. *(Zu Gregers)* Er war mit seinem Boot draußen, wissen Sie, und da schoß er auf sie. Aber er hat doch schwache Augen, Ihr Vater. Hm; und da wurde sie nur angeschossen.
Gregers Na ja; sie hat ein paar Schrotkörner abgekriegt.
Hjalmar Ja, vielleicht drei oder vier Stück.
Hedwig Sie hat sie unter den Flügel gekriegt und da konnte sie nicht fliegen.
Gregers Und da ging sie wohl in die Tiefe?
Ekdal (schläfrig, mit schwerer Zunge) Ist doch natürlich. Machen die

Wildenten immer. Sinken – bis es nicht mehr weiter geht, mein Lieber – beißen sich fest in Tang und Algen – und dem Teufelszeug, das sonst noch da unten ist. Und dann kommen sie nie wieder 'rauf.

Gregers Aber Ihre Wildente ist doch wieder 'raufgekommen, Herr Leutnant.

Ekdal Er hatte so 'nen falbehaft scharfen Hund, Ihr Vater. – Und der Hund – der tauchte nach und holte die Ente wieder 'rauf.

Gregers (zu Hjalmar gewendet) Und da habt Ihr sie gekriegt?

Hjalmar Nicht gleich; erst kam sie zu deinem Vater ins Haus; aber da wollte sie nicht recht gedeihen. Und da bekam Pettersen Ordre, sie zu schlachten –

Ekdal (halb im Schlaf) Hm – ja, Pettersen – der Schafskopf –

Hjalmar (spricht leiser) Auf diesem Wege, siehst du, haben wir sie bekommen; denn Vater kennt Pettersen ein bißchen; und als er die Geschichte mit der Wildente hörte, da setzte er's durch, daß sie ihm überlassen wurde.

Gregers Und da drin auf dem Boden, da gedeiht sie nun famos?

Hjalmar Na, und ob! Sie ist fett geworden. Na, nun ist sie ja auch schon so lange da drin, daß sie das alte Leben in der Freiheit ganz vergessen hat. Und das ist ja doch die Hauptsache.

Gregers Da hast du ganz recht, Hjalmar. Laß sie nur nicht mal Himmel und Meer sehen –. Aber jetzt darf ich nicht länger bleiben; denn ich glaube, dein Vater schläft.

Hjalmar Ach, deshalb –

Gregers Richtig, ja – hast du nicht gesagt, du habest ein Zimmer zu vermieten – ein unbewohntes Zimmer?

Hjalmar Ja. Was ist damit? Weißt du vielleicht wen –?

Gregers Kann ich das Zimmer haben?

Hjalmar Du?

Gina Nicht doch – Herr Werle –

Gregers Kann ich das Zimmer haben? Dann ziehe ich gleich morgen früh ein.

Hjalmar Aber mit dem größten Vergnügen –

Gina Nicht doch, Herr Werle, das ist gar kein Zimmer für Sie.

Hjalmar Aber Gina, wie kannst du nur so was sagen?

Gina Doch. Denn das Zimmer ist weder groß genug, noch hell genug, und –

Gregers Das kommt nicht so genau drauf an, Frau Ekdal.

Hjalmar Ich sollte doch meinen, es ist ein ganz hübsches Zimmer; und auch gar nicht so übel möbliert.

Gina Aber vergiß nicht die beiden, die drunter wohnen.
Gregers Wer ist denn das?
Gina Ach, einer, der Hauslehrer gewesen ist –
Hjalmar Ein gewisser Kandidat Molvik.
Gina – und dann ein Doktor, der Relling heißt.
Gregers Relling? Den kenn' ich oberflächlich; er hat eine Zeitlang oben auf Höjdal praktiziert.
Gina Das sind so recht ein paar weitläufige Mannsbilder. Abends gehen sie oft auf den Bummel, und dann kommen sie nachts mächtig spät nach Haus, und da sind sie nicht immer so –
Gregers An so was gewöhnt man sich bald. Ich hoffe, es geht mit mir, wie mit der Wildente –
Gina Hm, ich meine, Sie sollten 's noch erst eine Nacht überschlafen.
Gregers Sie nehmen mich wohl sehr ungern ins Haus, Frau Ekdal?
Gina I Gott, wie können Sie so was glauben?
Hjalmar Ja, es ist wirklich sonderbar von dir, Gina. *(Zu Gregers)* Doch sag' mal, du gedenkst nun fürs erste in der Stadt zu bleiben?
Gregers (zieht seinen Überzieher an) Jawohl, ich gedenke jetzt hier zu bleiben.
Hjalmar Aber nicht in deinem väterlichen Hause? Was willst du denn anfangen?
Gregers Ja, du, wenn ich das nur wüßte – dann wär' ich nicht so übel dran. Aber wenn man das Kreuz hat, Gregers zu heißen – »Gregers« – und auch noch Werle; du, hast du schon mal so was Ekliges gehört?
Hjalmar Ach, das find' ich gar nicht.
Gregers Ah! Pfui! Ich hätte Lust, den Kerl anzuspucken, der so heißt. Aber wenn man nun mal das Kreuz hat, Gregers – Werle zu sein auf dieser Welt, wie ich es bin –
Hjalmar (lacht) Haha, wenn du nicht Gregers Werle wärst, was möchtest du denn sonst sein?
Gregers Hätt' ich die Wahl, so möcht' ich am liebsten ein flinker Hund sein.
Gina Ein Hund!
Hedwig (unwillkürlich) Ach nein?!
Gregers Ja, ein Hund, ein rechter Ausbund von Flinkheit, so einer, der untertaucht nach Wildenten, wenn sie sinken und sich in Tang und Algen festbeißen unten im Morast.
Hjalmar Weißt du was, Gregers – davon verstehe ich keine Silbe.
Gregers Ach, einen besonderen Sinn hat's auch nicht. Na, also morgen

früh – zieh' ich ein. *(Zu Gina)* Viel Arbeit werden Sie mit mir nicht haben; denn ich mache alles selbst. *(Zu Hjalmar)* Morgen reden wir weiter. – Gute Nacht, Frau Ekdal. *(Nickt Hedwig zu)* Gute Nacht!
Gina Gute Nacht, Herr Werle.
Hedwig Gute Nacht.
Hjalmar (der ein Licht angezündet hat) Einen Augenblick, ich will dir leuchten; es ist gewiß dunkel auf der Treppe.
(Gregers und Hjalmar ab durch die Flurtür.)
Gina (sieht vor sich hin, das Nähzeug im Schoß) War das nicht ein wunderlicher Schnack, er möchte gern ein Hund sein?
Hedwig Ich will dir was sagen, Mutter – ich glaube, er hat was andres damit gemeint.
Gina Was sollte denn das gewesen sein?
Hedwig Das weiß ich nicht; aber es war, wie wenn er was anderes meinte, als was er sagte – die ganze Zeit.
Gina Glaubst du? Ja, sonderbar war's.
Hjalmar (kommt zurück) Die Lampe brannte noch. *(Löscht das Licht aus und stellt es weg)* Na, endlich kann man einen Bissen zu sich nehmen. *(Fängt an, Butterbrot zu essen)* Na, siehst du, Gina – wenn man sich nur umtut, so –
Gina Wieso umtut?
Hjalmar Ja, ist es denn nicht ein Glück, daß wir die Stube endlich mal vermietet haben. Und denk nur – an einen Menschen wie Gregers – an einen alten, guten Freund.
Gina Ja, ich – ich weiß nicht, was ich dazu sagen soll.
Hedwig Ach Mutter, du sollst sehen, wie nett es wird!
Hjalmar Du bist aber auch sonderbar. Zuerst warst du wie versessen drauf, die Stube los zu werden; und nun ist's dir nicht recht.
Gina Ja, Ekdal – wenn's bloß ein andrer gewesen wäre, so –. Aber was glaubst du, wird der alte Werle sagen?
Hjalmar Der alte Werle? Was kümmert den das?!
Gina Aber du kannst dir doch denken, daß es zwischen denen wieder 'nen Krach gegeben hat, wenn der junge das Haus verläßt. Du weißt ja, wie die beiden miteinander stehen.
Hjalmar Ja, mag sein, aber –
Gina Und nun glaubt am Ende der Alte, du steckst dahinter –
Hjalmar So laß ihn glauben, was er will! Der alte Werle hat riesig viel für mich getan. Herrgott ja – das erkenn' ich an. Aber deshalb kann ich mich doch nicht für ewige Zeiten von ihm abhängig machen.
Gina Aber, bester Ekdal, vielleicht muß Großvater dran glauben; am

Ende verliert er nun das kleine bißchen Verdienst, das er bei Gråberg hat.
Hjalmar Fast hätt' ich gesagt: wenn es doch so käme! Ist es nicht demütigend für einen Mann wie mich, seinen alten grauen Vater wie einen Ausgestoßenen herumlaufen zu sehen? Aber nun ist bald die Zeit erfüllt, denk' ich. *(Nimmt ein frisches Butterbrot)* Hab' ich mal eine Aufgabe im Leben, so führ' ich sie auch durch!
Hedwig Ach ja, Vater! Tu das!
Gina Pst; weck' ihn nicht auf!
Hjalmar (leiser) Ich werde sie durchführen, sag' ich. Es wird schon mal der Tag kommen, wo –. Und deshalb ist es gut, daß wir das Zimmer vermietet haben; denn so bin ich unabhängiger gestellt. Und das muß der Mann sein, der eine Aufgabe im Leben hat. *(Nach dem Lehnstuhl hin, bewegt)* Armer, alter, greiser Vater. – Vertraue du nur deinem Hjalmar. – Der hat breite Schultern – kraftvolle Schultern jedenfalls. – Eines schönen Tages wirst du erwachen und – *(Zu Gina)* Glaubst du's vielleicht nicht?
Gina (steht auf) Ja, gewiß, doch; aber erst wollen wir sehen, wie wir ihn in die Klappe kriegen.
Hjalmar Ja, das wollen wir. *(Sie fassen den Alten behutsam an.)*

DRITTER AKT

Hjalmar Ekdals Atelier. Es ist Morgen; das Tageslicht fällt durch das große Fenster des Schrägdaches; der Vorhang ist zurückgezogen.

Hjalmar sitzt am Tische, mit dem Retuschieren einer Photographie beschäftigt; mehrere andere Bilder liegen vor ihm. Gleich darauf kommt Gina in Hut und Mantel durch die Flurtür; sie trägt einen Deckelkorb am Arm.

Hjalmar Bist du schon wieder da, Gina?
Gina I ja, man muß sich sputen. *(Stellt den Korb auf einen Stuhl und legt Hut und Mantel ab.)*
Hjalmar Warst du bei Gregers drin?

Gina Jaha, das war ich. Bei dem sieht's mal nett aus. Kaum ist er da, so hat er auch schon die schönsten Geschichten angerichtet.

Hjalmar Wieso?

Gina Er wollte doch selber alles machen, sagte er. Da wollt' er nu auch einheizen; und da hat er die Ofenklappe zugeschraubt, so daß das ganze Zimmer voll Rauch ist. Ujeh, das war ein Gestank, daß man –

Hjalmar Ach nein!

Gina Aber das Schönste kommt noch. Nun wollt' er nämlich das Feuer löschen, und da goß er das ganze Waschwasser in den Ofen, so daß der ganze Fußboden in Dreck schwimmt.

Hjalmar Das ist aber doch verdrießlich.

Gina Ich habe gleich die Portiersfrau 'raufgeholt, damit sie bei dem Ferkel reine macht; aber vor heut Nachmittag ist da drin kein Bleiben nicht.

Hjalmar Was fängt er denn nun inzwischen mit sich an?

Gina Er geht aus, sagte er.

Hjalmar Ich war auch einen Augenblick bei ihm drin – nachdem du weg warst.

Gina Das hört' ich. Du hast ihn ja zum Frühstück eingeladen.

Hjalmar Nur so ein ganz kleiner Vormittagsimbiß, weißt du. Es ist ja der erste Tag – wir können nicht gut umhin. Du hast ja doch immer was im Hause.

Gina Ich muß zusehen, wie ich ein bißchen was finde.

Hjalmar Aber daß es nur nicht zu knapp ist. Denn Relling und Molvik kommen auch rauf, glaub' ich. Relling hab' ich eben auf der Treppe getroffen, siehst du, und da mußt' ich doch –

Gina Was? Kommen die beiden etwa auch noch?

Hjalmar Herrgott – ein paar Leute mehr oder weniger, das macht den Kohl auch nicht fett.

Ekdal (öffnet seine Tür und sieht hinein) Du, Hjalmar, hör' mal – *(Bemerkt Gina)* Ach so.

Gina Wollen Sie was, Großvater?

Ekdal Ach nein; ist egal. Hm! *(Geht wieder hinein)*

Gina (nimmt den Korb) Paß nur gut auf ihn auf, daß er nicht ausgeht.

Hjalmar Jawohl, ja – wird gemacht. – Du, Gina, ein bißchen Heringssalat wäre ganz famos; denn Relling und Molvik sind diese Nacht wieder ausgewesen auf 'nem Bummel.

Gina Wenn sie mir nur nicht zu früh auf den Hals kommen –

Hjalmar Nein, sicher nicht; laß dir nur Zeit.

Gina Na ja; und inzwischen kannst du ja auch noch ein bißchen arbeiten.

Hjalmar Ich sitze ja und arbeite! Ich arbeite ja, was das Zeug hält.

Gina Dann bist du's ja doch los, sieh mal. *(Geht mit dem Korb in die Küche)*

Hjalmar (sitzt einige Augenblicke und pinselt auf der Photographie, doch träge und mit Unlust).

Ekdal (steckt den Kopf durch die Tür, sieht sich im Atelier um und sagt in gedämpftem Ton) Du, hast du was zu tun?

Hjalmar Jawohl, ich sitze hier und quäle mich mit den Bildern da ab –

Ekdal Ja, ja, natürlich – wenn du so viel zu tun hast, so – Hm! *(Geht wieder hinein; die Tür bleibt offen)*

Hjalmar (arbeitet schweigend eine Weile weiter; dann legt er den Pinsel hin und geht an die Tür) Hast du zu tun, Vater?

Ekdal (brummt drinnen) Wenn du zu tun hast, dann hab' ich auch zu tun. Hm!

Hjalmar Na ja. jawohl. *(Geht wieder an seine Arbeit)*

Ekdal (kommt bald darauf wieder an die Tür) Hm; weißt du, Hjalmar, so mächtig viel zu tun hab' ich gerade nicht.

Hjalmar Ich glaubte, du säßest und schriebst.

Ekdal Donnerwetter, der Gråberg, kann der denn nicht noch einen Tag oder zwei warten? Das Leben hängt, soviel ich weiß, doch nicht davon ab.

Hjalmar Nein, und du bist doch auch kein Sklave.

Ekdal Und dann die andere Geschichte da drin –

Hjalmar Natürlich, ja. Du möchtest wohl 'rein? Soll ich dir aufmachen?

Ekdal Wär' mir gar nicht so unangenehm.

Hjalmar (erhebt sich) Dann wären wir die Sache auch los.

Ekdal I freilich. Soll ja bis morgen früh fertig sein. Denn es ist doch morgen? Hm?

Hjalmar Ja, gewiß ist es morgen.

(Hjalmar und Ekdal schieben jeder einen Türflügel zur Seite. Die Morgensonne scheint durch die Dachluken herein; einige Tauben fliegen hin und her, andere gurren auf den Stangen; weiter hinten auf dem Boden gackern dann und wann die Hühner.)

Hjalmar Na, nun geh mal 'rein, Vater.

Ekdal (geht hinein) Kommst du nicht mit?

Hjalmar Ja, sieh mal – ich glaub' schon – *(sieht Gina in der Küchentür)* Ich? Nein, ich hab' keine Zeit; ich muß arbeiten. – Aber der Mechanismus, den –

(Er zieht an einer Schnur; drinnen gleitet ein Vorhang herab, dessen unterer Teil aus einem Streifen alten Segeltuchs besteht; der obere Teil ist aus einem Stück ausgespannten Fischernetzes hergestellt. Auf diese Weise ist der Fußboden des Raums nicht mehr sichtbar.)

Hjalmar (geht an den Tisch) So; nun werd' ich doch wohl einen Augenblick unbehelligt sitzen können.

Gina Mußte er denn da wieder 'rein und grassieren?

Hjalmar Er hätte wohl lieber zu Madam Eriksen runterlaufen sollen? *(Setzt sich)* Willst du was? Du sagtest ja –

Gina Ich wollt' nur fragen, ob du meinst, wir können den Frühstückstisch hier decken?

Hjalmar Ja – für so früh hat sich doch wohl keiner angesagt?

Gina Nein; ich erwarte keinen, als bloß die Brautleute, die zusammen sitzen wollen.

Hjalmar Donnerwetter, daß sie sich nicht einen andern Tag dafür aussuchen können!

Gina Ich hab' sie ja doch auf heut Nachmittag bestellt, Ekdalchen, wenn du schläfst.

Hjalmar Na, dann ist's gut. Also wir essen hier.

Gina Na ja, schön, aber es eilt noch nicht mit dem Decken; du kannst den Tisch gut und gern noch 'ne Weile benutzen.

Hjalmar Ich meine, du siehst doch, daß ich hier sitze und den Tisch nach Möglichkeit benutze!

Gina Dann bist du nachher doch auch frei, sieh mal. *(Wieder ab in die Küche)*

(Kurze Pause)

Ekdal (in der Bodentür hinter dem Netz) Hjalmar!

Hjalmar Was?

Ekdal Fürchte man, wir müssen den Wassertrog doch noch rücken.

Hjalmar Das hab' ich doch immer gesagt.

Ekdal Hm – hm – hm. *(Verläßt die Tür wieder)*

Hjalmar (arbeitet ein wenig, schielt nach dem Boden hin und steht halb auf).

(Hedwig kommt aus der Küche.)

Hjalmar (setzt sich schnell wieder hin) Was willst du?

Hedwig Ich wollte bloß zu dir herein, Vater.

Hjalmar (nach kurzer Pause) Ich glaube gar, du gehst hier 'rum und schnüffelst. Sollst du vielleicht aufpassen?

Hedwig Aber ganz und gar nicht.

Hjalmar Was macht denn Mutter jetzt draußen?

Hedwig Ach, Mutter, die steht mitten im Heringssalat. *(Geht an den Tisch)* Könnt' ich dir nicht mit irgendwas helfen, Vater?
Hjalmar O nein. Ich tu' schon lieber alles allein – soweit die Kräfte reichen. Es hat keine Not, Hedwig; wenn nur dein Vater gesund bleibt –
Hedwig Nicht doch, Vater! Du sollst nicht so häßlich daherreden. *(Sie geht im Zimmer umher, bleibt in der Türöffnung stehen und sieht in den Boden hinein.)*
Hjalmar Du – was macht er denn da?
Hedwig Wahrscheinlich 'nen neuen Weg zum Wassertrog.
Hjalmar Das bringt er doch nun und nimmer allein zustande! Und da muß ich verurteilt sein, hier zu sitzen –!
Hedwig (geht zu ihm) Gib mir den Pinsel, Vater. Ich kann's schon.
Hjalmar Ach was; du verdirbst dir nur die Augen damit.
Hedwig I bewahre. So gib doch nur den Pinsel.
Hjalmar (steht auf) Na, es dauert ja auch bloß ein' oder zwei Minuten.
Hedwig I, was sollt' denn das schaden? *(Nimmt den Pinsel)* So –. *(Setzt sich)* Und hier hab' ich ja auch eins als Vorlage.
Hjalmar Aber verdirb dir die Augen nicht! Hörst du wohl? Ich will nicht die Verantwortung haben; du mußt selbst die Verantwortung tragen – das sag' ich dir.
Hedwig (retuschiert) Jawohl, das werd' ich schon.
Hjalmar Du bist mächtig geschickt, Hedwig. Nur ein paar Minuten, verstehst du.
(Er schlüpft zwischen Tür und Vorhang in den Bodenraum. Hedwig sitzt bei ihrer Arbeit. Man hört, wie Hjalmar und Ekdal drin disputieren.)
Hjalmar (erscheint hinter dem Netz) Hedwig, ach gib mir mal die Zange, die auf dem Gesims liegt. Und den Hammer auch. *(Wendet sich zurück)* Nun sollst du mal sehen, Vater, bitte, ich möchte dir erst zeigen, wie ich's meine!
(Hedwig hat das verlangte Werkzeug vom Regal geholt und gibt es ihm hinein.)
Hjalmar Danke schön. Ein wahres Glück, du, daß ich dazugekommen bin.
(Verläßt die Türöffnung; sie tischlern und reden drinnen. Hedwig bleibt stehen und sieht ihnen zu. Bald darauf klopft es an der Flurtür. Sie bemerkt es nicht.)
Gregers Werle (kommt barhäuptig und ohne Überzieher herein und bleibt eine Weile an der Tür stehen) Hm –!
Hedwig (wendet sich um und geht ihm entgegen) Guten Morgen. Bitte, kommen Sie herein.

Gregers Danke sehr. *(Sieht nach dem Boden hin)* Es scheint, Sie haben Arbeiter im Hause.
Hedwig Nein, das sind bloß Vater und Großvater. Aber ich will ihnen sagen, daß –
Gregers Nein – bitte nicht; ich warte lieber eine Weile. *(Setzt sich aufs Sofa)*
Hedwig Hier ist es so unordentlich –
(Will die Photographien wegräumen)
Gregers Ach, lassen Sie nur liegen. Die Bilder, die sollen wohl fertig werden?
Hedwig Ja, ich sollte Vater ein bißchen dabei helfen.
Gregers Lassen Sie sich durch mich nur nicht stören.
Hedwig O nein.
(Sie schiebt die Sachen zu sich heran und setzt sich an die Arbeit. Indessen sieht Gregers ihr schweigend zu.)
Gregers Hat die Wildente heute Nacht gut geschlafen?
Hedwig Danke sehr, ich glaube schon.
Gregers (nach dem Bodenraum gewendet) Bei Tage sieht es ganz anders aus als gestern bei Mondschein.
Hedwig Ja, es kann unendlich verschieden sein. Des Morgens sieht es anders aus als nachmittags; und wenn es regnet, sieht es anders aus als bei gutem Wetter.
Gregers Haben Sie das beobachtet?
Hedwig Ja, das sieht man doch.
Gregers Sind Sie auch gern da drin bei der Wildente?
Hedwig Ja, wenn es sich machen läßt, so –
Gregers Aber Sie haben wohl nicht so viel freie Zeit. Sie gehen ja doch zur Schule.
Hedwig Nein, jetzt nicht mehr. Denn Vater ist bange, ich verderbe mir die Augen.
Gregers So? Dann gibt er Ihnen wohl selbst Unterricht?
Hedwig Vater hat versprochen, mir welchen zu geben; aber er hat noch keine Zeit dazu gehabt.
Gregers Ist denn sonst keiner da, der sich Ihrer ein bißchen annimmt?
Hedwig Jawohl, der Kandidat Molvik; aber er ist nicht immer so – so ganz richtig –
Gregers Betrunken?
Hedwig Ja freilich.
Gregers Na, dann haben Sie ja Zeit zu allerhand. Und da drin, das ist wohl so eine Welt für sich – wie?

Hedwig Ja, ganz und gar. Und dann sind da so viel merkwürdige Dinge.
Gregers So?
Hedwig Ja, da sind große Schränke mit Büchern, und in vielen Büchern sind Bilder.
Gregers Aha!
Hedwig Und dann ist da 'ne alte Schatulle mit Schubladen und Klappen und eine große Uhr mit Figuren, die herauskommen können. Aber die Uhr geht nicht mehr.
Gregers Die Zeit ist also stehengeblieben – da drin bei der Wildente.
Hedwig Ja. Und auch alte Farbenkasten sind da und dergleichen. Und die vielen Bücher.
Gregers Und in den Büchern, da lesen Sie wohl drin?
Hedwig O ja, wenn ich kann. Aber die meisten sind englisch, und das versteh' ich nicht. Aber dann sehe ich mir die Bilder an. – Da ist ein mächtig großes Buch, das heißt »Harrysons History of London«; das ist wohl an die hundert Jahre alt; und dann sind so eine Masse Bilder drin. Vorn steht der Tod abgebildet mit einem Stundenglas, und eine Jungfrau. Das find' ich häßlich. Aber dann sind noch viele andere Bilder drin mit Kirchen und Schlössern und Straßen und großen Schiffen, die auf dem Meere segeln.
Gregers Sagen Sie mal, woher haben Sie all die seltenen Sachen?
Hedwig Ach, hier hat mal ein alter Schiffskapitän gewohnt, und der hat sie mitgebracht. Sie nannten ihn »den fliegenden Holländer«. Und das ist komisch; denn er war gar kein Holländer.
Gregers So?
Hedwig Nein. Aber eines Tages war er weg. Und da sind die ganzen Sachen hier zurückgeblieben.
Gregers Nun sagen Sie mir mal – wenn Sie nun so da drin sitzen und sich die Bilder anschauen, kriegen Sie da nicht Lust hinauszukommen und die große, wirkliche Welt zu sehen?
Hedwig O nein! Ich will immer hier bleiben und Vater und Mutter helfen.
Gregers Und Photographien machen?
Hedwig Nein, nicht das allein. Am liebsten möcht' ich lernen, solche Bilder radieren, wie da in den englischen Büchern stehen.
Gregers Hm – und was sagt Ihr Vater dazu?
Hedwig Vater, glaub' ich, sieht das nicht gern; denn er ist so wunderlich in solchen Dingen. Denken Sie nur, er spricht davon, ich soll das Korbflechten und Strohflechten lernen! Aber ich meine, das kann doch nichts sein.

Gregers Das mein' ich auch.
Hedwig Aber darin hat ja Vater recht: hätt' ich gelernt Körbe zu flechten, so könnt' ich jetzt den neuen Korb für die Wildente machen.
Gregers Das könnten Sie, jawohl; und Sie wären auch die Nächste dazu.
Hedwig Ja; denn es ist meine Wildente.
Gregers Freilich.
Hedwig Jaha, mir gehört sie. Aber Vater und Großvater kriegen sie geborgt, sooft sie wollen.
Gregers So? Wozu brauchen die sie denn?
Hedwig Oh, sie hegen sie und pflegen sie und bauen ihr was zurecht und so weiter.
Gregers Kann mir denken; denn die Wildente ist wohl von allen das vornehmste Tier da drin.
Hedwig Ja, das ist sie; denn sie ist doch ein wirklicher wilder Vogel. Und dann kann sie einem auch so leid tun. Sie hat keinen, an den sie sich halten kann, das arme Ding.
Gregers Hat keine Familie wie die Kaninchen. –
Hedwig Nein. Die Hühner haben doch auch so viele, mit denen sie zusammen Küchlein gewesen sind; aber sie ist allen den ihren so ganz entrissen worden. Und dann hat es ja doch auch so eine eigene Bewandtnis mit der Wildente. Keiner kennt sie; und keiner weiß, woher sie stammt.
Gregers Und dann ist sie auf dem Meeresgrund gewesen.
Hedwig (sieht ihn flüchtig an, unterdrückt ein Lächeln und fragt) Warum sagen Sie Meeresgrund?
Gregers Was sollt' ich sonst sagen?
Hedwig Sie könnten sagen: Boden des Meeres – oder Meeresboden.
Gregers Kann ich nicht ebensogut Meeresgrund sagen?
Hedwig Ja, aber für mich klingt es immer so seltsam, wenn andere Leute Meeresgrund sagen.
Gregers Warum denn? Sagen Sie mir, warum?
Hedwig Nein, ich will nicht, es ist zu dumm.
Gregers Ach bewahre. Sagen Sie mir doch, warum Sie lächelten.
Hedwig Weil immer, wenn ich so mit einem Mal – so ganz plötzlich – an die ganze Geschichte da drin denke – weil es mir dann vorkommt, als hieße der ganze Raum und alles andere auch der »Meeresgrund«. – Aber das ist ja so dumm.
Gregers Sagen Sie das nur nicht.
Hedwig O doch; denn es ist doch bloß ein Boden.

Gregers (sieht sie fest an) Sind Sie dessen so gewiß?
Hedwig (erstaunt) Daß es nur ein Boden ist?
Gregers Ja, wissen Sie das so sicher?
(Hedwig schweigt und sieht ihn mit offenem Munde an. Gina kommt mit dem Tischzeug aus der Küche.)
Gregers (steht auf) Ich bin Ihnen gewiß zu früh gekommen?
Gina Ach, irgendwo müssen Sie doch sein; und jetzt bin ich auch bald fertig. Räum' den Tisch ab, Hedwig.
(Hedwig räumt ab; sie und Gina decken während des Folgenden. Gregers setzt sich in den Lehnstuhl und blättert in einem Album.)
Gregers Ich höre, Sie können retuschieren, Frau Ekdal.
Gina (mit einem Seitenblick) Freilich kann ich das.
Gregers Das hat sich wirklich gut getroffen.
Gina Wieso gut?
Gregers Weil doch Ekdal Photograph geworden ist, mein' ich.
Hedwig Mutter kann auch photographieren.
Gina O ja, die Kunst habe ich mir auch angelernt.
Gregers Dann führen Sie wohl das Geschäft?
Gina Ja, wenn Ekdal selbst nicht Zeit hat, so –
Gregers Er ist gewiß von seinem alten Vater ganz in Anspruch genommen, denk' ich mir.
Gina Ja, und dann ist es doch auch nichts für einen Mann wie Ekdal, von Krethi und Plethi Porträts zu machen.
Gregers Das mein' ich auch; aber wenn er den Weg doch nun mal eingeschlagen hat, so –
Gina Sie können sich doch wohl denken, Herr Werle – Ekdal ist nicht einer von den gewöhnlichen Photographen.
Gregers Na ja, aber trotzdem –
(Auf dem Boden fällt ein Schuß)
Gregers (fährt auf) Was ist denn das?!
Gina Ujeh, da schießen sie wieder!
Gregers Sie schießen auch?
Hedwig Sie gehen auf die Jagd.
Gregers Was?! *(An der Bodentür)* Du gehst auf die Jagd, Hjalmar?
Hjalmar (hinter dem Netz) Du bist da? Davon wußt' ich nichts; ich war so beschäftigt – *(Zu Hedwig)* und du sagst uns nichts! *(Kommt ins Atelier)*
Gregers Du gehst da auf dem Boden herum und schießt?
Hjalmar (zeigt eine doppelläufige Pistole) Ach, bloß mit diesem Dings da.

Gina Ja, du und Großvater – ihr werdet schon noch mal ein Unglück mit der Pikstole da anrichten.
Hjalmar (ärgerlich) Ich habe dir doch gesagt, daß so eine Schußwaffe eine Pistole heißt.
Gina Ach, das ist auch nicht viel besser, mein' ich.
Gregers Du bist also auch Jäger geworden, Hjalmar?
Hjalmar Nur ab und zu ein bißchen Kaninchenjagd. Mehr Vater zu Liebe, verstehst du.
Gina Die Mannsleute, die sind doch zu komisch; sie müssen immer was haben, womit sie sich dividieren.
Hjalmar (ärgerlich) Jawohl, ja; wir müssen immer was haben, womit wir uns divertieren.
Gina Na, das sag' ich doch gerade.
Hjalmar Na; hm! *(Zu Gregers)* Und siehst du, es trifft sich gut, daß der Boden so liegt, daß niemand es hören kann, wenn wir schießen. *(Legt die Pistole auf das oberste Brett des Regals)* Rühr' die Pistole nicht an, Hedwig! Der eine Lauf ist geladen; denk daran.
Gregers (sieht hinein durch das Netz Ein Jagdgewehr hast du auch, wie ich sehe.
Hjalmar Es ist Vaters altes Gewehr. Man kann nicht mehr damit schießen; denn am Schloß ist was nicht in Ordnung. Aber trotzdem ist's ganz lustig, es zu haben; denn wir können es ab und zu auseinandernehmen und es reinigen und es mit Knochenfett einschmieren und es wieder zusammensetzen –. Besonders Vater bastelt gern an so was herum.
Hedwig (neben Gregers) Jetzt können Sie die Wildente ordentlich sehen.
Gregers Ich sehe sie mir gerade an. Mir scheint, sie läßt den einen Flügel ein bißchen hängen.
Hjalmar Na, das ist doch kein Wunder; sie ist ja angeschossen.
Gregers Und dann schleppt sie den einen Fuß ein bißchen nach. Oder ist es nicht so?
Hjalmar Vielleicht ein ganz klein wenig.
Hedwig An dem Fuß, da hat der Hund sie gebissen.
Hjalmar Sonst hat sie aber nicht die geringsten Fehler oder Gebrechen. Und das ist ein wahres Wunder, da sie doch eine Ladung Schrot in den Balg gekriegt hat und zwischen den Zähnen eines Hundes gewesen ist –
Gregers (mit einem Blick auf Hedwig) – und auf dem Meeresgrund gewesen ist – so lange.
Hedwig (lächelt) Ja.

Gina (schafft am Tisch Ordnung) Die ewige Wildente, die! Vor der werden so viel Kumpelmente gemacht.
Hjalmar Hm – ist nun bald gedeckt?
Gina Ja, gleich. Hedwig, jetzt komm und hilf mir.
(Gina und Hedwig ab in die Küche)
Hjalmar (halblaut) Ich meine, es hat keinen Wert, daß du da stehst und Vater zusiehst; er mag das nicht.
Gregers (verläßt die Bodentür).
Hjalmar Es ist das Gescheiteste, ich mache zu, eh' die andern kommen. *(Klatscht in die Hände)* Husch – husch; wollt ihr wohl da weg! *(Indem er den Vorhang hinaufzieht und die Tür zusammenschiebt)* Diese Zurichtungen sind meine eigene Erfindung. Es ist wirklich recht amüsant, so was zu haben, womit man sich zu schaffen macht, und das man wieder in Ordnung bringt, wenn's kaputt gegangen ist. Und dann, sieh mal, ist es auch sehr notwendig, weil doch Gina nicht gern Kaninchen und Hühner im Atelier drin haben will.
Gregers Gewiß; und deine Frau, die besorgt hier wohl alles?
Hjalmar Ich überlasse ihr im allgemeinen die laufenden Geschäfte; denn so kann ich inzwischen die Wohnstube aufsuchen und über Dinge nachdenken, die wichtiger sind.
Gregers Du, Hjalmar, was für Dinge sind denn das eigentlich?
Hjalmar Ich wundere mich nur, daß du danach nicht schon längst gefragt hast. Oder hast du etwa noch nichts von der Erfindung gehört?
Gregers Erfindung? Nein.
Hjalmar So? Wirklich nicht? Natürlich, da oben in deinen Hochwäldern und Einöden –
Gregers Du hast also eine Erfindung gemacht!
Hjalmar Noch nicht ganz gemacht; aber ich bin eben dabei. Du kannst dir doch wohl denken, daß ich mich nicht deshalb der Photographiererei geopfert habe, um etwa bloß alle möglichen Alltagsmenschen abzuporträtieren.
Gregers Gewiß nicht; das sagte auch deine Frau eben.
Hjalmar Ich habe einen Schwur geleistet: wenn ich schon meine Kräfte so einem Handwerk widmete, so müßte ich es auch so heben, daß es sowohl zu einer Kunst wie zu einer Wissenschaft würde. Und so habe ich beschlossen, die merkwürdige Erfindung zu machen.
Gregers Und worin besteht die Erfindung? Was bezweckt sie?
Hjalmar Ja, mein Lieber, nach solchen Einzelheiten darfst du mich noch nicht fragen. Dazu, sieh mal, gehört Zeit. Und dann darfst du auch nicht glauben, daß es Eitelkeit ist, was mich dazu treibt. Ich arbeite wahr-

haftig nicht um meinetwillen. O nein, um der Lebensaufgabe willen, die Tag und Nacht mir vorschwebt.
Gregers Was für eine Lebensaufgabe?
Hjalmar Vergißt du den Greis im Silberhaar?
Gregers Dein armer Vater; ja, aber was kannst du denn eigentlich für ihn tun?
Hjalmar Ich kann sein totes Selbstgefühl zu neuem Leben erwecken, indem ich den Namen Ekdal wieder zu Ehren und Ansehen bringe.
Gregers Das also ist deine Lebensaufgabe.
Hjalmar Ja. Ich will den Schiffbrüchigen retten. Denn Schiffbruch hat er schon erlitten, als das Unwetter über ihn hereinbrach. Während der schrecklichen Zeit der Untersuchung, da war er schon nicht mehr er selbst. Die Pistole dort – die wir zur Kaninchenjagd gebrauchen – du, die hat eine Rolle gespielt in der Tragödie des Hauses Ekdal.
Gregers Die Pistole? So?
Hjalmar Als das Urteil gefällt war, und er eingesperrt werden sollte – da hielt er die Pistole in der Hand –
Gregers Wahrhaftig –?
Hjalmar Jawohl; aber er hatte nicht den Mut. Er war feige. So verkommen, so ruiniert war er schon damals an seiner Seele. Oh, verstehst du das? Ein Offizier – ein Mann, der neun Bären geschossen hatte – der abstammte von zwei Oberstleutnants – von einem nach dem andern natürlich –. Verstehst du das, Gregers?
Gregers O ja, ich verstehe es wohl.
Hjalmar Ich nicht. Und dann griff die Pistole zum zweiten Male in die Geschichte unseres Hauses ein. Als er den grauen Drillichanzug ankriegte und hinter Schloß und Riegel saß – oh, das waren, glaube mir, entsetzliche Zeiten für mich. Ich hatte die Vorhänge an meinen beiden Fenstern heruntergelassen. Wenn ich hinausblickte, sah ich, daß die Sonne schien, wie gewöhnlich. Ich begriff es nicht. Ich sah die Menschen auf der Straße gehen und lachen und über die gleichgültigsten Dinge schwätzen. Ich begriff es nicht. Mir war, als müsse das ganze Dasein stillstehen wie bei einer Sonnenfinsternis.
Gregers So war auch mir ums Herz, als meine Mutter starb.
Hjalmar In einem solchen Augenblick hatte ich, Hjalmar Ekdal, die Pistole auf meine eigene Brust gerichtet.
Gregers Auch du wolltest –!
Hjalmar Ja.
Gregers Aber du hast nicht losgedrückt?
Hjalmar Nein. Im entscheidenden Augenblick errang ich den Sieg über

mich selbst. Ich blieb leben. Aber glaube mir, es gehört Mut dazu, unter solchen Umständen das Leben zu wählen.

Gregers Ja – wie man's nimmt.

Hjalmar Nein, du – unbedingt. Aber es war das Beste so; denn nun mache ich bald meine Erfindung; und dann – das glauben Doktor Relling und ich – bekommt Vater die Erlaubnis, wieder seine Uniform zu tragen. Ich will es fordern als meinen einzigen Lohn.

Gregers Also die Uniform ist es, die er –?

Hjalmar Ja, nach ihr steht sein ganzes Sinnen und Trachten. Du kannst dir nicht vorstellen, wie das mir das Herz zerreißt um seinetwillen. Immer, wenn wir ein kleines Familienfest feiern – Ginas und meinen Hochzeitstag oder was es sonst sein mag – dann erscheint der Alte hier angetan mit seiner Leutnantsuniform aus den Tagen des Glücks. Aber klopft es nur an der Flurtür – er wagt nämlich nicht, sich vor fremden Leuten zu zeigen, weißt du – dann stürzt er wieder in seine Kammer, so schnell ihn seine alten Beine tragen. Und siehst du, so was kann einem Sohn das Herz zerbrechen.

Gregers Und wann ungefähr denkst du mit der Erfindung fertig zu sein?

Hjalmar Herrgott, nach solchen Einzelheiten wie der Zeit darfst du mich nicht fragen! Eine Erfindung, das ist eine Sache, die man nicht selbst ganz in der Hand hat. Es kommt dabei zum guten Teil auf die Inspiration an – auf eine Eingebung – und es ist so gut wie unmöglich, im voraus zu berechnen, wann sie eintritt.

Gregers Aber vorwärts geht's doch wohl?

Hjalmar Natürlich geht's vorwärts. Ich mache mich jeden lieben Tag an die Erfindung; sie füllt mich ganz aus. Jeden Nachmittag, nach dem Essen, schließ' ich mich in der Wohnstube ein, wo ich in Ruhe nachdenken kann. Aber nur treiben soll man mich nicht; das nützt nämlich gar nichts; das sagt Relling auch.

Gregers Und meinst du nicht, daß die ganzen Geschichten da drin auf dem Boden dich zu sehr ablenken und zerstreuen?

Hjalmar I bewahre, im Gegenteil. Das darfst du nicht sagen. Ich kann doch nicht immer und ewig hier denselben anstrengenden Gedanken nachhängen. Ich muß nebenher noch was haben, das die Wartezeit ausfüllt. Die Inspiration, die Eingebung, sieh mal – wenn die kommen will – so kommt sie doch.

Gregers Mein lieber Hjalmar, ich glaube fast, du hast etwas von der Wildente an dir.

Hjalmar Von der Wildente? Wie meinst du das?

Gregers Du bist untergetaucht und hast dich im Gras da tief unten festgebissen.
Hjalmar Meinst du damit vielleicht den Schuß, der, um ein Haar tödlich, meinen Vater in den Flügel getroffen hat – und mich auch?
Gregers Nicht direkt das. Ich will nicht sagen, daß du angeschossen bist; aber du bist in einen giftigen Sumpf geraten, Hjalmar; du hast eine schleichende Krankheit im Körper, und dann bist du untergegangen, um im Dunkeln zu sterben.
Hjalmar Ich? Im Dunkeln sterben! Du, hör' mal, Gregers, solch unsinniges Geschwätz solltest du wirklich lassen.
Gregers Sei nur ruhig; ich werde dich schon wieder auf die Beine bringen. Denn, siehst du, ich habe nun auch eine Lebensaufgabe; seit gestern.
Hjalmar Schön – aber laß mich nur in Frieden. Ich kann dir versichern: ich befinde mich – abgesehen von meiner leicht erklärlichen Melancholie natürlich – so wohl, wie sich's ein Mensch nur wünschen kann.
Gregers Daß dem so ist, das kommt auch von dem Gift.
Hjalmar Liebster, bester Gregers, jetzt rede mir nicht mehr von Krankheit und Gift; solche Gespräche bin ich nicht gewöhnt; in meinem Hause spricht man mir niemals von unangenehmen Sachen.
Gregers Ja, das will ich dir gern glauben.
Hjalmar Jawohl, denn es schadet mir nur. Und hier ist keine Sumpfluft, wie du dich ausdrückst. Das Haus des armen Photographen hat ein niedriges Dach – das weiß ich wohl – und meine Verhältnisse sind beschränkt. Aber – ich bin ein Erfinder, du – und ich bin zugleich Familienvater. Das erhebt mich über die engen Verhältnisse. – Ah, da ist das Frühstück!
(Gina und Hedwig bringen Bierflaschen, Branntweinkaraffe, Gläser und anderes Zubehör. Zugleich erscheinen Relling und Molvik vom Flur her; beide sind ohne Hut und Überrock; Molvik ist schwarz gekleidet.)
Gina (stellt die Sachen auf den Tisch) Na, die beiden sind pünktlich da.
Relling Molvik hat sich eingebildet, er wittere Heringssalat, und da war er nicht zu halten. – Nochmals guten Morgen, Ekdal.
Hjalmar Gregers, darf ich dir Herrn Kandidaten Molvik vorstellen; Doktor – ach Relling, den kennst du ja.
Gregers Ja, ganz flüchtig.
Relling Ah, Herr Werle junior. Ja, wir beiden haben uns da oben auf dem Höjdalswerk in den Haaren gelegen. Sie sind wohl eben eingezogen?
Gregers Ich bin heute früh eingezogen.

Relling Und unter Ihnen wohnen Molvik und ich; Sie haben also nicht weit zum Doktor und zum Pastor, wenn Sie einen brauchen sollten.
Gregers Danke sehr. Das wäre schon möglich, denn gestern waren wir dreizehn bei Tisch.
Hjalmar Ach, so komm doch nicht auf die ungemütliche Geschichte zurück.
Relling Das braucht dich nicht anzufechten, Ekdal; denn dich trifft's weiß Gott nicht.
Hjalmar Das will ich auch hoffen im Interesse meiner Familie. Aber nun wollen wir uns setzen und essen und trinken und fröhlich sein.
Gregers Wollen wir nicht auf deinen Vater warten?
Hjalmar Nein, er will sein Essen später auf seine Stube haben. Also bitte!
(Die Herren setzen sich an den Frühstückstisch, essen und trinken. Gina und Hedwig kommen und gehen und bedienen.)
Relling Gestern hatte Molvik einen schönen Zustand, Frau Ekdal.
Gina So? Schon wieder?
Relling Haben Sie ihn nicht gehört, als ich nachts mit ihm nach Hause kam?
Gina Nein, daß ich nicht wüßte.
Relling Das war sehr gut; denn Molvik war eklig.
Gina Ist das wahr, Molvik?
Molvik Machen wir einen Strich unter die Ereignisse dieser Nacht. So was hängt ja nicht von meinem besseren Ich ab.
Relling (zu Gregers) Es kommt über ihn wie eine Eingebung, und dann muß ich mit ihm hinaus auf den Bummel. Denn, sehen Sie, unser Molvik ist dämonisch.
Gregers Dämonisch?
Relling Molvik ist dämonisch, jawohl.
Gregers Hm.
Relling Und dämonische Naturen sind nicht dazu gemacht, auf ihren Beinen gerade durch die Welt zu gehen; sie müssen dann und wann auf Abwege. – Na, und Sie halten's noch immer aus da oben auf dem scheußlichen rußigen Werk?
Gregers Bis jetzt hab' ich es ausgehalten.
Relling Und haben Sie inzwischen die Forderung einkassiert, mit der Sie herumgezogen sind?
Gregers Forderung? *(Versteht ihn)* Ach so.
Hjalmar Du hast Forderungen einkassiert, Gregers?
Gregers Ach, Unsinn.

Relling I freilich hat er das; er ist von einer Häuslerhütte zur andern gegangen und hat etwas präsentiert, das er »die ideale Forderung« nannte.
Gregers Ich war damals noch jung.
Relling Da haben Sie recht; Sie waren sehr jung. Und die ideale Forderung – die wurde Ihnen nie honoriert, so lange ich da war.
Gregers Nachher auch nicht.
Relling Na, und da sind Sie wohl so gescheit geworden, von dem Betrag ein bißchen abzulassen.
Gregers Niemals, wenn ich vor einem echten, wahren Menschen stehe.
Hjalmar Das find' ich auch ganz vernünftig. – Etwas Butter, Gina.
Relling Und auch ein Stück Speck für Molvik.
Molvik Äh! Keinen Speck! *(Es klopft an der Bodentür)*
Hjalmar Mach' auf, Hedwig; Vater will heraus.
(Hedwig geht und öffnet ein Stückchen; der alte Ekdal kommt herein mit einem frischen Kaninchenfell; sie schließt wieder hinter ihm.)
Ekdal Guten Morgen, meine Herren! Hab' heute 'ne gute Jagd gehabt. Hab' eins von den Großen geschossen.
Hjalmar Und du hast es abgezogen, eh' ich kam –!
Ekdal Hab's auch gesalzen. Es ist gutes mürbes Fleisch, das Kaninchenfleisch; und süß ist es auch; schmeckt wie Zucker. Mahlzeit, meine Herren! *(Ab in sein Zimmer)*
Molvik (steht auf) Entschuldigen Sie – ich kann nicht – ich muß hinunter so rasch wie möglich –
Relling Trink Sodawasser, Mensch!
Molvik (beeilt sich) Äh – äh! *(Durch die Flurtür ab)*
Relling (zu Hjalmar) Wir wollen einen Schnaps trinken auf den alten Weidmann.
Hjalmar (stößt mit ihm an) Auf den Sportsmann am Rand des Grabes.
Relling Auf den Greis im – *(trinkt)* Ja, sag' mal – ist das Haar, das er hat, eigentlich grau oder weiß?
Hjalmar Es ist wohl so mittel; übrigens hat er gar nicht mehr so viel Haare auf dem Kopf.
Relling Na, mit falschen Haaren kommt man auch durch die Welt. Du, Ekdal, du bist im Grunde doch ein glücklicher Mensch; du hast deine schöne Lebensaufgabe, für die du streben kannst –
Hjalmar Und ich strebe auch – das kannst du glauben.
Relling Und dann hast du dein flinkes Weib, das so mollig in seinen Filzschuhen aus und ein schlorrt und sich in den Hüften schaukelt und dich so hegt und bemuttert.

Hjalmar Ja, Gina – *(nickt ihr zu)* Du bist eine tapfere Gefährtin auf meinem Lebenswege – das bist du.
Gina Ach, sitzt nicht da und ressensiert über mich.
Relling Und dann – du, Ekdal, deine Hedwig!
Hjalmar (bewegt) Ja, das Kind! Das Kind in erster Reihe. Hedwig, komm mal her. *(Streichelt ihr Haar)* Was ist morgen für ein Tag, du?
Hedwig (zupft ihn am Rock) Ach nein, Vater, du sollst nichts sagen.
Hjalmar Mir ist, als kriegt' ich einen Messerstich ins Herz bei dem Gedanken, daß es so wenig sein wird; bloß 'ne kleine festliche Veranstaltung drin auf dem Boden –
Hedwig Aber das wird ja doch gerade himmlisch!
Relling Nur Geduld, Hedwig, bis die merkwürdige Erfindung ans Licht tritt!
Hjalmar Ja dann – dann sollst du sehen –! Hedwig, ich bin entschlossen, deine Zukunft zu sichern. Du sollst es gut haben, solange du lebst. Ich will etwas fordern für dich – irgend etwas. Das soll der einzige Lohn des armen Erfinders sein.
Hedwig (schlingt den Arm um seinen Hals und flüstert ihm zu) O du lieber, lieber Vater!
Relling (zu Gregers) Na, meinen Sie nicht auch, daß es 'ne ganz nette Sache ist, zur Veränderung mal an einem gut besetzten Tisch zu sitzen im Kreise einer glücklichen Familie?
Hjalmar Ja, diese Stunden bei Tisch, dic weiß ich wirklich sehr zu schätzen.
Gregers Ich für mein Teil fühle mich nicht wohl in Sumpfluft.
Relling Sumpfluft?
Hjalmar Ach du, komm doch nicht wieder mit dem Blech.
Gina Hier ist, weiß Gott, nicht Sumpfduft, Herr Werle, denn hier wird jeden lieben Tag ausgelüftet.
Gregers (steht vom Tische auf) Den Gestank, den ich meine, kriegen Sie sicher nicht heraus.
Hjalmar Gestank!
Gina Was sagst du dazu, Ekdal!
Relling Pardon – aber sind Sie's am Ende nicht selbst, der den Gestank mit von den Gruben herunterbringt?
Gregers Es sähe Ihnen ähnlich, das Gestank zu nennen, was ich hier ins Haus bringe.
Relling (nähert sich ihm) Hören Sie, Herr Werle junior, ich habe Sie stark im Verdacht, daß Sie »die ideale Forderung« noch immer unverkürzt hinten in Ihrer Rocktasche herumtragen.

Gregers In der Brust trag' ich sie!

Relling Tragen Sie sie zum Donnerwetter, wo Sie wollen – aber ich möchte Ihnen nicht raten, hier den Einkassierer zu spielen, solange ich drin bin.

Gregers Und wenn ich es nun doch tue?

Relling Dann fliegen Sie kopfüber die Treppe hinunter, verstehen Sie mich!

Hjalmar (steht auf) Aber Relling!

Gregers Ja, werfen Sie mich nur hinaus –

Gina (tritt zwischen sie) Das dürfen Sie nicht, Relling. Aber ich muß Ihnen doch sagen, Herr Werle: wer, wie Sie, die Schweinerei in dem Ofen gemacht hat, der sollte nicht hier reinkommen und von Gestank quatschen.

Hedwig Mutter, es klopft.

Hjalmar So – nun haben wir auch noch die Rennerei!

Gina Laß mich nur – *(Geht, öffnet die Tür, stutzt, fährt zusammen und prallt zurück)* Oh! Jeh doch!

(Der alte Werle, im Pelz, tritt einen Schritt vor.)

Werle Bitte um Entschuldigung – aber mein Sohn soll hier im Hause wohnen.

Gina (schnappt nach Luft) Ja.

Hjalmar (geht näher) Wollen Sie nicht so freundlich sein, Herr Werle –?

Werle Danke sehr; ich wünsche nur meinen Sohn zu sprechen.

Gregers Ja, was ist denn? Da bin ich.

Werle Ich wünsche dich auf deinem Zimmer zu sprechen.

Gregers Auf meinem Zimmer – na –. *(Will gehen)*

Gina Da sieht's doch weiß Gott nicht so aus, daß –

Werle Na also, dann draußen auf dem Flur; ich wünsche ein Gespräch unter vier Augen.

Hjalmar Das können Sie hier haben, Herr Werle. Komm in die Wohnstube, Relling.

(Hjalmar und Relling rechts ab; Gina nimmt Hedwig mit in die Küche)

Gregers (nach kurzer Pause) Ja, da wären wir also unter vier Augen.

Werle Du ließest gestern Abend einige Äußerungen fallen –. Und da du dich jetzt bei Ekdals eingemietet hast, so muß ich fast vermuten, du führst irgendetwas gegen mich im Schilde.

Gregers Ich will Hjalmar Ekdal die Augen öffnen – das führ' ich im Schilde. Er soll seine Situation sehen, so wie sie ist – das ist alles.

Werle Ist das die Lebensaufgabe, von der du gestern gesprochen hast?

Gregers Ja. Eine andere hast du mir nicht gelassen.

Werle Ich bin es also, der deinen inneren Menschen verpfuscht hat, Gregers.
Gregers Mein ganzes Leben hast du verpfuscht. Ich denke nicht an alle die Geschichten mit Mutter –. Aber dir verdank' ich's, daß ich unter den Qualen eines schuldbeladenen Gewissens seufze.
Werle Ah! Mit dem Gewissen also ist es bös bestellt.
Gregers Ich hätte gegen dich auftreten sollen, damals, als dem Leutnant Ekdal Schlingen gelegt wurden. Ich hätte ihn warnen sollen; denn ich ahnte wohl, wohin es führen würde.
Werle Ja, dann hättest du allerdings reden müssen.
Gregers Ich hatte nicht den Mut dazu; so feige und verschüchtert war ich. Ich hatte eine namenlose Angst vor dir – damals und auch noch lange nachher.
Werle Es scheint, die Angst ist jetzt überwunden.
Gregers Ja, glücklicherweise. Was am alten Ekdal gesündigt worden ist, durch mich und durch – andere, das kann nie wieder gutgemacht werden; aber Hjalmar, den kann ich noch aus den Fesseln der Lüge und der Täuschung lösen, die ihn an den Rand des Abgrunds gebracht haben.
Werle Meinst du, damit eine gute Tat zu tun?
Gregers Davon bin ich fest durchdrungen.
Werle Du meinst wohl, daß dieser Ekdal der Mann ist, der dir für einen solchen Freundschaftsdienst danken würde?
Gregers Ja! Der Mann ist er.
Werle Hm – wir werden ja sehen.
Gregers Und überdies – wenn ich weiter leben soll, so muß ich Genesung für mein krankes Gewissen suchen.
Werle Das wird nicht wieder. Dein Gewissen ist von deiner Kinderzeit an krank gewesen. Das ist ein Erbteil deiner Mutter, Gregers – das einzige Erbe, das sie dir hinterlassen hat.
Gregers (halblächelnd, mit einem Anflug von Hohn) Hast du noch immer nicht den Tort verschmerzt, daß du dich in der Annahme verrechnet hast, sie würde dir Vermögen mitbringen?
Werle Laß uns nicht auf Dinge kommen, die nicht hierher gehören. – Du beharrst also fest auf deinem Vorsatz, Ekdal auf die Spur zu bringen, die du für die rechte hältst?
Gregers Ja, auf diesem Vorsatz beharre ich fest.
Werle Na, dann hätt' ich mir ja den Gang hier herauf ersparen können. Denn unter solchen Umständen hat es wohl keinen Zweck, dich zu fragen, ob du wieder zu mir nach Hause kommen willst?

Gregers Nein.
Werle Und in die Firma trittst du auch nicht ein?
Gregers Nein.
Werle Gut. Da ich nun aber beabsichtige, eine neue Ehe einzugehen, so muß die Vermögensmasse zwischen uns geteilt werden.
Gregers (hastig) Nein, das wünsch' ich nicht.
Werle Du wünschst es nicht?
Gregers Nein, ich darf es nicht um meines Gewissens willen.
Werle (nach kurzer Pause) Gehst du wieder hinauf aufs Werk?
Gregers Nein; ich betrachte mich als ausgetreten aus deinen Diensten.
Werle Aber was willst du denn anfangen?
Gregers Nur meine Lebensaufgabe lösen – weiter nichts.
Werle Na, und dann? Wovon willst du denn leben?
Gregers Ich habe mir etwas erspart von meinem Gehalt.
Werle Ja, wie lange wird das vorhalten!
Gregers Ich denke, es hält so lange vor wie mein Leben.
Werle Was soll das heißen?
Gregers Jetzt geb' ich keine Antwort mehr.
Werle Lebwohl denn, Gregers.
Gregers Lebwohl. *(Werle ab)*
Hjalmar (guckt ins Zimmer) Er ist doch weg?
Gregers Ja.
(Hjalmar und Relling treten ein. Gina und Hedwig kommen ebenfalls aus der Küche)
Relling Das Frühstück, das wäre also in die Brüche gegangen.
Gregers Zieh dich an, Hjalmar; du mußt einen weiten Spaziergang mit mir machen.
Hjalmar Ja, recht gern. Was wollte dein Vater denn von dir? Betraf es meine Person?
Gregers Komm nur. Wir haben miteinander zu reden. Ich gehe nur hinunter und ziehe meinen Paletot an. *(Ab durch die Flurtür)*
Gina Du solltest nicht mit ihm gehen, Ekdal.
Relling Nein, tu's nicht; bleib zu Hause.
Hjalmar (nimmt Hut und Überzieher) Was soll denn das! Wenn ein Jugendfreund das Bedürfnis fühlt, mir sein Herz unter vier Augen auszuschütten –!
Relling Aber Himmeldonnerwetter – siehst du denn nicht, daß der Kunde verdreht, verrückt, übergeschnappt ist!
Gina Da hörst du's. Seine Mutter hatte auch manchmal solche physische Raptusse.

Hjalmar Desto nötiger hat er das wachsame Auge eines Freundes. *(Zu Gina)* Daß mir das Mittagessen nur ja pünktlich fertig ist. Adieu inzwischen. *(Ab durch die Flurtür)*
Relling Es ist doch wahrhaftig ein Unglück, daß der Mensch nicht in einer von den Höjdalsgruben zum Teufel gegangen ist!
Gina Jesses – warum meinen Sie das!
Relling (brummt) Na ja – ich mach' mir so meine Gedanken.
Gina Meinen Sie wirklich, der junge Werle ist verrückt?
Relling Leider nein; er ist nicht verrückter als die Menschen im allgemeinen. Aber eine Krankheit steckt sicher in ihm.
Gina Was fehlt ihm denn?
Relling Ja, das will ich Ihnen sagen, Frau Ekdal. Er leidet an einem akuten Rechtschaffenheitsfieber.
Gina Rechtschaffenheitsfieber?
Hedwig Ist das 'ne Art Krankheit?
Relling O ja; es ist eine Nationalkrankheit; aber sie tritt nur sporadisch auf. *(Nickt Gina zu)* Schönen Dank für das Frühstück! *(Ab durch die Flurtür)*
Gina (geht unruhig umher) Ujeh – dieser Gregers – das ist immer ein ekliger Hering gewesen.
Hedwig (steht am Tisch und sieht sie forschend an) Das kommt mir alles so seltsam vor.

VIERTER AKT

Ekdals Atelier. Eben ist eine photographische Aufnahme gemacht worden; ein Apparat mit einem Tuch drüber, ein Stativ, ein paar Stühle, eine Konsole und dergleichen stehen umher. Nachmittagsbeleuchtung; die Sonne will untergehen; es beginnt schon zu dunkeln.

Gina steht in der offenen Flurtür, mit einem kleinen Kasten und einer nassen Glasplatte in der Hand, und spricht mit jemand draußen.

Gina Ja, ganz bestimmt. Wenn ich was verspreche, dann halt' ich's auch. Montag ist das erste Dutzend fertig. – Empfehle mich, empfehle mich!

(Man hört jemand die Treppe hinuntergehen. Gina schließt die Tür, steckt die Platte in den Kasten und schiebt ihn in den verdeckten Apparat.)
Hedwig (kommt aus der Küche) Sind sie weg?
Gina (räumt auf) Ja, Gott sei Dank; nun bin ich sie endlich los.
Hedwig Aber verstehst du, warum Vater noch nicht zu Hause ist?
Gina Bist du sicher, daß er nicht unten bei Relling ist?
Hedwig Nein, da ist er nicht; ich bin die Hintertreppe 'runtergerast und habe eben nachgefragt.
Gina Und da steht nun sein Essen und wird kalt.
Hedwig Ja, denk mal – Vater, der immer so pünktlich zum Essen nach Hause kommt!
Gina Ach, jetzt kommt er gleich, das wirst du sehen.
Hedwig Ja, wär' er nur erst da; er kommt mir jetzt so sonderbar vor.
Gina (ruft) Da ist er!
(Hjalmar kommt durch die Flurtür.)
Hedwig (ihm entgegen) Vater! Was wir auf dich gewartet haben!
Gina (schielt zu ihm hinüber) Du bist mächtig lange weg gewesen, Ekdal.
Hjalmar (ohne sie anzusehen) Ich war etwas lange aus, ja.
(Zieht den Überzieher aus; Gina und Hedwig wollen ihm helfen; er verwehrt es ihnen.)
Gina Du hast wohl mit Werle gegessen?
Hjalmar (hängt den Rock an den Haken) Nein.
Gina (geht an die Küchentür) Dann werde ich dir das Essen reinbringen.
Hjalmar Nein, laß nur sein. Ich esse jetzt nicht.
Hedwig (kommt näher) Ist dir nicht gut, Vater?
Hjalmar Gut? Ach ja, so leidlich. Gregers und ich haben einen anstrengenden Spaziergang gemacht.
Gina Das solltest du nicht tun, Ekdal; denn das bist du nicht gewöhnt.
Hjalmar Hm! Es gibt gar manches auf der Welt, an das ein Mann sich gewöhnen muß. *(Geht ein wenig umher)* War wer da in meiner Abwesenheit?
Gina Nur die beiden Brautleute.
Hjalmar Keine neuen Bestellungen?
Gina Nein, heute nicht.
Hedwig Du sollst sehen, Vater, morgen wird schon einer kommen.
Hjalmar Hoffen wir das Beste! Denn morgen denk ich allen Ernstes anzufassen.
Hedwig Morgen! Aber hast du denn vergessen, was morgen für ein Tag ist?

Hjalmar Ach, ist ja wahr –. Also dann übermorgen. Von jetzt an will ich alles selbst tun; ich will alle Arbeit ganz allein verrichten.
Gina Aber wozu denn das, Ekdal? Damit machst du dir ja bloß das Leben sauer. Die Photographiererei, die besorg' ich schon. Kümmere du dich nur um deine Erfindung.
Hedwig Und auch um die Wildente, Vater – und um die Hühner und Kaninchen und –!
Hjalmar Red' mir nicht von dem Krempel! Von morgen ab setz' ich keinen Fuß mehr auf den Boden.
Hedwig Aber Vater, du hast mir doch versprochen, morgen sollte eine Veranstaltung –
Hjalmar Hm, ist ja wahr. Na, dann also von übermorgen ab. Der verdammten Wildente möcht' ich am liebsten den Hals umdrehen!
Hedwig (schreit) Der Wildente!
Gina Hat einer so was gehört!
Hedwig (rüttelt ihn) Aber, Vater – es ist doch meine Wildente!
Hjalmar Deshalb tue ich's ja auch nicht. Ich habe nicht das Herz dazu – nicht das Herz dazu, Hedwig, weil du's bist. Doch in meinem Innersten hab' ich das Gefühl, daß ich's tun müßte. Ich dürfte unter meinem Dache keine Kreatur dulden, die in den Händen gewesen ist.
Gina Herrgott nein – weil Großvater sie von dem schoflen Pettersen gekriegt hat, so –
Hjalmar (geht umher) Es gibt gewisse Ansprüche –. Wie soll ich sie nur nennen? Sagen wir: ideale Ansprüche – gewisse Forderungen, über die sich ein Mann nicht hinwegsetzen kann, ohne Schaden an seiner Seele zu nehmen.
Hedwig (geht hinter ihm her) Aber –, die Wildente – die arme Wildente!
Hjalmar (bleibt stehen) Du hörst ja, ich schone sie dir zuliebe. Ihr soll kein Haar gekrümmt werden – na, wie gesagt – ich schone sie. Es gibt ja auch größere Aufgaben, an die man sich machen kann. Aber jetzt sollst du ein bißchen ausgehen, Hedwig, wie gewöhnlich. Es ist jetzt gerade so hübsch schlummrig.
Hedwig Nein, ich mag jetzt nicht ausgehen.
Hjalmar Tu's doch; mir kommt's vor, du zwinkerst so mit den Augen. Diese Dämpfe hierdrin tun dir nicht gut. Unter dem Dach hier ist dumpfe Luft.
Hedwig Na ja; dann laufe ich die Hintertreppe 'runter und geh' ein bißchen weg. Hut und Mantel –? Ach, die sind drin bei mir. Vater – tust du der Wildente auch gewiß nichts zuleide, derweilen ich aus bin?

Hjalmar Kein Federchen soll von ihrem Haupte. *(Drückt sie an sich)* Du und ich, Hedwig – wir beide –! Na, jetzt geh nur.
(Hedwig nickt den Eltern zu und geht durch die Küche ab.)
Hjalmar (geht umher, ohne aufzublicken) Gina.
Gina Ja?
Hjalmar Von morgen ab – oder sagen wir lieber von übermorgen ab – möcht' ich gern das Wirtschaftsbuch selbst führen.
Gina Das Wirtschaftsbuch willst du jetzt auch führen?
Hjalmar Ja, oder doch wenigstens Kenntnis nehmen von den Einkünften.
Gina Ach du lieber Himmel, das ist bald geschehen.
Hjalmar Das ist kaum anzunehmen. Denn es kommt mir vor, als ob das Geld bei dir merkwürdig lange vorhält. *(Bleibt stehen und sieht sie an)* Wie geht das zu?
Gina Weil Hedwig und ich so gut wie nichts brauchen.
Hjalmar Ist es wahr, daß Vater seine Schreibereien vom alten Werle so gut bezahlt kriegt?
Gina Ich weiß nicht, ob das so gut bezahlt ist. Ich kenne nicht die Preise von so was.
Hjalmar Nun, was kriegt er denn so ungefähr? Laß hören!
Gina Das ist sehr verschieden; es wird wohl ungefähr das sein, was er uns kostet, und dann noch ein kleines Taschengeld.
Hjalmar Was er uns kostet! Und das hast du mir nicht früher gesagt!
Gina Nein, das konnt' ich nicht; du warst doch so vergnügt in dem Glauben, er kriege alles von dir.
Hjalmar Und nun kriegt er's von diesem Werle!
Gina Na ja, der alte Werle, der hat doch noch immer genug.
Hjalmar Steck' die Lampe an!
Gina (steckt sie an) Und dann wissen wir doch auch nicht, ob's Werle selbst ist; es kann ja ebensogut Gråberg sein –
Hjalmar Was soll diese Ausrede mit Gråberg?
Gina Ich weiß nicht; ich meinte bloß –
Hjalmar Hm!
Gina Ich habe ja doch dem Alten nicht die Schreiberei verschafft. Das war Berta – als sie da ins Haus kam.
Hjalmar Mir scheint, deine Stimme bebt.
Gina (setzt den Schirm auf die Lampe) Meine Stimme?
Hjalmar Und deine Hände zittern. Oder etwa nicht?
Gina (fest) Sag's grade 'raus, Ekdal. Was hat er von mir gesagt?
Hjalmar Ist es wahr – kann es wahr sein, daß – daß zwischen dir und

Werle eine Art Verhältnis bestanden hat zu der Zeit, als du in seinem Hause dientest?
Gina Das ist nicht wahr. Nicht damals – das nicht. Werle stieg mir nach; das hat er getan. Und seine Frau glaubte, es sei was dran, und da machte sie 'n Hokuspokus und 'n großen Trara und schlug mich und zankte mich aus; ja, das tat sie – und da ging ich aus dem Dienst.
Hjalmar Dann also später?
Gina Ja, da kam ich doch nach Hause. Und Mutter – die war nicht so reell, wie du geglaubt hast, Ekdal; sie redete und redete das Blaue vom Himmel 'runter; denn Werle, der war ja doch Witwer geworden.
Hjalmar Nun, und dann!
Gina Ja, es ist besser, du kriegst es zu wissen. Er ließ mir keine Ruhe, bis er seinen Willen hatte.
Hjalmar (schlägt die Hände zusammen) Und das ist die Mutter meines Kindes! Wie konntest du mir so etwas verschweigen!
Gina Ja, das war unrecht von mir; ich hätte es dir schon lange sagen sollen.
Hjalmar Gleich hättest du mir's sagen sollen – dann hätte ich doch gewußt, was für eine du warst.
Gina Aber hättest du mich dann doch geheiratet?
Hjalmar Wie kannst du so etwas denken!
Gina Na also; und deshalb durft' ich dir's dazumal nicht sagen. Denn ich hatte mich in dich doch schon so sehr vergafft, wie du weißt. Und ich konnte mich doch nicht selbst total unglücklich machen –
Hjalmar (geht umher) Und das ist die Mutter meiner Hedwig! Und zu wissen, daß alles, was hier meine Augen erblicken – *(stößt mit dem Fuße nach einem Stuhl)* mein ganzes Heim – alles danke ich einem begünstigten Vorgänger! Oh! Dieser Werle, dieser Verführer!
Gina Sind dir die vierzehn, fünfzehn Jahre, die wir zusammen gelebt haben, denn leid?
Hjalmar (stellt sich vor sie hin) Sag' mal: hat nicht jeden Tag, jede Stunde dir das Gewissen geschlagen, daß du, wie eine Spinne, mich in ein Netz von Heimlichkeiten eingesponnen? Antworte mir! Hast du nicht geächzt in Reu' und Qual?
Gina Ach, bester Ekdal, ich habe mehr wie genug an den Haushalt zu denken gehabt und ans tägliche Geschäft –
Hjalmar Du wirfst also niemals einen prüfenden Blick auf deine Vergangenheit!
Gina Nee, du, ich hatte weiß Gott diese alten Intrigen schon beinahe vergessen.

Hjalmar Oh, diese träge, gefühllose Ruhe! Sie hat für mich so was Empörendes. Man denke nur – nicht einmal Reue!
Gina Aber sag' mal, Ekdal – was wär' denn aus dir geworden, wenn du nicht so eine Frau wie mich gekriegt hättest?
Hjalmar So eine –
Gina Ja, denn ich bin doch immer sozusagen kontanter und süffisanter gewesen als du. Na, das ist auch selbstverständlich, denn ich bin ja auch ein paar Jahre älter als du.
Hjalmar Was aus mir geworden wäre!
Gina Denn du warst doch auf allerlei schlimmen Wegen damals, wie du mich kennen lerntest; das kannst du doch nicht leugnen.
Hjalmar Also das nennst du schlimme Wege? Ach, du weißt nicht, wie einem Manne zumute ist, wenn er trauert und verzweifelt – namentlich einem Mann von meinem feurigen Gemüt.
Gina Nee, nee, kann schon sein. Und ich regaliere ja auch gar nicht darauf, denn du bist ja so 'n herzensguter Mann geworden, wie du Haus und Herd hattest. – Und nun war's grade so gemütlich und mollig bei uns, und Hedwig und ich, wir wollten nun auch bald anfangen, für uns ein bißchen was auf Essen und Kleider zu verwenden.
Hjalmar Im Sumpf der Heimlichkeiten, ja!
Gina Pfui, dieser scheußliche Kunde, daß der auch hier ins Haus passaschieren mußte!
Hjalmar Auch ich fand, es war gut sein in unserm Heim. Das war ein Irrtum. Woher soll ich jetzt die nötige Spannkraft nehmen, um die Erfindung in die Welt der Wirklichkeit hinüberzuführen? Vielleicht stirbt sie mit mir. Und dann, Gina, ist es deine Vergangenheit, die sie gemordet hat.
Gina (dem Weinen nahe) Nein, so was darfst du nicht sagen, Ekdal. Ich habe doch mein Lebtag immer nur dein Bestes gewollt!
Hjalmar Ich frage – was wird jetzt aus dem Traum des Familienvaters? Wenn ich da drin auf dem Sofa lag und über die Erfindung nachsann, da ahnte ich wohl, sie würde meine letzte Lebenskraft aufzehren. Ich fühlte wohl, daß der Tag, wo ich das Patent in meinen Händen halten würde – daß dieser Tag mein – Abschiedstag sein würde. Und mein Traum war's immer, du solltest dann als die wohlhabende Witwe des heimgegangenen Erfinders zurückbleiben.
Gina (trocknet ihre Tränen) Nein, so darfst du nicht reden, Ekdal. Der liebe Gott soll mich nie den Tag erleben lassen, wo ich Witwe bin!
Hjalmar Ach, ist ja egal. Denn nun ist ja doch alles vorbei. Alles!
(Gregers öffnet behutsam die Flurtür und sieht herein.)

Gregers Darf ich eintreten?
Hjalmar Ja, komm nur.
Gregers (tritt mit strahlendem, zufriedenem Gesicht ein und will beiden die Hände reichen) Na, ihr lieben Menschen –! *(Sieht sie abwechselnd an und flüstert Hjalmar zu:)* Noch nicht geschehen?
Hjalmar (laut) Es ist geschehen!
Gregers Wirklich?
Hjalmar Ich habe die bitterste Stunde meines Lebens durchlebt.
Gregers Aber auch die erhebendste, denk' ich.
Hjalmar Na, fürs erste wären wir die Sache wenigstens los.
Gina Gott verzeih' Ihnen, Herr Werle.
Gregers (sehr erstaunt) Aber das versteh' ich nicht.
Hjalmar Was verstehst du nicht?
Gregers Eine so große Abrechnung – eine Abrechnung, auf die sich eine ganz neue Lebensführung gründen soll – eine Lebensführung, ein Zusammenleben in Wahrheit und Aufrichtigkeit –
Hjalmar Ja, ich weiß schon; ich weiß es ganz gut.
Gregers Ich hatte bestimmt erwartet: wenn ich durch die Tür einträte, so würde mir vom Antlitz des Mannes wie der Frau das Licht der Verklärung entgegenstrahlen. Und jetzt erblick' ich nur ein dumpfes, schweres, trauriges –
Gina Na ja. *(Nimmt den Schirm von der Lampe)*
Gregers Sie wollen mich nicht verstehen, Frau Ekdal. Na ja; Sie brauchen wohl auch Zeit –. Aber du, Hjalmar! Du hast doch wohl von der großen Abrechnung eine höhere Weihe empfangen.
Hjalmar Ja natürlich. Das heißt – gewissermaßen.
Gregers Denn nichts auf der Welt ist doch wohl dem Glück zu vergleichen, Vergebung für eine Sünderin zu haben und sie in Liebe zu sich emporzuziehen.
Hjalmar Meinst du, ein Mann schluckt so leicht die bittere Pille, die mir eben gereicht worden ist?
Gregers Nein, ein gewöhnlicher Mann nicht; das mag sein. Aber ein Mann wie du –!
Hjalmar Herrgott ja, das weiß ich. Aber du mußt mich anfeuern, Gregers. Sieh mal, es gehört Zeit dazu.
Gregers Du hast in dir viel von der Wildente, Hjalmar.
(Relling ist durch die Flurtür eingetreten.)
Relling So. Was ist denn schon wieder mit der Wildente los?
Hjalmar Des alten Werle flügelwunde Jagdbeute, ach ja!
Relling Des alten Werle –? Von ihm redet ihr?

Hjalmar Von ihm und – uns.
Relling (halblaut zu Gregers) Der Teufel soll Sie holen!
Hjalmar Was sagst du da?
Relling Ich gebe nur meinem Herzenswunsch Ausdruck, der Quacksalber möge sich nach Hause scheren. Bleibt er noch länger, so ist er imstande und macht euch beide noch ganz verdreht.
Gregers Die beiden macht man nicht verdreht, Herr Relling. Von Hjalmar will ich gar nicht reden. Ihn kennen wir. Aber auch sie hat zweifellos auf dem Grunde ihres Wesens etwas Zuverlässiges, etwas Vertrauenswürdiges –
Gina (weinerlich) Dann hätten Sie mich doch nur so lassen sollen, wie ich war.
Relling (zu Gregers) Ist es unbescheiden, wenn ich frage, was Sie eigentlich hier im Hause wollen?
Gregers Ich will eine wahre Ehe stiften.
Relling Sie finden also, Ekdals Ehe sei nicht gut?
Gregers Leider ist sie sicherlich ebensogut wie viele andere Ehen. Aber eine wahre Ehe ist sie noch nicht.
Hjalmar Du, Relling, du hast nie ein Auge gehabt für die ideale Forderung.
Relling Blech, mein Junge! – Pardon, Herr Werle; wieviel – nur so in Bausch und Bogen – wieviel wahre Ehen haben Sie denn schon in Ihrem Leben gesehen?
Gregers Ich glaube kaum, daß ich auch nur eine gesehen habe.
Relling Ich auch nicht.
Gregers Aber ich habe ungezählte Ehen der entgegengesetzten Gattung gesehen. Und ich habe Gelegenheit gehabt, in der Nähe zu sehen, was eine solche Ehe in einem Menschenpaar alles zerstören kann.
Hjalmar Der ganze moralische Grund und Boden kann unter eines Mannes Füßen wanken; das ist das Schreckliche.
Relling Ja, ich bin ja nie, was man so nennt, verheiratet gewesen; deshalb kann ich diese Dinge nicht beurteilen. Aber so viel weiß ich doch, daß bei einer Ehe das Kind auch mit dazugehört. Und das Kind werdet Ihr mir in Frieden lassen.
Hjalmar Ach – Hedwig! Meine arme Hedwig!
Relling Ja, Hedwig, die laßt mir gefälligst aus dem Spiel. Ihr seid zwei erwachsene Leute; euer eheliches Verhältnis, das verhudelt und verschandelt in Gottes Namen, so viel ihr wollt. Aber mit Hedwig müßt ihr vorsichtig sein, das sag' ich euch, sonst könnt ihr sie eines Tages unglücklich machen.

Hjalmar Unglücklich!
Relling Ja, oder es kommt so weit, daß sie sich selbst unglücklich macht – und vielleicht andere mit.
Gina Woher können Sie so was wissen, Relling?
Hjalmar Es ist doch wohl keine unmittelbare Gefahr für die Augen?
Relling Das hat nichts mit den Augen zu tun. Aber Hedwig ist in einem bedenklichen Alter. Sie kann auf alle möglichen dummen Geschichten verfallen.
Gina Ja, denken Sie bloß – das tut sie auch! Sie fängt jetzt an, draußen in der Küche so eklig mit dem Feuer 'rumzuhantieren. Das nennt sie Feuersbrunst spielen. Ich bin manchmal ordentlich bange, daß sie das Haus ansteckt.
Relling Sehen Sie wohl; ich hab's gewußt.
Gregers (zu Relling) Aber wie erklären Sie sich das?
Relling (mürrisch) Sie ist im Stimmwechsel, mein Lieber.
Hjalmar Solange das Kind mich hat –! Solange ich noch nicht unter dem grünen Rasen –! *(Es klopft)*
Gina Pst, Ekdal; auf dem Flur sind Leute. *(Ruft)* Herein!
(Frau Sörby, im Straßenkostüm, tritt ein.)
Frau Sörby Guten Abend!
Gina (geht ihr entgegen) Seh' einer, du, Berta?
Frau Sörby Jawohl, in eigener Person. Aber ich komm' am Ende ungelegen?
Hjalmar I bewahre! Eine Botschaft aus dem Hause –
Frau Sörby (zu Gina) Offengestanden, ich hatte nicht gedacht, deine Mannsleute um diese Zeit zu Hause zu treffen; und so bin ich rasch zu einer kleinen Ansprache zu dir heraufgesprungen und zum Adieusagen.
Gina So? Du verreist?
Frau Sörby Ja, morgen früh – nach Höjdal –. Herr Werle ist heut Nachmittag gereist. *(Flüchtig zu Gregers)* Soll schönstens von ihm grüßen.
Gina Denk mal an –!
Hjalmar So? Herr Werle ist fort? Und Sie reisen ihm nach?
Frau Sörby Ja, was sagen Sie dazu, Ekdal?
Hjalmar Nehmen Sie sich in acht, sag' ich.
Gregers Ich will es dir erklären. Mein Vater heiratet Frau Sörby.
Hjalmar Heiratet sie!
Gina Ach, Bertha, so kommt es endlich dazu!

Relling (mit leise zitternder Stimme) Das ist doch wohl nicht wahr?
Frau Sörby Jawohl, mein guter Relling, es ist wirklich wahr.
Relling Sie wollen sich wieder verheiraten?
Frau Sörby Ja – wird wohl so kommen. Werle hat einen Heiratsschein gelöst; und nun machen wir in aller Stille Hochzeit da oben auf dem Werk.
Gregers Als guter Stiefsohn muß ich Ihnen dann wohl Glück wünschen.
Frau Sörby Ich danke Ihnen – wenn Sie's ernst meinen. Und ich hoffe auch, es wird zu Werles wie zu meinem Glücke sein.
Relling In der Hoffnung werden Sie sich nicht täuschen. Werle besäuft sich nie – soviel ich weiß; und er hat auch sicher nicht die Gewohnheit, seine Frauen krumm und lahm zu schlagen, wie's der selige Pferdedoktor getan hat.
Frau Sörby Ach, lassen Sie doch Sörby in seinem Grabe ruhen. Er hatte doch auch seine guten Seiten.
Relling Aber Werle, der hat die besseren Seiten – offenbar.
Frau Sörby Wenigstens hat er nicht sein Bestes vergeudet und vertan. Der Mann, der das tut, hat auch die Folgen zu tragen.
Relling Heute geh' ich mit Molvik aus.
Frau Sörby Das sollten Sie nicht, Relling. Tun Sie's nicht – mir zuliebe.
Relling Daran ist nun mal nichts zu ändern. *(Zu Hjalmar)* Willst du mit, so komm.
Gina Nein, danke schön. Ekdal macht so 'ne Extratouren nicht mit.
Hjalmar (ärgerlich, halblaut) Ach, so halt doch den Mund!
Relling Adieu, Frau – Werle. *(Ab durch die Flurtür)*
Gregers (zu Frau Sörby) Es scheint, Sie und Relling kennen sich ziemlich genau?
Frau Sörby Ja, wir kennen uns seit vielen Jahren. Es gab eine Zeit, wo's mit uns etwas hätte werden können.
Gregers Es war doch wohl gut für Sie, daß nichts daraus geworden ist.
Frau Sörby Ja, da haben Sie schon recht. Aber ich habe mich immer gehütet, nach Eingebungen zu handeln. Eine Frau darf sich doch auch nicht ganz wegwerfen.
Gregers Sind Sie gar nicht bange, ich könnte meinem Vater die Geschichte mit dieser alten Bekanntschaft hinterbringen?
Frau Sörby Sie können sich doch denken, daß ich's ihm selbst gesagt habe.
Gregers So?
Frau Sörby Ihr Vater weiß auch die kleinste Kleinigkeit, die die Leute

mit einem Schein von Wahrheit über mich sagen könnten. So etwas habe ich ihm alles gesagt. Es war das erste, was ich getan habe, als er merken ließ, daß er Absichten habe.

Gregers Dann sind Sie ungewöhnlich offenherzig, find' ich.

Frau Sörby Offenherzig bin ich immer gewesen. Damit kommen wir Weibsleute am weitesten.

Hjalmar Was sagst du dazu, Gina?

Gina Ach, wir Weibsleute sind recht sehr verschieden. Die eine macht's so, die andere anders.

Frau Sörby Ja, Gina, ich halt' es für das Gescheiteste, es so zu machen, wie ich's getan habe. Auch Werle hat seinerseits aus nichts ein Hehl gemacht, was seine Person betrifft. Sieh', das hat uns gerade so fest verbunden. Jetzt kann er sitzen und mit mir reden so offen wie ein Kind. Dazu hat er früher nie Gelegenheit gehabt. Dieser gesunde, lebenskräftige Mann hat während seiner ganzen Jugend und seiner besten Jahre nichts anderes gehört als Strafpredigten. Und manches Mal drehten sich diese Strafpredigten nur um Hirngespinste von Vergehen – nach allem, was ich gehört habe.

Gina Ja, so wie du's gehört hast, so ist's auch.

Gregers Wenn die Damen sich auf dies Gebiet begeben wollen, so empfehl' ich mich lieber.

Frau Sörby Deswegen können Sie ganz ruhig hier bleiben. Ich werde kein Wort weiter sagen. Aber ich wollte nur, Sie sollten wissen, daß ich weder mit Heimlichkeiten noch sonst mit Arglist zu Werke gegangen bin. Es sieht vielleicht so aus, als macht' ich ein ungeheuer großes Glück; und in gewisser Beziehung ist es ja auch der Fall. Aber ich meine doch, daß ich nicht mehr nehme, als ich gebe. Ich werd' ihn nie und nimmer im Stich lassen. Und ihm dienen und nützlich sein, das kann ich besser als jeder andere, jetzt, wo er bald hilflos sein wird.

Hjalmar Hilflos wird er sein?

Gregers (zu Frau Sörby) Nun ja, aber reden Sie hier nicht davon.

Frau Sörby Es nützt nichts, es länger zu verheimlichen, so gern er das auch möchte. Er wird blind.

Hjalmar (stutzt) Er wird blind? Das ist doch sonderbar. Auch er wird blind?

Gina Das werden ja so viele.

Frau Sörby Und man kann sich wohl vorstellen, was das für einen Geschäftsmann heißen will. Na, ich will versuchen, meine Augen für ihn zu gebrauchen, so gut ich's vermag. Aber nun darf ich nicht länger bleiben; ich hab' jetzt alle Hände voll zu tun. – Ja, was ich Ihnen sagen sollte, Ekdal: wenn Werle Ihnen mit irgend etwas dienen kann, so sollten Sie sich nur an Gråberg wenden.

Gregers Für dieses Anerbieten wird Hjalmar Ekdal gewiß danken.

Frau Sörby Ja so! Aber ich meine doch, er hat früher –

Gina Ja, Berta, Ekdal braucht jetzt nichts mehr von Herrn Werle anzunehmen.

Hjalmar (langsam und mit Nachdruck) Grüßen Sie bitte Ihren künftigen Mann von mir und sagen Sie ihm, ich beabsichtige in der nächsten Zeit zu Herrn Gråberg zu gehen –

Gregers Was! Du wolltest –?

Hjalmar – zu Herrn Gråberg zu gehen, sage ich, um einen Auszug über den Betrag zu verlangen, den ich seinem Prinzipal schulde. Ich will diese Ehrenschuld bezahlen – hahaha, das muß man eine Ehrenschuld nennen! Aber genug. Ich werde alles mit fünf Prozent Zinsen zurückzahlen.

Gina Aber liebster Ekdal, dazu haben wir doch, weiß Gott, das Geld nicht.

Hjalmar Sagen Sie bitte Ihrem Bräutigam, daß ich unverdrossen an meiner Erfindung arbeite. Sagen Sie ihm, bitte: was meine Geisteskräfte bei dieser anstrengenden Beschäftigung aufrecht erhält, das sei der Wunsch, eine peinliche Schuldenlast los zu werden. Deshalb mach' ich die Erfindung. Den ganzen Ertrag werd' ich dazu verwenden, mich der pekuniären Verpflichtungen gegen Ihren künftigen Ehegatten zu entledigen.

Frau Sörby Hier im Haus ist irgend etwas passiert.

Hjalmar Allerdings.

Frau Sörby Na, adieu also. Ich hätte gern noch ein bißchen mit dir geplaudert, Gina; na, auf ein andermal. Adieu.

(Hjalmar und Gregers grüßen stumm; Gina begleitet Frau Sörby zur Tür.)

Hjalmar Nicht weiter als bis zur Schwelle, Gina!

(Frau Sörby geht; Gina schließt die Tür hinter ihr.)

Hjalmar So, Gregers; nun bin ich diesen drückenden Schuldposten doch los.

Gregers Wenigstens bald.

Hjalmar Ich glaube, man muß meine Haltung korrekt nennen.

Gregers Du bist der Mann, für den ich dich immer gehalten habe.

Hjalmar In gewissen Fällen ist es unmöglich, sich über die idealen Ansprüche hinwegzusetzen. Als Familienvater kommt es mir ja sehr hart an. Denn du kannst glauben, es ist wahrhaftig kein Spaß für einen unbemittelten Mann, eine langjährige Schuldforderung einlösen zu sollen, auf die sich sozusagen bereits der Staub der Vergessenheit gelegt hatte. Aber das ist nun egal; der Mensch in mir verlangt auch sein Recht.

Gregers (legt die Hand auf seine Schulter) Lieber Hjalmar – war's nun nicht gut, daß ich gekommen bin?

Hjalmar Ja.

Gregers Daß du Klarheit bekommen hast über alle Verhältnisse – war das nicht gut?

Hjalmar (etwas ungeduldig) Gewiß war's gut. Aber eins empört meinen Gerechtigkeitssinn.

Gregers Und das wäre?

Hjalmar Daß – ja, ich weiß nicht, ob ich mich so rückhaltslos über deinen Vater äußern darf.

Gregers Auf mich brauchst du gar keine Rücksicht zu nehmen.

Hjalmar Na schön. Ja, siehst du, ich meine, der Gedanke hat was so Empörendes, daß nun nicht ich es bin, sondern daß er es ist, der die wahre Ehe verwirklicht.

Gregers Aber wie kannst du nur so etwas sagen!

Hjalmar Gewiß ist es so. Dein Vater und Frau Sörby gehen doch jetzt eine Ehe ein, die auf volles Vertrauen gegründet ist, auf ganze und unbedingte Offenheit von beiden Seiten; sie bemänteln nichts voreinander; keinerlei Heimlichkeit steckt hinter dem Verhältnis; es ist zwischen ihnen – wenn ich mich so ausdrücken darf – eine gegenseitige Sündenvergebung verkündet worden.

Gregers Na ja, und weiter?

Hjalmar Ja, aber so ist doch da alles, wie es sein soll. Nach dem, was du gesagt hast, gehörten ja doch diese ganzen Fatalitäten dazu, um die wahre Ehe zu begründen.

Gregers Aber das ist doch ganz was andres, Hjalmar. Du wirst doch nicht dich und sie mit den beiden da vergleichen wollen –? Na, du verstehst mich schon.

Hjalmar Aber ich komme doch nicht darüber hinweg, daß bei dieser ganzen Geschichte etwas ist, das mein Rechtsbewußtsein verletzt und kränkt. Es sieht doch grad' so aus, als gäb' es überhaupt keine gerechte Weltordnung.

Gina Pfui, Ekdal, so was darfst du doch wahrhaftigen Gott nicht sagen.

Gregers Hm; lassen wir lieber diese Fragen ruhen.

Hjalmar Andrerseits aber ist es doch wieder, als säh' ich die ausgleichende Hand des Schicksals. Er erblindet ja.

Gina Ach, das ist doch noch nicht so sicher.

Hjalmar Es ist unzweifelhaft. Wir dürfen daran wenigstens nicht zweifeln; denn grade in diesem Faktum liegt die gerechte Vergeltung. Er hat seinerzeit ein vertrauensseliges Mitgeschöpft blind gemacht –
Gregers Leider, er hat viele blind gemacht.
Hjalmar Und nun kommt ein Unerbittliches, Rätselhaftes und fordert Werles eigne Augen.
Gina Nein, was für häßliche Reden du führst. Mir wird ganz bange.
Hjalmar Es ist nützlich, sich dann und wann einmal in die Nachtseiten des Daseins zu vertiefen.
(Hedwig, mit Hut und Mantel, kommt fröhlich und außer Atem durch die Flurtür herein.)
Gina Bist du schon wieder da?
Hedwig Ja, ich mochte nicht mehr gehen. Und das war gut; denn nun habe ich wen in der Haustür getroffen.
Hjalmar Das war wohl diese Frau Sörby.
Hedwig Ja.
Hjalmar (auf und ab gehend) Ich will hoffen, du hast sie zum letzten Mal gesehen.
(Pause. Hedwig sieht verlegen bald den einen, bald den andern an, wie um die Stimmung zu erforschen.)
Hedwig (nähert sich einschmeichelnd) Vater –
Hjalmar Na – was gibt's, Hedwig?
Hedwig Frau Sörby hat mir was mitgebracht.
Hjalmar (bleibt stehen) Dir?
Hedwig Jawohl – was für morgen.
Gina Berta hat zu dem Tag dir immer 'ne Kleinigkeit gebracht.
Hjalmar Was ist es denn?
Hedwig Nein, das sollst du jetzt noch nicht wissen; denn Mutter soll es mir morgen früh aufs Bett legen.
Hjalmar Ach, diese Durchstechereien hinter meinem Rücken!
Hedwig (hastig) Nein, du kannst es schon sehen. Es ist ein großer Brief. *(Nimmt den Brief aus der Manteltasche)*
Hjalmar Ein Brief auch?
Hedwig Ja, nur ein Brief. Das andere kommt wohl später. Denk mal – ein Brief! Ich hab' noch nie einen Brief gekriegt. Und dann steht »Fräulein« auf dem Kuvert. *(Liest)* »Fräulein Hedwig Ekdal«. Du – das bin ich.
Hjalmar Laß den Brief mal sehen.
Hedwig (reicht ihm den Brief) Da ist er.
Hjalmar Das ist Werles Hand.

Gina Weißt du das sicher, Ekdal?
Hjalmar Da, sieh selbst.
Gina Ach, meinst du, daß ich mich auf so was verstehe?
Hjalmar Hedwig, darf ich den Brief öffnen – und ihn lesen?
Hedwig Ja, gerne, wenn du willst.
Gina Nein, nicht jetzt, Ekdal; er ist ja doch für morgen.
Hedwig (leise) Ach, so laß ihn doch lesen! Es ist gewiß etwas Gutes; und dann wird Vater vergnügt und dann wird's hier wieder lustig.
Hjalmar Ich darf ihn also öffnen?
Hedwig Ja, bitte, bitte, Vater. Es wäre nett, zu wissen, was drin steht!
Hjalmar Gut. *(Öffnet den Brief, nimmt ein Papier heraus, liest es durch und scheint verwirrt)* Was bedeutet das –?
Gina Was steht denn drin?
Hedwig Ach ja, Vater – sag's!
Hjalmar Sei still! *(Liest es noch einmal durch; er ist bleich geworden, aber sagt mit Fassung:)* Es ist ein Schenkungsbrief, Hedwig.
Hedwig Denk mal an! Was krieg' ich denn?
Hjalmar Lies selbst.
Hedwig (geht hin und liest einen Augenblick unter der Lampe).
Hjalmar (halblaut, ballt die Fäuste) Die Augen! Die Augen! – Und dazu der Brief!
Hedwig (unterbricht das Lesen) Ja, aber mir scheint, das ist für Großvater bestimmt.
Hjalmar (nimmt ihr den Brief weg) Du, Gina – verstehst du das?
Gina Ich weiß ja kein Sterbenswörtchen; so sprich doch!
Hjalmar Werle schreibt an Hedwig, ihr alter Großvater brauche sich nicht mehr mit Schreibarbeiten zu befassen, er könne vielmehr von jetzt an hundert Kronen monatlich auf dem Kontor erheben –
Gregers Aha!
Hedwig Hundert Kronen, Mutter! Das steht drin.
Gina Das ist ja ein Glück für Großvater.
Hjalmar – hundert Kronen, solange er's nötig hat – das soll natürlich heißen, bis er seine Augen geschlossen hat.
Gina Na, dann ist er ja versorgt, der arme Kerl.
Hjalmar Aber jetzt kommt's. Das hast du wohl nicht gelesen, Hedwig. Später soll diese Schenkung auf dich übergehen.
Hedwig Auf mich? Alles zusammen?
Hjalmar Dieselbe Summe sei dir für dein ganzes Leben gesichert, schreibt er. Hörst du's, Gina?
Gina Ja, ich höre schon.

Hedwig Denk mal an – das viele Geld, das ich bekomme! *(Rüttelt ihn)* Vater, Vater, bist du denn nicht vergnügt?
Hjalmar (weicht ihr aus) Vergnügt! *(Geht umher)* Welche Fernsicht – welche Perspektiven eröffnen sich meinen Augen! Hedwig ist es; sie ist es, die er so reich bedenkt!
Gina Na ja, Hedwig, die hat doch Geburtstag –
Hedwig Und du kriegst es ja doch, Vater! Du kannst dir doch wohl denken, daß ich dir und Mutter alles Geld gebe.
Hjalmar Mutter – ja! Da haben wir's.
Gregers Hjalmar, das ist eine Falle, die dir gestellt wird.
Hjalmar Meinst du, es sei schon wieder eine Falle?
Gregers Als er heute Morgen hier war, da sagte er: Hjalmar Ekdal ist nicht der Mann, für den du ihn ansiehst.
Hjalmar Nicht der Mann –!
Gregers Das wirst du sehen, sagte er.
Hjalmar Du würdest sehen, daß ich mich mit Geld abspeisen ließe –!
Hedwig Aber Mutter, was hat denn das zu bedeuten?
Gina Geh und zieh dein Zeug aus.
(Hedwig geht, dem Weinen nahe, durch die Küchentür ab.)
Gregers Hjalmar – jetzt wird sich's zeigen, wer recht hat, er oder ich.
Hjalmar (reißt das Papier langsam mittendurch, legt beide Stücke auf den Tisch und sagt:) Das ist meine Antwort.
Gregers Das hab' ich erwartet.
Hjalmar (geht zu Gina, die am Ofen sitzt und sagt mit gedämpfter Stimme:) Und jetzt keine Heimlichkeiten mehr. Wenn das Verhältnis zwischen dir und ihm ganz zu Ende war, als du dich in mich schon so sehr vergafft hattest, wie du dich ausdrückst – warum ermöglichte er's uns denn, daß wir uns heirateten?
Gina Er dachte wohl, er könnte hier ein- und ausgehen.
Hjalmar Nur das? Fürchtete er nicht eine gewisse Möglichkeit?
Gina Ich verstehe nicht, was du meinst.
Hjalmar Ich will wissen, ob – dein Kind ein Recht hat, unter meinem Dach zu leben.
Gina (richtet sich hoch auf, ihre Augen blitzen) Und das fragst du!
Hjalmar Du sollst mir auf diese eine Frage antworten: Gehört Hedwig mir – oder –? Na!
Gina (sieht ihn mit kaltem Trotz an) Ich weiß nicht.
Hjalmar (zittert leicht) Du weißt es nicht!
Gina Wie kann ich das wissen? So eine wie ich –

Hjalmar (still, kehrt ihr den Rücken) Dann hab' ich hier im Hause nichts weiter zu suchen.
Gregers Überleg' dir's, Hjalmar!
Hjalmar (zieht seinen Überzieher an) Hier ist nichts zu überlegen für einen Mann, wie ich bin.
Gregers Doch; hier gibt es unendlich viel zu überlegen. Ihr drei müßt zusammenbleiben, wenn du dich zu der Opferstimmung der großen Vergebung durchringen willst.
Hjalmar Das will ich nicht. Nimmer-, nimmermehr! Meinen Hut! *(Nimmt den Hut)* Mein Heim liegt rings um mich her in Trümmern. *(Bricht in Tränen aus)* Gregers, ich habe kein Kind mehr!
Hedwig (die die Küchentür geöffnet hat) Was sagst du da! *(Hin zu ihm)* Vater, Vater!
Gina Na also!
Hjalmar Komm mir nicht nahe, Hedwig! Geh weg – weit weg. Ich ertrage deinen Anblick nicht. Oh, die Augen –! Lebt wohl. *(Will zur Tür)*
Hedwig (hängt sich fest an ihn und schreit laut:) Nicht doch! Nicht doch! Bleib bei mir!
Gina (ruft) Sieh das Kind an, Ekdal! Sieh das Kind an!
Hjalmar Ich will nicht! Ich kann nicht! Ich muß fort! – Heraus aus der ganzen Geschichte! *(Reißt sich los von Hedwig und geht ab durch die Flurtür)*
Hedwig (mit verzweifelten Blicken) Er geht von uns, Mutter! Er geht von uns! Er kommt nie wieder!
Gina Weine nur nicht, Hedwig. Vater kommt schon wieder.
Hedwig (wirft sich schluchzend aufs Sofa) Nein, nein, er kommt nie wieder zu uns zurück.
Gregers Glauben Sie mir, Frau Ekdal, ich wollte alles zum Guten wenden!
Gina Ja, mag wohl sein; aber trotzdem möge Ihnen Gott verzeihen.
Hedwig (liegt auf dem Sofa) Ach, ich glaube, ich muß dran sterben! Was hab' ich ihm denn getan? Mutter, du mußt ihn wieder herholen!
Gina Jawohl, ja. Sei bloß ruhig, dann geh' ich aus und suche ihn. *(Zieht den Mantel an)* Vielleicht ist er zu Relling hineingegangen. Aber nun darfst du nicht mehr da liegen und heulen. Versprichst du mir das?
Hedwig (krampfhaft weinend) Ja, ich will's nicht mehr tun; wenn nur Vater wiederkommt.
Gregers (zu Gina, die gehen will) Wär's nicht doch besser, wenn Sie ihn seinen Schmerzenskampf erst zu Ende kämpfen ließen?

Gina Ach was, das kann er nachher tun. Vor allen Dingen müssen wir zusehen, wie wir das Kind in Ruh' kriegen. *(Ab durch die Flurtür)*

Hedwig (richtet sich auf und trocknet ihre Tränen) Jetzt müssen Sie mir sagen, was das zu bedeuten hat. Weshalb will Vater nichts mehr von mir wissen?

Gregers Das dürfen Sie erst fragen, wenn Sie groß und erwachsen sind.

Hedwig (schluchzt) Aber ich kann doch nicht immer so gräßlich betrübt bleiben, bis ich groß und erwachsen bin. – Ich weiß schon, was es ist. – Vielleicht bin ich nicht Vaters richtiges Kind.

Gregers (unruhig) Wie sollte das wohl zugehen?

Hedwig Mutter kann mich ja gefunden haben. Und nun hat's Vater vielleicht erfahren. Von solchen Sachen hab' ich schon gelesen.

Gregers Na, und wenn dem so wäre –

Hedwig Ich meine, dann könnt' er deswegen mich doch ebenso liebhaben. Ja, vielleicht noch lieber. Die Wildente, die haben wir ja auch zum Geschenk gekriegt, und doch hab' ich sie so furchtbar lieb.

Gregers (ablenkend) Ja, richtig! Die Wildente! Reden wir ein bißchen von der Wildente, Hedwig.

Hedwig Die arme Wildente! Die kann er auch nicht mehr vor Augen sehen. Denken Sie bloß, er möchte ihr am liebsten den Hals umdrehen!

Gregers Ach, das tut er doch sicher nicht.

Hedwig Nein – aber er hat's gesagt. Und das find' ich so häßlich von Vater, so was zu sagen. Denn jeden Abend bet' ich für die Wildente und bitte Gott, daß sie vor dem Tode und allem Übel bewahrt bleibt.

Gregers (sieht sie an) Sagen Sie immer Ihr Abendgebet?

Hedwig Ja, gewiß.

Gregers Wer hat Sie dazu angehalten?

Hedwig Ich mich selbst. Denn Vater war mal so krank und hatte Blutegel am Hals; und da sagte er, der Tod säße ihm im Nacken.

Gregers Und da –?

Hedwig Da hab' ich für ihn gebetet abends im Bett. Und seitdem bin ich dabei geblieben.

Gregers Und jetzt beten Sie auch für die Wildente?

Hedwig Ich meinte, es wär' das beste, die Wildente mit einzuschließen; denn sie war so kränklich im Anfang.

Gregers Sie sagen wohl auch Ihr Morgengebet?

Hedwig I nein, das tu' ich nicht!

Gregers Weshalb denn nicht auch das Morgengebet?

Hedwig Morgens ist es ja doch hell; und da braucht man sich doch vor nichts weiter zu fürchten.

Gregers Und der Wildente, die Sie so furchtbar gern haben, der wollte Ihr Vater den Hals umdrehen?
Hedwig Nein, er sagte, es wär' für ihn das beste, wenn er's täte. Aber mir zuliebe wollt' er sie schonen. Und das war doch nett von Vater.
Gregers (ein wenig näher) Wenn Sie nun aber ihm zuliebe freiwillig die Wildente opferten?
Hedwig (sieht auf) Die Wildente!
Gregers Wenn Sie nun opferwillig das Beste für ihn hingäben, was Sie haben und kennen auf der Welt?
Hedwig Glauben Sie, das würde helfen?
Gregers Versuchen Sie's, Hedwig.
Hedwig (leise, mit leuchtenden Augen) Ja, ich will's versuchen.
Gregers Und glauben Sie auch, Sie haben die rechte Seelenkraft dazu?
Hedwig Ich will Großvater bitten, für mich die Wildente totzuschießen.
Gregers Ja, tun Sie das. Aber kein Wort davon zu Ihrer Mutter!
Hedwig Warum nicht?
Gregers Sie versteht uns nicht.
Hedwig Die Wildente? Ich will's morgen früh versuchen!
(Gina tritt durch die Flurtür ein.)
Hedwig (ihr entgegen) Hast du ihn gefunden, Mutter?
Gina Nein, aber ich hörte, daß er bei Relling drin gewesen ist und ihn mitgenommen hat.
Gregers Sind Sie dessen sicher?
Gina Ja, die Portierfrau hat mir's gesagt. Molvik war auch mit, sagte sie.
Gregers Und das in diesem Augenblick, wo seine Seele so sehr danach verlangt, in Einsamkeit zu kämpfen –!
Gina (legt ihre Sachen ab) Ja, die Mannsleute, die sind unterschiedlich. Gott mag wissen, wo Relling ihn hinverschleppt hat! Ich bin zu Madam Eriksen 'rübergerannt; aber da waren sie nicht.
Hedwig (kämpft mit den Tränen) Oh, wenn er nun nie mehr nach Hause kommt!
Gregers Er kommt wieder nach Hause. Ich werd' ihn morgen früh aufsuchen; und dann werden Sie sehen, wie er kommt. Deshalb können Sie ruhig schlafen, Hedwig. Gute Nacht. *(Ab durch die Flurtür)*
Hedwig (wirft sich schluchzend Gina an die Brust) Mutter, Mutter!
Gina (klopft sie auf den Rücken und seufzt) Ach ja, Relling, der hatte recht. So geht's, wenn verdrehte Kerls kommen und die intrikate Forderung pressentieren.

FÜNFTER AKT

Hjalmar Ekdals Atelier. Ein kaltes, graues Morgenlicht fällt herein; nasser Schnee liegt aud den großen Scheiben des Dachfensters.

Gina, eine Latzschürze vor, kommt aus der Küche mit einem Staubbesen und einem Wischtuch und geht auf die Wohnstube zu. In demselben Augenblick kommt Hedwig schnell aus dem Flur herein.

Gina (bleibt stehen) Na?
Hedwig Ja, Mutter, ich glaube fast, er ist bei Relling unten –
Gina Siehst du wohl!
Hedwig – denn die Portierfrau sagte, sie hätte gehört, daß Relling Stücker zwei mitgebracht, als er nachts nach Hause kam.
Gina Hab's mir doch gedacht.
Hedwig Aber das nützt ja nichts, wenn er nicht zu uns 'raufkommen mag.
Gina Dann will ich doch wenigstens 'runtergehen und mit ihm reden.
(Der alte Ekdal in Schlafrock und Pantoffeln und mit brennender Pfeife, erscheint in der Tür seines Zimmers.)
Ekdal Du, Hjalmar –. Ist Hjalmar nicht zu Haus?
Gina Nein, er ist wohl ausgegangen.
Ekdal So früh? Und bei so 'nem blödsinnigem Schneegestöber? Na, ja; bitte sehr; ich kann ja auch meine Morgenpromenade allein machen. *(Er schiebt die Bodentür zur Seite; Hedwig hilft ihm; er geht hinein; sie schließt die Tür hinter ihm.)*
Hedwig (halblaut) Du, Mutter, wenn nun der arme Großvater hört, daß Vater von uns weg will.
Gina Ach, Quark. Großvater darf kein Wort davon hören. 'n wahres Glück, daß er gestern bei dem Skandal nicht zu Hause war.
Hedwig Ja, aber – *(Gregers tritt durch die Flurtür ein)*
Gregers Na? Haben Sie ihn ausfindig gemacht?
Gina Er soll unten bei Relling sein, heißt es.
Gregers Bei Relling! Ist er wirklich mit den beiden Menschen aus gewesen?
Gina Das wird er wohl.
Gregers Ja, aber er, der die Einsamkeit so nötig hatte und die ernsthafte Sammlung –
Gina Sie haben gut reden.

(Relling tritt vom Flur herein.)
Hedwig (ihm entgegen) Ist Vater bei Ihnen?
Gina (zugleich) Ist er da?
Relling Ja, freilich.
Hedwig Und Sie sagen uns nichts!
Relling Ja, ich bin ein Bie–iest! Aber erst hatt' ich das andre Bie–iest im Zaum zu halten – den Dämonischen natürlich; und dann schlief ich so fest ein, daß –
Gina Was sagt Ekdal heute?
Relling Gar nichts sagt er.
Hedwig Spricht er gar nicht?
Relling Kein Sterbenswort.
Gregers Na ja; das ist mir sehr begreiflich.
Gina Aber was macht er denn?
Relling Er liegt auf dem Sofa und schnarcht.
Gina So? Ja, Ekdal kann fürchterlich schnarchen.
Hedwig Er schläft? Er kann schlafen?
Relling Ja, es hat ganz den Anschein.
Gregers Ist zu begreifen; nach dem Seelenkampf, der seine Kräfte erschöpft hat –
Gina Und dann ist er doch nicht dran gewöhnt, sich nachts aus'm Haus 'rumzutreiben.
Hedwig Mutter, vielleicht ist das gut, daß er schlafen kann.
Gina Das denk ich auch. Aber dann brauchen wir ihn ja auch nicht so früh munter zu machen. Sie sollen bedankt sein, Relling. Nun muß ich aber erst das Haus ein bißchen rein und nett machen, und dann –. Komm, hilf mir, Hedwig. *(Gina und Hedwig ab ins Wohnzimmer)*
Gregers (wendet sich Relling zu) Können Sie mir die geistige Umwälzung erklären, die sich jetzt in Hjalmar vollzieht?
Relling Ich hab' wahrhaftig nichts davon bemerkt, daß sich eine geistige Umwälzung in ihm vollzieht.
Gregers Was! An einem solchen Wendepunkt, wo sein ganzes Leben eine neue Grundlage erhält –? Wie können Sie denken, daß eine Persönlichkeit wie Hjalmar –?
Relling Ach, Persönlichkeit – der! Wenn er jemals Ansätze zu solchen Abnormitäten gehabt hat, die Sie Persönlichkeit nennen, so sind die Wurzeln mitsamt ihren Fasern schon in seinen Knabenjahren gründlich exstirpiert worden; das kann ich Ihnen versichern.
Gregers Das wäre doch merkwürdig – bei der liebevollen Erziehung, die er genossen hat.

Relling Bei den beiden verschrobenen, hysterischen Fräulein Tanten, meinen Sie?

Gregers Ich kann Ihnen nur sagen, das waren Frauen, die die ideale Forderung nie in Vergessenheit geraten ließen; ja, jetzt werden Sie wieder einen Witz machen.

Relling Nein, dazu bin ich nicht aufgelegt. Übrigens weiß ich ganz gut Bescheid; denn er hat allerlei gekohlt von diesen seinen »zween Seelenmüttern«. Aber ich glaube nicht, daß er ihnen Großes zu danken hat. Ekdals Unglück ist, daß er in seinem Kreise immer für ein Licht gehalten wurde –

Gregers Und ist er das vielleicht nicht? In der Tiefe seines Innern, mein' ich?

Relling Ich habe nie was davon bemerkt. Daß sein Vater es glaubte – das mag hingehen; denn der alte Leutnant ist ja Zeit seines Lebens ein Rindvieh gewesen.

Gregers Er ist Zeit seines Lebens ein Mann mit einem Kindergemüt gewesen; das begreifen Sie eben nicht.

Relling Na ja doch! Aber als nun der liebe, süße Hjalmar mit knapper Not Student geworden war, da galt er auch gleich unter seinen Kommilitonen wieder für das große Zukunftslicht. Hübsch war er ja – das zog – rot und weiß – so wie die kleinen Mädchen die Burschen gerade gern haben; und weil er auch dies leichtgerührte Gemüt und das Herzgewinnende in der Stimme hatte, und weil er's so schön verstand, die Verse und Gedanken anderer Leute zu deklamieren –

Gregers (zornig) Sprechen Sie von Hjalmar Ekdal?

Relling Mit Ihrer Erlaubnis – ja: denn so sieht es inwendig aus, das Götzenbild, vor dem Sie auf der Nase liegen.

Gregers Ich bin doch, mein' ich, auch nicht so ganz blind.

Relling O doch; sehr weit davon sind Sie nicht. Denn sehen Sie, Sie sind auch ein kranker Mann.

Gregers Da haben Sie recht.

Relling I ja. Sie sind ein komplizierter Fall. Zuerst kommt, wie gesagt, das lästige Rechtschaffenheitsfieber; und dann, was schlimmer ist – taumeln Sie fortwährend in einem Vergötterungsdelirium; immer müssen Sie etwas zu bewundern haben außerhalb Ihrer eigenen Angelegenheiten.

Gregers Freilich muß ich das außerhalb meines eigenen Ichs suchen.

Relling Aber Sie täuschen sich schandbar in den großen Wunderfliegen, die Sie um sich zu sehen und zu hören glauben. Sie sind wieder mal in eine Häuslerstube gekommen mit der idealen Forderung; hier wohnen keine solventen Leute.

Gregers Wenn Sie nicht höher denken von Hjalmar Ekdal, wie kann's Ihnen dann Spaß machen, stets und ständig mit ihm zusammen zu sein?

Relling Herrgott, ich bin doch nun mal so was wie ein Doktor, zu meiner Schande sei's gesagt; und da muß ich mich wohl der armen Kranken annehmen, die hier mit im Hause wohnen.

Gregers So! Ist Hjalmar Ekdal auch krank?

Relling So ungefähr alle Menschen sind krank; leider.

Gregers Und welche Kur wenden Sie bei Hjalmar an?

Relling Meine gewöhnliche. Ich sorge dafür, die Lebenslüge in ihm zu konservieren.

Gregers Die Lebens–lüge? Hab' ich recht gehört –?

Relling Jawohl, ich sagte: die Lebenslüge. Denn sehen Sie, die Lebenslüge, die ist das stimulierende Prinzip.

Gregers Darf ich fragen, mit was für einer Lebenslüge Hjalmar behaftet ist?

Relling Da muß ich doch bitten. Solche Geheimnisse verrate ich Quacksalbern nicht. Sie wären imstande, ihn mir noch verdrehter zu machen. Aber die Methode ist probat. Ich habe sie auch bei Molvik angewandt. Den hab' ich »dämonisch« gemacht. Das ist die Fontanelle, die ich ihm in den Nacken setzen mußte.

Gregers Ist er denn nicht dämonisch?

Relling Was zum Donnerwetter, heißt denn, dämonisch? Das ist doch bloß so ein Kohl, den ich erfunden habe, um den Mann am Leben zu erhalten. Hätt' ich das nicht getan, so wäre das arme, gute Schwein schon vor manchem lieben Jahr in Selbstverachtung und Verzweiflung zugrunde gegangen. Und nun erst der alte Leutnant! Der hat freilich sich seine Kur selbst erfunden.

Gregers Leutnant Ekdal? Inwiefern?

Relling Ja, was meinen Sie wohl, warum dieser Bärenjäger da unter dem Dach herumläuft und Kaninchen jagt?! Auf der ganzen Welt gibt's keinen glücklicheren Schützen als diesen alten Knaben, wenn er sich da in der Rumpelkammer drinnen herumtummeln kann. Die vier oder fünf vertrockneten Weihnachtsbäume, die er sich aufgehoben hat, die sind für ihn dasselbe wie der ganze, große, frische Höjdalswald. Der Hahn und die Hühner sind Auerhähne und -hennen in den Föhrenwipfeln; und die Kaninchen, die den Boden lang hupfen, das sind die Bären, mit denen er anbindet, der kühne Freiluftgreis.

Gregers Ja, der unglückliche, alte Leutnant; er hat viel von den Idealen seiner Jugend herunterlassen müssen.

Relling Eh' ich's vergesse, Herr Werle junior – gebrauchen Sie doch nicht das Fremdwort: Ideale. Wir haben ja das gute nationale Wort: Lügen.

Gregers Meinen Sie, die beiden Dinge sind miteinander verwandt?

Relling Ja, ungefähr wie Typhus und Faulfieber.

Gregers Herr Doktor, ich ruhe nicht, bis ich Hjalmar aus Ihren Klauen gerettet habe.

Relling Das wäre für ihn das größte Unglück. Nehmen Sie einem Durchschnittsmenschen die Lebenslüge, und Sie nehmen ihm zu gleicher Zeit das Glück. *(Zu Hedwig, die aus dem Wohnzimmger kommt)* Na, kleine Wildenten-Mutter, jetzt will ich hinunter und sehen, ob Vater noch daliegt und über die merkwürdige Erfindung brütet. *(Ab durch die Flurtür)*

Gregers (nähert sich Hedwig) Ich seh' Ihnen an, es ist noch nicht vollbracht.

Hedwig Was? – Ach, die Sache mit der Wildente. Nein.

Gregers Kann mir's denken – die Seelenkraft ließ Sie im Stich, als es in die Tat umgesetzt werden sollte.

Hedwig Nein, das ist es gar nicht. Aber als ich heute früh aufwachte und an das dachte, worüber wir geredet hatten, da kam es mir so wunderlich vor.

Gregers Wunderlich?

Hedwig Ja, ich weiß nicht –. Gestern, im ersten Augenblick, da kam es mir so wunderschön vor; aber nachdem ich geschlafen hatte, und wie es mir wieder einfiel, da kam es mir nicht als was Besonderes vor.

Gregers Na ja; wie hätten Sie hier denn auch aufwachsen können, ohne daß Sie innerlich was eingebüßt hätten!

Hedwig Das ist mir alles gleich; wenn nur Vater heraufkommt –

Gregers Ach, hätten Sie nur ein offenes Auge für das, was dem Leben seinen Wert gibt – hätten Sie den echten, frohen Opfermut, dann würden Sie sehen, wie er zu Ihnen heraufkommt. – Aber noch glaub' ich an Sie, Hedwig. *(Ab durch die Flurtür)*

(Hedwig geht auf und ab; dann will sie hinaus in die Küche; in demselben Augenblick klopft es von innen an die Bodentür; Hedwig geht hin und öffnet ein wenig; der alte Ekdal kommt heraus; sie schiebt die Tür wieder zu.)

Ekdal Hm, 's ist ein mäßiger Genuß, so allein spazierenzugehen.

Hedwig Hättest du nicht Lust, auf die Jagd zu gehen, Großvater?

Ekdal Es ist kein Jagdwetter heut. Viel zu dunkel. Man kann kaum die Hand vor Augen sehen.
Hedwig Hast du nicht mal Lust, auf was andres als auf Kaninchen zu schießen?
Ekdal Die Kaninchen, die sind wohl vielleicht nicht gut genug?
Hedwig Ja, aber erst die Wildente?
Ekdal Ho – ho! Bist du bange, daß ich dir die Wildente totschieße? In meinem Leben nicht, du. In meinem Leben nicht.
Hedwig Nein, du könntest es wohl auch nicht; denn es soll schwer sein, Wildenten zu schießen.
Ekdal Könnt' es nicht? Ob ich's kann!
Hedwig Wie würdest du's denn anfangen, Großvater – ich meine ja nicht bei meiner Wildente, sondern bei anderen?
Ekdal Würde sehen, sie unter die Brust zu treffen, verstehst du; denn das ist das sicherste. Und dann muß man gegen das Gefieder schießen, siehst du – nicht mit dem Gefieder.
Hedwig Sterben sie dann, Grovater?
Ekdal Natürlich sterben sie – wenn man richtig schießt. Na; muß wohl hinein und mich fein machen. Hm – weiß schon – hm. *(Ab in sein Zimmer)*
(Hedwig wartet ein wenig, blickt verstohlen zur Stubentür, geht an das Regal, stellt sich auf die Zehen, nimmt die doppelläufige Pistole vom Brett und betrachtet sie.)
(Gina, mit Staubbesen und Wischtuch, kommt aus der Wohnstube.)
(Hedwig legt die Pistole schnell und unbemerkt weg.)
Gina Steh nicht da und kram' in Vaters Sachen, Hedwig.
Hedwig (geht vom Regal weg) Ich wollte bloß ein bißchen aufräumen.
Gina Geh lieber in die Küche und sieh nach, ob der Kaffee warm bleibt; ich will das Brett mitnehmen, wenn ich zu ihm runtergehe.
(Hedwig ab. Gina beginnt im Atelier zu fegen und rein zu machen. Nach einer Weile wird die Flurtür zögernd geöffnet, und Hjalmar sieht herein; er hat den Überzieher an, ist jedoch ohne Hut, ungewaschen, und sein Haar ist zerzaust und ungekämmt; die Augen sind blöde und matt.)
Gina (bleibt stehen, den Besen in der Hand, und sieht ihn an) Herrjeh, Ekdal – kommst du doch?
Hjalmar (tritt ein und antwortet mit dumpfer Stimme) Ich komme – um gleich wieder zu verschwinden.
Gina Na ja; kann mir's wohl denken. Aber Herrgott – wie siehst du denn aus!
Hjalmar Wie ich aussehe?

Gina Und nun erst dein feiner Winterüberzieher! Na, der hat schön was abgekriegt.
Hedwig (in der Küchentür) Mutter, soll ich –? *(Sieht Hjalmar, schreit laut auf vor Freude, läuft zu ihm)* Ach Vater, Vater!
Hjalmar (wendet sich weg und wehrt mit der Hand ab) Weg, weg, weg! *(Zu Gina)* Schaff' sie mir weg, sag' ich!
Gina (halblaut) Geh in die Wohnstube, Hedwig. *(Hedwig geht still hinein)*
Hjalmar (geschäftig, zieht die Tischschublade aus) Ich muß meine Bücher mithaben. Wo sind meine Bücher?
Gina Was für Bücher?
Hjalmar Meine wissenschaftlichen Werke, natürlich – die technischen Zeitschriften, die ich für die Erfindung brauche.
Gina (sucht auf dem Bücherbrett) Sind's die hier, wo keine Deckels dran sind?
Hjalmar Ja, gewiß.
Gina (legt einen Stoß Hefte auf den Tisch) Soll Hedwig sie dir nicht aufschneiden?
Hjalmar Brauche kein Aufschneiden. *(Kurze Pause)*
Gina Es bleibt also dabei, daß du von uns wegziehst, Ekdal?
Hjalmar (stöbert zwischen den Büchern) Das versteht sich doch, mein' ich, ganz von selbst.
Gina Na ja.
Hjalmar (heftig) Ich kann mir doch nicht jeden Tag, Stunde für Stunde, einen Stich ins Herz versetzen lassen!
Gina Gott verzeih' dir, daß du so was Abscheuliches von mir glauben kannst.
Hjalmar Beweise mir –!
Gina Mir scheint, du solltest beweisen.
Hjalmar Bei einer Vergangenheit wie der deinen? Es gibt gewisse Ansprüche – ich fühle mich versucht, sie ideale Ansprüche zu nennen –
Gina Und Großvater? Was soll aus dem armen Kerl werden?
Hjalmar Ich kenne meine Pflicht; der Hilflose geht mit mir. Ich will in die Stadt und Anstalten treffen –. Hm. – *(Zögernd)* Hat keiner meinen Hut auf der Treppe gefunden?
Gina Nein. Hast du den Hut verloren?
Hjalmar Ich hatte ihn natürlich auf, als ich nachts nach Hause kam; das ist zweifellos; aber heut konnt' ich ihn nicht finden.
Gina Herrjeh, wo bist du denn bloß gewesen mit den beiden Bummelfritzen?

Hjalmar Ach, frag' doch nicht nach so unwesentlichen Dingen. Glaubst du, ich bin in der Stimmung, mich an Einzelheiten zu erinnern?
Gina Wenn du dich nur nicht erkältet hast, Ekdal!
(Ab in die Küche)
Hjalmar (spricht halblaut und erbittert mit sich selbst, während er die Schublade leert) Du bist ein Schurke, Relling! – Ein Spitzbube bist du! – Ah, niederträchtiger Verführer! – Wüßt' ich doch nur wen, der dich meuchelte.
(Er legt einige alte Briefe beiseite; findet das zerrissene Schriftstück vom vorhergehenden Tage, nimmt es und betrachtet die Stücke; legt sie hastig beiseite, als Gina kommt.)
Gina (stellt ein vollbesetztes Kaffeebrett auf den Tisch) Hier ist ein Schluck Warmes, wenn du Appetit hast. Und auch Butterbrote und ein Stückchen Pökelfleisch.
Hjalmar (blickt verstohlen nach dem Kaffeebrett) Pökelfleisch? Unter diesem Dache nimmermehr! Freilich hab' ich seit fast vierundzwanzig Stunden keine konsistente Nahrung zu mir genommen; aber das ist egal. – Meine Aufzeichnungen! Meine angefangenen Lebenserinnerungen! Wo find' ich mein Tagebuch und meine wichtigen Papiere? *(Öffnet die Tür der Wohnstube, prallt aber zurück)* Da ist sie schon wieder.
Gina Ja, du lieber Gott, irgendwo muß das Kind doch sein.
Hjalmar Geh heraus. *(Er macht Platz. Hedwig kommt verschüchtert ins Atelier.)*
Hjalmar (mit der Hand auf der Türklinke, sagt zu Gina:) Während der letzten Augenblicke, die ich in meinem früheren Heim zubringe, wünsche ich von fremden Personen verschont zu bleiben – *(Geht in die Stube)*
Hedwig (mit einem Satze auf ihre Mutter zu, fragt leise und bebend:) Meint er mich?
Gina Bleib in der Küche, Hedwig, oder nein – geh lieber auf deine eigene Kammer. *(Spricht zu Hjalmar, während sie zu ihm hineingeht:)* Wart' mal, Ekdal; wühl' nicht so in der Kommode 'rum; ich weiß, wo alles Zeugs liegt.
(Hedwig steht einen Augenblick unbeweglich in Angst und Ratlosigkeit; sie beißt die Lippen zusammen, um die Tränen hinunterzuwürgen, dann ballt sie krampfhaft die Hände und sagt leise:) Die Wildente!
(Sie schleicht zum Regal und nimmt die Pistole herunter, öffnet die Bodentür ein wenig, schlüpft hinein und zieht die Tür hinter sich zu.)
(Hjalmar und Gina fangen im Wohnzimmer einen Wortwechsel an.)
Hjalmar (kommt mit Schreibheften und alten losen Papieren, die er auf

den Tisch legt) Wie soll denn der Reisesack ausreichen! Ich muß ja doch tausenderlei Dinge mitschleppen!
Gina (kommt hinterher mit dem Reisesack) Dann laß doch all das andere derweile liegen, und nimm bloß ein Hemd und ein paar Unterhosen mit.
Hjalmar Puh – diese anstrengenden Vorbereitungen –! *(Legt den Überzieher ab und wirft ihn aufs Sofa)*
Gina Und der Kaffee, der steht nun auch da und wird kalt.
Hjalmar Hm –. *(Trinkt unwillkürlich einen Schluck und dann noch einen)*
Gina (wischt die Stuhllehnen ab) Das Schwerstes wird wohl für dich sein, so einen großen Boden für die Kaninchen zu finden.
Hjalmar Was? Die Kaninchen, die soll ich auch alle mitschleppen?
Gina Ja, der Alte kann doch nicht ohne Kaninchen sein, mein' ich.
Hjalmar Daran wird er sich wohl gewöhnen müssen. Es gibt höhere Lebensgüter, auf die ich verzichten muß, als Kaninchen.
Gina (stäubt das Regal ab) Soll ich dir die Flöte in den Reisesack tun?
Hjalmar Nein. Keine Flöte. Aber gib mir die Pistole.
Gina Die Pikstole willst du mitnehmen?
Hjalmar Ja. Meine geladene Pistole.
Gina (sucht sie) Die ist weg. Er muß sie mit hineingenommen haben.
Hjalmar Ist er auf dem Boden?
Gina Wahrscheinlich doch.
Hjalmar Hm – der einsame Greis. *(Er nimmt ein Stück Butterbrot, ißt es und trinkt die Tasse aus.)*
Gina Hätten wir nun die Stube nicht vermietet, so könntest du da hineinziehen.
Hjalmar Ich sollte unter einem Dach wohnen bleiben mit –! Nimmer-, nimmermehr!
Gina Aber könntest du denn nicht für einen Tag oder zwei in die Wohnstube ziehen? Da wärest du doch ganz für dich.
Hjalmar Heraus aus diesen Mauern!
Gina Na, wie wär's denn unten bei Relling und Molvik?
Hjalmar Nenn mir nicht die Namen dieser Menschen! Mir vergeht der Appetit, wenn ich bloß an sie denke. – Ach nein, ich muß hinaus in Sturm und Schneegestöber – muß von Haus zu Haus gehen und ein Obdach suchen für Vater und mich.
Gina Aber du hast ja keinen Hut, Ekdal! Du hast den Hut ja verloren.
Hjalmar O ihr Schubjacke – ihr Lotterbuben. Ein Hut muß herbei. *(Nimmt ein zweites Stück Butterbrot)* Das muß besorgt werden. Denn

ich habe wirklich keine Lust, auch noch mein Leben dranzusetzen. *(Sucht etwas auf dem Frühstücksbrett)*

Gina Was suchst du denn?

Hjalmar Butter.

Gina Soll gleich da sein. *(Geht in die Küche)*

Hjalmar (ruft ihr nach) Ach, ist nicht nötig; ich kann das Brot auch trocken essen.

Gina (bringt eine Butterdose) Sieh mal – frisch gebuttert!

(Sie schenkt ihm eine frische Tasse Kaffee ein; er setzt sich aufs Sofa, streicht noch mehr Butter aufs Butterbrot, ißt und trinkt eine Weile schweigend.)

Hjalmar Könnt' ich wohl, ohne von jemand – wer es auch immer sei – behelligt zu werden – einen Tag oder zwei da drin in der Stube wohnen?

Gina Gewiß könntest du das, wenn du nur willst.

Hjalmar Denn ich sehe gar keine Möglichkeit, Vaters ganze Sachen in solcher Geschwindigkeit wegzukriegen.

Gina Und dann – du mußt ihm ja doch auch erst noch sagen, daß du nicht länger bei uns leben willst.

Hjalmar (schiebt die Kaffeetasse weg) Auch das, jawohl; diese ganzen verwickelten Verhältnisse von neuem durchkauen zu müssen –. Ich muß mir's überlegen; ich muß erst verpusten; die ganze Last, die kann ich nicht an einem einzigen Tage tragen.

Gina Nein, und noch dazu bei so 'nem Sauwetter wie das.

Hjalmar (nimmt Werles Brief) Ich seh', das Papier, das treibt sich hier noch immer herum.

Gina Ich hab's nicht angerührt.

Hjalmar Mich geht der Lappen ja nichts an –

Gina Na, ich hab' wahrhaftig nicht die Absicht, davon zu profitieren.

Hjalmar – aber es ist auch nicht grade nötig, daß er in Fetzen geht – in der Unordnung meines Umzugs könnt' er leicht –

Gina Ich werde schon aufpassen, Ekdal.

Hjalmar Der Schenkungsbrief gehört doch in erster Linie Vater; und es ist seine Sache, ob er Gebrauch davon machen will.

Gina (seufzt) Ja, der arme, alte Vater –

Hjalmar Der Sicherheit halber –. Wo find' ich etwas Kleister?

Gina (geht ans Regal) Da steht der Kleistertopf.

Hjalmar Und einen Pinsel?

Gina Hier ist auch der Pinsel. *(Bringt ihm die Sachen)*

Hjalmar (nimmt eine Schere) Nur einen Streifen Papier auf die Rückseite –. *(Schneidet und kleistert)* Fern sei es von mir, mich an fremdem Eigentum zu vergreifen – und am allerwenigsten an dem eines bedürftigen Greises. Na, und an dem – anderer auch nicht. – So. Laß es vorläufig da liegen. Und wenn es trocken ist, so tu's weg. Ich will das Aktenstück nicht mehr vor Augen sehen. Nie mehr!

(Gregers tritt vom Flur her ein.)

Gregers (ein wenig verwundert) Was – du sitzt hier, Hjalmar?

Hjalmar (steht rasch auf) Ich war vor Erschöpfung umgesunken.

Gregers Du hast doch gefrühstückt, wie ich sehe.

Hjalmar Auch der Körper fordert zuweilen sein Recht.

Gregers Wozu bist du nun entschlossen.

Hjalmar Für einen Mann wie mich gibt es nur einen Weg. Ich bin im Begriff, meine nötigsten Sachen zusammenzuraffen. Aber du wirst begreifen – dazu gehört Zeit.

Gina (etwas ungeduldig) Soll ich dir nun die Stube in Ordnung bringen oder soll ich den Reisesack packen?

Hjalmar (nach einem ärgerlichen Seitenblick auf Gregers) Packe – und bring in Ordnung.

Gina (nimmt den Reisesack) Na ja; so tu' ich also das Hemd und das andere 'nein.

(Geht in die Wohnstube und zieht die Tür hinter sich zu)

Gregers (nach kurzer Pause) Nie hätt' ich gedacht, daß es so enden würde. Liegt denn wirklich für dich eine Notwendigkeit vor, Haus und Herd zu verlassen?

Hjalmar (geht unruhig umher) Was, meinst du denn, soll ich tun? – Ich bin nicht dazu veranlagt, unglücklich zu sein, Gregers. Um mich her muß alles schön und ruhig und friedlich sein.

Gregers Aber das kann es ja doch! Versuch's nur mal. Mir scheint, hier ist jetzt fester Baugrund – fange von vorn an. Und vergiß nicht, daß du ja doch auch für die Erfindung zu leben hast.

Hjalmar Ach sprich mir nicht von der Erfindung. Mit der hat's noch gute Weile.

Gregers So?

Hjalmar Ja, du lieber Gott, was in aller Welt soll ich denn erfinden? Die anderen haben ja doch das meiste schon vorher erfunden. Es wird von Tag zu Tag schwerer –

Gregers Und du hast doch so viel Arbeit darauf verwendet!

Hjalmar Dieser Liederjan, der Relling war's, der mich dazu veranlaßt hat.

Gregers Relling?

Hjalmar Ja, der war's, der mich zuerst auf mein Talent für irgend eine bedeutsame Erfindung in der Photographie aufmerksam machte.
Gregers Aha – das war Relling!
Hjalmar Ach, ich bin so von Herzen glücklich darüber gewesen. Nicht so sehr wegen der Erfindung selbst, sondern deswegen, weil Hedwig an sie glaubte – an sie glaubte mit der ganzen Macht und Kraft ihrer Kinderseele. – Ja, das heißt – ich Narr hab' mir immer eingebildet, daß sie daran glaubte!
Gregers Hältst du es wirklich für denkbar, daß Hedwig falsch gegen dich gewesen ist!
Hjalmar Jetzt halt' ich alles für denkbar, was immer es sei! Hedwig steht im Wege. Sie wird mir die Sonne verdrängen aus meinem ganzen Leben.
Gregers Hedwig! Hedwig meinst du? Wie sollte sie dir die Sonne verdrängen können?
Hjalmar (ohne zu antworten) Wie unsagbar lieb habe ich das Kind gehabt! Wie unsagbar glücklich fühlte ich mich jedesmal, wenn ich heimkehrte in meine dürftige Stube, und sie mir mit ihren süßen, leis zwinkernden Augen entgegenflog. O ich argloser Tor! Ich liebte sie so namenlos – und da dichtete und träumte ich mich in den Wahn hinein, daß auch sie mich namenlos wiederliebe.
Gregers Und du meinst, das sei nur ein Wahn gewesen!
Hjalmar Wie kann ich das wissen? Aus Gina kann ich ja nichts herausbringen. Und außerdem fehlt ihr ja doch jeder Sinn für die ideale Seite der Wirrungen. Aber ich fühle das Bedürfnis, mich dir anzuvertrauen, Gregers. Dieser furchtbare Zweifel – vielleicht hat Hedwig mich nie so recht von Herzen lieb gehabt.
Gregers Dafür könntest du möglicherweise einen Beweis erhalten. *(Horcht auf)* Was ist das? Ich glaube, die Wildente schreit.
Hjalmar Die Wildente schnattert. Vater ist auf dem Boden.
Gregers So? *(Strahlt vor Freude)* Du könntest unter Umständen einen Beweis dafür erhalten, daß die arme, verkannte Hedwig dich lieb hat!
Hjalmar Ach, was für einen Beweis kann sie mir geben! Ich darf an keine Versicherung von der Seite glauben.
Gregers An Hedwig ist ganz gewiß kein Falsch.
Hjalmar Ach, Gregers, gerade das ist nicht so sicher. Wer weiß, was Gina und diese Frau Sörby sich hier zuweilen ins Ohr gezischelt und getuschelt haben? Und Hedwig, die hat feine Ohren. Vielleicht ist die Schenkung nicht einmal so unerwartet gekommen. Ich glaube so etwas gemerkt zu haben.

Gregers Was für ein Geist ist denn in dich gefahren!
Hjalmar Mir sind die Augen aufgegangen. Paß nur auf – du wirst sehen, die Schenkung ist nur der Anfang. Frau Sörby hat immer für Hedwig so viel übrig gehabt; und jetzt steht es ja in ihrer Macht, für das Kind alles Erdenkliche zu tun. Sie können sie mir zu jeder Zeit und Stunde nehmen, wenn sie Lust haben.
Gregers Hedwig verläßt dich nie und nimmermehr.
Hjalmar Halte das nur nicht für ausgemacht. Wenn die dastehen und ihr mit vollen Händen winken –? Ach, und ich hab' sie doch so unsagbar geliebt! Ich habe doch mein höchstes Glück darin gefunden, sie behutsam an der Hand zu nehmen und sie zu leiten, wie man ein Kind, das sich im Dunkeln fürchtet, durch einen großen, öden Raum geleitet! – Jetzt fühl' ich's mit der Gewißheit Qual – der arme Photograph im Dachstübchen ist ihr niemals wirklich und wahrhaftig etwas gewesen. Sie hat nur listig sich bemüht, so lange mit ihm auf gutem Fuße zu stehen, bis die Zeit gekommen wäre.
Gregers Das glaubst du ja selber nicht, Hjalmar.
Hjalmar Das ist ja eben das Gräßliche, daß ich nicht weiß, was ich glauben soll – daß ich es nie wissen werde. Aber kannst du denn wirklich zweifeln, daß es sein muß, wie ich sage? Haha! Du baust zu stark auf die ideale Forderung, mein guter Gregers! Wenn die anderen kämen – die mit den vollen Händen – und dem Kinde zuriefen: verlaß ihn – bei uns wartet deiner das Leben –
Gregers (schnell) Ja, und was dann –?
Hjalmar Wenn ich sie dann fragte: Hedwig, bist du bereit, das Leben für mich zu lassen? *(Lacht spöttisch)* Ja, prost Mahlzeit – du würdest schon hören, was für eine Antwort ich bekäme. *(Man hört einen Schuß fallen auf dem Boden.)*
Gregers (laut vor Freude) Hjalmar!
Hjalmar So; nun geht er auch noch auf die Jagd.
Gina (tritt ein) Ujeh, Hjalmar, ich glaube gar, der Alte donnert da allein auf dem Boden 'rum.
Hjalmar Ich will doch gleich sehen –
Gregers (lebhaft, ergriffen) Einen Augenblick! Weißt du, was das war?
Hjalmar Natürlich weiß ich's.
Gregers Nein, du weißt es nicht. Aber ich weiß es. Es war der Beweis!
Hjalmar Was für einen Beweis?
Gregers Es war eine kindliche Opfertat. Sie hat deinen Vater bewogen, die Wildente zu schießen.
Hjalmar Die Wildente zu schießen!

Gina Denk einer an –!
Hjalmar Zu welchem Zweck?
Gregers Sie wollte dir das Beste opfern, was sie auf der Welt hat; denn sie meinte, dann müßtest du sie wieder lieb haben.
Hjalmar (weich, bewegt) Ach, das Kind!
Gina Ja, auf was die nicht alles verfällt!
Gregers Sie wollte nur deine Liebe wieder haben, Hjalmar; ohne die meinte sie nicht leben zu können.
Gina (kämpft mit den Tränen) Nun siehst du's selbst, Ekdal.
Hjalmar Gina, wo ist sie denn?
Gina (schluchzend) Das arme Ding – sie wird wohl draußen in der Küche sitzen.
Hjalmar (geht hin, reißt die Küchentür auf und sagt:) Hedwig – komm! Komm herein zu mir. *(Sieht sich um)* Nein, hier ist sie nicht.
Gina Dann wird sie auf ihrem Kämmerchen sein.
Hjalmar (draußen) Nein, da ist sie auch nicht. *(Kommt herein)* Sie muß ausgegangen sein.
Gina Ja, du wolltest sie ja nirgendwo im Hause dulden.
Hjalmar Ach, käm' sie doch nur bald nach Hause – so daß ich's ihr recht ordentlich sagen kann. – Jetzt wird alles gut, Gregers; denn jetzt können wir, glaub' ich, ein neues Leben beginnen.
Gregers (leise) Ich wußt' es ja; durch das Kind würde die Wiederaufrichtung kommen.
(Der alte Ekdal tritt in die Tür seines Zimmers; er ist in voller Uniform und damit beschäftigt, seinen Säbel umzuschnallen.)
Hjalmar (erstaunt) Vater! Da bist du?!
Gina Vater, haben Sie auf Ihrer Kammer geschossen?
Ekdal (entrüstet, tritt näher) So, Hjalmar? Du, du gehst also allein auf die Jagd?
Hjalmar (gespannt, verwirrt) Du warst's also nicht, der auf dem Boden geschossen hat?
Ekdal Ich geschossen? Hm!
Gregers (ruft Hjalmar zu) Du! Sie hat die Wildente selbst geschossen!
Hjalmar Was soll das heißen?! *(Eilt an die Bodentür, reißt sie zur Seite, sieht hinein und schreit laut)* Hedwig!
Gina (läuft an die Tür) Jesus! Was ist das?
Hjalmar (geht hinein) Sie liegt auf der Erde!
Gregers Auf der Erde?! *(Hinein zu Hjalmar)*
Gina (zugleich) Hedwig! *(Drin auf dem Boden)* Nein, nein, nein!
Ekdal Hoho – sie geht auch auf die Jägerei?

(Hjalmar, Gina und Gregers schleppen Hedwig ins Atelier; in der herabhängenden Hand hält sie die Pistole zwischen den Fingern festgeklemmt.)
Hjalmar (verstört) Die Pistole ist losgegangen. Hedwig hat sich selbst getroffen. Ruft um Hilfe! – Hilfe!
Gina (läuft auf den Flur hinaus und ruft hinunter:) Relling! Relling! Herr Doktor Relling; machen Sie, kommen Sie 'rauf, so rasch wie möglich!
(Hjalmar und Gregers legen Hedwig aufs Sofa.)
Ekdal (leise) Der Wald rächt sich.
Hjalmar (neben ihr auf den Knien) Nun kommt sie bald wieder zu sich. Nun kommt sie zu sich – ja, ja, ja.
Gina (die wieder hereingekommen ist) Wo hat sie sich getroffen? Ich kann gar nichts sehen –
(Relling kommt eilig, und gleich nach ihm Molvik; letzterer ohne Weste und Halstuch, mit offenem Rock.)
Relling Was ist denn hier los?
Gina Sie sagen, Hedwig hat auf sich geschossen.
Hjalmar Komm und hilf!
Relling Auf sich geschossen! *(Rückt den Tisch beiseite und beginnt sie zu untersuchen)*
Hjalmar (liegt noch immer auf den Knien und sieht angstvoll zu ihm auf) Es kann doch nicht gefährlich sein? Wie, Relling? Sie blutet ja fast gar nicht. Es kann doch nicht gefährlich sein?
Relling Wie ist das passiert?
Hjalmar Ach, was weiß ich –!
Gina Sie wollte die Wildente schießen.
Relling Die Wildente?
Hjalmar Die Pistole muß losgegangen sein.
Relling Hm. Ja so.
Ekdal Der Wald rächt sich. Aber bange bin ich doch nicht. *(Geht auf den Boden und schließt die Tür hinter sich)*
Hjalmar Na, Relling – warum sagst du nichts?
Relling Die Kugel ist in die Brust gegangen!
Hjalmar Ja, aber Hedwig kommt doch zu sich?
Relling Du siehst doch, daß sie nicht mehr lebt.
Gina (bricht in Tränen aus) Oh, das Kind! Das Kind!
Gregers (mit heiserer Stimme) Auf dem Meeresgrund –
Hjalmar (springt auf) Doch, doch, sie muß leben! Ach, ich will's dir auf den Knien danken, Relling – nur einen einzigen Augenblick – nur so lange, bis ich ihr gesagt habe, wie namenlos lieb ich sie in all der Zeit gehabt habe.

Relling Ins Herz getroffen. Innere Verblutung. Sie war auf der Stelle tot.
Hjalmar Und ich, ich hab' sie wie ein Tier von mir gestoßen! Und doch kroch sie eingeschüchtert hinein auf den Boden und ging aus Liebe zu mir in den Tod. *(Schluchzend)* Es nie wieder gutmachen zu können! Ihr nicht mehr sagen zu können –! *(Ballt die Fäuste und schreit nach oben:)* Oh, du da oben –! Wenn du da bist! Warum hast du mir das getan!
Gina Nicht doch, nicht doch! Vermeß dir nicht so was Gräßliches. Wir hatten wohl nicht das Recht, sie zu behalten, denk' ich mir.
Molvik Das Kind ist nicht tot; es schläft.
Relling Blech!
Hjalmar (schweigt, geht an das Sofa und blickt mit gekreuzten Armen auf Hedwig) Wie sie da liegt, starr und still!
Relling (sucht die Pistole zu entfernen) Sie sitzt so fest, so fest.
Gina Nicht doch, nicht, Relling – brechen Sie dem Kind nicht die Finger kaputt. Lassen Sie die Pikstole sitzen.
Hjalmar Sie soll sie mithaben.
Gina Ja, laß sie ihr. Aber das Kind soll nicht hier liegen und paradieren. Sie soll auf ihre eigene Kammer; das soll sie. Fass' an, Ekdal. *(Gina und Hjalmar nehmen Hedwig zwischen sich)*
Hjalmar (während sie tragen) Ach Gina, Gina, hältst du das aus?!
Gina Einer muß dem andern helfen. Denn jetzt, mein' ich, gehört sie uns doch zu: Dir zur Hälfte und mir zur Hälfte.
Molvik (streckt die Arme aus und murmelt) Gelobt sei der Herr; zu Staube sollst du werden; zu Staube sollst du werden –
Relling (flüstert) Halt's Maul, Mensch; du bist ja besoffen.
(Gina und Hjalmar tragen die Leiche durch die Küchentür hinaus. Relling macht hinter ihnen zu. Molvik schleicht sich auf den Flur hinaus.)
Relling (geht zu Gregers und sagt) Das lass' ich mir doch von keinem aufbinden, daß das ein zufälliger Schuß war.
Gregers (der schreckensstarr gestanden, in krampfhaften Zuckungen) Niemand kann sagen, wie das Entsetzliche geschehen ist.
Relling Die Ladung hat die Taille versengt. Hedwig muß die Pistole direkt gegen die Brust gedrückt und dann abgefeuert haben.
Gregers Sie ist nicht vergebens gestorben. Haben Sie gesehen, wie der Schmerz das Erhabene in ihm frei machte?
Relling Erhaben werden die meisten, wenn sie in Trauer an einer Leiche stehen. Aber wie lange, glauben Sie, wird die Herrlichkeit bei ihm währen?
Gregers Sollte sie nicht währen und wachsen mit seinem Leben?

Relling Kein dreiviertel Jahr, und klein Hedwig ist für ihn nichts anderes als ein schönes Deklamationsthema.
Gregers Und das unterstehen Sie sich von Hjalmar Ekdal zu sagen!
Relling Wir wollen uns wieder sprechen, wenn das erste Gras auf ihrem Grabe verdorrt ist. Dann können Sie ihn geschwollen reden hören »von dem Kinde, daß dem Vaterherzen zu früh entrissen«; dann sollen Sie mal sehen, wie er sich einwickelt in Rührung und in Selbstbewunderung und in Mitleid mit sich selbst. Passen Sie nur auf!
Gregers Wenn Sie recht haben, und ich hab' unrecht, dann ist das Leben nicht wert gelebt zu werden.
Relling Ach, das Leben könnte doch noch ganz schön sein, wenn wir nur Frieden hätten vor diesen famosen Gläubigern, die uns armen Leuten das Haus einlaufen mit der idealen Forderung.
Gregers (sieht vor sich hin) Wenn dem so ist, dann bin ich nur froh, daß ich nun mal meine Bestimmung habe.
Relling Mit Verlaub – was ist denn Ihre Bestimmung?
Gregers (im Begriff zu gehen) Der Dreizehnte bei Tisch zu sein.
Relling Ach, das glaub' der Teufel.

HEDDA GABLER

Schauspiel

Personen

Jörgen Tesman, Privatdozent der Kulturgeschichte
Frau Hedda Tesman, seine Gattin
Fräulein Juliane Tesman, seine Tante
Frau Elvsted
Gerichtsrat Brack
Ejlert Lövborg
Berte, Dienstmädchen bei Tesman

Die Handlung spielt in Tesmans Villa im westlichen Teil der Stadt

ERSTER AKT

Ein geräumiges, hübsch und geschmackvoll eingerichtetes, in dunklen Farben gehaltenes Gesellschaftszimmer. An der Wand des Hintergrunds befindet sich eine breite Türöffnung mit zurückgeschlagenen Portieren. Diese Öffnung führt in ein kleines Zimmer, das in demselben Stil gehalten ist wie das Gesellschaftszimmer. An der rechten Wand dieses Raums eine Tür, die in das Vorzimmer hinausführt. Links an der gegenüberliegenden Wand eine Glastür, ebenfalls mit zurückgeschlagenem Vorhang; durch die Scheiben sieht man einen Teil einer davorliegenden, überdachten Veranda und Bäume in Herbstlaub. Im Vordergrund steht ein ovaler, mit einer Decke belegter Tisch, um denselben herum Stühle. Rechts vorn an der Wand ein breiter, dunkler Majolikaofen, ein Lehnstuhl mit hoher Rückenlehne, ein Fußschemel mit Kissen und zwei Tabouretts. Rechts in der Ecke ein Ecksofa und ein kleiner, runder Tisch. Links vorn, ein wenig von der Wand entfernt, ein Sofa. Neben der Glastür ein Klavier. Zu beiden Seiten der Türöffnung im Hintergrund stehen Etageren mit Terrakotta- und Majolikagegenständen. An der Rückwand des inneren Zimmers sieht man ein Sofa, einen Tisch und ein paar Stühle. Über diesem Sofa hängt das Bild eines schönen, älteren Mannes in Generalsuniform. Über dem Tisch eine Hängelampe mit mattgeschliffener Milchglasglocke. Im Gesellschaftszimmer stehen überall Bouquets in Vasen und Gläsern umher. Auf den Stühlen liegen ebenfalls einige. Beide Zimmer sind mit dicken Teppichen belegt. Morgenbeleuchtung. Das Sonnenlicht fällt durch die Glastür. Rechts und links vom Schauspieler.

Juliane Tesman, eine Dame von angenehmem, gutmütigem Äußern, ungefähr fünfundsechzig Jahre alt, in einer sauberen, einfachen Straßentoilette, kommt mit Hut und Sonnenschirm durch das Vorzimmer.
Berte, ein ziemlich bejahrtes Dienstmädchen von schlichtem, ländlichem Aussehen, die ein in Papier gehülltes Bouquet trägt, folgt ihr.

Fräulein Tesman (bleibt in der Tür stehen, lauschend, gedämpft) Nein, ich glaube wahrhaftig, die sind noch nicht auf den Beinen!

Berte (ebenfalls gedämpft) Das hab' ich ja gesagt, Fräulein. Bedenken Sie nur, wie spät nachts das Dampfschiff angekommen ist. Und nun erst nachher! Du liebe Zeit – was die junge Frau alles noch auszupacken hatte, ehe sie zur Ruhe kam.
Fräulein Tesman Ja, ja – laß sie sich nur ordentlich ausruhen. Aber frische Morgenluft sollen sie hier haben, wenn sie kommen.
(Sie geht an die Glastür und schlägt diese weit auf.)
Berte (steht mit dem Bouquet in der Hand unschlüssig am Tisch) Nein, meiner Treu, hier ist nicht ein ordentlicher Platz mehr. Ich glaube, Fräulein, ich stelle es hierher.
(Sie stellt das Bouquet aufs Klavier.)
Fräulein Tesman Jetzt hast du also eine neue Herrschaft, meine liebe Berte. Weiß Gott, es ist mir schwerer als schwer geworden, dich ziehen zu lassen.
Berte (dem Weinen nahe) Und mir erst, Fräulein! Was soll ich wohl sagen? Ich war doch so manches liebe Jahr bei Ihnen in Lohn und Brot gewesen.
Fräulein Tesman Wir müssen uns dreinfinden, Berte. Es hilft nichts. Sieh mal, Jörgen muß dich im Hause haben. Er muß. Du bist ja daran gewöhnt gewesen, ihn zu bedienen, seitdem er ein kleiner Junge war.
Berte Ach ja, Fräulein, aber ich muß immerzu an die denken, die zu Hause liegt. Die Ärmste, die so ganz hilflos ist. Und nun erst mit dem neuen Mädchen! Die lernt doch im ganzen Leben nicht, es der armen Kranken recht zu machen.
Fräulein Tesman Oh, ich werde sie schon anlernen. Und das meiste besorge ich ja selbst, mußt du wissen. Um meine arme Schwester brauchst du nicht so besorgt zu sein, meine liebe Berte.
Berte Ja – aber es ist noch was anderes, Fräulein. Ich habe große Angst, daß ich es der jungen Frau nicht zu Dank machen werde.
Fräulein Tesman Nun, Herrgott – anfangs mag ja wohl dies oder jenes vorkommen –
Berte Denn sie hält gewiß mächtig aufs Feine.
Fräulein Tesman Das kann man sich ja denken. General Gablers Tochter. Wie die es gewohnt war, solange der General lebte! Kannst du dich noch darauf besinnen, wenn sie mit ihrem Vater vorüber ritt? In dem langen, schwarzen Tuchkleid? Und mit Federn auf dem Hut?
Berte Ja, ja – das sollt' ich meinen! – Aber meiner Treu, wenn ich mir damals gedacht hätte, daß aus ihr und dem Herrn Kandidaten ein Paar werden würde!
Fräulein Tesman Ich hätte es auch nicht gedacht. Aber, ehe ich's

vergesse, Berte: Von jetzt an darfst du Jörgen nicht mehr Kandidat nennen. Du mußt »Herr Doktor« sagen.
Berte Die junge Frau hat das auch gesagt – heut nacht –, kaum daß sie in die Tür kamen. Ist das denn so, Fräulein?
Fräulein Tesman Allerdings. Denk dir mal, Berte – sie haben ihn zum Doktor im Ausland gemacht. Jetzt auf der Reise, weißt du! Ich wußte kein Sterbenswort davon, erst unten an der Landungsbrücke hat er es mir erzählt.
Berte Ja, ja, er kann es noch zu allem möglichen bringen. So klug wie der ist. Daß er sich aber noch damit abgeben würde, an den Leuten herumzukurieren, hätte ich mir doch nie gedacht.
Fräulein Tesman Nein, solch ein Doktor ist er ja nicht geworden. *(Sie nickt bedeutungsvoll.)* Übrigens wirst du ihm bald einen noch stattlicheren Titel geben können.
Berte Nein, wirklich?! Was für einen, Fräulein?
Fräulein Tesman (lächelt) Ihm – ja, wenn du das erst wüßtest! *(Gerührt)* O mein Gott – wenn der selige Jochum aus dem Grabe aufblicken und sehen könnte, was aus seinem kleinen Jungen geworden ist! *(Sie sieht sich um.)* Aber hör mal, Berte, wozu das? Weshalb hast du von allen Möbeln die Überzüge abgenommen?
Berte Die junge Frau hat es so angeordnet. Sie sagt, sie kann keine Überzüge auf den Möbeln leiden.
Fräulein Tesman Wollen sie sich denn immer hier aufhalten – für alle Tage auch?
Berte Es scheint so. Nach dem, was die junge Frau sagte. Er selbst – der Doktor – hat nichts gesagt.
(Jörgen Tesman kommt trällernd von rechts ins Hinterzimmer; er ist ein jugendlich aussehender Mann von dreiunddreißig Jahren, mittelgroß, ziemlich voll, mit offenem, rundem, fröhlichem Gesicht, blondem Kopf- und Barthaar, trägt eine Brille, einen bequemen, ein wenig nachlässigen Hausanzug, in der Hand einen leeren, offenen Handkoffer.)
Fräulein Tesman Guten Morgen, guten Morgen, Jörgen!
Tesman (in der Tür) Tante Jule! Liebe Tante Jule! *(Er tritt zu ihr und schüttelt ihre Hand.)* So weit bis zu uns heraus – schon so früh am Tage! Wie?
Fräulein Tesman Du kannst dir doch wohl denken, daß ich ein bißchen bei euch eingucken wollte!
Tesman Und obendrein hast du nicht einmal deine ordentliche Nachtruhe gehabt!
Fräulein Tesman Oh, das tut mir gar nichts.

Tesman Nun, du bist doch gut von der Landungsbrücke nach Hause gekommen? Wie?
Fräulein Tesman Allerdings, Gott sei Dank! Der Herr Rat war so liebenswürdig und begleitete mich bis an meine Haustür.
Tesman Wir bedauerten, daß wir dich nicht mit in den Wagen nehmen konnten. Aber du hast ja selbst gesehen – Hedda hatte so viele Schachteln, die mit mußten.
Fräulein Tesman Ja, sie hatte freilich eine Unmenge von Schachteln mit.
Berte (zu Tesman) Kann ich vielleicht hineingehen und die gnädige Frau fragen, ob ich ihr bei irgend etwas helfen kann?
Tesman Nein, danke, Berte, das hat keinen Zweck. Sie sagte, sie würde klingeln, wenn sie dich braucht.
Berte (geht nach rechts) Gut.
Tesman Aber weißt du – nimm diesen Koffer mit.
Berte (nimmt ihn) Ich trage ihn auf den Boden.
(Ab durch die Tür zum Vorzimmer)
Tesman Denk dir mal, Tante – den ganzen Koffer hatte ich vollgepropft mit lauter Abschriften. Es ist ganz unglaublich, was ich in all den Archiven gesammelt habe. Alte, merkwürdige Sachen, von denen kein Mensch Bescheid gewußt –
Fräulein Tesman Ja, ja, Jörgen, du hast deine Zeit auf der Hochzeitsreise nicht vergeudet.
Tesman Nein, das darf ich wohl sagen. Aber nimm doch den Hut ab, Tante. Komm, laß mich die Schleife aufmachen. Wie?
Fräulein Tesman (während er dies tut) Ach Gott, es ist noch grade so, als ob du bei uns zu Hause wärst.
Tesman (dreht und wendet den Hut in der Hand) Nein – was für einen hübschen, feinen Hut du dir zugelegt hast!
Fräulein Tesman Den hab' ich mir Heddas wegen angeschafft.
Tesman Heddas wegen? Wie?
Fräulein Tesman Damit Hedda sich nicht zu schämen braucht, wenn wir zusammen auf der Straße gehen.
Tesman (streichelt ihr die Wange) Du denkst aber auch an alles, Tante Jule! *(Er legt den Hut auf einen Stuhl am Tisch.)* Und jetzt – weißt du – setzen wir uns hier aufs Sofa und plaudern miteinander, bis Hedda kommt. *(Sie setzen sich.)*
Fräulein Tesman (lehnt ihren Sonnenschirm gegen die Sofaecke, nimmt Jörgens beide Hände und sieht ihm ins Gesicht) Wie innig wohl mir's tut, dich wieder leibhaftig vor Augen zu haben, Jörgen. Du einziger Junge meines seligen Jochum!

Tesman Und mir erst, dich wiederzusehen, Tante Jule, die du Vater- und Mutterstelle bei mir vertreten hast.
Fräulein Tesman Ja, ich weiß wohl, daß du deine alten Tanten immer lieb behalten wirst.
Tesman Also durchaus gar keine Besserung mit Tante Rina. Wie?
Fräulein Tesman Ach nein – für die Arme ist auch wohl keine Besserung mehr zu erwarten. Sie liegt da, wie sie seit all den Jahren gelegen. Aber wenn unser Herrgott sie mir nur noch eine Zeitlang lassen wollte! Sonst wüßte ich mir keinen Rat mehr, Jörgen. Besonders jetzt, weißt du, wo ich auch für dich nichts mehr zu tun habe.
Tesman (klopft sie auf den Rücken) So-so-so!
Fräulein Tesman (plötzlich in einen anderen Ton übergehend) Aber wenn ich bedenke, daß du jetzt Ehemann bist, Jörgen! Und daß du derjenige warst, der Hedda Gabler bekommen hat. Denk nur! Sie, die stets von so vielen Kavalieren umringt war!
Tesman (trällert ein wenig und lächelt zufrieden) Ich glaube allerdings, daß ich etliche gute Freunde in der Stadt habe, die mich beneiden. Wie?
Fräulein Tesman Und daß du eine so lange Hochzeitsreise machen konntest! Über fünf – beinahe sechs Monate –
Tesman Na, für mich ist es ja auch eine Art Studienreise gewesen. All die Archive, die ich durchstöbern mußte. Und die vielen Bücher, die ich durchlesen mußte!
Fräulein Tesman Ja, das mag wohl sein! *(Vertraulich und ein wenig gedämpfter)* Aber hör mal, Jörgen – hast du mir denn gar nichts – gar nichts besonderes zu erzählen?
Tesman Von der Reise?
Fräulein Tesman Ja.
Tesman Nein, ich weiß nichts anderes, als das, wovon ich dir in meinen Briefen schrieb. Daß ich dort unten den Doktor gemacht, das habe ich dir ja gestern erzählt.
Fräulein Tesman Ja, das schon. Aber ich meine – ob du keine – gar keine – Aussichten hast?
Tesman Aussichten?
Fräulein Tesman Mein Gott, Jörgen – ich bin doch deine alte Tante!
Tesman Gewiß hab' ich Aussichten – ja!
Fräulein Tesman Nun also!
Tesman Ich habe ja die allerbesten Aussichten, nächster Tage Professor zu werden.
Fräulein Tesman Ja, Professor – ja –

Tesman Oder – ich darf wohl sagen, ich habe die Gewißheit, es zu werden. Aber liebe Tante Jule – das weißt du doch selbst!
Fräulein Tesman (lächelnd) Allerdings weiß ich das. Da hast du recht. *(In einen anderen Ton übergehend)* Aber wir sprachen ja von der Reise. Die muß ein tüchtiges Stück Geld gekostet haben, Jörgen?
Tesman Na, lieber Gott, das große Stipendium hat gehörig mitgeholfen.
Fräulein Tesman Ich begreife nur nicht, wie du es angefangen hast, daß es für zwei reichte.
Tesman Nein, nein, das ist auch nicht so einfach. Wie?
Fräulein Tesman Und dann kommt noch dazu, daß man mit einer Dame reist. Das soll ja unendlich viel teurer kommen, hab' ich mir sagen lassen.
Tesman Ja, das versteht sich, etwas teurer kommt es allerdings. Aber Hedda mußte diese Reise machen, Tante! Wirklich, sie mußte. Es hätte sich gar nicht anders gepaßt –
Fräulein Tesman Nein, nein, das mag schon sein. Denn heutzutage gehört eine Hochzeitsreise ja mit dazu. Aber sag mir mal – hast du dich schon ordentlich in der Wohnung umgesehen?
Tesman Das kannst du dir wohl denken. Ich bin schon seit Tagesanbruch auf den Beinen.
Fräulein Tesman Wie gefällt dir denn das Ganze?
Tesman Ausgezeichnet! Ganz ausgezeichnet! Ich kann nur das eine nicht recht begreifen, was wir mit den zwei leeren Zimmern anfangen sollen, die zwischen der Hinterstube und Heddas Schlafzimmer liegen.
Fräulein Tesman (lächelt) Oh, mein lieber Jörgen, für die werdet ihr auch noch Verwendung finden – so mit der Zeit.
Tesman Darin hast du wirklich recht, Tante Jule! Denn wenn ich so allmählich meine Büchersammlung vergrößere, so – Wie?
Fräulein Tesman Richtig, mein guter Junge. An die Büchersammlung dachte ich auch grade.
Tesman Am meisten freue ich mich Heddas wegen. Bevor wir uns verlobten, hat sie so oft gesagt, sie möchte nirgend anderswo wohnen als in der Villa der Staatsrätin Falk.
Fräulein Tesman Ja, denk mal – und dann hat es sich so getroffen, daß sie zu verkaufen war. Gleich nachdem ihr abgereist wart.
Tesman Ja, Tante Jule, wir haben wirklich Glück gehabt. Wie?
Fräulein Tesman Aber teuer, lieber Jörgen! Teuer wird es dich kommen – alles dies hier.
Tesman (sieht sie ein wenig verzagt an) Das wird es am Ende! Was, Tante?

Fräulein Tesman Ja, du lieber Gott!
Tesman Wieviel glaubst du wohl? So ungefähr? Wie?
Fräulein Tesman Das kann ich unmöglich wissen, bevor all die Rechnungen kommen.
Tesman Na, glücklicherweise hat Gerichtsrat Brack ziemlich mäßige Bedingungen für mich ausgemacht. Das schrieb er selbst an Hedda.
Fräulein Tesman Darum ängstige dich nur nicht, mein Junge. Für die Möbel und all die Teppiche hab' ich überdies Sicherheit gegeben.
Tesman Sicherheit? Du? Liebe Tante Jule, was für Sicherheit hast du denn geben können?
Fräulein Tesman Ich habe eine Anweisung auf die Rente gegeben.
Tesman (springt auf) Wie! Auf deine – und Tante Rinas Rente?
Fräulein Tesman Ja, sieh mal, ich wußte keinen anderen Ausweg.
Tesman (tritt vor sie) Aber bist du denn ganz wahnsinnig, Tante. Die Rente – das ist ja das einzige, wovon du mit Tante Rina lebst.
Fräulein Tesman Na, na, nimm dir's nicht so zu Herzen. Das ganze ist ja nur Formsache, weißt du. Das hat Gerichtsrat Brack auch gesagt. Denn er war so liebenswürdig, alles für mich zu ordnen. Nur Formsache, sagte er.
Tesman Ja, das mag ja sein. Aber trotzdem –
Fräulein Tesman Jetzt bekommst du ja dein eigenes Gehalt, von dem du abbezahlen kannst. Und, lieber Gott, wenn wir nun auch wirklich ein klein bißchen blechen müssen –? Im Anfang ein wenig zuschießen –? Das wäre für uns doch nur ein Glück.
Tesman Ach Tante, du wirst nie müde, dich für mich zu opfern!
Fräulein Tesman (steht auf und legt ihm die Hände auf die Schultern) Habe ich denn eine andere Freude auf der Welt, als dir den Weg zu ebnen, mein lieber Junge? Du hast weder Vater noch Mutter gehabt, an die du dich hättest halten können. Und jetzt sind wir am Ziel! Zuweilen hat es düster genug ausgesehen. Aber Gott sei Dank, Jörgen, jetzt bist du obendrauf!
Tesman Ja, es ist eigentlich seltsam, wie sich alles gefügt hat.
Fräulein Tesman Ja – und alle, die gegen dich waren – und dir den Weg versperren wollten – die unterliegen jetzt. Sie sind gefallen, Jörgen! Der dir am gefährlichsten war – der fiel am tiefsten. Und jetzt liegt er, wie er gebettet hat, der arme, verirrte Mensch.
Tesman Hast du was von Ejlert gehört? Seit meiner Abreise, meine ich.
Fräulein Tesman Nichts weiter, als daß ein neues Buch von ihm erschienen sein soll.
Tesman Was ist das! Ejlert Lövborg? Jetzt kürzlich? Wie?

Fräulein Tesman Ja, es heißt so. Weiß Gott, ob viel dran ist? Nein, wenn dein neues Buch kommt – das wird was anderes, Jörgen? Wovon wird es handeln?

Tesman Es wird von der Brabanter Hausindustrie im Mittelalter handeln.

Fräulein Tesman Denk mal – daß du auch über so was schreiben kannst!

Tesman Übrigens kann es mit dem Buch noch lange dauern. Ich muß vorher noch diese umfangreichen Sammlungen ordnen, will ich dir sagen.

Fräulein Tesman Ja, ordnen und sammeln – darauf verstehst du dich wirklich. Du bist nicht umsonst der Sohn des seligen Jochum.

Tesman Ich freue mich auch so riesig drauf, damit anzufangen. Besonders jetzt, wo ich mein gemütliches Haus und Heim habe, wo ich arbeiten kann.

Fräulein Tesman Und vor allen Dingen, wo du die hast, die dein Herz begehrte, lieber Jörgen.

Tesman (umarmt sie) Ach ja, ja, Tante Jule! Hedda – die ist doch das schönste von allem! *(Er sieht nach der Türöffnung.)* Ich glaube, da kommt sie. Wie?

(Hedda, eine Dame von neunundzwanzig Jahren, Gesicht und Gestalt edel und vornehm geformt, mattbleiche Hautfarbe; die Augen sind stahlgrau und drücken kalte, klare Ruhe aus; das Haar ist von schöner, mittelbrauner Farbe, aber nicht besonders dick; sie trägt einen geschmackvollen, etwas lose anschließenden Morgenanzug und kommt von links durch das Hinterzimmer.)

Fräulein Tesman (geht Hedda entgegen) Guten Morgen, liebe Hedda! Schönen guten Morgen!

Hedda (reicht ihr die Hand) Guten Morgen, liebes Fräulein Tesman! So früh schon auf Besuch? Das ist sehr freundlich.

Fräulein Tesman (scheint ein wenig verlegen) Nun, hat die junge Frau gut geschlafen in ihrem neuen Heim?

Hedda O ja, danke! So ziemlich.

Tesman (lacht) Ziemlich! Nein, du bist wirklich köstlich, Hedda! Du schliefst doch wie ein Stein, als ich aufstand.

Hedda Glücklicherweise. Übrigens muß man sich an alles Neue erst gewöhnen, Fräulein Tesman. So nach und nach. *(Sie sieht nach links.)* Uh! – Da hat das Dienstmädchen die Altantür aufgemacht. Hier strömt ja ein ganzes Meer von Sonne herein.

Fräulein Tesman (geht nach der Tür) Nun, dann machen wir sie zu.

Hedda Nein, nein, das nicht! Lieber Tesman, zieh die Vorhänge zusammen. Das gibt ein milderes Licht.
Tesman (an der Tür) Jawohl – jawohl. *(Er tut es.)* So Hedda, nun hast du Schatten und frische Luft zugleich.
Hedda Ja, frische Luft tut hier wirklich not. All diese dummen Blumen. Aber Beste – wollen Sie nicht Platz nehmen, Fräulein Tesman?
Fräulein Tesman Nein, besten Dank. Jetzt weiß ich ja, daß hier alles gut steht, Gottlob! Und nun muß ich machen, daß ich wieder nach Hause komme. Zu ihr, die da liegt und so sehnsüchtig wartet, die Ärmste.
Tesman Grüß sie auch ja viele, viele Mal von mir, Tante. Und sag ihr, daß ich später am Tage noch zu ihr komme.
Fräulein Tesman Das werde ich gewiß tun. Aber, es ist ja wahr, Jörgen. *(Sie sucht in ihrer Tasche.)* Das hätte ich beinahe vergessen. Hier habe ich dir was mitgebracht.
Tesman Was ist das, Tante? Wie?
Fräulein Tesman (zieht ein flaches, in Zeitungspapier gewickeltes Paket hervor und reicht ihm das) Hier, mein lieber Junge.
Tesman (macht es auf) Nein, Gott im Himmel, die hast du für mich aufbewahrt, Tante Jule? Hedda! Das ist wirklich rührend! Wie?
Hedda (rechts an der Etagere) Was ist es denn, Liebster?
Tesman Meine alten Morgenschuhe! Die Pantoffeln!
Hedda Ach so! Ich besinne mich, auf der Reise sprachst du oft davon.
Tesman Ja, ich habe sie so sehr vermißt. *(Er geht zu ihr.)* Jetzt sieh sie dir mal an, Hedda!
Hedda (geht nach dem Ofen) Nein, danke, das interessiert mich wirklich nicht.
Tesman Denk dir nur – die hat Tante Rina im Bett für mich gestickt. So krank wie sie war. Oh, du kannst dir nicht denken, wie viele Erinnerungen sich daran knüpfen.
Hedda (am Tisch) Für mich doch nicht.
Fräulein Tesman Darin hat Hedda wohl recht, Jörgen.
Tesman Ja, aber mich dünkt, jetzt, wo sie zur Familie gehört –
Hedda (unterbricht ihn) Mit dem Dienstmädchen wird kein Auskommen sein, Tesman.
Fräulein Tesman Mit Berte kein Auskommen?
Tesman Liebste – wie kommst du darauf? Wie?
Hedda (zeigt) Sieh dort! Da hat sie ihren alten Hut auf dem Stuhl liegenlassen.
Tesman (erschrickt und läßt die Morgenschuhe zu Boden fallen) Aber Hedda –!

Hedda Denk nur, wenn jemand käme und das sähe.
Tesman Aber Hedda – das ist ja Tante Jules Hut!
Hedda So?
Fräulein Tesman (nimmt den Hut) Ja, gewiß ist das meiner. Und alt ist er übrigens auch nicht, liebe Frau Hedda.
Hedda Ich habe ihn wirklich nicht so genau angesehen, Fräulein Tesman.
Fräulein Tesman (setzt den Hut auf und bindet ihn zu) Ich habe ihn wahrhaftig zum erstenmal auf. Ja, weiß Gott.
Tesman Und fein ist er auch. Wirklich prachtvoll!
Fräulein Tesman Oh, das hält sich, mein lieber Jörgen. *(Sie sieht umher.)* Mein Sonnenschirm? – Ach hier. *(Sie nimmt ihn.)* Denn der gehört auch mir. *(Murmelt)* Und nicht Berte.
Tesman Neuer Hut und neuer Sonnenschirm! Denk dir mal, Hedda!
Hedda Hübsch und niedlich.
Tesman Nicht wahr? Wie? Aber Tante, sieh dir Hedda ordentlich an, bevor zu gehst. Sieh, wie hübsch und niedlich sie ist!
Fräulein Tesman Ach, Liebster, das ist doch nichts neues. Hedda ist ja ihr Leben lang hübsch gewesen.
(Sie nickt und geht nach rechts.)
Tesman (geht ihr nach) Ja, aber hast du gemerkt, wie voll und üppig sie geworden ist? Wie sie sich auf der Reise herausgemacht hat?
Hedda (geht durchs Zimmer) Ach, laß doch –!
Fräulein Tesman (ist stehengeblieben und dreht sich um) Herausgemacht?
Tesman Ja, Tante Jule, du kannst es nicht recht sehen, wenn sie dieses Kleid anhat. Ich jedoch, der ich Gelegenheit habe, zu –
Hedda (an der Glastür, ungeduldig) Ach, du hast ja zu gar nichts Gelegenheit!
Tesman Das muß die Bergluft da unten in Tirol sein –
Hedda (ihn kurz abbrechend) Ich bin genauso wie vor der Reise.
Tesman Ja, das behauptest du. Aber das bist du wahrhaftig nicht. Findest du es nicht auch, Tante?
Fräulein Tesman (hat die Hände gefaltet und starrt sie an) Lieblich – lieblich ist Hedda. *(Sie geht zu ihr, zieht mit beiden Händen ihren Kopf herunter und küßt sie aufs Haar.)* Gott segne und behüte Hedda Tesman. Um Jörgens willen.
Hedda (macht sich vorsichtig los) Ach –! Lassen Sie mich doch los.
Fräulein Tesman (in stiller Bewegung) Jeden Tag, den Gott werden läßt, komme ich zu euch.

Tesman Ja, tu das auch wirklich, Tante! Wie?
Fräulein Tesman Adieu – adieu!
(Sie geht durch das Vorzimmer ab.)
(Tesman begleitet sie hinaus; die Tür bleibt halb offen stehen; man hört Tesman seine Grüße an Tante Rina wiederholen und für die Morgenschuhe danken.
Hedda geht gleichzeitig im Zimmer umher, streckt die Arme empor und ballt die Fäuste wie in Wut; dann schlägt sie die Vorhänge vor der Glastür zurück, bleibt stehen und sieht hinaus.)
Tesman (kommt wieder zurück, macht die Tür hinter sich zu und nimmt die Morgenschuhe vom Boden auf) Wonach siehst du dort, Hedda?
Hedda (wieder ruhig und beherrscht) Ich sehe nur das Laub an. Es ist so gelb. Und so welk.
Tesman (packt die Schuhe wieder zusammen und legt sie auf den Tisch) Wir sind jetzt ja auch schon im September.
Hedda (wieder unruhig) Ja, denk nur – wir sind jetzt schon im – im September.
Tesman Fandest du Tante Jule nicht sonderbar? Beinahe feierlich? Begreifst du, was ihr war? Wie?
Hedda Ich kenne sie ja beinahe nicht. Pflegt sie nicht öfter so zu sein?
Tesman Nein, so wie heute nicht.
Hedda (entfernt sich von der Glastür) Glaubst du, daß sie das mit dem Hut übelgenommen hat?
Tesman Oh, nicht ernstlich. Vielleicht ein bißchen im ersten Augenblick.
Hedda Aber was ist das auch für eine Manier, seinen Hut hier im Salon herumtreiben zu lassen! Das tut man nicht.
Tesman Na, du kannst dich darauf verlassen, Tante Jule tut das nicht wieder.
Hedda Übrigens werde ich es schon wieder bei ihr gutmachen.
Tesman Ja, liebe, gute Hedda, wenn du das tun wolltest!
Hedda Wenn du später am Tage zu ihnen gehst, kannst du sie ja für heute abend einladen.
Tesman Ja, das will ich wirklich tun. Und noch eins, womit du sie so ungeheuer erfreuen könntest.
Hedda Nun?
Tesman Wenn du dich nur überwinden wolltest, sie zu duzen. Mir zuliebe, Hedda. Wie?
Hedda Nein, nein, Tesman – das kannst du weiß Gott nicht von mir verlangen. Ich habe es dir schon einmal gesagt. Ich will versuchen, sie Tante zu nennen. Und damit muß es genug sein.

Tesman Nun ja. Aber mich dünkt nur, daß jetzt, wo du zur Familie gehörst –
Hedda Hm – ich weiß allerdings nicht –
(Sie geht durch das Zimmer nach der Tür.)
Tesman (nach kurzer Pause) Ist dir etwas, Hedda? Wie?
Hedda Ich sehe nur mein altes Klavier an. Es paßt nicht recht zu all dem anderen.
Tesman Wenn ich mein erstes Gehalt behebe, wollen wir sehen, daß wir es umtauschen.
Hedda Nein, nein – nicht umtauschen. Ich gebe es nicht her. Wir können es lieber ins Hinterzimmer stellen. Und dann wollen wir hier ein anderes hernehmen. So bei Gelegenheit, meine ich.
Tesman (ein wenig verzagt) Ja – das können wir auch tun.
Hedda (nimmt das Bouquet vom Klavier) Diese Blumen waren nicht hier, als wir über Nacht ankamen.
Tesman Tante Jule hat sie dir heute gewiß mitgebracht.
Hedda (sieht ins Bouquet) Eine Visitenkarte. *(Sie nimmt sie heraus und liest.)* »Komme später am Tage wieder.« Kannst du erraten, von wem sie ist?
Tesman Nein. Von wem denn? Wie?
Hedda Hier steht »Frau Landrichter Elvsted.«
Tesman Nein, wirklich? Frau Elvsted! Fräulein Rysing, wie sie früher hieß.
Hedda Ja, die ist es. Die mit dem irritierenden Haar, mit dem sie überall Aufsehen machte. Deine alte Flamme, wie ich gehört habe.
Tesman (lacht) Na, das hielt nicht lange an. Und dann war es auch, bevor ich dich kannte, Hedda. Aber denk mal – daß die in der Stadt ist.
Hedda Seltsam, daß sie uns einen Besuch macht. Ich kenne sie ja beinahe nur vom Institut.
Tesman Ich habe sie wirklich auch seit Gott weiß wie lange nicht gesehen. Daß sie es dort oben in dem entlegenen Winkel aushält. Wie?
Hedda (denkt nach und sagt dann plötzlich) Hör mal, Tesman – ist es nicht da oben irgendwo, wo er sich aufhält – er – Ejlert Lövborg?
Tesman Ja, grade in jener Gegend.
Berte (kommt durch die Vorzimmertür) Gnädige Frau, jetzt ist sie wieder da, die Dame, die schon einmal hier war und die Blumen abgegeben hat. *(Hinzeigend)* Die, die Sie da in der Hand haben, gnädige Frau.
Hedda Ah! Sie ist's? Lassen Sie sie nur hereinkommen.
(Berte öffnet Frau Elvsted die Tür und entfernt sich nach dort.)
(Frau Elvsted, eine zarte Gestalt mit hübschen, weichen Gesichtsformen;

die Augen sind hellblau, groß, rund und ein wenig hervorstehend mit erschreckt fragendem Ausdruck; ihr Haar ist auffallend hell, beinahe weißgelb und ungewöhnlich stark und wellig; sie ist ein paar Jahre jünger als Hedda; ihre Kleidung besteht in einem dunklen Besuchskleid, das geschmackvoll, aber nicht ganz nach der neusten Mode ist.)
Hedda (geht ihr freundlich entgegen) Guten Tag, beste Frau Elvsted. Es freut mich, Sie einmal wiederzusehen.
Frau Elvsted (nervös, sucht sich zu beherrschen) Ja, es ist sehr lange her, daß wir uns gesehen haben.
Tesman (reicht ihr die Hand) Und wir beiden auch. Wie?
Hedda Dank für Ihre reizenden Blumen –
Frau Elvsted O bitte! – Ich wäre gestern nachmittag schon hier gewesen. Aber da erfuhr ich, daß Sie noch auf der Reise seien.
Tesman Sind Sie erst kürzlich angekommen. Wie?
Frau Elvsted Ich kam gestern um die Mittagszeit. Oh, und ich war ganz verzweifelt, als ich hörte, daß Sie nicht zu Hause seien.
Hedda Verzweifelt! Weshalb denn?
Tesman Aber liebste, beste Frau Rysing – Frau Elvsted wollte ich sagen –
Hedda Es ist doch nichts passiert?
Frau Elvsted Doch. Und ich weiß hier sonst keine menschliche Seele, an die ich mich wenden könnte.
Hedda (legt das Bouquet auf den Tisch) Kommen Sie – setzen wir uns hier aufs Sofa –
Frau Elvsted Ach, ich habe weder Ruh' noch Rast zum Sitzen!
Hedda O doch. Kommen Sie her.
(Sie zieht Frau Elvsted aufs Sofa und setzt sich neben sie.)
Tesman Nun? Und jetzt, Frau –?
Hedda Ist oben bei Ihnen was besonderes vorgefallen?
Frau Elvsted Ja – und nein. Ach – ich möchte nur, daß Sie mich nicht mißverständen –
Hedda Dann wäre es am besten, Sie sprächen gradeheraus, Frau Elvsted.
Tesman Deshalb sind Sie doch wohl gekommen? Wie?
Frau Elvsted Ja, ja – das ist eben die Sache. Ich muß Ihnen also sagen – wenn Sie es nicht schon wissen –, daß Ejlert Lövborg in der Stadt ist.
Hedda Lövborg –!
Tesman Nein, ist Ejlert Lövborg wieder hier? Denk mal, Hedda?
Hedda Herrgott, ich höre es ja.

Frau Elvsted Er ist schon seit einer Woche hier. Sich das vorzustellen – eine ganze Woche! In dieser gefährlichen Stadt. Allein! Bei all der schlechten Gesellschaft, die es hier gibt.
Hedda Aber beste Frau Elvsted – was kümmert er Sie eigentlich?
Frau Elvsted (sieht sie erschrocken an und sagt schnell) Er war Lehrer bei den Kindern.
Hedda Bei Ihren Kindern?
Frau Elvsted Bei denen meines Mannes. Ich habe keine.
Hedda Also bei Ihren Stiefkindern.
Frau Elvsted Ja.
Tesman (ein wenig unsicher) War er denn sowcit – ich weiß nicht, wie ich mich ausdrücken soll –, soweit regelmäßig im Lebenswandel, daß man ihm das anvertrauen konnte? Wie?
Frau Elvsted Während der letzten paar Jahre war ihm nichts nachzusagen.
Tesman Wirklich nicht? Denk mal, Hedda!
Hedda Ich höre es.
Frau Elvsted Nicht das geringste, das kann ich Sie versichern! In keiner Beziehung. Aber trotzdem – jetzt, wo ich ihn hier weiß – in der großen Stadt – und mit dem vielen Geld in Händen. Jetzt bin ich in tödlicher Angst um ihn.
Tesman Warum ist er denn nicht lieber da oben geblieben, wo er war? Bei Ihnen und Ihrem Manne? Wie?
Frau Elvsted Als das Buch erschienen war, hatte er oben bei uns keine Ruh' und Rast mehr.
Tesman Es ist ja wahr – Tante Jule sagte, es sei ein neues Buch von ihm erschienen.
Frau Elvsted Ja, ein großes, neues Buch, das vom Gang der Kultur handelt – im großen ganzen. Das sind jetzt vierzehn Tage her. Und als es so viel gekauft und gelesen wurde – und so ungeheures Aufsehen machte –
Tesman Das hat es also gemacht? Dann muß es wohl etwas sein, das er noch aus seiner guten Zeit liegen hatte.
Frau Elvsted Von früher, meinen Sie?
Tesman Jawohl.
Frau Elvsted Nein, er hat das Ganze oben bei uns geschrieben. Jetzt – im letzten Jahr.
Tesman Das ist ja erfreulich zu hören, Hedda! Denk mal!
Frau Elvsted Ach ja, wenn es nur anhalten möchte!
Hedda Haben Sie ihn hier schon getroffen?

Frau Elvsted Nein, noch nicht. Ich hatte die größte Mühe, seine Adresse auszukundschaften. Aber heute früh habe ich sie endlich bekommen.
Hedda (sieht sie forschend an) Im Grunde genommen finde ich es etwas seltsam von Ihrem Manne – hm –
Frau Elvsted (schrickt nervös zusammen) Von meinem Manne? Was?
Hedda Daß er Sie mit solch einem Auftrag nach der Stadt schickt. Daß er nicht selbst herreist und sich nach seinem Freunde umsieht.
Frau Elvsted O nein, nein – mein Mann hat keine Zeit dazu. Und dann wollte ich auch – einige Einkäufe machen.
Hedda (lächelt leicht) Nun, das ist etwas anderes.
Frau Elvsted (steht schnell und unruhig auf) Und nun bitte ich Sie flehentlich, Herr Tesman, nehmen Sie Ejlert Lövborg gütig auf, wenn er zu Ihnen kommt! Und das tut er sicherlich. Mein Gott, Sie waren früher ja so gute Freunde. Und dann betreiben Sie beide ja das gleiche Studium. Die gleichen Wissenschaften – soweit ich es beurteilen kann.
Tesman Das war wenigstens früher der Fall.
Frau Elvsted Ja, und deshalb bitte ich Sie inständigst, daß Sie jedenfalls – Sie auch – ein waches Auge auf ihn haben. Oh, nicht wahr, Herr Tesman, Sie versprechen mir das doch?
Tesman Ja, herzlich gern, Frau Rysing –
Hedda Elvsted.
Tesman Ich werde gewiß für Ejlert alles tun, was in meiner Macht steht. Darauf können Sie sich verlassen.
Frau Elvsted O wie innig gut das von Ihnen ist! *(Sie drückt ihm die Hände)* Danke, danke, danke! *(Erschrocken)* Mein Mann hält nämlich so viel von ihm!
Hedda (steht auf) Du solltest ihm schreiben, Tesman. Vielleicht kommt er unaufgefordert nicht zu dir.
Tesman Das wäre am Ende das richtigste, Hedda? Wie?
Hedda Und je früher, je besser. Jetzt gleich, dünkt mich.
Frau Elvsted (flehentlich) Ach ja, wenn Sie das täten!
Tesman Ich schreibe im Augenblick. Haben Sie seine Adresse, Frau – Frau Elvsted?
Frau Elvsted Ja. *(Sie holt einen kleinen Zettel aus der Tasche und gibt ihn Tesman.)* Hier steht sie.
Tesman Gut, gut. Ich gehe also hinüber. *(Er sieht umher.)* Das ist ja wahr – die Pantoffeln? Na hier. *(Er nimmt das Paket und will gehen.)*
Hedda Schreib ihm ja recht warm und freundschaftlich. Und recht lang obendrein.
Tesman Das tue ich schon.

Frau Elvsted Aber nur kein Wort davon, daß ich für ihn gebeten habe!
Tesman Nein, das versteht sich von selbst. Wie?
(Er geht durch das Hinterzimmer rechts ab.)
Hedda (tritt zu Frau Elvsted, lächelt und sagt gedämpft) So! Da haben wir zwei Fliegen mit einem Schlag getroffen.
Frau Elvsted Wie meinen Sie das?
Hedda Haben Sie nicht begriffen, daß ich ihn forthaben wollte?
Frau Elvsted Damit er den Brief schrieb –
Hedda Und ich allein mit Ihnen reden konnte.
Frau Elvsted (verwirrt) Über denselben Gegenstand!
Hedda Ja, über denselben.
Frau Elvsted (angstvoll) Aber es ist nichts weiter, Frau Tesman! Wirklich nichts weiter!
Hedda O doch, es ist noch viel mehr. Bedeutend mehr. Soviel habe ich schon begriffen. Kommen Sie – setzen wir uns recht vertraulich zueinander.
(Sie zwingt Frau Elvsted in den Lehnstuhl am Ofen und setzt sich selbst auf eins der Tabourets.)
Frau Elvsted (ängstlich, sieht auf ihre Uhr) Aber liebste, beste Frau – ich wollte jetzt eigentlich gehen.
Hedda Das hat doch wohl keine Eile. Nun? Erzählen Sie mir jetzt ein wenig, wie es Ihnen zu Hause geht?
Frau Elvsted Oh, das ist es grade, was ich am allerwenigsten berühren möchte.
Hedda Aber mir gegenüber, Beste? Lieber Gott, wir waren ja zusammen im Institut.
Frau Elvsted Ja, aber Sie saßen eine Klasse über mir. Oh, welche grauenhafte Angst hatte ich damals vor Ihnen!
Hedda Sie hatten Angst vor mir?
Frau Elvsted Ja. Grauenhafte Angst. Denn Sie pflegten mich immer am Haar zu reißen, wenn wir uns auf der Treppe begegneten.
Hedda Das hätte ich getan?
Frau Elvsted Ja, und einmal sagten Sie, Sie würden es mir absengen.
Hedda Sie können doch denken, daß das nur Unsinn war.
Frau Elvsted Ja, aber ich war damals so dumm. – Und später sind wir doch jedenfalls – so weit – weit auseinander gekommen. Unsere Kreise waren ja so ganz verschiedene.
Hedda Nun, dann wollen wir versuchen, einander wieder näherzukommen. Hören Sie! Im Institut haben wir uns doch geduzt. Und uns beim Vornamen genannt –

Frau Elvsted Nein, da irren Sie sich bestimmt.
Hedda Nein, ich irre mich nicht! Ich besinne mich ganz deutlich. Und deshalb wollen wir vertraulich miteinander sein wie in alten Tagen. *(Sie rückt mit dem Tabouret näher.)* So! *(Sie küßt Frau Elvsted auf die Wange.)* Jetzt sagst du »Du« und nennst mich Hedda.
Frau Elvsted (drückt und streichelt ihre Hände) Oh, so viel Güte und Freundlichkeit –! Das ist etwas, woran ich gar nicht gewöhnt bin.
Hedda So! So! So! Und ich sage »Du« zu dir wie früher und nenne dich meine liebe Thora.
Frau Elvsted Thea heiße ich.
Hedda Ja, richtig. Natürlich. Thea meinte ich. *(Sie sieht sie teilnehmend an.)* Du bist also wenig an Güte und Freundlichkeit gewöhnt, Thea? In deinem eigenen Heim?
Frau Elvsted Oh, wenn ich ein Heim hätte! Aber ich habe keins. Habe niemals eins gehabt.
Hedda (sieht sie ein wenig an) Mir ahnte, daß es so etwas sein müsse.
Frau Elvsted (starrt hilflos vor sich hin) Ja – ja – ja!
Hedda Ich erinnere mich nicht genau. Aber gingst du nicht ursprünglich als Hausdame hinauf zum Landrichter?
Frau Elvsted Eigentlich sollte ich Gouvernante sein. Aber seine Frau – die damals – sie war schwächlich – und meistens bettlägerig. Daher mußte ich mich auch des Haushalts annehmen.
Hedda Aber dann – schließlich – wurdest du die Frau vom Hause.
Frau Elvsted (schwermütig) Ja, dann wurde ich es.
Hedda Laß sehen – wie lange ist es jetzt ungefähr her?
Frau Elvsted Daß ich mich verheiratet habe?
Hedda Ja.
Frau Elvsted Das sind jetzt fünf Jahre her.
Hedda Ja, richtig; so lange muß es sein.
Frau Elvsted Oh, diese fünf Jahre –! Oder vielmehr die zwei, drei letzten. Oh, wenn Sie sich vorstellen könnten –
Hedda (versetzt ihr einen leichten Schlag auf die Hand) Sie! Pfui, Thea!
Frau Elvsted Nein, nein, ich will es versuchen. Ja, wenn – du nur ahnen und verstehen könntest –
Hedda (leichthin) Ejlert Lövborg war ja auch so ungefähr drei Jahre da oben, glaube ich.
Frau Elvsted (blickt sie unsicher an) Ejlert Lövborg? Ja – allerdings.
Hedda Kanntest du ihn schon von der Stadt her?
Frau Elvsted Beinahe gar nicht. Ja, das heißt – dem Namen nach natürlich.

Hedda Aber dort oben – kam er also zu euch ins Haus?

Frau Elvsted Ja, er kam täglich zu uns herüber. Er unterrichtete ja die Kinder. Denn auf die Dauer konnte ich nicht alles allein bewältigen.

Hedda Nein, das ist begreiflich. – Und dein Mann –? Er ist wohl viel auf Reisen?

Frau Elvsted Ja. Sie – du weißt, daß er als Landrichter viel im Distrikt herumreisen muß.

Hedda (lehnt sich an die Stuhllehne) Thea – arme, süße Thea – jetzt mußt du mir alles erzählen – so wie es ist.

Frau Elvsted Dann mußt du fragen.

Hedda Wie ist dein Mann eigentlich, Thea? Ich meine – so – im Umgang. Ist er gut gegen dich?

Frau Elvsted (ausweichend) Er selbst glaubt gewiß, sein bestes zu tun.

Hedda Mich dünkt nur, daß er viel zu alt für dich sein muß. Gewiß über zwanzig Jahr älter?

Frau Elvsted (irritiert) Das auch. Es kommt alles zusammen. Alles an ihm ist mir widerlich! Wir haben nicht einen gemeinsamen Gedanken. Nichts auf der Welt – er und ich.

Hedda Aber hat er dich nicht trotzdem lieb? So auf seine Art?

Frau Elvsted Ich weiß nicht, ob er das tut. Ich bin ihm gewiß nur nützlich. Und dann kostet es auch nicht viel, mich zu erhalten. Ich bin billig.

Hedda Das ist dumm von dir.

Frau Elvsted (schüttelt den Kopf) Kann nicht anders sein. Mit ihm nicht. Er hat gewiß niemand weiter lieb als sich selbst. Und vielleicht die Kinder ein wenig.

Hedda Und dann Ejlert Lövborg, Thea.

Frau Elvsted Ejlert Lövborg! Wie kommst du darauf?

Hedda Aber Liebste – mich dünkt, wenn er dich ihm hier bis in die Stadt nachschickt. *(Sie lächelt beinahe unmerkbar.)* Außerdem hast du selbst es Tesman gesagt.

Frau Elvsted (mit nervösem Zucken) So? Ja, das habe ich wohl getan. *(In gedämpftem Ton ausbrechend)* Nein – ich kann es dir ebensogut gleich sagen! Denn es kommt ja doch an den Tag.

Hedda Aber, meine liebe Thea –?

Frau Elvsted Nun, also kurz und gut! Mein Mann wußte gar nichts von meiner Reise.

Hedda Wie! Dein Mann wußte nichts davon!

Frau Elvsted Natürlich nicht. Er war außerdem nicht zu Hause. Eben-

falls auf der Reise. Oh, ich konnte es nicht länger aushalten, Hedda! Ganz unmöglich! So einsam, wie ich von jetzt an dort oben sein werde.
Hedda Nun? Und dann?
Frau Elvsted Dann packte ich einige von meinen Sachen zusammen. Das Notwendigste. So in aller Stille. Und darauf ging ich von zu Hause fort.
Hedda So ohne weiteres?
Frau Elvsted Ja, und reiste dann direkt mit der Eisenbahn her.
Hedda Aber, meine liebe, gute Thea – daß du das gewagt hast!
Frau Elvsted (steht auf und geht durchs Zimmer) Ja, was hätte ich sonst in aller Welt wohl tun sollen.
Hedda Was wird dein Mann aber sagen, wenn du wieder nach Hause kommst?
Frau Elvsted (steht am Tisch und sieht sie an) Da hinauf zu ihm?
Hedda Jawohl – jawohl?
Frau Elvsted Hinauf zu ihm gehe ich nie wieder.
Hedda (steht auf und geht näher zu ihr) Du bist also – in vollem Ernst – auf und davon gegangen?
Frau Elvsted Ja. Mir war, als bliebe nichts anderes übrig.
Hedda Und dann – daß du so ganz offenkundig gegangen bist.
Frau Elvsted Ach, so etwas läßt sich ja doch nicht verheimlichen.
Hedda Was glaubst du aber, daß die Leute von dir sagen werden, Thea?
Frau Elvsted Die mögen in Gottes Namen sagen, was sie wollen. *(Sie setzt sich müde und schwermütig aufs Sofa.)* Denn ich habe nur getan, was ich tun mußte.
Hedda (nach kurzer Pause) Was gedenkest du jetzt zu beginnen? Was willst du anfangen?
Frau Elvsted Das weiß ich noch nicht. Ich weiß nur, daß ich hier leben muß, wo Ejlert Lövborg lebt. Wenn ich überhaupt leben soll.
Hedda (zieht einen Stuhl näher zu ihr heran, setzt sich zu ihr und streichelt ihre Hand) Sag Thea – wie entstand dies – dies Freundschaftsverhältnis – zwischen dir und – Ejlert Lövborg?
Frau Elvsted Ach, es entstand so nach und nach. Ich bekam gewissermaßen eine Art Gewalt über ihn.
Hedda So?
Frau Elvsted Er legte seine alten Gewohnheiten ab. Nicht, daß ich ihn darum gebeten hätte. Denn das wagte ich nie zu tun. Aber er merkte wohl, daß dergleichen mir widerlich war. Und so ließ er davon ab.
Hedda (verbirgt ein unwillkürliches Hohnlächeln) Du hast ihn also wieder emporgezogen – wie man zu sagen pflegt –, du, kleine Thea.

Frau Elvsted Er selbst sagt das wenigstens. Und er – seinerseits – hat einen wirklichen Menschen aus mir gemacht. Hat mich denken gelehrt – und dies und jenes verstehen.
Hedda Hat er dich auch vielleicht unterrichtet?
Frau Elvsted Nein, unterrichtet nicht gerade. Aber er sprach mit mir. Sprach über so unendlich vieles. Und dann kam die schöne, glückliche Zeit, wo ich an seiner Arbeit teilnahm – ihm helfen durfte!
Hedda Das durftest du?
Frau Elvsted Ja! Wenn er etwas schrieb, so machten wir das immer zusammen.
Hedda Wie zwei gute Kameraden also.
Frau Elvsted (lebhaft) Kameraden! Ja, denk nur, Hedda – so nannte er es auch! Oh, ich hätte ja so innig froh sein müssen. Aber auch das kann ich nicht. Denn ich weiß ja nicht, ob es von Dauer sein wird.
Hedda Sicherer bist du seiner nicht?
Frau Elvsted (schwermütig) Der Schatten einer Frau steht zwischen Ejlert Lövborg und mir.
Hedda (sieht sie voll Spannung an) Wer kann das sein?
Frau Elvsted Weiß nicht. Irgendeine aus – aus seiner Vergangenheit. Eine, die er gewiß nie vergessen hat.
Hedda Was hat er – darüber gesagt!
Frau Elvsted Er hat nur ein einziges Mal – so flüchtig – darauf hingedeutet.
Hedda Nun? Und was sagte er da?
Frau Elvsted Er sagte, als sie sich trennten, hätte sie mit einer Pistole auf ihn schießen wollen.
Hedda (kalt und beherrscht) Ach was! So etwas tut man hierzulande doch nicht!
Frau Elvsted Nein. Und deshalb glaube ich, es muß die rothaarige Sängerin gewesen sein, die er eine Zeitlang –
Hedda Ja, das mag wohl sein.
Frau Elvsted Denn ich erinnere mich, daß von ihr gesagt wurde, sie gehe mit geladenen Schießwaffen umher.
Hedda Na, dann ist sie es natürlich.
Frau Elvsted (ringt die Hände) Ja, aber denk nur, Hedda – jetzt höre ich, daß die Sängerin –, sie ist wieder in der Stadt! Oh, ich bin rein verzweifelt.
Hedda (sieht verstohlen nach dem Hinterzimmer) Sst! Da kommt Tesman. *(Sie steht auf und flüstert)* Thea – dies alles muß zwischen dir und mir bleiben.

Frau Elvsted (springt auf) O ja – ja! Um Gottes willen –!
(Tesman kommt mit einem Brief in der Hand rechts aus dem Hinterzimmer.)
Tesman So – nun ist die Epistel fix und fertig.
Hedda Das ist gut. Aber ich glaube, Frau Elvsted will schon gehen. Wart ein wenig. Ich begleite sie bis an die Gartentür.
Tesman Hedda, hör mal – könnte Berte es vielleicht besorgen?
Hedda (nimmt den Brief) Ich will ihr Bescheid sagen.
(Berte kommt vom Vorzimmer herein.)
Berte Herr Gerichtsrat Brack ist draußen und möchte der Herrschaft seinen Besuch machen.
Hedda Ich lasse den Herrn Gerichtsrat bitten, hereinzukommen. Und dann – hören Sie mal – werfen Sie diesen Brief in den Kasten.
Berte (nimmt den Brief) Sehr wohl, gnädige Frau.
(Sie öffnet dem Gerichtsrat die Tür und entfernt sich nach dort.)
(Gerichtsrat Brack, ein Herr von fünfundvierzig Jahren, untersetzt, aber gut gewachsen, mit elastischen Bewegungen; das Gesicht rund mit edlem Profil, das Haar kurz geschnitten, beinahe noch ganz schwarz und sorgsam frisiert; die Augen lebhaft, funkelnd, dicke Augenbrauen; der Schnurrbart ebenso mit gestutzten Enden; er trägt einen eleganten Straßenanzug, der jedoch ein wenig zu jugendlich für sein Alter erscheint; er gebraucht einen Kneifer, den er dann und wann fallen läßt.)
Brack (grüßt mit dem Hut in der Hand) Darf man schon so früh am Morgen seinen Besuch machen?
Hedda Allerdings darf man.
Tesman (drückt ihm die Hand) Sie sind stets willkommen. *(Er stellt vor)* Gerichtsrat Brack, Fräulein Rysing.
Hedda Aber –!
Brack (verbeugt sich) Ah, es freut mich ganz außerordentlich –
Hedda (sieht ihn an und lacht) Es ist wirklich ergötzlich, Sie bei Tageslicht zu betrachten, Herr Gerichtsrat!
Brack Verändert – etwa?
Hedda Ja, ein wenig verjüngt, dünkt mich.
Brack Danke verbindlichst.
Tesman Was sagen Sie aber zu Hedda! Wie? Sieht sie nicht blühend aus? Sie geht förmlich –
Hedda O laß mich doch nur aus dem Spiel. Danke lieber dem Herrn Gerichtsrat für all die Mühe, die er gehabt –
Brack Ach was, das war mir nur ein Vergnügen –
Hedda Sie sind eine treue Seele. Aber meine Freundin brennt vor

Ungeduld fortzukommen. Auf Wiedersehen, Herr Gerichtsrat. Ich bin gleich wieder hier. *(Gegenseitige Verabschiedung)*
(Frau Elvsted und Hedda gehen durch die Vorzimmertür ab.)
Brack Nun, ist Ihre Frau einigermaßen zufrieden?
Tesman Wir können Ihnen nicht genug danken. Das heißt – einige kleine Abänderungen hier und da werden noch nötig sein, wie ich höre. Und dann fehlt auch noch dies und jenes. Wir werden noch verschiedene Kleinigkeiten anschaffen müssen.
Brack So? Wirklich?
Tesman Davon sollen Sie jedoch keine Mühe haben. Hedda sagt, daß sie selbst für das sorgen will, was noch fehlt. Aber wollen wir uns nicht setzen? Wie?
Brack Danke, einen kurzen Augenblick. *(Er setzt sich an den Tisch.)* Ich möchte etwas mit Ihnen besprechen, lieber Tesman.
Tesman So? Ah, verstehe! *(Er setzt sich.)* Jetzt kommt wohl der ernste Teil des Festes an die Reihe. Wie?
Brack Oh, die Geldangelegenheiten haben noch keine so große Eile. Im übrigen wäre es mir allerdings erwünscht gewesen, wenn wir uns ein bißchen einfacher eingerichtet hätten.
Tesman Aber das wäre ja nicht gegangen! Denken Sie nur an Hedda, Bester! Sie kennen sie ja so genau. Ich hätte ihr doch unmöglich eine kleinbürgerliche Umgebung bieten können!
Brack Nein, nein – da sitzt eben der Knoten.
Tesman Und dann kann es – glücklicherweise – nicht mehr lange dauern, bis ich die Ernennung bekomme.
Brack Oh, sehen Sie – so was kann sich oft sehr in die Länge ziehen.
Tesman Haben Sie vielleicht etwas näheres gehört? Wie?
Brack Nichts ganz bestimmtes. *(Er bricht ab.)* Aber es ist ja wahr, eine Neuigkeit kann ich Ihnen mitteilen.
Tesman Nun?
Brack Ihr alter Freund, Ejlert Lövborg, ist wieder in der Stadt.
Tesman Das weiß ich schon.
Brack So? Woher haben Sie es erfahren?
Tesman Die Dame erzählte es, die eben mit Hedda fortging.
Brack Ach so. Wie heißt sie doch? Ich habe nicht recht gehört –
Tesman Frau Elvsted.
Brack Aha – also die Frau vom Landrichter. Ja – dort oben bei denen hat er sich ja aufgehalten.
Tesman Und denken Sie mal – jetzt höre ich zu meiner großen Freude, daß er wieder ein ganz ordentlicher Mensch geworden ist!

Brack Ja, man will es behaupten.
Tesman Und dann soll auch ein neues Buch von ihm erschienen sein. Wie?
Brack Ja, nehmen Sie nur an!
Tesman Es soll sogar Aufsehen gemacht haben!
Brack Ein ganz außergewöhnliches Aufsehen hat es gemacht.
Tesman Denken Sie mal – ist das nicht erfreulich zu hören? Der mit seiner merkwürdigen Begabung. Ich war so traurig überzeugt, daß er für beständig zugrunde gegangen sei.
Brack Das war auch die allgemeine Ansicht über ihn.
Tesman Aber ich begreife nur nicht, was er jetzt anfangen will! Woher in aller Welt will er die Mittel zum Leben nehmen? Wie?
(Hedda ist während der letzten Worte durchs Vorzimmer eingetreten.)
Hedda (höhnisch lächelnd zu Brack) Immer geht Tesman umher und macht sich Sorgen, woher man die Mittel zum Leben nehmen soll.
Tesman Herrgott, wir sprechen von dem armen Ejlert Lövborg, Hedda.
Hedda (mit raschem Blick auf ihn) So? *(Sie setzt sich in den Lehnstuhl am Ofen und fragt gleichgültig)* Was ist denn mit ihm los?
Tesman Nun, sein Erbteil hat er doch gewiß schon längst vertan. Und ein neues Buch kann er auch nicht jedes Jahr schreiben. Wie? Na – und nun frage ich wirklich, was aus ihm werden soll.
Brack Darüber könnte ich Ihnen vielleicht ein wenig erzählen.
Tesman Nun?
Brack Sie müssen bedenken, daß er Verwandte mit nicht geringem Einfluß hat.
Tesman O leider – die Verwandten haben sich ja längst gänzlich von ihm zurückgezogen.
Brack Früher nannten sie ihn doch die Hoffnung der Familie.
Tesman Früher, ja! Aber das hat er selbst verscherzt.
Hedda Wer weiß? *(Sie lächelt leicht.)* Dort oben beim Landrichter Elvsted hat man ihn wieder gehoben. –
Brack Und dazu das Buch, das erschienen –
Tesman Ja, Gott gebe, daß dies ihm zu irgend etwas verhelfe. Ich habe gerade an ihn geschrieben. Hedda, ich bat ihn, uns heute abend zu besuchen.
Brack Aber bester Freund, Sie sollten ja heute abend zu meinem Junggesellenfest kommen. Das haben Sie schon heute nacht auf der Landungsbrücke versprochen.
Hedda Hattest du das vergessen, Tesman?
Tesman Ja, wahrhaftig.

Brack Sie können sich übrigens beruhigen. Er kommt nicht.
Tesman Weshalb glauben Sie das? Wie?
Brack (ein wenig zögernd, steht auf und stützt die Hände auf die Stuhllehne) Lieber Tesman – und auch Sie, gnädige Frau –, ich kann es nicht verantworten, Sie in Unkenntnis über etwas zu lassen, das – das –
Tesman Etwas, das Ejlert angeht –?
Brack Sowohl ihn wie Sie.
Tesman Aber, bester Gerichtsrat, so sagen Sie es doch!
Brack Sie müssen sich darauf gefaßt machen, daß Ihre Ernennung vielleicht nicht ganz so schnell erfolgt, wie Sie wünschen und erwarten.
Tesman (springt unruhig auf) Ist etwas dazwischengekommen? Wie?
Brack Die Besetzung der Stelle dürfte vielleicht von einem Wettbewerb abhängig gemacht werden –
Tesman Wettbewerb? Denk mal, Hedda!
Hedda (lehnt sich tiefer in den Stuhl zurück) Ah, sieh – sieh!
Tesman Aber zwischen wem denn? Doch wohl nie und nimmermehr zwischen –
Brack Ja grade. Zwischen Ejlert Lövborg und Ihnen.
Tesman (schlägt die Hände zusammen) Nein, nein – das ist ganz undenkbar! Wie?
Brack Hm – wir können es dennoch erleben.
Tesman Aber nein, Herr Gerichtsrat, das wäre ja die unglaublichste Rücksichtslosigkeit gegen mich! *(Mit den Armen fechtend)* Ja, denn – denken Sie mal – ich bin ja ein verheirateter Mann! Auf diese Aussichten hin haben Hedda und ich uns ja verheiratet. Haben eine schwere Menge Schulden gemacht. Sogar von Tante Jule Geld geborgt. Denn, lieber Gott – die Stelle war mir ja so gut wie versprochen. Wie?
Brack Na, na, na – die Stellung werden Sie auch wohl bekommen. Aber erst nach einem Wettstreit.
Hedda (unbeweglich im Lehnstuhl) Denk nur, Tesman – das wird gewissermaßen eine Art Sport.
Tesman Aber, liebste Hedda, wie kannst du dies nur so gleichgültig aufnehmen!
Hedda (wie oben) Das tue ich durchaus nicht. Ich bin wirklich auf den Ausgang gespannt.
Brack Für alle Fälle ist es gut, Frau Tesman, daß Sie nun wissen, wie die Sachen stehen. Ich meine – bevor Sie an die kleinen Einkäufe gehen, mit denen Sie, wie ich höre, drohen.
Hedda Das wird nichts daran ändern.
Brack So? Das ist etwas anderes. Leben Sie wohl. *(Zu Tesman)* Wenn

ich meinen Nachmittagsspaziergang mache, komme ich heran und hole Sie ab.
Tesman O ja, ja – ich weiß nicht aus noch ein.
Hedda (im Stuhl liegend, streckt ihm die Hand hin) Adieu, Herr Rat. Lassen Sie sich bald wieder sehen.
Brack Besten Dank. Adieu, adieu.
Tesman (begleitet ihn an die Tür) Adieu, lieber Rat! Sie müssen mich wirklich entschuldigen. –
(Brack geht durch das Vorzimmer ab.)
Tesman (geht durch das Zimmer) O Hedda – man sollte sich doch nie ins Abenteuerland wagen. Wie?
Hedda (sieht ihn an und lacht) Tust du das?
Tesman Ja, Hedda – es läßt sich nicht leugnen –, es war abenteuerlich, sich auf nichts als Aussichten hin zu verheiraten und einzurichten.
Hedda Darin magst du recht haben.
Tesman Nun Hedda – unser behagliches Heim haben wir jedenfalls! Denk mal – das Heim, von dem wir beide träumten. Schwärmten, möchte ich beinahe sagen. Wie?
Hedda (steht langsam und müde auf) Die Verabredung war, daß wir gesellig leben würden. Ein Haus haben.
Tesman Ja, mein Gott, wie ich mich darauf gefreut hatte! Denk mal – dich als Wirtin zu sehen, in einem auserwählten Kreise! Wie? Ja, ja, ja – vorläufig müssen wir beiden also in Einsamkeit zusammenhalten, Hedda. Nur dann und wann Tante Jule bei uns sehen. Und du, die du es so ganz – ganz anders haben solltest –!
Hedda Den Livreediener bekomme ich natürlich jetzt fürs erste nicht.
Tesman Nein, leider nicht. Einen Diener halten, davon, siehst du, kann unmöglich die Rede sein.
Hedda Und das Reitpferd, das ich haben sollte –
Tesman (erschrocken) Das Reitpferd!
Hedda An das darf ich jetzt wohl nicht einmal denken.
Tesman Nein, Gott bewahre mich – das ist doch selbstverständlich!
Hedda (geht durchs Zimmer) Nun – eines habe ich doch auf jeden Fall, woran ich mich inzwischen erheitern kann.
Tesman (freudestrahlend) Gott sei Lob und Dank! Und was ist denn das, Hedda? Wie?
Hedda (in der Tür, sieht ihn mit unterdrücktem Hohn an) Meine Pistolen – Jörgen.
Tesman (in Angst) Die Pistolen?

Hedda (mit kaltem Blick) General Gablers Pistolen. *(Durch das Hinterzimmer links ab)*
Tesman (eilt an die Tür und ruft ihr nach) Gott erbarme sich, liebste Hedda – rühr doch die gefährlichen Dinger nicht an! Mir zuliebe, Hedda! Wie?

ZWEITER AKT

Zimmer bei Tesmans wie im ersten Aufzug. Das Klavier ist entfernt, und an seiner Stelle steht ein eleganter, kleiner Schreibtisch mit Bücherbrett. Neben dem Sofa links befindet sich ein kleinerer Tisch, auf welchem in einem offenen Pistolenkasten ein Revolver liegt. Von den vielen Blumenbouquets steht nur noch dasjenige von Frau Elvsted vorn auf dem größeren Tisch. Es ist Nachmittag.

Hedda, umgekleidet und in Empfangstoilette, steht an der offenen Glastür und ladet einen Revolver, demjenigen gleich, der in dem Pistolenkasten auf dem Schreibtisch liegt.

Hedda (sieht in den Garten hinunter und ruft) Noch mal guten Tag, Herr Rat!
Brack (aus einiger Entfernung von unten) Gleichfalls, Frau Tesman!
Hedda (hebt die Pistole und zielt) Jetzt erschieße ich Sie, Herr Rat!
Brack (ruft von unten) Nein, nein, nein! Zielen Sie doch nicht gerade auf mich!
Hedda Das kommt davon, wenn man hintenherum geht. *(Sie schießt.)*
Brack (näher) Sind Sie ganz von Sinnen –!
Hedda Mein Gott – habe ich Sie vielleicht getroffen?
Brack (immer noch draußen) Lassen Sie doch die Narrenspossen!
Hedda Kommen Sie doch herein, Herr Rat!
Brack (wie zu einer Herrengesellschaft umgekleidet, über dem Arm einen leichten Paletot, tritt durch die Glastür ein) Zum Teufel – treiben Sie den Sport noch immer? Auf was schießen Sie denn eigentlich?
Hedda Ach, ich schieße nur so in die Luft.
Brack (nimmt ihr den Revolver vorsichtig aus der Hand) Erlauben Sie, gnädige Frau. *(Er sieht sich den Revolver an.)* Ach der hier – den kenne

ich wohl. *(Er blickt umher.)* Wo haben wir den Kasten? Na, hier! *(Er tritt an den kleinen Tisch links, legt den Revolver in den Kasten und macht ihn zu.)* Denn heute haben wir genug von dem Spaß.
Hedda Ja, in Gottes Namen, womit wollen Sie denn, daß ich mich beschäftigen soll?
Brack Haben Sie gar keine Besuche gehabt?
Hedda (schließt die Glastür) Nicht einen einzigen. Alle unsere Intimen sind wohl noch auf dem Lande.
Brack Und Tesman ist vielleicht auch nicht zu Hause?
Hedda (schließt den Pistolenkasten in die Schreibtischlade) Nein. Gleich nach dem Speisen ist er zu den Tanten gelaufen. Er hat Sie nicht so früh erwartet.
Brack Hm – das hätte ich denken können. Das war dumm von mir.
Hedda (wendet den Kopf und sieht ihn an) Weshalb dumm?
Brack Ja, dann wäre ich noch – früher gekommen.
Hedda (geht durchs Zimmer) Dann hätten Sie überhaupt niemand getroffen. Denn nach dem Mittagessen war ich in meinem Zimmer und kleidete mich um.
Brack Und da ist auch gar keine kleinwinzige Türspalte, durch die man hätte verhandeln können?
Hedda Sie haben ja vergessen, eine machen zu lassen.
Brack Das war ebenfalls dumm von mir.
Hedda Nun, dann müssen wir uns also hier niederlassen – und warten. Denn Tesman kommt gewiß noch nicht so bald.
Brack Ja, ja, du lieber Gott, ich will geduldig sein.
(Hedda setzt sich in die Sofaecke. Brack legt seinen Paletot über die Lehne des nächsten Stuhls und setzt sich, den Hut in der Hand behaltend. Kurze Pause. Beide sehen einander an.)
Hedda Nun?
Brack (in demselben Tone) Nun?
Hedda Ich habe zuerst gefragt.
Brack (beugt sich ein wenig vor) Lassen Sie uns gemütlich miteinander plaudern, Frau Hedda.
Hedda (lehnt sich weiter zurück) Dünkt es Sie nicht eine ganze Ewigkeit, seitdem wir zuletzt miteinander gesprochen? Das bißchen von gestern abend und heute früh – rechne ich für nichts.
Brack Aber so unter uns? Unter vier Augen meinen Sie?
Hedda Ja. So ungefähr.
Brack Jeden einzigen Tag habe ich gewünscht, daß Sie nur erst wieder glücklich zu Hause wären.

Hedda Und ich habe wahrlich während der ganzen Zeit dasselbe gewünscht.
Brack Sie? Wirklich, Frau Hedda? Und ich, der ich glaubte, daß Sie sich so prächtig auf der Reise amüsierten!
Hedda Ja, das können Sie glauben!
Brack Aber das schrieb Tesman doch beständig.
Hedda Er? Ja, er findet nun einmal, daß man sich nichts Schöneres denken kann, als in Büchersammlungen herumzustöbern – und alte Pergamentblätter abzuschreiben – und was es sonst sein mag.
Brack (ein wenig boshaft) Na, das ist ja sein Beruf auf dieser Welt. Zum Teil wenigstens.
Hedda Das ist es allerdings. Und da kann man schon – Aber ich! Ach nein, lieber Rat, ich habe mich gräßlich gelangweilt.
Brack (teilnehmend) Ist dem wirklich so? In vollem Ernst?
Hedda Ja, das können Sie sich doch denken! So ein ganzes halbes Jahr keinen Menschen zu treffen, der auch nur ein bißchen was von unserem Kreise weiß. Mit dem man über die eigenen Angelegenheiten reden kann.
Brack Nein, nein – das würde auch ich als Entbehrung empfinden.
Hedda Und was das Allerunerträglichste ist –
Brack Nun?
Hedda Immer und ewig mit – ein und demselben zusammen sein zu müssen –
Brack (nickt beifällig) Früh und spät – ja. Denken Sie – zu allen möglichen Zeiten.
Hedda Ich sage: immer und ewig.
Brack Mag sein. Aber mit unserm braven Tesman dünkt mich doch, daß man –
Hedda Tesman ist – ein Fachmensch, Bester.
Brack Das ist nicht zu leugnen.
Hedda Und mit Fachmenschen reisen ist absolut kein Vergnügen. Auf die Dauer wenigstens nicht.
Brack Nicht einmal – mit dem Fachmenschen, den man liebt?
Hedda Uh! – Gebrauchen Sie doch nicht das fade Wort!
Brack (stutzt) Was nun, Frau Hedda!
Hedda (halb lachend, halb ärgerlich) Ja, Sie sollten es nur selbst versuchen! Früh und spät von Kulturgeschichte reden hören –
Brack Immer und ewig.
Hedda Ja, ja, ja! Und dann das mit der Hausindustrie im Mittelalter! Das ist nun das Allergräßlichste!

Brack (sieht sie forschend an) Aber sagen Sie mir – wie soll ich denn eigentlich verstehen, daß –? Hm –
Hedda Daß Jörgen Tesman und ich ein Paar geworden sind, wollen Sie sagen?
Brack Nun ja, drücken wir uns so aus.
Hedda Mein Gott, finden Sie das denn so seltsam?
Brack Ja – und nein, Frau Hedda.
Hedda Ich hatte mich wirklich müde getanzt, lieber Brack. Meine Zeit war um. *(Sie fährt leicht zusammen.)* Uh nein – das will ich doch nicht sagen. Nicht einmal denken!
Brack Dazu haben Sie auch wahrlich keinen Grund.
Hedda Oh, Grund. *(Sie sieht ihn gewissermaßen forschend an.)* Und Jörgen Tesman – man muß ihm doch lassen, daß er in jeder Beziehung ein korrekter Mensch ist.
Brack Korrekt sowohl als solide. Versteht sich.
Hedda Und etwas eigentlich Komisches kann ich auch nicht an ihm finden. Finden Sie das?
Brack Komisch? Nei-n – das will ich nicht grade sagen –
Hedda Nun? – Aber jedenfalls ist er doch ein außerordentlich fleißiger Sammler! Es kann daher leicht sein, daß er es trotzdem mit der Zeit noch weit bringt.
Brack (sieht sie ein wenig ungewiß an) Ich glaube, Sie meinten wie die andern, daß ein besonders hervorragender Mann aus ihm würde.
Hedda (mit müdem Ausdruck) Ja, das tat ich auch. – Und als er dann so mit aller Gewalt darauf ausging, mich durchaus versorgen zu wollen – Ich weiß nicht, weshalb ich es nicht hätte annehmen sollen?
Brack Nein, nein. Wenn man es von der Seite betrachtet –
Hedda Das war wirklich mehr, als wozu meine anderen Anbeter bereit waren, lieber Brack.
Brack (lacht) Ja, allerdings kann ich für all die anderen nicht bürgen. Was mich selbst aber betrifft, so wissen Sie wohl, daß ich stets einen – einen gewissen Respekt vor den Ehebanden gehegt habe. So im allgemeinen, Frau Hedda.
Hedda (scherzend) Oh, ich habe mir in bezug auf Sie wahrhaftig niemals Hoffnungen gemacht.
Brack Alles was ich verlange, ist ein guter, vertrauter Umgangskreis, wo ich mit Rat und Tat zu Diensten stehen kann und aus und ein gehen darf, wie – wie ein erprobter Freund –
Hedda Vom Ehemann, meinen Sie?
Brack (verbeugt sich) Aufrichtig gesagt – lieber von der Frau. Aber

demnächst auch vom Manne, versteht sich. Wissen Sie – solch ein – sagen wir dreieckiges Verhältnis – ist im Grunde genommen eine große Annehmlichkeit für alle Teile.
Hedda Ja, ich habe manches liebe Mal einen dritten Mann auf der Reise vermißt. Uh – so zu zweien im Coupé sitzen –!
Brack Zum Glück ist die Hochzeitsreise jetzt überstanden –
Hedda (schüttelt den Kopf) Die Reise kann noch lang – sehr lang werden. Ich bin nur unterwegs an einer Haltestelle angekommen.
Brack Nun, dann springt man heraus – und macht sich ein wenig Bewegung, Frau Hedda.
Hedda Ich springe nie hinaus.
Brack Wirklich nicht?
Hedda Nein, denn es ist immer irgend jemand da, der –
Brack (lachend) Der einem auf die Beine sieht, wollen Sie sagen?
Hedda Ja, allerdings.
Brack Na, aber mein Gott –
Hedda (mit einer abwehrenden Handbewegung) Hab' ich nicht gern. Dann bleibe ich lieber sitzen, wo ich nun einmal bin. Zu zweien.
Brack Nun, aber dann steigt der dritte Mann zu dem Paar ein.
Hedda Ja, sehen Sie – das ist etwas ganz anderes!
Brack Ein erprobter, verständnisvoller Freund –
Hedda Unterhaltend auf allen möglichen anregenden Gebieten –
Brack Und nicht eine Spur von Fachmensch!
Hedda (atmet hörbar) Das ist freilich eine Erleichterung.
Brack (hört die Eingangstür öffnen und sieht verstohlen hin) Das Dreieck ist geschlossen.
Hedda (halblaut) Und der Zug fährt weiter.
(Tesman kommt im grauen Straßenanzug und weichem Filzhut durch das Vorzimmer, eine Menge ungebundener Bücher unter dem Arm und in den Taschen.)
Tesman (geht an den Tisch vor dem Ecksofa) Puh, es hat mich ordentlich heiß gemacht, das alles zu schleppen. *(Er legt die Bücher von sich.)* Ich schwitze förmlich, Hedda. Nein, sieh doch! Sind Sie schon da, lieber Rat? Wie? Davon hat Berte gar nichts gesagt.
Brack (steht auf) Ich bin durch den Garten gekommen.
Hedda Was bringst du da für Bücher?
Tesman (blättert darin) Einige neue Fachschriften, die ich notwendig brauche.
Hedda Fachschriften?
Brack Aha, Fachschriften, Frau Tesman.

(Hedda und Brack wechseln ein verständnisvolles Lächeln.)
Hedda Brauchst du noch mehr Fachschriften?
Tesman Ja, liebe Hedda, davon kann man nie genug haben. Man muß alles verfolgen, was geschrieben und gedruckt wird.
Hedda Ja, das muß man wohl.
Tesman (stöbert zwischen den Büchern herum) Sieh mal – hier habe ich mir auch Ejlert Lövborgs neues Buch besorgt. *(Er reicht es hin.)* Hast du vielleicht Lust, hineinzusehen, Hedda? Wie?
Hedda Nein, ich danke. Oder – doch später vielleicht.
Tesman Ich habe unterwegs ein bißchen darin geblättert.
Brack Nun, was meinen Sie denn – als Fachmann.
Tesman Mich dünkt, es ist merkwürdig ruhig gehalten. Früher hat er niemals so geschrieben. *(Er sammelt die Bücher zusammen.)* Jetzt aber will ich das alles hineintragen. Es wird eine wahre Wonne, das aufzuschneiden! Und dann muß ich mich ein wenig umkleiden. *(Zu Brack)* Wir brauchen doch noch nicht gleich zu gehen? Wie?
Brack O bewahre, das hat noch lange keine Eile.
Tesman Dann lasse ich mir also Zeit. *(Er wendet sich mit den Büchern zum Abgang, bleibt jedoch in der Tür stehen und dreht sich um.)* Es ist ja wahr, Hedda – Tante Jule kommt heute abend nicht zu dir.
Hedda Nicht? Vielleicht wegen der Geschichte mit dem Hut?
Tesman Ach, weit entfernt. Wie kannst du so etwas von Tante Jule glauben? Denk mal –! Aber mit Tante Rina geht es so sehr schlecht, weißt du.
Hedda Das tut es ja immer.
Tesman Ja, aber heute steht es besonders schlecht mit ihr, der Ärmsten.
Hedda Dann ist es ganz in der Ordnung, daß die andere bei ihr bleibt. Ich muß mich darein finden.
Tesman Und du kannst dir nicht denken, wie seelensfroh Tante Jule trotzdem war – weil du auf der Reise so voll und üppig geworden!
Hedda (steht auf, halblaut) Ach, diese ewigen Tanten!
Tesman Wie?
Hedda (geht an die Glastür) Nichts.
Tesman Nun ja.
(Er geht durch das Hinterzimmer rechts ab.)
Brack Was war das für ein Hut, von dem Sie sprachen?
Hedda Ach, etwas mit Fräulein Tesman heute morgen. Sie hatte ihren Hut dort auf den Stuhl gelegt. *(Sie sieht Brack an und lächelt.)* Und da stellte ich mich, als ob ich glaubte, er gehörte dem Dienstmädchen.

Brack (schüttelt den Kopf) Aber, liebe Frau Hedda, wie konnten Sie das tun? Der lieben, alten Dame gegenüber!
Hedda (nervös, geht durchs Zimmer) Ja, wissen Sie, dergleichen kommt über mich, ehe ich mich's versehe. Und dann kann ich es nicht lassen. *(Sie wirft sich in den Lehnstuhl am Ofen.)* Ach, ich weiß selbst nicht, wie ich das erklären soll.
Brack (hinter dem Lehnstuhl) Sie sind eigentlich nicht glücklich – das ist wohl die Sache.
Hedda (sieht vor sich hin) Ich weiß auch nicht, weshalb ich – glücklich sein sollte. Oder können Sie es mir sagen?
Brack Ja – unter anderm, weil Sie grade das Heim bekommen haben, wie Sie es sich wünschten.
Hedda (sieht zu ihm auf und lacht) Glauben auch Sie an diese Wunschgeschichte?
Brack Ist denn nichts Wahres daran?
Hedda Ja freilich, etwas ist daran.
Brack Nun?
Hedda Das ist dran, daß Tesman mich im vorigen Sommer aus den Gesellschaften nach Hause zu begleiten pflegte –
Brack Leider, ich hatte ja einen ganz anderen Weg.
Hedda Das ist wahr. Sie gingen im vorigen Sommer allerdings andere Wege.
Brack (lacht) Schämen Sie sich, Frau Hedda! Sie und Tesman also –?
Hedda Da kamen wir eines Abends hier vorüber. Und Tesman, der Ärmste, drehte und wandte sich. Denn er wußte nicht, wovon er reden sollte. Da tat es mir leid um den gelehrten Menschen –
Brack (lächelt zweifelnd) Ihnen leid? Hm –
Hedda Ja, gewiß tat es mir leid. Und da – um ihm aus der Bedrängnis zu helfen – fiel es mir leichtsinnigerweise ein zu sagen, daß ich hier in dieser Villa wohnen möchte.
Brack Sonst nichts?
Hedda An diesem Abend nichts.
Brack Nachher also?
Hedda Ja. Mein Leichtsinn hatte Folgen, lieber Brack.
Brack Leider – hat unser Leichtsinn das nur allzu oft, Frau Hedda.
Hedda Danke! Doch in dieser Schwärmerei für die Villa der Staatsrätin Falk begegneten Jörgen Tesman und ich uns in Verständnis, sehen Sie! Das zog Verlobung und Heirat und Hochzeitsreise und alles andere nach sich. Ja, ja, Herr Rat – wie man sich bettet, so liegt man – hätte ich beinahe gesagt.

Brack Das ist kostbar! Und im Grunde machten Sie sich vielleicht nicht das mindeste aus dem Ganzen?
Hedda Nein, das tat ich weiß Gott nicht.
Brack Aber jetzt doch? Wo wir Ihnen alles so heimisch eingerichtet haben?
Hedda Uh! Mich dünkt, es riecht hier in allen Zimmern nach Lavendel und getrockneten Rosen. Aber den Geruch hat vielleicht Tante Jule mitgebracht.
Brack (lacht) Nein, dann glaube ich eher, daß er noch von der seligen Staatsrätin her ist.
Hedda Ja, etwas Welkes ist dran. Es erinnert an Ballblumen – am Tage nachher. *(Sie verschränkt die Hände im Nacken, lehnt sich in den Stuhl zurück und sieht ihn an.)* Ach, lieber Brack, Sie können sich nicht vorstellen, wie gräßlich ich mich hier draußen langweilen werde.
Brack Sollte das Leben denn nicht auch Ihnen irgendeine Aufgabe zu bieten haben, Frau Hedda?
Hedda Eine Aufgabe – die etwas Verlockendes haben könnte?
Brack Das natürlich am liebsten.
Hedda Gott mag wissen, was für eine Aufgabe das sein müßte. Oft denke ich, ob – *(Sie bricht ab)* Aber das wird auch nicht gehen.
Brack Wer weiß? Lassen Sie mich nur hören.
Hedda Wenn ich Tesman dahin bringen könnte, sich auf die Politik zu werfen, meinte ich.
Brack (lacht) Tesman! Nein, wissen Sie – so etwas wie Politik liegt ihm nun schon – absolut nicht.
Hedda Nein, das will ich wohl glauben. Wenn ich ihn nun aber doch dazu bringen könnte?
Brack Ja – welche Genugtuung hätten Sie davon? Wenn er nun nicht dazu taugt? Weshalb ihn dann dazu bringen?
Hedda Weil ich mich langweile, damit Sie's wissen. *(Nach kurzer Pause)* Halten Sie es also für durchaus unmöglich, daß Tesman Staatsminister werden könnte?
Brack Hm – sehen Sie, liebe Frau Hedda, um das zu werden, müßte er in erster Linie ein ziemlich reicher Mann sein.
Hedda (erhebt sich ungeduldig) Ja, da haben wir's! Diese ärmlichen Verhältnisse, in die ich hineingekommen! *(Sie geht durchs Zimmer.)* Die sind es, die das Leben so jämmerlich machen! So gradezu lächerlich! – Denn so ist es!
Brack Ich meinerseits glaube, daß die Schuld anderswo liegt.
Hedda Wo denn?

Brack Sie haben niemals etwas so recht Erweckendes erlebt.
Hedda Nichts Ernstes, meinen Sie?
Brack Ja, man kann es auch so nennen. Jetzt aber könnte es vielleicht kommen.
Hedda (wirft den Kopf in den Nacken) Ah, Sie spielen auf die Unannehmlichkeiten mit dieser jammervollen Professur an! Aber das ist allein Tesmans Sache. Daran verschwende ich wahrlich auch nicht einen Gedanken.
Brack Nein, nein, davon reden wir nicht. Wenn nun aber das an Sie gestellt würde – was man – so im höheren Stil – ernste und – und verantwortungsvolle Forderungen nennte? *(Er lächelt.)* Neue Forderungen, liebe Frau Hedda?
Hedda (ärgerlich) Schweigen Sie! Etwas derartiges werden Sie nicht erleben!
Brack (vorsichtig) Übers Jahr – allerspätestens – wollen wir wieder darüber reden.
Hedda Zu dergleichen habe ich keine Anlage, Herr Rat. Mir soll man nicht mit Anforderungen kommen.
Brack Sollten Sie nicht, wie die meisten anderen Frauen, Anlagen zu einem Beruf haben, wie –?
Hedda (an der Glastür) Ach, schweigen Sie, sage ich! Manchmal dünkt mich, daß ich nur zu etwas auf der Welt Anlage habe.
Brack (tritt näher zu ihr) Und das wäre, wenn ich fragen darf?
Hedda (indem sie hinausblickt) Mich totzulangweilen. Jetzt wissen Sie's! *(Sie dreht sich um, sieht nach dem Hinterzimmer und lacht.)* Richtig! Da haben wir den Professor.
Brack (leise, warnend) Na, na, na, Frau Hedda!
(Tesman kommt im Gesellschaftsanzug, mit Handschuhen und Hut in der Hand von rechts durch das Hinterzimmer.)
Tesman Hedda, ist keine Absage von Ejlert Lövborg gekommen? Wie?
Hedda Nein.
Tesman Na, dann wirst du sehen, daß wir ihn wirklich binnen kurzem hier haben.
Brack Glauben Sie in der Tat, daß er kommt?
Tesman Ja, davon bin ich beinahe überzeugt. Denn das, was Sie heute vormittag erzählten, sind wohl nur leere Gerüchte.
Brack So?
Tesman Ja; wenigstens hat Tante Jule gesagt, sie glaube nimmermehr, daß er mir künftighin in den Weg treten werde. Denken Sie mal!
Brack Na, dann ist ja alles schön und gut.

Tesman (legt den Hut mit den Handschuhen rechts auf einen Stuhl) Ich muß aber doch so lange wie möglich auf ihn warten.
Brack Dazu haben wir auch reichlich Zeit. Vor sieben – halb acht kommt doch niemand zu mir.
Tesman Nun, dann können wir ja Hedda solange Gesellschaft leisten. Und es drauf ankommen lassen. Wie?
Hedda (trägt Bracks Überrock und Hut nach dem Ecksofa) Und im schlimmsten Fall kann ja Herr Lövborg hier bei mir bleiben.
Brack (will selbst die Sachen nehmen) Ah, bitte, gnädige Frau – was meinen Sie mit schlimmsten Fall?
Hedda Wenn er nicht mit Ihnen und Tesman gehen will.
Tesman (sieht sie unschlüssig an) Aber, liebe Hedda – meinst du, daß es sich paßt, wenn er hier bei dir bleibt? Wie? Bedenk, daß Tante Jule nicht kommen kann.
Hedda Frau Elvsted kommt aber. Und dann trinken wir drei zusammen den Tee.
Tesman Nun ja, dann geht es!
Brack (lächelt) Das dürfte vielleicht auch das gesündeste für ihn sein.
Hedda Weshalb das?
Brack Mein Gott, gnädige Frau, Sie haben ja oft genug auf meine kleinen Junggesellenabende angespielt. Sie meinten, die eigneten sich nur für ganz prinzipienfeste Männer.
Hedda Herr Lövborg wird jetzt wohl genügend prinzipienfest sein. Ein bekehrter Sünder –
Berte (durchs Vorzimmer) Gnädige Frau, draußen ist ein Herr, der gern herein möchte –
Hedda Laß ihn eintreten.
Tesman (Leise) Ich bin überzeugt, das ist er! Denk mal!
(Berte läßt Lövborg durchs Vorzimmer eintreten und entfernt sich nach dort.)
(Ejlert Lövborg, schlank und mager, in demselben Alter wie Tesman, jedoch älter und etwas verlebt aussehend, Haar und Bart schwarzbraun, das Gesicht länglich, bleich, mit ein paar rötlichen Flecken auf den Backen, trägt einen eleganten, schwarzen, ganz neuen Besuchsanzug, dunkle Handschuhe und Zylinderhut in der Hand; tritt etwas verlegen durchs Vorzimmer ein, bleibt in der Nähe der Tür stehen und verbeugt sich hastig.)
Tesman (geht ihm entgegen und schüttelt ihm die Hand) Nein, lieber Ejlert, treffen wir uns endlich einmal wieder!

Lövborg (spricht mit leiser Stimme) Danke dir für deinen Brief. *(Er nähert sich Hedda.)* Darf ich auch Ihnen die Hand geben, Frau Tesman?
Hedda (nimmt seine Hand) Willkommen, Herr Lövborg. *(Mit einer Handbewegung)* Ich weiß nicht, ob die beiden Herren –?
Lövborg (verbeugt sich leicht) Gerichtsrat Brack, wenn ich nicht irre –
Brack (ebenso) Allerdings. Vor etlichen Jahren –
Tesman (zu Lövborg, indem er ihm die Hände auf die Schultern legt) Und jetzt mußt du ganz so tun, als ob du zu Hause wärst, Ejlert! Nicht wahr, Hedda? Denn wie ich höre, willst du dich wieder hier in der Stadt niederlassen. Wie?
Lövborg Ich habe die Absicht.
Tesman Na, das ist sehr vernünftig. Hör mal, du – ich habe mir dein neues Buch besorgt. Aber bis jetzt habe ich wahrhaftig noch nicht Zeit gehabt, es zu lesen.
Lövborg Das kannst du dir auch ebensogut sparen.
Tesman Warum meinst du das?
Lövborg Es ist nicht viel dran.
Tesman Ach, denk mal – was du sagst!
Brack Aber wie ich höre, wird es doch so außerordentlich gelobt.
Lövborg Das wollte ich gerade. Darum schrieb ich das Buch, so daß niemand etwas dawider haben konnte.
Brack Sehr vernünftig.
Tesman Aber lieber Ejlert –!
Lövborg Denn ich will versuchen, mir wieder eine Stellung zu gründen, wieder von vorn anfangen.
Tesman (etwas verlegen) Ja, das willst du vielleicht? Wie?
Lövborg (lächelt, stellt den Hut fort und zieht ein in Papier gewikkeltes Paket aus der Rocktasche) Aber wenn dies hier kommt – Jörgen Tesman –, das mußt du lesen. Denn das ist erst das Wahre. Das, in dem ich selbst bin.
Tesman So? Was ist es denn eigentlich?
Lövborg Die Fortsetzung.
Tesman Die Fortsetzung? Wovon?
Lövborg Von dem Buch.
Tesman Von dem neuen?
Lövborg Versteht sich.
Tesman Aber lieber Ejlert – das reicht ja schon bis auf unsere Zeit!
Lövborg Allerdings. Und dies hier handelt von der Zukunft.
Tesman Von der Zukunft! Aber, lieber Gott, von der wissen wir ja gar nichts!

Lövborg Nein. Aber trotzdem läßt sich dies und jenes darüber sagen. *(Er öffnet das Paket.)* Hier wirst du sehen –

Tesman Das ist ja nicht deine Handschrift.

Lövborg Ich habe diktiert. *(Er blättert in den Papieren.)* Es teilt sich in zwei Abschnitte. Der erste handelt von den Kulturmächten der Zukunft. Und der zweite hier – *(Er blättert weiter nach hinten.)* der handelt vom Kulturgang der Zukunft.

Tesman Merkwürdig! Es würde mir nie einfallen, über dergleichen zu schreiben.

Hedda (an der Glastür, trommelt gegen die Scheiben) Hm – Nein, nein.

Lövborg (schiebt die Papiere in den Umschlag und legt das Paket auf den Tisch) Ich nahm es mit, weil ich beabsichtigte, dir heute abend ein bißchen daraus vorzulesen.

Tesman Das ist sehr gütig von dir. Aber heute abend –? *(Er sieht nach Brack hin.)* Ich weiß nicht recht, wie sich das wird machen lassen –

Lövborg Na, dann ein andermal. Es hat ja keine Eile.

Brack Ich will Ihnen sagen, Herr Lövborg – ich habe heute abend ein kleines Fest bei mir. Hauptsächlich für Tesman, verstehen Sie –

Lövborg (blickt nach seinem Hut) Na, dann will ich nicht länger –

Brack Nein, hören Sie mal. Wollen Sie mir nicht das Vergnügen machen, mitzukommen?

Lövborg (kurz und bestimmt) Nein, das kann ich nicht. Ich danke Ihnen bestens.

Brack Ach was! Tun Sie's doch! Wir sind ein kleiner, gewählter Kreis. Und glauben Sie nur, es wird »lustig« zugehen, wie Frau Hed– wie Frau Tesman sagt.

Lövborg Daran zweifle ich gar nicht. Aber trotzdem –

Brack Dann können Sie Ihr Manuskript mitnehmen und Tesman bei mir daraus vorlesen. Ich habe Zimmer genug.

Tesman Ja, denk mal, Ejlert – das könntest du doch tun! Wie?

Hedda (tritt dazwischen) Aber, Bester, wenn Herr Lövborg nun durchaus nicht will! Ich bin überzeugt, daß Herr Lövborg viel mehr Lust hat, hierzubleiben und mit mir zu Abend zu essen.

Lövborg (sieht nach ihr hin) Mit Ihnen, gnädige Frau!

Hedda Und mit Frau Elvsted.

Lövborg Ah! *(Leichthin)* Die habe ich heute flüchtig getroffen.

Hedda Wirklich? Ja, sie kommt heraus. Und daher ist es beinahe notwendig, daß Sie bleiben, Herr Lövborg. Denn sonst hat sie niemand, der sie nach Hause begleitet.

Lövborg Das ist wahr. Ja, besten Dank, gnädige Frau – dann bleibe ich.

Hedda Ich will dann nur dem Mädchen Bescheid sagen.
(Sie geht an die Tür zum Vorzimmer und läutet. Berte kommt. Hedda spricht leise mit ihr und zeigt nach dem Hinterzimmer. Berte nickt und geht wieder ab.)
Tesman (gleichzeitig zu Lövborg) Hör mal, Ejlert – ist dies der neue Gegenstand – der von der Zukunft –, über den du Vorträge halten willst?
Lövborg Ja.
Tesman Ich hörte nämlich heute beim Buchhändler, du wolltest hier im Herbst eine Reihe von Vorträgen halten.
Lövborg Das will ich. Das darfst du mir nicht verdenken, Tesman.
Tesman Nein, Gott bewahre! Aber –?
Lövborg Ich sehe wohl ein, daß es dir ein wenig in die Quere kommt.
Tesman (verzagt) Ach, meinetwegen kann ich ja nicht verlangen, daß du –
Lövborg Aber ich warte, bis du deine Ernennung hast.
Tesman Du wartest! Ja aber – aber – willst du denn nicht mit mir konkurrieren? Wie?
Lövborg Nein. Ich will nur den Sieg über dich davontragen. In der Meinung der Leute.
Tesman Aber mein Gott – dann hatte Tante Jule ja doch recht! O ja – das wußte ich wohl! Hedda! Denk mal, Ejlert Lövborg will uns durchaus nicht in den Weg treten!
Hedda (kurz) Uns? Mich laß doch aus dem Spiel.
(Berte kommt. Hedda geht nach dem Hinterzimmer. Berte stellt ein Präsentierbrett mit Karaffen und Gläsern auf den Tisch. Hedda nickt beifällig und kommt dann wieder nach vorn. Berte ab.)
Tesman (gleichzeitig) Und Sie, Herr Rat, was sagen Sie denn dazu. Wie?
Brack Ja, ich sage, daß Ehre und Sieg – hm – ganz außerordentlich schöne Dinge sein mögen –
Tesman Ja, freilich sind sie das. Aber trotzdem –
Hedda (sieht Tesman kalt lächelnd an) Ich finde, du stehst da, als wärst du vom Blitz getroffen.
Tesman Ja, so ungefähr – glaube ich fast –
Brack Es war ja auch ein Gewitter, das über uns hinzog, gnädige Frau.
Hedda (zeigt nach dem Hinterzimmer) Wollen die Herren nicht hineingehen und ein Glas kalten Punsch trinken?
Brack (sieht auf seine Uhr) Einen Abschiedstrunk? Ja, das wäre nicht zu verachten.
Tesman Ausgezeichnet, Hedda! Ganz ausgezeichnet! In so freier Stimmung, wie ich jetzt bin –

Hedda Bitte, Sie auch, Herr Lövborg.
Lövborg (abwehrend) Nein, besten Dank. Für mich nicht.
Brack Aber, mein Gott, kalter Punsch ist doch kein Gift, soviel ich weiß.
Lövborg Vielleicht nicht für alle.
Hedda Ich werde Herrn Lövborg solange Gesellschaft leisten.
Tesman Ja, ja, liebe Hedda, tu das.
(Brack und Tesman gehen ins Hinterzimmer, setzen sich, trinken Punsch, rauchen Zigaretten und sprechen während des Folgenden lebhaft miteinander. Lövborg bleibt am Ofen stehen.)
Hedda (geht an den Schreibtisch, mit ein wenig erhobener Stimme) Ich will Ihnen einige Photographien zeigen, wenn es Ihnen Vergnügen macht. Denn Tesman und ich – haben auf der Heimreise einen kleinen Abstecher durch Tirol gemacht.
(Sie nähert sich mit einem Album, das sie auf den Tisch am Sofa legt und setzt sich in die obere Ecke desselben. Lövborg tritt näher, bleibt stehen und sieht sie an; darauf nimmt er einen Stuhl, setzt sich ihr zur Linken und dreht dem Hinterzimmer den Rücken zu.)
Hedda (schlägt das Album auf) Sehen Sie hier, diese Felsenpartie, Herr Lövborg? Das ist die Ortlergruppe. Tesman hat es daruntergeschrieben. Hier steht es: Ortlergruppe bei Meran.
Lövborg (hat sie unverwandt angesehen und sagt nun leise und langsam) Hedda Gabler!
Hedda (sieht hastig und verstohlen nach ihm hin) Aber! Still!
Lövborg (wiederholt leise) Hedda Gabler!
Hedda (sieht ins Album) Ja, so hieß ich einmal! Damals – als wir einander kannten.
Lövborg Und von jetzt an – und fürs ganze Leben – muß ich mir's also abgewöhnen, zu sagen: Hedda Gabler.
Hedda (blättert weiter) Ja, das müssen Sie. Und mich dünkt, Sie sollten sich beizeiten üben. Je früher, je besser, dünkt mich.
Lövborg (erbittert) Hedda Gabler verheiratet! Und zwar mit – Jörgen Tesman!
Hedda Ja – so geht es.
Lövborg O Hedda, Hedda – wie hast du dich so wegwerfen können!
Hedda (sieht ihn scharf an) Nun? Nichts davon!
Lövborg Wovon, meinst du?
(Tesman kommt und nähert sich dem Sofa.)
Hedda (hört ihn kommen und sagt gleichgültig) Und dies, Herr Lövborg, ist da unten aus dem Ampezzotal. Sehen Sie nur diese Bergspitzen. *(Sie*

blickt freundlich zu Tesman auf.) Wie heißen diese wunderlichen Bergspitzen doch nur gleich?
Tesman Laß sehen. Oh, das sind die Dolomiten.
Hedda Richtig, ja! Das sind die Dolomiten, Herr Lövborg.
Tesman Hör mal, Hedda, ich wollte nur fragen, ob wir nicht doch etwas Punsch hereinbringen sollen? Für dich wenigstens. Wie?
Hedda Ja, danke. Und vielleicht auch ein paar Kuchen.
Tesman Keine Zigaretten?
Hedda Nein.
Tesman Gut.
(Er geht ins Hinterzimmer und rechts ab. Brack sitzt im Hinterzimmer und beobachtet Lövborg und Hedda dann und wann.)
Lövborg (gedämpft wie oben) Antworte mir jetzt, Hedda – wie hast du es tun können?
Hedda (augenscheinlich ins Album vertieft) Wenn Sie fortfahren, mich du zu nennen, so spreche ich nicht mehr mit Ihnen.
Lövborg Darf ich auch nicht du sagen, wenn wir allein sind?
Hedda Nein. Sie mögen es sich meinetwegen denken. Aber sagen dürfen Sie es nicht.
Lövborg Ah, ich verstehe. Das beleidigt Ihre Liebe – zu Jörgen Tesman.
Hedda (sieht ihn verstohlen an und lächelt) Liebe? Nein, jetzt sind Sie köstlich!
Lövborg Also nicht Liebe?
Hedda Aber – ebensowenig etwas wie Untreue? Davon will ich nichts hören!
Lövborg Hedda – beantworten Sie mir nur eines –
Hedda Still!
(Tesman kommt mit einem Präsentierbrett aus dem Hinterzimmer.)
Tesman So! Hier kommen die guten Sachen. *(Er stellt das Brett auf den Tisch.)*
Hedda Weshalb servierst du selbst?
Tesman (schenkt in die Gläser) Es macht mir so viel Freude, dich zu bedienen, Hedda.
Hedda Jetzt hast du aber in beide geschenkt. Und Herr Lövborg will ja nicht –
Tesman Aber Frau Elvsted wird wohl bald kommen.
Hedda Das ist ja wahr – Frau Elvsted –
Tesman Hattest du sie vergessen? Wie?
Hedda Wir sind hier ganz vertieft. *(Sie zeigt ihm ein Bild.)* Erinnerst du dich noch an dies kleine Dorf?

Tesman Ach, das unterm Brennerpaß. Dort, wo wir übernachteten –
Hedda Und all die lustigen Sommerfrischler trafen –
Tesman Freilich – das war dort. Denk mal, wenn wir dich hätten mithaben können, Ejlert! Wie?
(Er geht wieder zu Brack hinein.)
Lövborg Beantworten Sie mir nur das eine, Hedda –
Hedda Nun?
Lövborg War denn auch in dem Verhältnis zu mir keine Liebe? Nicht ein Hauch – auch darin nicht ein Schimmer von Liebe?
Hedda Ja, ob es das eigentlich war? Mir ist, als wären wir zwei gute Kameraden gewesen. Zwei recht vertraute Freunde. *(Sie lächelt.)* Sie waren besonders offenherzig.
Lövborg Sie wollten es ja so haben.
Hedda Wenn ich daran zurückdenke, so lag doch etwas Schönes, etwas Lockendes – etwas Mutiges dünkt mich in – in dieser heimlichen Vertraulichkeit – dieser Kameradschaft, von der keine Menschenseele eine Ahnung hatte.
Lövborg Nicht wahr, Hedda? War es nicht so? Wenn ich so nachmittags zu Ihrem Vater hinaufkam und der General da hinten am Fenster saß und die Zeitungen las, uns den Rücken zugekehrt –
Hedda Und wir beiden auf dem Ecksofa –
Lövborg Immer dasselbe illustrierte Blatt vor uns –
Hedda In Ermangelung eines Albums.
Lövborg Ja, Hedda – und wenn ich Ihnen dann beichtete! Ihnen von mir das erzählte, was von den andern damals keiner wußte – dasaß und Ihnen gestand, daß ich Tage und Nächte gerast und nicht zu Hause gewesen. Tag aus, Tag ein gerast hatte. O Hedda, was war es denn für eine Macht in Ihnen, die mich zwang, Ihnen das zu bekennen?
Hedda Glauben Sie, daß es eine Macht in mir war?
Lövborg Ja, wie soll ich es mir sonst erklären? Und all jene – jene verhüllten Fragen, die Sie an mich stellten –
Hedda Und die Sie so ausgezeichnet verstanden –
Lövborg Daß Sie so zu fragen vermochten! Ganz unbefangen!
Hedda Verhüllt, wenn ich bitten darf.
Lövborg Ja, aber trotzdem unbefangen. Mich auszufragen nach – nach all dergleichen Dingen!
Hedda Und daß Sie antworten konnten, Herr Lövborg.
Lövborg Das ist es ja grade, was ich nicht begreife – jetzt nachträglich. Aber sagen Sie mir jetzt, Hedda – lag nicht Liebe diesem Verhältnis zugrunde? War es Ihrerseits nicht, als ob Sie mich gleichsam reinwaschen

wollten – wenn ich mit meinem Bekenntnis zu Ihnen flüchtete? War es nicht so?

Hedda Nein, nicht ganz so.

Lövborg Was trieb Sie sonst dazu?

Hedda Finden Sie es so ganz unerklärlich, daß ein junges Mädchen – wenn es in dieser Weise geschehen kann – heimlich –

Lövborg Nun?

Hedda Daß man ein wenig hineingucken möchte in eine Welt, von der –

Lövborg Von der –?

Hedda Von der man nichts wissen darf?

Lövborg Das war es also?

Hedda Das auch. Das auch – glaube ich beinahe.

Lövborg Kameradschaft im Lebensverlangen. Aber weshalb konnte das nicht wenigstens von Dauer sein?

Hedda Daran waren Sie selbst schuld.

Lövborg Sie haben mit mir gebrochen.

Hedda Ja, als drohende Gefahr war, daß Wirklichkeit in dies Verhältnis kommen könne. Schämen Sie sich, Ejlert Lövborg, wie konnten Sie sich nur vergreifen wollen an – an Ihrem unbefangenen Kameraden!

Lövborg (preßt die Hände zusammen) Ach, weshalb machten Sie nicht Ernst! Weshalb schossen Sie mich nicht nieder, wie Sie drohten!

Hedda Solche Angst habe ich vor dem Skandal.

Lövborg Ja, Hedda, im Grunde genommen sind Sie feige.

Hedda Fürchterlich feige. *(In einen andern Ton übergehend)* Aber es war ja ein Glück für Sie. Und jetzt haben Sie sich da oben bei Elvsteds so schön getröstet.

Lövborg Ich weiß, was Thea Ihnen anvertraut hat.

Hedda Und Sie haben ihr vielleicht etwas von uns beiden anvertraut?

Lövborg Nicht ein Wort. Sie ist zu dumm, um dergleichen zu verstehen.

Hedda Dumm?

Lövborg In solchen Dingen ist sie dumm.

Hedda Und ich bin feige. *(Sie beugt sich näher zu ihm, ohne ihm in die Augen zu sehen und sagt leiser)* Jetzt aber will ich Ihnen etwas anvertrauen.

Lövborg (gespannt) Nun?

Hedda Daß ich nicht den Mut hatte, Sie niederzuschießen –

Lövborg Ja?!

Hedda Das war nicht meine größte Feigheit – an jenem Abend.

Lövborg (sieht sie einen Augenblick an, versteht sie, flüstert leidenschaftlich) O Hedda! Hedda Gabler! Jetzt schimmert mir ein verborgener

Grund aus der Kameradschaft entgegen! Du und ich –! Das war doch der Lebensdrang in dir –

Hedda (leise, mit scharfem Blick) Hüten Sie sich! Glauben Sie so etwas nicht!

(Es beginnt dunkel zu werden. Berte öffnet von außen die Vorzimmertür und läßt Frau Elvsted eintreten.)

Hedda (klappt das Album zu und ruft lächelnd) Na endlich! Liebste Thea – komm doch herein!

(Berte geht ab. Frau Elvsted, in Gesellschaftstoilette, kommt vom Vorzimmer herein.)

Hedda (auf dem Sofa, streckt ihr die Arme entgegen) Liebste Thea, du kannst dir nicht vorstellen, wie ich auf dich gewartet habe.

(Frau Elvsted wechselt im Vorübergehen einen leichten Gruß mit den Herren im Hinterzimmer, geht dann an den Tisch und reicht Hedda die Hand. Lövborg ist aufgestanden. Lövborg und Frau Elvsted begrüßen sich mit stummem Nicken.)

Frau Elvsted Soll ich nicht hineingehen und ein paar Worte mit deinem Manne reden?

Hedda Durchaus nicht. Laß die beiden nur sitzen. Die gehen bald.

Frau Elvsted Sie gehen?

Hedda Ja, zu einem Zechgelage.

Frau Elvsted (schnell zu Lövborg) Sie doch wohl nicht?

Lövborg Nein.

Hedda Herr Lövborg – bleibt hier bei uns.

Frau Elvsted (nimmt einen Stuhl und will sich neben ihn setzen) Oh, hier ist gut sein!

Hedda Nein, meine liebe Thea! Nicht dort! Du kommst hübsch hier herüber zu mir. Ich will zwischen euch sitzen.

Frau Elvsted Ganz wie du willst.

(Sie geht um den Tisch herum und setzt sich rechts von Hedda aufs Sofa.)

Lövborg (setzt sich wieder auf den Stuhl; nach kurzer Pause zu Hedda) Ist sie nicht reizend anzusehen?

Hedda (streicht ihr leicht übers Haar) Nur anzusehen?

Lövborg Ja. Denn wir beiden – sie und ich –, wir sind zwei wirkliche Kameraden. Wir glauben unbedingt aneinander. Und dann können wir so unbefangen miteinander reden –

Hedda Unverhüllt, Herr Lövborg?

Lövborg Nun –

Frau Elvsted (leise, schmiegt sich an Hedda) Wie glücklich ich bin, Hedda! Denn denk dir – er sagt, daß ich ihn auch begeistert habe.

Hedda (sieht sie lächelnd an) Nein, sagt er das wirklich, Liebste?
Lövborg Und den Mut der Tat, den sie besitzt, Frau Tesman!
Frau Elvsted O Gott – ich und Mut!
Lövborg Ungeheuren Mut – wenn es den Kameraden betrifft.
Hedda Ja, Mut – ja! Wer den doch hätte!
Lövborg Was wäre dann, glauben Sie?
Hedda Dann vermöchte man vielleicht doch, sein Leben zu leben. *(In plötzlichem Übergang)* Jetzt aber, meine teuerste Thea – jetzt mußt du ein Glas guten kalten Punsch trinken.
Frau Elvsted Nein, danke – dergleichen trinke ich nie.
Hedda Aber Sie doch, Herr Lövborg.
Lövborg Danke, ich auch nicht.
Frau Elvsted Nein, er auch nicht!
Hedda (sieht ihn fest an) Wenn ich es nun aber will?
Lövborg Hilft nichts.
Hedda (lacht) Ich Ärmste habe also gar keine Macht über Sie?
Lövborg Auf diesem Gebiete nicht.
Hedda Aber im Ernst, mich dünkt, Sie sollten es trotzdem tun. Um Ihrer selbst willen.
Frau Elvsted Aber Hedda –!
Lövborg Wie das?
Hedda Oder besser gesagt, um der Leute willen.
Lövborg So?
Hedda Die Leute könnten sonst leicht auf den Gedanken kommen, daß Sie sich – so im Grunde genommen – nicht recht frei fühlen – Ihrer selbst nicht ganz sicher.
Frau Elvsted (leise) Aber nicht doch, Hedda –
Lövborg Die Leute mögen glauben, was sie wollen – bis auf weiteres.
Frau Elvsted (fröhlich) Ja, nicht wahr!
Hedda Ich habe es Gerichtsrat Brack erst vorhin so deutlich angesehen.
Lövborg Was haben Sie ihm angesehen?
Hedda Er lächelte so höhnisch, als Sie sich nicht mit hinein an den Tisch getrauten.
Lövborg Mich nicht getraute? Ich wollte natürlich lieber hierbleiben und mit Ihnen reden.
Frau Elvsted Das war doch ganz begreiflich, Hedda!
Hedda Das konnte Brack aber doch nicht ahnen. Und ich sah auch, daß er den Mund verzog und verstohlen nach Tesman hinsah, weil Sie sich nicht mit in diese einfache kleine Gesellschaft getrauen.
Lövborg Getrauen! Sie sagen, daß ich mich nicht getraue?

Hedda Ich nicht. Aber Gerichtsrat Brack hat es so aufgefaßt.
Lövborg Lassen Sie ihn nur.
Hedda Sie gehen also nicht mit?
Lövborg Ich bleibe bei Ihnen und Thea.
Frau Elvsted Ja, Hedda – das kannst du dir doch denken.
Hedda (lächelt und nickt Lövborg beifällig zu) Also unerschütterlich? Prinzipienfest für alle Zeiten? Seht, so soll ein Mann sein! *(Sie wendet sich zu Frau Elvsted und streichelt sie.)* Nun, habe ich dir's nicht gesagt, als du heute morgen ganz verstört hier ankamst –
Lövborg (stutzt) Verstört?
Frau Elvsted (erschrocken) Hedda – aber Hedda –!
Hedda Siehst du's nun! Es ist durchaus nicht notwendig, daß du in solcher tödlichen Angst umhergehst. *(Sie bricht ab.)* So! Nun können wir alle drei vergnügt sein!
Lövborg (ist zusammengefahren) Ah – was ist dies, Frau Tesman!
Frau Elvsted O Gott, o Gott, Hedda! Was sagst du da? Was tust du?
Hedda Sei nur ruhig! Der widerliche Gerichtsrat beobachtet dich.
Lövborg In Todesangst also? Um meinetwillen!
Frau Elvsted (leise, jammernd) O Hedda – jetzt hast du mich tief unglücklich gemacht!
Lövborg (sieht sie einen Augenblick unverwandt an; seine Züge sind verzerrt) Das war also des Kameraden mutiger Glaube an mich.
Frau Elvsted (flehend) O liebster Freund – du mußt doch zuvor hören –!
Lövborg (nimmt das eine gefüllte Punschglas, erhebt es und sagt leise mit heiserer Stimme) Dein Wohl, Thea! *(Er leert das Glas, setzt es hin und nimmt das zweite.)*
Frau Elvsted (leise) O Hedda, Hedda – wie konntest du das wollen!
Hedda Wollen? Ich? Bist du von Sinnen?
Lövborg Und auch Ihr Wohl, Frau Tesman. Ich danke Ihnen für die Wahrheit! Sie lebe hoch. *(Er trinkt aus und füllt das Glas von neuem.)*
Hedda (legt die Hand auf seinen Arm) So, so – nicht mehr für den Augenblick. Bedenken Sie – Sie sollen mit aufs Fest.
Frau Elvsted Nein, nein, nein!
Hedda Still! Sie sehen dich an.
Lövborg (stellt das Glas hin) Du, Thea – sei jetzt aufrichtig –
Frau Elvsted Ja!
Lövborg Wußte der Landrichter darum, daß du mir nachreistest?
Frau Elvsted (ringt die Hände) O Hedda – hörst du, was er fragt!
Lövborg War es eine Verabredung zwischen dir und ihm, daß du nach der Stadt reisen und auf mich aufpassen solltest? Hat vielleicht der

Landrichter selbst dich dazu beredet? Thea, du – er brauchte mich wohl wieder auf dem Büro? Oder vermißte er mich am Kartentisch?
Frau Elvsted (leise jammernd) O Lövborg, Lövborg –!
Lövborg (ergreift ein Glas und will es füllen) Es lebe der alte Landrichter!
Hedda (abwehrend) Jetzt nichts mehr. Bedenken Sie, daß Sie mitgehen und Tesman etwas vorlesen sollen.
Lövborg (ruhig, setzt das Glas hin) Das war dumm von mir, Thea. Es so aufzufassen, meine ich. Sei deshalb nicht böse auf mich, du lieber, lieber Kamerad. Du sollst sehen – du und die andern –, daß, wenn ich auch noch einmal fiel, so – Jetzt habe ich mich wieder erhoben! Mit deiner Hilfe, Thea.
Frau Elvsted (freudestrahlend) O Gott sei Dank –!
(Brack hat inzwischen auf seine Uhr gesehen und erhebt sich mit Tesman. Brack und Tesman kommen in den Salon.)
Brack (nimmt Hut und Überrock) Frau Tesman – unsere Stunde hat geschlagen.
Hedda Das hat sie wohl.
Lövborg (steht auf) Auch die meine, Herr Rat.
Frau Elvsted (leise und bittend) O Lövborg – tu's nicht!
Hedda (kneift sie in den Arm) Sie hören dich!
Frau Elvsted (mit schwachem Aufschrei) Au!
Lövborg (zu Brack) Sie waren so freundlich, mich ebenfalls einzuladen.
Brack Na, Sie kommen also doch mit?
Lövborg Ja, wenn Sie gestatten –
Brack Freut mich besonders –
Lövborg (steckt das Paket zu sich und sagt zu Tesman) Ich möchte dir gern noch verschiedenes zeigen, bevor ich's abliefere.
Tesman Nein, denk mal – das wird nett! Aber, liebe Hedda, wie willst du denn Frau Elvsted nach Hause schaffen? Wie?
Hedda Oh, das wird sich schon finden.
Lövborg (sieht nach den Damen hin) Frau Elvsted? Ich komme natürlich wieder und hole Sie. *(Er tritt zu ihr.)* So gegen zehn, Frau Tesman? Ist Ihnen das recht?
Hedda Gewiß, sehr recht.
Tesman Na, dann ist ja alles in bester Ordnung. Mich darfst du aber nicht so früh erwarten, Hedda.
Hedda O Liebster, bleib du so lange – so lange du magst.
Frau Elvsted (in heimlicher Angst) Herr Lövborg – ich warte also hier, bis Sie kommen.
Lövborg (mit dem Hut in der Hand) Selbstverständlich, gnädige Frau.

Brack Und nun geht der Vergnügungszug ab, meine Herren! Ich hoffe, es wird lustig werden, wie eine gewisse schöne Frau sagt.
Hedda Ach, wenn die schöne Frau doch unsichtbar zugegen sein könnte –!
Brack Weshalb unsichtbar?
Hedda Um einige von Ihren unverfälschten Lustigkeiten mit anhören zu können, Herr Rat.
Brack (lacht) Das möchte ich der schönen Frau doch nicht raten.
Tesman (lacht ebenfalls) Nein, du bist wirklich kostbar, Hedda! Denk mal!
Brack Nun adieu, adieu, meine Damen!
Lövborg (verneigt sich zum Abschied) Gegen zehn also.
(Brack, Lövborg und Tesman gehen durch die Vorzimmertür ab. Berte kommt zu gleicher Zeit mit einer brennenden Lampe aus dem Hinterzimmer, stellt sie auf den Salontisch und geht auf demselben Wege wieder ab.)
Frau Elvsted (ist aufgestanden und geht unruhig im Zimmer umher) Hedda! Hedda! Was soll hieraus werden!
Hedda Um zehn – kommt er also. Ich sehe ihn vor mir. Mit Weinlaub im Haar. Heiß und keck –
Frau Elvsted Ja, wenn es nur so käme.
Hedda Und dann, siehst du – dann hat er die Macht über sich wieder errungen. Dann ist er ein freier Mann fürs ganze Leben.
Frau Elvsted O Gott ja – käme er doch, wie du ihn siehst!
Hedda So wird er kommen, und nicht anders. *(Sie steht auf und geht zu ihr.)* Zweifle an ihm solange du willst. Ich glaube an ihn. Und nun wollen wir's probieren –
Frau Elvsted Es steckt etwas dahinter mit dir, Hedda!
Hedda Ja, du hast recht. Ich will ein einziges Mal in meinem Leben Macht haben über ein Menschenschicksal.
Frau Elvsted Hast du denn das nicht?
Hedda Ich habe es nicht – und habe es nie gehabt.
Frau Elvsted Über deinen Mann doch?
Hedda Ja, das wäre der Mühe wert! Oh, wenn du begreifen könntest, wie arm ich bin. Und du sollst so reich sein dürfen. *(Sie umschlingt sie leidenschaftlich.)* Ich glaube, ich senge dir das Haar doch noch ab.
Frau Elvsted Laß mich los! Laß mich los! Ich habe Angst vor dir, Hedda!
Berte (in der Tür) Der Teetisch ist im Speisezimmer gedeckt, gnädige Frau.

Hedda Gut. Wir kommen.
Frau Elvsted Nein, nein, nein. Ich gehe lieber allein nach Hause! Jetzt gleich!
Hedda Unsinn! Erst trinkst du Tee, du kleine Törin. Und dann – um zehn – kommt Ejlert Lövborg – mit Weinlaub im Haar.
(Sie zieht Frau Elvsted beinahe mit Gewalt nach der Tür.)

DRITTER AKT

Dasselbe Zimmer bei Tesman. Die Vorhänge vor der Tür sind zugezogen, ebenso die vor der Glastür; die Lampe mit Schirm brennt herabgeschraubt auf dem Tisch; im Ofen, dessen Tür offensteht, ist Feuer gewesen, das jetzt beinahe ausgebrannt ist.

Frau Elvsted sitzt, in ein großes Tuch gehüllt, dicht am Ofen; ihre Füße ruhen auf einem Schemel; sie ist in den Lehnstuhl zurückgesunken. Hedda liegt angekleidet schlafend auf dem Sofa; sie ist mit einer Decke bedeckt.

Frau Elvsted (richtet sich nach einer Pause hastig im Stuhl auf und lauscht gespannt; darauf sinkt sie wieder müde zurück und jammert leise) Noch nicht! – O Gott – o Gott – noch immer nicht!
(Berte kommt, einen Brief in der Hand, vorsichtig durch die Vorzimmertür geschlichen.)
Frau Elvsted (dreht sich um und flüstert gespannt) Nun – war jemand da?
Berte (leise) Ja, jetzt eben hat ein Mädchen diesen Brief gebracht.
Frau Elvsted (schnell, streckt die Hand aus) Einen Brief? Geben Sie her!
Berte Nein, der ist für den Herrn Doktor, gnädige Frau.
Frau Elvsted Ach so.
Berte Es war das Mädchen von Fräulein Tesman, das ihn gebracht hat. Ich lege ihn hier auf den Tisch.
Frau Elvsted Tun Sie das.
Berte (legt den Brief hin) Es ist wohl am besten, wenn ich die Lampe ausdrehe. Sie qualmt.
Frau Elvsted Löschen Sie sie nur aus. Es wird wohl bald hell.
Berte (löscht die Lampe aus) Es ist schon hell, gnädige Frau.
Frau Elvsted Ja, heller Tag! Und noch nicht zurück –!

Berte O mein Gott – ich hab' mir gleich gedacht, daß es so kommen würde.
Frau Elvsted Sie haben sich's gleich gedacht?
Berte Ja, als ich sah, daß eine gewisse Mannsperson wieder in der Stadt ist, da – Und mit ihnen abzog. Von dem Herrn hat man ja früher schon genug gehört.
Frau Elvsted Sprechen Sie nicht so laut. Sie wecken Frau Tesman.
Berte (sieht nach dem Sofa und seufzt) Lieber Gott – sie soll nur schlafen, die Ärmste. Soll ich nicht ein bißchen nachlegen?
Frau Elvsted Nein, danke. Meinetwegen nicht.
Berte Na, schon gut. *(Leise ab durch die Vorzimmertür)*
Hedda (wacht durch das Schließen der Tür auf und sieht umher) Was gibt's –?
Frau Elvsted Es war nur das Mädchen.
Hedda (sieht sich um) Ach hier –! Ja, jetzt besinne ich mich – *(Sie richtet sich auf, sitzt auf dem Sofa, streckt sich und reibt sich die Augen.)* Wie spät ist es, Thea?
Frau Elvsted (sieht auf ihre Uhr) Über sieben.
Hedda Wann ist Tesman gekommen?
Frau Elvsted Noch gar nicht.
Hedda Noch nicht nach Hause gekommen?
Frau Elvsted (steht auf) Es ist noch niemand gekommen.
Hedda Und wir wachen und warten bis vier Uhr?
Frau Elvsted (händeringend) Und wie ich auf ihn gewartet habe!
Hedda (gähnt und sagt mit der Hand vor dem Munde) Ach ja – das hätten wir uns sparen können.
Frau Elvsted Hast du denn noch ein wenig geschlafen?
Hedda O ja. Ich glaube, ich habe ganz gut geschlafen! Du nicht?
Frau Elvsted Nicht einen Augenblick. Ich konnte nicht, Hedda! Es war mir rein unmöglich.
Hedda (steht auf und geht zu ihr) So, so, so. Das ist doch nichts zum ängstigen. Ich sehe schon, wie es zusammenhängt.
Frau Elvsted Was glaubst du denn? Kannst du mir das sagen!
Hedda Na, beim Gerichtsrat hat es sich natürlich furchtbar in die Länge gezogen –
Frau Elvsted Ach Gott ja – gewiß. Aber trotzdem –
Hedda Und dann, weißt du, hat Tesman nicht nach Hause kommen und klingeln und Lärm machen wollen mitten in der Nacht. *(Sie lacht.)* Vielleicht hat er sich auch nicht gern zeigen wollen – sogleich nach einem lustigen Gelage.

Frau Elvsted Aber Liebste – wo sollte er denn hingegangen sein?
Hedda Natürlich zu den Tanten, um dort zu schlafen. Sie haben ja noch sein altes Zimmer frei.
Frau Elvsted Nein, bei denen kann er nicht sein. Denn eben ist ein Brief von Fräulein Tesman an ihn gekommen. Dort liegt er.
Hedda So? *(Sie sieht die Adresse an.)* Ja, der ist wirklich eigenhändig von Tante Jule. Na, dann ist er also beim Gerichtsrat geblieben. Und Ejlert Lövborg sitzt – mit Weinlaub im Haar und liest vor.
Frau Elvsted Ach Hedda, du sagst Dinge, die du selbst nicht glaubst.
Hedda Du bist wirklich ein kleiner Dummkopf, Thea.
Frau Elvsted Ach ja, leider, das bin ich wohl.
Hedda Und so todmüde wie du aussiehst.
Frau Elvsted Ich bin auch todmüde.
Hedda Nun, deshalb sollst du tun, wie ich sage. Du sollst in mein Zimmer gehen und dich ein wenig aufs Bett legen.
Frau Elvsted O nein, nein – ich kann doch nicht schlafen.
Hedda Gewiß kannst du es.
Frau Elvsted Aber dein Mann muß jetzt doch bald nach Hause kommen. Und dann muß ich sofort wissen –
Hedda Ich werde es dir schon sagen, wenn er kommt.
Frau Elvsted Versprichst du mir das, Hedda?
Hedda Ja, du kannst dich drauf verlassen. Geh nur und schlaf solange.
Frau Elvsted Danke. Dann will ich es versuchen.
(Sie geht durch das Hinterzimmer ab. Hedda geht an die Glastür und zieht die Vorhänge zurück, daß das volle Tageslicht ins Zimmer fällt; darauf nimmt sie vom Schreibtisch einen kleinen Handspiegel, sieht hinein und ordnet sich das Haar; dann geht sie an die Vorzimmertür und drückt auf den Knopf der Klingel.)
Berte (tritt ein) Wünschen Sie etwas, gnädige Frau?
Hedda Ja, Sie müssen noch nachlegen. Mich friert.
Berte Jesus ja – im Augenblick soll es warm sein. *(Sie scharrt die Glut zusammen und legt ein Holzscheit nach; dann unterbricht sie sich und horcht.)* Jetzt hat es an der Haustür geläutet, gnädige Frau.
Hedda Dann gehen Sie hinaus, und machen Sie auf. Ich werde selbst nach dem Ofen sehen.
Berte Es wird gleich anbrennen.
(Sie geht durch die Vorzimmertür ab. Hedda kniet auf dem Fußschemel und legt mehrere Scheite in den Ofen. Tesman kommt nach kurzer Pause müde und ziemlich ernst durch das Vorzimmer, schleicht auf den Fußspitzen an die Tür und will zwischen den Vorhängen durchschlüpfen.)

Hedda (am Ofen ohne aufzusehen) Guten Morgen.
Tesman (dreht sich um) Hedda! *(Er kommt näher.)* Aber wie in aller Welt – bist du schon so früh auf! Wie?
Hedda Ja, ich bin heute außerordentlich früh aufgewesen.
Tesman Und ich war so sicher, daß du noch schliefst! Denk mal, Hedda!
Hedda Sprich nicht so laut. Frau Elvsted liegt in meinem Zimmer und schläft.
Tesman Ist Frau Elvsted hiergeblieben über Nacht?
Hedda Es kam ja niemand, um sie zu holen.
Tesman Dem ist wohl so.
Hedda (schließt die Ofentür und erhebt sich) Nun, habt ihr euch unterhalten beim Rat?
Tesman Hast du dich um mich geängstigt? Wie?
Hedda Nein, das konnte mir gar nicht einfallen. Aber ich fragte, ob du dich unterhalten hast.
Tesman Warum nicht. Für ein Mal, da – aber besonders im Anfang, deucht mir. Da las Ejlert mir nämlich vor. Wir kamen über eine Stunde zu früh – denk mal! Und Brack hatte noch vieles zu ordnen. Aber da las Ejlert mir vor.
Hedda (setzt sich an die rechte Seite des Tisches) Nun? Laß mich also hören –
Tesman (setzt sich auf ein Tabouret am Ofen) Nun, Hedda, du kannst gar nicht glauben, was für ein Werk das wird! Das ist mir das Merkwürdigste, das je geschrieben. Denk mal!
Hedda Ja, ja, das interessiert mich nicht.
Tesman Ich will dir etwas gestehen, Hedda. Als er gelesen hatte – überkam mich etwas Garstiges.
Hedda Etwas Garstiges?
Tesman Ich beneidete Ejlert, weil er etwas derartiges zu schreiben vermocht. Denk mal, Hedda!
Hedda Ja, ja, ich denke mir's!
Tesman Und dann zu wissen, daß er – mit solchen Fähigkeiten, wie er sie hat – leider trotzdem ganz unverbesserlich ist.
Hedda Du meinst wohl, daß er mehr Lebensmut hat als die andern?
Tesman Nun, mein Gott – er kann im Genießen absolut nicht maßhalten, weißt du.
Hedda Und was wurde denn draus – zum Schluß?
Tesman Ja, mich dünkt beinahe, das, was man ein Bacchanal nennt, Hedda.
Hedda Hatte er Weinlaub im Haar?

Tesman Weinlaub? Nein, davon habe ich nichts gesehen. Aber er hielt eine lange, wirre Rede auf das Weib, das ihn während der Arbeit begeistert hatte. Ja, so drückte er sich aus.
Hedda Hat er sie genannt?
Tesman Nein, das hat er nicht. Aber ich kann mir nicht anders denken, als daß es Frau Elvsted sein muß. Paß nur auf!
Hedda Nun – wo trenntest du dich denn von ihm?
Tesman Auf dem Herwege. Wir brachen zugleich auf – als die Letzten. Und Brack ging ebenfalls mit, um ein wenig frische Luft zu schöpfen. Und da, weißt du, kamen wir überein, Ejlert nach Hause zu begleiten. Denn er hatte entschieden des Guten zuviel!
Hedda Das mag schon sein.
Tesman Jetzt aber kommt das Merkwürdige, Hedda! Oder das Traurige, sollte ich lieber sagen. O – ich schäme mich beinahe – Ejlerts wegen – es zu erzählen.
Hedda Nun, was also?
Tesman Als wir so nach Hause gingen, weißt du, blieb ich zufällig etwas zurück. Nur ein paar Minuten – denk mal!
Hedda Ja, mein Gott, aber –?
Tesman Und als ich nun den andern nacheile – weißt du, was ich da auf dem Wege finde? Wie?
Hedda Nein, wie kann ich das wissen!
Tesman Sag es nur niemand, Hedda. Hörst du! Versprich es mir um Ejlerts willen. *(Er zieht ein Paket in Papierumschlag aus der Rocktasche.)* Denk mal – dies fand ich.
Hedda Ist das nicht das Paket, das er gestern mit hier hatte?
Tesman Ja, Hedda, das ist sein ganzes kostbares, unersetzliches Manuskript! Und das hatte er verloren – ohne daß er es gemerkt. Denk dir nur, Hedda! Wie traurig –
Hedda Aber weshalb hast du ihm das Paket nicht gleich wiedergegeben?
Tesman Nein, das wagte ich nicht – die Verfassung, in der er war –
Hedda Hast du auch keinem der andern erzählt, daß du es gefunden?
Tesman Keineswegs. Das wollte ich Ejlerts wegen nicht tun, wie du dir wohl denken kannst.
Hedda Es weiß also niemand, daß du Ejlert Lövborgs Papiere hast?
Tesman Nein. Und es darf auch niemand erfahren.
Hedda Über was sprachst du denn später noch mit ihm?
Tesman Ich kam gar nicht mehr dazu, mit ihm zu sprechen. Denn als wir in die Straßen kamen, da war er mit zwei oder drei andern rein wie verschwunden. Denk mal!

Hedda So? Die haben ihn dann wohl nach Hause gebracht?
Tesman Ja, das haben sie wohl, wie es scheint. Und Brack ging auch seiner Wege.
Hedda Und wo hast du dich seitdem herumgetrieben?
Tesman Ich und ein paar andere sind mit einem der lustigen Burschen in seine Wohnung gegangen und haben dort unseren Morgenkaffee getrunken. Oder eigentlich muß man wohl Nachtkaffee sagen. Wie? Aber wenn ich mich jetzt nur ein wenig ausgeruht habe – und dann annehmen kann, daß Ejlert, der arme Junge, ausgeschlafen hat, muß ich gleich zu ihm hinein und ihm dies hier bringen.
Hedda (streckt die Hand nach dem Paket aus) Nein – laß es nicht aus der Hand! Nicht sofort, meine ich. Laß mich es zuvor lesen.
Tesman Nein, liebe, gute Hedda, das darf ich bei Gott nicht.
Hedda Du darfst nicht?
Tesman Nein – denn du kannst dir doch wohl denken, wie verzweifelt er sein wird, wenn er aufwacht und das Manuskript vermißt. Denn er hat keine Abschrift davon, mußt du wissen. Das hat er mir selbst gesagt.
Hedda (sieht ihn gleichsam forschend an) Läßt sich so etwas denn nicht noch einmal schreiben. Zum zweitenmal?
Tesman Nein, das wird nicht gehen, glaube ich. Denn die Eingebung, weißt du –
Hedda Ja, ja – daran liegt es wohl. *(Obenhin)* Aber es ist ja wahr – hier liegt ein Brief an dich.
Tesman Nein, denk mal –!
Hedda (reicht ihm den Brief) Er kam schon früh am Morgen.
Tesman Von Tante Jule! Was kann das sein? *(Er legt das Paket auf das andere Taburett, öffnet den Brief, durchfliegt ihn und springt auf.)* O Hedda – sie schreibt, daß die arme Tante Rina im Sterben liegt!
Hedda Das war ja zu erwarten.
Tesman Und daß ich mich beeilen muß, wenn ich sie noch einmal sehen will. Ich laufe augenblicklich hinein.
Hedda (unterdrückt ein Lächeln) Auch noch laufen?
Tesman O liebste Hedda – wenn du dich überwinden und mitkommen wolltest! Denk mal!
Hedda (steht auf und sagt müde und abweisend) Nein, nein, bitte mich nicht um so etwas. Ich mag nichts sehen von Krankheit und Sterben. Verschone mich mit allem, was widerwärtig ist.
Tesman Ja, mein Gott, ja! *(Er fährt umher.)* Mein Hut –? Mein Überrock –? Na, im Vorzimmer. Ich will nur hoffen, daß ich nicht zu spät komme, Hedda! Wie?

Hedda O lauf nur, so –
(Berte erscheint in der Tür zum Vorzimmer.)
Berte Herr Gerichtsrat Brack ist draußen und fragt, ob er eintreten darf.
Tesman Um diese Zeit? Nein, jetzt kann ich ihn unmöglich empfangen.
Hedda Aber ich kann es. *(Zu Berte)* Ich lasse den Herrn Rat bitten.
(Berte geht ab.)
Hedda (hastig flüsternd) Das Paket, Tesman! *(Sie reißt es vom Taburett.)*
Tesman Ja, gib es mir!
Hedda Nein, nein, ich bewahre es dir inzwischen auf.
(Sie geht an den Schreibtisch und schiebt es ins Bücherbrett. Tesman ist in Eile und kann die Handschuhe nicht anbekommen. Brack kommt durch das Vorzimmer herein.)
Hedda (nickt ihm zu) Na, Sie sind der richtige Morgenvogel.
Brack Ja, nicht wahr? *(Zu Tesman)* Wollen Sie auch schon wieder fort?
Tesman Ja, ich muß notwendig hinein zu meinen Tanten. Denken Sie mal – die Kranke, sie liegt im Sterben, die Ärmste!
Brack Ach mein Gott, wirklich? Dann lassen Sie sich aber durch mich nicht abhalten. In einem so ernsten Augenblick –
Tesman Ja, ich muß in der Tat laufen – adieu! Adieu! Adieu!
(Er eilt durch die Vorzimmertür ab.)
Hedda (nähert sich Brack) Es ist diese Nacht mehr als lustig bei Ihnen zugegangen, Herr Rat.
Brack Ich bin wirklich nicht aus den Kleidern gekommen, Frau Hedda.
Hedda Sie auch nicht?
Brack Nein, wie Sie sehen. Aber was hat Tesman von den Erlebnissen der Nacht erzählt?
Hedda Ach, nur Langweiliges. Weiter nichts, als daß sie irgendwo Kaffee getrunken haben.
Brack Von dem Kaffeegelage habe ich schon erfahren. Aber ich glaube, Ejlert Lövborg war nicht mit dabei?
Hedda Nein, den hatten sie vorher nach Hause gebracht.
Brack Tesman mit?
Hedda Nein, ein paar andere, wie er sagt.
Brack (lächelt) Jörgen Tesman ist wirklich eine arglose Seele, Frau Hedda.
Hedda Ja, das weiß Gott. Aber steckt etwas dahinter?
Brack Es ist nicht ganz ohne.
Hedda Nun, so setzen wir uns, lieber Rat. Dann können Sie besser erzählen.

(Sie setzt sich an die linke Seite des Tisches. Brack ebenso an die Längsseite in ihrer Nähe.)

Hedda Also?

Brack Ich hatte besondere Gründe, den Wegen meiner Gäste – oder besser gesagt, eines Teils meiner Gäste über Nacht nachzuspüren.

Hedda Und war unter ihnen vielleicht auch Ejlert Lövborg?

Brack Ich muß gestehen – dem war so.

Hedda Jetzt machen Sie mich wirklich begierig –

Brack Wissen Sie, wo er und ein paar andere den Rest der Nacht zubrachten, Frau Hedda?

Hedda Wenn es sich überhaupt erzählen läßt, dann tun Sie's.

Brack Bewahre, das kann man ganz gut erzählen. Na, sie begaben sich auf eine höchst animierte Soiree.

Hedda Eine von der lustigen Sorte?

Brack Von der allerlustigsten.

Hedda Näheres darüber, Herr Rat. –

Brack Lövborg hatte schon vorher eine Einladung erhalten. Ich wußte bestimmt darum. Da hatte er aber abgelehnt zu kommen. Denn wie Sie wissen, hat er jetzt einen neuen Menschen angezogen.

Hedda Oben beim Landrichter Elvsted, jawohl. Aber er ging dann doch?

Brack Nun, sehen Sie, Frau Hedda – da kommt heute abend bei mir unglücklicherweise der Geist über ihn –

Hedda Ja, da wurde er begeistert, wie ich höre.

Brack Ziemlich gewaltsam begeistert. Na, da vermute ich denn, daß er auf andere Gedanken kam. Denn wir Mannsleute sind ja leider nicht immer so prinzipienfest, wie wir sein sollten.

Hedda Oh, Sie bilden doch gewiß eine Ausnahme, Herr Rat. Also Lövborg –?

Brack Ja, kurz und gut, das Ende war, daß er in Fräulein Dianas Salon landete.

Hedda Fräulein Dianas Salon?

Brack Fräulein Diana gab nämlich die Soiree. Für einen auserwählten Kreis von Freundinnen und Verehrern.

Hedda Ist das so eine rothaarige?

Brack Allerdings.

Hedda Eine Art – Sängerin?

Brack O ja – das auch. Und obendrein eine gewaltige Jägerin – vor den Herren –, Frau Hedda. Sie haben gewiß schon von ihr gehört. Ejlert Lövborg war einer ihrer eifrigsten Beschützer – in seinen guten Tagen.

Hedda Und wie endigte die Sache?
Brack Weniger freundschaftlich, wie es scheint. Fräulein Diana soll vom zärtlichsten Empfang zu Handgreiflichkeiten übergegangen sein –
Hedda Gegen Lövborg?
Brack Ja. Er beschuldigte sie oder die Freundinnen, ihn bestohlen zu haben. Er behauptete, seine Brieftasche sei ihm verschwunden. Und noch andere Dinge. Kurz und gut, er soll wieder einen mörderischen Spektakel gemacht haben.
Hedda Wozu hat das geführt?
Brack Wahrhaftig zum allgemeinen Hahnenkampf zwischen den Damen sowohl wie den Herren. Glücklicherweise kam schließlich die Polizei.
Hedda Die Polizei auch?
Brack Ja. Aber das wird noch ein teurer Spaß für Ejlert Lövborg, den verrückten Kerl.
Hedda So!
Brack Er soll gewaltsamen Widerstand geleistet haben. Soll einem der Konstabler eine Ohrfeige gegeben und ihm den Rock zerrissen haben. Da mußte er denn noch mit auf die Wache.
Hedda Woher wissen Sie dies alles schon?
Brack Von der Polizei selbst.
Hedda (sieht vor sich hin) So hat es sich also zugetragen? Dann hat er kein Weinlaub im Haar gehabt.
Brack Weinlaub, Frau Hedda?
Hedda (geht in einen anderen Ton über) Aber jetzt sagen Sie mir, Herr Rat – weshalb spähen und spionieren Sie Ejlert Lövborg so nach?
Brack Erstens kann es mir nicht ganz gleichgültig sein, wenn durch das Verhör aufgeklärt wird, daß er gradewegs von mir herkam.
Hedda Es wird also auch zum Verhör kommen?
Brack Selbstverständlich. Übrigens dem mag sein wie ihm wolle. Aber mich dünkt, daß ich als Freund des Hauses verpflichtet bin, Ihnen und Tesman volle Aufklärung über sein nächtliches Treiben zu geben.
Hedda Weshalb das, Brack?
Brack Weil ich lebhaften Argwohn hege, daß er Sie wie eine Art Schirmwand gebrauchen will.
Hedda Nein, wie kommen Sie nur auf so etwas!
Brack Mein Gott, wir sind doch nicht blind, Frau Hedda. Passen Sie nur auf! Jene Frau Elvsted wird nicht so bald wieder abreisen.
Hedda Nun, wenn die beiden etwas miteinander haben, so gibt es noch viele andere Orte, wo sie sich treffen können.

Brack Aber nicht bei einer Familie. Jedes anständige Haus wird sich von jetzt an wieder vor Ejlert Lövborg verschließen.
Hedda Auch das meine, denken Sie?
Brack Ja. Ich gestehe, es würde mir mehr als peinlich sein, wenn dieser Herr hier Zutritt hätte. Wenn er als Überflüssiger – und Fremder – sich eindrängen sollte in –
Hedda In das Dreieck?
Brack Richtig. Für mich wäre es gleichbedeutend mit heimatlos werden.
Hedda (sieht ihn lächelnd an) Also – einziger Hahn im Korbe sein – das ist Ihr Ziel.
Brack (nickt langsam und spricht leiser) Ja, das ist mein Ziel. Und für dieses Ziel werde ich kämpfen – mit allen Mitteln, die mir zu Gebote stehen.
Hedda (ihr Lächeln weicht) Sie sind wohl ein gefährlicher Mensch – wenn es zur Sache kommt.
Brack Glauben Sie?
Hedda Ja, ich fange jetzt an, es zu glauben. Und ich bin herzensfroh – daß Sie in keiner Weise Hals- und Handrecht über mich haben.
Brack (lacht zweideutig) Ja, ja, Frau Hedda, Sie mögen recht haben. Wer weiß, ob ich in solchem Falle nicht der Mann wäre, auf dies und jenes zu verfallen.
Hedda Nein, hören Sie, Herr Rat! Das klingt ja beinahe wie eine Drohung.
Brack (steht auf) Oh, weit entfernt! Das Dreieck, wissen Sie – das sollte nur freiwillig befestigt und verteidigt werden.
Hedda Der Ansicht bin ich auch.
Brack Jetzt habe ich also gesagt, was ich sagen wollte. Und nun muß ich machen, daß ich wieder nach Hause komme. Leben Sie wohl, Frau Hedda! *(Er geht nach der Glastür.)*
Hedda (steht auf) Gehen Sie durch den Garten?
Brack Der Weg ist kürzer.
Hedda Ja, und dann führt er ja auch durch eine Hintertür.
Brack Sehr wahr. Ich habe gar nichts gegen Hintertüren. Die können manchmal recht pikant sein.
Hedda Wenn scharf geschossen wird, meinen Sie?
Brack (in der Tür, lacht ihr zu) Na, man schießt doch nicht auf seine zahmen Hähne im Korbe!
Hedda (lacht ebenfalls) Ach nein, wenn man nur den einen hat, so –

(Beide nicken sich lachend zum Abschied zu. Brack geht. Hedda schließt die Tür hinter ihm, steht eine Zeitlang ernst da und blickt hinaus; dann sieht sie durch den Vorhang ins Hinterzimmer, geht darauf an den Schreibtisch, nimmt Lövborgs Paket vom Bücherbrett und will in den Papieren blättern. Bertes Stimme wird vom Vorzimmer her hörbar. Hedda wendet sich um und lauscht; schließt dann hastig das Paket in die Schublade und legt den Schlüssel auf das Schreibzeug. Lövborg, verwirrt und erhitzt, im Überrock, den Hut in der Hand, reißt die Vorzimmertür auf.)

Lövborg (spricht ins Vorzimmer) Und ich sage Ihnen, ich will und muß hinein! – So!

(Er schließt die Tür, dreht sich um, gewahrt Hedda, beherrscht sich sofort und grüßt.)

Hedda (am Schreibtisch) Nun, Herr Lövborg, Sie kommen ziemlich spät, um Thea zu holen.

Lövborg Oder ziemlich früh zu Ihnen. Ich bitte um Entschuldigung.

Hedda Woher wissen Sie, daß sie noch bei mir ist?

Lövborg In ihrer Wohnung wurde mir gesagt, daß sie die ganze Nacht nicht nach Hause gekommen sei.

Hedda (geht an den Salontisch) Konnten Sie den Leuten etwas anmerken, als sie Ihnen das sagten?

Lövborg (sieht sie fragend an) Etwas anmerken?

Hedda Ich meine, ob es schien, als wenn sie sich irgendwas dabei dachten?

Lövborg (versteht sie plötzlich) Ach, das ist ja auch wahr! Ich ziehe sie mit hinab! Übrigens habe ich nichts gemerkt! – Tesman ist wohl noch nicht auf?

Hedda Nein – ich glaube nicht –

Lövborg Wann kam er nach Hause?

Hedda Sehr, sehr spät.

Lövborg Hat er Ihnen etwas erzählt?

Hedda Ja, ich hörte, daß es bei Brack außerordentlich munter zugegangen sei.

Lövborg Sonst nichts?

Hedda Nein, ich glaube nicht. Überdies war ich so furchtbar müde –

(Frau Elvsted tritt zwischen den Vorhängen aus dem Hinterzimmer heraus.)

Frau Elvsted (geht ihm entgegen) O Lövborg! Endlich!

Lövborg Ja, endlich. Und zu spät.

Frau Elvsted (sieht ihn angsterfüllt an) Was ist zu spät?

Lövborg Alles ist jetzt zu spät. Mit mir ist es aus.

Frau Elvsted O nein, nein – sag das doch nicht!
Lövborg Du wirst dasselbe sagen, wenn du gehört hast –
Frau Elvsted Ich will nichts hören!
Hedda Sie möchten vielleicht am liebsten mit ihr allein sprechen. Dann gehe ich.
Lövborg Nein, bleiben Sie – Sie auch. Ich bitte Sie darum.
Frau Elvsted Aber ich will nichts hören, sage ich!
Lövborg Nicht von dem Abenteuer der Nacht will ich sprechen.
Frau Elvsted Wovon sonst –?
Lövborg Davon, daß unsere Wege sich jetzt trennen müssen.
Frau Elvsted Trennen?
Hedda (unwillkürlich) Ich hab' es gewußt!
Lövborg Denn ich brauche dich nicht mehr, Thea.
Frau Elvsted Und das kannst du mir sagen! Mich nicht mehr brauchen! Ich werde dir jetzt doch helfen, wie früher? Wir werden doch fortfahren, zusammen zu arbeiten?
Lövborg Ich beabsichtige von jetzt an nicht mehr zu arbeiten.
Frau Elvsted (sich selbst aufgebend) Was soll ich dann mit meinem Leben anfangen?
Lövborg Du mußt versuchen weiterzuleben, als ob du mich nie gekannt hättest.
Frau Elvsted Aber das kann ich ja nicht!
Lövborg Versuch, ob du es kannst, Thea. Du mußt wieder nach Hause reisen –
Frau Elvsted (aufs höchste erregt) Nie und nimmer! Wo du bist, will auch ich sein! Ich lasse mich nicht auf solche Weise fortjagen! Ich will hier an Ort und Stelle bleiben! Mit dir zusammen sein, wenn das Buch erscheint.
Hedda (halblaut, gespannt) Ah, das Buch – ja!
Lövborg (sieht sie an) Mein Buch und Theas. Denn das ist es.
Frau Elvsted Ja, ich fühle, daß es das ist. Und daher habe ich auch das Recht, bei dir zu sein, wenn es erscheint! Ich will es mit ansehen, wenn man dir wieder Achtung und Ehre zollt. Und die Freude – die Freude will ich mit dir teilen.
Lövborg Thea – unser Buch wird niemals erscheinen.
Hedda Ah!
Frau Elvsted Niemals erscheinen!?
Lövborg Es kann nicht erscheinen.
Frau Elvsted (in angsterfüllter Ahnung) Lövborg – was hast du mit den Heften gemacht!

Hedda (sieht ihn gespannt an) Ja, die Hefte –?
Frau Elvsted Wo hast du sie?
Lövborg O Thea – frag mich lieber nicht danach.
Frau Elvsted Doch, doch, ich will es wissen. Ich habe ein Recht, es augenblicklich zu erfahren.
Lövborg Die Hefte –. Nun wohlan – die Hefte – habe ich in tausend Stücke zerrissen.
Frau Elvsted (schreit auf) O nein, nein!
Hedda (unwillkürlich) Aber das ist ja gar nicht –
Lövborg (sieht sie an) Gar nicht wahr, meinen Sie?
Hedda (faßt sich) Doch wohl. Natürlich. Wenn Sie selber es sagen. Aber es klang so unfaßlich –
Lövborg Aber dennoch wahr!
Frau Elvsted (ringt die Hände) O Gott – o Gott, Hedda, sein eigenes Werk zerrissen!
Lövborg Ich habe mein eigenes Leben zerrissen. Dann konnte ich mein Lebenswerk doch auch zerreißen –
Frau Elvsted Das hast du also heute nacht getan!
Lövborg Ja, du hörst es. In tausend Stücke. Und sie hinausgestreut in den Fjord. Weit hinaus. Dort ist wenigstens frisches Meerwasser. Laß sie darin treiben. In Strom und Wind treiben. Und nach einer Weile sinken sie. Tiefer und immer tiefer. So wie ich, Thea.
Frau Elvsted Weißt du wohl, Lövborg, daß dies mit dem Buch –. Mein Leben lang wird es mir sein, als hättest du ein kleines Kind getötet.
Lövborg Da hast du recht. Es ist auch eine Art Kindesmord.
Frau Elvsted Aber wie konntest du denn –! Ich hatte doch auch ein Recht an das Kind.
Hedda (beinahe lautlos) Ah, das Kind!
Frau Elvsted (atmet schwer) Vorbei also. Ja, ja, jetzt gehe ich, Hedda.
Hedda Aber du reist doch wohl nicht?
Frau Elvsted Ach, ich weiß selbst nicht, was ich tue. Vor mir liegt jetzt alles im Dunkel.
(Sie geht durchs Vorzimmer ab.)
Hedda (macht eine kurze Pause) Sie wollen sie also nicht nach Hause begleiten, Herr Lövborg?
Lövborg Ich? Durch die Straßen? Sollen die Leute vielleicht sehen, daß sie mit mir geht?
Hedda Ich weiß ja nicht, was diese Nacht sonst noch passiert ist. Aber ist es denn nie wieder gutzumachen?
Lövborg Es bleibt nicht allein bei dieser Nacht. Ich weiß es sicher.

Aber nun kommt noch das dazu, daß ich solch ein Leben nicht mehr leben mag. Nicht von neuem. Den Lebensmut und den Lebenstrotz hat sie in mir geknickt.
Hedda (sieht vor sich hin) Die süße, kleine Närrin hat ihre Finger an einem Menschenschicksal gehabt. *(Sie sieht ihn an.)* Aber dennoch, daß Sie so herzlos gegen sie sein konnten?
Lövborg O sagen Sie nicht, daß es herzlos war.
Hedda Das zu zerstören, was ihr den Sinn seit langer, langer Zeit erfüllt hat! Das nennen Sie nicht herzlos!
Lövborg Ihnen kann ich die Wahrheit sagen, Hedda.
Hedda Die Wahrheit?
Lövborg Versprechen Sie mir zuvor – geben Sie mir Ihr Wort darauf, daß Thea nie erfahren wird, was ich Ihnen jetzt anvertraue.
Hedda Darauf haben Sie mein Wort.
Lövborg Gut. So will ich Ihnen denn sagen, daß das, was ich hier erzählt habe, nicht wahr ist.
Hedda Das mit den Heften?
Lövborg Ja. Ich habe sie nicht zerrissen. Sie auch nicht in den Fjord geworfen.
Hedda Nein, nein –. Aber – wo sind sie denn?
Lövborg Ich habe sie trotzdem zerstört. In Grund und Boden, Hedda!
Hedda Dies verstehe ich nicht.
Lövborg Thea sagte, was ich getan, sei für sie wie ein Kindesmord.
Hedda Ja – das sagte sie.
Lövborg Aber sein Kind töten – ist noch nicht das Schlimmste, was ein Vater ihm antun kann.
Hedda Das noch nicht das Schlimmste?
Lövborg Nehmen Sie an, Hedda, daß ein Mann – so gegen Morgen – nach einer wilden, durchschwärmten Nacht zur Mutter seines Kindes heimkehrte und sagte: Hör mich an – ich bin da und da gewesen. An den und den Orten. Und ich habe unser Kind mitgehabt. An den und den Orten. Nun ist das Kind verschwunden. Gänzlich verschwunden. Weiß der Teufel, wem es in die Hände gefallen ist. Wer alles es angetastet hat.
Hedda Ah – aber am Ende – war dies doch nur ein Buch –
Lövborg Theas reine Seele war in dem Buche.
Hedda Ja, das begreife ich.
Lövborg Und dann begreifen Sie auch wohl, daß vor ihr und mir keine Zukunft mehr liegt.
Hedda Welchen Weg wollen Sie jetzt gehen?

Lövborg Keinen. Nur sehen, allem ein Ende zu machen. Je schneller, desto besser.
Hedda (geht einen Schritt näher) Ejlert Lövborg – hören Sie mich an – könnten Sie nicht darauf sehen, daß – daß es in Schönheit geschähe?
Lövborg In Schönheit? *(Er lächelt.)* Mit Weinlaub im Haar, wie Sie sich früher dachten, daß –
Hedda O nein. Das Weinlaub – an das glaube ich nicht mehr. Aber gleichwohl in Schönheit! Dies einzige Mal! – Leben Sie wohl! Jetzt müssen Sie gehen. Und nicht wieder kommen.
Lövborg Leben Sie wohl, gnädige Frau. Und grüßen Sie Jörgen Tesman von mir. *(Er will gehen.)*
Hedda Nein, warten Sie! Ein Andenken an mich sollen Sie doch mitnehmen. *(Sie geht an den Schreibtisch, öffnet die Schublade und den Pistolenkasten und geht dann mit einer der Pistolen zu Lövborg.)*
Lövborg (sieht sie an) Dies hier? Dies ist das Andenken?
Hedda (nickt langsam) Kennen Sie sie wieder? Sie war einmal gegen Sie gerichtet.
Lövborg Sie hätten sie damals gebrauchen sollen.
Hedda Da! Gebrauchen Sie sie jetzt.
Lövborg (steckt die Pistole in die Brusttasche) Danke!
Hedda Und nur in Schönheit, Ejlert Lövborg. Versprechen Sie mir das nur!
Lövborg Fahr wohl, Hedda Gabler. *(Er geht durch das Vorzimmer ab.)*
Hedda (lauscht einen Augenblick an der Tür, darauf geht sie an den Schreibtisch und holt das Paket mit dem Manuskript hervor, blickt in den Umschlag, zieht einige Blätter halb heraus und sieht sie an; dann nimmt sie das Ganze und setzt sich in den Lehnstuhl am Ofen, das Paket auf dem Schoß. Nach einer kurzen Pause öffnete sie die Ofentür und darauf das Paket, wird eines der Hefte ins Feuer und flüstert vor sich hin) Jetzt verbrenne ich dein Kind, Thea! – Du mit deinem Kraushaar! *(Sie wirft noch ein paar Hefte in den Ofen.)* Dein und Ejlert Lövborgs Kind. *(Sie wirft das übrige hinein.)* Jetzt verbrenne – jetzt verbrenne ich das Kind.

VIERTER AKT

Dasselbe Zimmer bei Tesman. Das Gesellschaftszimmer liegt im Dunkel; das Hinterzimmer ist durch die Hängelampe über dem Tische beleuchtet; die Vorhänge vor der Glastür sind zugezogen. Es ist Abend.

(Hedda, in schwarzer Kleidung, geht im dunklen Zimmer umher, tritt dann ins Hinterzimmer, wendet sich nach links hinüber und von dort hört man einige Akkorde auf dem Klavier; dann kommt sie wieder heraus und geht ins Gesellschaftszimmer).
(Berte kommt mit verweinten Augen, an der Haube schwarze Bänder, eine brennende Lampe in der Hand von rechts aus dem Hinterzimmer, stellt die Lampe im Salon auf den Tisch vor dem Ecksofa und entfernt sich leise und behutsam nach rechts. Hedda geht an die Glastür, hebt den Vorhang ein wenig zur Seite und sieht hinaus in die Dunkelheit. Fräulein Tesman kommt bald darauf in Trauerkleidung mit Hut und Schleier vom Vorzimmer herein. Hedda geht ihr entgegen und gibt ihr die Hand.)
Fräulein Tesman Ja, Hedda, ich komme in den Farben der Trauer. Denn nun hat meine arme Schwester endlich ausgerungen.
Hedda Ich weiß es schon, wie Sie wohl sehen. Tesman hat mir eine Karte geschickt.
Fräulein Tesman Er versprach, es zu tun. Mir schien aber doch, als müßte ich hier zu Hedda – hier in das Haus des Lebens – selbst gehen und den Tod melden.
Hedda Das ist sehr lieb von Ihnen.
Fräulein Tesman Oh – Rina hätte nur nicht fortgehen sollen, grade jetzt. Heddas Haus sollte zu dieser Zeit nicht Trauer haben.
Hedda (ablenkend) Sie starb ja ganz ruhig, Fräulein Tesman?
Fräulein Tesman Ach, so schön, so friedlich kam die Auflösung. Und dann das unsägliche Glück, daß sie Jörgen noch einmal sehen konnte. Abschied von ihm nehmen konnte. Ist er vielleicht noch nicht nach Hause gekommen?
Hedda Nein. Er schrieb, ich solle ihn noch nicht so bald erwarten. Aber nehmen Sie doch Platz.
Fräulein Tesman Nein, danke – liebe, geliebte Hedda. Ich täte es gern. Aber ich habe so wenig Zeit. Sie soll so schön gebettet und geschmückt werden wie ich nur kann. Ordentlich sauber soll sie ins Grab kommen.
Hedda Kann ich nicht mit irgend etwas helfen?

Fräulein Tesman Gar nicht dran zu denken! Bei dergleichen darf Hedda Tesman nicht Hand anlegen. Auch nicht einmal ihre Gedanken daran heften. Nicht in dieser Zeit, nein!
Hedda Oh, die Gedanken – die lassen sich nicht so meistern –
Fräulein Tesman (fortfahrend) Ja, du lieber Gott, so geht es in der Welt. Zu Hause bei mir werden wir jetzt das Linnen für Rina nähen. Und hier wird es wohl auch bald zu nähen geben, kann ich mir denken. Aber das wird anderer Art sein – Gott sei Dank!
(Tesman kommt vom Vorzimmer herein.)
Hedda Na gut, daß du endlich einmal kommst.
Tesman Du bist hier, Tante Jule? Bei Hedda? Denk mal!
Fräulein Tesman Ich war gerade im Begriff zu gehen, mein lieber Junge. Nun, hast du alles besorgt, was du mir versprochen?
Tesman Nein, ich fürchte wirklich, daß ich die Hälfte vergessen habe. Ich komme morgen wieder bei dir angelaufen. Denn heute bin ich ganz verwirrt im Kopf. Ich kann die Gedanken nicht zusammenhalten.
Fräulein Tesman Aber, guter Jörgen, du mußt es nicht auf diese Weise nehmen.
Tesman So? Wie meinst du sonst?
Fräulein Tesman Du sollst im Schmerz froh sein. Froh über das, was geschehen ist. Wie ich es bin.
Tesman Ach ja, ja. Du denkst an Tante Rina.
Hedda Sie werden jetzt sehr einsam sein, Fräulein Tesman.
Fräulein Tesman Während der ersten Tage wohl. Aber ich will hoffen, daß es nicht zu lange anhält. Die kleine Stube der seligen Rina wird nicht lange leer stehen, mein' ich!
Tesman So? Wen willst du denn da hinein haben? Wie?
Fräulein Tesman Ach, es gibt leider Gottes immer irgendeinen armen Kranken, der Wartung und Pflege braucht.
Hedda Wollen Sie wirklich ein solches Kreuz wieder auf sich nehmen?
Fräulein Tesman Kreuz! Gott verzeihe Ihnen, Kind – das ist doch kein Kreuz für mich gewesen.
Hedda Wenn nun aber irgendeine ganz fremde Person käme, so –
Fräulein Tesman Ach, mit kranken Menschen ist man bald Freund. Und ich brauche doch so notwendig jemand, für den ich leben kann – den brauche ich. Na, Gott Lob und Dank, hier im Hause wird es soch auch dies und jenes geben, wobe eine alte Tante Hand anlegen kann.
Hedda Ach, sprechen Sie doch nicht von uns.
Tesman Ja, denk mal, wie gut wir drei es zusammen hätten, wenn –
Hedda Wenn –?

Tesman (unruhig) Ach nichts. Das wird sich schon machen. Hoffen wir's. Wie?

Fräulein Tesman Ja, ja. Ihr beiden habt wohl was miteinander zu besprechen, kann ich mir denken. *(Sie lächelt.)* Und Hedda hat dir vielleicht auch etwas zu erzählen, Jörgen. Lebt wohl! Nun muß ich nach Hause zu Rina. *(Sie wendet sich in der Tür um.)* Mein Gott, wie seltsam, sich das vorzustellen. Jetzt ist Rina zugleich bei mir und beim seligen Jochum.

Tesman Ja, denk mal, Tante Jule! Wie?

(Fräulein Tesman geht durchs Vorzimmer ab.)

Hedda (folgt Tesman kalt und forschend mit den Augen) Ich glaube beinahe, der Todesfall geht dir mehr zu Herzen als ihr.

Tesman Oh, es ist nicht der Todesfall allein. Um Ejlert bin ich so sehr besorgt.

Hedda (schnell) Ist irgend etwas Neues mit ihm?

Tesman Ich bin heute Nachmittag zu ihm hinaufgelaufen, um ihm zu sagen, daß das Manuskript gut aufgehoben sei.

Hedda Nun? Hast du ihn nicht getroffen?

Tesman Nein, er war nicht zu Hause. Aber später begegnete ich Frau Elvsted, und die erzählte mir, daß er heute früh hier gewesen sei.

Hedda Ja, gleich nachdem du fort warst.

Tesman Und er soll ja gesagt haben, daß er das Manuskript zerrissen habe. Wie?

Hedda Ja, er behauptete es.

Tesman Aber mein Gott, dann muß er ja ganz von Sinnen gewesen sein. Und da wagtest du wohl auch nicht, es ihm zurückzugeben, Hedda?

Hedda Nein, er hat es nicht bekommen.

Tesman Du hast ihm aber doch wohl gesagt, daß wir es haben?

Hedda Nein. *(Schnell)* Hast du es vielleicht Frau Elvsted gesagt?

Tesman Nein, das wollte ich nicht. Ihm selbst hättest du es aber sagen sollen. Denk mal, wenn er sich in der Verzweiflung ein Leid antut! Gib mir das Manuskript, Hedda! Ich will gleich damit zu ihm laufen. Wo hast du das Paket?

Hedda (kalt und unbeweglich, an den Lehnstuhl gestützt) Ich habe es nicht mehr!

Tesman Du hast es nicht mehr! Was in aller Welt soll das heißen!

Hedda Ich habe es verbrannt – alles.

Tesman (fährt erschrocken auf) Verbrannt! Ejlerts Manuskript verbrannt!

Hedda Schrei nicht so. Das Dienstmädchen könnte dich sonst hören.

Tesman Verbrannt! Aber du gütiger Gott –! Nein, nein, nein – das ist ganz unmöglich!
Hedda Ja, es ist nun trotzdem so.
Tesman Aber weißt du denn selbst, was du da getan hast, Hedda! Das ist ja Fundunterschlagung. Denk mal! Ja, frag nur den Gerichtsrat, dann wirst du schon hören.
Hedda Es wird am ratsamsten sein, wenn du nicht darüber sprichst – weder mit dem Gerichtsrat, noch mit jemand anderem.
Tesman Wie konntest du nur etwas so Unerhörtes tun! Wie konnte dir so etwas einfallen? Wie ist das über dich gekommen? Antworte mir hierauf. Wie?
Hedda (unterdrückt ein beinahe unmerkliches Lachen) Ich tat es deinetwegen, Jörgen.
Tesman Meinetwegen!
Hedda Als du heute morgen nach Hause kamst und erzähltest, er hätte dir vorgelesen –
Tesman Ja, ja, was dann?
Hedda Da gabst du zu, daß du ihn um dieses Werk beneidetest.
Tesman O mein Gott, das war doch nicht so buchstäblich gemeint.
Hedda Trotzdem. Ich konnte den Gedanken nicht ertragen, daß ein anderer dich in Schatten stellen sollte.
Tesman (ruft zwischen Freude und Zweifel aus) Hedda – oh – ist es wahr, was du sagst! – Ja – aber – ja – aber – in dieser Weise habe ich deine Liebe früher nie gespürt. Denk mal!
Hedda Nun, dann ist es am besten, wenn du erfährst – daß grade in dieser Zeit – *(Heftig abbrechend)* Nein, nein – du kannst dich bei Tante Jule erkundigen. Sie wird dir schon Bescheid geben.
Tesman Oh, ich glaube beinahe, ich verstehe dich, Hedda! *(Er schlägt die Hände zusammen.)* Nein, du mein Gott – wäre das möglich! Wie?
Hedda Schrei doch nicht so. Das Mädchen kann dich hören.
Tesman (lacht in übergroßer Freude) Das Mädchen! Nein, du bist wirklich köstlich, Hedda! Das Mädchen – das ist ja Berte! Ich will selbst hinaus und es Berte erzählen.
Hedda (preßt die Hände wie in Verzweiflung zusammen) Oh, ich vergehe – ich vergehe in all dem!
Tesman Worin denn, Hedda? Wie?
Hedda (kalt, beherrscht) In all diesem – komischen – Jörgen.
Tesman Komisch? Daß ich so herzensfroh bin. Aber trotzdem – vielleicht hat es keinen Zweck, daß ich Berte etwas sage.
Hedda O doch – weshalb nicht auch das noch?

Tesman Nein, nein, noch nicht. Aber Tante Jule muß es entschieden erfahren. Und das auch – daß du anfängst, mich Jörgen zu nennen! Denk mal! O Tante Jule, sie wird so glücklich sein – so glücklich!
Hedda Wenn sie hört, daß ich Ejlert Lövborgs Papiere verbrannt habe – um deinetwillen.
Tesman Nein, das ist ja auch wahr! Das mit den Papieren, das darf natürlich niemand erfahren. Aber daß du für mich brennst, Hedda – das soll Tante Jule wahrhaftig wissen! Übrigens möchte ich wissen, ob so etwas bei jungen Frauen gewöhnlich ist? Wie?
Hedda Mich dünkt, du solltest Tante Jule auch danach fragen.
Tesman Ja, das will ich bei Gelegenheit auch wirklich tun. *(Er sieht wieder unruhig und bedenklich aus.)* Nein, aber – nein, das Manuskript! Herrgott, es ist ja furchtbar, trotzdem, wenn man an den armen Ejlert denkt.
(Frau Elvsted tritt durch das Vorzimmer ein.)
Frau Elvsted (wie bei ihrem ersten Besuch im Straßenanzug, grüßt hastig und sagt in großer Erregung) Oh, liebe Hedda, nimm nicht übel, daß ich wiederkomme.
Hedda Was ist dir passiert, Thea?
Tesman Wieder irgend etwas mit Ejlert Lövborg? Wie?
Frau Elvsted Ach ja – ich habe furchtbare Angst, daß ihm ein Unglück zugestoßen ist.
Hedda (packt ihren Arm) Ah – glaubst du?
Tesman Nein, aber großer Gott – wie kommen Sie nur auf so etwas, Frau Elvsted?
Frau Elvsted Ja, ich hörte in der Pension, daß sie von ihm sprachen – grade als ich eintrat. Oh – heute gehen in der Stadt die unglaublichsten Gerüchte über ihn.
Tesman Ja, denken Sie mal, die hörte ich auch! Und dabei kann ich bezeugen, daß er direkt nach Hause ging und sich schlafen legte. Denken Sie mal!
Hedda Nun – was sagten sie in der Pension.
Fräulein Tesman Oh, ich konnte nichts herausbringen. Entweder wußten sie nichts näheres oder –. Als sie mich sahen, waren sie still. Und zu fragen wagte ich nicht.
Tesman (geht unruhig im Zimmer umher) Wir wollen hoffen – wir wollen hoffen, daß Sie sich verhört haben, Frau Elvsted!
Frau Elvsted Nein, nein, ich bin sicher, daß sie von ihm sprachen. Und dann hörte ich so etwas wie Krankenhaus oder –
Tesman Krankenhaus?

Hedda Nein, das ist doch wohl unmöglich!
Frau Elvsted Ach, ich bekam eine so tödliche Angst um ihn. Und da ging ich hinauf in seine Wohnung und fragte dort nach ihm.
Hedda Dazu konntest du dich verstehen, Thea!
Frau Elvsted Ja, was sollte ich sonst wohl tun? Mir war, als könne ich die Ungewißheit nicht länger ertragen.
Tesman Aber Sie haben ihn auch wohl nicht getroffen? Wie?
Frau Elvsted Nein. Und die Leute konnten keine Auskunft über ihn geben. Er sei seit gestern nachmittag nicht zu Hause gewesen, sagten sie.
Tesman Gestern! Denken Sie mal, das zu sagen!
Frau Elvsted Oh, mich dünkt, es ist gar nicht anders möglich, als daß ihm etwas Schlimmes widerfahren ist!
Tesman Hör mal, Hedda – wenn ich nun in die Stadt ginge und an verschiedenen Orten nachfragte –?
Hedda Nein, nein, misch du dich nur nicht da hinein.
(Brack kommt mit dem Hut in der Hand durch die Tür des Vorzimmers; er sieht ernst aus und grüßt schweigend. Berte öffnet und schließt hinter ihm.)
Tesman Ah, sind Sie es, lieber Rat? Wie?
Brack Ja, ich mußte durchaus noch heute abend zu Ihnen heraus.
Tesman Ich sehe es Ihnen an, daß Sie die Nachricht von Tante Jule erhalten haben.
Brack Die habe ich ebenfalls erhalten, ja.
Tesman Ist es nicht traurig, Brack? Wie?
Brack Nun, lieber Tesman, wie man's nehmen will.
Tesman (sieht ihn unsicher an) Ist sonst vielleicht noch etwas passiert?
Brack Allerdings.
Hedda (gespannt) Etwas Trauriges, Herr Rat?
Brack Ebenfalls wie man's nehmen will, gnädige Frau.
Frau Elvsted (ruft unwillkürlich aus) Oh, das ist irgend etwas mit Ejlert Lövborg!
Brack (sieht sie flüchtig an) Wie kommen Sie darauf, gnädige Frau? Wissen Sie vielleicht schon etwas –?
Frau Elvsted (verwirrt) Nein, nein, durchaus nicht; aber –
Tesman Aber in Gottes Namen, so reden Sie doch!
Brack (zuckt die Achseln) Nun – leider – Ejlert Lövborg ist ins Krankenhaus gebracht. Er liegt wohl schon im Sterben.
Frau Elvsted (schreit auf) O Gott, o Gott!
Tesman Im Krankenhaus! Und schon im Sterben!

Hedda (unwillkürlich) So schnell also –?
Frau Elvsted (jammert) Und wir sind unversöhnt geschieden, Hedda!
Hedda (flüstert) Aber, Thea – Thea so –
Frau Elvsted (ohne auf sie zu achten) Ich muß zu ihm! Ich muß ihn noch lebend sehen!
Brack Das nützt Ihnen nichts, gnädige Frau. Niemand wird zu ihm gelassen.
Frau Elvsted Aber so sagen Sie mir nur, was mit ihm geschehen ist! Was ist es?
Tesman Er wird doch nimmermehr selbst –! Wie?
Hedda Ja, das hat er, dessen bin ich gewiß.
Tesman Hedda – wie kannst du nur –!
Brack (der sie unverwandt im Auge behalten hat) Sie haben leider richtig geraten, Frau Tesman.
Frau Elvsted O wie furchtbar!
Tesman Selbst also. Denk mal!
Hedda Erschossen!
Brack Ebenfalls richtig erraten, gnädige Frau.
Frau Elvsted (versucht sich zu fassen) Wann ist es geschehen, Herr Rat?
Brack Heute nachmittag. Zwischen drei und vier.
Tesman Aber, mein Gott, wo hat er es denn ausgeführt? Wie?
Brack (etwas unsicher) Wo? Ja, mein Bester, wohl in seiner Wohnung.
Frau Elvsted Nein, das kann nicht sein. Denn dort war ich zwischen sechs und sieben.
Brack Nun, dann anderswo. Das weiß ich nicht so genau. Ich weiß nur, daß man ihn gefunden hat. Er hatte sich erschossen – durch die Brust.
Frau Elvsted O wie grauenhaft, sich das vorzustellen! Daß er so enden mußte!
Hedda (zu Brack) Durch die Brust?
Brack Ja, wie ich sage.
Hedda Also nicht durch die Schläfe?
Brack Durch die Brust, Frau Tesman.
Hedda Ja, ja – die Brust ist auch gut.
Brack Wie, gnädige Frau?
Hedda (abweisend) Nein – nichts.
Tesman Und Sie sagen, die Wunde sei lebensgefährlich? Wie?
Brack Die Wunde ist absolut tödlich. Wahrscheinlich ist es schon mit ihm zu Ende.
Frau Elvsted Ja, ja, das ahnt mir! Es ist zu Ende! Zu Ende! O Hedda –!
Tesman Aber sagen Sie mir nur, woher haben Sie das alles erfahren?

Brack (kurz) Durch einen von der Polizei. Mit dem ich zu sprechen hatte.
Hedda (laut) Endlich einmal eine Tat!
Tesman (erschrocken) Gott bewahre mich! Was sagst du da, Hedda!
Hedda Ich sage, daß hierin Schönheit liegt.
Brack Hm, Frau Tesman –
Tesman Schönheit! Nein, denk mal!
Frau Elvsted O Hedda, wie kannst du bei dergleichen von Schönheit reden!
Hedda Ejlert Lövborg hat die Rechnung mit sich abgeschlossen. Er hat den Mut gehabt, das zu tun, was – was getan werden mußte.
Frau Elvsted O nein, glaub nimmermehr, daß es so zugegangen ist! Was er getan, das hat er im Wahnsinn getan.
Tesman In der Verzweiflung hat er es getan!
Hedda Das hat er nicht, davon bin ich überzeugt.
Frau Elvsted Doch! Im Wahnsinn! Grade so, wie er da unsere Hefte zerrissen hat.
Brack (stutzt) Die Hefte? Das Manuskript, meinen Sie? Das hat er zerrissen?
Frau Elvsted Ja, über Nacht tat er das.
Tesman (flüstert leise) O Hedda, darüber kommen wir niemals fort.
Brack Hm, das ist doch seltsam.
Tesman (geht durchs Zimmer) Sich zu denken, daß Ejlert Lövborg so aus der Welt gehen muß! Und ohne das zu hinterlassen, was seinen Namen bleibend erhalten hätte –
Frau Elvsted O wenn es doch wieder zusammengesetzt werden könnte!
Tesman Ja, denken Sie mal, wenn man das könnte! Ich weiß nicht, was ich darum gäbe –
Frau Elvsted Vielleicht kann man es, Herr Tesman.
Tesman Was meinen Sie?
Frau Elvsted (sucht in der Kleidertasche) Sehen Sie hier. Ich habe die losen Papierfetzen aufbewahrt, die er mithatte, wenn er diktierte.
Hedda (tritt einen Schritt näher) Ah!
Tesman Die haben Sie aufbewahrt, Frau Elvsted! Wie?
Frau Elvsted Ja, hier habe ich sie. Ich nahm sie mit, als ich reiste. Seitdem blieben sie in der Tasche –
Tesman Ach, lassen Sie mich nur sehen!
Frau Elvsted (reicht ihm ein Bündel kleiner Zettel) Aber es ist so verworren. Vollständig durcheinander.

Tesman Denken Sie mal, wenn wir uns doch dazwischen zurechtfinden könnten! Vielleicht, wenn wir einander helfen?
Frau Elvsted O ja, versuchen wir es wenigstens.
Tesman Es soll gehen! Es muß gehen! Ich setze mein Leben dafür ein!
Hedda Du Jörgen? Dein Leben?
Tesman Ja, oder besser gesagt, die ganze Zeit, die mir zu Gebote steht. Meine eigenen Sammlungen mögen inzwischen ruhen. Hedda, du verstehst mich? Wie? Das ist etwas, das ich Ejlerts Andenken schuldig bin.
Hedda Vielleicht!
Tesman Und nun, liebe Frau Elvsted, wollen wir uns zusammennehmen. Mein Gott, es nützt nichts, über das zu brüten, was geschehen ist. Wie? Wir wollen versuchen, so weit zur Gemütsruhe zu kommen, daß –
Frau Elvsted Ja, ja, Herr Tesman, ich will es versuchen so gut ich kann.
Tesman Nun, so kommen Sie. Wir müssen die Notizen sofort ansehen. Wo wollen wir uns setzen? Hier? Nein, lieber dort im Hinterzimmer. Verzeihen Sie, lieber Rat! Kommen Sie mit, Frau Elvsted.
Frau Elvsted O Gott, wenn es sich doch machen ließe!
(Tesman und Frau Elvsted gehen in das Hinterzimmer. Frau Elvsted nimmt Hut und Mantel ab. Tesman und Frau Elvsted setzen sich an den Tisch unter der Hängelampe und vertiefen sich eifrig in die Prüfung der Papiere. Hedda geht nach dem Ofen und setzt sich in den Lehnsessel. Brack tritt gleich darauf zu ihr.)
Hedda (halblaut) O Herr Rat – welche Befreiung in dieser Sache mit Ejlert Lövborg!
Brack Befreiung, Frau Hedda? Ja, für ihn ist es allerdings eine Befreiung –
Hedda Ich meine für mich. Eine Befreiung, zu wissen, daß wirklich doch noch etwas freiwillig Mutiges in der Welt geschehen kann. Etwas, worauf ein Glanz unwillkürlicher Schönheit fällt.
Brack (lächelt) Hm – liebe Frau Hedda –
Hedda Oh, ich weiß schon, was Sie sagen wollen. Denn Sie sind trotzdem auch eine Art Fachmensch, ganz wie – na!
Brack (sieht sie fest an) Ejlert Lövborg ist Ihnen mehr gewesen, als Sie sich selbst vielleicht eingestehen wollen. Oder sollte ich mich darin irren?
Hedda Auf dergleichen antworte ich Ihnen nicht. Ich weiß nur, daß Ejlert Lövborg den Mut gehabt hat, das Leben nach seinem eigenen Sinne zu leben. Und nun jetzt – das große! Das, worüber Schönheit

liegt. Daß er Kraft und Willen hatte, vom Gastmahl des Lebens aufzubrechen – so früh.
Brack Es tut mir leid, Frau Hedda – aber ich muß Ihnen einen schönen Wahn nehmen.
Hedda Wahn?
Brack Aus dem Sie ohnehin bald aufgerüttelt worden wären.
Hedda Und worin besteht er?
Brack Er hat sich nicht – freiwillig erschossen.
Hedda Nicht freiwillig!
Brack Nein, die Sache Ejlert Lövborg hängt nicht ganz so zusammen, wie ich erzählte.
Hedda (gespannt) Haben Sie etwas verschwiegen? Was ist es?
Brack Um der armen Frau Elvsted willen gebrauchte ich ein paar kleine Umschreibungen.
Hedda Welche denn?
Brack Erstens ist er wirklich schon tot.
Hedda Im Krankenhause.
Brack Ja. Und ohne wieder zum Bewußtsein zu kommen.
Hedda Was haben Sie sonst noch verschwiegen?
Brack Daß die Sache sich nicht auf seinem Zimmer zugetragen hat.
Hedda Nun, das kann doch ziemlich gleichgültig sein.
Brack Nicht so ganz. Denn ich will Ihnen sagen – Ejlert Lövborg wurde erschossen in – in Fräulein Dianas Boudoir gefunden.
Hedda (will aufspringen, sinkt aber wieder zurück) Das ist unmöglich, Brack! Dort kann er heute nicht noch einmal gewesen sein!
Brack Er ist heute nachmittag dort gewesen. Er ist gekommen und hat etwas verlangt, das sie ihm genommen haben sollten, wie er sagte. Hat ganz verworren von einem Kinde gesprochen, das verschwunden –
Hedda Ah – deshalb also –
Brack Ich dachte mir, das könnte vielleicht sein Manuskript gewesen sein. Aber ich höre, daß er es selbst vernichtet hat. Dann muß es doch wohl die Brieftasche gewesen sein.
Hedda Das muß es wohl. – Und dort – dort wurde er also gefunden.
Brack Ja, dort. Mit einer abgefeuerten Pistole in der Brusttasche. Der Schuß hatte ihn tödlich getroffen.
Hedda In die Brust – ja.
Brack Nein – er traf ihn in den Unterleib.
Hedda (sieht mit einem Ausdruck des Ekels zu ihm auf) Auch das noch! Oh, das Lächerliche und das Gemeine, das sich wie ein Fluch auf alles legt, was ich nur berühre.

Brack Es kommt noch etwas dazu, Frau Hedda, etwas, das auch unter das Gemeine gehört.
Hedda Und was ist das?
Brack Die Pistole, die er bei sich hatte –
Hedda (atemlos) Nun! Was damit!
Brack Die muß er gestohlen haben.
Hedda (springt auf) Gestohlen! Das ist nicht wahr! Das hat er nicht!
Brack Es ist unmöglich anders. Er muß sie gestohlen haben –. Still!
(Tesman und Frau Elvsted sind vom Tisch im Hinterzimmer aufgestanden und kommen in den Salon.)
Tesman (mit den Papieren in den Händen) Du, Hedda – es ist mir beinahe nicht möglich, da drinnen unter der Hängelampe zu sehen. Denk mal!
Hedda Ja, ich denke.
Tesman Vielleicht dürfen wir uns an deinen Schreibtisch setzen. Wie?
Hedda Meinetwegen. *(Schnell)* Nein, warte! Zuvor muß ich abräumen.
Tesman Das ist gar nicht nötig, Hedda. Da ist Platz genug.
Hedda Nein, nein, laß mich nur abräumen, sage ich. Das nur so lange da drinnen aufs Klavier legen. So!
(Sie hat einen mit Notenblättern verdeckten Gegenstand unter dem Bücherbrett hervorgezogen, legt noch einige Blätter darauf und trägt das ganze links ins Hinterzimmer. Tesman legt die Papierfetzen auf den Schreibtisch, trägt die Lampe vom Ecktisch dorthin und beginnt die Arbeit mit Frau Elvsted von neuem.)
Hedda (kommt zurück hinter Frau Elvsteds Stuhl, fährt ihr weich durchs Haar) Nun, süße Thea, geht es denn mit Ejlert Lövborgs Denkmal?
Frau Elvsted (blickt mutlos zu ihr auf) O Gott – es wird gewiß ungeheuer schwer, sich da durchzufinden.
Tesman Es muß gehen. Da hilft nichts. Und dann, die Papiere anderer zu ordnen – das ist grade etwas für mich.
(Hedda geht an den Ofen und setzt sich auf ein Taburett. Brack beugt sich auf den Lehnstuhl gestützt über sie.)
Hedda (flüstert) Was sagen Sie von der Pistole?
Brack (leise) Daß er sie gestohlen haben muß.
Hedda Weshalb grade gestohlen?
Brack Weil jede andere Erklärung unmöglich sein muß, Frau Hedda.
Hedda In der Tat?
Brack (sieht sie an) Ejlert Lövborg ist natürlich heute morgen hier gewesen. Nicht wahr?
Hedda Allerdings.

Brack Waren Sie allein mit ihm?
Hedda Ja, eine kleine Weile.
Brack Haben Sie das Zimmer nicht verlassen, solange er hier war?
Hedda Nein.
Brack Besinnen Sie sich. Waren Sie keinen Augenblick draußen?
Hedda Doch, vielleicht einen kurzen Augenblick – im Vorzimmer.
Brack Und wo hatten Sie inzwischen Ihren Pistolenkasten?
Hedda Den hatte ich unten in –
Brack Nun, Frau Hedda?
Hedda Der Kasten stand da drüben auf dem Schreibtisch.
Brack Haben Sie seitdem nachgesehen, ob beide Pistolen da sind?
Hedda Nein.
Brack Ist auch nicht nötig. Ich sah die Pistole, die Lövborg bei sich gehabt. Und ich kannte sie gleich wieder von gestern. Und von früher ebenfalls.
Hedda Haben Sie sie vielleicht?
Brack Nein, die Polizei hat sie.
Hedda Was will die Polizei mit der Pistole?
Brack Versuchen, dem Eigentümer auf die Spur zu kommen.
Hedda Glauben Sie, daß der entdeckt werden kann?
Brack (beugt sich über sie und flüstert) Nein, Hedda Gabler – so lange ich schweige, nicht.
Hedda (blickt ihn scheu an) Und wenn Sie nicht schweigen – was dann?
Brack (zuckt die Achseln) Dann bleibt ja immer noch die Ausrede, daß die Pistole gestohlen wurde.
Hedda (fest) Lieber sterben!
Brack (lächelt) Dergleichen sagt man wohl. Aber man tut es nicht.
Hedda (ohne zu antworten) Und wenn nun die Pistole nicht gestohlen wurde. Und der Eigentümer entdeckt wird. Was kommt dann?
Brack Ja, Hedda – dann kommt der Skandal.
Hedda Der Skandal!
Brack Der Skandal, ja – vor dem Sie eine solche tödliche Angst haben. Sie müssen natürlich vor Gericht. Sie sowohl wie Fräulein Diana. Sie muß ja erklären, wie die Sache zusammenhängt. Ob es ein zufälliger Schuß war, oder Mord. Hat er die Pistole aus der Tasche ziehen wollen, um sie zu bedrohen. Und ist der Schuß dabei losgegangen. Oder hat sie ihm die Pistole aus der Hand gerissen, ihn erschossen und sie ihm dann wieder in die Tasche gesteckt? Das sähe ihr schon ähnlich. Denn sie ist ein handfestes Mädchen, dieses Fräulein Diana.
Hedda Aber all dies Widerliche geht mich doch nichts an.

Brack Nein. Aber Sie müssen die Frage beantworten: Weshalb gaben Sie Ejlert Lövborg die Pistole? Und welche Schlußfolgerungen wird man aus der Tatsache ziehen, daß Sie sie ihm gegeben?
Hedda (senkt das Haupt) Das ist wahr. Das habe ich nicht bedacht.
Brack Na, glücklicherweise ist keine Gefahr, so lange ich schweige.
Hedda (sieht zu ihm auf) Ich bin also in Ihrer Macht. Von nun an haben Sie Hals- und Handrecht über mich.
Brack (flüstert noch leiser) Liebste Hedda – glauben Sie mir – ich werde diese Stellung nicht mißbrauchen.
Hedda Nichtsdestoweniger in Ihrer Macht. Abhängig von Ihrem Wunsch und Willen. Unfrei. Unfrei also. *(Sie steht heftig auf.)* Nein – den Gedanken ertrage ich nicht! Nimmermehr.
Brack (sieht sie halb spöttisch an) Man pflegt sich sonst in das Unvermeidliche zu fügen.
Hedda (erwidert den Blick) Ja, kann sein. *(Sie geht an den Schreibtisch, unterdrückt ein unwillkürliches Lächeln und ahmt Tesmans Tonfall nach.)* Na? Wird es glücken, Jörgen? Wie?
Tesman Das mag Gott wissen. Auf jeden Fall wird dies eine Arbeit für lange Monate.
Hedda (wie oben) Nein, denk mal! *(Sie fährt mit den Händen leicht durch Frau Elvsteds Haar.)* Kommt es dir nicht seltsam vor, Thea? Jetzt sitzt du hier zusammen mit Tesman – grade so, wie du früher mit Ejlert Lövborg gesessen.
Frau Elvsted O Gott, wenn ich deinen Mann doch auch nur begeistern könnte.
Hedda Oh, das kommt noch – mit der Zeit.
Tesman Ja, weißt du was, Hedda – mich dünkt wirklich, ich fange schon an, etwas derartiges zu merken. Aber setz du dich wieder zum Rat.
Hedda Könnt ihr beiden mich hier zu nichts brauchen?
Tesman Nein, zu gar nichts. *(Er dreht den Kopf fort.)* Von jetzt an müssen Sie so gütig sein und Hedda Gesellschaft leisten, lieber Rat!
Brack (mit einem Blick auf Hedda) Wird mir ein außerordentliches Vergnügen sein.
Hedda Danke. Aber heute Abend bin ich müde. Ich will mich da drinnen aufs Sofa legen.
Tesman Ja, tu das, Liebste. Wie?
(Hedda geht in das Hinterzimmer und zieht die Vorhänge hinter sich zusammen. Kurze Pause. Plötzlich hört man sie eine wilde Tanzweise auf dem Klavier spielen.)
Frau Elvsted (fährt vom Stuhl auf) Uh – was ist das!

Tesman (eilt an die Türöffnung) Aber, liebe Hedda – spiel doch heute Abend nicht zum Tanz auf! Denk doch an Tante Rina! Und auch an Ejlert!
Hedda (steckt den Kopf durch die Vorhänge) Und an Tante Jule! Und an alle! Künftighin werde ich still sein. *(Sie zieht die Vorhänge wieder zusammen.)*
Tesman (am Schreibtisch) Es ist ihr gewiß nicht gut, uns bei dieser traurigen Arbeit zu sehen. Wissen Sie was, Frau Elvsted – Sie müssen zu Tante Jule ziehen. Ich komme dann des Abends hinauf. Dann können wir dort arbeiten. Wie?
Frau Elvsted Ja, das wäre vielleicht das beste!
Hedda (im Hinterzimmer) Ich höre wohl, was du sagst, Tesman. Aber womit soll ich mir dann die Abende hier draußen vertreiben?
Tesman (blättert in den Papieren) Oh – der Rat ist dann so gütig und kommt zu dir heraus.
Brack (im Lehnstuhl, ruft munter) Meinetwegen jeden Abend, Frau Tesman! Wir beiden werden uns schon amüsieren!
Hedda (klar und laut) Ja, die Hoffnung hegen Sie wohl, Herr Rat? Sie, als einziger Hahn im Korbe –
(Im Hinterzimmer ertönt ein Schuß. Tesman, Frau Elvsted und Brack fahren in die Höhe.)
Tesman Ach, da macht sie sich wieder mit den Pistolen zu schaffen!
(Er schlägt die Vorhänge beiseite und läuft hinein. Frau Elvsted folgt ihm. Hedda liegt leblos auf dem Sofa ausgestreckt. Verwirrung und Geschrei. Berte kommt verstört von rechts.)
Tesman (schreit Brack entgegen) Erschossen! In die Schläfe geschossen! Denken Sie mal!
Brack (halb ohnmächtig im Lehnstuhl) Aber Gott erbarme sich – so was tut man doch nicht!